D1722160

Sonderzahl

Sabine Scholl

Erfundene Heimaten

Essays

Sonderzahl

Gefördert durch die Kulturabteilung der Stadt Wien, MA7 – Abteilung Literatur sowie die Kunstsektion des Bundeskanzleramtes Österreich.

www.sonderzahl.at

Umschlagabbildung: © Pauline Jocher

Inhalt

UND DIE ANDEREN

UND WIR.

ANMERKUNGEN   501

Vorwort

Lange Zeit konnte ich mich nicht zwischen Studium und Literatur entscheiden, lieferte Seminararbeiten ab, in denen sich Fiktion und Wissenschaft vermischten. Manche wurden deshalb kritisiert, manche abgelehnt, manche angenommen. Also entschied ich mich irgendwann dazu, mich nicht zu entscheiden, da ich beides wollte. Und dabei blieb es.

Bis heute stehen meine literarischen und theoretischen Arbeiten in wechselseitigem Austausch. Entweder bedingt der Essay die Literatur oder die Literatur bringt den Essay hervor.

Ausgehend vom ländlichen Kindheitshaus, einem Ort voller Außenseiter, der alles andere als heimelig war, erforsche ich schreibend die Welt und erfinde Heimaten aus Sprache. Stationen in Portugal, Chicago, Japan und Berlin veränderten überdies meinen Blick zurück auf diesen Ort der Herkunft. »Heimat« wird demnach stets konstruiert, ob nun als behauptete Ursprünglichkeit durch rechten Populismus oder als Panorama aus vielfältigen kulturellen Einflüssen in Großstädten, deren Verhältnisse und Gewichtungen fortlaufend ausgehandelt werden müssen.

Das Schreiben in verschiedenen Genres bezieht zwar stets persönliche Erfahrungen mit ein, beabsichtigt aber latente Problemlagen zu erforschen, zu benennen und Möglichkeiten eines Umgangs damit zu finden. So wird das Private rasch auch politisch und umgekehrt.

Und wo es Neues zu entdecken gibt, fühle ich mich zuhause. Arbeite mich ein, suche Begegnungen, lasse mir erzählen. Und mit jedem Ort und jedem Gespräch werde ich aufgeladen, um das Gefundene neuerlich in Texte zu verwandeln. Dieses Anhalten in Bewegung bestimmt mein Leben.

Schreiben

Was ist »gute Literatur«?

Gute Literatur brauche *Vollkommenheit, Stimmigkeit, Expressivität, Welthaltigkeit, Allgemeingültigkeit, Interessantheit, Originalität, Komplexität, Ambiguität, Authentizität, Widerständigkeit, Grenzüberschreitung und das gewisse Etwas*, heißt es im Lehrbuch, das passionierten Lesern beibringt, wie gute von schlechten Büchern zu unterscheiden sind. Wer sich damit begnügt, kann sogleich aufhören, diesen Essay weiter zu lesen. Wer dies dennoch tun möchte, sei eingeladen, meinem Streifzug durch einzelne Aktionsfelder des Literaturbetriebs zu folgen, die alle an Entscheidungen zur Frage »Was ist gute Literatur?« beteiligt sind.

Ich selbst bewege mich in mehreren Rollen: Als Schreibende, Lesende, Rezensentin, Lehrende, Jurorin, Entscheiderin in Bewerbungsverfahren und verfasse diesen Essay als Beobachterin, Protokollantin, Sammlerin verschiedener Stimmen. Mein Ausgangspunkt ist das Feld der Literatur im Zeitalter der Digitalisierung, in der Literatur im Vergleich zu anderen Künsten als Strategie der Verlangsamung, in der eine sogenannte Wasserglas-Lesung als Retro-Format, ein Buch als bloßer Textträger gesehen werden können. Mein Material stammt vorwiegend aus dem Internet und echten Erfahrungen (siehe oben: Rollen), vor allem gesammelt in Deutschland, wo ich zurzeit lebe und daher weniger aktuelle Einblicke in österreichische Verhältnisse habe. Ich schreibe am Computer mit den Möglichkeiten des Verschiebens und Kompilierens, einer Technik, mit der ich Fundstücke aus dem Netz und Spuren meiner Begegnungen mit Akteuren bearbeite.

1. Kritik der Kritik: Ein Schlachtfeld

Seit Jahren wird der Verlust eines unabhängigen Verlagswesens und ernst zu nehmenden Feuilletons, sowie das Verschwinden engagierter Buchhandlungen beklagt, kurz: die Verwandlung des Literaturbetriebs in eine Verkaufsbörse und damit die Auflösung von Literatur als lebendiges, die Gesellschaft aufmischendes Korrektiv. Ökonomische Verwertbarkeit zersetze den kulturellen Raum, Kreativität werde zum Gebot eines sich ständig neu erfindenden Unternehmertums – der Ausdruck »Kreativwirtschaft« spreche für sich –, Autoren würden als bloße Inhaltslieferanten vermarktet. Die Frage »Was ist gute Literatur« sei längst ersetzt durch »Was verkauft sich aus welchem Grund besonders gut«. Auf der Strecke blieben Ästhetik, die gesellschaftliche Wertigkeit von Kunst und Literatur; die Künstler seien an den Rand gedrängt, ihre Existenzen verunmöglicht.

Desgleichen gibt es Sorge um die Zukunft der Literaturkritik. Schwindenden Feuilletonseiten, geringen Zeilenhonoraren, der Bewertung ihrer Rezensionen durch die Anzahl von Klicks setzen die Kritiker den Griff nach simpleren Werken entgegen, heißt es. Die zeitintensive Analyse komplexer und umfangreicher Literatur lohne sich für die professionellen Beurteiler nicht. Buchbesprechungen beschränkten sich auf Inhaltsangabe, biografische Verweise, Zitate von Selbstaussagen des Autors, oft begleitet von Details zu persönlichen Treffen und Spaziergängen plus einer Meinung zum Buch. Die Analyse von Sprache und Form, das Schließen auf Gesellschaftliches oder Politisches: Geschenkt. Struck spricht auch von »Selektionsautorität«, die sich auf wenige, im Feuilleton schreibende Akteure verteile, welche zudem in mehrfachen Funktionen im geschlossenen System des Literaturbetriebs aufträten. Unter solchen Voraussetzungen könne die Vielfalt der Gegenwartsliteratur nicht abgebildet werden.

Angemahnt wird in der Debatte auch der allgemeine Bedeutungsverlust der klassischen Literaturkritik und ihr Ersatz durch Algorithmen, die aufgrund von bereits gekauften Büchern weitere vorschlagen. Gute Literaturkritik zu guter Literatur steht in all diesen besorgten bis wütenden Stellungnahmen gegen die Zerstreuung, den Starkult, die Blockbusterisierung. Verkäufe lassen sich ohnehin nur mit Bestsellerlisten und TV-Empfehlungen ankurbeln, nicht mehr mit Zeitungsrezensionen, auch wenn sie vorwiegend positiv über ein Buch urteilen, berichten Fachleute.

Ernsthafte Anstrengungen, die Bewertungsgrundlagen von Gegenwartsliteratur zu diskutieren und offenzulegen, gibt es wenige. Sie lassen sich höchstens aus einem gesammelten Vokabular diverser KritikerInnen destillieren. (Siehe Anhang Glossar) Tatsache ist – und das erschwert möglicherweise die Aufgabe des Kritikers –, dass es noch nie eine derartige Vielfalt an Generationen und Poetiken, die nebeneinander stehen, gegeben hat. Trotzdem scheinen viele literarische Ausprägungen im Rennen um Auffindbarkeit und die fliehende Aufmerksamkeit von Lesern unterzugehen. Denn immer weniger Interessierte stürzen sich auf immer weniger Titel und diejenigen, die noch wahrnehmen wollen, was an guter Literatur produziert und bewertet wird, haben kaum mehr Zeit, sich damit zu beschäftigen. Zugang zur Vielfalt zu finden erfordert Expertentum, wenn Büchertische von Werken dominiert werden, die vor allem höhere Verkaufszahlen aufweisen, oder durch kräftige Zahlungen der Verlage für die prominente Platzierung solchen Anschein erwecken wollen. Dazu kommen Bestseller von Autoren, die sich ihre Leser bereits im Internet herangezogen haben, wie die Erfolge von Fan-Fiction-Schreibern zeigen. Ein weiterer

Trend besteht darin, Serien von verstorbenen Bestsellerautoren durch Autoren, die sich der Figuren und Stilmittel des Vorgängers bedienen, wieder aufleben zu lassen.

2. Der Leser als Kritiker, die Medien als Verbreiter, der Markt als Maßstab

Die Debatte zur Literaturkritik beschäftigt sich auch mit der möglichen Auslagerung ernsthafter Aussagen zur Literatur ins Netz. Von allen Bereichen des Betriebs war der Buchhandel der erste, der das Internet als Plattform nützte. Der Erfolg der digitalen Bestellung beruht vor allem darauf, dass er Service und Bequemlichkeit bietet. Um sich mit anderen Lesern über geliebte Bücher auszutauschen, entwickelten sich dazu Online-Bewertungen und Blogs, die Meinungen verbreiten, ob der Leser nun literaturwissenschaftlich gebildet ist oder nicht. Es gibt wenige Regeln, dafür *Freude oder Unlust* an Büchern, die man weiterreichen will. »Das macht so viel im Kopf, das macht so viel mit uns Menschen, das bringt uns so viel weiter«, formuliert eine Bloggerin. Die Unterhaltung läuft von Konsument zu Konsument, ohne den Umweg gelehrter Kompetenz. Diese Subjektivierung des Urteilens gewinnt mittlerweile so sehr an Bedeutung, dass Verlage begonnen haben, den Enthusiasmus der Blogger für Werbezwecke zu nutzen und die Oberhoheit des Feuilletons zu umgehen, dieses »Pathos, das entsteht, wenn man glaubt, man könne gut von böse unterscheiden, man sei wirklich davon überzeugt, dass etwas ganz hervorragend ist oder wirklich ganz, ganz schlecht«, wie ein Blogger schreibt. Die Autorität des Feuilletonkritikers wird durch zahlreiche Literaturliebhaber im Netz unterminiert. Ein Weg, beide Impulse zu vereinen, wird mit dem Onlinekritikprojekt »tell« versucht, einer Initiative aus Literaturkritikern und Bloggern, die auf dieser Plattform auch die Kriterien der Kritik erforschen wollen und einen Dialog mit ihren Abonnenten anstreben, die den Blog finanzieren sollen. Und vor Kurzem wurde eine tägliche aktualisierte Meta-Plattform »lit21« auf der Webseite von »Perlentaucher« freigeschaltet.

Leser schreiben also über das Gelesene, diverse Medien verbreiten Meinungen zu Büchern und der Markt dient als Maßstab. Bestseller- und Bestenlisten aller Arten bieten zusätzlich Orientierung. Was vielen gefällt, könnte ich ebenso mögen. Aber wann sind Bestseller gute Literatur? Oder sind sie das auf gar keinen Fall?

In einem Seminar habe ich vor einiger Zeit zusammen mit Studenten versucht, das Bestseller-Phänomen von hinten aufzuzäumen, indem wir herausarbeiteten, welche Wünsche und Träume mit Bestsellern angesprochen wurden, um daraus Schlüsse auf die Gesellschaft zu ziehen, die diese Bücher kauft. Unter anderem war das Charlotte Roches *Feuchtgebiete*, verfasst von einer Person, mit der die deutsche Fernsehgemeinde sozusagen aufgewachsen ist, Aufmerksamkeit also von vornherein gegeben und das, was sie im Buch verhandelt, allein deshalb beachtenswert war. In unserer Analyse fiel auf, wie wenig die Aussagen über das Buch mit dem tatsächlichen Inhalt übereinstimmten. Verfasst mit dem Ziel zu provozieren, wurden im Text zahlreiche Themen zwar vorgegeben, aber nie so verhandelt, wie in den Kommentaren dazu behauptet. Als würden die angeboten Themen wie Porno, männliche, weibliche Blicke, Selbstverletzung, Krankheit, Schmutz, Ekel, Rollenklischees, etc., von Rezensenten, Regenbogenpresse, Frauenmagazinen und Intellektuellen einfach fortgeschrieben. So trug auch das »seriöse« Feuilleton dazu bei, den Eindruck zu erwecken, dass Roche irgendetwas mit Literatur zu tun habe und reagierte damit gefügig auf den Marktwert des Buchs. Am witzigsten war da noch das Missverständnis zehntausender Käuferinnen, die vom Buch Anleitungen für sexuelle Praktiken erwarteten. Unser Fazit damals lautete, dass sich Leser aufgrund einer Problematik verführen lassen, die angeblich in einem derartigen Bestseller verhandelt wird, dass diese Bücher aber *von der Lösung ebendieser Problematiken ablenken* und Leser genau dafür dankbar sind. Weil sie ihr Leben mithilfe dieser Bücher NICHT ÄNDERN müssen. Interessant auch, dass das Buch vor allem im deutschsprachigen Raum so durchschlagend erfolgreich war, weil er spezifische Angelegenheiten dieser Gesellschaft ansprach, – die französische Übersetzung jedoch fand trotz aufwendiger Werbekampagnen wesentlich geringere Resonanz. Im englischsprachigen Raum schüttelte man nur die Köpfe über die Vorliebe der Deutschen für eklige Körpersäfte. Dort wurden die Leser dafür ein paar Jahre später mit einer Sado-Maso-Schmonzette in Fortsetzungen beglückt.

Roche und Co. stellten einen ersten Höhepunkt des Einbringens von Außerliterarischem ins Feld der Literatur dar und dehnten damit ihren Begriff, um nicht zu sagen, sie verzerrten ihn. Heutzutage behelligen Fernsehmoderatoren, Modeschöpfer, Türsteher angesagter Clubs, Schauspielerinnen, Kabarettisten, Comiczeichner und nicht zuletzt Literaturkritiker den Buchmarkt mit Erinnerungen oder anderweitigen literarischen Versuchen. Man kauft sie, weil man sie kennt, weil man wissen will, wie sie von innen aussehen, wie menschlich sie sind. Die sogenannte Starliteratur hat für Verlage den Vorteil, dass ihre Protagonisten bereits die Botschaft sind, bevor diese noch je einen Buchstaben zu Papier bringen, sie haben ihre Werbung als Prominente schon Jahre vor Erscheinen des Buches selbst und für sich selbst gemacht. Allein ihre Präsenz in Bild-, Print- und sozialen Medien sorgt für Interesse und Verkaufswert. Einer der Anfänge der planmäßigen Verquickung von Literatur und Bildmedien waren die Foren, die das Fernsehen dem Kritiker Marcel Reich-Ranicki zuerst mit dem Bachmannpreis und dann mit dem »Literarischen Quartett« bot. Die Bewertung von Literatur wurde als öffentliches Rededuell inszeniert, was immerhin zugunsten der Werbewirksamkeit für das besprochene Buch ausschlug. Reich-Ranicki öffnete die Schleusen; ab nun war es unterhaltsam, subjektiv und süffisant, hemmungslos vernichtend und herabwürdigend zu urteilen. Ohnehin scheint es leichter über Literatur zu reden und zu urteilen als sie selbst zu schreiben, wie neuere Veröffentlichungen von Kritikern nahelegen.

Mittlerweile gilt es als normal, neu erschienene Bücher vor der Kamera zum Spaß in den Reißwolf oder nonchalant über Bord eines Ausflugsschiffes zu befördern oder einer Autorin vorzuwerfen, sie hätte mit dem letzten Roman einen schlechten Blowjob hingelegt. Häme macht Spaß und ist billig zu haben. In Reaktionen auf die Neuauflage der Sendung »Literarisches Quartett« bemerkte ein Kritiker kategorisch, dass Literaturkritik im Fernsehen ohnehin nicht möglich wäre: »Fernsehen ist Performance, Mimik, Gestik, Stimmen. Ein paar Punchlines, ein guter Witz. Das alles verdichtet sich beim Zusehen zu einer Emotion. Ist zwar Quatsch, was da eben gesagt wurde, aber die Haltung stimmt.«

Aber wenden wir uns kurz einer objektiven Instanz zu, der Wissenschaft, die nicht unwesentlich daran beteiligt ist, das festzulegen, was Kanon, also wert ist, in den Bereich guter Literatur aufgenommen zu werden.

3. Die Wissenschaft: Substanzen statt Substanz

»Die Prominenz und der Erfolg von Büchern verdanken sich keinem bildungsbürgerlichen Kulturwert mehr, sondern einem Kultwert, der charakteristisch ist für eine auf die Steigerung von Erlebnisqualitäten abonnierte Gesellschaft (…). Offener als je zuvor wird Literatur heute als Ware gehandelt, inszeniert und reflektiert.«

Heißt es in »Kanon, Wertung und Vermittlung: Literatur in der Wissensgesellschaft«. Wo keine Sicherheit und kein Rückhalt mehr in einer Gesellschaftsschicht zu finden sind, die für kulturelle Bildung repräsentativ war, braucht der interessierte Leser einen Kanon. Zumindest wird ihm das von Verlagen suggeriert, wie die sogenannten Bibliotheken, angeboten von Printmedien, wie ZEIT, FAZ, SZ, etc., oder der legendäre »Austrokoffer« zeigen. Gute Literatur wird nicht länger gelesen, weil es zur allgemeinen Bildung einer Gesellschaftsklasse gehört, sondern um die eigene Persönlichkeit aufzubessern. Vermittelt das literarische Werk hingegen nicht den sofortigen Bezug auf individuelle Bedingungen, sondern Anstrengung oder Langeweile oder Unlust, wird es weggelegt. Nicht mehr der Leser arbeitet sich in den Text hinein, sondern der Text muss dem Leser genügend Schnittstellen bieten, damit er »dabei« bleibt. Längst werden auch literarische Angebote gezappt.

Dazu kommen die Verwertungsstrategien der Verlage, die ein Buch auf möglichst viele Medienträger verteilen. Die Warenhaftigkeit des Inhalts fragt nicht mehr nach ästhetischen und poetologischen Gesichtspunkten und will sie gar nicht erforschen oder genießen. Einzig die Botschaft, die direkt ins Innere des Konsumenten und seiner Bedürfnisse zielt, kommt dort auch an.

Stefan Porombka bezeichnet diese Rezeptionshaltung sogar als »apothe-karisch«, es gehe um *Wirkungen und Nebenwirkungen der Substanz Litera-tur,* die in Blogs und Netzwerken auch sofort geteilt werden müssen: »Das, was ich hier zeige, hat etwas mit mir gemacht, es hat etwas in mir ausgelöst. Und ich zeige es dir, damit du sehen kannst, ob es etwas mit dir macht und in dir auslöst.« Das Bedürfnis nach kultureller Substanz wurde abgelöst vom Selbstversuch mit kulturellen Substanzen. So gelten als Kriterien der Wis-senschaft für den Kanon nicht mehr bloß textimmanente oder gesellschaft-lich relevante Bezugspunkte, sondern: *Polyvalenz, Autonomieästhetik, Dau-er und Reichweite der Aufmerksamkeit für das Buch, sowie den Faktor der Selbstkanonisierung.*

Wie aber kommen die Leser an den Stoff? An die Verlage wird dieser zuneh-mend von literarischen Agenturen geliefert, die einerseits als Filter dienen, an-dererseits auch Autoren requirieren und Lektoratsarbeit leisten, zusammen mit dem Autor verschiedene Fassungen einer Textidee erstellen, Vorhersagen zur Verkaufbarkeit wagen, dem Autor vorschlagen, Themen zu konzentrieren, um Texte eingängiger und damit verkaufbarer zu machen, ihm raten, auf eigene Kosten Lektoren und Korrektoren anzuheuern, um die Qualität des Textes zu heben. Alles konzentriert sich dabei auf immer weniger Autoren, die als Re-präsentanten für eine Ästhetik, eine Thematik sichtbar werden. Vielfalt und Variation bestehen zwar auf der Produktionsseite weiterhin, sie wird nur nicht mehr angemessen wahrgenommen und verbreitet. Und Nachschub an frischen Autoren gibt es allemal. Nicht zuletzt arbeiten diverse Studiengänge und Work-shops an stetigem »Output«.

4. Die Institute: Literatur als Klasse

In regelmäßigen Abständen muss die universitäre Ausbildung für literarisches Schreiben als Sündenbock für den Bedeutungsverlust, die Inhalts- und Form-losigkeit der deutschsprachigen Gegenwartsliteratur herhalten. Dabei haben die Kritiker dieser Institutionen weder je einen Fuß in ein derartiges Institut gesetzt, noch sich über Lehrpläne informiert oder einen dort Studierenden bzw. Lehrenden kontaktiert. Aus diesem nicht vorhandenen Wissen werden meist folgende Thesen entwickelt:

- Alles was aus Schreibschulen kommt, ist schlecht, weil extrem verkürzt und erfahrungsarm.
- Der Begriff »Schreibschule« selbst, den keiner der ausbildenden Institute zur Bezeichnung der eigenen Tätigkeit verwendet, wird in solchen The-sen immer abwertend eingesetzt.
- Die Studenten stammen aus der oberen Mittelschicht, ihre Texte können also nicht repräsentativ für unsere Gesellschaft sein.

- Wahlweise auch: Migranten, Flüchtlinge und Darbende hätten die interessanteren Geschichten.

Im Umkehrschluss würde das bedeuten:
- Wer an sich selbst im eigenen Kämmerchen arbeitet, schreibt bessere Literatur als der, der Beratung und Feedback während seiner Arbeit erhält.
- Oder auch: Wenn Literatur nicht aus bürgerlichem Milieu erzählt, ist sie per se gut.
- Oder: Transnationale Autoren stammen automatisch aus armen ungebildeten Familien.

Bewegt man sich innerhalb von Literaturinstituten, wird man bemerken, dass deren Besetzung und Lehrplan so vielfältig oder eintönig ist, wie der gesamte Betrieb auch. Denn die Kriterien, nach denen hier ein Text gelesen und bewertet wird, verändern sich je nach Zusammensetzung von Seminargruppen und Lehrpersonal ständig.

In Prosaseminaren wird ein Text meist nach folgenden Merkmalen untersucht: *Sprachliche Geschlossenheit, Figurenzeichnung, Erzählperspektive, Absicht des Textes und seine Umsetzung, Anschaulichkeit von Bildern, Lesbarkeit, Wirkung, Schwachstellen, Ungenauigkeiten, etc. Wie steht der Autor zu seinem Text, zu seinem Thema? Welche Theorie, welches Bild der Gesellschaft steckt im Text?*

Besonders oft aber wird über einzelne Begriffe und die Glaubhaftigkeit bestimmter Konstellationen gesprochen. Unwahr ist hingegen, dass von den Dozenten Anweisungen gegeben werden, generellen stilistischen Richtlinien und Genres zu folgen, oder dass bestimmte Poetiken bevorzugt auf Studierende übertragen werden.

Klarerweise bilden sich im Austausch und Feedback, in den Aufgabenstellungen der verschiedenen Lehrenden zuweilen Tendenzen heraus, lernen manche Studenten vielleicht zu gut, rhetorisch zu kontern, um Misslungenes zu verteidigen. Die Gruppendynamik bringt immer wieder überraschende Meinungsbildungsprozesse hervor. Das größte Selbstbewusstsein dabei haben diejenigen, deren Teilmanuskripte bereits bei Agenturen liegen und in Diskussionen höchstens noch kosmetische Vorschläge erwarten, doch keine Grundsatzdebatten mehr.

Je länger sich Studierende in diesem Kontext bewegen und je aktiver sie sind, zum Beispiel als Redakteure von Literaturzeitschriften, desto deutungssicherer treten sie auf und beginnen ihre eigenen Kriterien für »gute Literatur« zu formulieren.

Aus diesen Vorbedingungen bildet sich bis zum Ende des Studiums eine Autorenfigur heraus, die ihre Arbeit mit Argumenten vorzustellen und zu verteidigen weiß. Und das ist tatsächlich notwendig, um im »Treibhaus Literatur« vorwärts zu kommen. Am besten noch mit interessanter Biografie und aussagekräftigem Foto.

Dazu ein Zitat: »Mascha müssen wir uns als Spiegelung von Olga Grjasnowa vorstellen, die ungefähr gleich alt ist und auch aus Baku kommt (...) Mascha ist Jüdin, Aserbaidschanerin, Russin, Deutsche. Wie Olga Grjasnowa. Und dass die Autorin heute (...) Tanzwissenschaft in Berlin studiert, ist nur konsequent. Sie springt gerne in ihre Geschichten hinein, in ihre Kapitel – und sie springt virtuos und formvollendet wieder aus ihnen heraus.« Derartiges Lob eines anerkannten Literaturkritikers, dem ein aussagekräftiges Foto der blonden, großäugigen Autorin vorangestellt wurde, begleitete das Rezensionsexemplar zum ersten Roman Grjasnowas. Die Ineinssetzung von Biografie und Körperlichkeit mit dem vorgelegten Text und seinen Figuren ist paradigmatisch für die Betrachtung von Literatur im Zeitalter des Castings. Die Beschreibung passenden Schmucks, aufregender Frisur und Make-Ups ersetzt eine genaue Analyse poetischer Verfahren. Und wo die Person des Autors als wichtiger Schlüsselreiz gesetzt wird, ist der nächste Schritt, tatsächlich die Person zum Thema seines Werks zu machen, nur logisch.

Das beweist der Aufschwung des »Memoirs«, in dem der Autor einen Aspekt seiner Lebensgeschichte zum Anlass nimmt, meist eine Krise, schwere Krankheit oder Katastrophe, um eine allgemeine Botschaft daraus zu destillieren, mit der sich jeder und jede identifizieren kann. Ein »Memoir« beinhaltet Ratgeberhaftes, vermittelt durch eine echte Person, und wirkt dadurch authentisch. Auch die Selbstvergewisserungsgebärden des gehypten Norwegers Knausgård weisen in dieselbe Richtung. Eine Übertreibung dieses Aufrichtigkeitsgestus stellt etwa die literarische Richtung der *New Sincerity*, zelebriert u.a. durch Tao Lin, dar, der sich, seinen Drogenkonsum, dessen Auswirkungen, seine Beziehungs- und Schreibprobleme ins Zentrum von Texten und dokumentarischen Youtube-Filmen stellt und nichts sonst. *Der Autor ist die Botschaft.*

Ähnlich verfahren erfolgreiche bildende Künstler der Gegenwart, wie die Kunsthistorikerin Sara Thornton in ihrem Buch »33 Künstler in 3 Akten« herausarbeitet: Letztendlich gehe es darum, von einem sozialen Milieu als Künstler anerkannt zu werden; die eigene Persönlichkeit sei das Instrument der Kunst, nicht mehr ihre materiellen Hervorbringungen. Diese Strategie der Selbstkanonisierung betrifft mittlerweile auch die Literatur. Aussehen, Vortrag, Stimme, Gestik, mit einem Wort die *Performance der Autorfigur* ist mindestens so wichtig wie sein Text, wenn nicht oft sogar wichtiger. Nicht von ungefähr waren die Jurygespräche beim Bachmannpreis 2015 bestimmt von der Diskussion, ob die Performance Teil der Beurteilung von Texten sein sollte oder nicht.

An diesem Punkt komme ich nicht umhin, über das Geschlecht zu sprechen, das trennt. Oder wäre vorstellbar, dass sich die Lobeshymne zu Grjasnowa auf einen männlichen Autor übertragen ließe? Also, sagen wir mal, dass Thomas

Glavinic' Glatze Anlass zu Assoziationen über seinen Sprachgebrauch geben könnte, oder die abgewetzten Chucks eines anderen, sagen wir, 50-jährigen Autors in einer Rezension Aufschluss über den geistigen Reifegrad seines Romans lieferte? Schwerlich.

Für alle, die nach der Anerkennung, »gute Literatur« zu schreiben, streben, ist es weiterhin *von Vorteil, ein männlicher Autor zu sein.*

Das beginnt beim Namen. Eine britische Autorin verschickte kürzlich Textproben an 50 Agenturen und verwendete dabei ihren wirklichen Vornamen. Sie bekam 2 Antworten. Als sie Textproben unter männlichem Vornamen verschickte, bekam sie 90 Prozent Rückmeldungen, davon einige Bitten um Zusendung des Manuskripts.

Und hat man es unter weiblichem Namen einmal in die Agentur geschafft, werden von den Verlagen meist geringere Beträge für das Manuskript geboten, wie eine Berliner Agentin bestätigt. Ähnlich dann bei Honoraren für Lesungen und Vorträge, wie Autorin Tanja Dückers in einem Aufsatz berichtet. Auch die Entscheidung zwischen Hardcover und Taschenbuch fällt bei männlichen Autoren meist zugunsten des ertragreicheren Hardcovers aus. Danach die Frage der Covergestaltung: Gerne prunken die Bücher weiblicher Autoren mit nackten Körperteilen, geschwungener Schrift, sanften Farben, im Wind flatternden Kleidern und Strand, wird der Autorname eher klein gehalten und das Buch damit in die Genreecke Frauenliteratur gedrängt.

Und ist das Werk endlich veröffentlicht, hat es grundsätzlich weniger Chancen, rezensiert zu werden. Und wenn, nehmen diese Besprechungen weniger Raum ein als die der Werke männlicher Autoren. Die amerikanischen Schriftstellerin Meg Wolitzer beklagt all dies kürzlich im Essay »The Second Shelf« und meint, dass die sogenannte bedeutende amerikanische Literatur, die sich durchsetze, immer noch weiß, männlich und groß gewachsen sei. Und inzwischen stimmt sogar ein wichtiger Vertreter eben dieser Literatur, nämlich Jonathan Franzen, zu, dass die »literarischen Kategorien, mit denen wir Literatur bewerten, durch Männer verzerrt würden.«

6. Preise und Juroren: Verschiedene Blickwinkel

Literaturpreise sind Instrumente zur Gewinnung von Aufmerksamkeit in allen Aktionsfeldern des Betriebs. Aufgrund von Preisen aufgewertete Werke werden ausreichend beworben, in Buchhandlungen angeboten, werden gekauft, gelesen, besprochen, die Autoren werden zu mehr Lesungen mit höheren Honoraren geladen, bekommen Kredit bei Verlagen und das Interesse für folgende Projekte ist ihnen sicher.

Wie aber kommt eine Jury zur Auswahl dieser »guten Literatur« und nach welchen Gesichtspunkten verfährt sie?

Idealerweise setzen sich Jurys aus Mitgliedern verschiedener Bereiche des Betriebs zusammen. In der Diskussion um die Shortlist für den Deutschen Buchpreis 2015 wurde deutlich, dass Entscheidungen bereits vor der Juryarbeit fallen und zwar von den Preisstiftern, die jährlich »glaubwürdige« Juroren wählen. Für den Buchpreis sind die Vor-Entscheider »der Buchmessendirektor, die Kulturstaatsministerin, der Präsident des Goethe-Instituts, der Vorsteher des Börsenvereins sowie weitere Funktionäre der Buchbranche, aber auch ein Vorstandsmitglied der Deutsche Bank Stiftung – schließlich mit dem jeweiligen Kerr-Preisträger des Vorjahres auch ein Literaturkritiker«. Moniert wurde 2015, dass nur zwei echte Kritiker dieser Jury angehörten. Die anderen seien bloß Buchhändler und Kulturschaffende.

Die in die Jury Berufenen lesen und beurteilen nun komplexe und ästhetisch anspruchsvolle Bücher unter Zeitdruck und in Überfülle. 400 Titel pro Halbjahr seien zum Preis der Leipziger Buchmesse zu prüfen, bestätigt Hubert Winkels, einer der Hauptakteure des deutschsprachigen Preiswesens. Aus den Einreichungen wird nach ein paar Monaten eine Longlist erstellt, schließlich eine Shortlist, dann der preiswürdige Text gewählt.

Während in der privaten Lesezeit die jeweils eigenen Kriterien der Juroren zur Auswahl beitragen, kommt es in den Sitzungen zu Dynamiken, in denen nicht allein die Preiswürdigkeit dieses oder jenes Buches den Ausschlag gibt, sondern unter anderem auch die sprachliche Gewandtheit des Jurors, seine Machtposition in der öffentlichen Meinungsbildung, im Verlagswesen, in der Hierarchie. Nicht die besseren Argumente, sondern die besser vorgebrachten Argumente schaffen es zu überzeugen.

Aus meiner eigenen Lektüre als Jurorin konnte ich durch Selbstbeobachtung folgende Beurteilungskriterien ableiten: *Konstruktion, Schlüssigkeit, Spannungsbogen, Figurenaufbau, Motivation, Erzähltechniken, inhaltliche und formale Innovation. Wie wird Faktenwissen aus Geschichte, Politik, Wissenschaft etc. eingearbeitet? Wie steht es um die realpolitische Aktualität? Wird der Text gegebenenfalls mit Wissen überladen? Zeigt er eine vielfältige Welt oder bleibt er auf ein Milieu beschränkt?* Der Lesevorgang ist jedoch nicht nur analytisch geprägt, wichtig ist auch, ob und wie ein Text nachwirkt. *Wie verändert das Buch den Leser? Was bleibt nach drei Tagen als Eindruck haften? Was nach drei Wochen?*

Bei der Vergabe eines Preises für Internationale Literatur sollte zusätzlich *Globalgeschichtliches* bedacht werden. Immerhin handelt es sich um Preise, die von der Ersten Welt möglicherweise an Autoren aus Drittweltländern vergeben werden. Ob das überhaupt politisch legitim ist, wurde bisher kaum diskutiert. Verfälscht wird das Ergebnis auch durch die Originalsprachen der jeweiligen Bücher, deren Prestige mit der Zahl der sie Sprechenden abnimmt, – je weniger, desto »bedeutungsloser« die Sprache. Damit sinkt die Wahrscheinlichkeit – z.B. ins Deutsche – übersetzt und publiziert zu werden. Erleichtert wird außerdem die Verbreitung von Werken aus entlegenen Sprachen und Regionen oft, wenn sie von einem westlich gebildeten, bilingualen Autor in einer der großen Sprachen, in diesem Fall Englisch, geschrieben werden. Je spezieller der Sprachraum, desto schwieriger und aufwendiger die Vermittlungsarbeit.

Eine heikle Frage bleibt außerdem, ob die Kriterien für »gute Literatur« der »Ersten« und der »Dritten« Welt andere sind und sein sollen. Oder anders gefragt: Was wird mit einem derartigen Preis eigentlich anerkannt?

Soll ein in »westlicher« Manier komponierter, literarisch komplexer Text, soll eine Übereinkunft intellektueller und ästhetischer Art, als höchstes Maß gelten? Oder ein unter anderen geschichtlichen, politischen, sozialen, sprachlichen Voraussetzungen gebildeter Text, der den »westlichen« Kriterien eben nicht entspricht, und vielleicht in seinem Wert daher nicht angemessen beurteilt werden kann? Weil die Entscheider »westlichen« Konventionen folgen, auf die sich eine Kombination von Literaturkritik, Literaturproduktion, Literaturvertrieb und Leserschaft irgendwann einigt? Dazu kommen zahlreiche Übersetzungsfragen nicht nur sprachlicher Natur, wie kürzlich bei einem Übersetzertreffen Lucien Leitess, Leiter des auf Literatur anderer Kulturen spezialisierten Unionsverlags, am Beispiel des Arabischen betonte. Arabische Literatur wirke auf westliche Leser oft zu emotional. Der Westen habe »durch die Romantik gelernt, die Liebe zu ironisieren«. Daher werde von Übersetzern nicht »eins zu eins« übertragen, sondern stilistisch an die deutsche Kultur und deren Sprachgebrauch angepasst.

Soll also bereits Bekanntes und Vertrautes belohnt werden? Oder wollen wir erfahren, was wir kaum kennen, nur oberflächlich erahnen, auch wenn der Text – von hier aus gesehen – erzählökonomisch ungewohnt verfährt?

Mein Lieblingsbeispiel hierfür ist Haruki Murakami, der außerhalb Japans gerne gelesen, als hervorragender Autor gefeiert und Prototyp moderner, japanischer Literatur angesehen wird. Japanische Kollegen allerdings nennen andere Einschätzungen und Gründe. Murakami sei deshalb im Westen so erfolgreich, weil er sich westlichen literarischen Mustern angepasst habe und vor allem, weil seine Sprache sowie seine Botschaft einseitig und unterkomplex seien. Dies ließe sich nun mal leichter ins Englische und Deutsche übertragen als die wahren Meister japanischer Literatur, von denen wir eben gar nichts wissen, weil wir nicht Japanisch können und weil es wegen ihrer Komplexität auch schwierig ist, fähige Übersetzer zu finden. Jeder westliche Murakami-Leser hat hingegen den Eindruck, dass er mit der Lektüre seiner Romane tiefen Einblick in die japanische Kultur und Denkweisen erhalte, nicht zuletzt, weil der Autor die westlichen Klischees von komplizierten, japanischen Mädchen und durchgedrehten jungen Japanern in endlosen Variationen darbietet.

Daher sollten eigentlich auch die *Produktionsbedingungen*, unter denen das Werk verfasst wurde, in der Bewertung berücksichtigt werden. So muss zum Beispiel eine junge Autorin in Syrien mehr Widerstände überwinden, um ihr Buch zu verfassen, ihre Rolle als Autorin zu behaupten, sich in der Welt der

Verlage zu bewegen und sich überhaupt zur öffentlichen Person zu machen, als zum Beispiel ein in der westlichen Welt anerkannter und preisgekrönter, aus dem französischen Bürgertum stammender und sich im Literaturbetrieb problemlos bewegender Autor.

Hat der Juror also in einer ersten Leserunde Unpassendes und Uninteressantes aussortiert, die Auswahl verringert, so spiegeln sich die Werke wechselseitig, werden Erzähl- und Vermittlungsweisen, sprachliche Genauigkeit gegeneinander abgewogen. Zur Erstellung einer Shortlist kommen schließlich Aspekte, die mit der eigentlichen Qualität der Texte gar nichts zu tun haben, z. B. Entscheidungen, ob dies ein Erstlingswerk ist oder ob der Autor bereits mehrere eindrucksvolle Texte veröffentlicht hat, oder sollen Texte bzw. Autoren, die kürzlich einen anderen Preis erhielten, in der Auswahl beibehalten werden oder nicht? Die Erfahrung zeigt, dass oft das Prinzip *»The winner takes it all«* zum Zuge kommt. Bereits Bepreiste erhalten weitere Preise, weil auch der Preis und seine Stifter ihre Interessen vertreten, und die konzentrieren sich vor allem auf den Faktor *Aufmerksamkeit.* Diese ist am besten zu erreichen, wenn ein Autor, der bereits höchste Beachtung erfahren hat, auch den nächsten Preis erhält. *Aufmerksamkeit ist die höchste Währung.*

Und auch hier gilt: *Idealerweise sollte der Autor guter Literatur männlich sein.* Die Wahrscheinlichkeit, wichtige Preise zu erhalten, ist einfach viel höher. Die amerikanische Autorin Nicola Griffith stellte kürzlich Diagramme ins Netz, die dies verdeutlichen. Dabei achtete sie auch auf das Geschlecht der in Preisbüchern beschriebenen Helden und kam zu folgenden Ergebnissen:

Beim Pulitzerpreis gingen während der letzten 15 Jahre 8 Preise an Bücher von Männern über Männer, 3 Preise an Bücher von Frauen über Männer, 3 an Bücher von Frauen über Frauen und Männer, keine Preise erhielten Bücher von Frauen über Frauen, sowie Bücher von Männern über Frauen.

Beim Man Booker Preis lief es ähnlich: 9 Preise gingen an Bücher von Männern über Männer, 3 an Bücher von Frauen über Männer, 2 an Bücher von Frauen über Frauen, 1 Preis an das Buch einer Frau über Männer und Frauen, weitere Varianten: keine.

Und auch beim National Book Award zeigte sich das gleiche Muster: 8 Preise gingen an Bücher von Männern über Männer, 2 an Bücher von Frauen über Frauen, 3 Preise von Büchern über beide Geschlechter, 2 Preise an Bücher von Frauen über Männer, weitere Varianten: keine Preise.

Für den deutschsprachigen Raum hat das Projekt »frauenzählen« in einer Studie von 2018 die geringere Repräsentanz von Autorinnen sowohl bei der Vergabe von Literaturpreisen, als auch bei Anzahl und Umfang von Rezensionen eruiert und im Netz sichtbar gemacht.[1]

Die von der Innsbrucker Universität initiierte Studie »Geschlechterverhältnisse in der Literaturkritik« verfeinert derartige Ergebnisse noch, indem sie das Geschlecht von Kritikern und Juryvorsitzenden sichtbar macht.[2] Sie präsentiert Zahlen, jedoch vorläufig keine Analysen für die deutliche Unterrepräsentation der Werke von Autorinnen, von Kritikerinnen in den Feuilletons und von weiblichen Jurymitgliedern.

Das ist, bedenkt man den mittlerweile hohen Anteil an veröffentlichenden Autorinnen, erstaunlich und weist auf die Vorherrschaft männlicher Netzwerke unter Autorenkollegen wie Kritikern, sowie auf eine Höherbewertung von männlicher Thematik und Weltsicht auch unter weiblichen Juroren hin, jedoch sicherlich nicht auf die mindere Qualität der von Autorinnen verfassten Literatur.

Spannend waren auch erste Reaktionen auf die Verkündung des Nobelpreises für Literatur 2015. Viele waren sich einig, dass Entscheidungen des Komitees meist auf politischen, d. h. außerliterarischen Kriterien beruhten. Uneinigkeit herrschte bei der Bewertung, ob Swetlana Alexijewitschs Arbeit nun Literatur sei oder nicht. Sie sei zu wenig schöpferisch, sprachlich zu wenig eigenständig, es fehle ihr die imaginative, weltverwandelnde Kraft, meinte ZEIT-Kritikerin Iris Radisch, während andere die Arbeit mit fremden Stimmen, die sorgfältige Recherche, innovative Zusammenstellung des Materials und damit eine Erweiterung des gängigen Literaturbegriffs priesen.

7. Und der Rest

Jenseits des rationalen Erfassens verursachen die unbewussten Faktoren der Sprache und des Sprachdenkens emotionale Prägungen. *Der Leser wird in eine Stimmung versetzt*, in der er sich während und bestenfalls auch nach der Lektüre bewegt: Das kann Erstaunen sein, Überraschung, Begeisterung, aber genauso Ablehnung, schlechte Laune, Übelkeit, Enttäuschung, Langeweile. Inzwischen gibt es sogar Versuche, diesen Anteil des Gefühls als ästhetisches Kriterium sichtbarer zu machen. In einer Verbindung von Neuro- und Literaturwissenschaften sollen Bewegt-Sein und Ergriffenheit anhand von Gehirnscans messbar werden.

Außerdem interagiert jede Lektüre und ihre Bewertung mit bisherigen Leseerfahrungen. Zum Beispiel lese ich das Buch eines Autors, der – so stelle ich mit analytischem Werkzeug fest – virtuos mit Sprache und Erwartungshaltungen verfährt. Die Lektüre erzeugt dennoch Unbehagen. Obwohl ich das Anliegen des Autors verstehe und die Ausführung seines Plans gelungen ist, habe ich daran – bis auf einige konzeptuell eingesetzte leere Seiten – keine Freude. Aber darf ich zugeben, dass ich es nicht mag? Dass ich mich unwohl fühle? Eigentlich nicht.

Tagelang versuche ich herauszufinden, warum ich diese Widerstände entwickle, warum ich mich gegängelt und in die schwermütigen Gedankengänge eines älteren Mannes gezwungen fühle. Dann entscheide ich, dass diesem Buch Liebe fehlt, obwohl ich vermute, dass der Autor jegliche Empathie aus seinem Text tilgen will.

Aus meiner Abwehr muss ich also schließen, dass ich nach *Liebe als produktivem Auftrag guter Literatur* verlange und überrasche mich mit diesem Bedürfnis selbst. Anscheinend reichen mir *brillante Analyse, beste Sprachkunst* und *Aufklärung* nicht. Zu einer ernsthaften Bewertung gehört demnach die Einsicht, dass das eigene Urteilsvermögen bloß antrainiert ist – die gesamte Lese-, Arbeits- und Welterfahrung fließt darin ein –, dass es von persönlichen Bedingungen gefärbt und im Grunde begrenzt bleibt. Daher *müsste eigentlich jeder Entscheider seine Vorbedingungen offenlegen*, müsste auch ich das eigentlich tun, also tue ich es: Ich bin in bildungsfernem Milieu aufgewachsen, beschäftige mich auch aus biografischen Gründen mit dem Fremden, ich bin eine Frau und sehe Frauen in unserer Gesellschaft weiterhin unterrepräsentiert, ich bin durch die Avantgarde hindurchgegangen, ich habe in Portugal, Japan, den USA gelebt und gelesen, ich kenne französische Literatur, ich habe mich mit transnationalen Autoren beschäftigt, Zwischenwelten wie Mexiko / USA, Portugal / Brasilien, etc.; viele meiner Freundinnen und Freunde sind bi- und mehrkulturell, ich habe zweisprachige Kinder, ich bin Schriftstellerin, publiziere meist in Kleinverlagen, ich lehre Literatur etc. All diese Faktoren beeinflussen meine Ansichten zur Frage, was »gute Literatur« ist.

Folglich würde ich vielleicht anders über die Beurteilung von »guter Literatur« schreiben, wäre ich kinderloser Autor eines mächtigen Verlages mit guten Vorschüssen und Tantiemen, Träger wichtiger Literaturpreise, übersetzt in mehrere Sprachen. Oder?

Bleibt noch die Frage nach dem, was bleibt.

Wie wird über Bücher geurteilt, deren Lektüre bereits Jahre her ist? Bestes Beispiel sind die Werke Prousts, Musils oder Kafkas, die von vielen oft nicht oder nicht ganz gelesen wurden. Trotzdem existieren sie in der kollektiven Vorstellung. Sie funktionieren wie Gerüchte über eine Stadt, ein Land, das jeder zu verstehen meint. Wichtige Bücher sind demnach nie abgeschlossen, sondern wirken ohne Zutun des Verfassers nach. Es sind Geschichten, die sich selbsttätig weiter verbreiten. Das Wissen darum funktioniert wie die Erinnerung selbst. Wir häufen nicht Bild auf Bild, sondern setzen immer wieder an und erzeugen Bild um Bild neu. Kritik wäre dann, wie der Publizist Georg Seeßlen schreibt, vor allem die »Schaffung von Zugängen, Lesarten, Vorschlägen und Zusammenhängen«. Denn Literatur bereitet einen Raum, in dem der Leser sich frei bewegen kann, sie ist *ein Tun, eine Vorgehensweise*, deren Bedeutung und Fortgang jeder für sich entscheidet.

Was bleibt also?

Aufmerksamkeit ist die wichtigste Währung.
Lesen verändert Bewusstsein.
Gute Literatur wirkt nach.

P.S. Für eine Do-It-Yourself-Bewertung von Literatur stelle ich untenstehendes Glossar von aus Diskussionen und Rezensionen gesammelten Wortspenden zur Verfügung!

GLOSSAR: Begriffe zur Bewertung von Literatur

NEGATIV

alkoholisiert

alltäglich

anämisch

apolitisch

auffiktionalisiert

banal

beschränkt lesbar

beschränkter Kosmos

betulich

Coolness beschränkt Innovation

das Spezifische fehlt

Der Text ist ein Well-Done, aber eines, das
sich recht schnell konsumieren lässt

Erzähler zwingt dem Leser seine Perspek-
tive auf

Exotismus

fehlende Reflexionsebene

Flickenteppich

freudlose Lektüre

Fummelei

grandios gescheitert

im Ton inkonsistent

ineinandergerührt

kein dramatischer Bogen

kein großes Werk

keine Emanzipation des Helden

klischeehaft

Konstruktion nicht gelungen

kühl

Kulleraugenperspektive

lächerlich

langweilig

lässt sich schon beim ersten Lesen
superschnell in eine Auslegung bringen

löst nichts aus

manieristisch

mühsam

nicht faszinierend

nicht schlüssig

nimmt dem Leser die Möglichkeit, den
Witz zu checken

ohne literarischen Atem

parteiisch

risikoscheu

schiefe Metaphern

Selbstbezogenheit

selbstgerecht

selbstverliebt

spießig

stilistisch abgepaust

Stillstand

Textstellen, die sich spießen

trägt nicht

überflüssig

übergeordnete Perspektive fehlt

überschaubar

überzogen poetisierend

umständliche Sprache

unfreiwillig gescheitert

unglaubwürdig

uninteressant

unklar

verbaut sich selbst die Pointe

vermeidend

viel zu angenehm und kultiviert

vorhersehbar

wenig gestaltet

wenig Sprengkraft

widersprüchlich

zu ambitioniert

zu enge Welt

zu erwartbar

zu gelehrt

zu gut unterhaltend

zu konstruiert

zu märchenhaft

zu sauber

zu viele Männergedanken

zu viele Themen bloß abgehakt

zu viele unvermittelt gestellte Über-
setzungsakte

zu wenig Entwicklung

zusammengebastelt

POSITIV

anrührend
antirealistisch
auf altmodische Weise philosophisch
autochthone Mischung
beobachtungsgenau
beschreibungsgenau
burlesk-komisch
dichte Atmosphäre
dramaturgische Finesse
ehrgeizig
einfühlsam
elegant
emphatisch
entlarvend
erfrischend
Erkenntnisvergnügen
ernsthaft
erschütternd
erzählerisch packend
erzählerischer Bogen weit gespannt
faszinierende Porträts
feines Stilempfinden
fluide Sprache
formal interessant
geglückte Apokalypse
großartige semantische Stellen
große Bandbreite an Sprachregistern
gut gearbeitet
gut nachvollziehbar
hervorragend gebaut
hochaktuell
hochökonomisch
hypnotisch
illusionslos
innovativ
intellektuell-analytische Beobachtungs-
kraft
jenseits von Klischees
klug
klug strukturiert
komisch-lakonisch
komödiantisch
komplex
leichtfüßig
Leichtigkeit

liebevoll gezeichnet
lustvoll
man hat den Eindruck, dass alles mit der
Wirklichkeit übereinstimmt
nicht moralisierend
nüchtern
originell
poetisch
politisch
prall
präzise
reflektiert
regt zum Nachdenken an
Rückblenden schön verzahnt
rührt literarisch Kopf und Herz
sanft witzige Pointen
scheinbar direkt
schöner Ton
schonungslos
sinnlich
spannend
Sprachfuror
sprachliche Kreativität
stilsicher
subtil
Tempo
überzeugend
unaufdringlich
unauffällig kalkuliert
unkonventionell
unsentimental
unterhaltsam
variationsreich
vielschichtig
voller Details
wagt viel und gewinnt viel
wahnsinnig originell durchexerziert
wichtig
wie sich die Erzählstimme immer wieder
aus der Szene löst und dann abschweißt,
ist super gemacht
wird demnächst den Nobelpreis erhalten
witzig
wunderbar intelligent

FRAUEN IM KRIEG

1914 bis 1945
KÖRPER KLEIDER BLUT

(Alice Schalek, Margaret Bourke-White, Martha Gellhorn, Lee Miller, Gertrude Stein, Irène Némirovsky, Swetlana Alexijewitsch, Daša Drndić)

Obwohl es Texte verschiedener Genres zur weiblichen Seite des Krieges gibt, hat bislang kaum eine konzentrierte Auseinandersetzung damit stattgefunden. Der Gegensatz von männlichen Gefechtsschilderungen, Tötungsmaschinen, hierarchischen Beziehungsmustern und Heldenerzählungen zu weiblichen Berichten vom Überleben zwischen Gebäuderesten, Alpträumen, Versorgungsproblemen, Selbstschutz etc. verdeutlicht, dass Kriegsliteratur bislang weitgehend aus männlicher Sicht und ereignisorientiert verfasst wurde. Dabei befinden sich immer mehr Frauen als Soldatinnen, Journalistinnen oder Ärztinnen nahe den Frontlinien. Reporterinnen oder recherchierende Autorinnen erfahren als teilnehmende Beobachterinnen insbesondere von Frauen in Kriegsgebieten Geschichten, die sie Männern eher nicht mitteilen würden. Oft handelt es sich dabei um die Beschreibung von Kollateralschäden oder sexueller Aggression.

Absicht dieses Essays ist es, die Aufmerksamkeit auf den weiblichen Blick zu lenken, da unsere Bilder vom Krieg vorwiegend von Männern geprägt sind, während Frauen meist mit Friedfertigkeit assoziiert werden. In der Ausstellung *Gewalt und Geschlecht* im Dresdner Militärhistorischen Museum jedoch werden eingeschliffene Vorstellungen von männlichem Krieg und weiblichem Frieden kritisch hinterfragt. Im Vorwort des Ausstellungskatalogs heißt es dazu: »Es geht generell darum, zu vermitteln, dass die ›Wahrheit‹ jeglicher Überlieferung jeweils nur die Wahrheit des Überliefernden ist und dass sich das Bild eines historischen Ereignisses stets nur aus unendlich vielen Fragmenten, Erinnerungen und Wertungen, einem Mosaik vergleichbar zusammensetzt«[1].

Während in traditionellen Gesellschaften männliche Nachkommen als Krieger initiiert werden, gelten Mädchen mit Erreichen eines gebärfähigen Alters als erwachsen. Im Kriegsfall spielen Frauen höchstens durch Geburt und Erziehung waffentauglichen Nachwuchses eine bedeutende Rolle. Zudem dienen sie und gemeinsame Kinder als Verteidigungsmotiv und damit als Rechtfertigung für den männlichen Kampf gegen Feinde. Einen zwangsläufigen Zusammenhang zwischen Pazifismus und Feminismus gibt es aber nicht, wie z. B. Berta von Suttners *Die Waffen nieder* zeigt. Während des 1. Weltkriegs waren die Positionen der Frauenbewegung kaum von denen der männlichen Befürworter unterschieden. Geschlechterdifferenz und Mütterlichkeit konnten sowohl zur Bejahung als auch zur Ablehnung des Krieges herangezogen werden.[2] Die Wiener Kriegsreporterin Alice Schalek zelebriert beispielsweise in ihren Berichten zu Anfang des 1. Weltkrieges ein naturhaftes, *männliches Heldentum.* Frauen werden von ihr weder erwähnt noch fotografiert. Von einer spezifisch weiblichen Perspektive ist nichts zu spüren. Dass Alice Schalek als einzige Journalistin an der Front zugelassen war, hatte eher zur Folge, dass sie sich männlichen Vorgaben völlig anpasste.

Das Bild, das wir heute von dieser ersten österreichischen Kriegsreporterin haben, ist durch ihre Darstellung in Karl Kraus' *Die letzten Tage der Menschheit* und der *Fackel* bestimmt. Bekannt war sie vordem für Reiseberichte in entfernte Gebiete gewesen, in denen sie Wert auf einen subjektiven Blickwinkel und Begegnungen mit Einheimischen legte, Dialoge einbaute, um Unmittelbarkeit zu erzeugen. Ab 1915 berichtet sie dann von der Front und reizt Kraus zu seiner nicht gerade schmeichelhaften Darstellung, gegen die sie sich sogar mit einer Klage wehrt. Kraus nennt sie in seinem Drama »die Schalek«, in der er die Sensationsgier der Medien verkörpert sieht. Interessant ist, dass er sich für die Monologe der Figur aus Schaleks Originaltexten bedient, die er allerdings strafft, kürzt, neu zusammensetzt, sich also des modernen Verfahrens der Collage bedient. Die Reporterin tritt als unsympathische, privilegierte Kriegstreiberin in Erscheinung, die sich mit Konzentration auf das Ästhetische vom wahren Leiden der Kriegsbeteiligten distanziert, und verkörpert ein Feindbild, bis zur Lächerlichkeit verzerrt. Kraus' ablehnende Haltung entspricht damit aber auch der allgemeinen gesellschaftlichen Geringschätzung von Frauen, die sich in bis dahin Männern vorbehaltene Berufe wagten. Indem sich Schalek exponiert, wird sie zur Zielscheibe eines traditionellen Verständnisses der Geschlechterrollen.[3]

Der einzige Bereich, in dem Frauen während des 1. Weltkriegs sozial anerkannt aktiv werden durften, war Sorgearbeit. Man benötigte Krankenschwestern und Pflegerinnen, später wurden Frauen für die Organisation von Nachschub aus dem Hinterland eingesetzt, war ihre Mithilfe in Munitionsfabriken und im Transportwesen gefordert. Die mütterliche Fürsorge wurde auf das Nationale ausgeweitet. In früheren Kriegen befanden sich außerdem Wäscherinnen, Marketenderinnen, Köchinnen in Diensten der Feldherren, außerdem gab es adelige Frauen, die in Ausnahmesituationen Heere befehligten. Auch sind einige Fälle von als Männer verkleideten Kriegerinnen bekannt.

Im Allgemeinen jedoch werden in der klassischen, so gut wie immer von Männern geschriebenen Kriegsliteratur Frauen als Helfende dargestellt, Begegnungen mit ihnen finden in Ruhemomenten statt, sie sind Zuhörerinnen für die Kriegserzählungen der Männer oder verkörpern die Zivilgesellschaft, die es zu verteidigen gilt. Frauen wiederum, die kämpfen, müssen zahlreiche, ihrem Geschlecht auferlegte Beschränkungen überwinden und erinnern damit an Schwächen des menschlichen Körpers an sich. Folglich wird in Berichten von und über sorgende Frauen das männliche Image der Unverwundbarkeit gestört, da in ihnen Männerkörper nicht als feste, harte, sondern als weiche, verletzliche auftauchen. Die Anwesenheit von Frauen im Kampfgebiet rückt stets auch die körperliche Anfälligkeit der Männer ins Blickfeld. Frauen, die sich im Krieg um Verwundungen kümmern, werden schließlich selbst als Wunden wahrgenommen, welche eine straff männliche Vorgehensweise bedrohen. Das Weibliche, oder besser das Weibische, gilt als Antonym des Soldatischen, des Heldenhaften. In diesem Zusammenhang standen und stehen Probleme von Soldaten, traumatische Spätfolgen zuzugeben und Hilfe zu suchen. Es gilt die Doktrin, dass echte Männer keine psychischen Probleme haben können. Damit ist ein Teufelskreis eröffnet, in dem die Soldaten allein gelassen sind – Drogensucht und Alkoholismus sind verbreitete Folgen, die Selbstmordrate ist extrem hoch.

Je technischer, je abhängiger von digitalen Strategien und Hilfsmitteln der Krieg wird, desto leichter können Frauen an ihm teilnehmen. Auf diese Weise müssen sie nicht mehr nur die Körper von Verwundeten betreuen, sondern sie versorgen die Apparaturen des Militärkörpers oder werden selbst zu Kampfmaschinen aufgerüstet.

Im Sammelband *Gender for the Warfare State: Literature of Women in Combat* formuliert Robin Truth Goodman drei Thesen, die ich als Leitgedanken für die Analyse von weiblichen Kriegsberichten heranziehen möchte[4].

Erstens: Traditionelle Kriegsliteratur folgt dem Muster von klassischen Heldenerzählungen mit Motiven, wie Eroberung, Überwindung körperlicher Beschränkungen und Sieg. In von Frauen verfassten Kriegsberichten verändern sich die Vorgaben: Die Grenzen zwischen öffentlichen Sphären und privaten Gefühlen, zwischen Held und Opfer, zwischen Abenteuer und Mühen, Action und Wiederholung, Gewalt und Fürsorge verschwimmen. Bilder von Weltzerstörung und Welthervorbringung vermischen sich in diesen Berichten von der Front.

Zweitens: In weiblichen Kriegserzählungen herrscht ein anderer Zeitbegriff. Krieg wird nicht als Einbruch aus heiterem Himmel dargestellt, in dem alle Regeln außer Kraft gesetzt werden, sondern als Fortsetzung von Alltagspraktiken. Statt einer Aneinanderreihung von kämpferischen Aktionen werden die Zwischenräume und das Warten auf einzigartige Ereignisse betont. Frauen berichten von lange vorausgegangenen Abläufen, die zum Kampfgeschehen führen, von nachhallenden Wirkungen, von den Folgen der Zerstörung materieller und seelischer Ressourcen.

Daraus folgt, drittens, dass in weiblichen Texten vom Krieg klassische Formen durchbrochen werden. Neben lyrischen und dramatischen Formen werden kürzere und formal gelockerte Genres, wie, Memoir, Zeugenaussagen, Blogs, Tagebücher, Reiseberichte, Monologe, Briefwechsel, Autobiografien, Ethnografien, Interviews wichtig. Oder es handelt sich um Mischformen, sogenannte Hybride, die herkömmlichen Zuordnungen nicht entsprechen. Es scheint, dass die Absicht klassischer Kriegsliteratur, Ordnung ins Chaos bringen zu wollen, um Krieg sinnfällig zu machen, in Berichten über Frauen und von Frauen aufgeweicht wird, indem sie die Effekte des Krieges auf Körper, soziale Regeln und Psyche deutlich machen.

Dazu möchte ich viertens hinzufügen, dass die Verarbeitung des Krieges zeitliche und räumliche Distanz benötigt. Je weiter das aktuelle Geschehen zurückliegt, desto eher gelingt es zusammenhängende, weitläufige Narrative dazu zu entwerfen, wie wir anhand der folgende Beispiele bemerken werden.

Um die wechselseitige Wirkung von Medien und Krieg herauszustellen, beginne ich mit Berichten dreier Kriegsreporterinnen, bevor ich zu literarischen Zeugnissen übergehe.

Während des 2. Weltkriegs wurden vom US-Militär neben männlichen Kriegsberichterstattern insgesamt 200 Reporterinnen akkreditiert. Ihre Perspektive sollte vor allem daheimgebliebenen Ehefrauen verdeutlichen, wofür ihre Männer so weit von zuhause entfernt kämpften. Die Reporterinnen wurden mit Uniform, Helm, Mütze, Presseausweis sowie einem offiziellen Abzeichen ausgestattet und waren damit Teil der Armee. In *The Woman War Correspondent* schreibt Carolyn M. Edy, dass die Journalistinnen sich zwar in einem männlich strukturierten Feld bewegten, jedoch ihren Leserinnen mit typisch weiblichen Eigenschaften vorgestellt wurden. Obwohl die Frauen professionelle Journalisten waren, wurde betont, dass sie sich von Anfang an vor allem darum sorgten, wie sie die zugeteilten Uniformen ihren Körpern anpassen und schicker machen könnten. Wenn sie gelobt wurden, dann als außergewöhnliche Frauen und nicht als außergewöhnliche Reporter. Manche von ihnen spielten mit diesen Erwartungen, berichteten über Bedenken, die Front ohne Make-up besuchen zu müssen. Caroline Iverson, eine ausgewiesene Luftfahrtexpertin, die für das LIFE MAGAZINE arbeitete, wünschte sich inmitten einer Gruppe gut aussehender Piloten angeblich nichts sehnlicher als Lippenstift und Puder, um die Männer vor allem mit weiblichen Reizen zu beeindrucken.[5]

Andererseits kann diese Konzentration auf Äußerlichkeiten eine Ablenkungsmethode vor realer Gefahr gewesen sein. Anstatt über ihre Angst vor den heranziehenden deutschen Truppen zu berichten, schreibt Inez Robb z.B. über ihren Horror vor Kopfläusen und Ruth Cowan erwähnt wiederholt ihre Bemühungen, als Braunhaarige auch an der Front blond zu bleiben.[6]

Berichterstatterinnen im Krieg waren also auf mehreren Ebenen Ausnahmen par excellence. Sie sollten nicht das militärische Hauptgeschehen dokumentieren, sondern die große Erzählung ergänzen und eine Abwechslung von der Routine des Krieges bieten. Doch gab es einige Stimmen und Fotografinnen, wie Lee Miller, Margaret Bourke-White und Martha Gellhorn, die über die ihnen zugedachten Rollen und Kompetenzen hinaus agierten. Ihre Artikel wurden zwar für Mode- und Gesellschaftsmagazine verfasst, erlangten in ihrer Eindringlichkeit jedoch literarische Qualität. Ihre Fotos versuchten vor allem die Folgen des Kampfgeschehens auf Menschen, Gebäude und Stimmungen zu zeigen. Dabei ist jedoch zu bedenken, dass diese Frauen die amerikanische Perspektive der rettenden Kraft gegen das verkörperte Böse der Deutschen einnahmen und davon ihre Ermächtigung ableiteten.

Lee Miller wurde durch ein Foto, das sie in Hitlers Badewanne zeigt, weltberühmt. Die Aufnahme war Teil ihrer Reportage *Hitleriana*, in der sie den nach der Kapitulation in Hitlers Münchner Wohnhaus vorgefundenen, kitschigen Nippes in Wort und Bild enthüllte.

Margaret Bourke-White wurde für Flugeinsätze rekrutiert, wo sie sich als Frau in der männlich dominierten Nachrichtenwelt behauptete.

Martha Gellhorn berichtete für Frauenmagazine, indem sie sich als Identifikationsfigur einer aufgeschlossenen, dennoch mit weiblichen Reizen versehenen Reporterin darstellte.

Sie »stehen für ihre Botschaften mit dem eigenen Körper ein«, schreibt Elisabeth Bronfen in einem Essay, um die Wahrhaftigkeit ihrer Aussagen und Bilder für das vorwiegend weibliche Publikum zu garantieren.[7] Indem sie scheinbar Nebensächliches zum Hauptstrang der Erzählung vom gerechten Krieg hinzufügen, arbeiten sie für die Legitimation des amerikanischen Einsatzes. Die Qualität ihrer Arbeiten reicht dabei über das übliche Maß des Berichtens von Fakten hinaus. So schreibt Lee Miller 1944, nachdem Soldaten und Korrespondenten sich lange Zeit nur von Konserven ernährten, über das erste frisch gebackene Brot in Frankreich: »Das Weiß eines Schneesturms! Das frische Brot wurde geküsst, liebkost, bewundert und verschlungen.«[8]

Das ehemalige Fotomodell in Kreisen der Pariser Surrealisten, das bei Man Ray fotografieren gelernt hatte, setzte die visuellen Lektionen des Lehrmeisters im Kampfgebiet um. Ihre Fotos von zerstörten Objekten nach dem Londoner Blitzkrieg ähneln Ready-Mades; die Bilder von Frauen mit Schutzbrillen wirken wie künstlerische Inszenierungen. Millers für die Modezeitschrift *Vogue* produzierten Bilder verschränken Beobachtungen aus dem Krieg mit Modebewusstsein. Militärische Motive werden ästhetisch für Kleidertrends genutzt und umgekehrt. An den Uniformen ausrückender Soldaten, so formuliert sie,

»hingen die Handgranaten wie Ansteckadeln von Cartier«. Die unbekümmerte Kombination von Werbeanzeigen für Luxusartikel mit Modeaufnahmen und Fotos der Kollateralschäden des Krieges, wie sie damals in der *Vogue* möglich waren, scheint heute unvorstellbar. In Porträts aus dieser Zeit verkörpert Miller beispielhaft die Rolle der Kriegsreporterin, indem sie sich z.B. mit der Kamera im Anschlag, breitbeinig in Uniformrock auf dem Dach eines Jeep stehend, aufnehmen lässt. Und nachdem sie Hitlers Stelle in seiner Badewanne eingenommen hatte, spielt sie die Rolle von Eva Braun, indem sie in deren Wohnung dringt, die Medikamente, den Luftschutzkeller, die Vorräte inspiziert und sich auf ihr leeres Bett legt, mit dem Apparat telefoniert, den Hitlers Geliebte benutzte, um seine Anrufe aus Berlin und Berchtesgaden entgegenzunehmen. Millers beste Reportage ist ein ausführlicher Bericht über die Belagerung von Saint-Malo, die sie als einzige Journalistin hautnah miterlebt. Sie beschreibt Gerüche, Geräusche, tritt auf Leichen, rutscht in Blutlachen aus, fühlt sich in Soldaten ein, die sie einen Hügel hinaufklettern sieht. »Es war ein schwerer Anstieg, und die Uniformen der Soldaten hatten die Farbe der verbrannten Erde, auf der sie sich bewegten. Ich versetzte mich in ihre Lage. Meine Arme und Beine schmerzten und verkrampften sich.«[9]

Als Kontrast arbeitet sie wiederholt Zitate aus einem offiziellen Reiseführer zu Saint-Malo ein, der die Schönheiten der Stadt preist und setzt sie ihrer Wahrnehmung des Grauens entgegen. Später durfte sie nicht mehr an Schlachten teilnehmen und konzentrierte sich auf Ruinen und Reste, leidtragende Menschen, enttarnte Kollaborateure beider Geschlechter, Kriegsgefangene und Flüchtlinge. (Danach hatte sie genug, versteckte das Material. Erst ihr Sohn entdeckte es nach Millers Tod wieder und veröffentlichte die Fotografien.)

Auch Margret Bourke-White arbeitete für *Vogue* und wurde 1942 als erste Fotografin überhaupt für die US-Air-Force akkreditiert. Ein Foto zeigt sie mit einer eigens für sie hergestellten Fliegeruniform aus Pelz und Leder, an ein Flugzeug gelehnt. Da es bis dahin keinen Bedarf für weibliche Uniformen gegeben hatte, mussten die Militärschneider maßanfertigen. Bourke-White berichtet, wie sie die Seide eines Fallschirms zu Schals wiederverwertet und erwähnt – nicht zuletzt aus praktischen Überlegungen – wiederholt Kleiderfragen, bevor sie zu einer Mission aufbricht. Für Flugreisende im Kriegsgebiet war neben der Ausrüstung das Gewicht für persönliches Gepäck beschränkt: 113 Kilo für das Equipment, 25 Kilo für den privaten Koffer.

Der privilegierte Blick auf das Kampfgeschehen von oben lässt die Reporterin Flächenbombardements als geometrische Zeichnungen wahrnehmen. Oft fotografiert Bourke-White auch inmitten von Schlachten, überschreitet Regeln und missachtet Vorsichtsmaßnahmen, um an interessante Schauplätze zu gelangen. Sie versteckt sich während einer Evakuierung, damit sie Fotos vom feindlichen Angriff machen kann, beschreibt die Rückkehr von Ausgebombten in die Ruinen ihrer Häuser, wobei sie die Helme getöteter Feinde dazu nutzen, um glühende Kohle zu transportieren. Ausführlich schildert die Reporterin zerschossene Bäume, bemerkt Blumen auf rasch aufgehäuften Grabhügeln, Hunderte am Boden liegende Helme erinnern sie an leere Schildkrötenpanzer. Oft ist es Nebensächliches, auf das Bourke-White den Blick lenkt und damit Empathie erzeugt, z. B. als sie bei einem Luftangriff inmitten einer Wiese in Deckung gehen muss:

»Es ist schon erstaunlich, welche Bilder sich dem Gedächtnis einprägen. Ich erinnere mich, dass wir in dem größten Feld von Fransenenzian lagen, das ich je gesehen hatte. Die Enziane befanden sich auf meiner Augenhöhe, und über dieses blaue Band hinweg sah ich drei große Gardinen aus Schlamm aufsteigen, die schimmernd am Himmel hängenblieben, wie an unsichtbaren Vorhangstangen festgemacht. Als diese himmlischen Behänge wieder zu Boden gesunken waren, hatten sich auf der Straße hinter uns drei kreisrunde matschige Löcher aufgetan, und unsere Autos waren unbeschädigt, wenn auch von einer dicken, glänzenden Schlammschicht überzogen, wie Ahornglasur auf einem Kuchen.«[10] Und bei einem Angriff spricht sie über das »Geräusch von zusammenbrechendem Mauerwerk, das sich anhört wie Toast, den jemand vor deinen Ohren zerkrümelt.« Schwarzer Humor hilft vermutlich, den Schrecken zu bannen.

Bourke-White setzt sich einerseits der Gefahr, dem Chaos und dem Grauen aus, um mit ihren Fotos Einblicke in die zerstörerische Wirklichkeit zu geben, und ist andererseits um Objektivität bemüht, weil Tränen schlecht sind, um durch den Sucher der Kamera zu fokussieren, wie sie einmal erwähnt. Doch immer befindet sie sich dabei in der gleichen Lage wie die kämpfenden Soldaten, die manchmal sogar mit anpacken. Die Männer stellen Lampen auf, verlegen Kabel. Da nur Bourke-White weiß, welche Beleuchtungszeiten die besten Aufnahmen ergeben, kommt der Befehl zum Schießen dann von ihr. Einmal bedient sogar ein hinzugekommener General die Kamera, während die Fotografin seine Soldaten kommandiert und sich damit zur Befehlshaberin wandelt. So gelingt es Bourke-White inszenierte Bilder als authentisch auszugeben.

Die Reportagen der Kriegsberichterstatterin Martha Gellhorn sind von Ironie und Witz durchzogen, nahezu *hard boiled* schreibt sie über Einzelschicksale, geht in Krankenhäuser, besucht Menschen in ausgebombten Wohnungen, konterkariert Alltägliches mit Außergewöhnlichem. Kurze Einsprengsel von Erinnerungen an das Leben vor dem Krieg, prägnante Wortfindungen, wie z.B. *wonderful Kraut-Killing country,* mit dem sie das Kampfgebiet bezeichnet, sind ihre Spezialität. Zuweilen verwendet Gellhorn das Mittel der Aufzählung, unverbundene Einzelheiten, Blickwinkel im Durcheinander kurz nach der Schlacht, wo Feind und Freund, Tiere, Sterbende auf der Straße liegen, alles im Bewusstsein, dass es im aktuellen Chaos unmöglich ist, widersprüchliche Eindrücke zu bewerten und einzuordnen. Erst die Historiker werden viel später klarer über diesen Feldzug schreiben können als die, die ihn erlebt haben, bekennt Gellhorn. Oder sie reflektiert das Erzählen mit: »Dies ist eine Geschichte über eine kleine Stadt in Holland, die Nimwegen heißt. Die Moral der Geschichte lautet: Es wäre eine gute Sache, wenn die Deutschen nicht ungefähr alle zwanzig Jahre einen Krieg anzettelten, und dann würde es auch keine Geschichte über eine kleine Stadt geben, die Nimwegen heißt.«[13] Gellhorn versteht es als ethischen Auftrag, Schreckensbilder festzuhalten, wagt moralische Urteile, appelliert an die Herrschenden, sie sollten, bevor sie daran denken, Kriege zu beginnen, die Menschen kennenlernen, die in den betroffenen Ländern leben.

Zur Stunde Null befinden sich alle drei Reporterinnen in Deutschland. Das Witzeln verstummt angesichts ihres Entsetzens über eine Bevölkerung, die sich entweder als unschuldig inszeniert oder ungebrochen von Hitler und den Nazis schwärmt. »Wir haben nichts gewusst. Wir haben nichts gewusst«, wie Gellhorn in ihrem Text *Das deutsche Volk* schreibt. Sie collagiert Satzfetzen von Aussagen der Deutschen nach der Kapitulation: »Niemand ist ein Nazi«, oder »Oh, die Juden? Tja, es gab eigentlich in dieser Gegend nicht viele Juden. Zwei vielleicht (...)«, oder »Nein, ich habe keine Verwandten in der Wehrmacht. Ich auch nicht. Nein, ich war nie in der Wehrmacht (...)«, eine ewige Leier, kommentiert Gellhorn, »Man müsste es vertonen. Dann könnten die Deutschen diesen Refrain singen.«

Als Lee Miller die Lager in Dachau und später in Buchenwald fotografisch dokumentiert, sind ihre Blicke getragen vom Hass gegen die Täter, die Aufnahmen direkt und grauenvoll. Sie schreibt vom Gestank nach Leichen, von Körperschmiere, die sich an ihre Sohlen klebt und ist genauso entgeistert wie Gellhorn, dass die Bevölkerung sich harmlos gibt: »Kein Deutscher (...) findet, dass Hitler irgendetwas falsch gemacht habe, außer den Krieg zu verlieren ... (...) Hitler war einfach, nett, bescheiden, liebte Kinder«[12]. Und als ihr in Köln volle Vorratskammern gezeigt werden, gerät sie in Wut: »Wir blicken zornig auf Räume voll mit holländischem und französischem Käse, portugiesischen Sardinen, norwegischem Dosenfisch, Sirupfäßern und allen Arten von Marmeladen und Dosengemüsen.«[13]

Sie wundert sich, dass die Deutschen nicht einmal in Kriegszeiten hungerten, dass sie wenig aufgeben mussten, und dass Not nicht als Entschuldigung für Krieg dienen konnte. Sie ärgert sich über Menschen, die »wegen ihrer Möbel weinen«, während ihre Mitbürger doch eine grausame Tötungsmaschinerie in Gang gesetzt hatten.

Dieses Erstaunen, dass es immer noch Tischtücher, bestickte Vorhänge, teures Geschirr, eine gediegene Häuslichkeit gegeben hatte, spricht auch eine russische Soldatin in einem von Swetlana Alexijewitsch geführten Interview aus.

»Warum waren sie in den Krieg gezogen, wenn es ihnen so gut ging? (…) Wir verstanden nicht, woher ihr Hass kam.«[14] Dazu später.

Im von Deutschen besetzten Frankreich versuchte die aus Kiew stammende jüdische Autorin Irène Némirovsky sich und ihre Familie zu retten, indem sie aufs Land floh, um dort weiterzuschreiben. Sie musste den Judenstern tragen, wenn sie außer Haus ging, und wurde von einem französischen Gendarmen verraten, wie ihr Mann deportiert und starb im Konzentrationslager. Zumindest ihre beiden Töchter hatte sie vorher noch in Sicherheit bringen können. Erst mehr als 50 Jahre später wurde Némirovskys Roman *Suite française* von ihrer im Verlagswesen tätigen Tochter entdeckt und veröffentlicht. Die französisch Schreibende schildert in diesem Roman das langsame Näherkommen des Krieges, bis zur Kapitulation der Franzosen und dem Eintreffen der deutschen Besatzer, fühlt sich in verschiedene Schichten der Bevölkerung ein, schreibt, obwohl ihr die Staatsbürgerschaft verwehrt worden war, für ein französisches Publikum.

Poetisch elegant erzählt sie von Vorbereitungen zum Aufbruch aus Paris, beobachtet verschiedene Milieus, Künstler, Fabrikanten, Angestellte beim Einpacken, der Wahl ihrer Begleitung und Verkehrsmittel: Zu Fuß, mit dem Zug, mit dem Auto, dem Lastwagen. Es kommt zu Staus, ausgebuchten Unterkünften, zerstörten Straßen, kaputten Autos, während der Krieg sich nähert. Némirovsky betont die Klassenunterschiede im Umgang mit der neuen Situation. Die einen essen mitgebrachte Gänselebersandwiches, die anderen zwiebelige Wassersuppe. Némirovsky liefert keine Frontberichte, sondern Geschichten von den Auswirkungen des bewaffneten Konflikts in der Zivilbevölkerung. Sie kreuzt Beschreibungen der schönen Natur, der Sonne, der Vögel, die unbeeindruckt vom Krieg sind, mit Beschreibungen von Gefahr und Zerstörung: »Über ihnen flimmerte der Himmel in strahlendem Azurblau, ohne eine Wolke, ohne ein Flugzeug. Zu ihren Füssen floss ein hübscher, schimmernder Fluss. Vor sich sahen sie die Straße nach Süden und einen jungen Wald mit frischem grünen Laub. Plötzlich schien sich der Wald zu bewegen und ihnen entgegenzukommen. Getarnte deutsche Lastwagen und Kanonen rollten auf sie zu.«[15]

Detonationen erblühen in diesen Beschreibungen »wie eine Blume«. So kann sich die Schreibende den Anschein geben, sie wäre Herrin der Bilder, wie Lee Miller mit ihren surrealistisch gefärbten Fotos.

Neben der Naturalisierung des Schreckens und der menschlichen Schicksale, versucht Némirovsky die Ereignisse in einen zeitlich weiter gefassten Horizont einzubetten. Ältere Menschen erinnern andere Kriege, andere Fluchtbewegungen. Dadurch wird dem Geschehen und dem Leiden seine gefühlte Einzigartigkeit genommen. Der Bericht von der Kapitulation schließlich wird von den Betroffenen fast apathisch akzeptiert. Doch die grundsätzlichen Herrschaftsstrukturen ändern sich nicht, sondern beginnen während der deutschen Besatzung so schnell wie möglich wieder zu wirken. Die vermögenden Bürgerlichen können sich's immer richten.

Interessanterweise werden in Némirovskys Roman keine Juden erwähnt, wahrscheinlich um sich zu schützen und weil sie das Manuskript verkaufen wollte. Nur in ihren Notizen kommen die Worte Juden und Konzentrationslager je einmal vor. Da spricht sie bereits von »Nachwelt«, wenn sie überlegt, worauf sie in ihrem Roman Wert legt. Sie möchte weniger das Spektakel als die »allgemeine Gleichgültigkeit der Leute« zeigen. Oder, wie sie schreibt: »Ein Wort für Elend, zehn für den Egoismus, die Feigheit, die Kumpanei, das Verbrechen!«[16]

Für einen künftigen Roman hatte sie den Titel *Gefangenschaft* vorgesehen, er sollte im Konzentrationslager spielen. Dort ist die Autorin aber bloß hingekommen und nicht wieder heraus. Schreiben konnte sie darüber nicht mehr. Die ersten zwei ihrer als Tetralogie geplanten Bücher wurden postum veröffentlicht. Da jeder Leser weiß, dass die Autorin kurz nach Abschluss des Textes in Auschwitz starb, ist der Authentizitäts- und Schreckensbonus garantiert. Ohne die grausige Back Story wäre der Roman wahrscheinlich nicht publiziert worden, da er stilistisch keine Innovationen bietet. Zu gegebener Zeit aber konnte das Buch im Kontext des Holocaust gesehen werden, obwohl die Autorin versucht hatte, die Konflikte die aus ihrem Status als jüdische Ausländerin erstanden, aus dem Text herauszuhalten. Das, was sie im Roman nicht anspricht, wird aber von einem gegenwärtigen Betrachter während des Lesens mitempfunden. Erst das Zusammenspiel von Text, Notizen, in denen sich die realen Lebensumstände spiegeln, und von biografischem Wissen zum Schicksal der Autorin machten die Lektüre zur Sensation, mit der Némirovskys Werk lange nach ihrem Tod aufgenommen wurde.

Vom Schauplatz im Westen Europas nun in den Osten. In den 1970ern führte Swetlana Alexijewitsch Gespräche mit Frauen, die im 2. Weltkrieg an der Front gekämpft hatten. Aussagen von Sanitäterinnen, Scharfschützinnen, MG-Schützinnen, Flak-Geschützführerinnen oder Partisaninnen fasste die Autorin in *Der Krieg hat kein weibliches Gesicht* zusammen. Im Unterschied zu den vorherigen Beispielen sprechen die interviewten Frauen aus der zeitlichen Distanz von Jahrzehnten über das Kriegsgeschehen, an dem sie als Kämpfende beteiligt waren. Während die amerikanischen Reporterinnen Eindrücke vor Ort, in Wort und Bild festhielten, sind die Aussagen in Alexijewitschs Sammlung Produkte von Erinnerungsarbeit. Diese von der hartnäckigen Interviewerin einem von oben angeordneten Schweigen entrissenen Erzählungen sind nicht unmittelbar, sondern bereits aus dem Gedächtnis rekonstruiert. Von offizieller Seite waren die Frauen nach dem Krieg nämlich angehalten worden zu schweigen. Staatspräsident Michail Kalinin ermahnte die Soldatinnen über ihre Kriegserfahrungen nicht zu sprechen und forderte so zur Löschung weiblicher Erinnerungen auf. Überdies wurden einige Passagen der ersten Ausgabe zensuriert.

In der zweiten erweiterten Ausgabe, nach der Perestroika, fügt Alexijewitsch Beobachtungen über die Umstände der Begegnungen mit den Frauen hinzu, beschreibt ihr Aussehen, ob sie ihr in Alltagskleidung oder in Uniform, mit oder ohne Orden entgegentraten, ob ihre Männer dabei waren, wie sich die Aussagen der Frauen, in deren Beisein veränderten oder erwähnt, dass in den Tonbandaufnahmen außersprachliche Informationen, wie Blicke, Seufzer, Betonungen, die dahintersteckende Gefühle andeuten, verlorengehen, reflektiert ihre Methoden aufs Genaueste.

Zusätzlich klärt Alexijewitsch in der zweiten Ausgabe ihre Motivation, diese Forschungen zu betreiben. In ihrer Kindheit war das Dorf, in dem sie aufwuchs, von Frauen geprägt, weil so viele Männer im Krieg umgekommen waren. Berichte über Kriege wären nach männlichen Vorstellungen festgelegt worden und sobald Frauen miterzählten, richteten sie sich nach deren Vorgaben. Was dabei fehlte, waren Farben, Gerüche, Empfindungen, schreibt Alexijewitsch. Die Protagonistinnen ihrer Interviews wären jedoch nicht nur Heldinnen, sondern auch Menschen des Alltags. Erst mit Berücksichtigung der weiblichen Perspektive ergebe sich ein komplettes Bild dessen, was Krieg sei: »Wir glauben, wir wüssten alles über den Krieg. Doch wenn man den Frauen zuhört, (…), dann erkennt man, dass das nicht stimmt.«[17]

So machte sich die Autorin auf die Suche nach unterdrückten Stimmen, sammelte Versionen von Geschehnissen, die sich durch die Zeit und während des Erzählens veränderten. »Ich schreibe keine Geschichte des Kriegs, ich schreibe eine Geschichte der Gefühle (…) Für mich sind Gefühle Realität.«[18]

Bei ihrer Recherche muss Alexijewitsch feststellen, dass von männlichen Protagonisten befürchtet wurde, die Frauen könnten einen »falschen Krieg« erzählen. Von offizieller Seite wurde ohnehin nicht akzeptiert, dass sich die Autorin vom überlieferten Narrativ der ruhmreichen Geschichte des Großen Vaterländischen Kriegs entfernte, sondern kleine Geschichten hervorkramte, das Unheroische, den Schmutz. Alexijewitsch betont Kleinigkeiten, da sie Essenzielles, Hinweise auf Unterdrücktes enthalten können, wie z. B. die Aussage: »… in meinem Haus findest du nichts Rotes. Seit dem Krieg hasse ich Rot«, die als Reaktion auf zu viel Blut verstanden werden kann, als Spätfolge des Schreckens.

Die Frauen, die hier sprechen, wollen sich selbst als weiblich definieren oder fühlen sich durch Alexijewitsch ermutigt, das, was sie in den offiziellen Erzählungen aussparen mussten, nun herauszustreichen, z. B. die Liebe zur Handarbeit, da sie sogar während des Krieges stickten, strickten, nähten, sobald sich eine Gelegenheit dazu ergab. »Wir wollten irgendetwas Weibliches tun.« Andererseits bot dies die Möglichkeit, eine Art Alltag, Erinnerung an die Zeit vor dem Krieg für Momente wieder zu erschaffen.

»Ich zum Beispiel mochte die Uniformknöpfe, die glänzten so schön (...) Wir bekamen Rucksäcke, in die wir unsere Sachen tun sollten. Nagelneue. Ich schnitt die Riemen ab, trennte den Boden auf und schlüpfte hinein. So hatte ich einen Uniformrock.«[19]

Die Frauen sprechen von Äußerlichkeiten, wie der Schwere des männlichen Uniformmantels, von groben Stiefeln, die scheuerten, vom heimlichen Anlegen unpraktischer Ohrringe, erzählen, wie sie die in der Werkstatt eines Hutmachers gefundenen Hüte über Nacht trugen, um so etwas wie Normalität zu simulieren und sei es nur während des Schlafs. Der Duft einer Puderdose inmitten von explodierenden Granaten konnte eine beruhigende Wirkung haben, berichtet eine. Aus praktischen Gründen begannen sich die Geschlechter an der Front äußerlich anzugleichen. In männlicher Kleidung und mit kurzgeschnittenem Haar wurden sie manchmal nicht mehr als Frauen erkannt, nicht einmal von den eigenen Kindern bei der Rückkehr. Unter Stress und Angst blieb sogar ihre monatliche Blutung aus; falls sie ihre Periode doch bekamen, fehlte es jedenfalls an Binden.

Sie sprechen davon, dass sie sich im Angesicht eines möglichen Todes schön kleideten, um nach ihrem Ableben möglichst gutaussehend aufgefunden zu werden. Manche flüchteten sich in Liebesgeschichten, begannen mit Soldaten eine Beziehung, obwohl er verheiratet war. Sex bot eine Ablenkung von der Angst. Sie sprechen über die Brutalität des Feindes gegenüber Kindern, die aus Zugfenstern geworfen, von Panzern überrollt wurden. Und bekennen, dass sie weiterhin unter Nachwirkungen leiden. Die Bilder des Grauens hören nach dem Krieg nicht auf. Die gespeicherten Wahrnehmungsreste werden sie ihr Leben lang nicht los. »Wenn die Sonne alles erwärmte – Bäume, Häuser, Asphalt –, das alles hatte einen eigenen Geruch, und für mich roch es nach Blut.«

Die Aussagen der Frauen werden von Alexijewitsch schließlich nach Themen und Motiven zusammengestellt. Kapitelüberschriften sind wörtliche Zitate aus den Interviews. Die Autorin verdichtet und collagiert, erlegt ihrer Sammlung jedoch keine übergeordnete Struktur auf, belässt sie in ihrer Brüchigkeit.

Bevor wir uns in die 1990er-Jahre und an die Schauplätze des Jugoslawienkriegs begeben, soll das außergewöhnliche Projekt *Sonnenschein* von Daša Drndić Erwähnung finden, das seinen geografischen Ausgangspunkt im heute slowenischen Gorica hat. Die Grenzstadt wurde infolge wechselnder nationaler Zugehörigkeit immer wieder neu benannt, hieß italienisch Gorizia und österreichisch Görz.

In der Anfangsszene sitzt die 83-jährige Haya vor einem Korb mit Dokumenten und Erinnerungsstücken, um die Geschichte ihrer Familie zu rekonstruieren und auf die Ankunft des seit 60 Jahren vermissten Sohnes zu warten. Der war ihr als Baby aus dem Kinderwagen gestohlen und in einem Stützpunkt der Aktion Lebensborn untergebracht worden, welche den Nazis genügend

Nachschub an vollkommen ihrer Ideologie entsprechenden Menschen liefern sollte.

Die junge Frau machte sich schuldig, indem sie sich vom geschönten Frauenbild der Nazi-Propaganda in Form von Filmschnulzen verführen ließ und in den SS-Mann Kurt Franz verliebte. Das Motiv der horizontalen Kollaboration, das z.B. bei Némirovsky als Suche nach allgemein gültig Menschlichem behandelt wird, bildete für Drndić, die derartiges Verhalten verurteilt, den Anlass, ihren Roman zu schreiben, wie sie in einem Interview bekennt. Kurt Franz, eine historisch verbürgte Person, war vom gelernten Koch in diversen Euthanasie-Anstalten zum letzten Lagerkommandanten des Vernichtungslagers Treblinka aufgestiegen und verbrachte danach einige Zeit in Görz. Bekannt wurde er durch besondere Grausamkeit und die Veröffentlichung eines Erinnerungsalbums mit Fotos aus seiner Zeit in Görz und Triest, das er verharmlosend »Schöne Zeiten« betitelte.

Drndić bezeichnet ihre Arbeitsweise als dokumentarische Fiktion, sieht sich im Austausch mit anderen Autoren, bringt verschiedene Wahrheiten zum Sprechen, wie sich an der Vielfalt von Materialien zeigt, die in *Sonnenschein* zu finden sind: Fotos, Zeitungsausschnitte, Plakate, Gedichte, Zeugenberichte, Karteikarten, Fußnoten, Kriegstrophäen, Landkarten, Träume, Verhörprotokolle, etc. Sie entscheidet sich für Polyphonie als einzig möglicher Darstellungsweise, legt ihre Quellen sowie den Prozess der Wahrheitssuche offen. Sie verzichtet auf die Autorität des objektiven historischen Erzählers. Dazu beklagt Drndić, dass unter dem Vorwand des Datenschutzes vom Lebensborn betroffene Kinder bzw. deren Nachkommen bis heute keinen Zugang zu den Archiven des Roten Kreuzes bekämen und meint, dass sich Deutschland damit vor seiner Schuld schützen will.

Die von ihr gesammelten Geschichten betrachtet die Autorin daher als offenes Archiv. Nach der Veröffentlichung erhielt sie Briefe von Enkeln der Toten, deren Namen sie in kommende Ausgaben einfügen wollte. In diesem Sinne handelt es sich bei *Sonnenschein* um eine Überschreitung üblicher Buchformate.

Alle bislang genannten Autorinnen schaffen diskursive Räume für Frauen als Subjekte von Geschichte. Während männliche Autoren, die vom Krieg erzählen, vor allem Soldaten, Kämpfe, Strategien und Waffentechnik in den Vordergrund stellen, konzentrieren sich die Autorinnen auf die Zivilbevölkerung. Die Texte der Frauen erzählen von den Randzonen des Kriegsgeschehens, hinterfragen Geschlechterrollen und versuchen sich an neuen Formen der Geschichts- und Kriegsschreibung. Indem sie bislang unbearbeitete Felder erschließen, verändern sie das Bild vom Krieg, das Sprechen vom Krieg, die Definition von Krieg.

Wie lange es braucht, bis immer weiterreichende Geschichten auch über Nebenschauplätze und -schicksale im Zweiten Weltkrieg entstehen können, zeigen jüngste literarische Werke über Zwangsarbeit (Herta Müller, Natascha Wodin), über Displaced Persons (Steven Uhly), über Judenverfolgung in der Ukraine (Katja Petrowskaja), über deutsche Kriegsgefangene in den USA, usf. Dazu kommen literarische Dokumente des weiblichen Widerstands, der Holocaust-Geschichtsschreibung, der Vertriebenen usw. Das Internet, die weltweite Vernetzung verschiedener digitalisierter Datenbanken und ein vermehrtes Interesse an Genealogie spielen dabei eine große Rolle. Zwei Generationen danach sind wir weiterhin damit beschäftigt, den Zweiten Weltkrieg und seine Spätfolgen aufzuarbeiten. Das ist Notwendigkeit und Luxus zugleich. Keine Generation im deutschsprachigen Gebiet vor uns hatte so viel Zeit zwischen den Kriegen, sondern stolperte von der Verarbeitung des einen Krieges in einen nächsten.

Je länger der Zweite Weltkrieg vergangen ist, desto eher widmen sich auch männliche Autoren den psychischen Implikationen Betroffener. Arno Geiger z. B. zeigt im Roman *Unter der Drachenwand*, dass der Krieg im Inneren der von ihm Betroffenen immer weitergeht. In seinem Roman können Menschlichkeit und eine Liebesgeschichte nur deshalb ins Spiel kommen, weil sich der Protagonist wegen einer Verletzung vom Kampfgeschehen zurückziehen muss.

1945 bis 2018
KNOCHEN RUINEN KAMERAS

(Slavenka Drakulić, Anna Kim, Elvira Dones, Ivana Sajko, Sara Nović, Polina Scherebzowa, Miriam Meetra, Noor Kanj, Widad Nabi, Rabab Haider, Salma Salem, Tania Al Kayali, Souad Alkhateeb)

Ich möchte jetzt mit europäischen Kriegsschauplätzen der letzten Jahrzehnte fortfahren. In der Folge soll aus verschiedenen Perspektiven und Erzählweisen vom Zerfall Jugoslawiens, sowie vom Kosovo-Konflikt berichtet werden.

Die kroatische Autorin Slavenka Drakulić verbrachte einige Monate am Internationalen Gerichtshof in Den Haag, beobachtete die dort angeklagten Täter des Jugoslawienkriegs und versucht im Essay *Keiner war dabei* deren Motivationen zu ergründen. Dabei nimmt sie auch die Perspektive der Angeklagten ein, um zu verstehen, warum unauffällige, normal erscheinende Männer zu trickreichen Mördern werden, findet jedoch keine endgültige Erklärung dafür. Im Roman *Als gäbe es mich nicht* greift die heute vor allem in Schweden lebende Drakulić das Thema der Vergewaltigung als Kriegsstrategie auf.

Eine junge Frau, S., sie trägt keinen vollen Namen, wird eines Tages aus ihrem Dorf ins Lager gebracht. Drakulić schildert den allmählichen Einzug des Schreckens ins alltägliche Leben, in einer berührenden Szene. Der junge Mann, der sie abholen kommt, und S. verhalten sich anfangs »wie früher«. Sie bietet ihm, wie es Brauch ist, zuerst Kaffee an, trinkt mit ihm eine Tasse. Sie begegnen sich auf Augenhöhe, bis schließlich die Waffe zu sprechen beginnt, die die Frau dem Gesetz des Krieges unterwirft und den Mann innerhalb seiner Befehlsstrukturen in einen Unvertrauten verwandelt. Der Krieg nähert sich schleichend. Man hätte ihn längst bemerken können, die junge Frau hätte ihr Dorf verlassen können, hatte aber nicht geglaubt, dass sich die Wirklichkeit tatsächlich veränderte.

Im Lager erfolgt die Dehumanisierung. Nach und nach wird den Frauen alles genommen, privater Raum, Hygiene, Selbstbestimmung über den Körper, sie werden nicht nur vergewaltigt, sondern auch gefoltert. Sie flüchten in Egoismus, Schweigen, Vergessen und wissen, dass sie nunmehr wertlos sind. Vom Feind vergewaltigt und geschwängert, können sie nie mehr ins Dorf zurück. Vergewaltigung zerstört die Selbstachtung, die Familien, den Zusammenhalt.

Und während die jungen Frauen den Männern sexuell zur Verfügung stehen, hilft nur Dissoziation, sich von der Wahrnehmung des eigenen Körpers zu lösen: »als gäbe es mich nicht«, wie der Titel lautet. S. überlebt, weil sie gebildet ist und das Interesse eines Hauptmanns erweckt, der sich vor und nach dem Sex noch unterhalten will. Dadurch wird sie jedoch zur Verräterin an anderen Insassinnen.

Schließlich, nach der Flucht nach Schweden, kann sie nicht aufhören, sich weiter als Objekt zu fühlen. In einem Dämmerzustand findet sie keine Worte für das im Krieg Erfahrene, weil Sprache überflüssig wurde. Gewalt ist ein Geschehen jenseits von Worten. Im Krankenhaus bringt sie das Baby der Vergewaltiger zur Welt und beobachtet die junge Mutter neben ihr, deren Kind alles besitzt, was S. durch den Krieg verlorengegangen ist: Vater, Mutter, Heimat, Sprache, Sicherheit. S. hat sich entschieden, das Baby zur Adoption freizugeben.

Für die Recherche zum Roman führte Drakulić Interviews mit vergewaltigten schwangeren Bosnierinnen und verdichtete ihre Aussagen zu einem Fallbeispiel. Kritiker bemängelten jedoch Drakulićs Vorgehensweise. Die Überführung von Originalstimmen in eine glatte Romandramaturgie könne dem Schicksal der Frauen nicht gerecht werden. Ihre Geschichte des Schweigens wortreich darzustellen, mache die Betroffenen neuerlich zu Objekten, beraube sie ein weiteres Mal ihrer Identität. Zeitlicher, räumlicher und existenzieller Abstand ermöglichten es Drakulić ein zusammenhängendes Narrativ zu schaffen, damit Deutungshoheit zu erlangen, über die die betroffenen Frauen nicht verfügten. Bedenklich ist vor allem das Ende des Romans. Aus nicht wirklich erklärten Gründen findet S. das Neugeborene plötzlich doch liebenswert und nimmt es an. Mutterinstinkt triumphiert.

Die österreichische Autorin Anna Kim spürt in ihrem Buch *Die gefrorene Zeit*, das ins Nachkriegs-Kosovo führt, jenen von Drakulić vernachlässigten Fragen nach, indem sie die Unmöglichkeit eines Sprechens über Krieg und Tod thematisiert. In einer grausigen Szene beschreibt Drakulić, z.B. dass die zu Tode gekommenen Menschen im Lager wie Müll in einem Container verbrannt werden, ihre Leichen jeder Individualität beraubt. Kim erforscht in ihrem Roman, wie viel Identität eine Leiche haben kann, thematisiert anhand einer Auseinandersetzung mit Forensik Zweifel an der Darstellbarkeit grausamer Kriegsgeschehnisse. Reichen unsere Worte, unsere Sinnesorgane aus, die Wirklichkeit des Todes zu begreifen? Die Sprachregelungen des offiziellen Umgangs der Behörden, wie z.B. AMD (ante mortem data), womit nichts Anderes gemeint ist als eine Zusammenfassung der vorhergehenden Existenz als lebender Mensch, scheinen der namenlosen Ich-Erzählerin zu technisch.

Sie begibt sich mit einem kosovarischen Bekannten auf die Suche nach dessen vermisster Frau und erfährt aus seinen Erzählungen über das Leben vor dem Krieg, als die sozialen Vereinbarungen noch funktionierten und dem Einzelnen einen sinnfälligen Zusammenhang boten. Auch in diesen Erinnerungen nähert sich der Krieg allmählich, bis schließlich Männer die Wohnungen stürmten, Waffen forderten, Gold und Geld. Das weibliche Ich erfährt von einem männlichen Du von der ethnischen Säuberung. Ihr Nachdenken und ihre Empfindungen werden gekreuzt mit Protokollen zu tot aufgefundenen, zerstörten Körpern. Sie fragt sich, ob eine objektive Beschreibung von Grausamkeit und Gewalt überhaupt je möglich ist, ob nicht Mitleid und Empathie an Grenzen stoßen, da die Überlebenden sich gegen diese Krassheit schützen müssen, um zurück ins Leben zu finden. Im Zeitchaos des Krieges, des Vermissens von Personen wächst das Bedürfnis nach Chronologie, Einordnung, Abläufen mit Uhrzeit, Tagen, Monaten, Jahren. Die Arbeit des forensischen Anthropologen nach dem Krieg besteht im Identifizieren von Körperresten, dem verrotteten Fleisch eine Identität zu verschaffen. Exhumieren versteht er als eine Rettung aus der Anonymität, aus der reinen Materialität zurück in die Menschlichkeit. Kim erfindet zum Teil Worte, um diese Zwischenzustände treffender zu bezeichnen, spricht von »Menschendingern« für verweste Leichen. Denn sogar diese Reste vermögen noch eine Geschichte zu erzählen, und sei es bloß die Geschichte ihres Sterbens, die der Forensiker entziffert. Kim schreibt: »Aller Eigenheiten beraubt, besteht die Leiche, die Widerständige, aus Tod und doch auch aus Mensch, eigenartige Mischung.«[20]

Als die Knochen seiner Frau gefunden werden, bleibt dem Ehemann und seiner Familie nichts sonst als, nach diesem Bruch mit der Menschlichkeit, die Rituale wiederaufzunehmen, eine traditionelle Grablegung zu veranstalten, mithilfe von Trauerregeln eine Art Abschluss zu finden, eine Übergangszeit zu organisieren, welche irgendwann ein Weiterleben der Angehörigen ermöglichte. Ihm gelingt dieser Schritt jedoch nicht, er tötet sich selbst, nachdem er seine Aufgabe erfüllt hat.

Die Grenzen der Darstellbarkeit von Krieg und Gewalt verhindern ein durchgängiges, klar umrissenes Narrativ, die Überschreitung des Menschenmöglichen erfordert ein Überschreiten klassischer Formen, lautet das Fazit von Kim, die für diesen Roman ebenfalls ausführliche Recherchen unternommen hatte. Und liest man Kims Annäherungen, scheint Drakulićs Umgang mit den Gesprächsprotokollen vergewaltigter bosnischer Frauen tatsächlich problematisch, wenn sie die Sprachlosigkeit bloß als solche bezeichnet, in ihrem Text jedoch überwindet und formal nicht deutlicher macht.

In den letzten Jahren gibt es immer mehr Romane von Autorinnen, die als junge Menschen den Jugoslawienkrieg erlebten und nun aus der Distanz davon berichten oder den Erinnerungen ihrer Familien nachforschen.

Ivana Sajko, geboren 1975, stellt in *Rio Bar* eine Frau in den Mittelpunkt, die, zu Ausbruch des Krieges aus Hochzeitsfeierlichkeiten gerissen, im Brautkleid den Luftschutzkeller aufsucht, während ihr Bräutigam an die Front beordert wird. Bei gleichzeitigem Stromausfall ist sie in der Dunkelheit auf Geruchs- und Tastsinn reduziert, spürt »feuchte Wände, raue Oberflächen, Stahlwolle, eine Metalltür, den Hintern von irgendjemandem«[21]. Sie assoziiert ihre Situation mit Grabstellen, toten Körpern unter der Erde, schildert das Warten, die Ungeduld, das Zum-Nichtstun-Verurteiltsein, das Abdriften in wahnhafte Gedanken. Die Erinnerung an den ersten Bombenalarm gräbt sich schließlich stärker ein als die an den ersten Kuss.

Das alles wird von der weiblichen Hauptfigur ohne Namen zehn Jahre danach erzählt. Sie hat zwar überlebt, aber auch der Krieg in ihr. Diesen Traumata versucht sie durch Alkohol und Gelegenheitssex zu entkommen. Delirium, Rausch, Verliebtheit, Verlorenheit, schwarzer Humor wirbeln durch die Handlung. So lernen etwa die Kinder früh im Freien in Schlangenlinien zu laufen, um eventuellen Heckenschützen nicht ins Visier zu geraten. Sajko kritisiert das Ineinander von Krieg und Medien, die aktuelle Erfahrung der Menschen vor Ort werde durch ihre Medialisierung entwertet. Die Empathie des Zusehers für die unter dem Krieg Leidenden gehe in der Überfülle von Bildern und ihrer ständigen Wiederholung verloren. Für die weit entfernten, vor ihren Bildschirmen hockenden Zuseher summiere sich Gewalt ohnehin nur mehr zu Opferzahlen und Datumsangaben von Ereignissen.

Den in Notunterkünften untergebrachten Frauen bleibt indessen nur die Inventur des Verlorenen: »Sie streicheln die Gesichter auf den Fotos, schreiben Briefe an Verwandte und internationale Organisationen, bitten um Hilfe, um Staatsangehörigkeiten, schreiben, dass sie es nicht mehr lange in diesen Bretterbuden aushalten, in den Gemeinschaftszimmern, dass sie nicht mehr darauf warten können, dass ihre Häuser wieder aufgebaut werden«.[22]

Auch in der Nacherzählung des Krieges lässt sich die Gewalt nicht stoppen, die Betroffenen werden von grausamen Bildern verfolgt, welche plötzlich in den Alltag brechen: »... während ich dein Ohr, deinen Hals, deine Finger, dein Geschlechtsteil absäge und während ich winsele und steche und jaule und piekse und kotze und stichele und schneide und zerstückele und pflüge und schreiiiiie und dich töte (...).«[23]

Die Darstellung des Kriegs in den Köpfen der Überlebenden ist in diesen Anrufungen vereinzelt mit Fußnoten markiert, welche auf einen zweiten Teil des Textes mit dem Titel »Anmerkungen zum Krieg« verweisen. Hier werden historisch belegbare Zahlen und Fakten vermerkt. Die Autorin nennt 550.000 Vertriebene allein auf kroatischem Gebiet, 150.000, die ins Ausland gingen. Namen von Tätern werden erwähnt, wörtliche Zitate eingefügt, die den Anlass zu den deliranten Bildern des ersten Teiles bilden. Sie dienen als Beleg für die körperliche und psychische Verfasstheit der Hauptfiguren. Die »Historie« bleibt vom subjektiven Erleben getrennt, kann nicht integriert werden. Das Faktische kollidiert mit dem Gefühlten, und der Krieg im Inneren lässt sich trotz gesammelter Beweise nicht abschließen. Der Leser wird von dem krassen Gegensatz zwischen Kontrollverlust und historischen Tatsachen gleichermaßen erschüttert. Eine Lösung gibt es nicht.

Die junge 1987 geborene, in den USA lebende Sara Nović schreibt in *Das Echo der Bäume* über Ana, ein Mädchen, das im Kriegsgeschehen verlorengeht. Später in den USA, von Italienern adoptiert, leugnet sie ihre kroatische Herkunft, wird aber weiterhin von ihrer Konfrontation mit Tod und Töten verfolgt. Auch hier ist der Einbruch des Krieges kein plötzliches Ereignis, sondern ein allmähliches Auflösen sozialen und familiären Rückhalts. Der Konflikt beginnt beim Zigarettenkauf. Eines Tages muss sich Ana zwischen der kroatischen und der serbischen Marke entscheiden. Bald darauf fliegt das erste feindliche Flugzeug über die Wohnsiedlung. Die Familie verklebt die Fensterscheiben. Väter werden zur Armee einberufen. Im Fernsehen können die Kinder live der Zerstörung zusehen. Die Bomben kommen näher. Es riecht nach verbranntem Holz, geschmolzenem Plastik, säuerlichem Menschenfleisch. Dicke Rauchwolken stehen über der Stadt. Vielfach bleiben die Bewohner ohne Wasser und ohne Strom. Als Barrikaden aus Sandsäcken auf der Straße errichtet werden, um die Panzer zu stoppen, beginnen die Kinder den Krieg nachzuspielen, schießen mit imaginären Waffen. Pluspunkte gibt es für die beste Imitation von Maschinengewehrlärm und für den, der den eigenen Tod am krassesten darstellt.

Schließlich gerät Anas Familie in die Gewalt serbischer Soldaten und wird mit anderen Opfern in einen Wald geführt. Jetzt hat der Krieg ihre Körper erreicht. Sie müssen sich vor einer Grube aufstellen und werden nacheinander erschossen. Nur Ana überlebt und flieht in das nächstgelegene Dorf. Sie verstummt und beginnt mit anderen, nicht an die Front Gezogenen zu kämpfen. Schließlich wird sie noch einmal per Zufall gerettet, nach Amerika geflogen und adoptiert.

Dort wird ihrer Vorgeschichte meist mit Unverständnis begegnet. Die Amerikaner können sich nicht vorstellen, warum Anas Familie trotz Gefahr die Stadt nicht verlassen wollte. Also erzählt das Kind nur mehr in Anekdoten vom Krieg, denen sie einen immer lustigeren Anstrich gibt, um ihre Zuhörer nicht zu verstören. Die Adoptivmutter benutzt Umschreibungen, wie »unruhige Zeiten«, um nicht die Worte Krieg, Trauma und Tod verwenden zu müssen. Daher findet Ana keine sinnhafte Erzählung für das Geschehene und beginnt mit der Zeit ihren Erinnerungen an die Eltern zu misstrauen, wird von Alpträumen geplagt. Je besser sie lügt, desto leichter gelingt die Integration.

Novićs Roman rekonstruiert das Vergangene und nähert sich einer verdrängten Geschichte. Anlass dazu gibt Anas Aussage bei der UN-Behörde für Kindersoldaten. Sie beschließt, nach Zagreb zurückzukehren und trifft dort zehn Jahre später ihren Kindheitsfreund wieder. Zusammen suchen sie den Todesort von Anas Eltern. Doch nichts deutet mehr auf das Geschehene hin. Auch das Dorf, in das sie geflohen war, ist in Ruinen. Das Massengrab, das nicht mehr aufgefunden werden kann und das kaputte Dorf, diese Löschung ist der höchste Triumph der Kriegsherren. Schließlich fahren sie zum Haus, in dem Ana zu Friedenszeiten die Ferien verbrachte. Sie belebt noch einmal die guten Erinnerungen. Mondlicht dringt in die Hohlräume der Einschusslöcher und scheint sie zu füllen.

Nović repräsentiert eine Generation von Autorinnen, die vom Jugoslawienkrieg erzählen, nachdem die Unmittelbarkeit des Schreckens vergangen und die realen Wunden in Gebäuden und Landschaft mit Zeit und Kapital unsichtbar gemacht wurden. Nun braucht es Historiker und Romane wie diesen, um Verdrängtes mit scheinbar unschuldigen Orten zu verbinden. Mittels Literatur könnten wir aus vergangenen Kriegen erfahren, wie geflüchtete Kinder heute fühlen, und dass ihre Traumata nicht ignoriert, sondern angesprochen und behandelt werden müssen.

In diesen Regionen ist der Krieg zu einem Ende gekommen. Dafür wurden inzwischen andere Schauplätze, wie Tschetschenien, Ukraine, Syrien auf die Landkarte der Grausamkeiten gesetzt.

Ein literarisches Dokument zu den Tschetschenienkriegen, das viele der vorher erwähnten Elemente in sich vereint, verfasste Polina Scherebzowa. Im Alter von neun Jahren beginnt sie in Grosny Tagebuch zu schreiben, in dem sie die allmählichen Veränderungen ihrer Lebensumstände, sowie ihr Erwachsenwerden schildert. Das Bild des Krieges entwickelt sich anhand ihrer Eintragungen und beeindruckt im Gegensatz zu Erinnerungsprosa durch seine Echtzeitkomponente. Auch hier verschwimmen die Grenzen zwischen Krieg und Nichtkrieg. Gewalt wird alltäglich, »Es wird geschossen, aber ich habe mich daran gewöhnt«, schreibt Scherebzowa. Das mit ihrer Mutter zusammenlebende Mädchen sitzt in Grosny fest. Der Vater ist halb Jude, halb Tschetschene und früh verstorben, die russische Mutter lebt nun mit einem Tschetschenen zusammen. Um nicht aufzufallen, soll sich die Tochter tschetschenisch, mit Kopftuch und langem Rock, kleiden. Trotzdem wird sie wegen ihrer Mutter ständig, in der Schule und auf der Straße, angegangen, bleibt Außenseiterin. Das Tagebuch wird zum Ort, an dem sie Beobachtetes, Gehörtes, Geträumtes verarbeiten kann. Gleichzeitig dient ihr das Schreiben selbst, die Imagination, die Ordnung in Sprache, als Überlebensmittel. So erhält der Leser Informationen über einen Kriegsschauplatz aus einer von den Medien inzwischen weitgehend vergessenen Region.

Erste Bedrohungen lassen sich aus den Eintragungen, die 1994 einsetzen, erkennen: Schusswechsel und Hunger, sie versuchen Essen, Wasser, Brennholz zu besorgen, sie frieren, haben Angst, die Elektrizität fällt aus. Polina verkauft alles Mögliche am Markt, trifft auf tote Körper, die von Hunden gefressen werden, muss sich vor gefährlichen Minen hüten, geht dann wieder zur Schule, wundert sich über die sinnlose Zerstörungswut von Soldaten, die auf Fernsehapparate schießen und Bibliotheken in Flammen aufgehen lassen. Wie die anderen stiehlt sie Nahrung aus leerstehenden Häusern. Dann am 8. August 1996 ist der Krieg näher gerückt, das Hinterland wird zur Front. Schreiben vertreibt Scherebzowa die Zeit und die Angst vorm Tod.

Im Jahr darauf beschäftigt sie sich vermehrt mit religiösen Texten, liest den Koran, in der Schule gibt es Kämpfe um Aufmerksamkeit, manche schwänzen den Unterricht, um Hinrichtungen beizuwohnen. Sie schwärmt für Jungs, streitet mit ihrer Mutter, die immer nervöser wird und die Tochter zu schlagen beginnt. Andauernd wird Polina wegen der russischen Herkunft diskriminiert, als Feindin beschimpft. Daher plant die Mutter sie rasch zu verheiraten, was Polina nicht will. Immer mehr Freundinnen ziehen in sichere Bergdörfer, der Markt wird geschlossen, Frauen werden von Soldaten abtransportiert. Das geht über Jahre, manchmal kann sie über lange Strecken nichts ins Tagebuch eintragen.

2002 zu ihrem 17. Geburtstag schreibt sie: »Ringsherum streiten sie, lieben, kämpfen, sterben, zerstören und bauen wieder auf. Und ich? Ich schreibe Tagebuch und lache, weil ich ungern weine. Der Krieg hat meine Kindheit gründlich massakriert. Die heutigen Probleme sind ganz irdisch: Essen, Trinken, Deckung suchen, wenn geschossen wird. Hauptsache überleben!«[24]

Schließlich beginnt Scherebzowa sich immer mehr in Mystik, Magie und Telepathie zu flüchten.

2009 werden erstmals Teile des Tagebuchs veröffentlicht. Nachdem die Autorin deshalb bedroht wird, geht sie mit ihrer Familie nach Finnland ins Exil. Ihr Haar trägt sie unter einem Kopftuch ab dann weißblond gefärbt, um das Tschetschenische gleichermaßen zu verdecken und darauf hinzuweisen.

Im Mai 2014 wurde in Berlin ein Schriftstellerkongress zum Thema Europa abgehalten. Während einige Autoren ihre Anfangsstatements hielten, konnte sich Oksana Sabuschko kaum beherrschen: Was dieses Gerede solle, in der Ukraine fließe Blut, werde gekämpft, es ginge um Leben und Tod, nicht um ausgedachte Konzepte.

Der Ukraine-Konflikt findet allmählich Eingang in die Literatur. Bereits 2016 gab es in der Zeitschrift *Literatur und Kritik* einige Texte und einen längeren Aufsatz zur Poetik der Revolution zu lesen. Nahezu alle Autorinnen wählen die lyrische Form, welche Prägnanz, subjektive Nähe und Betroffenheit ermöglicht. Die Dichterin Halyna Kruk klagt: »Was hast du, Europa, inzwischen gemacht – // Die Toten und Vermissten abgeglichen?«

Als Motive tauchen religiöse Symbole auf, kollektive Erinnerungsrituale, die Anrufung nationaler Tradition, aber auch Tod und Ohnmacht. In vielen Texten werden soziale Medien erwähnt. Sie spiegeln die Kommunikation der Betroffenen während des Kampfgeschehens: Kurznachrichten, Facebook, Live-Ticker usw. prägten die Wahrnehmung. So schreibt Jevghenija Bil'cenko: »Ich bin das Mädchen im Kittel. / Tödlich verwundet am Hals. / In meinem Städtchen ziehen die Schwäne am Himmel / Und Wifi wird blockiert, damit meine Mutter nicht sieht, / Wie ich die Abschiedsworte an meinen Geliebten twittere...«

Manche zweifeln an den Möglichkeiten der Literatur angesichts dieser realen Bedrohung, wie die junge Marjana Savka: »Der Luftballon ist / zur Bleikugel geworden. / Die Metapher ist tot.«

In einer Ausgabe der *Neuen Rundschau* 2016, die sich der politischen Situation widmete, findet sich ein Bericht der auf Deutsch schreibenden, in Wien lebenden Ukrainerin Tanja Maljartschuk, in dem sie Anzeichen des Konfliktes in der Sprache festmacht. Sie erzählt vom langsamen Auseinanderfallen der freundschaftlichen Beziehung zu ihrer Professorin für russische Literatur. Die deutsche Sprache erst mache es ihr möglich über diese Verwerfungen zu schreiben, meint die Autorin, weil das Russische und Ukrainische durch die historischen Ereignisse zu belastet seien.

Eine neue Dimension des Berichtens vom Krieg erschließt sich durch digitale Medien, mit denen die Kämpfenden selbst Bilder von sich erzeugen und in die Welt schicken können, wie eine Untersuchung zu Instagram-Fotos ukrainischer Soldaten kürzlich zeigte[25]. Das Medium ermöglicht ihnen verschiedene Perspektiven einzunehmen: Die des Kämpfenden, die des Beobachtenden und die des Übermittlers von Informationen an die Außenwelt. Im Gegensatz zu Bildern offizieller Berichterstatter, die vor allem heroische Kampfbereitschaft und Stärke illustrieren, dienen die Fotos der Soldaten dazu, persönliche Erinnerungen und Gefühlslagen festzuhalten. Indem sie sich auf Stimmungen Einzelner konzentrieren, scheinen sie dem Krieg ein menschlicheres Gesicht verschaffen zu wollen. Die Erzeugung digitaler Bilder lässt deren Betrachter im Hinterland auf individuelle Weise am Krieg bzw. den Pausen partizipieren und demokratisiert die Berichterstattung darüber.

Durch die Begegnung mit aus Syrien geflohenen Autorinnen wird deren Wahrnehmung des Kriegs in unsere Breiten und Sprachen übertragen, sofern es den Schreibenden gelingt, Übersetzer und Wegweiser ins Publikations- und Präsentationswesen zu finden. Das 2016 in Berlin von Annika Reich und Ines Kappert gegründete Projekt *weiterschreiben.jetzt* bietet genau das und verbindet so künstlerische und politische Anliegen. Sämtliche auf dieser Internet-Plattform veröffentlichten Texte wurden in Zusammenarbeit mit renommierten Autorinnen in die deutsche Sprache gebracht. Viele der Dichterinnen kamen bereits aus anderen Orten als aus denen, wo sie geboren wurden, nach Deutschland. So erhält auch Bedeutung, an welchem Ort das Gedicht geschrieben wurde, ob auf der Flucht, im Lager, auf einer Zwischenstation. In vielen der im Exil entstandenen Texte findet sich die Metapher des Hauses, die sowohl für die Gebäude, in denen die Autorinnen wohnten als auch für das Zuhause im Allgemeinen steht.

Noor Kanj betitelt ein Gedicht mit *Wer bringt mir mein Haus zurück?* und zeigt das Durcheinander, das entsteht, wenn die Grundfesten des vorherigen Lebens in Ruinen liegen, eine Art Phantomschmerz.

Und ein Poem von Widad Nabi mit dem Titel *Der Ort von Erinnerung beleuchtet* trägt die Widmung »Für unsere Häuser, die wir verließen bei jeder Zerstörung und Bombardierung«.

Die Dichterin erzählt, wie sie im Traum weiterhin dieses verlassene Haus besucht, das in Wirklichkeit längst zerstört ist. Weiterhin erwacht sie nachts vom Tropfen des Wasserhahns in ihrer alten Küche. Die Orte des Verlorenen verschlingen sich mit Wahrnehmungsbildern des Gegenwärtigen. Sie lebe, wie Nabi schreibt, in einer »Zwangsgeographie«, die zwei Städte miteinander kurzschließe: »in einer hast du deine Kleider auf der Wäscheleine gelassen, / in der zweiten streckst du deine Hand in die Luft, / um deine Kleider von der Terrasse in der ersten zu nehmen.«[26]

Diese Dichterinnen befinden sich mittlerweile in Deutschland. Rabab Haider lebte noch in Raqqa, als sie mit einer Art von Galgenhumor die praktischen Überlegungen schilderte, die nötig sind, um inmitten des Kriegsgeschehens zu überleben: »Zu den positiven Aspekten des Krieges gehört die Erfahrung, wie flexibel, wandlungs- und entwicklungsfähig man ist. Man wird wieder erfinderisch: So entdeckt man, dass eine Jeans kräftiger und ausdauernder brennt als zwei Liter Heizöl.«[27] Der Ausnahmezustand lässt Instinkte und Wahrnehmungen schärfer werden, Liebesgeschichten werden intensiver, wenn auch kurzlebiger, beobachtet sie. Manche Frauen beschließen, sich mit Männern zusammenzutun, um das Kriegsgeschehen verlassen zu können: »Die Frau ist gezwungen, in aller Eile einen Mann zu heiraten, der sich nach Europa gerettet hat und, wie ihr die Vermittlerin und seine nächtlichen Videotelefonate garantieren, fähig ist, den Familiennachzug zu regeln.«[28]

Die digitale Kommunikation ermöglicht es, dass sich die Geretteten mit den weiterhin Eingeschlossenen verständigen und an ihren Leiden teilnehmen können. Und die vor Ort Gebliebenen versuchen per Internet mehr über das Kampfgeschehen in ihrer unmittelbaren Umgebung zu erfahren, wie z. B. Salma Salem schreibt: »Wir vertreiben uns die Zeit mit den Nachrichten von unseren Tragödien und werden betrunken davon«[29]. Sie lebt in einem Zwischenreich aus den Erinnerungen an bessere Tage, an vor kurzem getötete Freunde, aktuellen Geräuschen, die das Herannahen von Kampfflugzeugen signalisieren, Visionen von Gesichtern gefolterter Freunde, bis sie sich selbst nicht mehr spüren kann: »Sie berührte ihren Körper. War sie tot? Ein Flugzeug durchbrach die Schallmauer und ließ die Wände erzittern. Im Leben nach dem Tod gab es keine Flugzeuge vom Typ Suchoi. (...) Doch hier und jetzt zu den Lebenden zu gehören bedeutete, dem Tode geweiht zu sein.«[30]

Denjenigen, die es ins Exil geschafft haben, bleiben die Erinnerungen an fröhliche Feste oder es gelingt ihnen die Präsenz von geliebten Menschen heraufzubeschwören, wie Tania Al Kayali, wenn sie an dem Päckchen getrockneter Okraschoten riecht, das der Vater geschickt hat: »...er schickte mir eine ganze Wand unseres Hauses in einer kleinen Tüte.«

Souad Alkhateeb warnt jedoch, dass derartige, in journalistische und literarische Texte gefasste Bilder immer noch Hervorbringungen des Krieges seien und damit eher den Kriegsherren, als denen, die davon betroffen sind, dienten. Die syrische Zivilbevölkerung wäre stets Material für die Herrschenden gewesen, »lokale Rohstoffe«, wie sie sie nennt. »Unsere Schulen und Universitäten ähnelten Militärkasernen. (...) Das Aushungern und die Gewalt, das Festnehmen von Kindern und die Massaker, all das hat nicht erst mit diesem Krieg begonnen und ist nicht vom IS erdacht worden. Nur passiert das alles jetzt ganz offen und wird nicht mehr wie damals vom Regime verborgen.«[31]

Das bestätigt die mittlerweile in Hamburg lebende Rosa Yassin Hassan in einem Erinnerungstext. Als Kinder schon wurden sie auf Krieg vorbereitet, sogar die Mädchen. Sie mussten den Unterricht für nationale Erziehung besuchen, der Baath-Partei beitreten und wurden zum Schießtraining mit Kalaschnikows gezwungen. Der Zwang zum unbedingten Gehorsam, die Abwertung des Einzelnen, verursachte jedoch Distanz und keine Identifikation mit dem Staat: »Wir hatten das unbewusste, aber gleichzeitig tiefsitzende Gefühl, dass uns unsere Stadt nicht gehörte, dass nicht in ihr unser gemeinsames Eigentum war. Dass wir lediglich Gäste waren in einem Land, das sich im Privatbesitz des ›Vaters und Führers‹ seiner Partei befand.«[32]

Alle Autorinnen legen in ihren Berichten den Schwerpunkt auf die Selbstwahrnehmung im Angesicht des Todes und des Verlustes von Eckpunkten, die Identität begründen. In ihren Texten bleiben die Verbindungen zwischen Lebenden und Toten, zwischen Vergangenheit und Gegenwart erhalten, nicht zuletzt durch die digitalen Medien, die eine zumindest virtuelle Anteilnahme ermöglichen. Ein Ende ist zurzeit nicht abzusehen. Auch nicht ein Ende der Allmacht männlicher Strukturen, die sich verstärken, sobald Krieg herrscht. Wie Meldungen aus dem syrischen Kriegsgebiet und aus Flüchtlingslagern bestätigen, werden Frauen heute im Kampf um das tägliche Überleben sogar zur Beute von Hilfsorganisationen und Helfern. Hilfesuchende werden für kurze Zeit an Helfer verheiratet, um ihnen sexuell zu Diensten zu sein und so Verpflegung für sich und die Familie zu verdienen, oder sie treffen auf Helfer, die die Herausgabe von Essensrationen gegen Sex zur Selbstverständlichkeit machen. Besonders Frauen, die ihre männlichen Beschützer verloren haben, also Witwen und Geschiedene, sind davon betroffen. Missbrauch wird Alltag. Die Frauenkörper werden im Tausch gegen Hilfe, die sie eigentlich kostenlos erhalten sollten, benützt und einer Verwertung unterzogen, ihr Ruf für immer zerstört. Denn für die Familie, die sie damit am Leben erhält, ist die Frau am Ende sozial tot.[33]

Krieg kommt mit den Körpern und Köpfen der Betroffenen sogar in unsere Regionen. Feministische Theorien der Konfliktforschung behaupten, dass eine andere Wahrnehmung des Krieges durch Frauen, ihre Konzentration auf Körper, Kinder, Nahrung, Alltag in die Verhandlungen um Beendigung von Kriegen miteinbezogen werden sollten, um dauerhaft Frieden zu erreichen, wie Monika Hauser, Vertreterin der Frauenrechtsorganisation *medica mondiale,* erklärt: »Es geht ja nicht um eine biologisch begründete Friedfertigkeit. Die meisten Frauen haben ein massives Interesse an zivilem Wiederaufbau ihrer zerstörten Länder und an funktionierenden Strukturen, weil sie die Kinder erziehen«[34]. Vergewaltigung, häusliche Gewalt, Frauenhandel sei in männlich organisierten Gesellschaften strukturell angelegt und würden durch kriegerische Konflikte verstärkt. Ohne Berücksichtigung der Bedürfnisse von Frauen würden Machtstrukturen nicht verändert, es könne daher keinen stabilen Frieden und keine Demokratie geben.

Dazu ist es notwendig, weibliche Kriegserfahrungen nicht zu unterschlagen. Über Konflikte sollte nicht berichtet werden, ohne dabei die andere Hälfte der Bevölkerung zu Wort kommen zu lassen. Durch weibliche Perspektiven werden die Definitionen von Krieg, aber auch von Frieden, erweitert. Dieser Essay will ein Plädoyer für weibliche Stimmen sein.

In Bewegung

Grenzerfahrungen

Gepäcksstücke, Jacken, Taschen, Uhren, Gürtel, Münzen, alles muss durch die Schleuse und wehe, es piepst. Schuhe ausziehen, Füße in Plastikfolien, Arme auseinander, nach vorne beugen und wehe, es piepst. Gefährlicher Umriss am Bildschirm! Flaschen, Haarsprays, Scheren, Messer, Feuerzeuge in den Müll. Sensoren spüren nach Sprengstoff, Hunde nach Obst, Hunde nach Drogen, Hunde nach Wurst. Und wehe, er schlägt an! Dann: Alles wieder einpacken, anziehen! Anstellen, erneut. Pässe, Stempel, Visa, Gesichtskontrolle, Scanner, Fingerabdrücke. Lehnen Sie sich hier nicht an! Treten Sie zurück! Zollpapiere. Warum reisen sie dorthin? Wollen sie arbeiten? Haben Sie Geld? Haben Sie die Erlaubnis, die Einladung? Füllen Sie das aus! Stellen Sie sich hinten wieder an. Wir müssen Ihnen leider mitteilen, dass Sie gemäß Gesetz XX mit Datum XX das Land XX verlassen müssen. Ihr Antrag wurde abgelehnt. Sie werden abgeschoben, in das nächste Flugzeug gesteckt und zurück geflogen. Weil sie barfuss sind. Weil in ihrem Pass ein Stempel fehlt. Ein Stück Papier fehlt. Weil Sie stinken. Weil sie auf dem Passfoto lächeln. Weil man Ihr Ohr nicht sieht. Wir können Ihnen nicht sagen, wohin wir Sie bringen werden. Ihr Notizbuch müssen wir konfiszieren. Fotografieren, Schreiben und Sprechen sind nicht erlaubt. Es gibt sie noch, die Staatsgrenzen, die Flughafenbarrieren, die Kontinentssperren zwischen Europa, Nicht-Europa, Nordamerika und dem Süden, zwischen Grausamkeit und Wohlstand. Und nicht jeder kann sie überqueren. Manche warten monatelang vor den Grenzen auf den richtigen Moment. Viele sterben auf ihrem Weg, sie zu überwinden. Andere wiederum verdienen mit den Grenzen Geld.

Als ich aufwuchs, waren die Grenzen nach Osten aus Eisen. Reisen mussten gut geplant werden. Anstehen an Botschaften, Zwangsumtausch. Spiegel unter den Autos, den Inhalt der Koffer ausgebreitet, Zigaretten, Whiskey, Kaffee waren Instrumente, um den Gang der Dinge zu beschleunigen. Ich schleuste mich als Touristin nach Rumänien und nahm heimlich auf, was die Leute mir erzählten, verschlüsselte Adressen und hatte Angst, als die Beamten an der Grenze die Kassetten durchwühlten, meine Worte übersetzten, auf der Suche nach verbotenem Material.

Im Westen war es nicht besser. Das erste Mal wurde ich von Großbritannien ausgewiesen. Man nahm meinen Pass und steckte mich, zusammen mit anderen unwillkommenen Gästen, in einen Bus. Ziel unbekannt. In einer Baracke im Niemandsland schlossen Polizeibeamte mit riesigen Schlüsselbünden hinter uns ab. Schließlich nach Stunden wurde ich zurück gefahren, einer Stewardess übergeben, in ein Flugzeug gesetzt. Wohin? Amsterdam. Warum? Weil ich nicht genug Geld in der Tasche hatte; zuwenig jedenfalls, um Großbritannien bald hinter mir zu lassen. Erst in Amsterdam bekam ich den Pass und ein Ticket zurück nach Wien.

Das zweite Mal wies mich Portugal aus, nachdem ich bereits ein Jahr an der Uni dort unterrichtet hatte. Das Land war stolz darauf in der EU zu sein und nahm es mit den Vorschriften übergenau. Die portugiesische Konsularbeamtin in Wien machte sich ein Vergnügen daraus, mich zu quälen und auf die Folter zu spannen. Ich war weiß und Akademikerin. Wie musste sie erst Menschen anderer Herkunft und ohne Arbeit behandeln?

An das Hin und Her zwischen Wien und Berlin war ich längst gewöhnt: Soldaten, die den Zug enterten, auf der Suche nach geschmuggelten Menschen, Polizisten, die für lächerliche Vergehen Strafen in D-Mark kassierten, planmäßiges Verzögern der Abfertigung, um die nach Berlin Reisenden zu zermürben. Man stellte den Motor ab, stieg aus den Autos und schob sie händisch Schritt für Schritt in Richtung Grenze, solidarische Blicke der Einreisenden. Grenze als Spielraum der Willkür, an der sich zwei Systeme kurz berührten.

Noch kruder das Gegenüber von süd- und nordkoreanischen Soldaten am Grenzstreifen zwischen den beiden Ländern. Schrifttafeln in den Hügeln, nächtliche Marschmusik, die den Bewachern ihren Schlaf raubten. Die in breitbeiniger Kampfstellung ausharrenden südkoreanischen Grenzsoldaten, die keine Miene verziehen. Elitetruppen, psychologisch geschult, um Provokationen von nordkoreanischer Seite gelassen zu begegnen. Dunkle Sonnenbrillen erlaubten es, ihre Blicke abzuschirmen. Die Grenze eine einzige Inszenierung. Jeder Treppenabsatz, jede Ecke in erlaubt und nicht erlaubt aufgeteilt.

Aber auch ein Arbeitsaufenthalt in den USA beginnt heutzutage, nach 9 / 11, frühmorgens auf einem Gehsteig in Berlin, wo man sich hinter Wartende reiht, die Dokumente sorgsam in Klarsichtfolie, Taschen sind nicht erlaubt, Trinkflaschen entsorgt. Man wartet stundenlang auf den Eintritt in die erste Schleuse, trägt die Hose ohne Gürtel, keinen Schmuck. Dann das Interview. Familienverhältnisse, Arbeitsleben, Vorgeschichte, Forschungsprojekte ausgepackt. Banges Warten. Um sich später am Flughafen den Pass scannen zu lassen, die Augen, die Fingerkuppen, um bei der Ankunft erneut in Warteschlangen gewiesen zu werden, um zu hoffen, dass der Immigrationsbeamte gut gelaunt ist, einen alt genug schätzt, um nicht mehr als illegales Kindermädchen in Frage zu kommen, das sich unter falschen Angaben ins Land schmuggeln will. Fuck America! Ich bin beleidigt und schildere diese Prozeduren einem amerikanischen Dichter, als er beginnen will, sich über die komplizierten Einreiserituale nach Nordkorea zu ereifern. Aus den Lautsprechern im Grenzzelt dröhnen fröhliche Lieder. Studentinnen geraten in Euphorie, schwärmen von Freundschaftsspielen zwischen Süd und Nord, während die ältere Generation von südkoreanischen Dichterinnen fast in Tränen ausbricht, weil sie das erste Mal das Land betreten, von dem sie abgeschnitten wurden nach dem Krieg. Wir sind für den Frieden unterwegs. Frieden durch Poesie, Busladungen voller Dichter, die sich mit nordkoreanischen Kollegen in den Diamant-Bergen treffen wollen. Geplauder und einander kennen lernen bei der Abfahrt, stiller werden und genauer beobachten, je näher die Grenze kommt. Nervosität, wir mussten im Bus mit der Nummer sitzen bleiben, die der Nummer auf den Papieren entsprach, die man uns in eine Plastikhülle verpackt, übergab. Immer sichtbar und um den Hals gehängt, immer zu einer Kontrolle bereit. Und nachdem wir endlich die Kontrollen überwunden hatten, wollten wir nun mehr beobachten als Gras und Mauern, die uns hinderten zu sehen, was wir sehen wollten, aber nicht sollten und auch nicht wussten, was das war. Auf den Feldern ruhten Arbeiter hinter Verschlägen aus Maisstroh und Regenschirmen, so dass man ihre Körper nur teilweise sah. Nur ein verbotenes Objektiv hätte sie näher ans Fensterglas des Busses ziehen können, aber die Soldaten, die längs der Strasse aus dem Boden hochschossen, passten gut auf. Kaum näherten wir uns, standen sie aufrecht und in voller Uniform im Gras, in der Hitze, an der Befestigung des Ufers. Und als ich Kinder spielen sah am Wasser, fragte ich mich, ob ich ihren leichten Gebärden glauben schenken konnte, ob sie nicht an den Fluss befohlen worden waren wie die Soldaten, um ein Leben vorzuführen, das es so nicht gab, das erfunden war für uns und als natürlich hingestellt. Möglicherweise schleusten sie uns durch einen Film, der vom Führer und seinen Helfern erdacht und den Bewohnern ausgeführt, immer dann ablief, wenn die Busse heranfuhren und dessen Kulisse immer dann fiel, wenn sie wieder im Staub verschwanden.

Auch das 20-stöckige Hotel mitten in den Bergen konnte man von zwei Seiten her interpretieren. Die Vorderfront war verziert mit Ornamenten aus Beton. Die Hinterseite war voll von Menschen, die gemächlich Arbeiten verrichteten, die unseren Aufenthalt erleichterten. Gekleidet in Schwarz oder Grau, hackten sie Holz, räumten die Scheiter auf einen Kleinlaster, beluden einen Planwagen mit metallenen Tonnen. Und das erste Wort, das mir in der Sinn kam, als nach der anstrengenden Reise zwischen den Gold glänzenden Vorhängen die Berge prangten, unbebaut, war FRIEDLICH, und ich schämte mich dafür, weil ich wusste, es war Ruhe aus Erschöpfung und Angst. Und wir durften nicht hinaus. Als der amerikanische Dichter das Tor erreichte, trat eine Wache ihm in den Weg. Und in jedem Stockwerk des Hotels kontrollierten zwei sorgfältig geschminkte Damen auf Sofas, dass unser Blick nur auf uns selbst fiel und nichts sonst.

Am Abend sollten die Gedichte sprechen. Doch die Kollegen aus Nordkorea waren in Pjöngjang geblieben, der Geburtstag des Führers war nah. Und unsere Worte zerfielen, lösten sich in Bier für Dollars auf, in lustigen Gesängen, unsere Worte verbrannten in scharf gewürztem Speisen, verpufften in betrunkenem Lachen und in Reis. Und keiner bemerkte, dass die Grenze mit uns gereist war und sich mit uns im Raum befand. Grenzland ist heute überall. In Berlin erlebe ich weiter die Grenze zwischen West und Ost, in Chicago die zwischen Mexiko und USA. Die Grenze ist in den Flughafenbüros für Asylsuchende anzutreffen, die das Gebäude nicht verlassen dürfen, ist zu finden auf Anträgen und Bankkonten. Sie sind da, die Grenzen, aber weniger offensichtlich. Subtile Trennungslinien, die die einen von unserem komfortablen Leben ausschließen und die anderen auf sich selbst zurückfallen lassen. Und wie grenze ich mich davon ab?

PORTUGAL

Versuche, eine andere Lebensform zu erlernen

In diesen Septembertagen zeigt sich der Himmel verhüllt, manchmal bloß steigt der Umriss der Sonne aus dem Milchig-Trüben des Dunstes, die Gerüche sind intensiver, da das feuchte Gras, Früchte, Mauern, Abfall, Staub mit einer Dunstschicht überzieht. Die Portugiesen tragen Nebelkleider, ihre hässlichsten Sachen, bei denen es egal ist, ob sie verderben. Die ständige Präsenz des Atlantiks macht das Wetter »englisch«, besonders im Norden, viel Nebel, schwere Regen im Winter, die innerhalb von Minuten die Straßen in reißende Ströme verwandeln, Wolkenbrüche gegen die kein Schirm schützt; man wird immer, wegen des Winds, nass von Kopf bis Fuß.

Und das Feuchte bleibt. Als ich, ein paar Stunden nach meiner Ankunft, aus dem trockenen Land kommend, in meine Jackentasche greife, schrecke ich zurück: Der Dunst ist schon in den Stoff eingezogen, hat seine Substanz etwas verändert. Man muss achtgeben, dass die Kleider, die Schuhe nicht verschimmeln, an den Außenseiten der Bücher lagert sich weißlicher Staub ab, an den Wänden innen, falls sie nicht verkachelt sind, bilden sich flockige Gewächse, wie Baumwolle, sagt die Putzfrau, die sie von Zeit zu Zeit mit einer scharfen Lösung abwischt.

Da das Wetter so rasch wechselt, ist der Regenschirm eines der wichtigsten portugiesischen Attribute. Zusammengeklappt kann er auch zum Schutz gegen die Sonne dienen, so wie die auf dem Kopf drapierte Wollweste. Die Übergänge sind nicht so klar, alles kann zu allem werden, das Land kann wässrig sein, das Meer eigentlicher Lebensraum, die Zeitung ein Fächer gegen die Hitze während des Wartens auf den Bus.

Nichts Bestimmtes zu wollen, ein Aufgehobensein (oder -werden) im Geschehen, welches wir – Zeitsklaven – schon längst verloren haben, sind daher die beste Voraussetzung für den Fremden in Portugal seine Tage zu verbringen. Es ist ein Land des Vergessens, welches einen in eine wunderbar erleuchtete Enge treibt. Das Licht am Morgen, der Markt, ein weißes Segel – und schon will man einfach nur mehr zusehen, wie die Vögel übers Wasser fliegen.

Der Alltag aber stellte sich mitunter als absurdes Theater vor. Der einfache Akt des Kaufs einer Glühbirne konnte bis zu einer halben Stunde dauern, da der

Kunde vor mir zu erzählen begann, wo er sein Haus baute und wie und woher sein Geld stammte, wo die Glühbirne angebracht werden wird und warum. Alles war Kommunikation, das Gespräch verzweigt wie die Wege, es galt als unhöflich den Gegenstand einer Rede sofort zu fokussieren, sondern man tastete sich nach und nach vor. Der Vermieter kam zwar um die Miete zu kassieren, stellte es aber als zufälligen Besuch dar, bei dem so nebenbei auch die »Sache« erledigt wurde.

Ich lernte also zu verstehen, dass es wichtig war, die Lebensgeschichte der Besitzerin des kleinen Supermarkts zu hören, als ich dort das erste Mal Milch kaufte, ich verstand, dass die Tabakhändlerin wissen musste, ob ich verheiratet bin, ich verstand, dass, wenn ich das Postamt betrat, die Warteschlangen bis zur Türe reichten und dass es mehr als eine Stunde dauerte, bis ich ein Paket aufgegeben hatte.

So verbrachte man seine Zeit, indem man sie (sich) vertreibt, entschied sich halt kleinere Schritte zu tun, die Aufgaben zu minimieren. Einen Brief zu schreiben und ihn abzusenden, sei ein Tagwerk, versicherte mir eine Bekannte, man fühle sich damit ziemlich ausgelastet.

Die Vorbereitungen, etwas zu tun, nehmen großen Raum ein, ja überlagern oft den Raum des Tuns, Realisation ist nicht alles, die Vorstellung sowieso immer besser.

Als ich nun, Anfang September, die Zeitung aufschlage, bin ich überrascht, denn in Österreich hörte man nichts davon, dass auch Portugal überlegte, eine Flotte zur Unterstützung der Blockade im Golfkonflikt auszuschicken. Man diskutiert Für und Wider, das Schiff ist noch nicht abgefahren und das, obwohl Portugal die Seefahrer- und Entdeckernation der Vergangenheit war. Eine Karikatur zeigt diese Einstellung deutlicher. »Wir versäumen eine gute Gelegenheit, der Welt zu zeigen, was wir wert sind, wenn wir nicht fahren«, sagt der eine, »Ja, aber nachdem wir so lange diskutiert haben, ob wir es tun sollen, hat sich die Spannung schon entschärft und wir müssen eigentlich gar nicht mehr in den Golf«. »Ja, genau«, meint der andere, »außerdem haben wir ja auch noch die Entdeckungen, um zu zeigen, wer wir sind.«

Die Entdeckungen, deren 500-jähriges Jubiläum nun begangen wurde, müssen immer noch herhalten, um die nationale Identität der Portugiesen zu stützen. Das Bewusstsein jener vergangenen Größe bewegt so ziemlich jeden und er findet es bestätigt in den Darstellungen auf den Kacheln der öffentlichen Bauten, in den Symbolen faschistischer Architektur, in den Fernsehsendungen und Zeitschriften, in denen die Vergangenheit gefeiert wird und im nunmehr als Nationalepos abgesegneten Gedichtband Fernando Pessoas, *Mensagem (Die Botschaft)*, das gerne als Beweis der Auserwähltheit des portugiesischen Volkes interpretiert wird.

In den Reden der Politiker wird jedoch seit 1986 auch ein neuer Gesang ange-
stimmt, das Lied von Europa dringt mit dem Beitritt zur Europäischen Gemeinschaft ins Land ein, nachdem es unter der Diktatur Salazars künstlich unter
Verschluss gehalten und zur Autarkie erzogen worden war. Die alte Welt soll
jetzt langsam abgebaut werden; doch noch gibt es Traditionen: Im Vorabend-
programm findet ein Wettbewerb statt, jeder kann seine Disziplin wählen – einer trägt Stöße mit Akten von einem Tisch zum anderen und das in möglichst
kurzer Zeit, einer zerschlägt große Marmorblöcke in immer kleinere und kleinere Würfel. Damit pflastert man heute noch in oft wochenlanger Arbeit die
Plätze und Gehsteige. Einer bedeckt eine Wand mit Kacheln, einer zerlegt einen Motor und setzt ihn wieder zusammen. Vorderhand scheint man sich – im
Fernsehen – mit der Erreichung höherer Effektivität der alten Tugenden zu begnügen. Doch das Neue, das Neue bricht wie ein Taumel aus.

Es gibt Großmärkte am Rande der Stadt mit allen erdenklichen Waren, wohin
die Landbevölkerung sonntags aufbricht, um zu schauen, denn Geld, um zu
kaufen, haben sie nicht. Es gibt Schnellstraßen, mit EU-Mitteln gebaut, die
durch naturgeschütztes Gebiet verlaufen, damit es billiger kommt. Es gibt viele neue Autos, die als Mord- und Selbstmordinstrumente fleißig benutzt werden (Portugal hat angeblich die höchste Unfall- und Todesrate der EU) und was
das Wichtigste ist, Beginn und Anfang von allem: Man plant eine gemeinsame
Eisenbahnverbindung Spaniens und Portugals. Das Projekt einer Angleichung
der Spurenbreite der Geleise ist ein historischer Augenblick nach jahrhunder-
telanger gegenseitiger Ignoranz. Für Portugal bedeutet es, anzuerkennen, dass
der Weg nach Europa über Spanien führt und dass die alleinige Ausrichtung
auf das Meer und nach Afrika endlich gebrochen wird.

Die Weltabgewandtheit und Selbstgenügsamkeit des alten Portugals ist, so
schädlich sie der Entwicklung des Landes vielleicht war, aber auch das Faszinierende für den Fremden. Sie gilt auch noch Ende der 1980er-Jahre. Lässt
man sich darauf ein, befindet man sich bald in dem Glauben, dass es außerhalb
des Landes nichts mehr gibt, nichts anderes mehr. Eine Zeitlang kann diese
Stimmung einer reduzierten Existenz sehr beruhigend wirken.
     Vergessen lernen und warten lernen, richtiges Warten, das auf nichts mehr
wartet, habe ich so erfahren, denn ohne diese Kunst kann man in Portugal kaum
bestehen, ohne das schlafrunde, weiche Geschehenlassen kann man dort nicht
bleiben, nicht leben, eckt man an, europäische Vorstellungen von Effektivität
und Zeit greifen hier nicht.

Die Straßen und die Cafes aber gehören den Männern. Ich ziehe meine Schultern zusammen, Brust vor, heruntergezogene Mundwinkel, ein verächtlicher
Gesichtsausdruck, ein Bedürfnis auszuspucken während des Gehens, Steine

aus dem losen Pflaster zu reissen und damit um mich zu werfen. Das ist der Alltag auf der Hauptstraße, weil ich nicht portugiesisch bin, groß und blond zu sein, heißt Ausländerin, also Deutsche zu sein, also sexuell frei und auf der Suche nach einem Mann. Sie betrachten mich, taxieren ohne den direkten Blick zu scheuen mein Gesicht, meinen Körper, sie sind neugierig, wechseln auf meine Straßenseite, kommen mir entgegen und die Regel lautet, dass ich ihnen ausweichen muss, nicht sie mir, wenn sie mir den Weg vertreten, ansonsten wäre es ein Ja.

Die Bewunderungsbereitschaft der portugiesischen Frauen für den Mann hat mich immer wieder erstaunt. Die Liebe ist nämlich eine sehr, sehr romantische Geschichte, wie mir versichert wurde, und sie wird ernstgenommen in Portugal, bis zum Tode. Auf die Zeit des Werbens folgt die Zeit des Miteinander-Gehens, meist jahrelang, blickt der Mann geradeaus und die Frau umschwebt ihn gurrend, er seufzt, sie seufzt. Bis sie nach dem Studium endlich heiraten, Geborgenheit, welche oft zur Hölle wird.

Monatelang musste ich durch die dünnen Wände die ehelichen Kämpfe der jungen Nachbarn miterleben. Schreie, Schläge, Geheul, schamlos, jeden Tag, nachdem die Haustüre hinter ihnen geschlossen war. Wenn sie später zusammen das Haus verließen, spielten sie die Komödie des glücklichen Paares und waren einig nur, sobald sie nebeneinander im Auto saßen.

Die zwei ausschließlich auf Verbrechen spezialisierten Blätter *O caso* und *O crime* berichten wöchentlich von derartigen Ehe- und Familienschlachten mit tödlichem Ausgang.

Etwas freiere Inszenierungen des Mann / Frau-Verhältnisses werden durch die täglichen »Telenovelas«, Fernsehserien, geliefert. Die meist brasilianischen Produktionen dringen in die Wohnungen und Gewohnheiten Portugals ein, man übernimmt Verhaltensmuster, Kleidung, und sogar brasilianische Ausdrücke, gibt sich intrigant, mondän, lässig, doch nicht zuviel. Die Brasilianer sind zu »heiß« für den portugiesischen Geschmack, die Frauen zu freizügig, wie man nicht müde wird, zu bemerken.

Und man muss einfach zugeben, dass der portugiesische Mann eine prachtvolle Erscheinung an sich ist: Schnurrbart, weit geöffneter Hemdkragen, ausladende Gesten, Rayban am Gürtel, Auto, und – worüber man nicht spricht, doch jeder weiß es – ein »latino«, ein Mann aus dem Süden, ist der beste Liebhaber, den eine Frau aus dem Norden sich nur wünschen kann.

Den Frauen bleibt also der passive Part und die Sprache des Leidens. So wie es – durch die Phonetik einer anderen Sprache bedingt – verschiedene Schmerzlaute und Interjektionen gibt, gibt es auch verschiedene Rituale, um zu zeigen, dass man leidet. Die Signale des Körpers allein genügen nicht, man greift sich an den Kopf zum Beispiel, stößt bei halb geschlossenen Augen ein »Ay, ay, ay«

aus und murmelt etwas vor sich hin, was heißt: ich habe Kopfweh, usf. Diese Wiederholung des Schmerzes durch Geste und Laut, ich habe sie fast nur bei Frauen gesehen, ist ein Versuch, auf sich aufmerksam zu machen und zu vermeiden, dass direkt auf einen Mangel, eine Vernachlässigung hingewiesen werden muss.

Doch auch die Männer haben, besonders wenn es Winter wird, eine Weise ihre Spuren zu hinterlassen und zu zeigen, dass sie vorhanden sind. Das Zeichen ist: Schleim in der Nase, Aufziehen, Spucken und das möglichst vernehmlich. Diese – für uns – unverschämte Äußerung ist ein typisch portugiesisches Geräusch. Oder der Piepston der Plastikhämmer zum Fest des São João. Ursprünglich ein Fruchtbarkeitsritus, der sich dahin entwickelt hat, dass die ganze Stadt auf die Straße geht und Entgegenkommenden, ob man sich nun kennt oder nicht, mit dem bunten Hammer auf den Kopf haut. Es piepst hundert-, tausend-, zehntausendmal eine Nacht lang und die ganze Stadt und der Kopf ist voll von diesem Ton.

Oder die verschiedenen Rufe der Verkäufer, das Muschelhorn des Scherenschleifers, die Anpreisung der durch die Straßen wandernden Fischverkäuferin, das Gackern der Pommes-Frites-Frau am Strand.

Wahrscheinlich ist dieses Land nicht vorstellbar ohne seine Geräusche, nicht ohne die Gerüche, die Geschmäcker und wahrscheinlich ist es nicht das Sichtbare, all das, worüber ich hier versucht habe kurz zu schreiben, was Portugal ausmacht, sondern das Unausgesprochene, Unklare, der Wunsch und das ins Land Hineingeträumte. Man kann es nicht lieben, ohne immer wieder in Lachen auszubrechen nach dem Schreck über eine schnelle Wende des Erwarteten, nicht ohne Ironie und nicht ohne einen unerschütterlichen Glauben.

Lissabon im Winter
Tratsch- und Klatschgeschichten aus dem westlichsten Zipfel Europas

Jede Samstagnacht tritt unser Bekannter Manuel Vieira in einem alten Theater im Stadtteil Lapa auf, um seine Version von Fado und portugiesischer Tradition zu präsentieren. Das Publikum ist jung, die Anzahl seiner Fans seit unserem letzten Aufenthalt enorm gestiegen, und bei manchen seiner Interpretationen mit oft frech improvisierten Texten werden die Refrains von den Zuhörern mitgesungen. Manuel, der zugleich Leadsänger einer bekannten portugiesischen Popgruppe ist, tritt hier mit der Formation »Os Irmãos Catita« auf, den »Brüdern Niedlich«. Im 70er-Jahre-Smoking, mit Elvis-Presley-Tolle, schwarzen Sonnenbrillen, schwerer Goldkette auf der rüschenbehemdeten Brust übertreibt er die Fernsehposen bekannter Stars. Er springt steppend auf die Tische, an denen sich die Leute vor Lachen biegen, die Mädchen sind hingerissen von seinem Charme, die Jungs amüsieren sich über seine oft unanständige Interpretation der von ihren Eltern noch hoch und heilig gehaltenen Fado-Rührseligkeit. Ein Bein auf einem Schemel abgestützt, spielt er die klassisch-portugiesische Gitarre und trägt dazu das traurige Lied vom Soldaten, der in den Krieg ziehen muss, vor. Die Mischung von Gehaltensein an das Alte und seiner Persiflage, das Spiel mit vorhergehenden Formen, ist es, was wahrscheinlich den Erfolg der »Irmãos Catita« ausmacht. Die alten Lieder sind noch nicht vergessen, aber sie werden umgewandelt und den Gegebenheiten der Zeit angepasst. Keine Zerstörungswut, aber Lust auf Gelächter. Im Morgengrauen erst brechen die letzten Zuhörer auf.

Was hat sich eigentlich wirklich verändert in den zwei Jahren seit 1990, seit ich nicht mehr ständig in Portugal lebe? Wahrscheinlich nur das, was sich auch in anderen Randländern der europäischen Gemeinschaft vollzieht. Portugal befindet sich im Umbau und im Übergang. Archaische Strukturen und eine durch jahrzehntelange Diktatur erhaltene, bescheidene Autarkie sollen durch europäisch gerichtete Organisationen abgelöst werden. Was wir also jetzt bemerkten, war bezeichnend, nicht bloß allein für dieses Land, oder eben dieses Land nicht mehr bezeichnend, da die Phänomene nun den Unterschied zum noch nicht Erreichten stellen. Und das ist auch der Standpunkt, von dem aus wir betrachten können; Ausländer, denen man nur eine gewisse Perspektive zeigt: Was man so mitbekommt aus Tratsch, nebenbei Erlebtem, Mitgehörtem und Gelesenem aus Lissabon, das nun schon das zweite Mal unser Wohnort für ein paar Wintermonate gewesen war.

Vor allem fiel, schon beim Ankommen, die Verschärfung der Gegensätze, der Stadien des Übergangs, auf, und das Bemühen der Hauptstadt, noch schneller großstädtisch zu werden, was in Portugal, dem westlichsten Mitglied der Wirtschaftsunion, bedeutet: Angeschlossen an Europa um jeden Preis, und der ist, wie wir wissen, für die ärmeren Länder ziemlich hoch. Für die reichere Bevölkerungsschicht in den ärmeren Ländern wiederum lässt sich das Leben immer einfacher organisieren und für die touristischen Besucher aus dem Ausland ist gesorgt.

Endlich gibt es einen eigenen, vom Hauptbahnhof abgetrennten Auslandswartesaal mit Fahrkartenschalter, Wechselstube und Cafe, wo reisende Rucksackjapaner in Ruhe ihre Maisdosen auslöffeln können, unbehelligt von der seltsamen Sprache Portugiesisch und ohne Schlangestehen beim Kartenkauf. Bettler werden nicht eingelassen in den marmorverkleideten Abfahrts- und Ankunftsraum; doch noch ist es nicht so weit, dass sich gewisse Türen nur mithilfe des Magnetstreifens an Plastikkartenrückseiten öffnen.

Über Lissabon verstreut finden sich jedoch schon viele derart vor der Straße geschützte Kleinhallen, in denen drei, vier in die Wand eingebaute Bildschirme leuchten. Viersprachig und bunt gelingt es nun, Geld automatisch abzuheben und es sodann schnell auszugeben, denn teurer geworden ist es schon, in der inneren Stadt. Billig geblieben sind nur mehr die »Bica«, jene Institution des starken, kleinen schwarzen Kaffees, meist im Stehen getrunken, und Brot, unumgängliches Haupt- und Beigericht der portugiesischen Mahlzeiten. Doch wie man hört, soll es auch hier an die Speisenationalheiligtümer gehen, denn Europa geopfert werden muss auch der Minimalpreis für die größte Menge Schnaps, die es wohl jemals zu kaufen gab. Nun sollen die Alkoholpreise den ausländischen Marken angeglichen werden, und das bedeutete das Ende eines besonders für die Armen tröstlichen Getränks.

Ohnehin wird die Bevölkerung mehr und mehr zur Selbstversorgung gedrängt, denn auch die Grundnahrungsmittel, vor allem Gemüse, Kartoffel, etc. sind durch die komplizierten EG-Austauschverträge in den Geschäften kaum erschwinglich; von Butter, einem guten Olivenöl ganz zu schweigen. Und wer als Städter nicht seine Verwandten am Land hat, um dort wochenends billiger Lebensmittel zu besorgen, leidet bald unter Mangelerscheinungen. Inzwischen werden Tonnen von Orangen eingeackert, da die Bauern sie nicht kostendeckend genug verkaufen können. Und der Müll der Reichen wird den Armen zu ertragreichem Grund.

In unserem Wohnviertel zum Beispiel, folgen auf wenig bedachte Flächenumwidmungen soziale Konflikte, seit das Gebiet von Arbeitersiedlungen eine völlig neue Bestimmung erfahren soll. Im Ostteil der Stadt ist der Neubau von Anlagen für die EXPO 1998 vorgesehen. Die Viertel entlang des Tejo, bisher eher als Müllhalden und Ablageflächen benutzt, deren Erneuerung man lieber immer wieder auf unbestimmte Zeit aufschob, müssen jetzt bereinigt und neu geplant werden. Eine zweite, noch gigantischere Brücke, als die berühmte des 25. April, soll den Fluss in einer Länge von 13 km überspannen, um den ständig gestauten Verkehrsstrom der einzigen Verbindung Lissabons in die südlich gelegenen Stadtviertel zu entlasten. Stadtautobahnen, Infrastruktur, U-Bahnverbindungen, Büroanlagen werden notwendig, ein neues zweites, lebendiges Zentrum soll entstehen.

Denn lebendig war dieser Teil bis jetzt vor allem an illegaler Bautätigkeit, wie viele andere äußere Bezirke Lissabons, des »Elendsgürtels« der Stadt, wie man die rasch sich ausbreitenden Slums auch nennt. Wer seine Behausung innerhalb eines Tages errichtet, darf von ihr nicht mehr vertrieben werden, lautet das Gesetz. Und die Hütten, deren Bewohnerzahl auf zirka 250.000, unter ihnen viele Afrikaner, Inder, Roma und andere ethnische Minderheiten, geschätzt wird, sind mithilfe von ein paar Bekannten schnell aufgezogen. Noch ist unklar, wie das Wohnungsproblem gelöst werden soll, da man in den – das Expo-Gelände betreffenden – Vierteln auch an Abriss der bestehenden, verkommenen Bausubstanz denkt.

Das Haus, in dem wir wohnen, scheint Teil des großen Umbaus der Stadt zu sein. 15 Stockwerke hoch, mit – für Portugal – luxuriöser Ausstattung, die Wohnungen nicht erschwinglich für »Normal«verdiener, thront das Gebäude mit Blick auf den Tejo inmitten von in sich versinkenden Arbeiterreihensiedlungen und inmitten von noch älteren Kleinsthäuschen. Die vielen, oft auch grünen Zwischenräume, die die Bautätigkeit gelassen hat, wurden und werden mit den selbsterrichteten Blech-, Planen- und Kartonhütten gefüllt. Ein Sonntagsnachmittagssspaziergang führt uns durch die schmalen Gänge jener Blechdosenviertel, wie sie genannt werden. Die Häuschen sind sorgfältig abgedichtet, die dünnen Kartons oft geweißt; mit einem Messer Briefschlitze geschnitten, eine Hausnummer danebengeschmiert. Manche Hütten scheinen richtige Idyllen, von aussen; Wein rankt sich über den Vorplatz, hin und wieder ragt eine Palme aus dem Labyrinth der Wege, ein Haus ist aus alten Druckplatten zusammengesetzt. Das Negativ von Schrift und Bild lässt sich noch lesen, kleine Feuer brennen davor, Hunde streifen herum, der ganze Hügel ist mit diesen wilden Bauten verklebt, an den kleinen Pfaden stehen sonntagnachmittags die Männer, Hände in den Hosentaschen und blicken hinunter auf den Fußballplatz, wo sich die Jungen vergnügen. Der Platz ist das Einzige, wofür die Stadtverwaltung hier gesorgt hat.

Als wir erfahren, dass ein Bekannter, ein junger portugiesischer Künstler, eine Baracke anlässlich seiner Ausstellung errichten will, sind wir neugierig und gespannt. Leider aber ist seine Hütte aus neuen feinen Spanplatten gefertigt und soll mit Armaturen, Stuhl und Neonlicht eher an amerikanische Versuchslabors erinnern.

Da ist die Arbeit des Brasilianers Hélio Oiticica schon interessanter. Die Einflüsse seiner von Armut und Spontanität geprägten Umgebung in den Slums Rio de Janeiros entwickelte er zu einer Art brasilianischer Ästhetik weiter, die sich ihrer kulturellen Wurzeln besinnt, ohne in Folklorismen steckenzubleiben. Ein Gang durch die Installation im Museum der Stiftung Gulbenkian führt über Blätter, Sand, durch Pflanzen und Wasserbecken entlang von barackenähnlichen, begehbaren Skulpturen, Feldbetten, Zelten, usw. Ein bunter Abenteuerspielplatz, der unseren Ausflügen in die Realität Lissabons mehr entspricht, als die coole Beobachtungskabine.

Ein anderes Projekt des brasilianischen Künstlers in den 70er-Jahren war die Inszenierung von Fußballspielen, an denen er nur die Dressen und den Ball gestaltete, während die Ausführung seinen Nachbarn und Freunden aus den Slums von Rio überlassen blieb. Das nur kurz zur Situation radikaler Kunst während der Militärdiktatur in Brasilien.

In Portugal währenddessen lautete das Credo der mit der Revolution des 25. April 1974 untergegangenen Diktatur General Salazars: Fatima, Fado und Fußball. Auch heute scheinen diese Volksdrogen immer noch brauchbare Mittel zu sein, wenn auch das Fernsehen nun, mit seinen endlosen Herz-Schmerz-Serien, als wichtige vierte Kraft, die Religion und den Gesang etwas zur Seite drängt. Dafür aber macht die Kirche ihren eigenen Sender, der bisher einzige private im Land, neben den, wie in Österreich, staatlichen Programmen. Sonntag und Fußball jedenfalls gehören immer noch zusammen und die Kommentatoren der Spiele bieten mit ihren wechselseitigen Schnellreden in verschiedenen Rhythmen Glanzleistungen der portugiesischen gesprochenen Sprache.

Wir aber kehren wieder zurück in unsere Wohnburg und beobachten immer öfter, wie die Leute der Umgebung um unsere Mülltonnen streifen, wie die Reste unseres Wohlergehens und des Überflusses der jungen Reichen inspiziert und fortgeschleppt werden. Fast jeden Morgen liegen die Tonnen gekippt am Boden, der Müll meterweit verstreut, aufgerissene Plastikbeutel, und natürlich werden wir angestarrt. Wenn wir durch die Gassen flanieren, verstummt das Gespräch, und auch wir sind mißtrauischer geworden, betrachten die Vorbeigehenden genauer, nach dem ersten Überfall in der Kellergarage des Hauses.

Verschärfte Fronten: Auch die jungen portugiesischen Fußballanhänger haben ihre Lektionen aus dem Kabelfernsehen gelernt. Erste Ausschreitungen von rivalisierenden Gruppen im Fußballstadion, das Spiel mit provokanten Symbolen; Fahnen und Hakenkreuz werden geschwungen, die Banden beginnen sich zu organisieren. Entlang der Strandmeilen in Richtung Cascais, den Lissabon-

ner Badeorten, sind sämtliche Buden mit Hakenkreuzen und ausländerfeind-
lichen Parolen beschmiert. Hat sich nun was geändert in Portugal?

Ja und nein. Die Idylle ist nicht mehr ganz so ungestört, die Abgeschlossenheit des Landes bricht auf, da ist nicht mehr jene Exotik, jene Verschlafenheit,
nicht mehr ungebrochen jedenfalls, und die Skinheads, die vor drei Jahren versuchten einen schwarzen Angolaner zu ermorden, tragen jetzt die Haare länger; sie haben vor Gericht bereut. Nun war es doch kein Mordversuch. Und wer
weiß, dass das Söhne aus einflussreichen, wohlhabenden Familien sind, versteht. Es war nicht so gemeint. Und Probleme mit der zunehmenden Immigration befürchtet jeder, wie in jedem anderen Land auch.

Schon wird die Ausweisung von illegal in Portugal sich aufhaltenden Afri-
kanern angekündigt, schon sind die ersten Serben, Kroaten und Bosnier in der
Hauptstadt angelangt, und die billigen, polnischen Prostituierten. Und immer
mehr deutsche Aussteiger haben es in ihren Geschäften so weit gebracht, dass
es für ein Haus im Alentejo reicht. Und jedes neue Aufflammen der Konflikte
in Angola und Mozambique bringt Einwanderungswellen von Mischlingen,
anerkannten portugiesischen Staatsbürgern.

Portugal hat sich durch seinen großzügigen Umgang mit den Kolonien viel
neue Bevölkerung eingehandelt. Den portugiesischen Männern war es – mehr
oder weniger, indem man die Augen zudrückte – gestattet worden, sich in den
Kolonien halblegal zu vermehren. Die »mestizagem«, Rassenmischung von
meist schwarz und weiß, war von Anbeginn der Kolonialisation eine Möglichkeit für das zahlenmäßig schwache Volk, die Landesbevölkerung an sich zu binden und durch die Anerkennung des gemeinsamen Nachwuchses, neue Staatsbürger zu gewinnen. So wurde es bis vor kurzem noch gehalten: Der Krieger
zog aus, verließ seine Familie im Mutterland und gründete dort, nach einiger
Zeit, eine zweite, mit einer afrikanischen Frau. Das Kind wurde als Portugiese
anerkannt.

Und während wir unseren Sonntagsausflug in die elenden Gegenden beenden,
fahren die ländlichen Großfamilien in die Einkaufszentren am Stadtrand, und
stehen staunend vor englischen Kekspackungen, französischen Joghurts, sünd-
teuren portugiesischen Käsen, vor Dosen mit Belugakaviar, und Flaschen deutscher Bodylotions, um sich selbst schließlich mit dem billigsten Produkt, einem Brot, oder einer Schachtel Reis zu begnügen. Die Waren sind für sie zum
Schauen aufgestellt. Für die kleine Schicht von Reichen und schnell Aufgestie-
genen kann jedoch nichts teuer und gut genug sein. In Weihnachtsprospekten
wird für Parfüms, Kaffee, Lachs, Mode aus dem Ausland geworben. Es gilt als
unter der Würde, das in Portugal erworbene Geld auch hier zu investieren. Am
liebsten alles importiert, um sich desto besser von der Masse abzuheben. Das
geht bis zu Selbstverleugnung und bis zur Verwandlung des Besserwollens in
eine lächerliche Farce.

Am Beispiel eines Neubaus im Stadtteil Belém, das architektonisch bis dahin vor allem vom Jerónimos-Kloster geprägt war, lässt sich jenes Verfahren wohl am besten vorführen. Errichtet zum Anlass der europäischen Präsidentschaft 1992 in Lissabon, hatte es unsere Aufmerksamkeit beim ersten Ausflug nach Belém erregt. Bunkerartig, nach innen zu abgeschlossen, verkleidet mit italienischem sandfarbenem Marmor, an allen Extrempunkten mit Wachposten versehen, für Spaziergänger im weiten Umkreis gesperrt, mutete es wie eine uneinnehmbare, bedrohliche Festung an. Alles erbaut von fremder Hand für fremden Profit.

Nun nach dem Auslaufen der Präsidentschaft sucht man nach einem Verwendungszweck für das teure Geschenk an Europa. Beratungen und Nachfragen erbrachten bis jetzt keinen entscheidenden Beschluss. Schließlich beauftragte man eine englische Firma, dem Bau eine »Corporate Identity« zu verpassen. Für wieviel Geld wiederum bleibt Staatsgeheimnis, der künftige Verwendungszweck bis dato auch. Währenddessen stehen die Räume leer. Inzwischen beratschlagt man, der Stadt ein neues Museum zu bauen. Für moderne Kunst.

Ein portugiesischer Kunstkritiker verglich den Lissabonner Kulturrepräsentationsbau der rechtssozialistischen Regierung unter Cavaco Silva mit dem Bau des Klosters Mafra, einem gigantischen Projekt des 18. Jahrhunderts zur Verherrlichung des Königs João V., dem zur Realisierung noch die Mittel aus den brasilianischen Goldminen zur Verfügung gestanden waren und das schließlich nie benützt wurde, über die Jahrhunderte als prächtige, vor allem von italienischem und deutschem Barock geprägte Fassade stehenblieb. Die Erfüllung des herrscherlichen Gelübdes, Gott für einen Nachfolger zu danken, ging so vor allem auf Kosten des Volkes. Um die Geschichte des gigantischen Baus rankt sich übrigens der Roman *Das Memorial* des Schriftstellers José Saramago, der die Geschehnisse aus der Perspektive der Armen, Arbeiter und Wundergläubigen darzustellen versucht.

Und die Sorgen um die Erhaltung von Mafra schleppte von nun an jede Regierung mit. Als vor einigen Jahren bekannt wurde, dass der kilometerlange Verbindungsgang von der Hauptstadt zum Kloster von Millionen von Ratten verseucht war, beschloss man, sich der Plage mit gigantischem Aufwand zu entledigen. Das gesamte Dorf musste dabei für Tage evakuiert werden, um die Bevölkerung vor den chemischen Dämpfen zu schützen.

Repräsentation rechnet sich eben nicht in Zahlen, könnte man dem entgegnen, aber die Kritiken an der Kulturpolitik der Cavaco-Regierung häufen sich. Großmannssucht, Selbstgefälligkeit werden den Verwaltern der Gelder vorgeworfen, und dass sie neue Initiativen eher aufzuhalten bereit wären als zu fördern, wegen der Bequemlichkeit, und dass sie ihre Provinzialität verteidigten, und, und, und. Kleinkriege werden über die Kritikerspalten der Zeitungen geführt oder sogar in einer konzertierten Aktion der Wochenzeitung *O Independente* gegen das seit 20 Jahren bestehende Semanal *Expresso*, das anlässlich seinen Jubiläums vom neuen Organ persifliert und auseinandergenommen wurde. *Expresso*, von den damaligen sozialistischen Mitstreitern Cavaco Silvas, vor und nach der Revolution 1974 gegründet, sei zum Regierungsblatt verkommen, das starr und unfähig zur Kritik allen von oben beschlossenen Projekten das Wort rede. *Expresso* ist Sprachrohr einer Schicht portugiesischer Intellektueller, die man bis vor kurzem noch mit Ehrfurcht behandelte und mit der man es nicht wagte, öffentlich in Streit zu treten. Nun aber bringen die romantischen sozialistischen Ideale der nachrevolutionären Jahre jene zum Lachen, die die Notwendigkeit einer neuen Zeit zu erkennen glauben. *O Independente*, von einem der passioniertesten Portugalkritiker, dem Journalisten Miguel Esteves Cardoso gegründet, ist am englischen Vorbild orientiert und versteht sich als Repräsentant der neuen Generation von Portugiesen, die es im Laufe der 8oer-Jahre zu Posten und Wohlstand vor allem im Wirtschaftsbereich gebracht haben.

Von Krise spricht man hier noch nicht, noch sperren neue Lokale in den schick gewordenen Abbruchvierteln Bairro Alto und Santos auf, noch verabredet man sich mittags und abends im Restaurant, noch treffen sich die verschiedenen Cliquen spätnachts in der Diskothek »Frágil«, das eine Institution geworden ist, wie *Expresso* auch.

Und ohne die Stiftung des Ölmilliardärs Calouste Gulbenkian liefe in der Kultur Portugals wohl so gut wie garnichts. Der Armenier, der auf der Flucht vor den Nazis sich mit Vermögen und Kunstsammlung bis Lissabon gerettet hatte, war, auch nachdem die Gefahr vorüber war, in Portugal geblieben und hatte seine Sammlung dem Staat vermacht, die so zum Grundstein des Museums Calouste Gulbenkian wurde. Die Zinsen des Vermögens sollten kulturelle Aktivitäten in Portugal fördern, wovon besonders die Theater-, Musik- und Tanzszene profitiert. Auch die Fotografie wird gerne mit Geldern bedacht, der Subdirektor des Verwaltungsrats, einer der wichtigsten portugiesischen Fotografen, hat gerade ein Fotobuch über seine Eindrücke zum österreichischen Autor Hermann Broch veröffentlicht; geheimnisvoll verwischte Interieurs mit verwaisten Spitzenkrägen, flüchtige Bilder von davonziehenden Menschen, alles zum Anlass der Aufführung des Broch-Stücks *Die Magd Zerline,* in einer portugiesischen Adaption. Denn auch die Drucklegung von Büchern wird von der Gulbenkian-Stiftung gefördert. Das ist besonders wichtig bei Studienbüchern, Lexika und anderen Nachschlagewerken, die dadurch preisgünstiger werden, sodass sich auch Studenten und minderbemittelte Interessierte die Lektüre leisten können. Und obwohl die Analphabetismusrate nach wie vor relativ hoch ist, – nicht nur totale Nichtleser und -schreiber gerechnet, sondern auch diejenigen, die sich, aufgrund unzureichender Übung oder schlechter Sehhilfen, an der allgemeinen Lesbarkeit von Büchern, Zeitungen und untertitelten Fernsehfilmen nicht beteiligen können –, ist das literarische Leben Portugals äußerst rege. Zusätzlich zu den zwei wöchentlich erscheinenden Literaturzeitungen *JL* und *Letras&Letras* erscheint monatlich das elegant aufgemachte Lesemagazin *LER*, fast eine Zwillingsschwester des französischen *Lire*. Viel zu lesen also und viel Tratsch und Klatsch selbstverständlich; nach der jahrzehntelangen Zensur und Überwachung jeder Äußerung durch die Geheimpolizei scheinen die Portugiesen es zu genießen, alles zu drucken, was ihnen so auf die Zunge kommt.

Und anders sind die vielen, vielen Zeitungen und Zeitschriften wohl kaum zu füllen, die Konkurrenz ist groß und viele retten sich mit Riesensportberichten, um neben der täglich erscheinenden Fußballzeitung *BOLA* noch Leser anzusprechen. Da wird dann unter Umständen wochenlang über Details des Rückkaufs eines portugiesischen Fußballstars öffentlich diskutiert und der Skandal aufgedeckt, dass die eine Hälfte des Betrages über staatliche Gelder organisiert wurde und nur die zweite Hälfte legal vom Fußballklub stammte. Und sonntags halten sich die Männer in den Straßen nach wie vor ihre kleinen Transistorradios ans Ohr, um alles, alles mitzubekommen, jeden Lauf und jedes Tor.

Und wo sind nun der Fado und die Wunder geblieben? Auch das alte Portugal, es existiert noch, der Fado wird gepflegt in Lissabon. Da gibt es diese verkommene Bar im Bairro Alto, wo sich die Leute des Viertels treffen, um zu singen, eine Möglichkeit für die Armen, sich zu präsentieren, für die Dauer von zwei, drei Liedern im Mittelpunkt zu stehen. Da ist der schmuddelige Alte mit seinen noch schmutzigeren Hosen, der die Krücken ablegt, bevor er sich entschließt, seine besten Stücke darzubieten. Die vielen Zischlaute des zahlreichen Publikums fordern zum Stillsein auf und schaffen dem Sänger Raum und Gehör. Fado ist eine fast heilige Angelegenheit und bevor uns mit allen anderen die Rührung überfällt, bemerken wir, dass doch einige der Anwesenden keine Portugiesen zu sein scheinen und dass doch diese Brille auf der Nase des breitschultrigen Mannes nur aus einem Berliner Designerladen stammen kann, dass dieser Ort wahrscheinlich wegen seiner Echtheit in den richtigen Führern empfohlen worden ist. Und bei noch genauerem Hinsehen stellt sich heraus, dass irgendwo auf den verklebten Tischen, zwischen den dickwandigen Weingläsern ein winziges Sony-Mikrophon aufgebaut ist, das dem fleißigen Tübinger Musikstudenten sein Rohmaterial direkt aufs Band liefert. Und als der Fado-Sänger den Refrain seines Liedes glücklich erreicht hat, ruft er: »Evrybody« und alle brechen in ein Lachen aus, froh darüber, wieder Lärm machen zu dürfen nach der stillen Andacht.

Neben den vergangenen Liedern müssen sich auch die Wunder noch recht anstrengen, um in der veränderten Zeit bestehen zu können. Die Zeitungen berichten von der Delogierung des letzten noch lebenden Bruders der »Drei kleinen Hirten«, denen 1917 die heilige Jungfrau zu Fatima erschienen war, um gegen die Beleidigung der Religion durch das Heraufkommen des Kommunismus zu protestieren. Erst mit dem Niedergang der schändlich atheistischen Gesellschaft sei die Botschaft Fatimas erfüllt, erzählte uns vor ein paar Jahren noch ein Vertreter des Glaubens. Jetzt, wo es so weit gekommen ist, sucht man nach neuen Aufgaben für die »Drei kleinen Hirten«. Kürzlich tankte hier Corazon Aquino neuen Mut für die anstrengenden Regierungsgeschäfte auf den Philippinen. Sie erhielt sogar die Erlaubnis zu einem Gespräch mit der letzten Hirtin Lucia, die abgeschirmt von der Welt in einem Kloster in Coimbra lebt und immer noch nicht als Heilige anerkannt ist.

Der Wallfahrtsort Fatima hat zumindest für dieses Jahr große Konkurrenz durch die Erklärung eines Heiligen Jahrs im galizischen Santiago de Compostela bekommen. Den alten Pilgerweg dorthin kann man von Paris aus entweder zu Fuß oder mit dem Fahrrad zurücklegen. Und wer weiß, wohin sich die Armen noch aufmachen werden, um Linderung für ihre Situation zu erfahren? Meist sind es die Frauen, die die Fürsprache bei Gott für die ganze Familie zu erledigen haben. Sonntags stehen die Männer vor den Kirchen, oder sitzen in geparkten Autos, bis die Messe beendet ist.

Doch fürs nächste Jahr ist dann ein Großereignis in Portugal vorgesehen: Lissabon wurde als Kulturhauptstadt Europas nominiert und hat bis dahin noch einiges an Organisation zu leisten, um nicht im totalen Chaos zu landen, wie bei der Veranstaltung jenes Konzertes, das im Jänner 1993 der jahrhundertealten Freundschaft zwischen Japan und Portugal gedenken sollte. Ganz Belém war voll von Menschen, die sich vor dem Jerónimos-Kloster drängten, um Beethovens Neunte zu hören. Diszipliniert standen sie Schlange unter ihren Regenschirmen, um eingelassen zu werden. Der Grund für den Andrang: Seit Wochen schon hatte man in ganzseitigen Anzeigen, und im Fernsehen mit dem Versprechen »Freier Eintritt« geworben und die Lissabonner, durch regen Konzertbetrieb nicht gerade verwöhnt, ließen sich das gern gefallen und fanden sich sogar bei schlechtem Wetter ein.

Von den schon seit Stunden Wartenden wurden schließlich nur etwa 100 Menschen eingelassen. Und warum? Da das Konzert von einer Reihe von Firmen, Vereinen und Ministerien mitorganisiert und gesponsert worden war, hatte man begonnen, Sondereinladungen an Firmenangehörige, Botschafter, Politiker und höhere Beamte auszugeben, die das riesige Auditorium im Nu füllten. Für das Volk, das man vorerst so kräftig eingeladen hatte, blieb da eben kein Platz mehr.

Als die Menschentrauben versuchten das Gebäude zu stürmen, schlossen Sicherheitskräfte die mächtigen Tore des Klosters und ließen eine aufgebrachte Menge zurück, die sich rasch formierte, und mit Pfeifkonzerten, Sprechchören ihrer Empörung Luft zu machen versuchte, so laut, dass auch die Funktionäre drinnen in ihrem Musikgenuss beeinträchtigt wurden. Die schöne Feier war aufgrund fehlender Voraussicht der Organisatoren ziemlich gestört und schlimmer noch; da die Ausgesperrten weiterhin ihr Recht einforderten, war es auch keinem der eingeladenen Gäste mehr möglich den Saal zu verlassen. Das zumindest hatten die enttäuschten Musikliebhaber bewirken können: Die totale Blockade, schwitzende, hilflose Polizisten und wegen des Lärms draußen langsam hysterisch werdende, alte Frauen, die Angst hatten, von den Hereinstürmenden überrollt zu werden.

Später zogen die Menschen singend und gestikulierend durch die Straßen, diskutierten in den Cafes, aufgebracht durch die Unverschämtheit und Unfähigkeit der verantwortlichen Organisatoren. Wahrlich kein günstiger Ausweis für die Zukunft.

Warten und Hoffen

»Um halb sieben fangen wir an«.

Sagt einer der Männer, denen wir hinter dem Gitter der Autovermietung am Lissabonner Flughafen beim Kaffeetrinken und Zigarettenrauchen zusehen dürfen.

Das Auto hatten wir von Chicago aus reservieren lassen. Nun, bei unserer Ankunft frühmorgens, ist der Schalter zu, und die Angestellten lassen sich angesichts unseres offensichtlichen Erschöpfungszustandes nicht erweichen.

Ich blicke durch die Glastüre hinaus auf die Stadt, die Wegweiser ins 21. Jahrhundert werden will, so versprechen es zumindest die Prospekte zur EXPO 98. Ich bin offensichtlich zu früh und hatte ein wesentliches Detail meiner portugiesischen Erfahrungen verdrängt: *Paciença*, Geduld, eine der Haupttugenden der Portugiesen, ohne die hier keiner zurechtkommt. Man muss warten können. Und das tun wir dann auch. Bis endlich das Gitter des Schalters rasselnd hochgefahren, die Weihnachtsdekoration aufgestellt und der Kugelschreiber gefunden wird.

Hinter einem Schalter zu sitzen scheint Menschen ungeahnte Mächte zu verleihen. Sie können Rhythmus und Gelingen der erwünschten Vorhaben bestimmen. Ich erinnere mich nun an die Beamten der Bank in Aveiro, wenn ich mein Gehalt beheben wollte, oder an den Mann in der Immigrationsbehörde, der seinen Stift fünfmal ansetzte, um dann ein Wort mit Schwung niederzuschreiben, alles unter den Blicken der Wartenden, die je länger sie standen, desto mehr seine Wichtigkeit erspürten. Ich erinnere mich an die deutsche Bekannte, die, obwohl sie zwei Jahre in Portugal gelebt hatte, eines Tages vor Wut ihre Handtasche durch die Schalterhalle einer Bank geschleudert hatte, weil man sie so lange warten ließ.

Bemvindo! Willkommen in Lissabon! Grüßt ein Schild am Flughafenausgang zur Stadt. Natürlich haben die Angestellten der Autovermietung von unserer amerikanischen Reservierung niemals Nachricht erhalten. Was aber kein Problem ist. Ein Auto bekommen wir doch. Sie glauben uns. Zumindest.

»Die wollen gar kein Geschäft machen. Das ist denen egal!«, sagt mein Mann, als wir endlich in den dunklen, stürmischfeuchten Morgen Lissabons hinausfahren.

Und ich beginne Portugal gegenüber Anschuldigungen zu verteidigen, wie ich es früher, als ich noch dort lebte, immer tat. Man kann sich an Verträumt-

heit und gedehnte Zeit gewöhnen, fängt sogar an sie zu schätzen, sie hervorzuheben gegenüber Hektik und purem Geschäftssinn. Nun aber, da Lissabon
andere Ansprüche an sich stellt, muss auch ich versuchen, die Situation neu zu
bewerten. Ich bin gespannt. Bisher war es der Norden, insbesondere die Han-
dels-, Hafen- und Geschäftsstadt Porto gewesen, wo, gemäß eines portugiesischen Sprichwortes, gearbeitet wurde, während man Lissabon einen lang-
sameren, lässigeren Stil zugestand. Und die Portenser sind es auch, die sich nun
über unmäßige Kosten erregen, die sich beraubt fühlen, weil alles Geld in die
Lissabonner EXPO gesteckt wird.

Bei unserem letzten Aufenthalt vor zweieinhalb Jahren hatte man die Pfeiler der neuen, den Tejo 13 km überspannenden Brücke schon besichtigen können. Diese Verbindung zum Süden Portugals und die Umbauten zur Weltausstellung sollten eine weitreichende Veränderung der Stadt, vor allem ihre Öffnung zum Wasser hin bewirken.

Unser Appartment, mit Blick auf die breite Flussmündung, die Brücke und
einen Hafen, im Westen der Stadt gelegen, würde durch diese strukturelle Verbesserung aufgewertet werden.

Nun, zur Jahreswende 1997/98, während wir im Wintersturm durch die
kaum beleuchteten, eng gewundenen Straßen hügelauf und hügelab navigieren,
können wir uns dennoch an Vertrautem orientieren. Die große Cervejaria, die
endlos lange Friedhofsmauer, die zum Teil mit Asphalt überklebten Straßenbahnschienen, alles ist da und alles genau so, unverändert. Und aus dem Fenster der Wohnung auf den Containerhafen blickend, an dessen Stelle ich eine Pro-
menade mit Palmenreihen, ein paar Cafés vermutet hatte, gewohnte Bilder. Riesige Schiffe, die einlaufen, entladen, beladen, der Lärm der Kräne, unverändert.

Und die neue Brücke, nach dem portugiesischen Entdecker *Vasco da Gama*
benannt, hat in der Mitte einen Buckel, eine Erhöhung, wie wir beim ersten
Blick feststellen. Warum?

»Damit die Segelboote durchfahren können«.

Erklärt Pedro, unser Künstlerfreund.

»Aber sie haben sich verrechnet. Nur die kleineren Boote können noch
durch.«

Pedro liebt es, uns von kleinen und größeren Verfehlungen in seinem Land
zu berichten. Das ist Teil seiner Arbeit, der kritische Blick. Sein erstes bekann-
teres Werk war die Pflanzung eines auf den Kopf gestellten Eukalyptusbaumes
gewesen, um auf die »Eukalyptisierung« hinzuweisen, die schnelle Rodung
von großen Waldflächen und deren Aufforstung mit australischem Eukalyp-
tus, die den Boden auslaugt und schließlich zur Verwüstung ganzer Landstri-
che beiträgt, eine typische Erscheinung im Prozeß der Industrialisierung.

»Und wahrscheinlich entlastet die neue Brücke nur zu 15 Prozent den Verkehr von Nord nach Süd.«

Fügt Pedro hinzu.

»Die kilometerlangen Staus bei der An- und Rückfahrt über die Brücke des 25. April werden bleiben. Denn es sind meist in der Lissabonner Innenstadt Arbeitende, die abends zurück in ihre Wohnviertel im Süden fahren.«

Meint Pedro.

Die riesigen Tafeln, die den Autofahrern im Stau auf Tag, Stunde und Minute verkünden, wie lange es noch dauert, bis Vasco da Gama eröffnet wird, sind also leerer Trost?

An Hoffnungen, Versprechungen und Plänen mangelt es zurzeit nicht in Lissabon. *Noch 95 Tage bis zur Eröffnung der EXPO 98!* heißt es auf einer Zeittafel an der Praça de Espanha.

Die Stadt wird sich ändern! ist auf einem Wahlplakat zu lesen, *Lissabon soll die atlantische Hauptstadt Europas werden!* lautet die Devise der portugiesischen Wirtschaft. Und auf einem kleinen Karton, der mit Schnüren an einem Baum am Straßenrand befestigt ist, findet sich der vorwitzigste Spruch: *Portugal kann nicht mehr warten!* In einem Land, wo es mit »esperar« nur ein Wort für »hoffen« und »warten« gibt, ein gewagtes Stück. Diese bisher lebensnotwendige Tugend sollte also nun aufgegeben werden? Anscheinend.

Seit Marquês de Pombal die Unterstadt Lissabons nach dem Erdbeben von 1755 in einem schachbrettartigen Straßenmuster neu errichten ließ, habe es keine solchen Veränderungen mehr gegeben, heißt es in den Nachrichten für künftige ausländische Investoren. Der Name João Soares, Bürgermeister von Lissabon und Sohn des charismatischen, sozialistischen Führers und ehemaligen Staatspräsidenten Mario Soares, ist bereit, als Bauherr in die Annalen Lissabons einzugehen. Abgesehen von den EXPO-Einrichtungen an den früheren Olivais-Docks, wird an inneren und äußeren Umfahrungsringen gebaut, die den chaotischen, innerstädtischen Verkehr entlasten sollen. Außerdem werden die bestehenden Metrolinien erweitert, sowie eine Zugverbindung über die Brücke des 25. April eingerichtet. Eine eigene Agentur zur »ökonomischen Modernisierung« Lissabons wurde gegründet, die sich um die Umstrukturierung der Stadt einerseits, wie um die Pflege des historischen Erbes andererseits kümmern soll. Mehr oder weniger gehe es darum, »eine Identität wiederherzustellen«, meint der Direktor der Agentur.

Diese historische Substanz ist es auch, die auf den ersten Blick den Reiz Lissabons ausmacht. Sie zieht Touristen an, inspiriert Filmemacher und ich muss über ihre Schönheit nun – aus Chicago kommend – immer wieder von neuem staunen. Man braucht nicht einmal die engen Altstadt-Gässchen zur Alfama hinaufzusteigen, wo winzige Durchgänge, begrünte Plätze, Gärtchen und gekachelte Aussichtspunkte die Augen überquellen lassen. Es lohnt sich auch die weniger berühmten Stadtteile rund ums Zentrum, Lapa oder Estrela, zu durchstreifen, und von Mal zu Mal innezuhalten vor einer besonders gelungenen Farb- und Musterkombination einer Azulejo-Häuserfront, einem Pflanzenarrangement oder um Rast zu machen in einer der zahllosen Pastelarias, aus denen es nach Kuchen, Kaffee und Toast verlockend duftet.

Einer der Hauptanziehungspunkte Lissabons, das Castelo São Jorge, dessen helle Front mit Zinnen der Innenstadt wie eine Krone aufgesetzt wirkt, ist zurzeit wegen Renovierung geschlossen, was aber in keiner der am Flughafen und bei der Tourismusinformation ausgegebenen Broschüren vermerkt ist. Auch im Bereich der großen Plätze, Restauradores und Rossio, sowie auf der Geschäftsstraße des Chiado hat sich sichtbar einiges verändert. Fast zehn Jahre nach dem Feuer 1988 ist die Rekonstruktion des Chiado so gut wie abgeschlossen. Die Fertigstellung des letzten Abschnitts hat sich durch Probleme mit den Fundamenten, verursacht durch den Bau einer unterirdischen Metrostation, verzögert. Hinter den renovierten Fassaden des Chiado, als eine der touristischen Hauptverkehrszonen für Geschäfte besonders begehrt, ist nun eine andere Zeit eingezogen. Das Kaufhaus, von dem damals der Brand ausging, bietet nun der französischen Kette Printemps Raum. Andere Lokale sind vor allem von Boutiquen und CD-Läden belegt, ausländische Labels wie Zara und Benetton haben sich in den ehemals in mehrere winzige Geschäfte aufgeteilten Gebäuden niedergelassen. Der schrullige Optiker mit seiner Brillensammlung von Modellen aus den 40er- bis 70er-Jahren wird, wie so viele andere traditionelle Läden, nicht mehr aufsperren. Schade. Die Europäisierung und Internationalisierung fordert – vor allem auch aus Kostengründen, die Mieten der neuen, verbesserten Häuser sind deutlich höher – seinen Tribut. Das Besondere und Eigenartige verschwindet. Dafür aber findet sich der fremde Besucher besser zurecht, fühlt sich vertrauter und vielleicht eher zum Konsum bereit.

Trotzdem, der elegante Straßenschwung des Chiados ist geblieben, da die Zerstörungen durch das Feuer bei weitem nicht so schlimm waren, wie sensationalistische Hochglanzfotos in diversen Magazinen damals glauben machen wollten. Heute stehen in den Lissabonner Buchhandlungen nicht mehr die Fotobände über den Brand in vorderster Reihe, sondern sind von dicken Wälzern über die EXPO 98 abgelöst. Vorinformationen, architektonische Skizzen, Dokumentation der Wettbewerbe, Fotografien von Modellen, teure Reproduktionen zu unerschwinglichen Preisen. Die Hochstimmung hält sich kaum in Grenzen, bemüht etwas bereits als Ganzes vorzustellen, was noch lange im Entstehen ist. Vielleicht ist es auch die Freude über die fast uneingeschränkte Möglichkeit des Bauens, die hier zu Buche schlägt. São Jorge, Chiado waren und sind Aufgaben, die das Alte mitzudenken erfordern, während es bei der Konstruktion der EXPO-Pavillons geradezu an Vorgaben mangelte. Die Herausforderung bestand einerseits in der Chance, genügend Raum zur Verfügung zu haben und andererseits aber kaum Konkretes über die spätere Nutzung des aus Anlass nur eines Ereignisses errichteten Gebäudes zu wissen.

Dasselbe Problem hatte sich schon beim Bau des Centro Cultural de Belém gestellt, das 1992 als Sitz des europäischen Parlaments errichtet hatte werden müssen, in Sichtweite des berühmten Jerónimos-Klosters. Es dauerte, bis man sich einig wurde, womit der – aus Sicherheitsgründen festungsähnliche Bau – nach dem Auslaufen der Präsidentschaft zu füllen sei. Heute enthält das Centro Cultural neben Konzert- und Konferenzsälen, Ausstellungsräumen für zeitgenössische Kunst unter anderem auch viele kleine Shops, wie sie im Umkreis von Museen in letzter Zeit gerne entstehen. Vor allem Geschenkartikel, Fotomaterial, Kataloge, Zeitschriften, T-Shirts, alles was man eigentlich nicht braucht, was aber der reisende und flanierende Gelegenheitsbesucher mangels anderer Angebote gerne mitzunehmen bereit ist. Im EXPO-Shop sind alle Devotionalien für Wallfahrer zu finden: Schlüsselanhänger, Geldbörsen, Regenschirme, Briefpapier, Karten, Stickers mit den Logos der EXPO oder des Maskottchens Gil. Hier kann man die blaue Fischmuster-*Swatch* erstehen, die gleichzeitig als Eintrittskarte dient. Und hier wieder Folder, Broschüren über die Planungsstadien des großartigen Ereignisses. Mit Superlativen wird nicht gespart: die längste Brücke, die letzte große Weltausstellung vor der Jahrtausendwende, die internationalste (sic!), auf der mehr als 82 Prozent der Menschheit vertreten sind, so ein Katalog.

Portugal will seinen Minderwertigkeitskomplex mit großzügigen Plänen endlich überwinden. Und das ehemalige Abbruchgelände der EXPO-Baustelle bietet gute Gelegenheit über sich hinauszuwachsen. Dort wo früher Schiffe verrotteten, Eisen und chemische Abfälle gelagert wurden, wo Hunde herumstreunten und sich die Ärmsten der Armen angesiedelt hatten, konnte man von Grund auf neu beginnen. Nach dem Abtragen des verseuchten Bodens und der Zerstörung der alten Lagerhallen hatte man Raum geschaffen für den Beginn des 21. Jahrhunderts.

Das Leiden am Verlust des einstigen Großreiches, die künstliche Abgeschlossenheit des Landes unter einer vierzigjährigen Diktatur, abgeschüttelt durch die Nelkenrevolution von 1974, soll nun nicht mehr richtungsweisend sein. Schon mit dem Eintritt in die europäische Gemeinschaft hatte man begonnen, sich wieder in Richtung Osten und nicht mehr nur, wie Jahrhunderte vorher an Übersee, was Kolonien einerseits hieß und andererseits das Vage, Unbestimmte des Meeres selbst, zu orientieren. Die schwierigen Umgestaltungsarbeiten nach dem Ende der Diktatur, vom Feudalismus zum Kapitalismus, hatten auch eine Änderung des Selbstbilds nötig gemacht. Es ist kein Zufall, dass sich Portugal heute, zumindest im Geiste, mit ehemals kommunistischen Ländern zu verbrüdern sucht.

»Auch wir mussten die Beschränkungen einer jahrzehntelangen Herrschaft abstreifen!« Heißt es.

»Von uns könnt ihr lernen, denn wir sind euch in der Entwicklung mindestens 15 Jahre voraus!«

Dass es in Portugal aber die Sozialisten und Kommunisten, zusammen mit den Militärs gewesen waren, die die Revolution herbeigeführt hatten, davon spricht heute nur noch Mario Soares in seinen Memoiren, die dieses Jahr gerade erscheinen. Sonst aber ist das kein Thema. Zu beschäftigt scheint man damit, sich zu ändern.

Geschichte wird, man hat seine Lektionen Postmodernismus gelernt, als Versatzstück eingesetzt, um nicht mit leeren Händen in der Zukunft dazustehen. So auch das Einkaufszentrum gegenüber dem Stadion des Fußballclubs Benfica, das nach Colombo, Kolumbus, dem Entdecker des amerikanischen Kontinents, benannt ist. Einige Einzelheiten erinnern den Besucher noch daran, in welchem Land er sich befindet: Die Pflasterwege des als Rundbau angelegten Einkaufspalastes, ein Riesenplastikschiff auf einem Platz, von dem die Rolltreppen in verschiedene Richtungen ausstrahlen. Die Directories sind auf Steinsäulenpodeste gespannt, verziert mit Nachbildungen von Navigationsgerät, die auf die glorreiche Zeit der Seefahrt verweisen. Ein junger, modisch gekleideter Mann mss seinen Vater in gemustertem Handstrick-Pullover, dunkler Hose, portugiesischer Karokappe, der ängstlich vor der Rolltreppe stehengeblieben ist, hinaufbegleiten und danach seiner Mutter, in dunklem Umhängetuch und Holzschlapfen helfen. Der Fortschritt geht ihnen zu schnell.

Von außen repräsentiert das bunkerähnliche Zentrum nur mehr durch die Titel seiner Verkaufsstellen, der verschiedenen europäischen und amerikanischen Prestigemarken. Mit Colombo ist der Kapitalismus in Reinform eingeführt. Colombo muss nicht mehr durch postmoderne Verzauberungsästhetik um Käufer werben, wie noch seinerzeit das rosarote Märchenschloß des Einkaufszentrums in Amoreiras, dessen Architekt Taveira Ende der 1980er-Jahre wegen *sexual harassment* verurteilt worden war. Seine Pastellfarben und Spielereien mit Säulen und Glas finden sich mittlerweile geklont und ins Unendliche vermehrt auf den neu entstandenen und entstehenden Wohnsiedlungen an den Stadträndern Lissabons wieder, als Emblem einer Moderne, die immer schon zu spät ist.

Colombo wäre der »Anschluss« Portugals an die Welt, gäbe es da nicht noch die Tiefgarage, deren Organisation undurchschaubar labyrinthisch dennoch wieder eine Art unbewusster Komponente der portugiesischen Bewegungs- und Denkungsart durchscheinen lässt. Nach Farben und Symbolen geordnet, gleichzeitig mit Nummern und Buchstaben versehen, die sich in jedem Bereich wiederholen, wird es schwierig, seinen Ausgangort ausfindig zu machen, nachdem man sich schon vorher in den Kreisen der Warenangebote verloren hat. Die Liebe zum Ornament strukturiert hier nochmal die Ordnung der Menschen und Autos auf portugiesische Art.

Und bevor ich noch meine Einkäufe in den Kofferraum laden kann, bittet mich ein junger Mann im Trainingsanzug mit weinerlicher Stimme den Einkaufswagen zurückbringen zu dürfen, um die Münze kassieren zu können. Moderne Bettler. Wo immer sich neue Konsumorte und eine Klasse herausbilden, die kaufen kann, entstehen gleichzeitig neue Berufe. Als Auswirkung des verstärkten Aufkommens von Autos im Lissabonner Straßenverkehr und der so verursachten Parkplatznot gibt es nun, zum Beispiel, überall Platzanweiser. Viele der jungen Leute, die durch das Netz des allgemeinen Aufschwungs gefallen sind, versuchen zumindest auf diese Art von der Besserstellung anderer zu profitieren. Von weitem schon winken sie Parkwillige herbei und zeigen ihnen für den Lohn einer Münze mögliche Leerstellen an.

Auf der Rückfahrt von der Zukunft in das Appartment nehmen wir den inneren Umfahrungsring, vorbei am Flughafen und fahren den Hügel hinauf in Richtung Olivais, jene Straße, die in ein paar Monaten die direkte Verbindung der mit dem Flugzeug anreisenden Gäste zum EXPO-Gelände garantieren soll. Ende Dezember ist gerade die Asphaltierung abgeschlossen, an den Übergängen und Kreisverkehren fährt man noch auf Schotter, und nach den schweren Winterregen stehen unebene Strecken teilweise unter Wasser. Die auf den Bus wartenden Bewohner der umliegenden Wohnsiedlungen sind dem Sturm wie den von Autos fortspritzenden Fontänen hilflos ausgesetzt. Erst Richtung Chelas erhält die Straße wieder menschlichere Dimensionen. Hier könnte man erspüren, dass vor nicht allzulanger Zeit noch Pferdewägen übers Pflaster rumpelten, wenn nicht der waghalsige Fahrstil der Portugiesen einen nicht immer wieder an sein oder das baldige Ende des Autogegners denken ließe. Die freundliche Gelassenheit und Hilfsbereitschaft der Menschen verwandelt sich in Rücksichtslosigkeit und Starrsinn, sobald sie sich hinter dem Steuer eines Autos finden. Gott und seine Schutzengel haben hier viel Arbeit.

Das 14-stöckige Appartmenthaus, errichtet auf den immer noch sichtbaren Grundmauern einer ehemaligen Festung, mitten in einer Fischer- und Hafenarbeitersiedlung der 40er-Jahre, galt nach seiner Fertigstellung vor ein paar Jahren als Luxuskategorie. Die erwarteten Verbesserungen der Infrastruktur haben sich jedoch inzwischen nicht eingestellt. Die Fenster und Eingänge der für einen Supermarkt vorgesehenen Räumlichkeiten sind zugemauert. Das das Haus umgebende Grundstück wird von einem Gärtner als Gemüsegarten genutzt, Kohl und Kartoffel stellen ein wichtiges Zubrot. Er wohnt in einem fensterlosen Verschlag, den er mit ein paar Brettern an die Mauer der alten Festung gebaut hat. Im Winter, wenn es kälter wird, entzündet er davor in einer Blechdose Feuer mit Holzresten, die er auf dem Grundstück findet, das für die Umgebung als Abladeplatz für Müll und Bauschutt dient.

Dieses Nebeneinander von verschiedenen Lebensformen, Zeit- und Entwicklungsstufen ist typisch für Lissabon, typisch für Portugal. Hier wird mit dem Alten nie restlos aufgeräumt und es scheint das Konzept des Neuen nicht zu stören, dass es unabgeschlossen ist und bleibt. Hauptsache einen Schritt in die Zukunft, wenn man mit dem anderen Fuß auch noch in der Vergangenheit feststeckt.

Die Überraschung, dass sich Lissabon in seiner Weltausstellung nun mit dem Motto »Ozeane« vorstellt, ist daher nicht groß. Oder doch? Kommt darauf an, unter welchem Vorzeichen diese Präsentation erfolgt. Weltausstellungen bieten dem Gastland Gelegenheit ein Bild von sich vorzuführen, und also zu zeigen, was es von sich selbst hält. Andererseits wirkt die Öffnung nach außen auf das Land zurück und kann / könnte es nachhaltig verändern.

Mit der Seefahrt, der Entdeckung neuer Wege und unbekannter Länder wurde schließlich die Macht des vergangenen, portugiesischen Reiches begründet. Und noch die Ideologie der Diktatur von 1923 bis 1974 beruhte auf dem Bewusstsein von Portugals kolonialer Präsenz in Übersee, wie es in einem Artikel von 1935 nachzulesen ist:

»Ohne (Afrika, *Anm. SS*) würden wir ein kleines Land sein, mit ihm sind wir eine große Nation.«

500 Jahre ist es her, seit *Vasco da Gama* von Portugal aufgebrochen war, um nach einem schiffbaren Weg in Richtung Indien zu suchen. 1498 hatte er Kalkutta, wo er Gewürze und Christen finden wollte, erreicht. Seine Geschenke, Korallenketten und Ölfässer, erregten aber dort kein Aufsehen, so dass Vasco da Gama vor seiner Rückkehr gezwungen war, den Herrscher Kalkuttas um ein paar Gewürzmuster zu bitten, um nicht mit leeren Händen heimzukommen. Zum Tausch waren seine Gaben zu gering.

Diese Mission bildet den zeitlichen Rahmen, das Jubliäum zur EXPO, die Lissabon, so der Prospekt zur »Weltstadt der Ozeane« machen, sie mit einer »utopischen Dimension« versehen wird, wo Ereignisse die Stadt »überfluten«, wo Besucher »in die Zukunft tauchen«, was mit den Ausstellungen »Wasserfest« und »Nixen« (*Disney* sei dank) bewiesen werden wird. Wasser-, Meeres- und Fischmetaphern finden sich in den optischen Werbemedien wieder, das Spektrum reicht vom Video der Wasserbabies, deren Schwimmbewegungen täuschend echt in ein Korallenriff montiert wurden, bis zu verschiedenen in ihre Nationalkostüme gekleideten Spaziergängern unter Wasser, wo sich alle Länder und Kulturen friedlich vereinen.

Für das angeschlossene Vorhaben der EXPO Urbe, die Regeneration der Ostseite Lissabons und ihrer Öffnung zur Wasserfront, rechnet man erst mit einer Fertigstellung im Jahr 2010. In allen anderen Teilen der Stadt bleibt das Ufer des Tejo weiterhin verbaut. Bis auf den kleinen Vorplatz an der Praça do Comércio in der Innenstadt und beim Monument des Torre de Belém, ist das Ufer nirgends zu begehen. Nur in den ehemaligen Lagerhallen der Docks entlang der Straße nach Cascais sind nun ein paar Bars und Diskos eingezogen. Und erst ab Estoril, einige Kilometer westlich von Lissabon, kann man zu Fuß auf einer Betonpromenade bis nach Cascais spazieren.

Eines der ehrgeizigsten Vorhaben der EXPO bildet das Ozeanarium, das in vier Teilen den antarktischen, den atlantischen, den indischen und pazifischen Ozean vorstellen soll. Es orientiert sich architektonisch an der Bauform eines imaginären Schiffes. Das Glasdach soll an Wellen oder Möwenschwingen erinnern und wird von – für Segelschiffe typischen – Masten und Strahltrossen gehalten.

Und auch für das Gebäude, das das Wissen um die Meere enthält (*Knowledge of the Seas* Pavillon), hat man Anleihen aus dem Schiffsbau übernommen. Hier wird die Entdeckung und Nutzbarmachung der Ozeane dokumentiert und die Geschichte dieser letzten zur Ausbeutung freigegebenen Ressource ins Positive gewendet werden.

Die Hauptfront des »Pavillons der Zukunft«, entworfen von einem portugiesischen Architektenteam (Santos, Ramos, Guedes), soll in seiner Materialaufteilung die Erdoberfläche symbolisch widerspiegeln: Zwei Drittel seiner Fläche werden von Glas, entsprechend der Wassermenge des Planeten, eingenommen. Der Gebrauch von Holz, Stahl und Leinwand soll wiederum auf den Schiffsbau verweisen. Mit einem Besuch im »Pavillon der Zukunft«, verspricht der Prospekt, könne man gleichzeitig zum Beobachter, Entdecker und Benutzer der Ozeane werden. Da die dreidimensionale multimediale Schau »Bedrohte Ozeane« von einer nordamerikanischen Firma gestellt wird, kann man auf die notwendige Verharmlosung und *Disney*fizierung der harten Fakten hoffen und danach geläutert den Pavillon verlassen.

Die Ambivalenz zwischen guten, d. h. ökologisch aufklärerischen Absichten und einer angepeilten Vermarktung des Meeres wird in all diesen Ankündigungen nirgends aufgelöst. Und die Begeisterung scheint sich eher dem Nutzen als dem Schutz der Ozeane zu verdanken. Wird die Zukunft hier verkauft?

Zum Verkauf stehen anlässlich der Ausstellung auch die anmutigen Sonderbriefmarken, auf denen Verhandlungen von Seefahrern mit Eingeborenen zu sehen sind. Die beiden Welten sitzen sich auf gleicher Höhe gegenüber, in ein Gespräch vertieft, das keine Eile kennt und keine Angst. Nackte Frauen und Kinder beobachten das Treffen der Männer aus dem Hintergrund. Nur ein Tintenfisch blutet seine Tinte aus im Sand. Damit ist der Mythos der Portugiesen als sanfte, gewaltfreie Eroberer und Kolonialherrscher wieder einmal festgezeichnet und in die Welt gesandt.

Entdeckungs- und Eroberungsgeschichte wurde schon immer als selbstlose und unschuldige Herrlichkeit dargestellt. In keinem der Artikel, Verlautbarungen und Kataloge ist je eine Zeile Selbstkritik zu lesen, so als seien mit dem Sprung nach vorne sämtliche Zweifel getilgt, die Fortsetzung der einstigen Größe ohne Wimpernzucken nun auf das ganze Medium des Meeres ausgedehnt. Nur in der deutschen Buchhandlung in Lissabon findet man amerikanische Publikationen zur postkolonialistischen Diskussion. In der portugiesischen Vorfreude auf die Zukunft ist das kein Thema. Die Dekolonisation der portugiesischen Gebiete in Afrika war Auslöser der Nelkenrevolution von 1974 geworden. Mit diesem Schritt schien alle Vergangenheit fortgezaubert. Man konnte die Schuld an Missständen von nun an dem gefallenen Salazar-Regime zuschieben, als hätte der Diktator ohne Menschen in Portugal geherrscht. Und als wäre auch die Indoktrination des Regimes fortgewischt, das die portugiesischen Kolonialherren als bescheidene Männer vorstellte, die ohne Absicht andere auszubeuten und die nicht rassistisch, sondern im Gegenteil durch Geschlechtsverkehr mit einheimischen Frauen, den Mischling erschufen, eine der wichtigsten portugiesischen Erfindungen, wie es scherzhaft heißt, als wären all diese Mythen mit einem Schlag aus dem Gedächtnis gestrichen.

Dieser Mythos der Gewaltfreiheit war zum Teil notwendig, um sich vom jahrhundertlangen Rivalen, auch im Entdecken und Erobern, dem benachbarten Spanien, abzugrenzen. Sogar mit der Weltausstellung ist geplant, besser zu sein als Sevilla, dessen Pavillons angeblich seit 1992 leerstehen. Und obwohl es auch in Lissabon darum geht, vor allem spanische Investoren in die Stadt zu locken und obwohl die spanischen Nachbarn wahrscheinlich den größten Anteil von ausländischen Besuchern ausmachen werden, gibt es Misstöne, wie in der Weihnachtsausgabe der Wochenzeitung *O Independente* zu lesen stand: »Spanien plant EXPO zu überlaufen!«.

Der portugiesische Botschafter in Madrid hatte Alarm gegeben: »Spanien wolle die EXPO 98 begehen, als handle es sich um ein gemeinsames iberisches Projekt.«

»Spanien macht sich nur den Mangel an portugiesischer Initiative zunutze, man wolle seine Brüder nicht verärgern«, verteidigen sich die Nachbarn.

Die Übergriffe seien dennoch unverzeihlich, meint man in Lissabon, zum Beispiel, würden Texte des portugiesischen Nationaldichters Pessoa von einem spanischen Theater bearbeitet in Spanisch aufgeführt. Und außerdem würden die Spanier 1998 nicht der 500 Jahre seit *Vasco da Gamas* Fahrt gedenken, sondern des Todes von *Felipe II* von Spanien. Der übrigens – welche Hinterlist – auch Portugal nach dem Verlust seiner Unabhängigkeit 1580 beherrschte! Wem gehört die EXPO 98 nun?

An diesem Beispiel allein ist zu sehen, wie es um das Selbstbild Portugals als Kommunikatoren zwischen den Welten heute steht, wie leicht an der Hoffnung auf eine Neugestaltung zu rühren ist, wenn die Vergangenheit nicht wirklich hinterfragt wird.

Portugal spiegelt sich im Wasser, der portugiesische Pavillon, nahe ans Ufer des Tejo gebaut, ist als Symbol zu verstehen. Der an das Gebäude anschließende Zeremonienplatz wird von einem 50 x 60 Meter großen, freischwebenden Dach überspannt, eine der interessanteren Konstruktionen am EXPO-Gelände. Der international anerkannte Àlvaro Siza ist Architekt dieses waghalsigen Experiments. Ein Problem bei der Planung des portugiesischen Pavillons – übrigens seine erste Originalarbeit in Lissabon – war für Àlvaro Siza die Unklarheit über dessen Verwendung nach der Weltausstellung. Er habe noch nie mit einer derartigen Vagheit bauen müssen, gibt der Architekt in einem Interview zu. Nicht die momentane Bestimmung sei ihm wichtig gewesen, sagt Siza, sondern die spätere zweckvolle Nutzung des Gebäudes.

Die EXPOmania geht an ihm, dem Architektenphilosphen, vorbei. Er ist auch einer der wenigen, der zu kritisieren wagt und die übertriebenen Behauptungen der »völligen Umgestaltung Lissabons« dämpft. Die Infrastruktur, die Verkehrswege, zum Beispiel, seien bei weitem nicht gut genug ausgebaut worden. Es bleibe eine deutliche Barriere zwischen der Innenstadt Lissabons und dem Stück erschlossenen Gebiets entlang des Tejos bestehen.

Und das ist tatsächlich der Eindruck, der sich dem Besucher aufdrängt. Vor allem EXPO Urbe könnte eine ultramoderne Satellitenstadt für eine reiche Europaelite werden. Der an das Gelände anschliessende Stadtteil Moscavide ist nun zwar von einer halbfertigen Schnellfahrbahn durchzogen, aber sonst zeigt sich alles wie gehabt. Zerfallende Fassaden, Bauschutt, ein paar Büsche zwischendurch säumen die noch unasphaltierte Straße, als wir uns am 1. Jänner an halbherzigen Absperrungen vorbei in Richtung EXPO-Baustelle schwindeln. Die lehmigen Wege und gelöcherten Fahrbahnen werden an diesem Feiertag von neugierigen Portugiesen begangen, die wissen wollen, wie ihre Zukunft aussieht. Im einzig fertiggestellten Gebäude sind Videos des Großprojekts zu betrachten, eine perfekte Dokumentation des zu Geschehenden. Umrisse, Pläne, Ausschnitte, Gespräche der Architekten mit Kachelbrennern und Pflasterlegern. Am Informationsstand begegnet man auch wieder Gil, dem Maskottchen mit seiner Haarwelle am Kopf, das Besucher durch die Ausstellung führen soll. Der lässige und harmlose Junge erscheint in anderem Licht, wenn man den Beschreibungen zu seiner Begleiterin Docas (zwei Haarwellen) folgt. Hier bricht die eigentlich vergangen geglaubte Ungleichheit zwischen Männern und Frauen der Zukunft durch. Docas wird als Mädchen vorgestellt, das alle Pläne und Interessen Gils teilt. Sie soll ihn als Projektionsfläche und Verstärkung seiner aktiven Rolle unterstützen und daher keine unabhängige Existenz haben, in andern Worten, und das ist ein Zitat aus der Broschüre: »Sie sollte niemals ohne Gil in der Öffentlichkeit erscheinen«. Das Zitat ist fett gedruckt. Broschüre geschlossen, ein Delphin springt aus dem Wasser. Wie bitte?

Etwas verwirrt verlassen wir das Gelände und stoßen wieder auf das Schild DESVIO – Umleitung, das häufigste zur Zeit. Es weist uns schnell fort vom vermeintlichen 21. Jahrhundert und bringt uns immer weiter in die Zeit zurück, Fünfziger-, Vierziger-, Dreißigerjahre des 20. Jahrhunderts. Die Straße wird enger, scheint zu Ende. Wohin? Da entdecken wir an eine Hausecke genagelt ein handgeschriebenes Schild: *Marginal.* Über den Umweg einer engen mittelalterlichen Gasse, durch die sich gerade ein Auto zwängen kann, landen wir schließlich im 19. Jahrhundert vor einem Bahnübergang, an dem es heftig bimmelt und eine Bahnwärterin mit ihrem Signalstock Durchfahrt gewährt. Wir warten, bis auch noch der nächste Zug passiert. Schließlich kurbelt die Frau die Bahnschranke händisch hoch.

Es sind diese Zeitreisen und Zeitsprünge, die in Lissabon so aufregend und abenteuerlich erscheinen. Das Nebeneinander verschiedener Entwicklungsstufen, das man hier erfahren kann, erinnert oft an amerikanische *Science-*

fiction, in der Städte nur mehr als Puzzle auch einander widersprechender Gestaltungs- und Lebensabsichten, und das in unendlicher Ausdehnung, möglich sind. In diesem Sinne des Scheiterns von allumfassenden Entwürfen könnte Lissabon tatsächlich bald eine Stadt der Zukunft sein.

Im Kolloquium letzten November, das sich gedanklich aufs neue Millenium einstimmen sollte, hieß es aus dem Munde des bekannten Essayisten Eduardo Lourenço jedoch: »Die Zukunft Portugals ist das Portugal, das es jetzt schon gibt.«

CHICAGO

Small Talk

Die größte Überraschung nach der Ankunft ist das vielleicht größte Geheimnis Chicagos: Seine Lage am Michigan-See. Statt Bergen ragen hier Wolkenkratzer hinter den Schwimmenden, Bootfahrenden oder sich im Sand Räkelnden auf. Der kilometerlange Strand gibt der Stadt im Sommer und an Wochenenden ein fast südliches Gepräge, nicht zuletzt auch, weil die Bewohner gelernt haben, Sonnentage zu genießen. Zu schnell und vor allem zu radikal ändert sich das Wetter. Temperaturstürze von zehn und mehr Graden innerhalb von zwölf Stunden sind keine Seltenheit, sondern die Regel. Der See ist auch verantwortlich für die eisigen Winter, die schneidenden Winde und die Unmengen von Schnee. Wenn man an einem sonnigen Tag bei minus zwanzig Grad Celsius dick vermummt durch die Straßen stapft, steigt eine Art Bergwetter-, Schifahrergefühl, vermischt mit Großstadt auf. Im Sommer sorgt der See dann für feuchte schwere Hitze. Frühlingstage sind selten. Kaum Zwischenstadien. Der Herbst ist meist ein Altweibersommer, oft noch schwül, mit viel Sonne und dann plötzlich das Ende. Winter. Winter. Winter. Sehr lange Winter. Aber mit Sonne.

Hat man die Barriere der Immigration Officers am Flughafen einmal überwunden, fällt, sobald man in die Stadt kommt, vor allem die Freundlichkeit der Bewohner Chicagos auf. Man grüßt sich, wird gegrüßt, erhält Auskunft, fast jeder scheint zu einem kleinen Schwatz bereit. Keine Eile. »Wie im Dorf«, sagen die New Yorker verächtlich über Chicagos Bräuche. Hier, in Midwest, ist man freundlich, auch wenn man sich nicht danach fühlt, sagen sie. Die New Yorker aber seien aufrichtig. Sie grüßen nur, wenn sie wirklich wollen.

»Wie im Dorf« fühlt man sich auch, weil die Stadt vor allem als Gefüge von verschiedenen sogenannten *neighbourhoods* funktioniert. Diese in sich geschlossenen Nachbar-, oder besser Nachbarnschaften ermöglichten es verschiedensten Einwanderern aus verschiedensten Ländern und Kulturen zum Beispiel, ihre sozialen und religiösen Bräuche zu bewahren, die neuesten Nachrichten aus dem alten Land zu erfahren und sich derart gestärkt auch nach außen wenden zu können. Die Erfahrung des Fremdseins, die viele in dieser Stadt teilen oder zumindest einmal geteilt haben, vermittelt aufs Erste eine Stimmung der Toleranz, die Neuangekommenen das Gefühl gibt, irgendwie willkommen zu sein.

Und was fällt noch auf, wenn man sich die ersten Tage durch die Stadt bewegt? Der Höllenlärm der U-Bahn zum Beispiel, die auf Eisenschienen läuft und sich in der Innenstadt auf zwanzig Meter hohen Gerüsten durch die Mischung aus alten und neuen Wolkenkratzern schiebt. Bluesmusiker in den U-Bahngängen, auf Pappkartons trommelnde schwarze Kinder, Blues als Erbe des Südens, Folge der Massenwanderungsbewegung nach Chicago. Kaputte Straßen. Gut gelaunte, singende Busfahrer, Tomatenpflanzungen auf der Terrasse, fahrende Autowracks, und und und.

Die Bilder, die wir in Europa von Amerika haben, spiegeln nicht wider, was man sehen kann, wenn man sich hier umsieht. Das gilt umgekehrt auch. Wie sich Amerikaner Europäer und Europa vorstellen, hat mit den möglichen Ansichten der verschiedenen Länder meist nichts zu tun.

Schon allein das Wort »Amerika«, wenn wir – in Europa – davon sprechen, ist falsch. Es gibt nicht ein Amerika, es gibt mehrere. Und es gibt den Norden Nordamerikas und den Süden, schließlich den Süden des Südens usf. Die Schlampigkeit der Vorstellung, die wir uns vom anderen machen, beginnt in der Sprache, mit der Wahl von Worten, die wir zum Sprechen über das Andere finden wollen.

Wenn wir von Amerika und Amerikanern sprechen, meinen wir – so glaube ich – meist die USA, die Vereinigten Staaten, und wir sehen »die Zustände dort« aus Filmen und Fernsehserien und meinen alles zu wissen und zu kennen, ohne zu bedenken, dass auch diese Eindrücke willkürlich ausgewählt und zusammengestellt werden. Es handelt sich dabei um die Herstellung von Bildern, die die – sagen wir mal – von Weißen dominierte Filmindustrie der USA von den USA hat. Die wiederum als Vorbilder auf die Menschen hier und dort wirken und damit die Wirklichkeit manchmal wie einen Film erscheinen lassen, weil die Leute das auch so wollen.

Warum sollen sie nicht so scheinen wollen wie im Film, wo eine Story ihnen Bewegung, Emotion und Strafe oder Belohnung, je nachdem, vorschreibt. Dieses Sich-nach-Vorbildern-Verhalten ist ein Versuch, dem Chaos, das der Mythos der sogenannten persönlichen Freiheit der Menschen hier ständig erzeugt, zu entkommen. Deswegen wollen wir – Europäer – den Amerikanern ihre Filme auch gerne glauben und sind froh, wenn wir dann nach »drüben« kommen, dass alles auf den ersten Blick »wie im Film« erscheint. Oder nicht?

Das Viertel, in dem ich wohne, West Town, ist mexikanisch, puertoricanisch, kubanisch usf. Latinos gemischt mit Afroamerikanern. Hier sieht man kaum Weiße unserer Generation. Manchmal ein paar ältere, sich auf polnisch zankende Ehepaare, die ängstlich aus dem Warenangebot von polnischen Lebensmittel wählen und immer auf die Preise sehen. Die meisten polnischen Einwohner sind nach dem Bau der Stadtautobahn weiter in den Westen Chicagos gezogen. Dort findet man noch Bäckereien, in denen man Mohnstrudel, Gugl-hupf und Krapfen kaufen kann, polnische Fleischhauereien, Zeitungsstände, Kürschner und Kleidergeschäfte. Die polnischen Möbelhandlungen in meiner Gegend, vollgeräumt mit Monumentalbetten aus dunklem Holz und Mickey-Mouse-Kinderzimmereinrichtungen sind heute längst von Mexikanern über-nommen. In den Geschäften wird in Spanglish – einem vom Englischen beein-flussten Spanisch lateinamerikanischen Ursprungs – über Kreditbedingungen verhandelt. Nach den Bedürfnissen der Bewohner ist auch das Warenangebot ausgerichtet. In den kleinen und großen Supermärkten findet man Mais- und Bananenblätter, Mangos, Chilipfefferschoten, verschiedene Sorten von Mais-fladen, mexikanischen Frischkäse usf. Spezialgeschäfte für Perücken, Haarteile und Fingernägel für die Afroamerikanerinnen, Friseure, die unglaubliche Bau-ten und Formen auf die Köpfe ihrer Kundinnen zaubern. Im Geschäft des Kräu-terhändlers wiederum vermengen sich die Geheimnisse der Pflanzen- und Be-schwörungskunst mit Kosmetika, Kerzen und Waschmitteln. Ein Archiv des Aberglaubens: Heiligenbildchen auf Magneten für den Kühlschrank, billige Kristalle, Rosenkränze, Zaubernüsse, Holzkohletabletten für die Räucheröf-chen. Die Praxis des Glaubens manifestiert sich vor allem in Pulver und Dampf.

In den Kleidergeschäften findet man bunte, enge oder flatternde Kleidchen, Plastiksandalen oder Turnschuhe, immer die neuesten Modelle, weite Hosen, T-Shirts, Jacken für die Jugendlichen, Baseball-Kappen, zum Teil mit dem Ab-bild der heiligen Maria versehen. Die Jungfrau von Guadalupe wird von der La-tino-Gemeinschaft in allen Variationen und Abstufungen verehrt. Der Kult ist als Palimpsest einer vorgängigen Tradition zu lesen. Seit der Herrschaft der Az-teken und schließlich verstärkt mit dem Auftauchen der spanischen Eroberer waren ganzheitliche indianische Göttinnen in Oppositionen aufgespalten wor-den, um die weibliche Macht zu brechen. Die keimfreie, asketische Jungfrau von Guadalupe erst, die 1531 einem Bauern indianischer Herkunft erschienen sein soll, entsprach dem Geschmack der Spanier. Und an den Veränderungen, die ihre Abbildungen im Laufe der Jahrhunderte erfuhren, lassen sich histori-sche Prozesse erkennen. Von einer geläufigen Marienikone driftet ihre Haut-farbe immer mehr ins Braune. Die Farben ihrer Kleidung entwickeln sich zu den Farben der mexikanischen Flagge. Nur ihre Pose und Attribute weisen noch Spuren der alten aztekischen und indianischen Göttinnen auf.

Die Kirche der »heiligen Unschuldigen«, gleich um die Ecke unseres Hau-ses, muss sich die Jungfrau von Guadalupe dennoch mit dem Abbild der pol-nischen schwarzen Madonna teilen. Chicago ist eine ziemlich katholische Stadt und das nicht nur wegen der Unmengen von mexikanischen und polnischen Gläubigen.

Der Besitzer des Hauses aber, in dem wir wohnen, ist Palästinenser – sein Ge-schäft, spezialisiert auf Bettdecken, Vorhänge und Orientteppiche, hat er Jerusalem genannt. Daneben betreiben seine Söhne einen Billigladen. Alles kostet nur 1 Dollar. Und das ist notwendig. »Normale« Preise kann sich hier keiner leisten. Von den ungefähr dreißig Geschäften meiner näheren Umgebung sind mindestens zehn Dollarstores. Die Straße ist am Wochenende meist überfüllt von Familien, die die arbeitsfreie Zeit nutzen, um ihre Einkäufe zu machen. Denn natürlich halten die Geschäfte auch samstags und sonntags offen. Sie erzielen an diesen zwei Tagen wahrscheinlich den größten Gewinn, wenn auch nur Dollar für Dollar.

Eine weitere Möglichkeit für wenig Geld gute Waren zu erstehen, stellen die unzähligen Second-Hand-Läden dar. Der beschleunigte Kapitalismus Nordamerikas erhöht auch die Verbrauchsgeschwindigkeit von Alltagsgegenständen. Möbel, Küchengeräte, Kleider und Fahrräder werden abgegeben, um Platz für neue Modelle zu schaffen. Die größere Mobilität – ich weiß nicht in welchen Intervallen genau US-Bürger ihren Wohnort wechseln, aber jedenfalls oft genug – ist ein weiterer Grund für den großen Gebrauchtwarenmarkt. Vor einem Umzug macht man lieber einen »Garagenverkauf«, um möglichst wenig seiner Habe an den neuen Wohnort transportieren zu müssen und beginnt dort wieder von neuem, zu kaufen.

Ich kann mich nicht erinnern, dass wir – außer Blumentöpfen und Bettdecken – irgend etwas neu für unsere Wohnung hier erstanden haben, die zudem – als ganzes – ein Beispiel für elegantes Recycling darstellt, das nicht einmal versucht, neu auszusehen.

Sie ist mit der Perfektion eines Meisters für Innengestaltung auf Pompeji – nach dem Vulkanausbruch und nach den Ausgrabungen – getrimmt. Alt gemachte Wände, auf denen verschiedene Schichten von Anstrich als Flecken sichtbar sind, Andeutungen von Ornamenten, eine ansprechend mit Kupferpigmenten gerostete Badewanne, abgeschliffene Schränke, falsche Louis XV-Stühle, schwer wirkende Schatztruhen, Kandelaber, Reste von Wandmalereien, da und dort, alles *Fake*. Ein Einraumschloss. Hollywood. Dorthin ist der Meister inzwischen auch gezogen und hat uns seine Wohnung zur Untermiete überlassen.

Dieser Ästhetik des schönen Verfalls steht der hässliche Niedergang gegenüber. Der Stolz des öffentlichen Wohnbaus, die in den sechziger Jahren errichteten Hochhaussiedlungen sind mittlerweile so heruntergekommen, dass sie zu den gefährlichsten Gegenden Chicagos geworden sind. Schwarze Gitter vor geschlossenen Geschäften, mit Pressspanplatten verriegelte Eingänge und verschlossene Fenster. Abends keine Straßenbeleuchtung. In sich versinkende Balkone, abgebrannte Wiesenflächen und überall dort, wo sich Hauseingänge wie Löcher öffnen, gibt es nichts als Alkohol. Es ist so dunkel dort wie auf den düstersten Zeichnungen der ersten industriellen Revolution. Die Gespenster, die dort wohnen, sind fast alle schwarzer Hautfarbe. Der

Unterschied zwischen reich und arm ist in den USA heute größer als in den Krisenzeiten der 20er-Jahre.

Die Schäbigkeit und Brüchigkeit der Wohnhäuser und Geschäfte war wahrscheinlich das, was mich anfangs, als wir 1996 hier ankamen, am meisten erstaunte. Das kannte ich bislang nur aus sogenannten Entwicklungsländern. Auch die Desorganisation, das wilde Durcheinander von Strukturen und Entwicklungsstufen, das Ineinander von Fortschritt und Dekadenz, schien mir eher ein Merkmal der Dritten Welt zu sein. Darum bin ich immer wieder dankbar, wenn irgendwo auf einem Turm die Flagge der USA weht. Damit werde ich wieder daran erinnert, wo ich mich befinde, beziehungsweise, was ich davon halten soll.

Doch manchmal, zum Beispiel, wenn ich auf dem Weg zum Park das Lebendhühnerhaus passiere, ist es dennoch kaum zu glauben. Das Lebendhühnerhaus stinkt. Von weitem schon. Am Gehsteig vor der Türe stehen Männer mit großen blutbeschmierten Schürzen herum und rauchen. Wenn ich vorbeigehe, erhasche ich einen Blick auf die drinnen in einem Gehege herumlaufenden Hühner. Es ist ein Stall mit allem Drum und Dran. Es gibt auch Hasen. Wer will, kann den Stall betreten, ein Tier aussuchen und es wird vor seinen Augen getötet und gerupft. Gesundes Essen. Bauernhof. Das Lebendhühnerhaus untersteht dem Ministerium für Landwirtschaft, welches sich nicht darum kümmert. Und keiner sonst darf hinein um zu untersuchen, warum es so stinkt.

Ich gehe schnell weiter zum Park, ins Hallenbad. Schwimmen ist gratis. Seit den Aufständen von Afroamerikanern in den 1960er-Jahren. Um die Aufgebrachtheit dieser Bevölkerungsgruppe – die Unruhen begannen im heißen Sommer – abzukühlen, entschied der Bürgermeister, die Schwimmbäder freizugeben. Gut für mich. Ich erspare mir ein teures Fitness-Studio, von denen es hier in unserer Gegend sowieso keines gibt. Auf dem Weg zum Park begegnen mir weiters Mexikaner mit ihren Wägelchen, die durch Glockengebimmel Kinder anzulocken versuchen. Die Männer verkaufen Eislutscher, mit Mango-, Kokos-, Erdbeer-, Papaya-Geschmack aus mexikanisch-chicagoer Fabrikation, billiger und erfrischender als alles andere. Auf der Straße trifft man auch andere Latino-Einmannbetriebe: Sie verkaufen Fruchtsalat, scharf gewürzte Mangos, gekochten Mais und werden von Lebensmittelkontrolleuren ständig und erfolglos bekämpft. Doch sie lassen sich nicht vertreiben. Man braucht sie. Sie brauchen das Geschäft, um zu überleben. Auf der Schwelle unserer Haustüre eröffnet ein Tamales-Händler seinen Laden. Er besteht aus einer Plastiktasche mit Tüchern und Polstern zum Warmhalten, aus der der Mann die sorgfältig in Butterbrotpapier verpackten Teigrollen holt.

Ich zähle hier alles mögliche auf, was mir in den Sinn kommt, ins Auge fällt, Alltägliches. Und ich weiß nicht, ob ich nun das Gleiche erzählen soll oder das andere, das was dieses Chicago, wo ich nun wohne, von dem unterscheidet, was ich sonstwo gesehen habe? Das Gleiche zählt meist nicht. Kaum einer kehrt zurück von einer Reise, um zu berichten, dass die Müllabfuhr dort genauso gut funktioniert wie in Wien. Nein, herausgestrichen wird immer der Unterschied, ob gut oder schlecht bewertet, denn man braucht das andere, damit sich die Reise auch lohnt.

Oder ist wirklich alles Kartoffelsalat?

Wo bleiben schließlich die Schauergeschichten über Amerika, das hier USA heißt?

Den Obdachlosen, der einem ständig über den Weg läuft, gibt es schon deshalb nicht, weil die meisten von ihnen sich ihre eigenen, von normalen Bewohnern selten frequentierten Orte suchen. Hinter den Häuserzeilen finden sich die sogenannten backstreets. Und dort, zwischen den Mülltonnen und Garageneinfahrten wohnen und essen und trinken sie, zum Beispiel. Unter den Autobahnbrücken, besonders im Winter, weil es da windgeschützt ist, bauen sie ihre Lager wie Tauben. Und wenn es gefährlich kalt wird, stellt die Stadt auch Notunterkünfte zur Verfügung, um Todesfälle zu vermeiden. Nur die meisten Obdachlosen wollen dort nicht hin. Sie scheuen die Reglementierung und Registrierung und wollen, so sah man es im Fernsehen, lieber ihre Freiheit bewahren, als sich vorm Erfrieren schützen.

Und die Schießereien? Ja, man hört davon. Man hört davon, dass man im Sommer manchmal die Schüsse hört. Jugendliche, Drogen. Schlagworte, die vor allem den Abendnachrichten und Zeitungen gelegen kommen. Dass die zunehmende Organisation der Jugendlichen in Gangs auch eine Folge arbeits-, wohnungs- und sozialpolitischer Entwicklungen sein könnte, ist bis jetzt nur einigen »besorgten Beobachtern«, von denen es immer viel zu viele gibt, klargeworden. Eine Gesellschaft, die wenigen, gut Ausgebildeten gut bezahlte Jobs bietet und die Mehrzahl von schlecht Ausgebildeten mit schlecht bezahlten, unsicheren und Teilzeit-Jobs abfertigt, produziert eine Masse von Unzufriedenen und Ohnmächtigen, die mit dem Blick auf die ständigen und immer gleichen Gewinner auch nach illegalen Auswegen suchen. Betrachtet man die Funktions- und Arbeitsweise von jugendlichen Gangs genauer, wird man feststellen, dass es neben der Sicherheit in einer Gemeinschaft von Gleichgesinnten, hauptsächlich, wie auf der etablierten Gesellschaftsebene auch, ums Geschäft geht. Der Verkauf von Drogen wird in Reviere aufgeteilt, Streitigkeiten und Machtkämpfe haben oft in der Überschreitung von Territorien ihre Ursachen. Mit ihren illegalen Unternehmen fordern die Gangs das gebrochene Versprechen der gleichen Chancen für alle auf ihre Weise ein.

Die meisten Gangs sind demnach, wie ein richtiges Unternehmen, streng hierarchisch organisiert: Es gibt den Präsidenten, den Vize, den Schatzmeister, Sekretär, Kriegsberater und Verteidiger, sowie den Graffiti-Spezialisten. Die

Gegenkultur der jugendlichen Gangs ist in den letzten Jahren durch Hiphop- und Bekleidungsindustrie zudem kommerzialisiert worden. Gangsymbole und Graffiti dienen als Verzierung für T-Shirts, Kappen, Schultaschen usf. und als Hintergrund für Musikvideos und Werbespots. Gangmitglieder sind also nicht ausgegrenzte kriminelle Außenseiter, wie die scheinheilig Besorgten es sehen wollen, sondern mit ökonomischen und sozialen Strukturen in einem komplizierten Netzwerk verflochten, das durch moralische Appelle und Gruselgeschichten allein nicht aufzulösen sein wird.

Letztes Jahr wurde auf dem kleinen Rummel, der vor der Kirche der Heiligen Unschuldigen Anfang Juni stattfindet, jemand erschossen, heißt es. Als wir uns am Sonntagnachmittag durch die Menge von polnischen falschen Blondinen und mexikanischen Teenagerfamilien, die Mütter mit dunklen Make-Up, die Väter mit rasierten Köpfen, drängen, ist – bis auf die Kinder – nicht viel Unruhe zu bemerken. Das Kettenkarussel, die sich drehenden Raumkapseln, Flugzeuge und Busse sind überfüllt und von einer primitiven Technologie, wie man sie – sagen wir mal in Wien im Prater vielleicht in den 1950er-Jahren verwendet hat. Dann beschließen wir trotz allem, das Rad mit den kleinen Gondeln zu besteigen und uns in die Höhe drehen zu lassen, rauf und runter, rauf und runter. Beim Hinauffahren betrachten wir die Skyline Chicagos, Sears-Tower, Hancock-Tower, dramatisch glänzend in der Spätnachmittagssonne, beim Hinunterfahren sehen wir die Zimmerpflanzen und Wohnungseinrichtungen der benachbarten Häuser. Mit einem Schlag aber steht das Rad. Der Strom ist ausgefallen. Und plötzlich bemerke ich, wie betrunken der Maschinist ist und als er sich bloß hinsetzt, um eine Zigarette zu rauchen und eine Veränderung der Situation abzuwarten, wird mir kühl. Die wunderbare Aussicht auf die wunderbare Architektur interessiert mich nicht, solange sich das Rad nicht dreht. Und die Wahrheit ist: Der Maschinist hat keine Ahnung, was er machen soll. Er raucht. Nach einiger Zeit kommt sein Kollege. Er schimpft, ist aufgebracht über die Störung. Unwillig beginnt er am Schaltkasten zu hantieren. Nichts. Nichts. Sie holen zwei Jugendliche, die nun das dünne Gerippe des Rades hinaufklettern und versuchen sollen, mit dem Gewicht ihrer Körper die Maschine in Bewegung zu bringen. Zu wenig. Unten ziehen letztlich auch der Maschinist und sein Helfer – auf diese Weise gelingt es ihnen, Gondel für Gondel die festsitzenden Kinder und Eltern zu befreien.

Das mit Menschenkraft betriebene, klapprige Rad zusammen mit einem Blick auf das höchste Gebäude der Welt, Beweise der Architektur gegen oder für den Himmel, das ist für mich Chicago. Mit einem mulmigen Gefühl im Bauch.

»Was sollen wir mit den Leuten machen?«

»Die schießen auf uns. Hier gibt es Gangs. Das ist gefährlich. Ich bleibe da nicht einfach stehen.«, weigert sich der schwarze Taxifahrer erschrocken, als wir die Türe zum Gebäude, in dem das Geburtstagsfest einer befreundeten Künstlerin stattfinden soll, suchen. Die Straße stellt die Grenze dar zwischen dem nun für Ateliers adaptierten, ziegelroten Fabriksbau und dem, was aus den Träumen des öffentlichen Wohnbaus für finanzschwache Einwohner Chicagos geworden ist. Der Schrecken des Taxifahrers hat einen Namen: Cabrini-Green.

Obzwar Horror ansonsten durchaus schön und vergnüglich werden kann, so soll er doch bleiben, wo er hingehört, im Kino. Was man dort braucht: Blut, *Action*, Drama spielt sich in den heruntergekommenen Gebäuden ab, zumindest berichtet das Fernsehen darüber wie von einem Kriegsschauplatz in einem fremden Land: Drogen, Gang-Kriege, Kinder von verirrten Kugeln getötet. Der Komplex aus mehreren Hochhäusern ist, wie andere öffentliche Wohnbauten auch, – von den meisten abwertend *project* genannt –, schon lange in Verruf geraten. Die in den letzten vierzig Jahren in Chicago aufgezogenen Gebäude waren errichtet worden, um wie die Kritiker sagen, »die armen und sozial schwachen Schwarzen auszugrenzen« oder, wie Wohlwollende meinten, »die Trennung zwischen Hütten und Palästen aufzuheben«. Ein Architekt von damals bekennt: »Zu dieser Zeit glaubten wir, wir wären Gott.« Das Ideal einer gemischten, sauberen Ansiedlung von gutausgebildeten Arbeitern war aber nie Wirklichkeit geworden.

Heute stehen die Häuser zum Teil leer und die Mieter sind zu 98 Prozent Afroamerikaner. Viele leben von der Wohlfahrt. Was einmal als Rasen gedacht war, ist nun zertrampelt, ausgetrocknet und von zahllosen Flaschen, Schachteln, Plastiktaschen und Papierresten gesprenkelt. Dunkle Flecken auf den Gehsteigen von kleinen Feuern, um sich im Winter zu wärmen, rauchgeschwärzte Fensteröffnungen von ausgebrannten Wohnungen, Kinder, die trotz allem spielen, wo man sie nur lässt, auch vor den *Liquorstores*, zu denen sie ihre Mutter, ihren Vater begleiten. Statt Apotheken und ärztlicher Versorgung haben die Einwohner vor allem genug Möglichkeiten Schnaps zu kaufen, statt Früchten und Gemüse gibt es allerorten Bier, die wenigen Lebensmittelgeschäfte sind schlecht sortiert und teurer als anderswo, weil man Verluste durch aufgerissene Packungen, durch zum Teil im Geschäft verzehrte Esswaren und durch Diebstahl, so ein Leiter, wieder ausgleichen muss. Alkohol, um die unangenehme

Gegenwart auszublenden, ist auch deshalb so verbreitet, weil sich die Armen keine Psychoanalyse oder Psychopharmaka – als vergleichsweise gesündere Methode mit Problemen umzugehen – leisten können. Man möchte den Blick nicht scharf stellen in diesem Film.

Cabrini-Green ist verbotenes Gebiet, ein verwunschener Wald aus abgewohnten Hochhäusern, leeren, von Abrissen markierten Flächen, Fremdland für die meisten Bewohner Chicagos, die sich niemals freiwillig in die Nähe der oft auch als *Gun Towers* bezeichneten Bauten wagen würden. Die Vorstellung vom Haus als Gedächtnisraum und Speicher von Imagination bedenkend, frage ich mich, welche Erinnerung Cabrini-Green den Kindern einprägt, wie ihr Gedächtnis aus vergitterten Balkonen, beschmierten Kachelwänden, endlosen unbeleuchteten Gängen und wegen Überfällen gefährlichen Aufzügen, aufgebaut werden wird.

Häuser und Neighbourhoods verändern sich hier schnell. Kontinuität ist nicht gegeben, Familie nach Familie bewohnt dasselbe Gebäude. Aber ein Haus ist dennoch kein Zelt. Es kann nur in fertigen Teilen schnell errichtet werden. Und damit die Veränderung des schon Bestehenden bewirken. Das geschieht auch anderswo. Das zweite Haus meiner Kindheit steht heute eingekeilt von Eisenbahn, Straße und neu aufgestellten Familienheimen. Die Felder rundum mussten als Bauland verkauft werden, um die Reparatur des Daches auf meinem ersten Haus der Kindheit zu finanzieren. Des einen Bestand ist des anderen Minderung. Der Schaden ist da.

Oder anders herum. Eine Freundin erzählte von ihrer Kindheit, dem alten Stadthaus, das sie verlassen musste, als die Familie verarmte. Und dass sie alle paar Monate heimlich hinschlich und versuchte, den Geruch wieder zu erspüren, den sie als Kind gewohnt war.

Die frühe Erfahrung von Veränderbarkeit macht vorsichtig gegenüber dem Besitzen und dem Besessensein von wertvollen Gegenständen, schreibt der Fotograf Camilo José Vergara, der den Verfall von Wohnbauten und ganzen Vierteln in verschiedenen Städten der USA mit seinem Buch *The New American Ghetto* dokumentiert.

»Wo immer Wohlstand vorherrscht, fühle ich mich unwohl und möchte davon. Alles was gleichbleibt, beunruhigt mich. Ich fühle mich angezogen von Dingen, die auseinanderfallen.« Vergara arbeitet an einem Inventarium von heruntergekommenen Gegenden, von Zonen, Ödland und Enklaven.

Diese aus den offiziellen Stadtgeschichten ausgeschlossenen Bereiche macht der Fotograf mit seinen mehrere Jahre umgreifenden Serien des Niedergangs von einzelnen Gebäuden und Straßenzügen sichtbar. Vergaras Soziologie anhand des Zustands von Wohnbauten fragt eindrücklich nach der Verwirklichung des Anspruchs von Stadtplanern, durch veränderte städtische Umgebungen das Leben der Bewohner zum Besseren beeinflussen zu können. Er will aber auch zeigen, dass die Ghettos auf ihre Weise zur nationalen Geschichte beitragen. Man findet in ihnen Spuren einer verschwundenen Macht und überkommener Produktionsformen. Vergara schreibt: »Kirchen, Statuen und historische Bauten stehen als isolierte Geister der Vergangenheit, Überlebende, die für eine kollektive Identität stehen, die lange schon keine Bedeutung für die jetzigen Bewohner hat.« Die Manifestationen der Gegenwart des Ghettos sind kurzlebiger, Wandmalereien, Graffiti, Werbeflächen und Gangsymbole.

Die Anlage von Cabrini-Green aber ist nicht so einfach aus dem Gedächtnis zu streichen. Grenzt sie doch – und das ist das Besondere – an die schicken Bezirke River North und Gold Coast, und ist damit nahe am Zentrum Chicagos gelegen, sodass man versucht ist zu glauben, dass die Verwirrung der Realität durch Gespenstergeschichten nicht zuletzt auch von Realitäten-Händlern und Maklern genährt wird, die sich nichts Schöneres als einen Abbruch der Wohnbauten vorstellen können, um nach der Bereinigung endlich Platz für die aus den Vorstädten wieder zurück ins Zentrum ziehenden, vorwiegend weißen Mittelstandsfamilien zu schaffen. Nur aber, schränkt ein Interessent ein: »Was sollen wir dann mit den Leuten machen?«.

Bis es soweit kommt, bleibt Cabrini-Green als Schauplatz schaurigster Übertreibungen erhalten: »Chaos«, »Dschungel«, »Reservat«, »schwarze Insel« und »Bunker«. Der angrenzende Chicago-Fluss wird mit dem Amazonas verglichen und die Aufzüge in die höheren Etagen der Wohnbauten werden als »gefährlichste öffentliche Verkehrsmittel« Chicagos vorgestellt.

Da ich in einem verrufenen Haus, dem Haus meines Großvaters, aufgewachsen bin, lässt mich dieses Gebäude nicht los. Die Bibliothekarin der Stadtbücherei ist erstaunt, dass ich über Cabrini-Green mehr wissen will. Und dann sind alle – wenigen – Bücher, die es gibt, verschwunden. Sie weiß nicht wohin. Sie hasst den Computer, der Bücher als vorhanden bezeichnet, die in Wirklichkeit niemals greifbar werden. »Keine Chance«, meint sie, als ich mich in die Reservierungsliste eintragen lassen will. Erst im Historischen Museum zieht der Angestellte einen Stapel von Zeitungsartikeln aus der Sammlung »Nur fürs Personal«. Im offiziellen Katalog ist Cabrini-Green nicht enthalten. Chicagos Stolz, die Stadtarchitektur, vermerkt Cabrini-Green in nur einem Führer, versehen mit dem Zusatz, dass diese Häuser am besten mit dem Auto, und nicht, wie für andere Sehenswürdigkeiten empfohlen, zu Fuß erforscht werden sollten. Ohne Angabe von Gründen.

Am einstmals höchsten Gebäude der Welt, dem Sears-Tower, erhalten Besucher einen Orientierungsplan, um sich im Überblick der Stadt zurechtzufinden. Cabrini-Green ist darin nicht angegeben.

Es existiert nur als weißer, manchmal auch als grüner Fleck am Stadtplan und es scheint, dass Cabrini-Green zu einem Symbol für alles geworden ist, was mit dem öffentlichen Wohnbau in Chicago schief gelaufen ist.

Die Entstehung der als Werbe-Ikone vielfach eingesetzten Skyline Chicagos war vor allem wegen des großen Brands von 1871 möglich geworden. Die moderne Architektur hatte so früh Gelegenheit, an den Wolken zu kratzen und Fortschritt nach oben zu beweisen.

Ab den späten 30er-Jahren unseres Jahrhunderts, als Mies van der Rohe in Chicago das Bauhaus fortführte, fügten der bekannte Architekt und seine Schüler der Stadt noch so manchen schönen Turm zu. Diese Sehenswürdigkeiten waren aber von Anfang an im vergleichsweise winzigen Areal der inneren, am Michigan-See gelegenen Stadt konzentriert.

Die Geschichte von Cabrini-Green hatte hingegen als *Little Hell*, so der Name des Slums, begonnen, der Einwanderern aus Deutschland und später den Iren, Schweden und schließlich zu Beginn des Jahrhunderts den Sizilianern als Unterkunft diente. Schon damals herrschte Krieg zwischen verschiedenen Gangs und der Platz, an dem man Jahrzehnte später eine öffentliche Schule errichtete, war als *Death Corner* bekannt.

Mit diesem Elend sollte aufgeräumt werden und so baute man in den 40er-Jahren zwei- bis dreistöckige Reihenhäuser, in denen man zwar auch schwarze Familien, damals noch »Neger« genannt, die aus den Südstaaten in die Stadt gekommen waren, ansiedelte; die Mehrzahl der Bewohner aber war weiß.

Die mit Fließwasser, Zentralheizung und Badewannen versehenen Wohnungen waren »wie im Himmel«, zitiert man eine der ersten Mieterinnen, um zur vorhergegangenen Hölle Kontrast zu schaffen.

Ein paar Jahre später – als viele sich »hinaufgearbeitet« hatten –, verließen die meisten der weißen Familien die Siedlung, um in Vororte zu ziehen. Die Cabrini-Homes wurden 1958 dann um 15 Hochhäuser erweitert, dazu kamen die 1962 fertiggestellten Green-Homes.

Doch bereits 1971, nachdem zwei Polizisten dort erschossen worden waren, sprach man von einem »vertikalen Ghetto« und begann daran zu denken, »die Leute« in weiße Bezirke umzusiedeln. Damals schon waren 70 Prozent der Bewohner unter 18 Jahre alt, die Hälfte der Kinder ohne Vater.

Diesmal ist es nicht, wie in Portugal, ein Turm der Reichen, von dem aus ich, ziemlich gesichert, Hunden und einigen armen Bewohnern des Viertels zusehe, die die Mülltonnen spätabends durchwühlen. Diesmal ist es das begehbare Dach eines einstöckigen Gebäudes, auf dem ich sitze und schreibe und diesmal bin ich nur durch eine wackelige Holztreppe und eine Eisentüre von Menschen getrennt, die zwischen den Containern wohnen, in die ich am Wochenende meine schwarzen und blauen Müllsäcke werfe. Und das Klappern der Plastikdeckel geht ununterbrochen, vermischt mit lautstarken Streitereien. Zanken sie sich um den Inhalt der verschiedenen Tonnen? Einen dieser Fast-Mitbewohner kenne ich schon. Frühmorgens, wenn ich schwimmen gehe, wenn es noch eisig kalt ist, treffe ich ihn, als er in der Wäscherei Wärme sucht. Dieser öffentliche Raum dient vielen, die auf der Straße leben, als Zuflucht. Wenn ich den Hinterausgang nehme, um schneller im Supermarkt zu sein, erkenne ich den Mann wieder. Er erinnert mich, dass ich wohne und schon allein deshalb privilegiert bin. Er grüßt mich. Was soll ich tun? Ich werfe kaum Essbares fort. Ich sehe über die Brüstung des Daches, als die Stimmen drunten wieder lauter werden und denke mir, warum gerade hier?

Die Gründe für die Entstehung einer schwarzen, unteren Gesellschaftsklasse Chicagos sind vor allem in der Vergangenheit zu suchen. Zwischen dem Unterklassenstatus im Norden und einem familiären Hintergrund als Farmpächter in den Südstaaten lassen sich Verbindungen herstellen.

Seit den 40er-Jahren dieses Jahrhunderts hatte es zwei Massenwanderungsbewegungen gegeben. Bei der ersten Wanderung in den vierziger, fünfziger und sechziger Jahren handelte es sich um einen Zuzug von Schwarzen aus den südlichen Agrargebieten in den urbanen Norden.

Von 1910 bis 1970 war die Zahl der Schwarzen in Chicago von 44.000 auf 1,1 Millionen gestiegen. So ist es kein Wunder, dass der Blues des nordamerikanischen Südens zum Chicago-Blues wurde, der in den Vierziger- und Fünfzigerjahren seine Blüte erlebte. Der Süden Chicagos, wo sich die meisten schwarzen Zuwanderer angesiedelt hatten, wird manchmal noch »Nord-Misissipi« genannt. Der Komponist und Sänger Curtis Mayfield wuchs übrigens in Cabrini-Green auf und viele der als Leitbilder vorgestellten Schwarzen Chicagos kamen ursprünglich aus dem Südstaaten, u.a. Jesse Jackson und die Talkmasterin Oprah Winfrey.

Und es ist immer noch Tradition unter vielen afroamerikanischen Bewohnern Chicagos zumindest einmal jährlich in den Süden zu fahren. In seiner aufschlussreichen Studie *The Origins of the Underclass* von 1986 stellt Nicholas Lemann fest, dass so gut wie jeder Bewohner der Robert-Taylor-*Projects*, – der größten öffentlichen Wohnhausanlage überhaupt und gleichzeitig ärmster Distrikt der ganzen Vereinigten Staaten –, der aus dem Süden nach Chicago gekommen war, aus einer Farmpächterfamilie stammte. Die Abhängigkeit und Ohnmacht dieser Landarbeitertradition lässt sich, so Lemann, direkt auf die Lage der Zuwanderer Chicagos übertragen. Und er merkt an, dass die meisten, nach ihren Wohnort befragt, mit »I stay at the Robert Taylor Homes«, anstatt »I live« antworten, was, so Lemann, auf die Unstetheit des Arbeiters, der auf dem Land seines Arbeitgebers lebte, verweist.

Bei der zweiten bedeutenden Wanderungsbewegung in Chicago handelte es sich um die Verlagerung von Arbeiter- und Mittelklassefamilien aus den öffentlichen Wohnbauten in bessere Viertel. Die zu Ende der 1960er-Jahre angestrebte Assimiliation der schwarzen Bevölkerung mit der weißen, oder zumindest der schwarzen Mittelklasse fand also nie statt. Und in dem Maße, in dem die Bevölkerungszahlen der *projects* sank, wuchs auch die soziale Desorganisation. Familien ohne Väter, Mütter, die von der Wohlfahrt leben.

Die neuen, in den 1980er-Jahren in die Stadt gekommenen Einwanderer, meist Koreaner und Vietnamesen, waren zwar in Ghettos gezogen, aber sie waren so schnell erfolgreich geworden, dass sie sie bald wieder verlassen konnten. Nicht zuletzt auch, weil der Kontakt zu ihrer Kultur nie abgerissen war, während die Afroamerikaner ein Bewusstsein ihrer Geschichte und Identität erst wieder zu definieren hätten, heißt es.

Seit sich mit der Abwanderung der erfolgreicheren Familien die Dinge zum Schlechteren gewandt hatten, gab es auch Versuche, die Ghettos wieder aufzuwerten. Im Jänner 1966 – also vor rund dreißig Jahren – zog Martin Luther King in ein Apartment in North Lawndale, einem Stadtteil Chicagos, der in puncto Verrufenheit der South Bronx entspricht, um die Aufmerksamkeit auf die Situation der Bewohner, meist arbeitslose, unvermögende, alleinerziehende Mütter mit ihren Kindern, zu lenken. Im Juli des Jahres kam es zu Aufständen und im August leitete King eine Demonstration durch die Southwestside, damals eine weiße Gegend. Ein Stein, von einem Weißen geworfen, traf King an der Stirn, ein auf ihn zielendes Messer verletzte jemand anderen. Die Demonstranten mussten von der Polizei vor dem aufgebrachten, weißen Mob, der sich gegen die »Eindringlinge« wehren wollte, mit Bussen in Sicherheit gebracht werden.

Das Haus, in dem Martin Luther King damals lebte, wurde inzwischen zerstört, der Platz blieb unbebaut, wie übrigens oft an politisch heiklen Stellen.

Die Straße, von der 1967 ein Aufstand in Detroit ausging, ähnelt heute, mit halbmeterhohem Gras und Blumen, einem Feldweg. Ebenso wurden die Aufstände an der West Madison Street Chicagos durch Abriss aus der Erinnerung gelöscht. Was bleibt, ist eine leere Fläche. Vielleicht Chicagos Vorliebe für Tabula Rasa, in Gedenken an das große Feuer?

Und seit neuestem gibt es Gerüchte. Auch unser Haus ist verkauft. In drei Monaten kommen Bulldozer und machen Platz, den Platz, an dem wir jetzt wohnen, für den *Drugstore* einer riesigen Unternehmensgruppe. Unsere Terrasse wird die Glückwunschkartenabteilung, das Kinderzimmer der Ort, wo man Fotos abholen kann, mein Schreibtisch die Kasse. Natürlich haben wir keine Rechte. Keinen Vertrag. Wir sind die Leute. Die Leute müssen gehen. Bürgerprotest? Gebäudeschutz? Wir sind nicht in Europa. Wo es nötig ist, wird hier eine Jugendstilfassade mit Eisentüren und -gittern versehen, wo ein Gebäude nicht ins Schema passt, reißt man es lieber ab und wo ein paar Wohnhäuser und Dollar-Stores nicht genügend Gewinn abwerfen, kommt ein Supermarkt, um »den Leuten« besser zu dienen.

Cabrini-Green betreffend gab es aber auch schon Eingriffe von höheren Stellen. 1981 zog die damalige Bürgermeisterin Chicagos Jane Byrne in ein Apartment in Cabrini-Green, um, wie sie sagte, gegen Unruhestifter vorzugehen. Die Überschrift des Zeitungsartikels beschrieb ihre Wohnung in Form eines Inserats folgendermaßen: 2-Zimmer-Wohnung, billig, mit Blick auf Schaben und Ratten.

»Wenn ihr eine Änderung gelingt«, so meinte ein Verwalter der *projects*, »sind ihr 100 % der Wahlstimmen sicher.« Nach drei Wochen hatte die Bürgermeisterin genug gesehen, sie zog wieder aus und verlor die Wahlen. Cabrini-Green blieb wieder sich selbst überlassen. »Manchmal fühlen wir uns behandelt wie ein Behälter für Wählerstimmen«, kritisiert ein Bewohner. »Wenn Wahlen anstehen, erscheint sogar Jesse Jackson im verrufenen Gebiet, um dann so schnell wie er gekommen war, wieder zu verschwinden. Geändert hat sich nie etwas«.

Jesse Jackson ist auch überall dort kurz im Bild, wo es um Rassenprobleme in Chicago geht. Auf der Intensivstation streichelt er die Hand eines schwarzen, bewusstlos geschlagenen Dreizehnjährigen, der blitzschnell zum Symbol für Gewalt gegen Schwarze geworden ist. Verübt wurde die Tat von Söhnen von Einwanderern aus Polen, Italien und Mexiko, die anscheinend Feindbilder brauchen, um ihre eigenen Identitätsprobleme in den Griff zu bekommen. Der schwarze Junge gähnt im Koma und Onkel Jesse streicht ihm übers Haar, solange die Fernsehkameras ihn dabei festhalten wollen. Auf diese Weise läuft die »Diskussion«.

1996 gab es den Versuch einer Ausschreibung zur Verbesserung der Wohnsituation Cabrini-Greens nach altbewährtem Muster. Man dachte daran, die Hochhäuser niederzureißen, Zweifamilienhäuser an ihre Stelle zu setzen oder die Bewohner überhaupt in die Vororte auszusiedeln, was auf großen Widerstand der Mieter stieß. Sie wollten die gute Lage und bestehende nachbarschaftliche und familiäre Bindungen nicht so leicht aufgeben.

»Die wollen doch nur, dass die Kaukasier (offizielle Rassenbezeichnung für Weiße) hier auf diesen Grund ziehen können«, sagt ein Bewohner Cabrini-Greens.

Und viele Mieter können sich mit ca. 200 Dollar im Monat auch keine andere Gegend leisten. Gar nicht zu sprechen von der Isolation, die sie in den Vororten erwartet.

Dennoch scheint man immer wieder die soziologische Variante einer Verbesserung der Situation vorzuziehen. Man möchte eine Gemeinschaft von Mietern aus verschiedensten Einkommensstufen schaffen. Die Wohnungen in Cabrini-Green kosten zwar, verglichen zu den offiziellen Preisen, lächerlich wenig, niemand aber will in die leergewordenen und zum Teil mit Sperrholz vernagelten Wohneinheiten ziehen. Nur die Illegalen.

Man erzählt sich die Geschichte eines Verwalters in Cabrini-Green, der für eine wegen eines Rohrbruchs ausquartierte Familie nach einer Ersatzwohnung in seinem Gebäude suchte. Er nahm drei Schlüssel von auf dem Plan als frei gemeldeten Wohnungen und fand das erste Apartment belegt. Das nächste, sogar mit einem neuen Schloss versehen, ebenfalls besetzt. Erst das dritte war dann wirklich frei.

Verlassene Wohnungen werden zum Teil von Obdachlosen aufgebrochen oder auch von Gangs als Treffpunkt und zum Drogenhandel benutzt. Manche Gangmitglieder nisten sich bei älteren Mietern mit größerer Wohnung ein, die sich aus Angst nicht getrauen, die neuen Mitbewohner zu melden.

Bei manchen der illegalen Mieter handelt es sich um Ausquartierte, die heimlich zurückkehren und in ein freies Apartment ziehen oder um Familien, die ihre Miete nicht mehr bezahlen können und deshalb bei Bekannten wohnen. Außerdem wird die matriarchale Struktur der Cabrini-Green-Gesellschaft von Zeit zu Zeit durch nomadisierende Väter und zeitweise Liebhaber angereichert, die sich verborgen halten müssen, um nicht von den Sozialhelfern zu Alimentezahlungen angehalten zu werden.

Nach inoffiziellen Schätzungen gibt es in Cabrini-Green wahrscheinlich 22.000 Bewohner, während die offizielle Zahl nur knapp die Hälfte, 13.500 nämlich, verzeichnet.

Ein zeitweiser Liebhaber war es auch, der Anfang April nach dreimonatigen Recherchen als Vergewaltiger eines neunjährigen Mädchens in Cabrini-Green festgenommen wurde. Girl X wollte frühmorgens, nachdem sie bei einer Freundin im gleichen Haus übernachtet hatte, ihre Schultasche bei der Großmutter holen und war in den langen, unübersichtlichen, mit Graffiti beschmierten und von alten Dosen, Papier und Schneeresten bedeckten Gängen vergewaltigt, bewußtlos geschlagen und auf der nackten Haut mit Gang-Graffiti beschrieben worden. Zur Sicherheit hatte ihr der Mann noch Insektenschutzmittel in den Mund gespritzt. Erst zwei Monate später war sie das erste Mal aus dem Koma erwacht. Die »Gangster Disciples«, die mächtigste Gang des Blocks, war außer sich vor Wut, ihre Symbole derart missbraucht zu wissen, sodass sie sich auf eigene Faust aufmachte, den Täter zu suchen. Der erste Verdächtige, den sie fanden, wurde krankenhausreif geschlagen. Im Gedächtnis bleibt auch der Angriff einer Hausbewohnerin auf die ehemalige Geliebte des Täters vor laufender Kamera in den Abendnachrichten. Sie beschuldigte die Frau, den Vergewaltiger gedeckt zu haben, worauf diese mit einem Hammer auf sie losging.

Die kriminellen Ereignisse sind jetzt zur einzigen Gelegenheit geworden auf Cabrini-Green, eine ansonsten nach außen geschlossene Gesellschaft, zu blicken. Polizeistreifen und Metalldetektoren an allen Hauseingängen verhindern Schießereien jedoch nicht. Seit einiger Zeit aber versucht eine Mietervereinigung den Ruf der Anlage zu korrigieren. »Cabrini-Green wird zu oft als Objekt betrachtet, das nur von außen her verbessert und wiederhergestellt werden könnte«, sagen die Vertreter und wollen das Schreckensetikett loswerden. »Sogar der Name wurde uns von außen angetragen«. Die Mieter bestehen nun darauf, ihre Adresse in Straßennamen und Hausnummern anzugeben, wie andere auch. So wie wir es, unwissend, gegenüber dem Taxifahrer gemacht hatten, der uns zum Fest chauffierte. Als die Party dann langsam ihrem Ende zuging, konnten wir plötzlich das Haus nicht mehr verlassen. Per Telefon versuchten wir bei verschiedensten Gesellschaften Taxis zu bestellen. Vergeblich. »Dort fahren wir nicht hin«, hieß es, »schon gar nicht nachts.« So blieb nichts anderes übrig, als uns auf die Straße zu wagen, um vorbeifahrende Taxis heranzuwinken. Und es gelang. Sie stoppten, nahmen uns mit, in die Sicherheit.

Seit zwei Monaten übrigens haben wir, Kaukasier, das Atelier der Bekannten übernommen. Und Cabrini-Green besteht. Neben uns.

Letzte Vorschläge sehen nun wiederum einen völligen Abbruch der Gebäude vor. Eine Steuererhöhung für künftige Investoren und Hausbesitzer könnte genügend Geld aufbringen, um die Verlagerung der Bewohner in andere Wohnungen zu finanzieren. Außerdem sollen sich die Vermieter verpflichten, 20 bis 30 Prozent der Cabrini-Green-Leute in ihre neu errichteten Yuppie-Apartments einziehen zu lassen. Proteste der Mietervereinigung gegen den Landraub, wie sie es nennt, werden als paranoid abgetan. Wie aber sollen sie die hohen Mieten der tollen Wohnungen zahlen? Wohin mit den Leuten?

PS 2007: Natürlich werden die Gebäude inzwischen nach und nach abgerissen und durch Apartmenthäuser im konservativen Postmoderne-Schick ersetzt.

PS 2018: Alles schick. Keine Spur mehr von Cabrini-Green.

Das Auge des Basketballs
Zu Michael Jordan

I. Gott

Alle verlangen von Ihm, vollkommen zu sein. Er aber möchte Sein eigenes Leben haben, tun was Er will. Aber Er kann nicht. Es ist beängstigend. Er fragt nach einem Grund. Man sagt Ihm, dass Er das Talent hat und dass es Seine Verantwortung ist, diese Gabe zum Wohl der Welt zu nutzen. Eine höhere Macht wollte den vollkommenen Spieler erschaffen und hat Ihn dafür erwählt. Die Menschen glauben, dass Er Gott geworden ist, verkleidet als Michael Jordan.

Er aber träumt von einem Trank, der Ihn unkenntlich macht, von einem vollkommenen Tag, an dem Er nur Vater oder zuhause ist, putzt, staubsaugt, das Geschirr wäscht. Alle Dinge, die Er nie machen kann.

Er kann keine Milch fürs Frühstück holen, keine Semmeln, Er kann keine Schuhe kaufen gehen, ohne den Zusammenbruch des Einkaufszentrums zu verursachen, den Stau von Anhängern, die alle Wege verstopfen. Er kann es nicht mehr ertragen, überall auf der Welt, wohin Er kommt, Leute auf den Straßen zu sehen mit Seinem Gesicht auf ihren T-Shirts, Seiner Nummer auf ihrem Rücken. Er lebt als Gefangener Seines Ruhms. Manchmal ist Er es müde eine gehende, sprechende, atmende Werbefläche zu sein mit der besten Verkaufskraft, die es gibt.

Und vor der Kamera spielt Er, was wäre. Was wäre, tauchte Sein Gesicht nicht alle fünf Minuten im Fernsehen auf, wäre Er nur irgendeiner?

Er spielt, wie er sich wirklich fühlt. Er versucht nicht ein anderer zu sein. Aber Er hat die Kontrolle über Sein öffentliches Leben verloren. Da Er nicht essen gehen kann, lässt Er ein Restaurant errichten und baut ein privates Esszimmer in den Raum, hinter Glas. Er sitzt in dieser Fischschüssel und lässt sich von den Menschen, die wegen Ihm gekommen sind, beim Essen zusehen.

Er ist der bewundertste, geldigste Körper des amerikanischen Heldenanbetungsgeschäfts. Er kostet zwanzigmal mehr als Seine Mitspieler. Er stellt Amerika dar, wie es wünscht, dass es ist. So wie es glaubt. Vor Seiner Statue werden Blumen geopfert, die Menschen knien, um zu Ihm zu beten. Er wird als übermenschliches Wesen angesehen. Eine Umfrage unter schwarzen Kindern erweist Ihn an zweiter Stelle nach Gott und ihren Eltern. Er ist eine Kraft, die nur im Positiven lenkt. Er tötet nicht seine Frau und ihren Liebhaber. Er schläft nicht mit Hunderten von Männern und Frauen. Seine Haut ist rein. Er verkleidet sich nicht als Frau. Sein Kopf ist kahl. Er hat keine Farben. Er ist schwarz und weiß zugleich. Er ist der Bruder der Armen, der Spielgefährte der Reichen. Er zieht alle Gegensätze ineins.

Und Er kann fliegen. Er sieht sich selbst in Zeitlupe wie eine Rakete, die in den Himmel schießt. Hinauf hinauf hinauf. Er überlegt, wo der Übergang vom Springen zum Fliegen liegt. Er hat Schwingen am Schuh. Jeder Schuh und jede Schwinge werden verkauft. Das Zeichen erscheint auf Sonnenbrillenbügeln, Rucksäcken, Kappen, Badeschlapfen, Ketten, Ringen und jede Schwinge bringt das Geld herein für Ihn. Die Gläubigen kaufen. Die Armen. Die Schwarzen. Sie kaufen Seine Ausdauerfotos mit Seinen inspirierenden Worten, der Kraft, Schwäche in Stärke zu verwandeln. Sie kaufen Goldsportkarten, Sein Abbild auf dreiundzwanzig Karat-Goldfolie gedruckt. Sie kaufen den Michael Jordan-Litho-Basketball unter einem Glassturz auf Rollen in einer limitierten Auflage von nur fünftausend. Sie kaufen Seine lebensgroße Standfigur mit Faksimile-unterschrift. Sie kaufen die dunkelbraune hohle Michael Jordan-Schokolade-büste im Dollarstore.

Einmal, als Er sein Versprechen nicht hält in einem Film zu spielen, bringt Himmel CoKG Ihn vor Gericht. »Der Himmel ist ein Spielplatz«-Film hat wegen Seiner Absage Geld verloren. Doch wie Ihn klagen? Man findet keine Geschworenen. Sie können nicht schlecht denken über Ihn. Sie können sich nicht helfen, gleich, was Er tut, werden sie an Seiner Seite sein. Sie wollen Treue zeigen. Sie können nicht gerecht sein und das körperliche, geistige und mystische Genie, das sie alle nie erreichen zu sein, verurteilen. Er geht frei. Alle überragend. Höher als sie.

Und hier ist *Geheimnis Nummer Eins*. Er hat Seinen Körper aus Willen geformt. Niemand in Seiner Familie war größer als einsachtzig vor Ihm. Als Junge hat Er Talent, ist aber für Basketball zu klein. Er verbringt Monate am Spielplatz am Klettergerüst, um Seinen Körper zu strecken und Er hat es geschafft. Training ist, was Ihn gebildet hat. Jeden Tag hat Er das Bedürfnis zu zeigen, dass Er der Beste ist. Er ist der Beste heute und der Beste morgen und der Beste übermorgen. Er stellt das jeden Tag zur Schau.

Und hier *Geheimnis Nummer Zwei*: Den Filmen und sich selbst zusehen. Das Spiel studieren. Den Gegner visualisieren, ins Auge fassen, bevor es ihn gibt, voraussehen, was geschieht. Entspannt und gleichzeitig völlig konzentriert in der Mitte des Chaos. Während andere wie verrückt außer Kontrolle sind, bewegt Er sich mühelos, umhüllt von Stille.

Und hier *Geheimnis Nummer Drei*: Seine Fähigkeit, Schmerzen zu überwinden, die jeder medizinischen Erklärung widerspricht. Immer will Er verletzt spielen und Sein Geist hat eine große Bedeutung. Wenn die Ärzte sagen, die Chance beträgt zehn Prozent, dass der Knochen wieder bricht, sagt Er, dass der Knochen zu neunzig Prozent hält. Und Er hat recht. Beim Heilen geht es darum, eine positive Haltung zu bewahren. Weil Er seine Bewusstseinskörpermaschine völlig im Griff hat, kommt Er sogar zurück von den Toten. Man feiert Seine Wiederauferstehung. Doch ist Er nur wiedergekehrt, um der Beste der Besten zu werden, Seine Hoheit, ein Luftwesen, Supermann, oder die Luft überhaupt, durch die Er fliegt, die hier geatmet wird.

Begonnen aber hatte alles mit *Geheimnis Nummer Vier*. Dieses wichtigste Geheimnis heißt Überleben.

Während Seine Mutter mit Ihm schwanger geht, stirbt Seine Großmutter und der Schock verursacht beinahe Seine Fehlgeburt. (TOD!)

Als Baby fällt Er hinters Bett Seiner Eltern und erstickt fast. (LUFT!)

Mit zwei Jahren berührt Er zwei Drähte, während Sein Vater das Auto repariert, und der Elektroschock schleudert Ihn einen Meter hoch. (LUFT!)

Seine Freundin ertrinkt während einer Überschwemmung. (WASSER!)

Ein anderes Mal schwimmt Er mit Seinem Freund weit hinaus und eine starke Strömung erfasst beide. Er kann sich freischwimmen, aber der Freund ertrinkt. (WASSER!)

Nachdem Magic Johnson (MJ, der Erste, magische J!) wegen seines HIV-Positiv-Status den Rücktritt erklärt, steigt MJ, der Zweite, zur Nummer Eins auf. (SEX!)

Sein Vater wird unter bis heute nicht geklärten Umständen erschossen in seinem Auto aufgefunden. (FEUER!)

Wenn Er aber zurückblickt, sieht Er ein ganzes, schönes Bild. Seine Laufbahn ist heute wie ein genau definiertes Gemälde mit vielen kleinen Einzelheiten. Andere Aufstiege sind nur eine Masse von Farben ohne Details. Weil die anderen sich nicht darum kümmern, dass jede Reise von tausend Meilen mit einem Atemzug beginnt. Er hat sich aber trotzdem nie einfach hingesetzt und meditiert. Er ist nicht neugierig darauf zu wissen, ob es draußen im Weltraum andere Wesen gibt. Keiner kann sich vorstellen, was für ein Leben Er eigentlich führt.

II. Die heilige Kommunion

Eine Prozession von Besuchern, ruhig, beherrscht, weil auserwählt, weil im Besitz von Karten, betritt das Stadium, wird verteilt und blickt nach unten auf das heilige Feld. Die Aufmerksamkeit der Zuseher wird an drei Schauplätzen gefordert.

Erstens, das Feld, mit richtigen Spielern und richtigem Spiel.

Zweitens, der riesige Würfel, der in der Mitte des Raumes von der Decke hängt, an dem Monitore in alle vier Blickrichtungen weisen, Großaufnahmen, Wiederholungen, aufbereitete Bilder und Zeichen einspielend.

Drittens, die sich ändernden Schauplätze der Zwischenunterhaltungen in den Pausen, in denen auf dem Feld innerhalb einer Minute Szenerien aufgebaut, benützt und wieder abgebaut werden müssen. Das Geheimnis dabei heißt Geschwindigkeit.

Das Geheimnis im Spiel um die Ergriffenheit der Zuseher ist der *Sound*.

Der *Sound* donnert all- und geistesgegenwärtig, als ein animierter Film erscheint. Chicago, auf die Innenstadt verkleinert, ohne schwarze Ghetto-Südseite, ohne braunen kriminalisierten Westteil, Chicago ist erfüllt vom Getrampel schwerer Bullen, die durch enge Wolkenkratzergassen rennen, hinein ins Stadium, in dem die Zuseher warten, bis sie kommen, und dann bricht die dröhnende Gewissheit von allen vier Seiten her aus. Die Bullen! Die Bullen! Spielerköpfe rotieren auf dem Bildschirm, bejubelt, und als letzter ER, Michael Jordan, Seine Hoheit, unsere Luft, Wundermichael, Erzengel, und das Getöse der Bullen ununterscheidbar vom Brüllen der Anhänger, die hier sind, um Ihn zu sehen. Und die Körper der Spieler erscheinen auf dem Feld, leibhaftig die magischen Drei, Michael das Herz, Scottie die Seele und Dennis die Schneid der Mannschaft und, so schnell kann man nicht begreifen, spielen sie schon.

Und es ist der *Sound*, der regiert, ergreift, das Spiel choreografiert, jede Bewegung, jeden Lauf, jeden Wurf der Spieler kommentiert, unangenehm dumpf, schlecht anschlägt, wenn der Gegner spielt und siegerhaft, lässig, klar, wenn die Bullen, wenn Er den Ball hält, übers Feld hüpfen lässt, Gegner ausschlägt, schließlich einwirft, sodass alles scheint, als wäre der Ablauf einstudiert, Bewegungen vorgegeben, dabei ist es die blitzschnelle Reaktion des Mannes am *Sound*, der das sich im Geschehen befindende Spiel als fertiges vorstellen kann. Und droht Gefahr, schmettern Trompeten, zum Angriff, solange bis einer der Bullen übernimmt und Beruhigung kehrt nie ein.

Denn dann ist Pause und das Feld wird zur Bühne, Zwischenspiele aufgestellt, ein Go-Kart-Rennen für Kinder, ein Sich-Drehen um einen Baseballschläger mit anschließenden Versuchen, den Korb zu treffen und die Spieler fallen um, benommen, schwindlig vom engen Kreisen und einem gelingt's, er gewinnt und ein Maskottchen springt auf einem Trampolin, wirft Bälle und für jeden Treffer zahlen Bier- und Hamburgerfirmen Geld an Arme, Kranke, Kinder, Kranke ein und Banken spenden und in einer Minute kommt wieder das richtige Spiel und rote und weiße Ballonschlangen werden verteilt und kleine Handplakate.

Die Zuseher ums Feld müssen den Gegner schwächen und schmähen, sie müssen schreien, winken mit mannschaftsfarbenen Ballons, signalisieren, dass die anderen Scheiße sind und die Cheergirls ziehen sich noch und noch neu um, erscheinen in wieder und wieder neuen Kostümen in den Farben weiß, schwarz und rot. Und sie müssen die Bewegung der Spieler mit einstudierten Zeichen und Abläufen anfeuern, spiegeln, begleiten, sie lassen Änderung erahnen und das Publikum mit Schildern, die es auf Kommando hebt und senkt, Schilder mit schlechten Worten, um die Gegner zu überzeugen, dass sie nichts sind. Das Publikum muss lachen, hämisch sein, wenn den anderen ein Ball misslingt. Alles ist erlaubt, alles ist heilig, alles ist Krieg, weil es um was Gutes geht, dass der Richtige gewinnt und der Zweite Zweiter bleibt und der Zweite ist nichts wert.

Die Zuseher zittern vorm Bildschirm, welcher Krapfen mit Loch den Wettlauf gewinnt. Und nächstens ist dem Mann am *Sound* der Lärm nicht stark genug und in der Pause schaltet er sich ein. *Lärm Lärm Lärm* blinkt es auffordernd am Monitor und jeder soll jetzt etwas dazu tun, beitragen, ein gemeinschaftliches Programm. Während unten am Spielfeld der Priester seinen Spielern den Fortgang anhand von Zeichnungen erklärt, erscheint die Lärmskala von 1 bis 8 am Bildschirm und jetzt müssen alle schreien, so laut nur jeder kann, damit der Zeiger sich bewegt, man kann zusehen, wie man hilft, jeder ist Teil eines Erfolgs.

Aber dann wird unten schon wieder gespielt und in der großen Pause öffnet sich das Feld für die unglaublichen Bullen, behinderte Spieler in Rollstühlen, die Unmögliches tun, die zeigen, was man kann, wenn man nicht mehr läuft, springt, fliegt, aber kurvt und wirft und hantelt und sich bückt und auch dabei kommt was heraus.

Doch wird die Aufmerksamkeit des Zusehers fortgelenkt, denn über ihren Köpfen riesengroß schwebt aufgeblasen der Bulle, das Symbol, und alle blicken auf, verwundert und erstaunt. Doch von unten schießt ein Bulle auf zwei Beinen im Kostüm nun Geschenke und die Zuseher springen, stoßen zusammen, sind begeistert und enttäuscht.

Und die Zuseher können sich selbst zusehen am Bildschirm, wenn die Kamera auf Suche geht, wenn ein waagrechter Balken in der unteren Hälfte des Bildes erscheint, und der Auserwählte muss nun tanzen, in die Knie gehen, bis sein Becken unter die Linie sich schiebt.

Und schließlich siegen auch die Bullen und der *Sound* begleitet die Zuseher hinaus, gestärkt, erfrischt, gehoben und lässt sie erst vor den Toren des Stadions allein.

Keine Raserei danach, nein, Gemessenheit des Schritts beim Abzug wieder. In den Ohren saust noch das Geplärr, das Trommeln, die Trompeten und dann ist alles plötzlich still.

III. Das Spiel

Das Spiel ist ein einziger glitzernder Faden, der das Leben reflektiert, es ist der Wechsel von der Kraft des Einen zur Kraft des Einsseins.

Der Priester des geheiligten Kreises lässt sich Schneller Adler nennen. Diesen Namen hat er vom Lakota Edgar Rote Wolke geborgt. Schneller Adler klingt wie Schwingen, die die Luft schlagen, und Adler ist der heiligste der Vögel wegen seinen überblickenden Schauens und seiner Rolle als Bote des großen Geists.

Um dem Spiel die Dreckigkeit zu nehmen, spricht der Priester die Worte: Gebet, Macht, Weisheit, Ausgeglichenheit, Harmonie, Prosperität und Glück. Er gibt die Formeln und die Filme vor, denn das Spiel heißt, das Ich für das Wir aufgeben. Der Angriff muss die Verteidigung durchdringen, denn im Dschungelbuch steht schon geschrieben, dass die Kraft des Rudels Wolf heißt, und das Rudel ist die Kraft des Wolfs.

Der Priester sorgt für Wiedererwachen und Aggression ohne Wut. Er stellt einen Zustand der Gnade in Aussicht, der durch harte Arbeit, Verständnis und Einweihung erreicht werden kann. Denn eine Mannschaft ist eine Gruppe von Kriegern, eine geheime Gesellschaft mit Initiationsriten, einem strengen Ehrenkodex und einem geheiligten Ziel.

Der Priester mischt Stücke aus »Dem Zauberer von Oz« mit Clips von gegnerischen Spielern. Der Angriff muss sich über das gesamte Spielfeld verteilen, denn jeder Augenblick ist eine Ewigkeit.

Der Priester stellt die Verbindung zu allen Dingen, denn es gibt keine Trennung, nur im Geist. Das Selbst ist keine abgeschlossene Einheit, isoliert vom Rest des Universums. In allem wohnt der große Geist.

Der Priester weist die Spieler an zu schweigen und ist von der konzentrierten Wirkung jedesmal erstaunt. Die Spieler beginnen und enden jedes Spiel in einem Kreis, dem heiligen Ring. Wenn sie sich über's Feld bewegen, halten sie einen Abstand von fünf, sechs Metern. Das gibt jedem genug Raum und hindert die Verteidigung der Gegner.

Der Priester sagt zu seinen Spielern, spielt so wie ihr lebt, mit euren ganzen Herzen und euren Seelen. Denn dann stimmt alles andere auch. Richtige Werte erzeugen richtige Gedanken. Richtige Gedanken erzeugen richtige Handlungen und richtige Handlungen erzeugen Arbeit, die eine materielle Widerspiegelung für andere ist, um die Tiefe im Zentrum von allem zu sehen. Denn man kann nicht zweimal in einen Fluss steigen.

Und der Priester gibt bekannt, der Geist geht uns voraus. Der Spieler muss mit sich selbst völlig im Frieden sein, bevor er in den Kampf geht, bereit zu sterben. Das Geheul des Egos muss verstummen. Alle müssen gleich. Jeder wird achtzig Prozent seiner Zeit ohne Ball sein. Die Spieler haben vorgegebene Wege, die sie in Harmonie verfolgen für ein gemeinsames Ziel. Sie sollen in den offenen Raum und sind so schwieriger zu übersehen. Denn Bewusstsein ist alles. Ist wichtiger als Klugsein. Das Spiel ist ein umfassender Tanz, der erfordert, von einer Aufgabe in die nächste mit Lichtgeschwindigkeit zu springen. Man braucht den Kokon der völligen Versenkung. Der Spieler muss immer wissen, was überall und jetzt geschieht.

Der Priester verrät ein Geheimnis. Das Geheimnis ist, nicht zu denken, was nicht bedeutet, dumm zu sein, aber es heißt das endlose Gequassel seiner Gedanken stillzulegen, sodass der Körper instinktiv tun kann, wozu er ausgebildet worden ist, ohne dass ihm das Denken in die Quere kommt. Der Angriff muss dem Spieler am Ball eine Gelegenheit bieten, ihn an einen seiner Mitspieler abzugeben, denn was du den andern tust, das tust du dir selbst.

Der Priester fördert das Gefühl der Vertrautheit, ein Gefühl, dass die Spieler mit etwas Höherem und Undurchdringlichem verbunden sind. Sie sammeln sich im allerheiligsten Raum voll indianischer Totems und symbolischer Gegenstände vor dem Spiel.

Der Priester arbeitet daran, die Metapher zu erweitern und lässt die Spieler lesen zwischendurch. Sie lesen Zwölf Geschichten, Die Wege der weißen Leute, All die schönen Pferde, Unterwegs und Dieses Buch nervt. Die Spieler sind nicht nur christlicher Religion, auch für Moslems ist das Spiel ein heiliges Gebot. Der Priester ist kein Indianer, der Priester ist weiß.

Der Priester muss die Wasser prüfen, denn es gibt auch die dunkle Seite des Erfolgs. Erfolg verwandelt das Wir zurück in Ichs. Es handelt sich um Ihn, den Erzengel aller Spieler. Denn Er lebt ein völlig anderes Leben als der Rest. Er muss sich wieder den anderen Spielern zuwenden und Nähe finden, wieder wissen, was sie gerne tun. Er muss den andern erklären, was Er gerne tut. Er ist die Verkörperung des friedlichen Kriegers und Er leidet am Stachel des Ruhms. Und erst der Priester hilft Ihm, sich von einem begabten Solisten zu einem selbstlosen Mannschaftsspieler zu verwandeln. Doch alles hat seine Zeit.

Unbeständigkeit ist ein grundlegendes Element des Lebens. Auch der Priester muss gehen. Und Er geht mit. Er weiß nicht, ob er einmal wieder kommt. Die Spieler werden ausgesperrt. Das Auge des Basketballs ist geschlossen. Das Spiel steht.

IV. Die Welt

Die Welt wird nicht Zen. Die Welt wird bestimmt von Jerrys, den Managern des Vereins. Und nur sie stoppen das heilige Spiel wegen dem Geld. Die Jerrys denken nur daran. Nach all den Jahren, all den Meisterschaften, all dem, was Er für die Bullen getan hat, bereuen die Jerrys, Ihn nach Marktwert zu bezahlen. Das ist wie ein Schlag in Sein Herz. Der Geiz der Jerrys ist größer als ihr Respekt für Ihn.

Die Welt gehört nicht den Indianern. Die roten Bullen werden nicht durch einen weißen Buffalo ersetzt. Die Geschichte der Stadt Chicago ist eng verbunden mit dem Fleisch. Fleisch machte die Stadt groß und reich.

Das Kapital bedeutet eigentlich die Kopfzahl einer Viehherde.

Die Bedeutung des Bullen gehört zu der unter »Ball« dargestellten indogermanischen Wurzel *bhel-, »schwellen« und ist eng verwandt mit griechisch phalós, »männliches Glied« und altiranisch ball, »männliches Glied«. Der Bulle ist nach seinem Zeugungsglied benannt.

Die Welt ist weiß, nicht schwarz oder braun. Die Siegesgöttin Nike bringt ein weibliches Element ins Spiel. Jordan, der heilige Fluss, trägt ihre Schwinge am Fuß. Schuhe sind nach Ihm benannt. Und jeder Sterbliche nimmt daran teil. Die Gläubigen suchen im Tempel nach einem Schuh, der Ihn darstellt. Die von Ihm getragenen Lauf-, Spring- und Flugwerkzeuge sind in Glaskästen ausgestellt. Schwimmschuhe erscheinen im Lichtkreis aus der Tiefe des Meeres, umgeben von einem Fischschwarm. Die Gläubigen drehen ihre Runden im Tempel und erreichen wieder den Punkt, von dem sie ausgegangen sind.

Sie besteigen magische Treppen, werden in höhere Gefilde transportiert. Sie haben oben bereits vergessen, was sie treibt. Doch sie finden Rat und Trost. Die Verkäufer weihen sie ein. Das neueste Modell in den neuesten Farben zum neuesten Preis. Die Gläubigen erstehen den Beweis ihres Glaubens an Ihn und das Spiel und verlassen Nike-Stadt betäubt.

Seine Schuhe wirken Wunder. Wer sie trägt, vergisst die Trägheit seines eigenen Körpers. Das Übergewicht, die Krankheit scheinen wie verflogen. Fettschichten und -wülste lösen sich in Nichts auf. Verschwunden die Sorge ums tägliche Geld.

Die Gläubigen sind nun jemand, verschaffen sich Respekt auf ihrem Weg in Seinen Schuhen. Schon morgen wird ihr Leben sich ändern und die Welt ein glitzerndes Spiel. Die Gläubigen schreiten zurück in die Ghettos, in die Gang-Gebiete, geerdet und erhoben zugleich dank ihres neuen Schuhs.

Und nach fünf Minuten können sie Ihn im Fernsehen sehen. Er sagt, welchen Hamburger sie essen sollen, welches Auto fahren, welches Telefon wählen und wieder haben sie ein Ziel.

Doch der Abschied droht. Die Welt hat Ihn verspielt, Seinen Körper und das Geld. Er schreibt nochmal ein Buch aus Resten, lässt sich abbilden mit Schweißtropfen auf Seiner nackten Haut, gibt einen letzten Schuh heraus.

Was bleibt? Wer wird der Nächste sein?

JAPAN

Japanisches Japan

Auf der ganzen Zugfahrt zurück ins Landesinnere schneite es dann weiter,
mit einer wie japanischen Zierlichkeit... (P. Handke)

Ich erwache in einem japanischen Zimmer auf japanischem Futon liegend, Sonne dringt durch das japanische Milchglasfenster, ich stelle meine nackten Füße auf die japanische Reisstrohmatte, öffne die japanische Schiebetüre, betrete den japanischen Plastikfurnierboden, gehe ins japanische Plastikbadezimmer, alles in beige, um zu duschen – nichtjapanisch.

Ich putze mir mit japanischer Zahnpaste vor dem japanischen Waschbecken und dem japanischen Spiegel die Zähne, betrete die japanische Toilette in japanischen Pantoffeln, weiß, drücke die japanische Spülung und wasche mir im japanischen Wasser die Hände.

Danach trinke ich japanischen Milchkaffee und esse japanisches Müsli mit japanischen Azukibohnen aus einer japanischen Schüssel. Auch der Löffel ist japanisch. Ich öffne japanischen Orangensaft, gieße ein japanisches Glas voll. Ich frühstücke keinen Reis, keinen Fisch, trinke keinen Tee – nichtjapanisch.

Später steige ich die kleine japanische Stufe vor dem Wohnungseingang hinunter in meinen Straßenpantoffeln – nichtjapanisch – nähere mich der japanischen Türe, die automatisch aufspringt, trete auf den japanischen Gehsteig, vorbei am japanischen Bambushain bis zur Fahrbahn. Sie ist voll japanischer Autos oder deutscher Autos voll Japanern. Als ich zur japanischen Baustelle voll japanischer Straßenbaugeräte komme, die japanische Erde aus dem Untergrund auf den japanischen Obergrund befördern, gibt mir der japanische Verkehrswächter in japanischer Uniform mit seiner roten japanischen Fahne das Zeichen, dass ich passieren darf und verbeugt sich japanisch, während ich stumm vorübergehe – nichtjapanisch.

Im japanischen 24-Stundenladen kaufe ich eine schwarze japanische Plastikschachtel mit Essen, dessen Bestandteile aus Japan stammen und bezahle mit japanischem Geld. Jede Bewegung des japanischen Verkäufers ist von freundlichen japanischen Worten begleitet, ich aber bleibe wortlos – nichtjapanisch.

Draußen vor der Glastüre vernehme ich das japanische Piepsen der japanischen Ampel, die mir anzeigt, dass ich überqueren soll. Ich überquere, biege in eine Seitenstraße, links und rechts von mir japanische Häuser mit japanischen Dächern, die versuchen japanischjapanisch auszusehen.

In den japanischen Gärten hinter den japanischen Betonmauern höre ich das Schnipseln japanischer Gartenscheren, mit denen die Gärtner die Bäume ständig beschneiden, während die Bäume sich beständig wehren, nichtjapanisch, und Zweige und Blätter hervor sprießen lassen, die nicht in Formen passen, die man seit jeher als japanischjapanische kennt. Die japanischen Gärtner machen Bäume und Sträucher rund, bis die japanischen Baumkronen wie grüne japanischjapanische Wolken schweben über japanischen Ziegeln und Beton.

So bin ich immer froh, Japanischjapanisches in Japan zu sehen, in dem ich erschreckend nichtjapanisch bin und erreiche bald die Mauer der Universität, vor deren Eingang ein japanischer Wächter mit einer japanischen Dreißig-Grad-Verbeugung grüßt und ich murmele etwas vor mich hin, nichtjapanisch, betrete den Fahrstuhl voller japanischer Studenten und lächle, – nichtjapanisch, sondern weil ich so verlegen und gleichzeitig ungeduldig bin.

Denn japanisch allein ist mir nicht genug. Da ich mich schon in Japan befinde, will ich immer mehr Japanischjapanisches sehen. Denn im japanischen Japan liegt zum Beispiel japanischer Schnee auf japanisch geschwungenen Holzdächern, die mit japanischem Blei überzogen sind. Sogar der japanische Beton des Vordaches der Universität enthält diesen Schwung.

Da es aber in meiner japanischen Stadt zu wenig japanisches Japan gibt, begebe ich mich zum japanischen Bahnhof auf der Suche nach einem japanischen Zug. Nachdem ich die japanische Fahrkarte gekauft habe, studiere ich die arabischen Zahlen auf dem Stück Papier und finde ihre Entsprechungen auf Schildern, die am japanischen Bahnsteig angebracht sind. Ich achte auf die japanischen Markierungen am japanischen Boden, denn sie zeigen mir, wo der Einstieg meines japanischen Waggons beginnt. Ich reihe mich ein, vor und hinter mir Japaner. In einem kleinen Zwischenraum am Bahnsteig ist der japanische Zug- und Fahrgastanweiser, eingezwängt, der mit japanischen Händen, die in japanischen Handschuhen stecken, Zeichen vollführt.

Schließlich darf ich in den japanischen Schnellzug steigen, nehme meinen Platz ein, rechts und links von mir Japaner, und blicke während der Fahrt auf die japanische Umgebung. Die Oberfläche des glatten japanischen Meeres ist ein Schirm. Ich bestelle ein japanisches Getränk in einer japanischen Flasche und trinke ohne Becher oder Glas – nichtjapanisch.

Das Gute an Japan ist, hier bleibe ich immer im Bild, kann nicht hinausfallen, denn an den Rändern wie im Landesinneren ist alles durchdacht bebaut und mit Sorgfalt angelegt. Sogar in den japanischen Wäldern sind die japanischen Bäume nach Farben geordnet, so dass ein japanischjapanischer Eindruck entsteht. Sogar die japanischen Felswände werden mit japanischen Waffelmustern befriedet, so dass kein japanischer Felsen zu rutschen beginnt. Manchmal aber reißt der japanische Regen die Betonwaffeln auf, japanische Erde tritt hervor und es gruselt mich vor der Natur – nichtjapanisch.

Sogar die japanische Kakifrucht wird in einen japanischen Kakifruchtschäler gespannt, den eine japanische Bäuerin bedient. Die Außenbalkone des japanischjapanischen Bauernhauses sind mit Hunderten von Kaki-Ketten behängt, die auf japanischen Schnüren gereiht werden, jede Kaki in gleichem Abstand zur anderen. So wird japanische Luft die Früchte gut trocknen. Die japanischen Besucherinnen stoßen bewundernde Rufe aus. So schön und nützlich zugleich! Mir geht der Film aus – nichtjapanisch.

Und jedes japanische Besichtigen hat seinen Sinn. Die Frauen kaufen Säcke voll japanischem Buchweizenmehl und Kartons voll japanischer Buchweizennudeln und verstauen sie in dem Laderaum des japanischen Busses. Im japanischen Bergdorf werden japanische Pickles in einem Geschäft am Wegesrand verkostet. Japanische Rüben, Radis und Gurken sind in verschiedenen japanischen Saucen und Farben eingelegt. Japanerinnen machen ihre Runden und spießen mit japanischen Zahnstochern Stückchen aus den japanischen Schüsselchen, kosten und machen sich über die nächste Probe her. Oder entscheiden sich zu kaufen. Die japanische Leiterin des Verkaufsstandes verneigt sich vor dem Bus bevor wir abfahren. Ich winke – nichtjapanisch.

In der japanischen Sake-Fabrik betrachte ich ein Video in japanischer Sprache, während ich japanischen Reiswein, japanischen Heidelbeerwein, japanischen Pflaumenwein probiere. Endlich gelangt die Reisetruppe an die japanische Apfelstation. Ich darf durch die Reihen japanischer Apfelbäume streifen, auf eine japanische Leiter steigen, die vom japanischen Regen feucht und rutschig ist. Ich darf einen japanischen Apfel pflücken und seine Schale mit einem japanischen Messer entfernen. Ich schneide die Frucht in vier Stücke – nichtjapanisch.

Die Japanerinnen schälen zuerst den Apfel und beißen in das nackte Fleisch. Ich schneide mir mit dem japanischen Messer in den Finger. Nichtjapanisches Blut beschmiert den japanischen Apfel. Er schmeckt süß.

In der japanischjapanischen Herberge schließlich ist alles wie erträumt. Ich esse japanischjapanische Chrysanthemenblütenblätter, japanischjapanischen Tofu aus Milch und Kastanien, japanischjapanische Pferdefleischwürfel getrocknet und japanischjapanische Thunfischhautwürfel gebraten und Frühlingszwiebel umwickelt mit Rindfleisch, alles serviert von japanischen Japanerinnen in japanischjapanischem Kostüm. Die schimmernden Flaschen japanischen Biers klinkern aneinander, wenn sie in japanischjapanischen Holztragen in den japa-

nischjapanischen Essraum gebracht werden, wo wir am Boden sitzen, in blau-
weiße japanischjapanische Bademäntel gehüllt nach einem japanischjapanischen Bad. Ich strecke meine schmerzenden Beine – nichtjapanisch.

Auch draußen im japanischjapanischen Dorf, zieht man die Schuhe gleich
wieder aus, setzt sich auf japanischjapanische Holzbänke, steckt die Füße in japanischjapanische Holzbottiche mit japanischjapanischem heißen Wasser aus
der japanischen Erde und entspannt. An den Quellen kochen die japanischen
Bewohner ihren japanischen Kohl weich und die Eier hart, während japanische
Fernsehkameras an den richtigen Stellen warten, um bei Einbruch der japanischen Dunkelheit, wenn die japanischjapanischen Wasserdunstschwaden aufsteigen, die richtigen japanischjapanischen Aufnahmen machen zu können,
denn auch die Japaner müssen immer wieder wissen, was sie sind, japanisch
oder – nichtjapanisch.

Im Freien steige ich die Anhöhe hinauf, vorbei am japanischjapanischen tau-
sendjährigen Riesenbaumstumpf mit dem japanischjapanischen heiligen Seil,
entlang der Steinstatuen mit roten Lätzchen vor der Brust und roten Wollmüt-
zen auf den Köpfen, betrete ich den japanischjapanischen Tempelbezirk, stehe
Aug' in Aug' mit den geschnitzten Reliefs, die feinen Formen des japanischjapanischen Holzes verwittert von Bergluft und Bergregen und Bergschnee und
im Rundumblick über japanische Alpen macht sich ein dicker Plexiglasschlauch
breit, der eine japanische Rolltreppe enthält. Innen drin fahren die japanischen
Schifahrer vom japanischen Dorfplatz zur japanischen Talstation des Lifts und
schaukeln sich hoch. Sie werfen ihre Blicke ungestört in die Schönheit des japanischjapanischen Umlands, während die unter ihnen Wandernden und auf
den Feldern japanischen Kohl Bearbeitenden den Rolltreppenschlauch aus ihrem Blick schneiden oder versuche das nur ich – nichtjapanisch?

Auch im japanischjapanischen Bergdorf werden zum Befestigen der Wege
künstliche aus japanischem Betonguss gefertigte Baumstämme verwendet.
Von manchen ist der Abschnitt mit aufgeprägter Maserung gesplittert – nichtjapanisch.

Und am nächsten Tag meiner Reise durch ein japanisches Japan wird im Fernsehen der 100. Geburtstag eines Regisseurs gefeiert, berühmt in Japan wie im
Ausland, denn er stellte seine Kamera in japanischer Sitzhöhe auf. In den japanischjapanischen Räumen, die er filmte, sind unzählige japanische Vorhänge,
japanische Schiebetüren mit japanischem Papier bespannt, halbdurchsichtiges
Glas, durch das man den japanischen Schatten japanischer Kinder oder Erwachsener erkennen kann. Verschiedene, hintereinander- und nebeneinander liegende japanische Räume erschließen sich bei geöffneten japanischen Schiebetüren mit nur einem Blick. Ich liege dazu in einem erhöhten Bett, der Fernsehschirm schräg über mir – nichtjapanisch.

Im japanischen Japan schließlich gibt es Buslinien eigens für Touristen, gleich ob sie japanisch oder nichtjapanisch sind. Beim Aussteigen kann ich mich nicht irren, denn die japanischjapanischen Tempel sind von Dutzenden japanischen Fernsehkameras flankiert. Ringsum stehen hölzerne Gerüste, auf denen Touristen sich in Gruppen formieren. Finde ich in Japan ein derartiges Podest, weiß ich, wohin ich blicken und in welcher Umgebung des japanischen Japans ich mein Porträt platzieren soll. Ich borge das japanische Japan, damit mein Bild von Japan gelingt.

Und ununterbrochen halten die japanischen Gärtner das wertvolle japanischjapanische Moos von japanischjapanischen Herbstblättern in den japanischjapanischen Farben frei. An den Wegen zwischen den japanischjapanischen Tempeln aber bleibt kaum Raum, da viele so wie ich herumspazieren und die japanische Ruhe eines japanischjapanischen Gartens genießen, wobei ich aber kaum vorwärts komme im Beschauen, da ich ununterbrochen in die japanischjapanischen Fotos der anderen gerate, was keiner will, denn ich bin zu – nichtjapanisch.

Trotzdem bin ich immer glücklich in japanischjapanischen Orten herumstreunen zu können, ein wenig herauszukommen aus dem Alltagsjapan, um etwas zu erfahren, was es in meinem nichtjapanischen Leben nicht gibt. Auch die im Westen Gebliebenen erwarten das von mir. Und in solchen Glücks- und Reiseerfüllungsmomenten kann geschehen, dass es sogar mir japanisch schneit, zwar nicht zierlich, aber dichter.

Trotzdem aber beginnt es dann, als ich endlich so weit bin, japanisch zu hageln statt zu schneien. Gleichgültig spannen die japanischen Studenten ihre japanischen Schirme auf und überqueren auf das Piepsen der japanischen Ampel hin die Straßen, während rings um sie Eiskugeln auf die Erde prasseln und sich in weißen krachenden Strömen am Asphalt formieren.

Verwundert bleibe ich zurück im japanischen Japan an der japanischen See – nichtjapanisch.

Kimono, Ausländer und Schreckenspuppen

Die U-Bahn lädt zum Dämmern ein. Manchmal denke ich, dass es an der Luft liegt, dass die Schläfrigkeit in diesen U-Bahn-Waggons lagert, seit sie gebaut wurden, und von da an für Millionen von Fahrgästen Platz für ein Schläfchen zwischen den Stationen boten. Unsichtbare Schlaf- und Gähngase ermüden meinen Körper, sobald ich einsteige.

Ich quetsche mich neben zwei breitbeinig dasitzende Jugendliche, schließe die Augen und lasse den Strom ihres Gespräches an mir vorbeirauschen, nehme nur mehr den Rhythmus wahr, ein Lautmuster, merke aber mit einem Mal, dass das nicht Japanisch sein kann. Ich öffne die Augen und schnappe ein paar Worte Portugiesisch auf, mit brasilianischem Akzent. Erst mit dieser Information im Kopf sehe ich auch, dass ihre Haut gebräunt ist, dass sie beim Sprechen heftig ihre Arme bewegen. Sie lachen anders, kommt mir vor, offener, nicht so brüllend oder verschämt wie die Einheimischen. Ihre Gesichtszüge ähneln denen der sie Umgebenden, denn es sind Nachkommen von Japanern, die in den 20er-Jahren nach Brasilien auswanderten. Die dritte und vierte Generation jener Immigranten kommt nun zurück ins Stammland, um da für besseren Lohn zu arbeiten.

Der Osu Distrikt Nagoyas, in den ich unterwegs bin und wo die beiden Brasilianer auch aussteigen, ist eher ein Treffpunkt für in Japan arbeitende Ausländer als für Touristen. Die wenigen Kurzzeitreisenden, die sich hierher verirren, wandern ungläubig und hartäugig durch die Reihen der Billiggeschäfte. Sie lassen sich nicht leicht zu einem Kauf verführen. Dies hier ist nicht Kyoto. Die Waren in den Läden keine hübschen, beglaubigten Japansouvenirs.

Nagoya ist kein Muss für ausländische Touristen, ist weder groß noch herausragend genug, um als Station für Rundreisen zu dienen. Aber das fremde Land lässt sich hier lesen wie ein offenes Buch. Langzeitbesucher – wie ich – werden nicht gleich mitgerissen vom Geschehen, überwältigt wie in Tokyo oder Osaka.

In Nagoya ist die globale Workforce spürbar. Die nahe gelegene Autostadt Toyota und die umliegenden Zulieferungsindustrien benötigen Billiglohnkräfte, um auf dem Weltmarkt konkurrenzfähig zu sein. Der Anteil an ausländischen Arbeitern und deren Familien ist daher weitaus höher als in vergleichbaren Regionen, rund 90.000 Ausländer leben im Umkreis Nagoyas. Vor allem brasilianische Fließbandarbeiter versuchen ihr Glück im Land der Vorfahren und haben es anfangs, trotz der Generationen zurückliegenden Herkunft, einfacher,

Arbeits- und Aufenthaltsgenehmigung zu erhalten. Ihre japanischen Chefs und Angestellten der höheren Etagen lassen sich zudem nach Arbeitsschluss gerne von Hostessen aus der Ukraine, den Philippinen und anderen Drittewelt-Anwohnerinnen unterhalten.

Unter dem prächtigen Tempel von Kannon mit dem gütigen Gesicht, Göttin der Barmherzigkeit, treffen sich viele dieser Ausländer samstags im Osu-Distrikt, um unter anderen Fremden zu sein.

Aber auch der Tempel ist kein Einheimischer, sondern wurde vor 400 Jahren von seinem ursprünglichen Ort in Gifu nach Nagoya versetzt. Der Name seines früheren Standorts Osu wurde mit hierher übertragen. Die murmelnden Gesänge der Mönche, ihr beständiges Trommelschlagen, die Schwaden des Räucherwerks und sein eindringlicher Geruch vermitteln den Eindruck jahrhundertealter Tradition. Die knallig rot-rosa-orange-gold gefärbten Dachbalken heben sich deutlich ab vom dominierenden Betongrau der Umgebung.

Am Vorplatz drängen ältere Japanerinnen um die Wühlhaufen voll Kimono, Obis, Jacken, Gürtel, Schals, Stoffresten. Sie kämpfen um die vordersten Plätze, die besten Schnäppchen. Vor dem großen Eingang und hinter dem Seitentor, in den toten Winkeln des Tempelareals, tobt die Schlacht besonders wild. Kimonojacken ab 300 Yen! Kimono um 1000 Yen! Aber Achtung auf kleine Löcher, Risse, Verfärbungen und durch falsche Aufbewahrung entstandene Feuchtigkeitsflecken am Innenfutter! Die mich umschwirrenden Frauen geben Tipps. Auf einem von mir ergatterten Stück entdecken sie Schmutzflecken. Als ich vorschlage, den Kimono auf der anderen Seite zu binden, so dass die Stelle verdeckt wird, schütteln sie heftig den Kopf. Unmöglich! Man kann einen Kimono nicht auf Männerart anziehen! Mir wäre es egal, aber für die Frauen wäre das so, als würden sie ihre Schuhe verkehrt herum tragen. Und ich beuge mich ihrem Urteil.

Die Klientel des Flohmarktes sind vor allem ältere Leute, ärmere. Die Damen verfertigen aus den Resten der traditionellen Stoffe kleine Puppen, Täschchen, Patchwork-Arbeiten, Tierfiguren, Gegenstände, von denen meine Nachbarin Etsuko sagt: Very japanese!

Auch in den Geschäften der an den Flohmarkt anschließenden Passagen ist wochenends viel Betrieb. Hier gehen Japaner einkaufen, die sich die teuren Markenwaren in den Kaufhäusern nicht leisten können oder wollen. Hier gibt es kein Tiffanys, hier findet man keine Jimmy-Choo-Sandalen. Sondern Countrylook, gebrauchte Herrenhosen, Arbeiterblousons, Küchenschürzen, zerknitterte Karohemden und Ledergürtel zu günstigen Preisen.

Der Osu-Distrikt bedeutet für mich Kleidung, Verwandlung, verschiedene Identitäten, auch wenn die japanischen Kollegen an der Universität milde lächeln, wenn ich von meinen Ausflügen dorthin erzähle.

Das brasilianische Cafe Osso Brasil – der Brasilienknochen – ist nicht nur für mich ein Ersatz für Heimat, ein Ort, an dem ich mehr Vertrautes spüren kann, als in jeder hocheleganten Kaufhausetage der Innenstadt Nagoyas. Vielleicht ist der Name sogar ein Wortspiel, denn die Japaner sprechen OSU, den Namen des Distrikts, ähnlich wie OSSO auf portugiesisch aus.

Ich bestelle Rissois de Carne, mit Fleisch gefüllte, panierte Teigtaschen, bin froh, dass ich diese Sprache verstehen, diese Schrift lesen und mich für ein paar Momente aus der Welt des unverständlichen Japanisch entfernen kann. Ich setze mich an die Bar und beginne mit dem Verkäufer ein Gespräch auf Portugiesisch. Er ist genauso erstaunt über mich wie ich über ihn. Er stammt aus São Paulo, arbeitet wochentags als Fahrer für eine Transportfirma und hat gerade um seine Permanente Aufenthaltsgenehmigung angesucht. Er verdient hier zwar mehr als in Brasilien, aber auch die Ausgaben sind höher in Japan. Não é fácil, wiederholt er immer wieder, não é fácil, es ist nicht leicht. Zwischendurch bedient er Kunden; er beherrscht die japanischen Zahlen und die Höflichkeitsformeln, die ein Verkaufsvorgang verlangt.

Viele der Gäste des Osso Brasil sind brasilianisch-japanisch, sprechen Portugiesisch, trinken aus Brasilien importierte Fruchtsäfte, die aus dem Heimatland vertraute Limonade. Im TV laufen brasilianische News. Ich genieße die kleine Ruhepause als Fremde unter Fremden.

Dann ziehe ich weiter, auf Kimonosuche für die Freundinnen in Berlin und Wien. Vor dem Laden mit Hiphop-Kleidung verteilt ein schwarzer Immigrant Werbezettel, um Kunden auf die Angebote des Stores aufmerksam zu machen und für die Authentizität der Klamotten zu bürgen, obwohl sein Akzent eher nach Afrika als der South Bronx klingt. Aber egal, Hauptsache die Hautfarbe stimmt! Zwischen den Kleider-, Keramikständen, Brathendl- und Yakitorigerüchen huscht eine als Serviermädchen gekleidete Lolita auf Fünfzehn-Zentimeter-Plateausohlen vorbei.

Denn auch für die Cosplayer ist der Osu-Distrikt eine Fundgrube. Cosplay, eine Kombination von *costume* und *play*, ist die japanische Praxis, sich in Figuren aus beliebten Manga, Anime oder Computergames zu verwandeln. Mittlerweile gibt es eine ganze Industrie, die sich auf vorgefertigte Teile verrückter Ausstattung spezialisiert. Für mich sieht es auf den ersten Blick aus, als würden die Mädchen sich in Märchenfiguren hineinversetzen, Heidis und Cinderellas mit hellhaarigen Zopfperücken sein wollen. Doch es handelt sich vielmehr um Gestalten aus Mangas und Animefilmen, deren Zeichner bereits Anleihen bei westlichen Kleidungsstilen genommen haben.

Zurzeit ist besonders der Look der Gothic Lolita gefragt: Eine Menge Unterröcke, Spitzen, Rüschen, Schürzchen, Häubchen, Krägelchen wie Puppen aus dem 19. Jahrhundert gekreuzt mit gothisch dunklem Make-Up, Sado-Maso-Korsagen und Accessoires mit Totenköpfen, Kruzifixen, Fledermäusen. Viktorianische Puppen in verschiedenen Variationen, Alice aus dem Wunderland plus Vampirsmädchen. Zum Teil werden die Outfits nach Vorlagen aus einschlägigen Magazinen selbst gebastelt, zum Teil in den entsprechenden Shops für teures Geld fertig zusammengestellt erworben.

So wie westliche Japanliebhaber die Feinheiten der Muster, Farben, Schnitte der Kimono nur oberflächlich wahrnehmen, ihre subtile Sprache nicht anwenden können, – ich selbst bin mit meinen Einkaufsausflügen auf den Flohmarkt das beste Beispiel hierfür – handelt es sich bei der japanischen Übernahme von westlichen Kleidungsstilen um Verwischungen. Ihre Konnotationen können von den Cosplayern, aus Mangel an erlebter Historie, gar nicht korrekt gedeutet werden. Die viktorianische Nostalgie ist rein ästhetisch angewendet und richtet sich nach einer Zeit, die es auf diese Weise in Japan nie gab.

Für mich bleibt das Bedürfnis der japanischen jungen Frauen, sich wie Puppen oder auch Schreckenspuppen zu kleiden, ein faszinierendes Mysterium, vor allem auch, weil das Abgründige gleichzeitig lieb sein soll. »Ich mag diese Mode, weil sie kompliziert und elegant ist, sie will nicht schockieren, sondern es geht darum süß zu sein, unschuldig und raffiniert«, behauptet eine Anhängerin im Internet-Forum.

Es ist also eher eine Art kulturellen Borgens, um damit völlig andere Bedeutung zu erzielen. Gerade weil die Bestandteile nicht verstanden werden, kann es zu einer im Westen unvorstellbaren Vermischung und Verschiebung kommen. Produktive Missverständnisse und keine Rede mehr von japanischem Imitieren, das die japanische Minderwertigkeit gegenüber dem Herkunftsland des »Originals« hervorstreichen würde!

Und dieser Verniedlichung und dem Zurückgehen in eine fiktive Vergangenheit entspricht anscheinend die wachsende Verunsicherung in der Realität des 21. Jahrhunderts. Seit dem Platzen der großen japanischen Wirtschaftsseifenblase gibt es tatsächlich weniger Jobchancen, weniger rosige Aussichten auf die Zukunft, weniger gut verdienende Ehemänner. Vielleicht ist das Sich-Verkleiden auch Phänomen einer zunehmend kinderlosen Gesellschaft: Erwachsene verkindlichen, Jugendliche wollen Kinder bleiben. Erwachsenwerden verliert seinen Sinn.

Meine Verwunderung über die schreckliche Niedlichkeit der Lolitas kontert Nachbarin Etsuko dann aber mit einem lautstarken Lachen, als ich ihr die verschiedenen Seidengürtel zeige, die ich für meine Freundinnen gekauft habe.

Etwas irritiert, erzähle ich, dass in Europa zurzeit die Mode von japanischen Formen beeinflusst ist: Die Taille wird mit breiten Obi-ähnlichen Gürteln betont. Etsuko winkt ab: »Don't try to wear a thing like that here!« Warnt sie mich. Ich solle mich nur ja nicht lächerlich machen mit falsch verwendeten Kimono-Teilen.

Und was ich in einer ersten Reaktion auf die Erscheinungen der Cosplayer noch als Reaktion auf die strengen Uniformpflichten von Schülern und Angestellten interpretierte, ich glaubte, es wäre ein Versuch der Konformität zu entkommen, um sich zumindest am Wochenende zu individualisieren, war ebenso falsch gedacht.

Die Verkleidung dient nicht dem Sich-Hervortun, sondern beweist die Zugehörigkeit zu den verschiedenen Gruppen und Untergruppen, wie Sweet Lolita, Gothic Lolita, Erotic Lolita, zu Gothic Punk, Occult Punk oder Öko-Hiphop, zum Pirate oder Aristocrat Look, zu Rock Gothic, Elegant Rock und so weiter und so fort. Man betreibt dieses Individualisieren nie einzeln, sondern in Gruppen, die sich sehr wohl nach Dresscodes unterscheiden, auch wenn die Verkleideten für Uneingeweihte im Vergleich zur japanischen Alltagskleidung recht abweichend aussehen.

Das Kostümieren und Sich-Inszenieren weist auf eine lange Tradition gerade im Osu-Kannon-Distrikt. In der Edo-Zeit befand sich hier, südlich vom Schloss, ein heiliger Bezirk, OIRANDOCHU genannt, der zugleich samt Teehäusern und leichten Mädchen dem Vergnügen gewidmet war.

Als ich vom jungen Historiker – auf gut katholisch – herausfinden will, ob Osu wegen dieser Vergangenheit heute einen guten oder schlechten Ruf habe, versteht er meine Frage lange gar nicht, weil Tempel und Prostitution sich gar nicht ausschlossen, wie ich dann erfahre, sondern im Gegenteil eine praktische Verbindung eingingen. Auf dem Weg zur Seelenreinigung wurde erst noch mal ausgiebig gesündigt, damit sich das Beten überhaupt auszahlte. Andererseits wurden die Freudenmädchen und Geishas durch die Nähe der Tempel und Schreine vom Anschein des Heiligen berührt. Das Verhältnis von Moralischem und Unmoralischem muss immer ausgewogen sein, erklärt mir der Historiker. Ein heiliger Bezirk, in dem nur Gutes stattfinde, sei durch das Übermaß an Moral schon unmoralisch.

Ein Familienvater konnte also sagen: Ich gehe in den Osu-Bezirk. Und ließ damit mehrere Deutungen zu: Entweder Theater oder Trinken oder Beten oder Vögeln.

Das Getriebe um Heiligkeit und Lust wurde schließlich um eine Schau exotischer Tiere erweitert, die, wie der Buddhismus und andere heute als genuin japanisch empfundene kulturelle Elemente, aus China und Korea eingeführt wurden. Schaulustige und Wissenschaftler kamen in den Osu-Distrikt, um die fremden Wunder zu studieren.

Auch die prunkvoll bemalten Schiebetüren des Schlosses Nagoya, die man vor dem Bombenhagel des Zweiten Weltkriegs gerettet hatte, tragen Motive von Leopard und Tiger, die die Maler aber nicht in natura studieren konnten. Allein Berichte von Reisenden, künstlerische Imagination und die Felle der wilden Tiere standen ihnen zur Verfügung.

Von den damaligen Anlagen des Osu-Bezirks sind heute noch der Straßenverlauf von Hommachi-dori und Banshoji-dori, sowie die Tempel und Schreine sichtbar. In Erinnerung an die früheren Ausschweifungen will man ab 2007 sogar Festzüge mit historischen Kostümen von Prostituierten veranstalten. Auch ein internationales Treffen der Cosplayer im Osu-Gebiet ist geplant. Aus den Gott gewidmeten Theatern wurden nach und nach Kinos, die später in Richtung der neueren Einkaufsviertel zogen.

Heute gibt es neben den Inszenierungen auf der Strasse nur mehr eine einzige kleine Bühne, immer am Rande des Ruins, die als letzte Spur der einstmaligen Bestimmung des Bezirks Stellung hält.

Dass es noch ganz andere Herangehensweisen im Umgang mit fremden Elementen in Japan gibt, wird mir klar, als ich das kürzlich im Hafenareal Nagoyas eröffnete italienische Dörfchen besuche, das Venedig und Florenz, die Essenz des Italienischen auf kleinstem Raum repräsentieren soll: Aufgeklebte venezianische Fassaden und Schilder in italienischer Sprache. Ein paar Brücken, ein paar Kanäle, die Statue des nackten David aus Florenz, daneben ein Orakel, der Campanile, zwei drei Steinlöwen und vier Gondeln. Das reicht für eine Erlebniswelt, an der sich nachmittags eine Gruppe älterer Damen erfreut. Sie fotografieren sich abwechselnd mit dem Orakelgesicht. Danach Shopping in Sachen Muranoglas und als Belohnung italienisches Eis. Die japanischen Gondoliere kühlen ihre Füße im Springbrunnen. Und man hat sich eine lange teure Reise erspart, denn mehr hätte man in Italien auch nicht gemacht. Und da die Verkäufer in den Shops Japaner sind, ist auch das Sprachproblem elegant umgondelt. Es ist eine gezähmte, sorgsam dosierte Fremde. Es ist überhaupt keine Fremde. Es ist ein Live-Schnappschuss für japanische Touristen im gefakten Ausland.

Die japanische Identität gerät durch das Hereinnehmen derartiger Fremdpartikel nicht ins Wanken. Vielmehr werden sie aufgesaugt und absorbiert, ohne die Integrität des japanischen Seins zu verunsichern.

Während das zaghafte Kratzen an der japanischen Homogenität, das im Osu-Distrikt seinen Ort findet, eigentlich nicht existiert, weil es nicht existieren soll. Brasilianische Japaner sind unsichtbar, weil man sie nicht wahrnehmen will. Sie fallen höchstens als Lärmquelle und undisziplinierte Müllerzeuger störend auf. Und wenn einer dieser traurigen Einwanderer es tatsächlich schafft, sich vollständig zu integrieren, muss er sogar seinen fremdländischen Namen aufgeben, um echter Japaner zu werden.

Viele aber scheitern, und erinnern sich trotzig an die Kultur, die sie verlassen haben. Während sie sich in Brasilien mit der Herkunft ihrer Familie aus Japan identifizierten, beginnen sie auf der Straße im Villagio Italia und am Osu Kannon Samba zu tanzen. Und die Einheimischen sehen fassungslos zu, wie sich die fremd gewordenen japanischen Körper bewegen, obszön, haltlos, degeneriert. Não é fácil. Das zum Abschluss stattfindende japanische Feuerwerk vereint aber dann für ein paar Momente des Staunens alle Zuschauer, japanische, halb-japanische und nicht-japanische zugleich.

Nachbeben

I.

Eisiger Wind. Frieren vor der antiken Bibliotheksruine in Ephesus. Wir fahren durch schneebedecktes türkisches Bergland. Werden abends in Hotels weit entfernt von Ortschaften abgeladen. Die versprochenen Dampfbäder sind geschlossen. Ich liege in Decken verpackt vor einem Bildschirm und betrachte schwarze Fluten, die Landschaften voll Häusern, Gärten, Masten, Fischkuttern überziehen. Fahrzeuge, Dächer, die auf und ab wogen im – wegen der Zeitlupe – ölig wirkenden Strom. Ich betrachte Aufnahmen von rauchenden Betonblöcken. Panorama, Zoom, unbegreifliche Vorgänge. Ich verstehe kein Türkisch.

Am nächsten Morgen im Bus rast das Wort Kernschmelze von Mund zu Mund. Die deutschen Reisenden versuchen zu rekonstruieren, was das Wort bedeutet. Alle denken Tschernobyl. Ist es schlimmer als damals? Schwimmt die japanische Gefahr im Meer bis zu uns? Werden wir überhaupt zurückreisen können? Ist der Luftraum verseucht, wenn die giftige Wolke über den Globus treibt?

Ich fliege problemlos zurück nach Berlin. Auch dort schwappt im Fernsehen die zähe schwarze Masse über japanisches Land, schluckt Boote und Busse, Telefon-und Strommasten knicken wie Mikado, Häuser, Futons, Schränke, Fotoalben verwandeln sich sekundenschnell in Haufen von Müll. Ich werde krank. Die Betongebäude rücken näher und näher und näher ins Bild. Ich habe Fieber. Kann nicht aufstehen.

Die tapferen Japaner. Die stoischen Japaner. Die kämpferischen Japaner. Die atomstromverrückten, energieverschwendenden Japaner. Die ihre Gefühle wie Angst oder Verzweiflung unterdrückenden Japaner. Die Naturkatastrophen gewohnten Japaner. Die todesverachtenden Japaner (Kamikaze). Japankenner aus Deutschland kommen zu Wort. Die panischen, Familie, Freunde, Bekannte in Japan habenden Deutschen berichten von Flucht. Fachleute, Zeugen, Ethnologen kommen zu Wort, weil in Deutschland kaum einer Bescheid weiß über Japan (außer: Geishas: schlafen die nun mit Männern oder nicht? Japaner sind durchgedrehte, »ganz andere« Menschen, Technikfreaks, oder: Ich liebe diese Ästhetik / diese Erotik / diese Durchgedrehtheit / diese Zen-Gelassenheit, und: Sushi Sushi Sushi Sushi Sushi Sushi, etc.). Die armen Japaner. Haben keine Ahnung. Was sie noch essen dürfen. Was sie noch glauben können.

Im Fernsehen wie gehabt. Jede Katastrophe wird übertrieben und zigfach wiederholt dargestellt: Wie die Flugzeuge immer und immer wieder in die Zwillingstürme flogen, immer und immer wieder Rauchwolken sie krönten, und immer wieder, oh my god oh my god. Dann stürzten sie ein. Und Manhattan war verwüstet. Wie die totale Zerstörung von Lissabon durch den Brand einiger Häuser berichtet wurde, schwarz gähnende Feuerruinen, das Ende. Und ich zwei Wochen später zitternd landete und zwei Straßenzüge gesperrt waren und die Hauptstadt sich immer noch an ihrem Ort befand. So ist nun Armageddon in Japan angelangt. Hauptsache wie im Film.

Dann sagt die Kanzlerin zur Atomkraft nein und alle sind beruhigt. Die rauchenden Betonblöcke verschwinden vom Bildschirm. Alles ist gut. Die in Turnhallen evakuierten Menschen werden vergessen, sobald die Kameras abgedreht werden und Reporter verschwinden. Nachdem die Atomkraft in Deutschland abgeschafft worden war, hatte man aus Japan kaum mehr was gehört. Die hin und wieder einsetzende Kernschmelze umfasste nun vier bis fünf Zeilen. Ich wurde gesund und spielte Fotos von der Kamera auf meinen Computer: Ich stehe, in dicke Schals gehüllt, frierend vor der Bibliothek in Ephesus.

II.

Zum Jahrestag der Katastrophe von Fukushima rücken die deutschen Detektive aus. Bewehrt mit dissidenten japanischen Forschern. Verkleidet in weißen Schutzanzügen und Masken, damit man ihr Deutschsein nicht erkennt, dringen sie in verseuchtes Gebiet. Verbotenerweise steigen sie aus dem Auto und schaufeln Erde in Plastikbecher, worauf eine bunte Grafik über dem Bild aufgeht. Soundsoundsoviel Cäsium, Plutonium, soundsoviel mehr Gefahr als sonst. Das Geräusch des Geigerzählers, digitale Ziffern, eine Skala mit Zeiger im roten Bereich.

Die deutschen Detektive stellen unangenehme Fragen. Knallorange Kreuze legen sich auf ratlose Gesichter, Fadenkreuze. Die japanischen Offiziellen verstummen. Sie sind gestellt. Sie haben alles falsch gemacht. Dissidente japanische Fachleute blättern in dicken Dossiers zu dramatischer Musik. Sie wussten Bescheid, wurden aber zum Schweigen gezwungen. Wurden bedroht, wenn sie sprachen. Wurden entlassen, wenn sie die verbotenen Papiere an die Presse schleusten. Die deutschen Detektive decken Lügen auf. Sie entlarven Widersprüche. Sie knacken die Oberflächen aus Vorsicht und Höflichkeit, so dass darunter das wahre Verbrechen erscheint: Stümperhaftigkeit, Desinformation, die Verfilzung der Atomstromindustrie mit Medien und Politik.

Die deutschen Detektive haben Mitleid mit Bauern und ihrem nun sinnlosen Tun. Ihre mit Plastik geschützten Hände reißen frische Pflänzchen aus, werfen sie auf einen Haufen, den man nicht entsorgen kann, weil keiner die verstrahlten Pflanzen auf der Müllhalde will. Die Dörfler regen sich auf, sie schimpfen. Sie verlangen nicht nur das Geld für die entgangene Erde, sie verlangen ihr Leben zurück. Aber das geht nicht. Die deutschen Detektive filmen Hühner, die vor Hunger sterben. Sie filmen verlassene Hunde, die hinter dem Detektivauto her rennen, das schnellstens heraus muss aus dem verseuchten Gebiet. Und die deutschen Zuseher wissen, dass auch der Hund verhungern wird. Dass er bereits verhungert ist, in dem Moment, in dem er ihnen am Bildschirm lebendig erscheint. Einzelne Tränen laufen über die alten faltigen fleckigen Gesichter der Bauern. Der Einsatz der deutschen Detektive hat sich gelohnt.

III.

Ich verfolge eine Karte voller roter Punkte. Ich betrachte die Balken der Auswertungen aus dem Labor. Ich versuche zu erkennen, ob das Japan aus dem Fernsehen dem Japan ähnelt, in dem ich war. Ich betrachte das Ritual des Verhüllens unter Plastik, ich entdecke einen mit Waffelmustern betonierten Berghang, ich betrachte die weißen Spitzenbezüge über den Kopfstützen des Detektivautos. Ich sehe einen buddhistischen Mönch in Parka mit Pelzbesatz heimlich das Sperrgebiet betreten. Ich lausche dem Geigerzähler. Die Menschen sollen selbst messen, was sie essen, sagt der Mönch. Aber manche wollen sich lieber täuschen, um den Halt nicht zu verlieren. Fischer glauben weiter an die Fische, die sie fischen. Der Koch glaubt an die Güte der Fische aus dem Norden. Seine Gäste schlucken die frischen Fische, um zu glauben. Einfach köstlich. Ich höre Menschen behaupten: Alles nicht wahr. Es stimmt nicht, dass die Kinder immer drinnen bleiben. Ich bewundere den buddhistischen Mönch mit wehendem Haar, der seine Atemschutzmaske nur abnimmt, um auf Fragen des deutschen Detektivs zu antworten. Ich will glauben, dass nicht wahr ist, dass die alte Frau weiterhin in ihrem Haus im Krisengebiet wohnt. Dass ihre Kühe verkauft sind. Der buddhistische Mönch zerstampft die Sardinen des Fischers zu blutigem Matsch, stopft sie in sein Messgerät. Ich betrachte besorgt sein sanftes, besorgtes Gesicht. Ich schlüpfe mit dem Detektiv, der mit versteckter Kamera filmt, ins Innere der Atomanlage. Die Aufnahmen von den geheimen Prozeduren im Kraftwerk, von den Schutzanzügen, Schutzmasken, Schutzhandschuhen und Schutzstiefeln und Schutzhelmen, von den Kontrollen und Sondergenehmigungen und von Wachpersonal und Verbotsschildern ähneln den Katastrophenfilmen, die ich bereits kannte, bevor alles geschah. Auch der buddhistische Mönch im schützenden Plastik ähnelt dem Samurai in historisch aufgemotztem Kostüm aus dem japanischen Fernsehen. Musashi, sein langes wehendes Haar.

IV.

Neben den japanischen Produkten im Berliner Bioladen hängt hinter Plastikfolie eine Beglaubigung, die Strahlenfreiheit garantiert. Der Bericht des in Deutschland lebenden Japaners über Japan wird vom deutschen in Japan lebenden Spezialisten korrigiert. Japan ist nicht so. Japan spricht inzwischen über Politik. Japan regt sich jetzt auf. Japan lernt die Demokratie. Der in Japan lebende aber deutsch sprechende japanische Philosoph schimpft über die Japaner für das deutsche Fernsehen. Aber gegen die Natur kann keiner was tun. Schon gar nicht Japan. Und ich frage mich, wollen die deutschen Detektive die Berichte über Japans Zustand nach dem Beben exotisieren, damit das Unglück die Deutschen (die Österreicher, die Franzosen etc.) weniger berührt? Wollen sie die Dummheit der anderen verantwortlich machen, damit ihre Klugheit außerhalb Japans triumphiert? Um den Glauben zu stützen, uns könnte hier nie so was Schlimmes passieren?

V.

Das Ladenschild von Nazuna ist abmontiert. Mein Zehnquadratmeter-Japan, Köstlichkeiten in Original-Plastik-Bentoboxen präsentiert, selbst gemachte Grüntee-Mochis, frisch gewickelte Reis-Sandwiches und die junge Frau, die den Tresen verlässt, nach vorne kommt, mir mit zwei Händen eine raschelnde Tüte überreicht, sich verbeugt: Alles fort.

Um die Ecke gibt's noch einen Asiaten, meint der am Gehsteig rauchende Mann. Der hat Sushis. Ich will erklären, dass es mir darum nicht geht. Aber er hört nicht zu. Japan ist hier nicht mehr. Aus den Zeitungen sind die Katastrophenfotos, die Vorher / Nachher-Montagen, sind die Anteil nehmenden und die Hilfe andeutenden Worte erneut verschwunden.

RUMÄNIEN

BLOG

21.12.2009 Absurdität

Temperaturwechsel um 30 Grad innerhalb von 12 Stunden. Abflug aus dem minuszwölfgradigen Berlin, Ankunft in einer Industrieanlage für Sonnensucher.

Absurdität: Ortswechsel. Oft wähle ich einen anderen Ort als die Homebase Berlin um über einen noch anderen Ort zu schreiben. Um alles hinter mir zu lassen. Mit meinen Schrift-, Wahrnehmungs-, Denkerzeugnissen allein.

Frühmorgens folge ich dem Toben des Meeres, trete auf den Balkon, – wegen dieser Bewegung war ich schließlich gekommen –, erkunde mein Blickfeld. Schräg über meinem Balkon die Ecke eines männlichen Brillengestells, dessen Träger ebenfalls mit Beschaulichkeit beschäftigt ist. Man ertappt sich gegenseitig beim Kontemplieren.

Beim Abendessen habe ich gelernt, dass man die Landessprache besser nicht spricht, dass man Alien bleiben soll. So funktioniert die Abfertigung reibungsloser. Und wie immer und anderswo, das Justieren des Einzelgefühls. Sogar wenn es sich um einen kurzen Aufenthalt handelt, entsteht mein Bild aus den Einschätzungen der anderen und ich versuche eine diesen Reaktionen entsprechende Rolle zu finden, mit der beide Seiten leben können. Bin noch nicht ganz fertig mit dem Einpassen, habe mich aber damit abgefunden, dass hier alles nur als ob geboten wird. Man tut so, also ob man in diesem Land wäre, obwohl es nur in der Erfindung der Ferienanlagenkonzepteure vorhanden ist. Die das Essen begleitenden Musiker sind instruiert, Gäste dazu aufzufordern, sich zwischen sie zu stellen und Fotos schießen zu lassen vom lustigen Zusammensein. Ich ziehe den Kopf ein, mache mich unsichtbar.

Das Traurige am Urlaubswünscheerfüllen ist, dass keiner offen bleibt und die Neugierde nicht befriedigt wird. Aber egal. Ich reise sowieso ins Innere, lasse mich als Vorbereitung des Schreibens in die Vergangenheit treiben, profitiere von Meeresluft und hoffe, dass mir beständiges Rauschen den Zweifel austreibt.

Zufälligerweise ist der Landstrich, den ich im März bereisen will, mit einem Mal ins Blickfeld Europas und fast der ganzen Welt geraten. Durch den Nobelpreis Herta Müllers wissen nun einige mehr vom Dasein und der Geschichte der Minderheiten Siebenbürgens. Und es ist Jubiläumsjahr. Am heutigen Tag sind es 20 Jahre, dass die Menschen gegen eine Rede Ceaușescus öffentlich protestierten, ihn ausbuhten. Daher finden sich vermehrt Artikel über das Ende der Diktatur in den Zeitungen. Und ehemalige Verwicklungen werden aufgedeckt. Hauptthema: Autoren, Dichter als Geheimdienstzuträger entlarvt.

Der erste Eindruck von Siebenbürgen war hochpersönlich, entstand in meiner Übergangsphase von Land zu Stadt. Als ob man die Sommerwiesen und Winterwälder, die mir in der Großstadt plötzlich abgingen, einfach so wiederholen könnte, ohne die in ihnen aufgehobenen Eltern und Familienmitglieder. Ich vermeinte, den Ruf der Natur zu spüren und zwar wortwörtlich. Es ist peinlich, aber ich habe mit den Bäumen geredet, Unterhaltungen mit dem Gebüsch geführt, konnte Hunderte von Grünschattierungen mit freiem Auge unterscheiden, die Pflanzen hatten Pflanzengesichter und ich erkannte ihren Ausdruck. Sie strahlten mich an.

22. 12. 2009 Erinnerungen auf Fotografien

Ich schaue mir nicht gerne zu beim Nachdenken und Schreiben. Ich will das Ergebnis: Bedrucktes Papier in großer Anzahl, das mir – im günstigsten Fall – aus der Hand gerissen wird. Eigene kreative Vorgänge verfolge ich nur, wenn ausdrücklich verlangt. Wogegen mich die Prozesse anderer Autoren interessieren.

Heute Morgen wird mein Blick geteilt zwischen Felsengischtabgrund und Weihnachtsstern aus Draht, durch den ich auf touristische Hügelbauten blicke. Der Stern durchleuchtet nichts.

Ich umfasse eine ungeöffnete ovale Blüte, sie passt in die Wölbung meiner Hand. Ansonsten Entsetzen über touristische Kolonisierung. Sie sind wegen der Sonne hier. Gibt es keine, stehen sie ratlos, laufen aufgescheucht suchend herum. Die männlichen Tattoos matt und verwischt, die weiblichen nackten Knie schlaff und blässlich. Sie warten und hoffen, dass sich ein Versprechen erfüllt, das sie für Pfund und Euros teuer erkauft haben.

Die Drogentouristen des Jahres 1979 verfolgten bestimmte Routen: Haschisch in Marokko, Indien, Opium in Afghanistan, Peyote in Mexiko, Fliegenpilz und Psilocybin in den Alpen. Je abgelegener, desto üppiger.

In der Fototasche, die ich zur Erinnerung an die frühere Reise nach Siebenbürgen mitgenommen habe, stecken neben den Aufnahmen aus Rumänien folgende Bilder:

Postkarte von Lucas Cejpek, mit der er von den Tonaufnahmen für mein Hörspiel: Alles, was bisher gut war, ist nun schlecht und umgekehrt, berichtet. Vera Borek spricht den Part der Trina, Hüterin der Tradition, die ich 1989 in einem sächsischen Dorf kennen gelernt hatte.

Eine rätselhafte Aufnahme vom 8. Februar 1931, die ich zuerst den Fotos zuordne, die mir Trina damals geschenkt hatte: In holländische Tracht gekleidete Kinder stehen auf einer Bühne vor einem schwarzen Tuch, auf das drei Begriffe gestickt sind: Volkesfreiheit!, Rasseeinheit!, Geistesfreiheit!.

Wahrscheinlicher aber ist, dass dieses Bild zu den kleinen Fotos gehört, die die soldatische Ausbildung meines Ex-Schwiegervaters in Brünn und Olmütz dokumentieren und die auch in der Fototasche stecken.

Nur zwei Fotos aus dem Bestand Trinas finde ich wieder. Ein Gruppenbild des Familienverbandes, die Frauen alle mit Kopftuch, entweder im Nacken oder unterm Kinn gebunden. Die Männer entweder mit Glatze oder Hut.

Schließlich eine Aufnahme der Dorfstraße. Die Kirche haben die nach dem Zusammenbruch der Diktatur ausgewanderten Sachsen restaurieren lassen. Die Kirche scheint das wichtigste zu sein, Ort der Zusammenkunft der Gemeinde. Seltsam aber, dass die Exil-Sachsen, die sich im Raum meines Herkunftsortes in Oberösterreich (Vöcklabruck, Traun) niedergelassen haben, nicht auf meine Anfrage antworten. Bin ich eine Gefahr? Soll ich nicht nach Siebenbürgen? Gibt es etwas zu verbergen?

Hier setzt der erprobte Paranoia-Mechanismus ein, der immer gut zum Klischee Rumäniens passt. Ist das, was wir sehen auch wirklich das, was es ist? Oder werden wir gerade hereingelegt oder legen wir uns selber rein, weil wir erwarten hereingelegt zu werden?

Einige der Aufnahmen der zweiten Reise sind auf der Rückseite beschriftet. Der Ort, an dem Trina wohnte, hieß Kaisd.

Der Riss der sich senkrecht durch den Turm der Kirchenburg zieht, ist schon von weitem sichtbar. Hier wird der Speck gelagert. Und Speck meint Speck, meint pure Schwarte, geräuchert, haltbar gemacht, als Vorrat zum Durchhalten bis zu den Tagen, an denen man erlöst, befreit, rausgekauft wird von den Deutschen. Die zweite Reise findet noch vor dem Sturz des Diktators statt. Ich wollte zur geplanten Zerstörung der Minderheitendörfer in Siebenbürgen recherchieren und in Österreich davon berichten.

Die meisten Fotos schießen wir aus dem Auto heraus, aus Angst, zu viel Aufmerksamkeit zu erregen. Wir wollen nicht bemerkt werden, wir sind Undercover, wir sind als Touristen verkleidete Journalisten, ein Liebespaar, das es so nicht gibt. Wir sind Fotofreaks und Musikliebhaber, das erklärt den Koffer voller Kamerautensilien, sowie eine Unmenge von bespielten Kassetten, die alle Popstückln enthalten, angeblich. Unsere Mission ist geheim. Wir wollen etwas wissen, was niemand wissen soll.

Das Kapital unserer zweiten Reise nach Siebenbürgen sind das tragbare, von Sony auf Taschenbuchformat verkleinerte Aufnahmegerät und das fast unsichtbare Mikrofon. Einen Teil der Gespräche, immer wenn es ums Volkskundliche, die Bräuche geht, zeichnen wir offiziell auf. Mit der Zeit wird das Gerät dann als Körperteil akzeptiert, keiner stößt sich daran und wir lassen es laufen, wo es nur geht. Verbotene Aufnahmen, verbotene Gespräche. Obwohl ich heute glaube, dass Trina, unsere Hauptinformantin, auch der Gegenseite berichtete, oder dass wir deshalb halbwegs sicher in ihrer Nähe waren, weil sie geschützt war. Eine Respektsperson, eine, zu der alle aufschauten. Sie hatte die Gemeinde im Griff. Der Geheimdienst wäre echt blöd gewesen, hätte er sie nicht angeheuert. (siehe oben: Paranoia-Mechanismus)

Zu den Zusammenhängen von Nerven und Erinnerung gibt es neue Erkenntnisse: Neuronale Reaktionen auf optische Sinneseindrücke sind komplexer als bisher angenommen. Nervenimpulse, die in Reaktion auf einen optischen Reiz entstehen, bilden raum-zeitliche Muster, die auch Informationen über einen unmittelbar vorangegangenen Sinneseindruck beinhalten. Diese sehr frühzeitige Entstehung von »Erinnerung« überrascht die Fachwelt, da Dogmen über die Verarbeitung von Sinnesreizen nun modifiziert werden müssen. Die jetzt in *PLoS Biology* publizierte Arbeit stellt einen ersten experimentellen Nachweis für die Fähigkeit unseres Gehirns dar, zeitlich aufeinanderfolgende Sinneseindrücke gemeinsam in raum-zeitlichen Mustern von Nervenreizen zu »verpacken«. (Quelle: Max_Planck-Institut)

Das Bild mit dem Milchwagen illustrierte meinen ersten journalistischen Artikel über die Dörferzerstörung. Kinder, denen die Milch vorenthalten wird, beobachten nicht den täglichen Vorgang des Abfüllens in den kollektiven Container, sondern das fremde Auto, das dieses Ereignis auf einem heimlichen Foto festzuhalten versucht. Vor allem die Kombination von gesunder Milch und stinkender Abgasrauchwolke ist, was mich heute noch daran fasziniert. Und die Ähnlichkeit der Hausecke zum Ghettobauernhaus meiner Herkunft. Als wäre ich auch einmal hier gestanden und hätte fassungslos einem Fremden zugesehen, der mich als Sehenswürdigkeit und pittoreskes Abbild der Verkommenheit fotografierte.

R. glaubt mir das nicht. Ich sage ihm, er könne sich das Haus jederzeit ansehen fahren. Es wirkt heute noch um einiges verkommener und fehl am Platze als jemals. Von weitem, vom Standpunkt der großen Eiche betrachtet, hatte der Kameramann es damals mit dem Objektiv näher geholt, als sie ein Porträt fürs Fernsehen drehten.

Ich war erschrocken, als ich es in seinem Blick später sah, weil das Gebäude so offensichtlich halbkaputt dastand, mit einer riesigen im Wind flatternden blauen Plane davor, und muss erneut daran denken, als in allen Medien plötzlich das elende Geburtshaus von Herta Müller ins Bild gerückt wird.

Anscheinend ist meine Faszination für kaputte Umgebungen tatsächlich von dieser ersten kindlichen Raumerfahrung geprägt. Immer wieder kehre ich dorthin zurück. Ob es nun mein tatsächliches Kindheitshaus ist oder das von anderen.

Wir haben das billigste Mietauto genommen und nicht geahnt, was uns erwartet. Auf löchrigen kaputten Straßen kommen wir langsam vorwärts. Wir schaukeln. Kein Wunder, dass der Wagen mit einem gewaltigen Knall den Geist aufgibt, als wir uns wieder Richtung Wien bewegen wollen. Und wie immer und überall rettet uns die in Siebenbürgen gesprochene deutsche Sprache. Ein sächsischer Automechaniker bastelt das Auto wieder zusammen, ein deutschsprachiger Grenzbeamter stuft bei der Generaldurchsuchung spätnachts vor der Ausreise meine Notizbücher als harmlos ein. Ich habe Scheißangst. Die Filme waren zwar im Auto versteckt und die vielen mit dem Sony aufgenommenen Kassetten mit verfänglichen Gesprächen in einem großen Plastiksack zusammen mit den Popkassetten verstaut. Doch waren wir zu blöd, neugierig und triumphierend und hörten eine Kassette auf der Fahrt, froh über die gute Aufnahmequalität. Und vergessen sie schließlich im Rekorder. Als der Grenzbeamte fragt, was wir denn so hören würden, antworten wir frech, Musik, aber er lässt es sich beweisen, befiehlt, die Play-Taste zu drücken. Die Stimme des Priesters der Dorfgemeinde ertönt und der Kontrolleur freut sich, uns beim Lügen ertappt zu haben. Ich verfluche mich für meine Dummheit, mein Gehirn setzt aus, dann beginnen glücklicherweise die alten Frauen des Gottesdienstes ein Kirchenlied anzustimmen und mein Begleiter antwortet geistesgegenwärtig:

Ich mag Kirchengesänge. Ich fahre überall herum und höre den alten Frauen beim Singen zu. Lieder sammeln ist mein Hobby.

Der Grenzer nickt und verschwindet. In Panik steigen wir aus dem Auto, versuchen ein Szenario zu entwerfen, koordinierte Aussagen. Welche Geschichte sollen wir vorgeben erlebt zu haben, wenn wir getrennt verhört werden?

Wir einigen uns auf die Version der alten Tanten, die wir als Familienmenschen gerne besuchen. Dann kommen meine Notizbücher zurück, in die ich verschlüsselt die Namen und Adressen unserer Gesprächspartner eingetragen hatte. Der deutsche Grenzbeamte verrät nichts. Wir sind durch.

Wo diese Notizbücher sich heute befinden, weiß ich jedoch nicht.

23.12.2009 Plan

Ohnehin lässt sich die Reiseschreiberei Joseph Roths mit der heutiger Autoren nicht vergleichen. Die äußeren Bedingungen haben sich maßgeblich geändert: Verkehrsmittel, Geschwindigkeit, Präsenz, die alle Wahrnehmungsmöglichkeiten mitverwandeln. Seine Eisenbahnfahrten ermöglichten einen – im Vergleich zu heute – ruhigeren Blick. In diesem Sinne bedeuteten meine ersten beiden Reisen nach RO eine totale Entschleunigung: löchrige Straßen, unbefestigte Straßen, Feld-, Waldwege, Schlamm, Erde und die allgegenwärtigen Tiergespanne.

Die vielen unerzählten Geschichten, Geschichten, die ich auslassen muss, nicht berücksichtigen kann, sie tun mir leid. Die ganze rumänische Diaspora, die mir im Laufe meines Lebens begegnete: Maria C., Ildiko R., Radu M., Anna F., Robert P.

Die Geschichte, die ich schreiben werde, hat drei Ebenen:

1. Projektion: mithilfe von Drogen wird das Eigene in die Landschaft Siebenbürgens projiziert = Romantik, Unbefangenheit, Abenteuerlust.
2. Double Check: erneute Reise, Realisierung dessen, was verschwinden wird = Sorge, Worte stehlen.
3. Truth is impossible. Is truth impossible?

24.12.2009 Tourismus (Teneriffa)

Die Teilnahme, die Selbstverwandlung ist, was mich am Reisen interessiert.

In der künstlichen Ferienwelt ist man jedoch total zurückgeworfen auf sich selbst. Deshalb sind die Touristen so desorientiert. Sie erwarteten Andersheit und erhalten gnadenlos das, von dem man glaubt, dass es ihnen gefällt.

Erleichterung beim Ausflug, als wir in eine »normale« Stadt fahren. Die Touris verlassen die Ausgeburten geldgieriger Bauherren und Pseudofantasienerfüller, entfernen sich aus dem mit Tageszeitungen und Biersorten in jeder Sprache gefüllten Inferno, das Paradies genannt wird.

In der Außenwelt sind Häuser Häuser, Läden Läden, Cafes sind Cafes nicht für uns Fremde, sondern für Leute, die hier wohnen. Beim Essen in der Fischerkneipe greift die flotte Berliner Rentnerin mutig zum sauren Bergwein, der dicke Ehemann beginnt Fischköpfe auszusaugen, die Zungen der Tiere auszulösen und mit Genuss zu verspeisen. Sogar die etepetete Belgierin, die vor den anderen französischen Lifestyle hervorkehren möchte, den sie selbst gar nicht erfüllt, muss zugeben, dass die Knoblauchsauce schmeckt. Auch ihr Atem wird im Bus stinken.

Das erste Mal das Gefühl anzukommen, als mir der witzige Smalltalk mit dem Chauffeur auf Spanisch gelingt. Im Laufe des Tages wird es gleichgültig, ob er sein Reiseführerfranzösisch auspackt oder sein rapides Kanarisch. Die Kommunikation funktioniert, für ihn genauso wie für mich. Für mich ist er die einheimische Quelle, ich bin für ihn die eigenartige Zuhörerin und Bejaherin. Auch meine Rolle im Hotel ist längst definiert und ergab sich ohne mein Zutun. Eine Dame aus Hannover machte meine Bekanntschaft. Weihnachtskram einmal hinter sich lassen, ohne Kinder, erzählt sie. Ich stimme zu, der Einfachheit halber und bin nun genau das: eine Urlaubsbekanntschaft, mit der man sich zum Plauderstündchen abends trifft. Damit bin ich auch fürs Personal eingereiht und akzeptiert: Hauptsache, ich besetze nicht mehr allein einen Tisch.

26.12.2009 Wie man ein Land zugrunde richtet

Kapitel 1: Brandhof, Kröpflmühle. Das Haus am Schnittpunkt der Verkehrs-möglichkeiten. Umzingelt von Autostraßen, gestreift von Geleisen der Eisen-bahn. Ein Haus, das einmal Bauernhof war, mit Land rundherum, wird durch den Fortschritt eingeschränkt, verliert seine Bestimmung, wird Behälter für die übrig Gebliebenen, schwer Zuordbaren. Das Haus als Behälter für das, was nicht zum Fortschritt passt, die Müllmenschen.

Kapitel 2: Rumänien, überzogen mit rücksichtsloser Industrie. Keine Be-schränkung von Abgasen, Nebenwirkungen schädlicher Substanzen, Haupt-sache Produktion. Die Menschen blass, ohne Zucker und Milch.

Kapitel 3: Kanaren: zugedonnert mit Fantasiebauten, die an Gefängnisse mit Marmorboden erinnern.

17.1.2010 Grässliche Erkenntnis grässlicher Unkenntnis

Wie konnte ich Müller und Wagner in eine Linie mit Schlattner stellen?

In einem Artikel der NZZ vom 15.1.2010 entdecke ich Details zu einem Vor-gang während der stalinistischen Ära Rumäniens, der am Buchumschlag zu Schlattners *Rote Handschuhe* verschämt als »Weg eines Menschen (...), der sich auf der falschen Seite wiederfindet« beschrieben ist. Faktisch handelte es sich um einen Prozess, der fünf Autoren der Siebenbürger Sachsen gemacht wor-den war und die infolgedessen zu 95 Jahren Zwangsarbeit verurteilt wurden. Informationen zu deren angeblichen landesverräterischen Absichten gab als Hauptbelastungszeuge der junge Eginald Schlattner. Daher also der sympo-sienhafte Ton des Romans, die Darstellung eines in zahllosen Diskussionen herbeigezwungenen Verrats. Sicher ist der Motor des Romans das Schuld-bekenntnis des Autors, andererseits aber genauso das Rechtfertigungsverfah-ren eines Menschen, der im Diskurs den Vertretern der Herrschaftssprache un-terliegt. Mit dem Erfolg des Romans jedoch siegt der Autor sowohl über die, die ihn zum Verrat gezwungen haben als auch über die von ihm Verratenen.

»Eine wirkliche Versöhnung hat zwischen den beiden Seiten nie stattgefun-den, auch weil für die Verurteilten es wie ein Hohn erscheinen musste, dass ein grosses Publikum im Westen, aber auch in Rumänien gerade denjenigen als Chronisten der Sachsen unter der Diktatur feierte, der entscheidend zu ih-rer Verurteilung beigetragen hatte«, endet der Artikel.

28.1.2010 Die fliessende Welt (Venedig)

Hierher gefahren, um Metropolis zu lesen, mich mit Stadt-Utopien und auf argentinischen Filmrollen vergessenen Gärten zu beschäftigen.

In den Kirchen Kunst voll überbordender Körperbilder gefunden. Die besten Maler waren gefordert, die besten Materialien und der besten Marmor, um eine Marmorreligion zu begründen, zu festigen, die Marmorrechte der Reichen, alle Sorten, Farben, Zeichnungen von Marmor auf Wänden, Böden, Decken, Tischen, Treppen, Wannen aus Marmor und den Juden blieb das Wertvollste verboten, sie zeichneten den Reichtum des Steines nach.

Money talks.

In den Geschäften für Ledertaschen, den traditionell italienischen Waren, sitzen Chinesen und verfolgen heimische Soap-Operas via Internet auf dem Computerbildschirm, bis sie Touristen bedienen, die hierher kamen, um italiensche Markenprodukte zu Schnäppchenpreisen zu erwerben.

Der Wutausbruch des Italieners, als wir mit von Chinesen erworbenen Taschen vor seinem Geschäft stehen, das Echtes verkauft, wie er uns versichert. Wirklich seit Generationen und was wir uns denn denken, wenn wir bei Chinesen kaufen?

Wir dachten uns einiges dazu, vor allem, woher wir Informationen über diese Invasion bekommen könnten, um sie richtig zu verstehen.

Der italienische Kürschner aber duldet das nicht, wir sollten ganz einfach von einem auf das andere schließen, mahnt er. Wo ein Chinese drin sitzt, sind auch die Taschen chinesisch.

Und der Prägestempel auf dem Leder, Made in Italy?

Alles gefälscht, meint er.

Wie es aber zuging, dass 98 Prozent der unzähligen Lederwarenläden nun in chinesischen Händen sind, erfahren wir nicht.

Um ihn zu beruhigen, kaufe ich eine Tasche aus grauem marmoriertem Kalb.

Auf den Brücken wiederum warten Afrikaner mit Fendi- und Gucci-Taschen und natürlich nehmen wir deren Logos nicht ernst. Keiner rechnet mit echtem Material hier.

Auch in der Wohnung sind Küche und Bad aus Marmor und am harten weißen Tisch, auf dem die dünnwandigen Weingläser zerscheppern, schreiben wir ein Stück Western. Der zum Ostern wird, zum Schluss. In Vampirszähnen endet. Und auf diese Weise kommen wieder die Rumänen ins Spiel. Unsere balkanisierten Ängste. Während draußen die gelbe Gefahr dem heimischen Leder droht.

Next: Über Vampire und Vambery.

4. 3. 2010 Irr denken, quer verbinden.

Bei der Suche nach Filmen des in Arad geborenen Regisseurs Robert P. finde ich Youtube-Ausschnitte von *Dallas Pashamede*. Auf seine Spur war ich geraten, als ich eine Leipziger Studentin zu Vampirsfilmen prüfen sollte, die sie sich als Diplomthema gewählt hatte. Im Gespräch mit Zweitprüfer Moritz Rinke, erwähnte der, dass er über Transsylvanien nur Bescheid wisse, weil seine Freundin in einem Gipsyfilm die weibliche Hauptrolle gespielt hatte, den ein gewisser Robert P., etc. etc., den ich wiederum vor langer Zeit in Wien über eine serbische Freundin kennenlernte. So weit, so Vampir.

Der Filmausschnitt war beeindruckend, Roma, die auf einer Müllhalde in der Nähe von Cluj / Klausenburg leben, die sie ironisch Dallas nennen. Dazu Musik und im darauf folgenden Youtube-Ausschnitt des Films, *Gadjo Dilo*, die Reise eines Musikwissenschaftlers tief hinein ins Herz des Romatums.

Im Nachklang führten mich diese Rhythmen aber zurück nach Chicago, wo ich heftig auf der Suche nach Roma-Bands gewesen war. Natürlich gab es in der Stadt neben anderen auch eine rumänische Community samt alljährlichem Fest, Markt, Folklore inklusive: The Taste of Romania. Ich erinnerte mich an den rumänischen Fernsehsender in Chicago, der von diesen Feiern berichtete.

Und dass ich mit meiner ungebärdigen Tochter abends oft zu den Roma-Klängen tanzte, immer um den Tisch herum, immer herum, bis wir schwindelig auf den Teppich sanken. Mit der Zeit konnte sie die Lieder auswendig. So viel zum Thema Authentizität und Reisen.

P.S.: 4. 3. 1922: Uraufführung *Nosferatu – Eine Symphonie des Grauens*

15. 3. 2010 Siebenbürgen is a Swedish Dark Metal Band (Wikipedia)

Als ich A. vor 5 Jahren das erste Mal auf dem Kindergeburtstag, veranstaltet von meiner New Yorker Freundin S., treffe, sprechen wir vor allem über die schwierige Situation, Mutter in einer von Machogedanken verseuchten spanischen Gesellschaft zu sein. A. ist gerade mit ihrem Kind von Madrid nach Berlin gezogen, der kubanische Vater des Sohnes blieb dort. Die weiterhin andauernde Trennung von Männer- und Frauengesellschaften, die – sobald eine Frau Kinder hat – in ihr althergebrachtes Recht tritt. Ich kannte das Problem von meinem spanisch sozialisierten Ex-Mann, der, sobald er sich in der Umgebung seiner spanischen Freunde befand, zum Macho mutierte und mich mit dem Rhythmus und Bedürfnissen der Kinder allein ließ, welche mit Party- und Ausgehgewohnheiten der Männer nicht korrespondierten.

A.s Herkunft aus Siebenbürgen widmeten wir nur einen Bruchteil des Gesprächs. Sie betonte dabei vor allem die Schwierigkeit, diese Herkunft und damit ihre kulturelle Identität in Deutschland zu erklären, wo kaum jemand die

Geschichte der Region kennt. Ihr Partner aus Havanna hatte damit nie ein Problem. Jeder meinte zu wissen, was das bedeutete. Bei A. stiftete die Kombination von deutscher Sprache und Rumänien sofort Verwirrung.

Du kommst aus Rumänien? Sprichst aber gut Deutsch.

Hieß es, ignorierend, dass Siebenbürgen über Jahrhunderte immer deutschsprachig gewesen war.

Jetzt, wo wir uns getroffen haben, um ausführlich über »ihr« Siebenbürgen zu sprechen, kein Mutter- und Beziehungstalk mehr, beklagt A. die Konzentration der Berichterstattung westlicher Medien auf das Sensationelle, Aufsehen Erregende: Geheimdienst, Armut, Korruption, Nazi-Überläufertum.

Auch die andauernde Aufmerksamkeit auf das agrikulturelle und volkskundliche Element ist ihr suspekt. Die Darstellung der Region als vor allem bäuerlich-religiöse Gemeinschaft verursacht ihr Stirnrunzeln. Als ich ihr von den Speckseiten in den Kirchenburgen erzählte, die mir bei der zweiten Reise stolz vorgeführt wurden und von den Stickmustern auf Bauernblusen, schaut sie mich fassungslos an.

A. ist in Schäßburg aufgewachsen, entstammt einer gut ausgebildeten, emanzipierten Bürgersfamilie. Schon ihre Großmütter studierten, waren Lehrerinnen. Und dann gäbe es noch den Unterschied zwischen Siebenbürger Sachsen und Banater Schwaben, der zirka fünf Jahrhunderte beträgt, meint sie, der kaum je bedacht wird. Die Sachsen waren immerhin ein halbes Jahrtausend vorher da. As. Familie definierte sich kaum über Rumänien, das war bloß die letzte Phase ihrer Geschichte, eine harte und eingeschränkte. Ansonsten stand die siebenbürgische Gemeinschaft in dauerndem Austausch mit »Europa«, d. h. mit anderen deutschsprachigen Gemeinschaften. Die gebildete Schicht erneuerte sich dadurch, kulturell, wie sprachlich, nur die Dorfsprache konservierte altertümliche Ausdrücke, die Stadtsprache entwickelte sich über die Zeiten. Die berühmten Kirchenburgen lernte A. aus der Perspektive ihres Architektenonkels kennen, der in jahrelanger Arbeit einen Atlas sämtlicher solcher Verteidigungsbauten erstellte. Ihre Funktion als Bollwerke gegen Eroberungsgelüste der Türken ist in den Texten der Kinderlieder, die A. sang, festgelegt.

Die Dorfsprache, und da unterscheidet ja auch die im schwäbischen Banat aufgewachsene Herta Müller, bildet ein Reservoir von eigenen Ausdrücken und Formulierungen, in denen die jahrhundertelange Geschichte enthalten ist.

A. stellen sich andere Fragen und stellt sie damit mir und meiner Reportage:

Wo ist in den Berichten über Siebenbürgen die Bildungsschicht, das Bürgertum?

Wo sind die Geschichten über Herta Müllers Zeit in Bukarest? Als sich die jungen Schriftsteller trafen, austauschten und herausbildeten?

Warum stellt Müller sich als Einzelkämpferin dar, so als hätte sie alleine gegen die Diktatur aufbegehrt und warum wird sie von den Medien bis zum

Nobelpreiskomitee so dargestellt, obwohl sie doch aus einer Gruppe kam, von deren gemeinsamer emanzipatorischer Kraft sie profitierte?

A. erinnert sich an die Stapel von Ausgaben der Literaturzeitschrift NEUE LITERATUR, die der Vater, ein Lehrer, abonniert hatte und durch die A. sich las. Auch Müllers Gedichte. Dennoch ist A. über *Die Atemschaukel* froh, weil in ihr der Generationenbruch zur Sprache kommt. Die Grosseltern, die alle in russischen Lagern waren und auf diese Weise sippenhaftmässig für die Kollaboration mit den Nazis bestraft wurden.

Euphorie und Schässburg-Gefühl

I.

Balkan, vom Balkon Europas aus betrachtet, liegt immer unten, unterliegt also dessen Urteil. Der Betrachter entscheidet, was er wert ist, dieser wilde Haufen. Balkanisiert ist unorganisiert, ist vorzivilisiert, ist schwer rückständig, und von »da unten« kam nie Gutes zu »uns«.

Die imaginäre Geografie verortet den Balkan außerhalb europäischer Zugehörigkeit gelegen, ein blinder Fleck, der seit Ewigkeiten aus dem Sichtfeld geraten war. Ob Rumänien nun zum Balkan zählt oder nicht, hängt davon ab, wer den Balkan definiert.

Die Rumänen selbst wollten nie in diesem Schlagschatten leben, wollten mit römischen Vorfahren zur romanischen Sprachfamilie gehören, eine lateinische Insel im slawischen Ozean, gut französisch sprechend, das Belgien des Orients, die Hauptstadt Bukarest das Paris des Ostens, sie fühlten und fühlen sich als Europäer, bloß am falschen Ort.

Meine erste Reise nach Siebenbürgen, ein Jahr nach meinem Umzug aus bäuerlicher Umgebung nach Wien, führte mich durch eindrucksvolle Landschaften. Das war 1979, als ich recht unvorbereitet auf der Suche nach halluzinogenen Pilzen dorthin aufgebrochen war. Die Fahrt mit Zelt, Auto und Liebhaber ging durch wilde Wälder, über hügelige Weiden und in die Dörfer der ungarischen und sächsischen Minderheiten. Ich vermeinte, den Ruf der Natur zu spüren und zwar wortwörtlich. Als ob man die Sommerwiesen und Winterwälder, die ich in der Großstadt vermisste, einfach so wiederholen könnte, ohne die in ihnen aufgehobene Familie. Ich habe mit den Bäumen geredet, Unterhaltungen mit dem Gebüsch geführt, konnte zahllose Grünschattierungen mit freiem Auge unterscheiden, die Pflanzen hatten Gesichter, deren Ausdruck ich erkannte. Sie strahlten mich an.

Joseph Roths habsburgische Provinzen, der Süden von Albert Camus sind Sehnsuchtsorte, erträumte Gebiete. Siebenbürgen wurde meine Wunschvorstellung einer schönen, ungeschiedenen Landschaft, in der es kaum Straßen gab, Bauern und Hirten nicht durch Verstädterungsprozesse bedroht waren, die mein Kindheitsgebiet und dessen Bewohner schmerzhaft störten.

Dann erfuhr ich 1988 von der geplanten Zerstörung jener Dörfer und der Umsiedlung ihrer Bevölkerung in städtische Plattenbauten durch das Regime.

Dieser Versuch, die Macht der seit Jahrhunderten dort ansässigen Minderheiten zu brechen, regte mich auf. Ich wollte darüber berichten. Diesmal fuhr ich mit Auto, Tontechniker und einem vorgefassten Plan los. Die Begegnungen in den Dörfern, die Gespräche mit Bewohnern mussten heimlich stattfinden, weil es ihnen verboten war, mit nicht-verwandten Ausländern zu reden.

Seitdem die Diktatur Ceaușescus Weihnachten 1989 zu Fall gekommen war, wollte ich erneut nach Siebenbürgen, um die Veränderungen dort mit eigenen Augen zu sehen. Weil ich jedoch nach dem Ende meines Studiums Wien verlassen hatte, um in Portugal, in Berlin, in Chicago, New York, Japan und erneut Berlin zu leben und zu arbeiten, fehlte dazu die Gelegenheit. Erst im Nachhinein wurde mir klar, wie entscheidend die geopolitischen Veränderungen Osteuropas von 1989, die ich, am westlichen Ende Europas lebend, nicht sofort miterleben konnte, meine literarische Arbeit geprägt haben.

Für neuerliche Erkundungen während meiner Reise im März 2010 schien mir Hermannstadt, das frühere Zentrum der Siebenbürger Sachsen und Kulturhauptstadt 2007, ein guter Ausgangspunkt zu sein. Aus Zeitungsberichten und Gesprächen über Rumänien hatte ich erfahren, dass die sächsischen Bewohner ihre Dörfer fast völlig verlassen hatten und dass sich die Strukturen größerer Städte seit Rumäniens Eintritt in die Europäische Union erneuerten, da sich ausländische Investoren dort niederließen und die Förderungsgelder der EU einen massiven Umbau ermöglichten.

II.

Hier ist die rumänische Grenze, bedeutet mir der Beamte am Flughafen, zeigt auf den Kontrollstreifen mit Durchleuchtungsgerät und Passkontrollhäuschen.

Sie dürfen jetzt nicht mehr hinein. Was kann man tun?

Bedauerndes Achselzucken, den Kopf schief zu Seite, die Lippen vorgeschoben. Eine Geste, die noch aus früheren Zeiten stammt, aus der Diktatur.

Hier wird nicht diskutiert und überredet, das kenne ich aus Portugal, wo viele Beamte in Verhalten und Redensweisen von jahrzehntelangem Ducken oder Willkür verseucht gewesen waren.

Im Transitraum des Hermannstädter Flughafens, alle Passagiere sind zwar ausgereist, aber noch nicht abgeflogen, beginnt das Witzeln, sobald sich herausstellt, dass unser Flug verspätet ist. Nur anhand der längst vergangenen Abflugzeit können wir feststellen, dass irgendwas nicht stimmt. Weder Durchsage noch Flughafenpersonal informieren.

Rein kommt man leicht in dieses Land. Aber raus nicht. Da hat sich zu früher nichts geändert.

Scherzt Syd, meine New Yorker Begleiterin.

Ich hatte zurück in die Flughalle gewollt, um Zeitschriften zu besorgen, nun, da das Warten begann. Die Aussicht auf stundenlanges Sitzen ohne Lektüre machte mich halb wahnsinnig. Da reichte mir eine junge Frau ein Buch: Herta Müllers »Atemschaukel«. Ich hatte vermieden, es zu lesen, bevor ich nach Siebenbürgen aufgebrochen war, um meine Wahrnehmung nicht zu beeinflussen. Nun aber darf ich, muss ich sogar und schlage es auf.

Bereits in der ersten Nacht nach unserer Ankunft in Hermannstadt erblicke ich im Fernsehen das aufgequollene Gesicht einer Frauenleiche, kein Krimi, kein aufgeschminkter Horror, sondern Filmmaterial, das nach der Erschießung des Diktatorenehepaars entstand. Damals, in dieser TV-gestützten rumänischen Revolution war es nötig, den Umsturz filmisch zu begleiten, damit die Exekutoren im Nachhinein nicht der Fälschung bezichtigt würden, damit der Tod der beiden Ceaușescus als authentisch bestätigt und Mythisierung vermieden werden konnte.

Vergeblich, wie man mittlerweile weiß.

Mit den heutigen Möglichkeiten der Bearbeitung von Filmmaterial am Computer sind solche Absichten sowieso hinfällig, sagt mir am nächsten Morgen beim Frühstück mit Orangen Syd, die Filmemacherin.

Dennoch: die Dokumentation des Prozesses, der Erschießung und anschließenden Grablegung der Ceaușescus war notwendig, um den Rumänen das Ende der Diktatur 1989 deutlich zu machen. Das Filmmaterial, das nun vor meinen Augen flimmert, wird von zwei Sprechern präsentiert, die das Geschehen im Hintergrund begleiten. Ein Franzose und ein Rumäne, der die rumänischen Untertitel live ins Französische übersetzt und das Gezeigte kommentiert.

Verachtung und Aufregung bestimmen die Handlungen der an der Grablegung Beteiligten. Zuerst fällt der Blick der Kamera auf den Leichnam Elena Ceaușescus, filmt ihren im Sarg liegenden Körper von den Füssen aufwärts bis zu ihrem erstarrten Gesicht. Dann verschließen Soldaten den Sarg. Das Gesicht Nicolae Ceaușescus wird einer besonders langen Musterung unterzogen. Es ist aufgedunsen und darin wiederhole sich die alte Sage des Wiedergängers Dracula, erzählt der rumänische Kommentator. Durch die im Körper entstandenen Verwesungsgase wurden die Falten des alten Mannes geglättet, der Alterungsprozess damit scheinbar rückgängig gemacht. Die Erzählung vom Vampir, dessen untoter Körper weder verfallen noch sterben kann, reiht sich unter die Kommentare zu den tatsächlichen Vorgängen der Grablegung. Die wirklichen Geschichten sind von den erfundenen kaum zu trennen und bewirken Reaktionen, ganz gleich woher sie rühren. Also wird dem Diktator sogar der Schal, der bei der Exekution verrutscht war, genauso gebunden, wie er es zu tun pflegte. Damit das Bild stimmt.

Am Friedhof werden die Särge mit Stricken in die Grube gelassen, Betonplatten darüber gelegt. Ein Soldat läuft schnell herbei, bringt einen Kübel Mörtel und eine Kelle, versiegelt das Grab, damit das Monster nie mehr herauskann. Um den Begräbnisriten zu genügen, schleudert ein Mann eine Handvoll Erde mit unwilliger Geste aufs Grab. Das war's, nun kippt ein Soldat den Restbeton über die Platte und der Film bricht ab. Kein Priester segnet. Ich darf endlich meine Augen schließen, schlafe ein.

Noch vor diesem Ausflug in die düstere Vergangenheit hatten wir sofort nach unserer Ankunft Liviana Dan getroffen, eine mutige Frau, die bereits an der Zukunft des Landes arbeitet. Bis sie aber dort angekommen war, hatte sie einiges zu bewältigen, wie sie uns sofort bereitwillig erzählt.

Die ausgebildete Kunsthistorikerin hatte gegen den etablierten, fest miteinander verwobenen Filz aus Kirche, Korruption und Politik mit legalen Mitteln angekämpft. Weil sie zwischen den Lagern stand und störte, hätte sie ihre Arbeitsstelle am angesehenen Hermannstädter Brukenthal-Museum, einer Sammlung aus Gemälden und Mobiliar, begründet vom ehrwürdigen Siebenbürger Samuel Brukenthal mit besten Beziehungen zum Habsburgerhof, verlieren sollen. Sie aber hatte gegen ihre Entlassung geklagt und den Prozess gewonnen.

Ihre Stelle bekam sie nicht wieder, dafür die Zusage, einer kleinen Abteilung für zeitgenössische Kunst vorzustehen.

In den Ausstellungsräumen des alten Teils des Brukenthal-Museums lungert eine Unmenge von Aufsichtspersonal, alles Frauen, hinter Vorhängen heimlich telefonierend, von Sitzkissen und Deckchen aufspringend, ihre Häkelarbeit unterbrechend, ihr Frühstücksbrot versteckend, sobald ein früher Besucher die Bilder betrachten will und sie aus ihrer Gemächlichkeit aufstört. Unzählige Augen, von denen man beobachtet, eingeschätzt, verdächtigt wird? Während wir die Bilder, Tapeten, Teller und Teppiche betrachten, betrachten die Frauen uns. Eine Gruppe durchnässter Schüler und Schülerinnen schneit herein, Lärm, Gekicher, richtungsloses Jugendlichengestöber. Dann aber der scharfe Ton einer Aufseherin, die ihnen erklärt, wie man sich in einem Museum verhält und danach schlurfen sie, leiser geworden, rasch an den Bildern vorbei, zurück bleiben zwei oder drei, die genauer hinsehen, sich tatsächlich interessieren.

Als wir die Ausstellungsräume hinter uns lassen, knipsen die Wärterinnen das Licht wieder aus, sitzen im Halbdunkel oder am Fenster hinter den Vorhängen und starren in den Regen hinaus.

Im Gegensatz zu diesen Verwalterinnen des Alten sieht Liviana Dan ihre Mission darin, eine Hermannstädter Mittelschicht zu zeitgenössischer Kunst und Kultur zu erziehen. Denn die Künstler, die sie ausstellt, brauchen Sammler. Ganz Rumänien braucht Sammler, erfahren wir später von einer Gruppe junger Künstler. Und während Liviana, eine Frau mit Kurzhaarschnitt und erwachsener Tochter in New York, versucht, die Bürger der Stadt mit Cocktails für Kunstwerke zu interessieren, arbeitet ihre junge Mitkuratorin Anca Mihulet an einem theoretischen Fundament, einer Grundlage für die notwendigen Diskurse junger Kunst. Denn wenn nicht bald etwas geschieht, wandern alle vielversprechenden Künstler aus.

Alle unsere Gespräche, die wir führen, sind vom Thema Emigration und der Frage bestimmt: Soll ich bleiben oder gehen?

Livianas Tochter war nach ihrem Studium in den USA nicht mehr zurückgekehrt. Sie hatte nach dem Ende des kommunistischen Regimes den Kapitalismus bis zur Perfektion studiert und arbeitet nun bei GoldmanSachs in New York. Berichtet Liviana stolz. Sie selbst aber bleibt.

Die Veränderung komme durch kluge und extravagante Frauen, behauptet die Kuratorin.

Sie erwähnt den Spruch das erste Mal, als sie von einer Künstlerinnenbewegung der Zwischenkriegszeit spricht, die das intellektuelle Klima Siebenbürgens verändert hätte.

Neben ihrem Anliegen, die konservative Mittelschicht für moderne Kunst zu öffnen, arbeitet Liviana an einer Wiederentdeckung der von der kommunistischen Diktatur unterdrückten Kunst: Künstler aus den 60er- und 70er-Jahren, die in Konflikt mit dem Regime geraten waren und sich daraufhin entweder zurückgezogen oder das Land verlassen hatten. Am nächsten Tag werden wir die Ausstellung von Mihail Olos besuchen, aber vorher zeigt uns Liviana die Entwürfe des Wiener Architektenteams BWM für eine Hermannstädter Kunsthalle. Sie will den hinteren Teil des Brukenthal-Palastes verlassen und auch räumlich eigenständig sein. Eine Art Remise entlang der gut erhaltenen Stadtmauern wurde dafür gefunden. Die Architekten haben ihren Entwurf der Stadt geschenkt und der Bürgermeister wird das Geld geben, um es zu bauen. Das ist Livianas Traum.

Immer wieder wird auf den Hermannstädter Bürgermeister, Klaus Johannis, verwiesen, dem vieles zu verdanken sei, was die Stadt heute ist: als Angehöriger der deutschrumänischen Minderheit, parteilos, Mitglied des Deutschen Forums, wurde er 2000 zum Bürgermeister gewählt, obwohl nur mehr 1 Prozent Deutsche die Stadt bevölkern. Vor 100 Jahren waren es noch mehr als die Hälfte. Johannis schaffte es, EU-Gelder zur Renovierung der Altstadt herbeizuschaffen, die Stadt zur Kulturhauptstadt 2007 zu erklären, ausländische Unternehmen im Umkreis anzusiedeln, damit die Arbeitslosigkeit niedriger als im Rest des Landes zu halten und vieles andere mehr. Sein unablässiges Verbessern kommt so gut an, dass er mit 93 Prozent wiedergewählt wurde und auch andere rumänische Städte wünschen sich einen Bürgermeister wie ihn.

Liviana führt uns zum Gebäude der zukünftigen Kunsthalle als es bereits dunkelt, die Dächer haben Augenschlitze zwischen abgerundeten Ziegeln, sie muss morgen früh nach Bukarest, verabschiedet sich, wir sind müde von der Reise. Doch begeistert voneinander, umarmen wir uns plötzlich mitten auf der

Straße und versprechen zur Eröffnung wiederzukommen, möchten unbedingt dabei sein. Noch einmal wiederholt Liviana, die in ganz Rumänien geschätzte Kunstsachverständige mit Weit- und Tiefblick, schelmisch ihr Bekenntnis zu extravaganten Frauen und es ist klar, dass sie sich selbst meint, und uns auch.

Zurück in Wien werde ich mit dem Foto der alten Remise einen der Architekten für den geplanten Umbau aufsuchen, um nach dem Fortgang des Projekts Kunsthalle Hermannstadt zu fragen.

Leider seien die dafür zugesagten Gelder längst im Sumpf der Bukarester Korruption untergegangen, bedauert er, und berichtet von Bereicherungen, von parallelen Bautätigkeiten des ehemaligen Leiters des Brukenthal-Museums, zum Beispiel, der anstatt das desolate Gebäude nachhaltig instand zu setzen, drei private Häuser mit dem genehmigten Material und Handwerkern errichtet hatte. Die Eröffnung der Kunsthalle wird daher nie stattfinden, befürchtet der Architekt.

Nach dem Abschied von Liviana stolpern wir zwischen zwei rauchenden Männern in weißen Hemden in den Keller eines stadtbekannten Restaurants hinunter, nehmen in dem hochfolkoloristischen Ambiente Platz, werden von einem Kellner mit besticktem weitem Hemd bedient. Bedüdelt von Live-Panflöten-Musik essen wir von rustikal bemalten Tellern und trinken kräftigen Wein.

Als gemischter Salat vor mir steht, eilt mein Gedächtnis zurück in die Zeit meines ersten Besuchs. Damals hatten die Hirten in den Hügeln dickfleischige Tomaten mit uns geteilt.

Als die Volksmusik im Hintergrund lauter wird, fällt mir das Darben der Menschen bei meinem zweiten Besuch ein: Salat gab es für niemanden, alles aus der Dose, die Tomaten am Feld streng bewacht, waren für den Export bestimmt. Als wir ein vornehmes Lokal besuchten, stürzten die Gäste wie bestellt auf die Tanzfläche, sobald die Band den Song »Life is Life« anstimmte. Ein Gruseltanz, da man sich ausrechnen konnte, dass das Restaurant bloß Menschen zugänglich war, die anderen Menschen Übles antaten. Funktionäre, Geheimdienstler und andere Regimeschmeichler warfen sich in diese musikalische Bestätigung eines Lebens, das mir falsch erschien, ihnen aber richtig, denn sie waren privilegiert.

Nun esse ich also Salat aus frischem Gemüse und schmecke die Veränderung: Unterdrückung und Hunger ersetzt durch Folklore und Luxus im Jahre 2010. Zumindest für die Touristen. Und nachts im Bett dann das wieder erweckte Trauma der Diktatur am Fernsehschirm in einem seltsamen Hotel.

Hinter dem Haus gackern die Hühner, verbellen Hunde die Nachtruhe und der Hahn hört frühmorgens nicht zu krähen auf. Von außen sieht dieses Vorstadthaus aus wie früher, jenseits der eisernen Tore aber lockt moderner Komfort mit übergroßer Badewanne, zwei Fernsehschirmen im Zimmer, einer vorm Sofa, einer vorm Bett, die Einrichtung ein Versuch, Luxus, wie man ihn aus dem Westen kennt, mit den in Rumänien zur Verfügung stehenden Mitteln nachzubauen. Alles, was gut ist und teuer. Auch dieser Ort erzählt etwas, aber wir können seine Geschichte noch nicht verstehen.

Am nächsten Morgen blicke ich aus dem Fenster: Die geschwungenen Zinkdächer eines Romapalastes funkeln in der Sonne, die frisch renovierte Kirche blitzt, Menschen arbeiten in den Gärten, lockern die Erde auf.

Do you like the men of Hermannstadt? Understand? Brabbelt der Taxifahrer, der einzige von allen, der eine Grenze überschreitet im Gespräch, die anderen nie, alles geht korrekt zu, Taxameter, Anweisungen, Verständigung, Pünktlichkeit, Sicherheit, nie ein Problem, nur dieser eine im kurzärmeligen T-Shirt dampft vor Testosteron.

Where are your men? Will er wissen.

Die kommen gleich, beeilt sich meine Freundin zu lügen.

Schlecht schlecht, meint der Taxler, Ehemänner lässt man am besten nie alleine, understand? Weil sonst die Mäuse tanzen.

Und mischt italienische Brocken mit rumänischen, ständig gerahmt von seinem Understand?

Er hat das aus dem Fernsehen gelernt, denn die ausländischen Sendungen sind nur untertitelt, nicht synchronisiert. Ein Vorteil aller kleinen Sprachen: Filme und TV im Original. Synchronisation zahlt sich nicht aus. Wie in Portugal wird dadurch das Fremdsprachenlernen gefördert. Vielsprachigkeit ist der Reichtum Siebenbürgens, vielleicht Rumäniens überhaupt.

Wir schlendern über den Zibinsmarkt und werden von alten Frauen angegangen, die mit geschnitzten Holzlöffeln hausieren. Die Stände mit Obst und Gemüse hochgestapelt, aber es wird nichts gekauft. Die Preise sind enorm, fast wie in Berlin. Wer kann sich das leisten mit einem Durchschnittsgehalt von 350 Euro? Anscheinend keiner. Der gestrige, mit Resten schlechten Gewissens verspeiste Salat war tatsächlich Luxus. Auch heutzutage noch.

Auf dem Weg in die Altstadt reiht sich ein Second Hand Shop an den nächsten, es gibt hier nur Gebrauchtes, scheint es, und zum ersten Mal sehen wir Menschen, denen es nicht gut geht, Ärmlichkeit, aber keine Bettler. Bettler sind verboten und werden aus der Stadt entfernt, genauso wie die streunenden Hunde, die eingefangen werden und kastriert.

Angekommen im renovierten Zentrum geraten wir ins Schwärmen, bewundern bei Tageslicht die Farben, die Dächer, die Holzportale der Geschäfte, die hölzernen Fensterläden, Jalousien aufgemacht, Jalousien zugemacht. Das erste Gedicht Oskar Pastiors. Er wuchs in Hermannstadt als Sohn eines Zeichenlehrers auf. Nun kann ich die typischen Holzlamellen an den Fensterläden mit eigenen Augen sehen.

Wir flanieren durch die perfekt gepflasterte Fußgängerzone über den großen Platz und den kleinen, die Kosmetikläden, die unzähligen Coiffeure und

Friseure fallen auf, die prächtigen Fassaden. Lange hatte die Altstadt vernachlässigt vor sich hin gelebt, hatte mehrere Regime überstanden und glänzt nun nach dem Ende des Kommunismus entlang der Hauptstraße fast wie neu. Dem deutschen Bürgermeister sei Dank. Er sei gelobt. Das ist doch schön, das ist doch lieb, das ist erstaunlich. Und nicht überhübscht wie in Bayern oder Tirol, wo zuviel des Guten schnell zum Schlechten führt.

An diesem zweiten Tag jedoch sind wir die einzigen Fremden weit und breit. Syd ist besorgt. Wo sind die Touristen? Alles steht bereit, aber keiner will es sehen. Wir geraten zur orthodoxen Kathedrale und im Gegensatz zu den verlassenen Läden strömen die Menschen hier herbei und die Stufen zum Gotteshaus hinauf. Dass die orthodoxe Kirche einen der lukrativsten Geschäftszweige Rumäniens bildet, wissen wir da noch nicht, bemerken aber Priester in schwarzen langrockigen Gewändern mit Bankkarte am Automaten, mit Handys am Ohr.

Im Kirchenshop herrscht Hochbetrieb zur Vorosterzeit, Ostern, das wichtigste Fest Rumäniens, die Leute drängen zwischen teuren Bibeln und Ikonen, wir bescheiden uns mit dekorierten Holzeiern und werden behandelt wie Luft. Mit einem Mal werden wir, obwohl wir auffallen, ignoriert. Die strenge, in ein schwarzes 70er-Jahre-Kostüm gekleidete und mit einem turmartigen Aufbau ihres grauen Haars an Elena Ceaușescu gemahnende Verkäuferin ist mit Wichtigerem beschäftigt. Wir aber wollen unsere Eier, dürfen sie erst nach einer langen Wartezeit bezahlen, die an sozialistische Tage gemahnt und uns den geforderten Respekt abverlangt. Der Preis dieser Schmuck-Eier dient uns später in den Geschäften als Richtmarke, ja als Währung. Sie werden immer teurer und am Flughafen erreichen sie den vierfachen Wert. Während unseres Altstadtspaziergangs stellen wir uns mehrmals in die lange Warteschlange vor einem kleinen Fensterchen und kaufen frische *otroveni*, mit Sesam bestreute Hefekringel, eine Köstlichkeit.

Nächster Termin bei Beatrice Ungar, Herausgeberin der *Hermannstädter Nachrichten*. Ihre Adresse bekam ich vom Übersetzer Georg Aescht, den ich auf der Leipziger Buchmesse getroffen hatte, ein ernster Mensch, für den die Region nur mehr als Landschaft existiert, die historischen Bauten nur mehr als Museum, nicht mehr als lebendiger Ausdruck der einst mächtigen siebenbürgischen Kultur. Auf dem Weg zur Redaktion fällt in der Straße Tipografilar das Fabini-Schild auf, Hermann Fabini, ein Architekt, hatte in jahrzehntelanger Arbeit die siebenbürgischen Kirchenburgen in einem Monumentalwerk dokumentiert.

Was für ein Zufall, dass auch sein Büro in diesem vierhundertjahrealten Haus liegt, in dem die Redaktion der *Hermannstädter Nachrichten* residiert. Oder kein Zufall? Wer weiß, wem diese Immobilie gehört? Die nicht ausgewanderten, deutschsprachigen Sachsen und Schwaben Siebenbürgens hatten sich seit 1989 im Deutschen Forum zusammengeschlossen, aus dessen Mitte auch besagter Hermannstädter Bürgermeister stammt.

Die Chefredakteurin erzählt, dass es hier noch ungefähr sechstausend Menschen gäbe, die der deutschen Sprache mächtig seien und die zweitausend Exemplare des wöchentlich erscheinenden Blättchens läsen. Alltagsbeobachtungen, Berichte über Festlichkeiten und Treffen der verbliebenen Siebenbürger Sachsen, Kirchenprogramme, Gemeindeleben, Tanzveranstaltungen, Nachrufe, Veranstaltungshinweise füllen die acht Seiten und man kann sich vorstellen, wie sich die nach Deutschland ausgewanderten Heimwehgeplagten auf diese Blätter stürzen und sie nach ihnen bekannten Personen- und Ortsnamen durchsuchen.

Vor meiner Abreise hatte ich gemeint, die allerletzten Mohikaner einer in Siebenbürgen praktisch nicht mehr existierenden Minderheit zu treffen, denn schon während des kommunistischen Regimes waren viele von Deutschland freigekauft worden, eine willkommene Devisenquelle für den Diktator. Schließlich brachte ein Sachse oder Schwabe bis zu 8.000 Mark. Nachdem Ceaușescu in seinem Betongrab verschwunden war, machten sich zahllose, von den langen Jahren der Unterdrückung Zermürbte, vor allem die Jungen, die sich nach Freiheit, Coca Cola und anderen Werten sehnten, auf den Weg nach Deutschland, Österreich oder der Schweiz.

Bei meinem zweiten Besuch in Rumänien, noch während der Diktatur, waren wir in einem solchen sehnsuchtsbesetzten Jugendzimmer gesessen, wo die Westlimonadeflaschen, Kaffee- und Duschgelpackungen als Trophäen aufgestellt waren und bereits in die Zukunft der rumäniendeutschen Teenager wiesen.

Nur die sehr Alten, ihrer Erde, ihrem Haus, ihrer Geschichte Verbundenen wollten bleiben. Für sie gab es kein anderes Land als das Gebiet, das ihre Vorfahren schon seit Jahrhunderten bewohnt und verteidigt hatten.

Hier aber, in der Redaktion der deutschsprachigen Stadtzeitung, wird der Bevölkerungsschwund klein geredet. Frau Ungar arbeitet seit rund zwanzig Jahren bei den *Hermannstädter Nachrichten* und wollte nach 1989, als es im Land interessant zu werden begann, nicht fort. Sie hat sich eine cool-konservative dicke Haut zugelegt, durchbrochen bloß von leicht zynischem Witz. So muss sie nicht klagen und kann alle Veränderungen und Einbrüche positiv und zukunftsgerichtet deuten. Wie so viele hat auch sie ihre Herta-Müller-Story.

»Mein Vater ist für die Buchläden in Hermannstadt zuständig gewesen, er war der Einzige, der ›Niederungen‹ bestellt hat, zweitausend Exemplare. Und zu Ceaușescus Zeiten konnten Bücher eben nur gedruckt werden, wenn sie auch bestellt wurden«, berichtete sie der FAZ nach der Verleihung des Nobelpreises an Müller.

Der Frage nach dem Wegzug der Deutschen entgegnet Frau Ungar trocken mit Fakten über den Zuzug von Schweizern und Japanern. Angelockt durch das alljährliche Theaterfestival kämen Besucher aus aller Welt und einen großen Teil der Touristen stellten Israelis.

Israelis? Es gibt doch kaum mehr jüdische Gemeinden.

Ja, Israelis.

Bei unserem Abschied von Hermannstadt werden wir im Hotel noch eine israelische Großfamilie treffen, die unterwegs ist, um in Temeswar das Osterfest zu feiern. Angeführt von der flippigen Großmutter, die dort geboren und irgendwann nach Israel ausgewandert war. Es muss lange her sein, denn ihr Rumänisch hat sie vergessen.

Die einen gehen, andere kommen, so sieht es die Chefredakteurin. Am deutschen Theater der Stadt spiele seit kurzem sogar ein japanischer Schauspieler. Vor allem mimisch, denn mit der Sprache tue er sich noch schwer.

Frau Ungar hat, wie alle hier, mehrere Handys und benutzt sie, je nachdem, in welches Netz sie wen anruft, weil es von einem Provider aus zu teuer wird.

Zwischen verschiedenen Telefonaten klärt sie uns weiter über die Präsenz des Deutschen in Siebenbürgen auf: Allein sechzehn Kindergärten gebe es unter deutscher Leitung in Hermannstadt, deutsche Schulen und Gymnasien sowieso. Sie seien, nun da die deutschen Kinder spärlich sind, von den Rumänen sehr begehrt. Und an der Klausenburger Universität würden zwölf Studiengänge in deutscher Sprache angeboten. Es gebe einen regen Austausch mit Studenten aus Marburg, das Partnerstadt Hermannstadts sei, ihre Zeitung nehme Praktikanten auf, Schriftsteller blieben hier als Stadtschreiber. Es gebe das Deutsche Forum, die Germanistik Hermannstadt, das Deutsche Kulturinstitut, die deutschen Ostermärkte, deutsche Programme im rumänischen Fernsehen und und und.

Auch in der Behandlung der deutschen Minderheit durch den Staat sei alles gut. Schließlich werde die Zeitung zu 50 Prozent von der Regierung finanziert. Die *Allgemeine Deutsche Zeitung* sogar zu 87 Prozent. Schon 1965 wurde in der rumänischen Verfassung den Minderheiten der freie Gebrauch ihrer Sprachen in Zeitungen, Zeitschriften und Schulwesen garantiert. Nachdem aber Ceauşescu bei einer China-Reise die dortige planmäßige Unterdrückung der Minderheiten bewundert hatte, schaffte er die bis dahin mehrsprachigen Ortstafeln in Rumänien ab. *Die Hermannstädter Nachrichten* durften ihre regionale Macht nicht mehr betonen und mussten sich ab nun *Die Woche* nennen. Alles ist gut und wird gut sein und zwar so gut, dass eigentlich auch das Vergangene im Nachhinein nie schlimm gewesen war.

An den Deportationen nach der kommunistischen Machtübernahme in Rumänien seien auch nicht die Rumänen schuld, sondern die Russen, erklärt Frau Ungar.

Stalin hätte Informationen zur den Siebenbürger Sachsen und Schwaben bereits vor der Okkupation gesammelt und hätte sie als fleißige, verlässliche Arbeiter im Auge gehabt, gut zu gebrauchen für den Wiederaufbau der Sowjetunion nach dem Krieg. Das Sachsenarchiv in Moskau, offenbart Frau Ungar, habe bereits vor dem Sündenfall der Volksgruppe, die mit den Nazis ihre Chancen steigen sahen, existiert. Viele waren der NSDAP, SS, Wehrmacht und anderen Nazi-Organisationen beigetreten oder wurden zum Beitritt gezwungen. Die Tatsachen variieren, je nachdem, wer von ihnen erzählt. Der sowjetische Arbeitsdienst bedeutete dann die Strafe dafür. Am 13. und 14.1.1944 wurden alle Frauen und Männer im arbeitsfähigen Alter eingesammelt.

Der Siebenbürger Autor Erwin Wittstock, schreibt im vom Klagenfurter Wieser-Verlag veröffentlichten Sammelband *Hermannstadt*: »Als gegen elf Uhr die Sonne klar herniederschien und die ersten Lastwagen mit den Verbannten zum Bahnhof fuhren, waren darunter junge Leute, die eine Ziehharmonika mitführten, und sie hielten es für richtig, von ihrer Vaterstadt nicht stummen Mundes Abschied zu nehmen, und stimmten an und sangen ›Muss I denn, muss I denn zum Städle 'naus‹ und ›Wohlauf die Luft geht frisch und rein, wer lange sitzt, muss rosten‹ (...) Viele Wagen folgten ihm, und es war, als wäre jetzt alles weggelöscht, was sie bis zu diesem Augenblick vorgestellt und gedacht und empfunden hatten«.

Die Häscher griffen auf die von den Sachsen sorgfältig geführten Bürgerlisten zurück, auch deshalb konnte ihnen kaum einer entgehen. Die Quote musste erfüllt werden, fehlende Deutsche wurden durch willkürlich aufgegriffene Rumänen und Roma wettgemacht. Und so scheint es doch auch seltsam, dass der literarische Bericht über die Leiden einer deutschsprachigen Volksgruppe, die mit Nazi-Deutschland kooperierte, nun als Zeugnis des Kampfes gegen den Kommunismus zwanzig Jahre nach seinem Ende 2009 mit dem Nobelpreis bedacht wurde. Literarische Qualität unbenommen, zweifellos ist Herta Müller eine der besten Autorinnen der Gegenwart, aber eine leise Stimme im Hinterkopf, die von meiner Studentin Olga Grjasnowa herrührt, erinnert mich daran, dass in den letzten Jahren in Deutschland eine Darstellung der Weltkriegszeit einsetzte, die die Deutschen als Opfer sowjetischer Besatzer darstellen will. Olga war, als aserbaidschanische Jüdin von zwei Seiten verfemt, da besonders aufmerksam. Andererseits ermöglichte die Unzugehörigkeit Herta Müllers, ihr Außenseitertum, die unablässige literarische Suche nach einer Klärung verdunkelter Vorgänge. Ihre räumliche Distanz war nötig, um sich mit den Geschehnissen während Nazi-Zeit, Sowjetherrschaft, sozialistischer Diktatur auseinandersetzen zu können. Weggehen war wichtig. Denn auch die in Rumänien ausharrenden Autoren, wie zum Beispiel Erwin Wittstock, hatten versucht, die Deportationen literarisch zu bearbeiten, blieben den vergangenen Ereignissen jedoch verhaftet; das Geschriebene wurde zur Rechtfertigung. Die Frage nach dem Preis aber, was mehr schmerzen würde, durchhalten oder das Land verlassen, bleibt offen.

Es ist Mittagzeit, die Chefredakteurin eilt zu ihrem nächsten Termin, auf dem Weg zum Hauptplatz schlüpfen wir durchs Generalloch, ein Verbindungsgang der Strada Tipografilor zur Piața Mare, den Frau Ungar besonders liebt.

So hinterlässt jede unserer Begegnungen eine letzte Botschaft. Bei Liviana war es »extravagant«, bei Ungar das »Generalloch«. Wir rätseln lange, was sie wohl damit meint.

Wie fühlt es sich an auszusterben? Hätte ich sie gerne gefragt. Doch das ist die falsche Frage. Denn für sie gibt es weiterhin ein Wir und wird es immer eines geben, da sie sich als Deutsche in Rumänien definiert. Und dieses Wir stirbt anscheinend niemals aus. Dieses Wir setzt sich durch alle Räume und Zeiten fort, so dass sich sogar die Nachkommen derjenigen Siebenbürger Sachsen, die sich nach dem Zweiten Weltkrieg in Deutschland und Österreich niedergelassen hatten, heute noch als solche verstehen. Dabei haben sie nie in Rumänien gelebt.

Und weil wir das Generalloch nicht verstehen, schenkt uns die tapfere Mohikanerin noch eine Redensart, kein von ihr erfundener Spruch, wie sie betont. Zuzügler begrüße sie folgendermaßen: Ihr wollt das Ende der Welt um fünfzig Jahre hinausschieben. Deshalb kommt ihr hierher, denn wir sind fünfzig Jahre zurück.

Schiefes Grinsen, katzenähnlich, in schweren Arbeitsschuhen, gleitet sie hinab in den Weinkeller.

Wir biegen um die Ecke, beschleunigen unseren Gang. Polizei, Menschenauflauf, alle Blicke richten sich auf eine kleine Straße.

Was ist passiert?

Ein falsch geparktes Auto wird abgeschleppt, sensationell, denn endlich dürfen die Rumänen Auto fahren, so viel und wohin sie wollen, aber überall parken geht nicht mehr. Eine Neuerung. Beobachtenswert. Als uns der Abschleppwagen mit dem Auto überholt, grinst uns der Beifahrer bedauernd und schulterzuckend entgegen. Was kann man tun?

Wir brechen in Lachen aus.

Zur Mittagszeit ist die Innenstadt nun belebt. Respektable Hermannstädter Damen kommen uns entgegen, ihr Lieblingsoutfit besteht aus Kostüm, Stiefeletten oder Halbstiefel, sowie Kurzhaarschnitt. In einem Billigladen kaufe ich ein Paket Taschentücher zu Ehren Herta Müllers. Auf Rumänisch heißt Taschentuch *batista*. In der Nobelpreisrede kreist Müller um dieses Wort und erklärt damit der rumänischen Sprache ihre Liebe. Das Stück Stoff wird von der Autorin mit Bedeutung aufgeladen, wird Zeichen ihrer menschlichen Würde, einer letzten Spur der vom Regime unterdrückten, fertiggemachten Bürgerlichkeit. Ich stecke die in Zellophan verpackten Tücher in die Tasche, Made in China, Industrieware, keine Wertarbeit.

Die Mehrzahl der Innenstadtläden bilden Banken, Handyshops, Friseure, Kosmetik-Salons, Schmuckgeschäfte. Die Überversorgung mit Kosmetikartikeln ist dem jahrzehntelangen Mangel während der Diktatur geschuldet. Ich erinnere mich, dass ich den spärlichen Inhalt meiner Toilettetasche damals, beim zweiten Besuch, in einer Begegnung mit jungen Frauen, schnell losgeworden bin. Nur den Lippenstift hatte man mir gelassen. Der Dichter Ioan Radu Văcărescu spricht in einem Gedicht von den »begeisterten kosmetiksiegern«, denen er bei seinem Gang durch Hermannstadt begegnet, »ihre taschen voll mit gillette / und polnischem aftershave«. Aber auch er beklagt das Fehlen der ausgewanderten Freunde, für ihn ist sein Wohnort »ein illusorisches Hermann-stadt« geworden, »geschmückt mit parallelen exilen«. Nachzulesen in dem von der Journalistin Laura Balomiri herausgegebenen Sammelband zu »Hermann-stadt«.

Erneut betreten wir den hinteren Teil des Palais Brukenthal und zeigen eine von Liviana handgeschriebene Anweisung an die Ausstellungswächterin vor, werden der Obhut von Nicoletta übergeben, einer blondgefärbten kurzhaari-gen Frau in bunter Wolle, mittelalterlich, füllig, Halbstiefel, dunkle Strümpfe. Sie führt uns die Treppen hoch, schließt eine Glastüre auf und beginnt in eng-lisch-rumänischem Gemisch etwas zu erklären, das wir nicht verstehen.

Aber wir müssten das sehen, vorher, bevor wir die Kunstwerke betrachten, dann erst könnten wir diese kapieren.

Sie deutet auf Stühle, wir setzen uns vor einen Diaprojektor, mehrmals fällt ein bekannter Name: Beuys Joseph, Beuys Joseph. Die Dias in sehr schlechter Qualität, schätzungsweise 70er-Jahre, Nicoletta klickt vor und zurück, wir se-hen Landschaften, rumänische, griechische, spanische, und jedesmal drängt eine Art hölzernes Szepter ins Bild.

Was ist das für ein Gegenstand?

Nicoletta ist begeistert von diesem, aus verschiedenen Holzteilen zusam-mengesetzten Ding.

Kein Nagel, sagt sie, einfach so, ineinander gesteckt.

Reißt die Augen weit auf, als könnten wir sie so besser verstehen. Und in gewissem Sinne tun wir das auch, indem wir uns bemühen, zu raten, was sie sagen will und das Geratene wiederholen, variieren, so lange, bis Nicoletta nickt und weiter an ihrer Fernbedienung das nächste Foto anklickt. Das ins Bild ragende Szepter scheint eine Geste des Herrschens, des Bildbeherrschens, die Landschaften und Gebäude Segnendes. Immer im Vordergrund, weil der Künst-ler es mit einer Hand vor die Kamera hält, während er mit der anderen das Bild schießt. So wirkt das Szepter mächtiger, größer, als das abgebildete Monument.

Die Sehnsucht nach draußen, nach einem Stück Rumänien in der Welt, nach der Welt in Rumänien. Der Künstler Mihai Olos stammte aus Maramureş, einer abgelegenen, auch heute noch als rückständig bezeichneten Region, wanderte nach Stuttgart aus und wurde der Freund von Beuys Joseph, dessen Name Ni-coletta besonders gut gefällt. Auf einem Foto sehen wir Beuys mit dem Künst-ler aus Maramureş, der Weltberühmte trägt eine für diese Region typische wei-ße Felljacke mit langhaarigem Schafspelz und sieht aus wie ein Gespenst.

Und Nicoletta hatte Recht. Tatsächlich können wir die Zeichnungen und Objekte von Olos nach diesen Dias besser verstehen, weil sich die Form des Szepters und seiner zusammensteckbaren Elemente in all seinen Werken wiederholt.

Zwei Objekte mag ich besonders: eine kleine, aus dornigen Zweigen mit einem groben Strick zusammengehaltene, dreidimensionale Form und eine Skulptur aus Pappeteilen, die mit Persianerpelzen überzogen und ineinander gefügt sind, ungefähr in der Größe eines Katzenkratzbaumes, an den sie auch erinnert, nur ist das Tierfell schon Teil des Systems.

Nicoletta ist begeistert, weil wir begeistert sind, aber sie will heim. Es ist drei Tage vor Palmsonntag und alle Frauen müssen Osterputzen und Osterkochen, meint sie, deshalb kämen auch kaum Leute in die Ausstellung. Zuhause ist einfach zu viel zu tun.

Bevor wir morgen zurück in die Natur und die ländliche Rückständigkeit reisen, gibt es am Abend noch viel Zukunft. Mit einer Gruppe von jungen Künstlern, Kuratoren, Kunsthistorikern um die dreißig unterhalten wir uns über Rumänien, Hermannstadt, Siebenbürgen, Bukarest, die Kunst, die Politik, reden von der Notwendigkeit, zu bleiben, und von der ebenso starken Notwendigkeit, das Land zu verlassen, und wissen zum Schluss nicht, wovon wir mehr berauscht sind, vom Wein oder vom Enthusiasmus dieser Menschen.

Das Fernsehen sei ein wichtiges Medium, auch der Kritik, sagt Anca, die Co-Kuratorin Livianas. Dan Diaconescus provokative Show, in denen Prominente verarscht werden, zählt sie als Beispiel auf. Weiters sei die Kunst der kulturellen Piraterie eine Praxis, feststehende Strukturen zu unterlaufen.

Auf der Webseite des Bukarester Künstlers Vlad Nancă, der uns von seinem baldigen Umzug nach London erzählt, finde ich später die Dokumentation einer Performance, commemora, zum Gedenken an den 20. Jahrestag der rumänischen Revolution, über die bis heute spekuliert wird, ob sie nicht einfach von der zweiten Garde Ceaușescus inszeniert war. Da die so genannten Revolutionäre die rumänische Fernsehstation besetzt und live vom Umsturz gesendet hatten, gab und gibt es unzählige Varianten der Geschehnisse. Eine Anekdote, auf die sich der Künstler in seiner Aktion bezieht, handelte von einer Gruppe alter Frauen, die handgestrickte Socken und Handschuhe an die in der Fernsehstation ausharrenden Soldaten geschickt hatten. Vlad Nancă engagierte für die Performance eine ältere Frau, die Tag für Tag in Echtzeit einen langen Schal aus schwarzer Wolle stricken sollte, um den Faden der jüngeren Geschichte in ein Objekt zu verwandeln, mit dem der Künstler seinen Körper bei der Finissage umwickelte.

Wie schon gegenüber Liviana versprechen wir zum Abschied alle möglichen Arten der Zusammenarbeit in Zukunft: Austausch mit Studenten, Studienreisen, Filme, Radio-Features. Wir beteuern alles zu tun, damit dieses neue, frische Bild von Rumänien in die Welt getragen wird: Dass es keine hinterwäldlerische, verachtenswerte, verbrechensverseuchte Region ist, sondern ein Gebiet, in dem sich begabte Menschen anstrengen, etwas aus sich und dem Leben zu machen, und dafür nichts als Respekt verlangen, eine Anerkennung ihrer Anwesenheit in Europa.

Am nächsten Tag geht es von der Stadt aufs Land. Das Land ist schon in der Stadt ganz nah, wie ich beim Blick aus dem Hotelfenster bemerke. In den Gärten, die sich in lang gezogenen Rechtecken hinter jedem Haus befinden, wird die traditionelle Abfolge der Pflanzen eingehalten: Zuerst das Gemüse, dann das Obst, dann der Wein. Im Schuppen die Hühner. Im Hof der Hund. Und wie in Portugal gibt es auch in diesen Bauten eine Sommerküche, in der man die warme Jahreszeit über im Freien kocht und isst.

Die Abneigung gegen geschlossene Räume ist ebenso für die Häuserbauten der Roma charakteristisch, die nur dastehen, ohne bewohnt zu sein. Feste Mauern, ein Dach, vielleicht Zimmer, alles aber unverputzt und unfertig gelassen, denn nur nach Fertigstellung des Hauses ist eine Steuer zu zahlen. Nicht vorher. Erzählt unser Führer Arpi, als wir durch ein Roma-Dorf fahren. Die Roma üben das wichtige Handwerk der Kesselschmiede aus, fertigen und flicken Kupferkessel zum Schnapsbrennen, eine überlebenswichtiges Instrument, das jeder Bauer in Rumänien braucht. Manche Roma bauen auch nicht selbst, sondern übernehmen die leerstehenden Sachsenhäuser, wie man hört, und richten sie zugrunde, entkernen sie, höhlen sie aus. Die Roma holen sich die Bausteine für ihre Häuser aus den Kirchen der Ausgewanderten, stellen ihr Vieh in den heiligen Stall, hört man, höre ich. »siebenbürgen ist der ort wo die sachsen weggehen und die zigeuner kommen«, behauptet der Dichter Al Cistelecan. Das sind die bösen Zungen. Die Guten erzählen von Roma, die in evangelischen Kirchen beten, Sächsisch lernen und sesshaft sind.

Dieser Tag beginnt erneut mit einer Vielzahl von Geschichten, diesmal von Arpi, dem Fahrer und Reiseführer, zusammengestellt. Er zitiert den deutschen Spruch »wir schicken dich in die Walachei«, als Drohung ausgestoßen, die den Betroffenen mit dem Niemandsland einer verlassenen, unzivilisierten Gegend konfrontiert. Dabei ist mit WALACHEI heute ein Landesteil Rumäniens bezeichnet, dessen Bewohner sich selbst nie als Walachen bezeichnet haben, sondern sie wurden, ähnlich wie die Barbaren oder die Welschen, von den Anderen, sie Ausgrenzenden so genannt. Mir fallen weitere geografische Namen ein, die negativ belastet sind: Ich erinnere mich, dass ich als junge Studentin, einen alten Armeemantel, ein großes Wolltuch, grobe Stiefel im Winter tragend, von einem älteren Herrn verächtlich als »Bessarabierin« beschimpft wurde. Erst Jahre später fand ich heraus, was das bedeutete. BESSARABIER waren Rückkehrer einer einst zwischen dem heutigen Moldawien und der Ukraine angesiedelten deutschen Minderheit. Seit 1918 gehörten sie sogar zu »Großrumänien« und wurden teilweise, wie die Siebenbürger auch, mit der Machtergreifung Hitlers anfällig für nationalsozialistische Ideologie. Als Zentrum der Ausbildung von Jugendgruppen diente übrigens Hermannstadt. 1940 wurden die meisten Bessarabier nach Deutschland umgesiedelt. Und diesen Neuankömmlingen galt anscheinend der Hass des älteren Herrn.

BANATER war auch so ein Wort, das in meiner Kindheit mit Geringschätzung ausgesprochen wurde. Ein Wort für Fremde, die sich in der Umgebung angesiedelt hatten. In meinem Buch »Fette Rosen« versuchte ich, die Wahrnehmung des Kindes, das ich war, nachzuzeichnen. *Die Fremden lebten verborgen unter dem Tuch einer Flucht, die sie auswies als Ungeliebte, vertrieben, als Hoffnung aufs Überleben, das so blieb und weiter nichts war, kein Leben ... sie fanden keine Heimat mehr, aber einen Boden und ihre schwarzen Kleider waren das Haus, während sie noch mit Körben säten. Und sie sprachen unsere Sprache, so wie wir selbst sie lange nicht kannten, und ihr Name war ein Schimpf.*

Sogar die Banater Schwaben haben eine Verbindung zu Rumänien, denn wie die Siebenbürger setzten viele von ihnen auf Hitler. Mit dem Sieg der Sowjetunion wurden sie Anfang 1944 über Nacht zu verfemten Verrätern. Mir kommt vor, als wäre ich, ohne es zu wissen, nur wegen dieser Worte nach Rumänien gereist, um endlich herauszufinden, was sie bedeuten und was die Menschen, die aus diesen Gebieten nach Österreich gekommen waren, mit meiner Familie und dem Haus meines Großvaters, in dem ich meine frühe Kindheit verbrachte, zu tun haben. Sie waren alle zwischen Mächten, Kriegen und Überlebenswillen aufgerieben worden, Menschen, die ihren festen Ort verloren und in dem alten Bauernhaus eine Bleibe gefunden hatten. Endlich im Land, in dem ihre Sprache »zu Hause« war, wurden sie als Überzählige, Fremde, Nicht-Deutsche wahrgenommen; ihr Akzent klang komisch und sie hatten nichts zu suchen »bei uns«. Nur der Sohn der schwarz gekleideten Banater Witwe, die einen jammernden Tonfall pflegte, wann immer sie den Mund auftat, durfte die ledige Mutter meines Kusins heiraten. Niemand sonst wollte die Alleinerziehende und den Bauernhof. Und dieser Onkel war dann auch der erste, der eine türkische Familie ins Haus brachte, vielleicht aus Erinnerung daran, wie es sich anfühlt, ein Fremder zu sein.

Der schwarz gekleidete Antal Árpád wuchs in einer ungarischen Familie in Hermannstadt auf, sein Vater schickte ihn in den deutschen Kindergarten und in die deutsche Schule mit den Worten: Ungarisch sprichst du schon, Rumänisch wirst du ohnehin lernen und Deutsch wirst du immer gut gebrauchen können.

Warum eigentlich, könnte man fragen, ist es für manche in Deutschland lebenden jugendlichen Türken so mühsam, die Landessprache zu lernen, wenn es für die in Rumänien lebenden Minderheiten kein Problem ist? Ist es, weil sich die türkischen Jugendlichen nicht als Teil des Ganzen verstehen? Hat es mit der Dauer ihrer Anwesenheit zu tun und den Möglichkeiten, die sich ihnen hier bieten oder eben nicht bieten? Mit der Schwierigkeit deutscher Staatsbürger zu werden?

Antal, der Árpi genannt werden will, ist seinem Vater bis heute dankbar für die Wahl seines Ausbildungswegs. Mit 20 begann er bereits an einer Grundschule zu unterrichten. Heute ist er 28 und hat seinen schlecht bezahlten Hauptberuf für den lukrativeren Nebenjob als Reise- und Wanderführer aufgegeben. Schade für die Kinder, gut für uns.

Árpi berichtet von einer Affäre des reichen, weltgewandten Großbürgers Samuel Brukenthal mit Maria Theresia, an deren Hof er viel Zeit verbrachte. Wir staunen über diese geschickte Verbindung des prominenten Hermannstädters mit dem österreichisch-ungarischen Kaiserhof.

Aber das kann sogar stimmen, meint Árpi. Denn nachdem die Kaiserin gestorben war, wurde Baron Brukenthal nie mehr am Wiener Hof empfangen. Vielleicht aus Eifersucht?

Wir verlassen Hermannstadt in Richtung Mediasch, links und rechts neben der Straße wird heftigst gebaut, werden Wege aufgerissen, in Höfen Kanalisationen gelegt, in alte Fassaden neue Plastikfenster gefügt und auf den Hügeln hinter den Straßendörfern erheben sich Roh- und Neubauten.

Árpis Bruder ist erfolgreicher Geschäftsmann der »ersten Stunde«. Er handelt mit Baumaterial, ein einträgliches Geschäft, das fast so gut läuft wie das der orthodoxen Kirche. Jeden Tag werde angeblich ein neues Kirchengebäude in Rumänien errichtet, bezahlt von den Spenden der Gläubigen.

Dann aber geht das Gespräch mit Árpi ganz schnell zum Hauptthema über: Bleiben oder Gehen. Für die im Land Gebliebenen ist es schwierig, mit dem Verrat der Ausgewanderten zurechtkommen zu müssen. Die Dichterin Zsófia Balla beschreibt dieses Gefühl als immer größer werdende Last: »Es war uns zumute, als schleppten wir einen großen Holzbalken und als würde jeder einzelne, der sich absetzte, es denen nur umso schwerer machen, die sich noch nicht dazu entschlossen hatten.«

Und es sind nicht nur die Minderheiten, die aufbrechen, sondern auch Rumänen, die im Ausland versuchen, bessere Arbeit, besseren Lohn zu finden. Italien sei besonders beliebt und ja, Rumänen gäben sich gerne als Italiener aus, schließlich wären sie Romanen, also irgendwie römisch, wie man an der Sprache merkt. Mit einigem Grundwissen in Latein und Französisch kann man eine Menge rumänischer Worte verstehen. Andererseits sind die Existenzen im hoch gelobten Ausland dann oft äußerst erniedrigend. Erzählt Árpi.

Durch Zufall stieß ich während der Recherchen auf eine mehrere tausend Mitglieder zählende französische Facebook-Fangruppe, die sich fand, um gegen die Unsitte der an Kreuzungen vor Autos springenden und Frontscheiben zuerst verdreckenden, dann putzenden, dann dafür Geld verlangenden Rumänen in Frankreich zu wettern. Das Motto der Gruppe wendet sich an alle, die Lust haben, dem unwillkommenen Dienstleister mit seinem Arbeitsgerät ins Gesicht zu schlagen (= ihm die Fresse zu putzen).

Auch die ungefragt vor Gastgärten und in S-Bahn-Waggons aufspielenden rumänischen Musikanten in Berlin sind nicht wirklich willkommen. Und den Dujuspikinglish-Bettlerinnen in langen bunten Röcken am Alexanderplatz weicht man lieber aus.

Árpi hingegen hofft auf immer mehr Touristen, die nach Rumänien reisen wollen und sieht darin seine Zukunft:

Ich muss optimistisch sein, seufzt er. Und beschreibt damit die Haltung der jungen Leute, die nicht auswandern, die noch an eine Änderung innerhalb des Landes glauben und sie hätten sich dafür die Unterstützung Europas verdient.

Árpi zitiert den Pfarrer von Stolzenburg, Walter Seidner, der davon spricht, dass die Menschen nicht ausgeWANDERt, sondern ausgeWUNDERt wären, sie liefen einem Wunder nach, glaubten, dass die Wurst anderswo auf den Bäumen wüchse, dass das Ausland immer ein Schlaraffenland wäre.

Seidner ist auch Schriftsteller, Freunde bezeichnen ihn als den Voltaire Siebenbürgens, er selbst stellt sich lieber als Witzident denn als Dissident vor, als er sein jüngstes literarisches Werk, eine Auseinandersetzung mit dem rumänischen Geheimdienst Securitate, präsentiert. Die ihm während der Diktatur immer wieder zusetzenden Beamten nennt er Securisten, seine eigene Haltung damals Pfarrernoia. Man sieht, das Wortspiel ist sein Ding. Auch für die auswanderungswilligen Siebenbürger hat einen Spruch. Einziger Grund dafür wäre NORWEGEN DÄNEMARK.

Wie ist das zu verstehen? Fragen wir Árpi, unseren Fahrer.

Na sprecht es doch mal langsam aus, meint der: NUR WEGEN DENE MARK.

Während er redet, transportiert mich der singenden Sound seines Siebenbürger Akzents zurück in die Zeit, als ich Herbert, den Sohn der alten Zori, in Kaisd getroffen hatte. Damals kreisten die Erzählungen der Alten noch nostalgisch um die vergangene Größe. Heute herrscht eine nicht aufhaltbare Diaspora. Nur, dass in Siebenbürgen die Diaspora nicht die Verstreuung eines Volkes weg von seinem angestammten Ort ist, sondern einen doppelten Verlust bedeutet. Sachsen wanderten schon vor rund einem Jahrtausend aus Deutschland in fremdes Gebiet, machten sich dort heimisch. Schließlich wird es nach Jahrhunderten dort so unheimelig, dass sie wieder zurückkehren in eine Heimat, die sich derart verändert hat, dass es nicht mehr die ihrige ist.

Und die nach Deutschland ausgewanderten Sachsen, die geglaubt hatten, in ihrem Gebiet die Türken vor Jahrhunderten erfolgreich zurückgeschlagen zu haben, finden verwundert ebenjene dort wieder, wie der Dichter Franz Hodjak lapidar in einem Gedicht im Sammelband zu *Hermannstadt* beschreibt: »die sonne, neutral wie immer / spricht deutsch in Hermannstadt / und in Nürnberg türkisch«.

Auch bei den Nissei, die ich in Nagoya getroffen hatte, handelt es sich um einen doppelten Verlust, Japaner wandern aus, leben in Südamerika als japanische Minderheit, verändern ihre Gewohnheiten über die Generationen, kehren zurück in das Land, aus dem sie einmal gekommen waren, und finden sich dort diskriminiert. Die Probleme der Remigration. Damals in Portugal war ich bereits damit konfrontiert. Portugiesische Gastarbeiter hatten ihre Kinder zum

Studieren zurück ins Mutterland geschickt und die Studenten taten sich dort als Außenseiter schwer.

Die sächsische Rückwanderung nach Deutschland kommentiert die Dichterin Anemone Latzina in einer Neufassung der berühmten, 1927 von Adolf Meschenburger verfassten *Siebenbürgischen Elegie*, indem sie die wehmütigen Verse, die die Jahrhunderte lange Geschichte der deutschen Minderheit beschwören, mit den jeweiligen Wohnadressen der ausgewanderten Verwandten versetzt.

DER BRUDER: 7500 KARLSRUHE, NIKOLAUS-LENAU-STRASSE 5
Roter Mond, vieler Nächte einziggeliebter Freund,
Bleiche die Stirne dem Jüngling, die der Mittag gebräunt.
DIE MUTTER: 7500 KARLSRUHE, LANGE STRASSE 90
Reifte ihn wie der gewaltige Tod mit betäubendem Ruch,
Wie in grünlichem Dämmer Eichbaum mit weisem Spruch.
DIE MUTTER: 7500 KARLSRUHE, LANGE STRASSE 90
Ehern wie die Gestirne zogen die Jahre herauf,
Ach, schon ist es September. Langsam neigt sich ihr Lauf
DIE MUTTER: 7500 KARLSRUHE, LANGE STRASSE 90.

Eine Vollversion des Gedichts findet sich im oben erwähnten Sammelband *Hermannstadt*.

Eine lange Geschichte geht mit dieser letzten Auswanderungswelle zu Ende. Die im 12. Jahrhundert vom ungarischen König als Gastarbeiter eingeladenen Deutschen aus Rheinpfalz, Trier, Luxemburg, Lothringen hatten ihre Arbeit des Befriedens und Fruchtbarmachens sowie des Verteidigens gegen die Mongolen, Tataren und Türken erfolgreich erledigt, indem sie ihre Kirchen zu Festungen ausbauten, in die sich das Dorf bei feindlichen Anstürmen zurückzog. Noch heute gibt es zahlreiche Geschichten, die vor allem die Türken als Feinde beschwören. Siebenbürgen war Grenzland, Grenzbefestigung, ein Kontaktraum von christlicher und islamischer Religion. Die gesammelten Ängste Europas vor dem Überranntwerden durch den fremden Glauben nahmen die Siebenbürger auf ihre Schultern und auf die Verteidigung dieser Grenzlinie sind sie heute noch stolz. Dennoch war das Land im 16. Jahrhundert unter osmanische Oberhoheit gestellt worden und das Fürstentum Siebenbürgen musste Steuern nach Istanbul abliefern.

Und dann erzählt Árpi die Legende von Frauendorf, das wir gerade passieren, die zu Zeiten der Türkenbelagerung spielt, als in einem Verteidigungskampf sämtliche Munition längst verschossen war. Keiner wusste, wie den Ansturm stoppen, bis eine Frau die Nadeln, mit denen sie den traditionellen Schleier am Haar befestigt hatte, als Geschoss nutzte, den Anführer der Türkenarmee direkt ins Herz traf, worauf seine Soldaten sich geschockt zurückzogen.

Ein paar Stunden später berichtet Hanna, unsere zweite Führerin, dieselbe Geschichte, etwas variiert, weil erstens, als Verteidigung von Schäßburg, und zweitens, mit einem Pascha auf einem weißen Elefanten reitend, und drittens, erfolgte in ihrer Geschichte der Schuss mit echter Munition, war aber ebenso siegreich.

Und der weiße Elefant? Wollen wir wissen.

War auch tot. Beide sind da hinten bei dem Türmchen begraben.

Sie zeigt uns das Denkmal als wir den Ort verlassen, aber wir zweifeln, ob dort tatsächlich Elefantenknochen zu finden wären.

Siebenbürgen ist ein Land voller Geschichten: Legenden zu Bauten, Denkmälern, Landschaften und geschichtliche Fakten werden zu einem dichten Teppich verwoben, der sich über dieses Gebiet legt und den Menschen aus den Mündern quillt, sobald sie zu reden beginnen.

Woher habt ihr all diese Anekdoten? Fragen wir.

Na, die kennt doch jeder. Und jeder kennt noch eine und noch eine. Seit ich denken kann, habe ich diese Geschichten gehört, meint Hanna.

Sie ist Sächsin, aufgewachsen in Schäßburg, und war mit den Eltern für einige Jahre nach Berlin ausgewandert. Nun arbeitet sie für den Mihai-Eminescu-Trust, benannt nach dem Goethe Rumäniens, lacht sie.

Diese Stiftung kümmert sich um die Kulturlandschaft Transsilvanien. Damit soll einerseits die alte ländliche Struktur erhalten bleiben, indem sie sich behutsamen Renovierungen einzelner schützenswerter Gebäude, oft auch nur einzelner Fassaden und Dächer, widmet, andererseits eine umweltfreundlichere Richtung der Landwirtschaft und des sanften Tourismus eingeschlagen werden, die vor allem die Eigeninitiative der Bewohner fördert. Kritiker meinen allerdings, die Sache würde zum Museum, die alleinige Renovierung von Hausfassaden sei reine Kosmetik. Doch was soll schlecht daran sein, dass die alten Techniken des Kunsthandwerks gefördert werden, die traditionellen Materialen, Muster und Färbemittel hervorgeholt, um Teppiche und Deckchen zu weben und den Einwohnern auf diese Weise ein Einkommen zu verschaffen? Auch die heute berühmte Produktion von Spitzen in Madeira war von Engländern dorthin eingeführt worden, um jungen Frauen ihr Überleben zu sichern, und auch die komplizierte Batiktechnik war ins mitteljapanische Arimatsu gebracht worden, um die Wirtschaft einer im Niedergang befindlichen Region wiederzubeleben. Beide Male hatte es funktioniert.

Während wir Mediasch verlassen, erzählt Hanna vom sächsischen Raketenbauer Hermann Oberth, Typ verrückter Professor, Eigenbrötler, Genie, der in der Siebenbürger Mythologie einen wichtigen Platz einnimmt. Doch prüft man die Tatsachen, bestand sein Leben nicht nur aus netten Anekdoten. Sicher hatten seine Forschungen die Grundlagen für Wernher von Brauns Entwicklungen bereitet, aber dass Oberth daneben für die Nazis gearbeitet hatte und später, nach einer amerikanischen Episode, als einer der ersten Mitglieder der NPD

Deutschlands aufgetreten war, wird aus Hannas Geschichtchen nicht deutlich. Vielleicht auch, weil Oberth trotz seiner Nazi-Aktivitäten nach dem Krieg mehrere Ehrendoktortitel deutscher Universitäten erhielt. Sogar die Fakultät für Ingenieurswissenschaft in Hermannstadt ist bis heute nach ihm benannt.

Bei wunderbarem Wetter fahren wir über Land in Richtung Biertan, einem ehemaligen Bischofssitz. Die hügelige Landschaft ist nach dem strengen Winter ausgedörrt und grau. Rauchschwaden überziehen die Felder und verkohlen Wegränder.

Die Bauern brennen die vertrockneten Maispflanzen lieber ab, anstatt sie auszureißen, und zerstören damit den Nährboden der Frühlingserde, meint Hanna.

Der Geruch nach verbrannten Pflanzen, war das Erste gewesen, das ich erschnupperte, als ich aus dem Flugzeug gestiegen war und ich hatte mich gewundert, weil ich diese Düfte mit Herbst verband. Hier aber reinigt man das Feld auch im Frühling mit Feuer.

Im Dorf angelangt, steigen wir die Treppen hoch bis zur Wehrkirche. Tierstimmen dringen durch die autolose Stille: Schafe und Lämmchen, Vogelgezwitscher, Schäferhunde, und dann das Läuten der Zwölfuhrglocke, die alles übertönt. Kleine Aufregung im Bauch, kurz vor der Messe, ich trage weiße Strumpfhosen und Spitzenschuhe, einen raschelnden grünen Taftrock, etwas Wunderschönes wird geschehen, die Erwartung einer Feier, Schleife im Haar, das Zusammenläuten der Gläubigen, Sonnenluft kitzelt in der Nase, Blüten streuen auf die Straße, es hat was von Rausch, Betäubung, dieses laute, alles überlagernde Glockengebrüll. Ignorieren unmöglich, man bleibt einfach stehen und hört, befindet sich mitten im Klang, im Schatten der Kirche. Und in die muss man dann gehen.

Am Kirchengebäude in Biertan sind die verschiedenen Bauperioden sichtbar geblieben. Mit riesigen Schlüsseln wird das Tor geöffnet und eisige Kälte empfängt uns, bunt gemusterte Polster auf den Bänken, Gartenteppiche hängen von den Emporen. Seit dem 15. Jahrhundert gelangten osmanische Teppiche in die Region. Die Licht- und Luftverhältnisse in den ungeheizten dunklen Kirchengebäuden haben Farben und Gewebe gut getan. Warum es aber möglich war, dass die von überflüssigem Bildwerk befreiten evangelischen Kirchen sich ausgerechnet mit wertvollen Teppichen schmücken durften, hat die Wissenschaft bis heute nicht gelöst. Im Volksmund heißt es, dass sich auf diese Weise die siebenbürgischen Händler für ihre heile Rückkehr von Geschäften aus dem Orient bedankten.

Turkophil oder besser osmanophil, wie ich bin, suche ich nach weiteren Resten dieses Einflusses in der Ornamentik von Kirchenfresken, im Kleidungsstil der abgebildeten Bischöfe, in winzigen Vignetten an Kirchenfassaden. Man bemerkt Kleinigkeiten, wenn man sie bemerken will.

Mit einem Mal verwandeln wir uns in kunsthistorisch interessierte Touristen und sind Hanna dankbar für die Geschichte über das erste mechanische Schloss, das die Sakristei vor Eindringlingen schützte, und über die Geschichte zum Ehegefängnis, das bewirkte, dass es über die Jahrhunderte in diesem Dorf bloß eine Scheidung gab. Eine Art radikaler Paartherapie. Wer sich nicht vertrug, wurde in dieses Häuschen gesperrt, ausgestattet mit nur 1 Bett, 1 Tisch, 1 Teller, 1 Glas, und die Eheleute mussten ihre Kämpfe so lange hinter verschlossenen Mauern austragen, bis sie sich wieder mochten. Dann erst durften sie raus.

Zum Abschied von Biertan können wir noch einen Pferdewagen fotografieren, beladen mit Kindern und Maissäcken, Wägen, die früher, bei meinem zweiten Besuch, die Straßen dominierten.

Das Getrappel war in der Stille weithin zu hören und vermittelte das Gefühl einer angehaltenen Zeit, ein anderes Maß als das Westeuropas, eines das mir gefallen hatte, und eines, das meinen Begleiter derart faszinierte, dass er nie genug kriegen konnte, Tonaufnahmen zu machen, minutenlanges trapp trapp trapp, leichtes Gemurmel des Kutschers oder gemächliche Unterhaltungen auf Rumänisch.

Damals hatten wir die meisten Fotos aus dem Auto heraus geschossen, aus Angst, zu viel Aufmerksamkeit zu erregen. Wir sollten nicht bemerkt werden, waren *undercover*, als Touristen verkleidete Journalisten. Unsere Mission war geheim. Wir wollten etwas wissen, was niemand wissen sollte.

Das Kapital unserer zweiten Reise nach Siebenbürgen waren das tragbare, von Sony auf Taschenbuchformat verkleinerte Aufnahmegerät und das fast unsichtbare Mikrofon. Einen Teil der Gespräche, immer wenn es ums Volkskundliche, die Bräuche ging, zeichneten wir offiziell auf. Mit der Zeit wurde das am Gürtel des netten Tontechnikers befestigte Gerät akzeptiert, keiner stieß sich daran und wir ließen es laufen, wo es nur ging. Verbotene Aufnahmen, verbotene Gespräche. Heute glaube ich, dass Trina, unsere Hauptinformantin, auch der Gegenseite berichtete, und dass wir deshalb halbwegs sicher in ihrer Nähe waren, weil sie geschützt war. Eine Respektsperson, zu der alle aufschauten. Sie hatte die Gemeinde im Griff. Wir fotografierten Kinder, die neben einem Tankwagen standen, der mit Milch gefüllt wurde. Die Kinder ignorierten diesen Vorgang, der ihnen das zum Wachstum nötige Nahrungsmittel entzog, sondern beobachteten lieber das fremde Auto, also uns.

Vor allem die Kombination von gesunder Milch und stinkender Abgasrauchwolke ist, was mich heute noch an diesem Foto fasziniert. Und die Ähnlichkeit der Hausecke zum Bauernhaus mit schlecht verputzten Wänden, in dem ich die ersten Lebensjahre verbrachte. Auch wir waren gaffend herumgestanden, sobald ein Fremder sich näherte.

Dieses Kindheitshaus wirkt heute noch um einiges verwahrloster als je zuvor. Von weitem, von der großen Eiche aus, hatte der Kameramann es vor ein paar Jahren mit dem Objektiv näher geholt, als er mein Porträt fürs Fernsehen drehte. Ich war erschrocken, als ich es, abgetrennt von mir, später in diesem Film sah, weil das Gebäude so offensichtlich baufällig dastand, mit einer riesigen, im Wind flatternden blauen Plane davor. Unheimlich.

Anscheinend ist meine Faszination für kaputte Umgebungen tatsächlich von dieser ersten kindlichen Raumerfahrung geprägt. Immer wieder kehre ich dorthin zurück. Ob es nun mein tatsächliches Kindheitshaus ist oder das von anderen.

Für die zweite Rumänienreise hatten wir das billigste Auto gemietet, ahnungslos. Auf löchrigen Straßen kamen wir langsam vorwärts. Wir schaukelten. Kein Wunder, dass der Wagen mit einem gewaltigen Knall den Geist aufgegeben hatte, als wir uns wieder Richtung Wien bewegen wollten. Und wie immer und überall rettete uns die in Siebenbürgen gesprochene deutsche Sprache. Ein sächsischer Automechaniker bastelte das Auto wieder zusammen, ein deutschsprachiger Grenzbeamter stufte bei der Generaldurchsuchung spätnachts vor der Ausreise meine Notizbücher als harmlos ein. Die Filme waren zwar im Auto versteckt und die vielen Kassetten mit verfänglichen Gesprächen in einem großen Plastiksack zusammen mit den Popkassetten verstaut. Doch waren wir zu blöd, neugierig und triumphierend gewesen und hatten eine Kassette auf der Fahrt abgespielt, froh über die gute Aufnahmequalität. Und hatten sie schließlich im Rekorder vergessen.

Als der Grenzbeamte fragte, was wir hören würden, antworteten wir frech, Musik, aber er ließ es sich beweisen, befahl, die Play-Taste zu drücken. Die Stimme des Priesters der Dorfgemeinde ertönte und der Kontrolleur freute sich, uns beim Lügen ertappt zu haben. Ich verfluchte mich für meine Dummheit, mein Gehirn setzte aus, dann begannen glücklicherweise die alten Frauen des Gottesdienstes ein Kirchenlied anzustimmen und mein Begleiter antwortete geistesgegenwärtig: Ich mag Kirchengesänge. Ich fahre überall herum und höre den alten Frauen beim Singen zu. Lieder sammeln ist mein Hobby.

Der Grenzer nickte und verschwand. Flüsternd versuchten wir ein Szenario zu entwerfen, koordinierte Aussagen. Was sollten wir erzählen, würden wir getrennt verhört?

Wir einigten uns auf die Version der alten Tanten, die wir als Familienmenschen gerne besuchten. Dann kamen meine Notizbücher zurück, in die ich verschlüsselt die Namen und Adressen unserer Gesprächspartner eingetragen hatte. Der sächsische Grenzbeamte verriet nichts. Wir waren durch.

Jetzt aber ist 2010 zur Mittagszeit in Siebenbürgen. Wir fahren fort. Ich höre zu notieren auf. Wir sind hungrig.

Ich sage lieber wir als ich.

Malmkrog ist wegen seiner Apfelpflanzungen bekannt und liegt am Ende einer Stichstrasse. Obwohl abgelegen, wohnen viele Deutschsprachige hier, erklärt Hanna.

Nach unserem kunsthistorischen Ausflug vermehren sich nun die Anzeichen einer Idylle: Die Sonne scheint, wärmt sogar, wir betreten einen Bauernhof, holen unser Picknick ab. Der Hof bietet ein Durcheinander allergrößter Art und ich traue mich nicht zu fotografieren, weil ich nicht will, dass die Leute merken, dass für mich dieses Chaos etwas Besonderes darstellt. Halbkaputte Geräte, Fahrzeuge, Maschinenteile, Holzstücke, Bausteinreste, Garteninstrumente, und dann sind wir schon wieder draußen vor dem stillgelegten alten Mähdrescher, auf dem Gras wächst, und dem zusammengebrochenen alten Jeep, in dem zwischen ausgeleierten Sitzen das Heu hervorquillt, ein ehemaliges Stallfahrzeug, wie Hanna erklärt, ganz normal.

Wir schlendern in Richtung Herrenhaus, treffen ein kleines Mädchen mit Fahrrad, es spricht deutsch, begrüßen ein Mädchen durch das Küchenfenster, es spricht deutsch, ist das alles inszeniert für uns? An der Kirche wird geputzt, vorbereitet für den morgigen Sonntag, ein Teenager fegt, das Mädchen spricht deutsch und die Hausfrau, die verantwortlich ist für die Kirche, breitet frisch gewaschene und gebügelte weiße Tücher über den Altar, verteilt Blumen aus dem eigenen Garten. Neben den großflächigen Fresken aus verschiedensten Jahrhunderten, die ältesten gehen bis ins Mittelalter zurück, betrachten wir am Eingang das kleine Dreifaltigkeitsgesicht, Gottvater, Gottsohn, Heiligergeist vereint in einem Kopf mit drei Nasen, drei Mündern, sechs Augen. Wir untersuchen die Wand hinter dem Altar nach jahrhundertealten Graffiti, Pfarrer Michael Steyrer hinterließ im Jahr 1612 seine Kratzspur, alles voller Palimpseste, jahrhundertealte Geschichte in bemalten Schichten auf kleinstem Raum sichtbar und verdeckt. Ein Wunderland für Kunsthistoriker müsste das sein, aber es fehlt das Geld, so können wir alles nur bestaunen und hoffen, dass nicht von einem Tag auf den anderen alle Pracht für immer verkommt.

Aber da ist ja Hanna, sie kümmert sich um Malmkrog, betreut eine Fabrik für biologischen Apfelsaft, leitet die Renovierungsarbeiten für die Kirchentreppen und das Herrenhaus, das über dem Dorf thront und sie packt nun unser Picknick aus: alles hausgemacht, Ziegensalami, Selchfleisch, Frischkäse, eingelegte Gurken, Weißbrot, gekochte Eier, Kuchen und Wein.

Wir sitzen im Freien, es ist warm genug, und auch das Herrenhaus war eine Ruine, gerettet nun vom Mihai Eminescu Trust, beschirmt von Prinz Charles, der gerne in diese Gegend kommt.

Wir arbeiten mit den Leuten vom Dorf zusammen, sagt Hanna. Es wird nichts gemacht, was sie nicht auch wirklich machen wollen. Das Ziel ist Unabhängigkeit. Es soll mit den Mitteln, den Fähigkeiten, den Materialien, die im Dorf vorhanden sind, gearbeitet werden. Wenn wir alte Dachziegel nachbilden wollen und keiner weiß wie es geht, dann bieten wir eben Kurse an, in denen man die vergessenen Techniken wieder lernt. So haben die Leute Arbeit und ziehen nicht fort, können stolz sein auf die Bewahrung des Alten. Jeder wird eingebunden, der nur will, Rumänen, Deutsche, Ungarn, auch Roma. Eine sanfte Intervention soll es bleiben, spricht Hanna, als Hüterin der Tradition mit einem Blick in die Zukunft.

Es klingt plausibel, machbar, klug.

Die von Eichen umstandene Picknickwiese wird im Sommer zum Festplatz, wenn zur Hochzeit geladen wird und die Gäste solange feiern, bis das Gras zertanzt ist und nur mehr Staubwolken die wilden Bewegungen begleiten, wie der rumänische Verwalter erzählt. Auch er ist wieder zurückgekommen mit seiner sächsischen Frau aus Deutschland. Und zur Auflockerung des diesen Ort beherrschenden Ökowohlgefühls steigt er auf seine Motocross-Maschine und prescht lärmend über die Wiesen den Berg hinauf.

Nachdem wir denselben Apfelsaft getrunken haben wie Seine britische Hoheit und dieselben Stufen zur Kirche hochgestiegen waren, wollen wir nun endlich das Zimmer des Thronfolgers sehen, der seinen Schirm über diese Gegend hält, und das Innere des Hauses.

Mit einem Wort: Es ist wunderschön. Geschmackvoll, stilsicher, mit bestem Material renoviert, gleichzeitig komfortabel, mit mehreren Badezimmern und Toiletten, ein Traum, man möchte sofort einziehen, es mieten, im Prinzenbett schlafen, in der Bibliothek stundenlang schmökern, die Landschaft betrachten, spazieren, und rasch treten wir aus diesem Werbeprospekt wieder heraus, nicht ohne versprochen zu haben, wiederzukommen, unbedingt, auf jeden Fall, mit Freunden, mit Familie, mit Studenten, wir wollen alles das auch haben, was Prinz Charles hat, Meingott.

Und dann nehme ich einen Schluck von dem gemischten rosafarbenen Wein, erwarte Saures. Die Flüssigkeit breitet sich auf meiner Zunge aus, ein Geschmack nach Beeren, nach Ribiseln, nein, nach rotem Holunder, der mich an Gänge durch Weingärten erinnert, an die rauen Blätter auf meiner Haut beim Ribiselpflücken, an die prallen blauroten Trauben neben dem Kuhstall, an einen lehmigen Weiher im Sommer. Was ist das? Uhudler?

Erstaunt blicke ich mich um. Ich schmecke Glück. Glück nicht wegen des Geschmacks allein, aber Glück, weil ich dieses Gefühl des in andere Zeiten und Räume Getragenwerdens über den Geschmack erleben kann.

Du bist dagesessen wie erstarrt, sagt Syd.

Proust, sage ich, und versuche den Zusammenhang zwischen Erinnerung und Geschmack anhand der räumlichen Nähe der dafür zuständigen Gehirnareale zu erklären.

Hanna lächelt und ich nehme einen weiteren Schluck.

Dann brechen wir auf.

Nach diesem vollkommenen Augenblick kann nichts mehr gut sein. Müde von den vielen Geschichten fahren wir nach Schäßburg, dem Highlight des Rumänien-Tourismus, keine Werbung kommt ohne Hinweis auf Dracula, sein Geburtshaus, seine Burg, sein Grab aus. Wir stürzen aus dem schönen Bild in die

Touristenfalle mit Touristencafés zu Touristenpreisen hinein. Wir passieren Touristenverkäufer, Touristengrüser, Touristenversorger, weil hier nämlich tatsächlich Touristen sind, die Touristenfotos schießen von dem Touristenturm. Alles Projektionen. Aus dem Westen.

Der Literaturwissenschaftler Tomislav Z. Longinović bringt die Furcht des Vampirs vor Licht in Zusammenhang mit dem Mythos des unaufgeklärten Landes, dort wo man das Licht der Vernunft scheut, und bezeichnet den transsilvanischen Schauplatz des Bram-Stoker-Romans als Grenz- und Übergangsgebiet: Hier an der Peripherie des modernen Europas treffen die Konflikte zwischen Christentum und Islam aufeinander, ein Stellvertreterkrieg. Denn Vlad Dracul, das historische Vorbild für Stokers Romanfigur, wurde in türkischer Gefangenschaft mit den grausamen Foltermethoden vertraut gemacht, die er als befreiter Herrscher dann selbst gerne anzuwenden pflegte. In Dracula werden die verdrängten grausamen Praktiken der Kolonisierung und Modernisierung konzentriert, praktischerweise in ein fernes Land transponiert. Nur dort können sie ihr Unwesen treiben. Und wer hingeht, ist selbst schuld.

Die rumänische, die sächsische Vorstellung von Schäßburg hat mit Dracula nichts zu tun. Außer es gäbe Geschäfte zu machen, wie mit dem Dracula-Wein, der zu Halloween in rauen Mengen nach USA verschifft wird. Und die Pläne für den Dracula-Vergnügungspark sind wohl auch noch nicht zur Seite gelegt, obwohl Prinz Charles beim Bürgermeister intervenierte.

Nur weil im 19. Jahrhundert ein englischer Autor eine Geschichte erfand und sie in der angeblichen Geografie Transsilvaniens situierte, heißt das noch lange nicht, dass diese erfundenen Traditionen in Rumänien lebendig sind. Wenn man so will, wurde der Landstrich durch Bram Stokers »Dracula«- Geschichte kolonisiert. Seitdem wird die Thematik endlos fortgeschrieben und verfilmt und ist vor allem im amerikanischen Unbewussten so eingegraben, dass allein die Nennung des Namens Transsilvanien als Herkunftsland aufgerissene Augen und schrille Schreie produziert. Ich habe das in Chicago mit einer ungarisch-rumänischen Freundin mehrmals beobachten können, die diese Pointe nach einigen amerikanischen Jahren klarerweise absichtlich setzte. Und mittlerweile sind die Vampire dorthin zurückgekehrt, wo sie am beliebtesten sind und treiben nicht mehr ihr Unwesen, sondern treiben es gar nicht mehr. Sie sind mormonisch keusch, zeigen der verderbten Gesellschaft vor, was wahre Liebe ist. Heutzutage ist der gutaussehende jugendliche Vampir der Erlöser, nicht mehr die Jungfrau. Und Schäßburg ist mit scheußlichen Dracula-T-Shirts und geschmacklosem Dracula-Porzellan weitgehend sich selbst überlassen, rüstet sich für den Ansturm der Touristen. Die Straßen der mittelalterlichen Stadt werden aufgerissen, die Bäume lautstark abgesägt. Vor dem Treppenaufgang zur Burg zeugen weitläufige Rohbauten schon zwanzig Jahre lang von einem der letzten Pläne des Diktators Ceaușescu. Er hatte die alten Häuser abreißen lassen, um ein modernes Einkaufszentrum zu errichten. Doch nach seinem

Sturz hatte sich kein Bauherr mehr gefunden, und so beschließt die Ausgeburt des wahnsinnigen Herrschers unseren Gang durch das aufgerissene Bild.

Es ist dieses Schäßburg-Gefühl, sagt Syd.

Mit einem Mal können wir das Hässliche nicht mehr ausblenden. Nachdem wir mit dem Schönen und Guten überfüttert worden waren, dringt nur mehr das Unpassende heran und nervt und zerrt und stört. Die Geschichten gehen nun bei einem Ohr hinein und beim andern hinaus, Gedanken fliehen, und noch schließen wir nicht die Augen. Also müssen wir sehen: die ärmlichen Kleidungsstücke an den Wäscheleinen entlang der Straßen, die fetten, aufgedunsenen Männer auf den Bänken vorm Haus, die ausgemergelten Kinder, die im Dreck spielen, die Rundrücken der schlecht ernährten jungen Frauen, den verrückten Zigarettenschnorrer, das bettelnde Mädchen, das nicht davongeht, die schwarze Stadt Copşa Mică, mit ihrer Buntmetallfabrik, deren Abgase die Kinder mit Blei vergifteten, mit ihrer heute stillgelegten Russfabrik, die zur Zeiten der Diktatur die ganze Umgebung, Häuser, Pflanzen, Gräser schwarz färbte und deren italienischer Besitzer sich lange weigerte, Filter einzubauen. Die leer stehenden ehemaligen Industriebauten sind heute zerlöchert durch die Bauwut der Roma, die sich von dort Material besorgen.

Wir halten es kaum mehr aus und fliehen in den Weinkeller von Hermannstadt.

Und über Ursusbier und roten Rüben bemühen wir uns, Hannas letzte Botschaft zu begreifen, die sie uns mitgab, als wir erschöpft von ihrem Wissen und ihrem Gutsein vom Schäßburger Schloss hinunter zum Auto wankten.

Es ging um den trockenen Humor der Schäßburger, dafür seien sie bekannt und für den Abschiedsgruß, den sie verwendeten:

Leck mich am Arsch, aber bleib gesund, kam es aus Hannas Mund. Wir strengten uns an, verstanden gar nichts.

Also erklärte sie, das ist auch mit einem Liedchen verbunden, und sie begann zu pfeifen, eine kleine Melodie, die ich erkannte, sie bezeichnete nach meinem Gefühl eine Art Beiläufigkeit, einen unschuldsbeteuernden Ton.

Das wäre die Kennmelodie, an der sich die Schäßburger überall in der Welt erkennen würde, erläutert Hanna weiter. Zum Beispiel habe sich ihr Vater einmal im Labyrinth des Schlossgartens von Sanssouci verlaufen, worauf die Familie dieses Lied so lange gepfiffen habe, bis er wieder herausgefunden hatte aus dem Irrgarten.

Das Bier im Weinkeller beginnt endlich zu wirken.

Was meinst du? Hat sie uns verachtet? fragt Syd.

Warum, wegen dem Leck mich am Arsch?

Ja, das ist doch ein schlimmer Kraftausdruck. Das sagt man doch nicht so einfach jemandem ins Gesicht.

Stimmt, und gerade Hanna. So brav mit ihrem gestreiftem Hemd, dem weißen Pullunder und dem blonden Pferdeschwanz.

Wir spielen mehrere Varianten durch, kommen aber auf keine Lösung.

Ich glaub, sie ist verrückt geworden, meint Syd dann. Irgendwie durchgedreht. Ich meine, irgendwas muss wohl nicht stimmen mit ihr.

Aber wir sind sehr müde. Haben keinen Kopf mehr für verqueren Humor. Árpis letzte Botschaft hingegen war ganz klar. Sie hatte gelautet:

Ich bin immer hier. Ich gehe nicht fort.

Weniger trotzig als resignativ.

Auch das Rätsel unseres Hotels wird vor der Abreise gelüftet. Die unzähligen Lämpchen auf der Weltkarte, die an der Rezeption hängt, bezeichnen die Häfen, welche der Besitzer im Laufe von zwanzig Jahren als Seemann angelaufen hatte. Es sind mindestens zweihundert. Auf diesen Reisen hatte er seine rumänische Frau kennen gelernt. Vor der blinkenden Weltkarte verschwistern wir uns noch mit der gerade angekommenen und gerade wieder abreisenden israelischen Familie, tauschen kurze Lebensläufe und Adressen aus, schließlich möchte mir der Hotelier seine Memoiren zusenden und dann sind wir fort.

Aber das Kennenlernen hört auch in der Transithalle des Flughafens nicht auf. Verstört durch die unangekündigte, aber spürbare Verzögerung der Ankunft unserer Maschine, ein Blick aus dem Fenster auf das winzige Flugfeld genügt, um zu sehen, kein Flieger da, tauche ich in das jüngste Buch Herta Müllers, in die Beschreibungen der grauenvollen Lagerzustände, sehe einen kurzgeschorenen verlausten Frauenkopf im flüssigen Beton versinken. Erinnerungen des verstorbenen Hermannstädter Dichters Oskar Pastior und Eindrücke der Reise, die er mit Herta Müller zu den ehemaligen Arbeitslagern unternommen hatte.

In einer für deutschsprachige Investoren herausgegebenen Zeitschrift entdecke ich den Bericht eines rumänischen Journalisten, der Müllers Herkunftsort Nitzkydorf aufsucht, um Auswirkungen der internationalen Ehrung zu recherchieren und schnapstrinkende moldawische Hausfrauen findet, die wissen wollen, ob die nunmehr reiche Autorin ihm Geschenke für die Bewohner mitgegeben hätte. Um die ihnen von ausgewanderten Schwaben hinterlassenen Häuser sind sie froh. Rumänische Familien hatten in die leerstehenden Gebäude ziehen dürfen und als sie zum ersten Mal einen Parkettboden sahen, diesen den Winter über verheizt, schreibt der Journalist. Die Geschichten ähneln sich. Nur die Figuren werden ausgetauscht. Einmal sind es die Roma, dann die Moldawier, die mit den Segnungen der Zivilisation nicht umzugehen wüssten. Außerdem trifft der Journalist in Nitzkydorf einen Säufer, der sich Besuchern als ehemaliger Mitschüler der Nobelpreisträgerin andient und sein angebliches Hintergrundwissen für etliche Bierchen verkauft. Müllers Halbkusine bleibt nur die Wut über den Verrat, seit sie Müllers erstes, noch in Rumänien erschienenes Buch *Niederungen* in die Finger gekriegt hatte. Alles gelogen, findet sie.

Alexandra, die großzügige Sitznachbarin in der Wartehalle, hatte den Nobelpreis-Roman ihrer Mutter schenken wollen, die ihn nicht lesen konnte, weil zu viele schreckliche Bilder in ihr aufstiegen, Geschichten, die sie von der älteren sächsischen Generation in Siebenbürgen gehört hatte.

Im Warten auf den Abflug beginnt Syd neugierig ein Gespräch mit der nach Deutschland ausgewanderten Alexandra.

Wie wichtig ist dir die Zugehörigkeit zur ungarischen Minderheit? Fühlst du dich eher als Deutsche, als Ungarin oder als Rumänin?

Syd, die in Brooklyn aufgewachsen ist und seit vielen Jahren in Berlin lebt, ist Jüdin. Auch ihr wird die Identitätsfrage oft genug gestellt. Sie ist privilegierte Ausländerin, genauso wie ich. Deshalb meinen wir, dass die definitive Festlegung auf Herkunft oder Sprache nicht nötig ist. Für uns nicht mehr.

Aber für Rumänien ist sie wichtig, wirft Alexandra ein, und darf nicht ignoriert werden. Die Leute leben hier auf engem Raum. Also eine ungarische Schülerin in einer deutschen oder rumänischen Klasse gehörte nicht dazu, so habe ich das erlebt, erklärt Alexandra.

Es wurde und wird genau geschaut, wer aus welcher Familie welcher Ethnie kommt. Einen Rumänen heiraten war unmöglich.

Zum Schluss steht also die Frage nach der Identität, und die wird von den anderen festgelegt, wie die ungarische Dichterin Zsófia Balla meint: Heute zwischen dem siebenbürgischen Klausenburg und Budapest lebend, schreibt sie in einem, im Sammelband *Hermannstadt* abgedruckten Text: »Wieder ist es mir gelungen, einem Land den Rücken zu kehren, wo der Ausgang von nichts vorhersehbar ist, lediglich gute Geländekenntnisse eine annähernde Einschätzung der Lage erlauben und Raffinesse ohne Ende ans Ziel führt, wo andere mir sagen, wer ich bin: eine Rumänin ungarischer Muttersprache, eine siebenbürgische Ungarin, eine ungarische, der Glaubensgemeinschaft abtrünnige Jüdin, für Freidenker eine Gläubige, außerdem eine Geschiedene, eine Kinderlose, eine Frau, eine Liberale, eine Intellektuelle ...«

Und wir, die New Yorker jüdische Berlinerin Syd, die rumänische ungarische deutsche Alexandra und ich, die österreichische Berlinerin, wir heben ab, wir fliegen.

Und über den Wolken wird mir klar: Aus der Trauer meiner Herkunft bin ich beim ersten Mal in die Vision einer unberührten Naturlandschaft gereist. Das zweite Mal wollte ich aus der Trauer meiner Herkunft heraus, gefährdete Strukturen retten, zu einem Besseren bringen. Diesmal versuchte ich meine eigene Geschichte mit den dortigen Geschichten zu verbinden. Und jedem, der noch nicht dort war, ist eine Reise nach Siebenbürgen zu empfehlen.

P.S. Natürlich haben wir uns sogar in den Eiern getäuscht. Kurz nach der Rückkehr, zerbrach das in langen Stunden bemalte und bekratzte Symbol in kleine Stücke. Es war nicht aus Holz, sondern echt.

MAROKKO

Fatimas Hand

Rot, grün, blau, orange, lila, unerträglich grell gefärbter Flaum von Küken. Tschilpend drängen sie am Markt aneinander, von einer Kinderschar belagert. Sie dürfen sich ein Tier aussuchen und mit nach Hause nehmen zum Spielen. Der Verkäufer stopft die Küken grob in eine Plastiktüte. Ein paar Tage später liegen sie sterbend in der Gasse, beobachtet von ihren jungen Besitzern.

»Die wissen ja gar nicht, was mit den Küken passiert«, empört sich mein Sohn. Wirklich nicht? Was wissen wir denn? Was können wir wissen und wie können wir das Fremde wahrnehmen, das wir nur für eine kurze Episode unseres Sommers aufsuchen? Schon allein das »wir« ist uneinheitlich: Drei Erwachsene, zwei Teenager, zwei Kinder, verschiedene Weisen, die Welt zu erleben.

Die Stadt, in der wir uns befinden, heißt Essaouira und liegt am Meer. Wir bewohnen ein dreistöckiges altes marokkanisches Haus mit einem nach oben hin offenen Innenhof. Pölster und Decken muffeln wegen der hohen Luftfeuchtigkeit. Die Seiten der Bücher sind klamm, dünne Staubschichten und Sand liegen am Treppenaufgang, vom Wind durch die Ritzen ins Haus geweht. Auch im Innenraum ist man über den Hof mit dem Außen verbunden. Auf der Terrasse wird die Straße hörbar. Kreischende Möwen, raschelnde Plastiktüten, Hundegebell, das heftige Rauschen des Atlantiks sind auszumachen. Aber die Musik täuscht anfangs. Lautes Trommeln und Gesänge treiben uns nachts durch die Gassen auf der Suche nach der Quelle, weil wir meinen echte Gnaoua-Musiker zu vernehmen, diese von ehemaligen Sklaven begründeten spirituellen Klänge, denen mittlerweile ein ganzes Worldmusic-Festival in Essaouira gewidmet ist. Wir gelangen bis zum Gnaoua-Heiligtum, das um diese Zeit jedoch bereits geschlossen ist. Später begreifen wir, dass der CD-Händler um die Ecke abends die Verstärker gerne lauter aufdreht. Auch das ständige Hupen tagsüber können wir nur verstehen, nachdem wir selbst begonnen haben, mit Bussen jenseits europäischer Sicherheitsstandards zu fahren, die tagsüber von der nahe gelegenen Bab Doukkala abgehen. Das Hupen signalisiert ihre Abfahrt und veranlasst Zuspätkommende rasch zuzusteigen. Am eindrücklichsten aber bestimmen Muezzine den Tag, die hier ihre echten Stimmen erheben, nicht vom Band singen und sich leicht zeitverschoben zu einem Chor formieren. Noch ist Fastenzeit und die Sirene, die das Ende des Tages anzeigt, bringt Bewegung in die Menschen. Endlich trinken, endlich essen.

In den engen Gassen spannen Schneider meterweit glänzende Garne, aus denen sie Borten zwirbeln, die sie in engen Verschlägen auf lange Kleider nähen.

Auch diese Begegnungen und die Bedeutung ihrer Bewegungen lassen sich nicht sofort entschlüsseln, sondern erst nach mehreren Durchgängen. Von früheren Reisen erinnere ich ein Marokko, in dem man als Tourist von einer Horde, ihre Dienste anbietenden jungen Männern verfolgt wurde, als Touristin andauernd angemacht. Nun aber zwar heftige Blicke, sonst nichts. Nur kleine Kinder, die gelernt haben, dass man Ausländer mit »Bonjour!« grüßt, sprechen uns an.

Am Strand queren wir rasch eine Hürde aus sorgfältig zurecht gemachten sportlichen Männern, die Liegestühle und Schirme anbieten. Zum Familienpreis, versteht sich. Dann folgt ein Ineinander von Pferden, Kitesurfern, Neoprenanzügen, Surfbrettern und dunkelblauen Turbanen über Baseballkappen. Wir treffen auf Dromedare, Kuchenverkäufer, Wollhaubenverkäufer, Plastikuhrenverkäufer. Es ist Mitte August und außerhalb des Liegestuhlbereichs gibt es kaum Frauen in Badeanzügen oder Bikinis, schon gar nicht solche ohne männliche Begleitung. Und solange unsere Söhne in der Nähe sind, bleiben wir auch unbehelligt. Nur sobald sich die Jungs mit ihren Surfboards in die Wellen stürzen, rücken Interessierte näher, veranstalten Liegestützwettbewerbe, müssen verirrte Fußbälle nahe unserer Matten auffinden. Abends lassen wir uns von Fatima beibringen, wie man ungebetene Zuwendung wirksam ablehnt: »Geh zu deiner Mutter«, sollen wir auf arabisch sagen. Die Jungs merken sich das sofort.

Fatima kocht für uns. Auch während des Ramadan muss sie einkaufen und Essen zubereiten. Wir begleiten sie auf den Markt, wo sie in Tore schlüpft, die wir sonst nicht gesehen hätten, vor Häusern stehenbleibt, wo zu einer bestimmten Zeit frisches Brot aus dem Ofen geholt wird. Da die meisten Menschen keine Kühlschränke haben, werden die Lebensmittel nicht zwischengelagert, gelangen vom Produzenten auf raschestem Wege zum Händler und von dort in die Küche. In der Geflügelabteilung des Marktes stinkt es nach Blut und Exkrementen. Die Tiere sind in verschiedenen Aufbereitungsphasen zu sehen: Freilaufend, lebendig in Käfigen und Kartons, tot und gerupft und vom Haken hängend, auf Holzbrettern gelagert, zerschnitten, als Eingeweide, als Sammlung von Flügeln. Ich traue mich nicht, hinzusehen, als in einer Ecke und dann in der nächsten Hälse verdreht, Köpfe abgehackt werden. Ich rette meinen Blick, indem ich ihn auf die Bildschirme in den Läden richte. Eine Tiersendung läuft, Krokodile, die ihre Beute lebend schnappen. In Zeitlupe klappen sie ihre Mäuler auf. Die Kinder kommen nur einmal mit auf den Markt, dann ist es ihnen zu viel. Die gefärbten, todgeweihten Küken, die getöteten Hühner, die räudigen Katzen ohne Zuhause, die sie wegen möglicher Ansteckungsgefahr nicht anfassen dürfen, machen ihnen zu schaffen.

Sie klagen über den stinkenden Müll, die wegen Reparaturarbeiten teilweise offene Kanalisation und den Rauch der Sardinengrills, die nach Ende des Fastenmonats überall in den engen Gassen auftauchen und sie vernebeln. Die

Kinder sind sterile Supermärkte gewohnt, wo es keine Gerüche gibt, kein Blut, keine Erinnerung daran, dass die in Plastik verpackten Fleischstücke einmal Lebewesen waren. Sie ertragen den Gestank nach Latrine nicht, der aus dem mitteleuropäischen Alltag längst beseitigt wurde. Sie sind Ablaufdatumsjunkies, fest davon überzeugt, dass sich die Lebensmittel bei Überschreiten dieses Datums umgehend in giftige Substanzen verwandeln. Sie lassen sich nicht mehr von Geschmack und Aussehen überzeugen, sondern nur mehr von den Vorsichtsmassnahmen der Lebensmittelindustrie.

Aber sie fahren mit, als Fatima uns zum Fastenbrechenfrühstück in ihre Familie einlädt. An der Bab Doukkala steigen wir in eine der blau bemalten staubigen Kutschen, die als billiges Verkehrsmittel dienen. Die Jungs dürfen sogar am Bock Platz nehmen, um dann erschrocken zu berichten, dass der Kutscher die struppige Mähre zu oft geschlagen hätte. Wir lassen uns entlang des Industrieviertels transportieren, staubige Ruinen, staubige Straßen bis in ein staubiges Neubauviertel. Doch das Wohnungsinnere ist blitzblank geputzt, der Salon für besondere Tage mit glänzenden Sitzpolstern versehen und die Frauen haben gebacken, servieren Zucker, Mehl und Fett in allen Variationen: Fladenbrote, knusprige Brote, dicke flaumige Crêpes mit Honig, mit Sirup, mit flüssiger Butter, Kuchen mit Gewürzen, Kekse mit Kakao, Schokolade, Marmelade und zum Schluss die Nuss-Mandel-Zuckerpaste. Sie verraten uns Rezepte, schenken stark gezuckerten Tee nach und die Kinder essen was das Zeug hält. Beim Essen sind sie dabei. Dankbar für Fatimas Frühstücksfladen und ihre Sardinenbällchen, ihr Quitten-Hähnchen-Couscous, ihre Lamm-Pflaumen-Tajine. Sobald die Lebensmittel verarbeitet sind, kein Problem. Ohnehin hat jeder von uns seine eigene Art die Fremde wahrzunehmen. Die Geräusche sind für alle unausweichlich. Doch dagegen helfen Kopfhörer und mitgebrachte Musik. Den Gerüchen kann man nur entgehen, indem man im Haus bleibt. Einer der Teenager verlässt auch sein Zimmer während der zwei Wochen kaum. Will keine Sonne, kein Meer, keinen Strand, keinen Sand, keinen Markt, nur das Internetcafé bietet genügend Anreiz. Freudestrahlend kommt er mit Neuigkeiten von seinem Ausflug zurück: Seine Lieblingsfußballmannschaft hat gewonnen. Kurz vor der Schwelle zum Erwachsenwerden ist die Bedrohung durch die Welt außerhalb des Internets anscheinend besonders groß. Er ist auch derjenige, der als erster von uns kotzt. Der zweite Teenager konzentriert sich auf die Haut. Möglichst viel in der Sonne liegen bedeutet möglichst viel Bräune, die von einem Aufenthalt in der Fremde ausreichend erzählt. Andererseits ist sie auch genervt von ständigem Geflüster, das ihr auf der Straße zufliegt: la gazelle, la gazelle, womit man junge Mädchen anflirtet. Sie ist das erste Mal in einem Land, in dem Frauen einen anderen Status haben als Männer und entsprechend behandelt werden. Sie hat Alpträume, verbarrikadiert nachts die Tür zum Schlafzimmer.

Ohne Fatima allerdings wären auch wir erfahrungswillige Erwachsene verloren. Sie ist die Übersetzerin, die Vermittlerin, sie führt uns an Orte, die wir

nicht wahrgenommen hätten. Die Synagoge im abgerissenen ehemaligen jüdischen Viertel, der Sonntagsmarkt dreißig Kilometer außerhalb der Stadt. Eine
riesige Freifläche, auf der Händler ihre Stände mit Plastikplanen errichten, geordnet nach Waren und Handwerk. Aber hier, in der Hitze, kapituliere sogar
ich vor dem Fleischbereich, wo live jegliches Getier geschlachtet, zerlegt, zur
Schau gestellt wird. Die Bauchdecken hängen im Weg wie Vorhänge aufge-
spannt, ein junger Mann trägt einen Armvoll Mägen und Eingeweide vorbei,
transportiert sie zum Grill. In Abständen von vierzig Zentimeter sind die Läden gereiht, beim Durchgehen muss ich mich durchs aufgehängte Fleisch
schlängeln, die blutigen Seiten in Augenhöhe. Ich stolpere über schwarz gefa-
ckelte Ziegen- und Schafsköpfe am Boden, Fellstücke, Hufe, alles wird verwer-
tet, alles hat vor ein paar Minuten noch gelebt. Das Blut ist frischrot. Zur allgemeinen Schlachtstelle will ich Fatima nicht mehr folgen. Ich habe Durst und
sie führt uns durchs Gedränge in ein großes Zelt für Selfmade-Tee. Zuerst werden die Zutaten bei einem Händler erworben, dann zur Feuerstelle gebracht,
wo ständig heißes Wasser in riesigen Teekannen brodelt. Der Zucker wird von
Zuckerhüten geschlagen und in Brocken zum Tee geworfen. Kannen und Gläser muss man selbst auswaschen. Ich meine zu kollabieren in der Hitze, nur die
Trommeln einer Gruppe junger Männer im Hintergrund halten meinen Herz-
schlag aufrecht. Sie feiern eine Hochzeit. Die Männer sitzen auf Strohmatten
am Boden, die Zelte sind aus Plastikplanen gebaut. Überall Staub. Es gibt wenig Holz, kein Textil mehr. Die »ursprünglichen« Materialien sind »überwunden«. Aus den alten Autoreifen werden noch Wasserbehälter gebastelt oder
Sandalen geschnitten. Die Plastiksäcke für Futter und Mehl werden als Trans-
porttaschen weiterverwendet, ersetzen Koffer, lassen sich gut auf Esel und Pferde packen. Irgendwann aber landen alle Plastiktüten vom Markt auf den Bäumen und Feldern und in den Flüssen. Der Zyklus von Produktion und Verwandlung ist gestoppt, das Material unveränderbar, lässt sich nicht mehr
beseitigen und stört. Mich vor allem. Ich bin bereits das dritte Mal in diesem
Land. Das letzte Mal allerdings vor zwanzig Jahren. Und nicht nur das Müll-
problem ist neu. Einiges hat sich in Marokko verändert, das sich als einziges
Land des Maghreb nicht der Arabellion angeschlossen hat. Die Arbeitslosigkeit
der jungen Leute in den Städten ist hoch. Der Monarch unternimmt seit Jahren Verbesserungen des demokratischen Systems. Und 2004 wurde ein Gesetz
verabschiedet, das der weiblichen Bevölkerung mehr Rechte einräumt. Frau-
en dürfen nicht mehr gegen ihren Willen und nicht bevor sie das 18. Lebens-
jahr erreicht haben verheiratet werden. Sie dürfen sich scheiden lassen. Will
der Mann eine zweite Frau nehmen, braucht er die schriftliche Genehmigung
seiner ersten Frau. Frauen dürfen nicht mehr verstoßen werden, sondern ein
Scheidungsgericht muss zugezogen werden. Theoretisch. Bedenkt man jedoch
die alles bestimmende Macht der Familie und der Gemeinschaft, so ist der Vollzug derartiger Rechte mit Vorsicht zu genießen. Vor allem bei der weiblichen

Landbevölkerung, die zusätzlich zum neuen Familienrecht eine entsprechende Schulbildung brauchen würde, um die entsprechenden Papiere überhaupt lesen zu können.

In Essaouira sind das Tuch, der Schleier, der Schal allpräsent. Nicht in Casablanca und Rabat. Doch diese Stadt ist mit ihren rund 70.000 Einwohnern eher klein, das Hinterland bäuerlich, feudal, wie Fatima beteuert. Das heißt, sie beschreibt die Verhältnisse und wir finden das Wort. Fatima nimmt es mit dem Schleier im Haus nicht so genau. Doch sie ist unverheiratet und arbeitet mit Ausländern. Das gibt etwas mehr Freiheit. Geht sie nach draußen, bindet sie das Ausgehtuch über das Tuch, das sie im Haus nach hinten gebunden gegen den Staub trägt. Und immer wirft sie ihren langen Mantel über, wie fast alle Frauen. In der Altstadt treffen wir kaum Unverschleierte und wenn, fällt das auf. Anscheinend sind es die reichen Frauen der Oberschicht, die sich gerne wieder voll verschleiern, sogar mit schwarzen Handschuhen versehen. Sie kommen aus den glühheißen Städten im Landesinneren hierher, um den frischen Wind zu genießen. Auf meinen ersten Reisen Ende des letzten Jahrtausends hatten mich die mittelalterlichen Bauten der Königsstädte und die Ausübung verschiedenster Gewerbe in der Öffentlichkeit fasziniert. Das war unerwartet, so nahe an Europa. Ich hatte Canetti gelesen, Paul Bowles, alle Tanger-Poeten, *Die Schrift der Wüste* von Edmond Jabès. Ich war von Spanien auf dem Landweg und per Schiff nach Marokko aufgebrochen, nicht geflogen. Ich kannte die Ausführungen Edward Saids zum Orientalismus nicht. Diesmal bin ich zwar vom Handwerk beeindruckt, aber die im Vergleich zu Europa schlechteren Arbeitsbedingungen und die islamische Ausrichtung des Lebens sind in Wirklichkeit schwer nachzuvollziehen, wenn man selbst aus dem Westen kommt und nicht religiös ist. Die ungewohnten Lebenskonzepte rücken vor Ort näher, werden unüberbrückbarer, als wenn sie bloß in Gedanken verglichen würden. Man kann das Thema nicht wechseln, ich befinde mich ja mittendrin. Und gehe nicht aufrecht durch die Straßen, senke meinen Blick, bedecke meine Schultern, binde mir schließlich ein Tuch übers Haar. Aber nur wegen dem Wind und dem Sand! Die geschönten Berichte der westlichen Schriftsteller, die ich vorsorglich noch mal gelesen habe, in denen sie die Kultur des Landes und Liebenswürdigkeit der Menschen feiern, kann ich nicht mehr ertragen. Die meisten waren wegen billigem Sex, billiger Drogen und der ungebrochenen Vorherrschaft des Männlichen im öffentlichen Raum seit den 50er-Jahren gekommen, aber sprachen das so nie aus.

Und die kolonialen Strukturen setzen sich fort. Franzosen kaufen Häuser und Grund, führen lukrative Firmen, leiten Hotelkonzerne und Restaurants. Tourismus als Begegnungsraum ist so nicht möglich, sondern kann nur in eigens geschaffenen Welten, einer Art künstlichen Sammlung von Landesmerkmalen, die sich vor allem nach den Sehnsüchten der Besucher richten, funktionieren. So wie die Luxusburg an der Bab Marrakesch. Man blickt von oben, von der Terrasse mit Swimmingpool, auf die Szenerie der Altstadt, muss sich nicht damit beschmutzen und kann sich drinnen abgesichert in gewohntem Komfort bewegen. Um zahlungskräftige Touristen zu gewinnen, ist auch kein Preis zu hoch. So wurde die Wasserzufuhr für die Medina zehn Tage lang abgestellt, um für den Besuch des Prüfers den Fünfsterne-Golfplatz ein wenig außerhalb der Stadt grün genug zu kriegen, erzählt Fatima. Da draußen laufen Kühe und Esel auf der Straße herum, es gibt ein paar Meter Asphalt, damit die Hotelgäste ihre teuren Autos bis zum Golfplatz kutschieren können. Das reicht, damit endet die Verbesserung.

Zurück im Riad blättern wir in der Werbebroschüre der luxuriösen Anlage. Die Kinder sind begeistert. Sie wünschen sich einmal so vornehm zu wohnen. Eine sichere abgeschlossene Welt, in der es keine Erinnerung an die Armut und den Gestank, also an die Lebensbedingungen der Bewohner gibt. Ein Hotel ohne wegen der Feuchtigkeit krümelnde Wände, ohne verstümmelte Bettler, sterbende Küken am Straßenrand und räudige Katzen. Die Kinder wollen die Katzen retten. Sie wollen die Illusion retten. Wollen ihre Träume bedienen, Träume, die aus Prospekten und Bildbänden stammen, von Youtube und den übertriebenen Berichten ihrer Freunde, die immer schon vorher da gewesen sind. Die Kinder bleiben lieber im Haus vor ihren Ipods und Ipads. Beschränken sich auf die Berührung von Glas- und Plastikflächen. Die sind sauber und sicher, die Bilder sind gereinigt und riechen nicht, die Geräusche sind aufbereitet und katalogisiert. Sich mit der Fremde zu verbinden ist zu dreckig, körperlich zu anstrengend, kann demütigend sein. Ich liege auf der Terrasse im Wind und im Sand und halte mir T.C. Boyles *Wassermusik* vors Gesicht, in dem er vom Scheitern der britischen Expedition Mungo Parks berichtet, die Anfang des 19. Jhdt. den Lauf des Niger verfolgte. Boyle vermenschlicht die heroische Erzählung einer Erkundung fremden Gebiets, indem er all die aus den Geschichtsbüchern ausgesparten körperlichen Anforderungen und Erfahrungen genauestens beschreibt. Und es ist die Ignoranz gegenüber den Einheimischen, der Natur, den Tieren und dem Klima, an der letztlich alle Teilnehmer dieser Expedition geistig und körperlich zugrunde gegangen sind.

Doch auch auf die normal Reisenden wirken die armen Länder dauerhaft nur in den Körpern nach: In Form von Viren, Würmern, Insekten, Fieber. Kein Zufall, dass Beat-Autor W.S. Burroughs seinen Drogen-Paranoia-Roman *Naked Lunch* im marokkanischen Tanger verfasst hat. Aber immerhin: Die Bio-Attacke funktioniert bis heute. Und aus gutem Grund wird die Reisekrankheit mit Übelkeit, Erbrechen und Durchfall in Mexiko die »Rache Montezumas« genannt.

Ansonsten gibt es nur Versuche, sich anzunähern. Wir backen Brot mit Fatima, mischen den Teig, kneten, bearbeiten, ölen ihn mit ihr. Unsere Hände berühren sich über dieser Materie. Unsere Finger sind für die langen und heftigen Knetbewegungen zu schwach. Wir sind Maschinen gewöhnt. Wir gehen mit Fatima in den Hamam. Im Dampfbad schrubbt sie unsere Haut, bis sie krebsrot ist, wir schrubben Fatimas Haut. Sie ölt uns das Haar. Fatima zeichnet mit dem Hennastift Ornamente auf unsere Hände, unsere Oberarme, unsere Füße. Der weibliche Teenager taut dabei auf.

Im von einer Französin geführten Internet-Lokal, wo die Drinks fünfmal so viel kosten wie in normalen Cafés, beobachten wir drei blonde Bikini-Frauen, die nur mit Handtüchern bedeckt auf den Stühlen lungern. Sie werden bewacht von einem jungen Marokkaner in voller Kleidung, mit Lederjacke und Piloten-brille. Er zündet ihnen die Zigaretten an. Sie sind seine Beute.

Neben dem männlichen Sextourismus profitieren mittlerweile auch west-liche Frauen von marokkanischen Männern. Man lernt sich entweder am Strand, im Hotel oder im europäischen Café kennen und lässt es sich gut gehen. Dann entscheidet frau, ob es weitergehen soll oder nicht. Diejenigen, die sowieso längst aussteigen wollten, kaufen sich ein Haus und wohnen mit dem einheimi-schen Mann zusammen. Oder der Mann kommt mit nach Europa, um von dort aus für die zahlreiche Familie, die im Land geblieben ist, zu sorgen. Immerhin hat dann auch Marokko was davon. Inzwischen tauchen die Importmänner aus dem Maghreb sogar im deutschen Privatfernsehen auf, wo sie über ihre Prob-leme mit der Partnerschaft sprechen und andauernd die Bedenken, sie wären nur aus materiellen Gründen hier, zerstreuen müssen. Die Handelsbeziehun-gen mit Europa laufen erfolgreich über den männlichen Körper.

Davon sind wir weit entfernt. Wir wollen keinen Mann kaufen, sondern Dinge, die uns Fatima zeigt: Teppiche, Tücher, Seifen, Öle, Gewürze. Wir ver-handeln nie, begeben uns ganz in Fatimas Hand. Sie nennt die Preise, wir zah-len.

Zum Schluss aber sind wir alle krank. Durchs Haus tönt nur mehr das müde Schlurfen von Plastikbadeschlappen, die Toiletten hallen wider von den Ver-dauungs- und Kotzgeräuschen, kommen mit dem Befüllen der Spülkästen nicht mehr nach. Und in unseren Kameras nehmen wir Erinnerungen mit: Aufnah-men von Gebäuden, Landschaften und Tieren, kaum Fotos von Menschen, die nur erlaubten, ihre Hände, ihre Tätigkeiten und ihre Waren abzubilden, weil auch der Prophet sein Gesicht nicht zeigt. Im Flugzeug blättere ich in einem Modemagazin: Genießen sie die Muster und Farben des Orients in dieser Sai-son: Sandstein-Ocker, Lapislazuli-Blau, Nachtschwarz. Der Print auf Seiden-top und -rock verschmilzt mit der orientalischen Fassade. Der weiße Blazer ist die Bühne für arabisch inspirierte Schmuckfülle. Na dann, willkommen im Herbst! Am besten lade ich mir das gleich herunter. Die Kinder packen die von Fatima bereiteten Sandwiches aus. Geruch von gekochtem Huhn steigt mir in die Nase. Raschelnd halte ich die lila Plastiktüte vom Markt vor meinen Mund: Ich muss kotzen.

TÜRKEI

Weintrinken gegen den Pascha

Von der Terrasse überblicke ich die blaue Bucht von Sığacık mit Badegästen, zahlreichen Windsurfern und einem vor der Küste lagernden grauen Militärschiff. Samos und damit Europa ist bloß eine Stunde Bootsfahrt entfernt. Am Strand bin ich die einzige Fremde unter jungen Paaren und Großfamilien, Gruppen von jungen Leuten. Ausländische Touristen halten sich bevorzugt in Ferienanlagen auf, die sie selten verlassen. Ich beobachte einige wenige Burkini-Trägerinnen, vor allem jedoch Bikinifrauen und Hipster, welche unablässig Selfies produzieren. Auch im Restaurant, das wegen des Panoramablicks boomt, ist anhand der äußeren Erscheinung der Gäste nicht erkennbar, ob sie Einheimische sind oder nicht. Anscheinend sieht Mittelklasse überall gleich aus: Kleidung, Attribute, Verhalten, egal ob Türkei oder anderswo. Von Politik ist hier nicht das Geringste zu spüren. Die türkischen Urlauber lassen es sich gut gehen, es wird gelacht und gefeiert. In europäischen Medienberichten hingegen wird das Land oft als problematisch dargestellt, Angriffsziel für Terror, gefährlich sogar für Ausländer. Das stimmt zwar, nur gibt es daneben ein normales Leben, das weiterläuft wie zuvor. Während anderswo über Nacht Menschen aus Universitäten, Militär, Gerichten, Theatern entlassen und verhaftet, die Rechte aller eingeschränkt werden, gibt es weiterhin sonnenblumenkernknackende Männer, viel Geschäftigkeit und Geschäfte. Der größte Kulturschock ist wohl, dass auf den ersten Blick mehr Gemeinsamkeiten als Unterschiede zu bemerken sind. Das gilt umgekehrt genauso. Als mich beim Schwimmen eine Welle plötzlich nahe an eine Frau treibt, grüßt sie freundlich mit *Merhaba*. Das Meer ist wegen des Winds ein wenig wild, aber ich mag es in den Wellen zu schaukeln. Dass ich als Frau allein unterwegs bin, stellt kein Problem dar, obwohl ich zugebe, dass ich mich vor der Abreise darüber ausreichend informiert habe. Die Zeiten, in denen man unbedenklich einen Türkei-Urlaub buchte, sind vorbei.

Doch glücklicherweise habe ich in M. eine einheimische Begleiterin, die mich über Hintergründe aufklärt:

»Die Region um Izmir ist eine liberale Insel, leider die Ausnahme in diesem Land. Das war auch der Grund, warum ich aus Istanbul hierhergezogen bin. Mit Trinken und Feiern versuchen die Leute jetzt die bedrohliche Wirklichkeit zu verdrängen.«

Bei einem Ausflug macht sie mich auf langgezogene, nunmehr leerstehende Gebäude aufmerksam, in denen zu guten Zeiten Busladungen voller Touristen günstige Lederwaren, Teppiche und Schmuck erwerben konnten. Sie gingen alle pleite. Warum weniger Urlauber aus dem Ausland kommen, frage ich.

»Na, wegen diesem Typen, der dauernd Blödsinn labert und vor dem alle Angst haben.«

Sie verzieht ihr Gesicht und macht schnatternde Geräusche. In stiller Übereinkunft hüten wir uns den Namen des Präsidenten je auszusprechen. M. zeigt auf die endlosen Siedlungen türkischer Ferienhäuser entlang der Küste, einzelne Hügel sind von zweistöckigen Bauten mit Meerblick überzogen und heben sich wie Geschwüre von den grün bewachsenen Nachbarhügeln ab. Bauland und -genehmigungen werden – wenn es auf legalem Wege nicht klappt – mithilfe von unvermutet ausbrechenden Wildfeuern besorgt, erzählt M. Anscheinend gibt es genügend Familien, meist aus Izmir, die sich einen Zweitwohnsitz in Strandnähe leisten können. M. beklagt die Zerstörung der Landschaft. Ohnehin entwickelt sich die Gegend vom Anbauen zum Bauen. Fischer und Landwirte werden zu Immobilienmaklern. Man investiert in billigen Grund und kaputte Häuschen in der Hoffnung, den Millionendeal beim Wiederverkauf einzufahren.

Als ich frage, ob nicht Nachhaltigkeit und Naturschutz für den Tourismus besser wären, und ob es keine Regeln dafür gäbe, sagt sie achselzuckend, Regeln gebe es, aber keiner überprüfe deren Einhaltung. Und schließlich, wen kümmert's?

»Bringt Tourismus nicht Geld ins Land?«

»Ja schon, aber der, der an der Macht ist, hat genug Geld und noch mehr in Aussicht. Braucht keine Touristen. Und was er nicht braucht, braucht auch das Volk nicht. Und im Übrigen ist ihm das Volk egal.«

»Diese Häuser hier, das sieht alles irgendwie unruhig aus. So ohne Konzept.«, stellt auch H. fest, die ich beim Frühstück kennenlerne. Die Wirtschaftsprüferin ist in Berlin aufgewachsen und vor 13 Jahren ins Land ihrer Eltern gezogen. In letzter Zeit fürchtet sie jedoch um ihre Freiheiten als selbstbestimmte Frau: »Wer weiß, wie lange es noch dauert, dass wir so rumrennen können, wie wir wollen?« Tatsächlich sind Frauen meist die ersten Opfer autoritärer Regime. Schutzräume verschwinden, häusliche Gewalt wird nicht mehr geahndet, Totschlag von Imamen sanktioniert. Eine türkische Menschenrechtsaktivistin bezifferte kürzlich den Anstieg von Femiziden im Land auf erschreckende 1.300 %.

Selbst M. ist als alleinlebende Übersetzerin zunehmend mit Einschüchterungsmaßnahmen ihrer Nachbarn konfrontiert, denen ihr Lebensstil nicht passt. Für diese Halbreligiösen, wie M. sie nennt, weil Religion nur ein Vorwand sei, um Andersdenkende und -lebende zu beherrschen, ist eine selbstbestimmte, arbeitende, nicht von einem Mann abhängige Frau ein rotes Tuch. Sie sieht sich durch die derzeitige politische Situation ihrer Zukunft beraubt, rechnet mit dem Schlimmsten. Ihre Strategie ist es, rasch möglichst viel Geld zu verdienen, um vorbereitet zu sein, wenn die Renten gekürzt werden und sie für ihre Mutter sorgen muss. Als kostspieliges Hobby leistet sie es sich, Wein aus kleinen Gütern der Gegend zu sammeln. Weinanbau wird nicht gefördert und das Produkt hoch besteuert. Und das obwohl Dionysos im angrenzenden Teos sein Unwesen getrieben haben soll. Doch die Antike ist für die Fundamentalisten ohnehin nicht interessant, sagt M. Sie halten es lieber mit erfundenen Ursprungsmythen, die ihre Herrschaftsansprüche in der Gegenwart bestätigen sollen.

Die oppositionelle Stadtverwaltung von Seferihisar jedoch, in deren Verwaltungsbezirk Sığacık fällt, ringt um den Erhalt der Landwirtschaft, initiiert Bauernmärkte in Dörfern, gewährt Steuerfreiheit jenen, die alte Bauten renovieren, Ortskerne aufhübschen. Wir streifen über den Markt in Ulamis, verkosten in Ziegenhaut gereiften Käse, Honigsorten, gefüllte Zucchiniblüten, roten Pfefferminztrunk, knusprige Krautomelettes. Auch die Altstadt von Sığacık war verkommen, dann motivierte man ihre Bewohner, die Substanz zu nutzen. Mittlerweile streifen Besucher durch griechisch anmutende Gassen, weiß gekalkte Häuser, geschmückt mit bunten Blumen, kleine Innenhöfe mit Schattenbäumen, karierten Tischtüchern, verzierten Teegläsern. Menschen, die über das Wissen um Pflanzen und ihre Verarbeitung verfügen, sollen wieder Selbstbewusstsein entwickeln, ihren Wert schätzen lernen und nicht aufgeben. Vielleicht beginnt Demokratisierung ja genau hier, auf Gemeinde- und Stadtebene formieren sich Bewegungen gegen den herrschenden Modus des schnellen Gelds. Noch.

Vom alten Idol Atatürk, das der derzeitige Regent beerben will, stammt die Initiative, bereits Kinder zu verantwortungsvollen Bürgern zu erziehen. Daher zeigt mir M. das neu errichtete, hochmoderne Jugendzentrum. Gratis können die Kinder hier Kurse in Tanz, Keramik, Kunst, Musik, angeleitet von professionellen Lehrkräften besuchen, Theateraufführungen gestalten. Auch psychologische Hilfe wird kostenlos angeboten; es gibt eine öffentliche Bibliothek und ein kleines Soundstudio, denn geplant war, dass die Kinder ein eigenes Radioprogramm gestalten.

»Jetzt aber nicht mehr«, sagt M., »Probleme mit dem Gesetz.« Sie sieht dem Leiter des Zentrums vielsagend in die Augen. Als ich erzähle, dass ich als Teenager eine Schülerzeitung herausgegeben habe, weist mich M. zurecht, ich solle das vor den Kindern lieber nicht erwähnen und sie auf Ideen bringen, die zurzeit problematisch wären. Sie deutet bloß an, spricht nicht direkt aus, was sie damit meint. Immer wieder wird erwähnt, dass Gesetze jetzt dies und das verhinderten. Das Sprechen in Anspielungen ist ein Merkmal von Diktaturen. In Schleifen wird ein Thema vorerst umkreist, um am jeweiligen Gesprächspartner zu prüfen, auf welcher Seite er steht, ohne die eigene Meinung preiszugeben und damit angreifbar zu werden. Reaktionen auf die derzeitigen Einschränkungen in der Türkei lassen sich als Mischung aus Galgenhumor, Resignation und Unglauben erspüren. Noch ist das Ergebnis des Referendums frisch, die Hoffnung auf einen Machtwechsel jedoch für längere Zeit gedämpft.

Zurück in meinem Zimmer will ich das Finale der Fußball-WM schauen und zappe durch sämtliche Kanäle. Das einzige aber, das mich aus allen Bildern anspringt ist *15 Tammuz:* Paraden, Reden, graue Archivbilder, fahnenschwenkende Massen zum zweiten Jahrestag des Putsches. Auf dem Bildschirm wird ein Stückwerk von 60 Korrespondenten gleichzeitig eingeblendet. Alle berichten über die Begeisterung der Türken, wie glücklich diese seien, dass ihr Herrscher die Wirren des Putsches in Sicherheit überführte und sie nun unter einem gefestigten Regime leben dürfen. Diese fingierte Aktualität mutet auch deshalb gruselig an, da ich den ganzen Tag mit M. unterwegs war und wir nirgends auf Demos, Fahnen oder verzückte Türken gestoßen waren. Im TV wirkt es jedoch, als wäre das Land berauscht von Macht und Güte des Paschas aller Paschas. Und nachdem ich die Fernsehfeiern voller propagandistischer Männerstimmen gehört habe, ertrage ich plötzlich das lautsprecherverstärkte Geschrei des Animators vom Luxushotel nebenan nicht mehr, weil ich darin das Echo der politischen Wirklichkeit zu vernehmen meine.

Am nächsten Tag wird unser Auto vor dem Heiligtum der Jungfrau Maria angehalten. Gendarmerie, flankiert von einem jungen Mann in Kampfanzug und Maschinenpistole. Ein Schreck durchfährt mich. Ich habe meinen Pass im Hotel vergessen. Plötzlich ist alles todernst. Ich fühle mich schuldig. M. guckt besorgt. Oder enttäuscht? Ist der Ausflug abgeblasen? Oder noch schlimmer? Dann aber winken uns die Gendarmen in blauen Uniformen durch. Und M. sagt: »Hast du nicht gewusst, dass Ausnahmezustand herrscht? Sie haben nur nachgegeben, weil du Tourist bist und weiblich. Wenn du ein Mann wärst, wäre es schwierig geworden.«

»Warum wird genau hier kontrolliert?«, frage ich.

»In der Nähe befinden sich militärische Sperrgebiete«, meint sie.

»Ah, und weil beim Putsch Unbefugte in Militärgebiet gedrungen sind.«

»Pfh, der Putsch, der Putsch!« M. explodiert geradezu. »Es gab keinen Putsch!«

Als wir am Soldaten mit Maschinengewehr vorbeigehen, wirft sie ihm einen raschen Seitenblick zu, während sie auf Englisch zu poltern beginnt.

»Weißt du, wie es wirklich war? Das war inszeniert. Völlig unlogisch, was wir darüber erfahren haben. Diese Brückensperre nachts, nur auf einer Straßenseite. Und in den Panzern waren junge Soldaten, die von nichts eine Ahnung hatten. Und dann kamen ihnen diese bärtigen Fundamentalisten entgegen. Die Soldaten stiegen aus den Panzern, was sie nie hätten machen dürfen, und die Bärtigen schnitten ihnen die Kehlen durch. Und wem hat alles letztendlich geholfen? Häh? Und diese Idee, dass Kampfflieger über Ankara kreisten, um die Stadt zu zerbomben? Häh! Wenn sie gewollt hätten, hätten sie es getan und nicht damit gewartet. Das stimmte einfach nicht, dass es eine Bedrohung des Staates gab.«

»Aber«, frage ich, als wir das angebliche Grab Marias betreten, »sprichst du überall so offen darüber?«

»Natürlich nicht«, sagt sie, und bittet mich, ein Tuch über Kopf und Schultern zu legen, um der Gottesmutter Respekt zu erweisen. Auch das wird streng kontrolliert. Das Grabmal wurde aufgrund von Visionen einer deutschen Nonne entdeckt. Als ich diese Story auf Wikipedia nachprüfen will, wird mir ein Verbindungsfehler angezeigt. Die Seite wäre gefährlich, wichtige Daten könnten mir gestohlen werden. Da fällt mir ein, dass das Wissensportal in der Türkei gesperrt ist, nachdem die Regierung gefordert hatte, kritische Darstellungen der Vorgänge um den 15. Juli 2016 von der Plattform zu nehmen. Wikipedia gab nicht nach. Mit der Schließung von kritischen Zeitungsredaktionen und der Verhaftung von Journalisten stellt sich ohnehin die Frage, wie man es noch schafft, sich eine nicht-gleichgeschaltete und undoktrinierte Meinung zu bilden. Die Bücher von verfolgten Intellektuellen und Aktivisten sind in den Buchhandlungen nicht mehr zu finden, erzählt T., der Bürgermeister von Seferihisar. Nicht dass sie ausdrücklich verboten wären. Aber die Läden nehmen anscheinend ihre Werke aus dem Sortiment, um nicht selbst angreifbar zu werden.

Auf einem Weingut tief in den mit Olivenbäumen bewachsenen Hügeln treffen wir den sozialistischen Politiker zum Abendessen, der sich sofort als Optimist vorstellt. Innenpolitisch könne die Region Izmir als Modellfall für andere liberal und säkular Denkende im Land dienen, meint T. Unermüdlich arbeitet er daran, die Opposition zusammenzuhalten. Auf lokalpolitischer Ebene will er trotz aller Einschränkungen bei seinem aufklärerischen und zukunftsweisenden Kurs bleiben. Aber seine große Hoffnung ruht auf globalen Zusammenhängen. T. verweist auf die geostrategische Bedeutung der Türkei und ihre extrem hohe Staatsverschuldung, die dem derzeitigen Regime irgendwann um die Ohren fliegen müsse. Das hieße jedoch, Druck von außen, wirtschaftspolitische Maßnahmen Europas und der USA. Zurzeit herrscht jedoch Schweigen an dieser Front, es gibt sogar leichte Zugeständnisse, wie etwa die Aufhebung der Sanktionen seitens Deutschlands. Inzwischen erheben wir das bauchige Rotweinglas, prosten auf ein besseres Morgen und bewundern den rosigen Sonnenuntergang.

Am nächsten Morgen bemerke ich, dass das Militärschiff in meiner Bucht Zuwachs bekommen hat. Boote mit grauen Segeln kreuzen übers Blau. Ich möchte fotografieren, traue mich aber nicht. Was, wenn mein Apparat, mein Computer bei der Ausreise kontrolliert werden? Es ist verboten, militärische Anlagen abzulichten. Die Versuchung ist groß, denn die dunkelgrauen großen Segel, dicht nebeneinander wirken wie gefährliche Insekten, Unheilsboten. Trotzdem laufe ich hinunter zum Strand. Das Meer ist glatt und sauber und strahlend Türkis. Ich lasse mich hineingleiten. Genieße die Bewegung, vergesse für einen kurzen Moment alle Bedenken. Als ich auftauche, erscheinen mir mit einem Mal die in grellfarbige Vollkörperanzüge gekleideten Damen nicht mehr so harmlos. Ich habe die Unschuld der frisch Angekommenen verloren. Dann frage ich mich, ob meine Reise möglicherweise ein Vorgeschmack auf die Zukunft in unseren eigenen Ländern ist und was die schwierigen Zustände hier mit uns zu tun haben. Immerhin stehen wir durch das Flüchtlingsabkommen mit der Türkei in der Schuld der in ihrer Freiheit nun beschnittenen Bevölkerung. Eigentlich wäre es unsere Pflicht, diejenigen, die die Demokratie verteidigen, den gebildeten, urbanen, säkularen, jüngeren Teil der Türken zu unterstützen. Die einfachste Übung wäre, diese Menschen nicht allein zu lassen, hinzufahren, mit ihnen zu reden, ihre Gastfreundschaft zu genießen, ihre anhaltenden Bemühungen um ein modernes und menschliches Land zu respektieren. Jeder Einzelne verdient Anerkennung und braucht Bestätigung auch von außen. Dieses Land ist schön und voller Vielfalt. And dear M., thanks for sharing!

VENEDIG

Hinter den Kulissen und am Wasser

Drei Männer in ärmellosen Lederjacken, *Hells Angels Malta* auf ihren Rücken, spazieren vor mir. Ich muss grinsen, und frage mich, was die rauen Kerle in Venedig verloren haben. Als ich weiterlaufe, drehe ich in engen Gassen meine Schultern zur Seite, um weniger Raum einzunehmen, dränge mich vor die zuckelnden Touristen. Ich weiß, wohin ich will, bin Bewohnerin auf Zeit und privilegiert, weil ich meist von einem Palazzo aus auf das Geschehen am Canal Grande blicke. So nehme ich die Stadt anders wahr, als die, die in Häuserschluchten ohne Aussicht leben.

Täglich betrachte ich das geschickte Navigieren der Boote, die Schleifen übers Wasser ziehen, sich zwischen Transportkähnen, überfüllten Vaporetti und Wassertaxis durchschlängeln. Im Gegensatz zum Autoverkehr liegt am Kanal alles offen: Chauffeure, Passagiere, Ladung. Zwei auf die Breitseite gestellte Klaviere schippern in Richtung Konzert. Polizisten in Ausgehuniform mit blauer Schärpe und weißen Kappen sausen aufrecht stehend vorbei. Frachter mit Baumaterial, Maschinen, Kränen. Arbeiter in Overalls, die Selfies vor den Fassaden von Palästen schießen, die sie reparieren sollen. Und natürlich die Reisegruppen auf Taxibooten, alles öffentlich. Venedig ist eine Bühne.

In meinem Zimmer sitzend vernehme ich die lärmende Maschinerie, welche diese Stadt am Laufen hält: Schiffsmotoren, Müllkräne, Männer mit kräftigen Stimmen, die sich von weitem grüßen, von Boot zu Boot unterhalten, Kommandos schreien, bevor sie in den Seitenkanal biegen. Ich höre Schiffshupen. Möwen kreischen. Ich höre Brummen und Hämmern, Stein auf Stein, Metall auf Metall, Bretter, die aufeinander knallen; sie werden als Stege an die Uferbefestigung gelegt und als Abdeckung für Lastschiffe verwendet. Und sobald ein Rettungs- oder Feuerwehrboot vorbeischießt, schlackern die Wellen wie wild. Unten bei der Gondelgarage rauscht das Wasser eher sanft und zirpt die elektronische Rattenfalle. Die Herrschaften erreichten ihren Wohnsitz früher von der Wasserseite her und nicht über die düstere, verwinkelte Gasse, die bloß Zugang für Dienstboten war.

In der Architektur äußern sich Klassenverhältnisse. Der Palazzo, in dem sich das Deutsche Studienzentrum befindet, wo ich zu Gast bin, zeichnet sich durch eine riesige Terrasse mit Panoramablick aus. Die ist sogar für Einheimische eine Sensation. So viel verschwendeter Raum! Seine Innenräume sind voller Symbole und Geschichten, die sich über Jahrhunderte angesammelt haben. Ich freue mich über zwei Vignetten im Salon, welche Dichterinnen gewidmet sind: Gaspara Stampa und Vittoria Colonna, wie ich am ersten Tag bemerke, während ich beeindruckt mit der flachen Hand über die Samtornamente der antiken Stofftapete streiche. Die Palazzi, die ich bisher von innen kennenlernte, waren entweder ziemlich heruntergekommen oder so überrestauriert, dass sie unantastbar schienen. Hier kann ich nachfühlen, wie es ist, in feudaler Umgebung zu wohnen und beobachten, wie das die Wohnenden beeinflusst.

Die Besitzerin der Immobilie, eine 91-jährige, sehr muntere Contessa ist bereits seit Jahrzehnten in der prächtigen zweiten Etage ansässig. Sie trägt zur kalten Jahreszeit auch in Innenräumen Pelz, echten natürlich, was angesichts der schlecht zu heizenden Räume mit meterhohen Wänden durchaus verständlich ist. Die goldgerahmten Spiegel, die bemalten Holzdecken mit abschließenden Fratzen, die Gemälde und wertvollen Bacchus-Fresken mit nackten Männern und Frauen fühlen sich im Kühlen wohl. Endlich verstehe ich, warum Italienerinnen Pelze lieben. Die vergleichsweise milden Außentemperaturen sind nicht der Grund. Und die Geschichte der Bewohner der vielen Prunkbauten scheint mir mindestens so interessant wie die Architektur und ihre kunsthistorische Bedeutung.

Meinen Brodsky-Moment erlebe ich jedoch nicht mit der Contessa, sondern anderswo. Wegen dem russischen Dichter, der lange hier lebte und auf der Friedhofsinsel begraben ist, hatte mich Venedig interessiert. Seine Beschreibung von zerbröselnder Grandezza und jahrhundertelang ungelüfteter Pracht hatte mich fasziniert. Jetzt war ich eingeladen, an einer Lesung im privaten Kreis teilzunehmen. So folge ich einem livrierten Diener durch einen Wintergarten mit überdimensionierten 70er-Jahre-Murano-Lampen in ein herrschaftliches Haus und den riesigen Salon, der aussieht wie aus einem Inneneinrichtungsmagazin der exklusiven Sorte. Antike wandfüllende Teppiche und Tapisserien, immense Roundcouch im orientalischen Stil, gedrechselte Bücherkisten; jeder freie Fleck ist mit Büchern, aufgeschlagenen Bildbänden, Drucken und Grafiken belegt. Überall unbezahlbare Lüster, Art-Deco-Lampen, Porzellanskulpturen. Es ist zwar nicht der zerkrümelnde Pomp, dem Brodsky damals begegnete, aber eine lässige Zurschaustellung von Reichtum, der sich nur über mehrere Generationen so elegant anzusammeln vermag. Die Gäste, es sind vor allem Damen, einige mit klingenden Nachnamen, die man auf Straßen und Plätzen der Stadt wiederfindet, tragen Texte von Catull, Shakespeare, Cervantes zum Thema Lüge vor. Sie zitieren Cyrano de Bergerac und natürlich Pinocchio, begeistern sich an besonders gelungenen Stellen. Es fühlt sich an wie im Film, ist aber echt. Sie lesen von iPads, Mobiltelefonen, Kopien, Büchern oder rezitieren frei. Alles geleitet von der Hausherrin mit rauchiger Stimme, geglätteten dunklen Haaren, Smokey Eyes, Lederhosen, Typ Rocksängerin. Später finde ich heraus, dass sie tatsächlich als Teenager beim Songcontest angetreten ist und jetzt als Fotografin arbeitet. Während der Lesung wundere ich mich über die Hingabe der Teilnehmerinnen an Worte und Verse, die gepriesen werden wie Leckerbissen, an denen man sich berauscht! Besonders in Zusammenspiel mit dem üppigen Interieur, regt diese Szenerie Fantasien an, denen ich als Vertreterin des Prekariats nun mal ausgesetzt bin, ob ich will oder nicht. Sogar der italienische Praktikant, der mich begleitet, ist hin und weg. Sowas hat er noch nie erlebt.

Auch in »unserem« Palazzo logierte Prominenz, ein Dichter, obwohl ein zweifelhafter, Gabriele D'Annunzio, der sich später von den Faschisten hofieren ließ, nützte ihn als Absteige, um wechselnde Geliebte zu empfangen. Er betrachtete das Gebäude als mittelmäßige Bleibe, mochte eigentlich Venedig nicht; einige Venezianerinnen, wie z. B. seine langjährige Geliebte Olga Brunner Levi jedoch schon. Möglich, dass der Geist des Hauses dem sensiblen Frauenhelden zu schaffen machte, denn vorher ordinierte hier ein deutscher Gynäkologe, der auch kleine Eingriffe, wie die Entfernung von Eileitern vornahm. Der Arzt erforschte die Auswirkungen dieser Operationen auf das Intimleben seiner Patientinnen, während der Dichter sich vor allem der sexuellen Praxis widmete.

Das alles ist Geschichte, während ich als Bewohnerin auf Zeit immer noch dabei bin, meinen Körper auf die Stadt einzustimmen, und so tue, als fände ich mich zurecht. Als Binnenländerin will ich lernen, auf einem Boot zu stehen, ohne das Gleichgewicht zu verlieren, weil man daran erkennt, wer einheimisch ist und wer nicht. Nur Touristen geraten ins Wanken. Ich übe. Als ich glaube, ich bin so weit, steige ich mit meinem Begleiter ins Traghetto, um den Canal Grande zu überqueren. Wir machen uns locker, berücksichtigen aber nicht, dass das Boot bei der Abfahrt wendet. Nun stehen wir als einzige entgegen der Fahrtrichtung, für jeden als Fremde erkennbar und unfähig, uns unterwegs umzudrehen. Dennoch, sich so nah am Wasser zu befinden, verändert die Wahrnehmung und lässt den Besucher das bestimmende Element Venedigs intensiver spüren als auf dem Dieselboot.

Gondelfahrten sind weiterhin ein fixer Programmpunkt, auf den kein Tourist verzichten will, obwohl man sich fragt, wozu. So viele schwarze Barken nebeneinander, alle mit romantischer Stimmung beladen wie bei einer Massenhochzeit. Außerdem sind wegen der hohen Preise die Gondeln weniger von Paaren besetzt als von Familien und Gruppen von schwergewichtigen Reisenden. Der Gondoliere müht sich, die Passagiere thronen, fummeln am Handy und nehmen oft nichts anderes wahr als sich selbst. Tippen eifrig und der Gondoliere rudert und rudert, ist gelangweilt bis genervt.

Neben der Romantik lebt die Stadt auch von der Festindustrie: Palazzi werden für Hochzeiten, Partys und Filmdrehs angemietet. Dazu wird das gesamte Equipment per Boot geliefert: Porzellan, Gläser, Deko, Verstärker, Stühle, Musiker, Catering. Wegen des Partylärms im benachbarten Palazzo verständigen wir uns samstags oft mit Martha, der Verwalterin. Sie muss das Haus nach den Festen wieder in Ordnung bringen, die wertvollen Lüster aus Murano-Glas, in denen echte Wachskerzen brennen, zerlegen, reinigen und nach komplizierten Plänen neuerlich zusammenbauen. Sie dirigiert auch den Abtransport des Festmaterials. Nebenan legt der Kahn mit der Lieferung für den Supermarkt an, werden Wasch- und Spülmaschinen für Ferienapartments angeliefert. Die für Kurzzeitbesucher renovierten Wohnungen tragen dazu bei, dass die Bevölkerung weiter abwandert, weil keiner sich die dadurch gestiegenen Mieten leisten kann. Auch die Unmengen von Müll, die die Gäste produzieren, müssen schleunigst aus der Stadt, natürlich per Boot. Kräne heben die gefüllten Säcke in Eisenkäfigen in die Laderäume von Müllbooten. Morgens läuten die Männer an jeder einzelnen Haustür, um die Säcke abzuholen. Wegen der Ratten dürfen sie nicht auf der Straße gelagert werden. Eines Tages sitze ich auf dem kleinen Balkon der Bibliothek, als das Kanalisationsboot anlegt, Rohre ausfährt und den gesamten Unrat des Palastes und des Luxushotels nebenan in den Tank transferiert. Das dauert, macht viel Lärm und stinkt. Ich flüchte zurück zu den Büchern.

Von allen Booten sind die Kreuzfahrtschiffe die gruseligsten. Für sie wurden sogar zum Schaden der Stadt die Fahrrinnen verbreitert. Nahezu täglich taucht hinter meiner Aussicht der Schornstein eines derartigen Gefährts wie eine Haifischflosse auf und überragt die historischen Gebäude. Dann fallen seine Passagiere ein und füllen spürbar sogar abgelegene Gassen. Abends räumen sie Venedig, um rechtzeitig ihr Dinner am Schiff einzunehmen und haben pro Kopf meist nicht mehr als 10 Euro ausgegeben, aber genug Zerstörung hinterlassen. Je mehr der großen Schiffe, desto mehr Wasser wird verdrängt, welches bereits angegriffene Bauten weiter destabilisiert und und die Grundfesten aus Holzpfählen, die vor langer Zeit in den schlammigen Boden gerammt wurden, aushöhlt. Das durch den steigenden Verkehr ständig aufgewühlte Nass vernichtet auch die Unterwasservegetation. Doch die Stadtoberen denken kurzsichtig, vor allem an die Landungsgebühren von über 400 Millionen Euro jährlich, die sie von der Kreuzfahrtschiffen kassieren, als sich um den Erhalt zu kümmern. Nach mir die Sintflut, ist hier wörtlich zu verstehen.

Abends ist Venedig bis auf die, die noch hier wohnen, weitaus leerer. Es ist durchaus möglich, die Massenwanderung zu umgehen, da sich die meisten Touristen nur ein paar Stunden in der Stadt und dann rund um Markusplatz und Rialto aufhalten. Wer den Dom ohne Warteschlangen besichtigen will, sollte das im Morgengrauen tun und in Ruhe seine prachtvollen Innenräume betrachten, während der Priester eine kurze Frühmesse zum Besten gibt. Neben seiner Stimme und dem dünnen Gesang der wenigen Besucher ist dann bloß das Gurren der Tauben von draußen zu hören. Am stillsten aber wird es zu Zeiten von Acqua Alta.

Zuerst jedoch klingt die Sirene, eine Abfolge vibrierender, von dunkel zu hell ansteigender Warntöne. An deren Variation und Wiederholung kann man erkennen, wie hoch das Wasser steigen wird, das die Gezeiten in die Kanäle drücken. Die Gummistiefel stehen bereit. Als ich vor die Türe trete, um Vorräte einzukaufen, stinkt es nach ausgelaufener Toilette. In der dunklen Gasse steht das Wasser, und als ich mich langsam in Richtung Ausgang bewege, erblicken mich zwei Touristinnen, deuten und lachen schadenfroh. Ich verstehe nicht, was sie erheitert. Dass ich da durchwaten muss? Dass ich in so einem Loch wohne? Der Vorplatz ist überschwemmt. Einige stapfen mit faltbaren Stiefeln in grellen Farben herum. Manche tragen an den Beinen festgeklebte Müllsäcke. Manche waten barfuß, manche in Schuhen. Die venezianischen Nachbarn aber besitzen hüfthohe Fischerstiefel, die sie bei geringerem Wasserstand elegant zu Stulpen falten. Ich hebe die Füße nur wenig, dann spritzt es nicht so stark. Dieses Waten und Watscheln geht langsam voran. Im Restaurant um die Ecke stehen Stühle und Tische bereits 30 cm unter Wasser; die Kellnerin wartet trotzdem auf Kunden.

Nachmittags dann totale Stille. Kaum mehr Boote, die Auslieferungen sind gestoppt. Wer es noch geschafft hat, ist jetzt zuhause, die Kinder haben schulfrei, die Unis sind zu. Ich höre nur die Möwen, den heftigen Wind, der die Fensterläden aus Holz klappern lässt. Die Gondeln sind mit Planen eingedeckt. Rollkoffer müssen nun überm Kopf getragen werden.

Mittlerweile steht das Wasser sogar im Foyer des Palazzos, Tendenz steigend. Die Statuen der Flussgötter im Eingangsbereich machen auf einmal Sinn. Das Internet ist ausgefallen. Ich lese alte Zeitungen. Dann hat das Wasser sogar den Waschmaschinenraum erreicht. Ich wate hinein, die Putzeimer und Plastikmülltonnen schwimmen, ich sammle sie ein, stelle sie ins Regal. Und warte und warte und warte.

Als nach zwei Tagen der Spiegel endlich gesunken ist, hört man draußen vor allem das Kratzen der Faltstiefel am Pflaster jener Touristen, denen die Straßenverkäufer noch welche andrehen konnten, obwohl es kaum mehr Pfützen gibt. Auch die im Internet kursierenden Fotos von Menschen, denen das Wasser an San Marco bis zu den Hüften steht, ließen viele glauben, dass die Stadt völlig landunter sei. Aber das täuscht. Sogar bei Werten um 140 cm überm Meeresspiegel, wie letzten November, ist nur die Hälfte Venedigs überschwemmt. Und das Warnsystem funktioniert hervorragend. Es wollen nur viele Besucher nicht darauf hören.

Wasser bestimmt Venedig im Schlechten wie im Guten. Nach der Flut wird unverzüglich geputzt, getrocknet und aufgeräumt. Eines Nachmittags verirren wir uns. Weder Stadtplan noch Erinnerung noch Navigationsprogramm bringen uns, wohin wir wollen. Wir landen auf einem Platz, der in eine Sackgasse führt. Da packt mich der Übermut. Ich krieche in den niedrigen gemauerten Gang, an dessen Ende das Wasser türkisgrün leuchtet, um zu sehen, wo sich die nächste Brücke befindet. Der Boden ist glatt.

»Das Ende der Welt«, hatte mein Begleiter gerade noch gewitzelt und fotografiert. Als ich fast am Kanal bin, zieht es mir plötzlich den Boden unter den Füßen weg. Schon sehe ich mich ins Wasser tauchen, überlege noch, wie tief es wohl ist. Dann falle ich doch nach hinten, zuerst aufs Steißbein, danach knallt mein Kopf auf Stein. Ich liege mit nassem Hintern und brummendem Schädel in Richtung Wasser geneigt, rundum alles glitschig, kann nicht aufstehen, ohne Gefahr zu laufen, tatsächlich in den Kanal zu rutschen. Mein Begleiter packt mich unter den Armen. Während er zieht, will ich mich an der Wand abstützen. Aber der Stein, nach dem ich greife, löst sich aus der Mauer. Ich halte die Brocken zwischen den Fingern.

»Nicht auf die weißen Steine treten, auf denen sich Schlick vom Hochwasser sammelt. Das lernen die Kinder hier von klein auf«, wird mir später erklärt. Und auch: »Jeder Venezianer fällt irgendwann in einen Kanal.« Dieser Taufe bin ich diesmal entkommen. Die Verbindung des eigenen Körpers mit dem wesentlichen Element der Stadt muss wohl sein, überlege ich dann, weil man Venedig nur vom Wasser her verstehen kann. Festlandbewohner jedoch denken stets vom festen Grund her.

Wie und ob das fragile, dem Wasser abgerungene Gebilde namens Venedig gerettet werden kann, bleibt unklar. Nachdem große Hoffnung in ein gigantisches Schleusensystem gesetzt wurde, viel Geld beim Bau versickerte, gibt es nun bereits vor dessen Fertigstellung Experten, die meinen, dass eine fallweise wochenlange Abschirmung der Lagune, das Ökosystem ersticken und die Stadt damit endgültig der Erosion preisgeben würde. Venedig ist und bleibt eine jahrhundertelange Übung in Unsicherheit. Und deshalb reizvoll.

BERLIN

Städte sind Kisten mit Resten und Listen

»Berlin seemed much more alive than Vienna. The atmosphere was more invigorating…«, lese ich in den Erinnerungen Salka Viertels, in denen sie ihre Lebenstationen in Wien, Berlin und Hollywood beschreibt.

Und ganz gleich, von wo ich ausgehe – ob vom Gegenstand meiner Doktorarbeit, Unica Zürn, deren Nachlass sich in Berlin befand, ob von dem nach Berlin ausgewanderten und London vertriebenen Film-Dichter Carl Mayer oder wie zurzeit mit Nachforschungen über österreichische Frauen im amerikanischen Exil, wie Salka Viertel, Gina Kaus oder Fritzi Massary beschäftigt –, meist führt mich ein Weg auch nach Berlin.

Und natürlich habe ich an diesem Ort noch einige Kisten stehen, von einem Dachboden in die neue Wohnung des Freundes mitübersiedelt, warten sie dort seit nunmehr zehn Jahren. Aber während mir die anlässlich eines weiteren Wechsels in Portugal zurückgelassenen Gegenstände kaum mehr durch den Kopf gehen, bin ich auf den Augenblick gespannt, in dem die Berliner Schachteln einmal mit mir wohnen und ich nachsehen kann, was sich drin befindet.

Reste sucht man immer wieder auf, heißt es, unwiderruflich, wie Tatorte. Doch es kommt auch darauf an, welches Begehren einen danach treibt und was man vermutet mit diesen Überbleibseln einmal wieder zu beginnen.

Erst kürzlich fand ich unter meinen Notizen eine Liste, auf der es die Vor- und Nachteile eines Lebens entweder in New York oder Chicago oder Wien oder Berlin abzuwägen galt. Für Berlin sprachen auf der Liste interessante Galerien, Verlage, die kurze Anreise zu Lesungen, viele Parks, zahlreiche Bekannte und Freunde, gute Schulen, kostenlose Ärzte, preiswerte Wohnungen; dagegen das deutsche Wesen, obwohl in Berlin deutlich geändert, und mieses Wetter. Gewonnen hat aber nicht meine Wahlstadt Berlin, sondern der Ort mit den – der Liste nach – schlechtesten Noten, New York.

Die Vergleichsmethode ergibt also nicht viel Sinn. Man wird eher irgendwohin getrieben, als dass man aus Vernunftgründen Übersiedlungen betreibt. Und übrig bleiben mir nun wieder die Pläne für Berlin, die verschoben und vom Wünschen bestimmt, nur mehr aus dem Internet erfahrbar sind.

Demnach klicke ich mich durch die Wohnungsanzeigen von Berliner Tageszeitungen, wähle 3,5 Zi / 102 m², Stephanstrasse 1, Kü, DI, Bd, WC, GHZ, VH 3. OG, 730,– kalt oder 3 Zi / 89 m², Waldstrasse 49, 2.OG, ZH, EBK, F, Bk, ruhig, grün, 759,– kalt, und hole mir den Stadtplan heran, fokussiere, entwerfe Routen, stelle Verbindungen her, studiere Fahrpläne.

Ich fantasiere über ein wundersames Gelingen der Kommunikation, eingehaltene Versprechen, zur rechten Zeit fertiggestellte Manuskripte und pünktlich gelieferte Korrekturen, persönliche Vorsprachen, Mittagessen mit dem Lektor, wäre ich nur in Berlin, und nähme ich diese und jene Straßenbahn, träfe da und dort zuverlässig ein.

Und natürlich stelle ich mir vor, es wäre angenehm, in der Sprache zu leben, in der ich schreibe, denn während ich hier in New York Floskeln und Ausrufe, wie »kind of like of« oder »oopsie daisy« sammle, wird mir das Deutsche zum Exotikum, zur Touristen- oder Geheimsprache. Man muss eben in Berlin sein, um in Berlin zu sein, sage ich mir. Für Berlin gibt es nichts anderes, keinen anderen wichtigeren Ort und daher keinen Grund sich nicht in Berlin zu befinden. Während das superlative New York sich zumindest noch mit dem Universum vergleicht! Und um an derartige Einmaligkeit anzuschliessen, brachten deutsche Medien in letzter Zeit das Wort »New Berlin« in Umlauf, das eine ähnliche Spitzenstellung der Stadt zumindest innerhalb Europas gültig machen will. Diese Ähnlichkeiten im Dienste der Selbstverherrlichung sind aber mehr als weit herbeigeholt. Das Einkaufsparadies Friedrichsstraße hat mit Fifth Avenue nur den Anfangsbuchstaben gemein, Kreuzberg ist nicht Soho und die Hackeschen Höfe können nicht Chelsea sein. Berlin ist Berlin, sage ich, eine Stadt im Prozess und man weiß noch nicht, wohin.

Aber Wien? Wo bleibt Wien?

Die Kisten voller Bücher, Schriften, Kleider, in Kellern über die Bezirke verteilt, müssen inzwischen längst verrottet sein. Diesen Überresten wollte ich entkommen, immer wieder, wenn ich meinen Aufenthaltsort wechselte, Erinnerungen an Vorhergehendes damit verbannen. Wien ist nun ein Punkt des Ausgehens und Zurückkehrens, umso reizvoller, wenn ich gerade nicht dort lebe.

Wie überhaupt auch Chicago, New York und Berlin am schönsten sind, wenn man sie besucht und keine Verantwortung für den Ort übernimmt, an dem man sich befindet, den man benützt, oberflächlich, kurzfristig, unverbindlich.

Und in jeder Stadt stehen dann Kisten und Koffer mit Resten.

Und deshalb muss ich wieder hin.

Der Misstrauensbonus

Neben den s-Bahn-Geleisen, in einer Sackgasse, gleich links neben dem Pony-hof ein Schrebergarten ohne Zwerge, ohne Wasser, ohne Strom. Kinder in der Wanne. Ruhe in der Stadt.

Während in einem anderen Garten Schulter an Schulter schließt, Transis-torradio an Transistorradio, Grillwurst an Grillwurst, misstrauisch beäugt. Hüt-ten werden dort verbessert und lackiert, Pflänzchen gezogen, Erde gelockert und die Thermoskannen mit Kaffee immer gefüllt.

Während am Hundestrand die Mauern fallen und die Hüllen und der Blick wird auf intimsten Raum gedrängt. Mäandertattoo um Oberschenkel rechts vorne, Brustnippelringe am Abhang uferwärts, Hundehaltergespräche an den Zehenspitzen scharf verlaufend, jede Menge Ickes im glasklaren Wasser, Ge-schlechtsverwirrung im signalfarbenen Fahrradanzug: muskulöse Sie oder ka-rottenhaargefärbter Er?

Wer bestimmt hier wen?

Im Blickfeld des Spektakels im Theater gebieten die Frauen. Ein mexikani-scher Performer sucht seine Zuseher in Bewegung zu bringen, doch sie starren. Bis er Anweisungen gibt zu lebenden Bildern: ein kniender Mann, der in kom-plizierter Position einer Frau Respekt erweist; Frauen, die auf kriechenden Män-nern sitzen; ein Mann versteckt sein Gesicht unter dem Tüllrock des Performers. Dazu Lächeln, während rundherum die Klischeedekonstruktionsmaschine dröhnt, während im Seitengang der Verkauf von Speisen und Getränken läuft, die im Klischee von Mexiko enthalten sind. Schlangestehen vor der Guacamole.

Wer beherrscht hier wen?

Während fünf Straßen weiter ein zum Abriss freigegebenes Haus bespielt wird, jeder Künstler einen Raum, und die Künstler und Freunde, die Künstler sind, drängen durch demontierte Küchen, Klos und Zimmer, verdichten sich im Erdgeschoß rund um Ausgabestellen fürs Bier.

Während zwei Straßen weiter ein schickes Café, direkt aus dem Westen trans-feriert, samt dunkelroter Absperrungskordel exklusiv eröffnet, lange Einladungs-listen werden studiert, abgehakt, während drinnen die Namen zu langweiligen Gesichtern verzischen, auf der Suche nach langweiligen Broten und Bier.

Während in der anderen Stadt die Autoren aus dem anderen Land zusam-menkommen als wäre die Erinnerung an die Grenze keine Erinnerung, son-dern eine Vergangenheit, die sich als Gegenwart erhält. Eingeständnis des Scheiterns, Adressen mit einer ehemaligen Insassin getauscht, betrunkener Eklat, aufgefangen von der Heiligen Familie der Literatur, jede Menge Onkels, Hauptsache, dass nichts nach draußen dringt.

Texte von damals, Papier war knapp, Kopieren gefährlich, nur Auswendiglernen half, jedes Treffen eine Konspiration, nun Abenteuerberichten am Lagerfeuer ähnlich, der Wein gratis, solange das Lesen anhält, im Aufbrechen eine Überraschung: Soundso will schreibfrische Gedichte vortragen, die Familie trottet zurück in den Saal, aber schon fünf Häuser weiter läuft als Zwischenstation, als Übergang alles genauso dahin, wie es früher war. Knarrend unbequeme Lederstahlstühle, die Kunstwerke sind, genauso wie die Kritzeleien auf Millimeterpapier und einführende Worte, die der Vergangenheit entkommen und raschelnd aufflammen, wieder vergehen. Doch der Autor ist ihrer müde, denn er hat inzwischen etwas Welt gesehen und an früher entfernten Orten seine Geschichte erspürt und die seines Landes und die seiner Mutter übrigens auch, und weil alle sich kennen und alles kennen, wie es früher war, gelingt ihm der Beweis.

Während der Misstrauensbonus überall gleich gilt, überall tauscht man die verdächtigen Blicke, überall steht ein Wächter und passt auf etwas auf, das in der Vorherschau schon passiert. Überall steht ein Wächter und passt auf, dass die Freundlichkeit nicht aufkommt, dass verzwickte Regeln eingehalten werden, noch bevor sie einer kennt, und die Strafe folgt sogleich. Überall steht ein Wächter und wünscht sich zurück in eine Welt, da jeder jedermanns Wächter und alle zusammen kauen das Misstrauen als tägliches Brot.

Während ich auf einer Grenze schreite. In einer Stadt lebe, die es noch nicht gab. Hunde, die an Stämme pissen, die es noch nicht gab. Ich drehe an Heizkörpern, die es noch nicht gab. Steige an Stationen aus, die es nicht mehr gab. Biege links an der Kastanienallee ein, betrete den ersten, zweiten, dritten Hof und im Inneren, in dem verfallenen Theater nisten sich die Krähen ein, türmen sich Bruchstücke von Fassaden auf, Adlerschwingen, Heldenköpfe, Busen von Sirenen neben Dickicht, schmiedeeisernen Skulpturen und jede Menge Wurst am Grill. Kastanien am Feuer, Kastanienblätter angesengt, Kastanienallee überfüllt, in weiten Hosen, in engen Blusen, in Unmengen von Dosen voll Bier und Holzbänken und Fitnessgetränken und lächelnden kinderleichten und berlinerisch gefärbten Menschen, zum Beispiel jung.

Während rundherum das Weltstadtspielen, das Sorry-Sagen und Geilcool und rundherum das Glatzenzeigen und Ziegelsteinschuhstampfen und Pitbullausführen und das Tiefrot oder Hochblond Färben der Pferdeschwänze und das Sonnenstudioverbrannte-Haut-Tragen und rundherum das SchönenTagnoch und Tschühüss und das Weltstadtspielen und Hauptstadtmüssen und das Halbstadtsein, zwei Halbstädte, mehrere Grenzen, und deutsch ist deutsch und *glimpses of different meanings: Bonjour* in Reinickendorf und polnisch-amerikanisch in einem Club, eines Abends, während aber das Herz kalt bleibt, anderswo, nur der Kopf, Ösis, sagen sie, ich, Ausländer, Welt, Stadt, Spiel.

Die Fremden bestaunen

Wer in Berlin die Mohrenstraße ansteuert oder durch das Afrikanische Viertel im Stadtteil Wedding spaziert, wo Straßennamen nach unrühmlichen Helden aus der Zeit des Raubzugs um Kolonien benannt sind, denkt dabei nicht unbedingt sofort an Deutschlands koloniale Bestrebungen. Sofern der Spaziergänger weiß ist. In manchen Berliner Bäckereien werden heute noch Gebäckstücke namens Kameruner angeboten. Die Wiener Kaffeemarke Julius Meinl trägt weiterhin einen mit Fez bewehrten sogenannten Mohren im Logo.

Seit Jahren sind Initiativen wie »Berlin Postkolonial« oder »Afrika-Hamburg« um eine Revision der Geschichte ihrer Städte bemüht und kämpfen um die Änderung belasteter Straßennamen. Lange genug wurde zur Rolle des Deutschen Reichs während des Kolonialismus geschwiegen. Erst mit einer im Berliner Deutschen Historischen Museum eröffneten Schau wurde einer breiteren Öffentlichkeit begreifbar, dass es sehr wohl Kolonialismus gab, und dass Rassismus die deutschen Vorstöße legitimierte.

Auch um die Präsentation von Ausstellungsobjekten im künftigen Humboldtforum, von denen viele unter zweifelhaften Umständen erworben wurden, ist mittlerweile eine Diskussion entbrannt. Notwendig wäre eine Darstellung der Erwerbsgeschichte, um die deutschen Verstrickungen aufzuzeigen. Die Auseinandersetzung mit kolonialer Vergangenheit und rassistischen Praktiken steht damit erst an ihrem Beginn. Dabei ist es unumgänglich, sich mit früheren Verhaltensmustern in Begegnungen zwischen europäischen und außereuropäischen Menschen zu beschäftigen, um sich auch heutigen Identitätsängsten und populistischen Bedrohungsszenarien zu stellen.

Zu lange wurde die Wahrnehmung von anders aussehenden Menschen von der Gewissheit kultureller Überlegenheit geprägt. Auch deswegen streiten wir heute weiter über Äußerlichkeiten wie Kopftücher und verwechseln Integration mit Unsichtbarkeit. Die Anwesenheit der angeblich so Fremden ist nicht neu, wie eine genauere Untersuchung zur Geschichte – etwa der Berliner Mohrenstraße – zeigt. Sie kam zu ihrem Namen, weil dort im 17. Jahrhundert zwölf afrikanische Jugendliche logierten, die als Musiker und zu Repräsentationszwecken eingekauft worden waren.

Das koloniale Kapitel Deutschlands wurde unter anderem von immens erfolgreichen Völkerschauen ab Ende des 19. Jahrhunderts begleitet. Auch das

Hamburger Unternehmen Hagenbeck, das der ehemalige Fischhändler Gottfried Hagenbeck von 1848 an vom Zoohandel zur Tierschau erweitert hatte, mischte mit. Unter der Führung des Sohnes Carl, der 1866 den ersten Tierpark eröffnete, initiierten die Hagenbecks zwischen 1875 und 1930 mindestens 100 derartige Ausstellungen: »Lappländer«, »Nubier«, »Inuit«, »Wildes Afrika«, »Menschenrassen am Nil« und »Ceylon-Karawanen« wurden Besuchern auf bunten Plakaten angekündigt und konnten gegen Eintritt in Zoos oder auf städtischen Freigeländen besichtigt werden.

Fremde anzuschauen sollte der Unterhaltung, aber auch der Aufklärung dienen, im Grunde aber beglaubigen, was die Besucher bereits zu wissen meinten. Für die Organisatoren stand dabei nicht kultureller Austausch, sondern das Geschäft an vorderster Stelle. Die Spektakel passten gut zu den kolonialen Interessen, da sie immer die Überlegenheit der europäischen Betrachter voraussetzten und koloniale Absichten bestärkten. Eine Veränderung dieser Einschätzung war nie vorgesehen. Fremd Aussehende wurden gemäß herrschender Klischees ausgewählt und nach Europa verfrachtet: Afrikaner galten etwa als sehr wild und vorwiegend Raubtiere jagend, während Araber als Handels- und Reitervolk mit Anspielungen an *1001 Nacht* vorgestellt wurden; die glücklichen und verspielten Südseeinsulaner eigneten sich für dramatisierte Szenen weniger gut; Indern wurde eine höher entwickelte Kultur zugestanden. »Indianer« hatten mit Marterpfahl und Friedenspfeife aufzutreten, wie von Karl May erdacht. Als Hagenbeck einen Stamm engagierte, der dem nicht entsprach, empörten sich Besucher: »Das sind keine echten Indianer«.

Durch die Völkerschauen wurden die exotischen Fantasien des Publikums theatralisch greifbar, der Blick auf das Andere kontrolliert: »Wir dürfen nichts anziehen, Herr, keine Schuhe, nichts, sogar ein Kopftuch müssen wir ablegen. Wilde müssen wir vorstellen«, klagte eine der im Wiener Prater ausgestellten Ashanti-Frauen. Der Dichter Peter Altenberg beschrieb die Verhältnisse zwar einfühlend, aber doch in den gängigen Fantasien vom »edlen Wilden« als dem besseren Menschen verhaftet.

Die zahlreichen Besucher erwartete auf den Schauen ein idealisiertes Dorfleben, zusammengewürfelte Gruppen, die als Familien vorgestellt wurden. Man konnte sie beim Kochen, beim Essen, beim Arbeiten beobachten und die vor Ort produzierten Waren erwerben: Masken, Tee, Tabak, alles unter der Marke Hagenbeck. Wichtig dabei war vor allem, dass die Europäer sich in ihrer kulturellen Überlegenheit bestätigt fühlten. Symbolisiert wurde dies durch niedrige Zäune oder gespannte Seile, die den Betrachter vom Betrachteten trennten und so eine Hierarchie in der Begegnung mit den Ausgestellten schufen. Schauen, Berühren, Kaufen waren erlaubt, nicht jedoch der Kontakt von Mensch zu Mensch.

Um Gespräche zu unterbinden, wurden bevorzugt Darsteller engagiert, die kein Englisch konnten. Zusätzliche Engagements für Privatpartys und in

Varietés unterliefen diese Kontrollmaßnahme allerdings. Auch verließen Darsteller manchmal unerlaubt das Gelände, was anscheinend zu amourösen Verwicklungen führte, wie die damalige Presse behauptete. Die weiche, glänzende Haut der Singhalesen verführe besonders dazu, sie zu berühren und zu prüfen, ob die dunklere Farbe nicht abginge, hieß es in Zeitungsberichten. Besonders die Wiener und Berliner Damen seien verrückt nach schwarzen Männern gewesen, wird das rassistische Klischee des sexuell hyperaktiven Schwarzen bestätigt.

Die sogenannten Ausstellungen wurden täglich von tausenden Besuchern regelrecht überrannt und ließen den zur Schau Gestellten keine Ruhe: »Die Luft rauscht beständig vom Geräusch der Gehenden und Fahrenden, unsre Umzäunung ist augenblicklich gleich voll«, notierte ein Inuit zum Aufenthalt in Berlin.

Neben dem Vergnügen fürs Volk hatten ihre Körper ernsthaften Wissenschaftlern als Untersuchungsgegenstand zu dienen. Hagenbeck stand in engem Kontakt zur Berliner Gesellschaft für Anthropologie, Ethnologie und Urgeschichte und ihrem Vorsitzenden Rudolf Virchow, nach dem bis heute in Berlin ein Krankenhauskomplex benannt ist. Lappländer, Patagonier, Dinka, Zulus »im Naturzustande«, wie es hieß, und viele andere wurden vermessen, akribisch untersucht und beschrieben. Diese Zusammenarbeit mit der Wissenschaft steigerte wiederum der Wert von Hagenbecks »Ware«, er erhielt Unterstützung von offiziellen Regierungsstellen für seine Anwerbungen. Die unternahm vor allem John Hagenbeck, ein Halbbruder Carls, der es vom Tierhändler zum Plantagenbesitzer gebracht hatte und der sich, nachdem mit Tieren allein nicht mehr so gut verdient werden konnte, als erfolgreicher Rekrutierer betätigte.

Das Unternehmen Hagenbeck legt heute in seiner offiziellen Stellungnahme Wert auf die Tatsache, dass die Fremden in den Völkerschauen gegen Bezahlung auftraten und ordnet diese in die Tradition von Varietés und heutigen Folkloredarbietungen ein. Die Veranstaltungen hätten Besuchern Gelegenheit geboten, exotische Lebensformen, Klischees inbegriffen, kennenzulernen, ohne sich auf lange Reisen begeben zu müssen. Mit dem Aufkommen des Films sei diese bildende Absicht überflüssig geworden.

Tatsächlich wurden die Hagenbecks auch im neuen Medium aktiv. John spezialisierte sich auf »Raubtiersensationsfilme«, während Carl sein ursprünglich für Tiere geschaffenes Habitat nun auch für Filmaufnahmen zur Verfügung stellte. Japan, China, der Dschungel und sogar die Südsee wurden im Hamburger Tierpark nachgestellt. Das Spiel zwischen Authentizität und Inszenierung setzte sich in diesem Medium fort. Fritz Lang etwa mietete für *Das indische Grabmal* vom heutigen Übersemuseum in Bremen echte Requisiten, wie Buddhastatuen und Möbel. Umgekehrt belieferte Hagenbeck auch Museen mit originalen Objekten. Das Ineinander von Filmproduktion und Ethnologie ließ die

Grenzen zwischen fantasierten und wirklichen Fremden weiter verschwimmen. Mit dem Erstarken der Nazi-Ideologie wurde die Angst vor dem Nicht-Deutschen wieder stärker als die Sensationslust. Es gab kaum mehr Völkerschauen. Exotische Menschen wurden im Film nun oft von geschminkten einheimischen Schauspielern dargestellt.

Die Aufarbeitung des Rassismus in Deutschland blieb nach dem Zweiten Weltkrieg lange mit dem Holocaust und Antisemitismus beschäftigt. Rassistische Perspektiven auf andere Opfergruppen wurden jedoch nur geringfügig korrigiert. Bis heute scheinen die alten Muster zu gelten. Das romantisierte Exotische wird auf Ferienreisen goutiert, im eigenen Umkreis jedoch mit vorsichtiger Distanz und oft mit Ablehnung betrachtet. Das liegt auch begründet in der so falschen Trennung zwischen kulturfähigen und primitiven Menschen, die eben in den Völkerschauen vor allem an Accessoires und körperlichem Erscheinungsbild festgemacht wurde.

So kommt es, dass sich Diskussionen bis heute an Äußerlichkeiten verhaken und vor allem mit Ausschließungen verfahren: Wir wollen ein bestimmtes Detail nicht sehen »bei uns«, verfallen in einen Fetischismus über Kopftücher und Burkas, verdecken damit den Blick auf Subjekte, die wir eigentlich wahrnehmen sollten. Fantasien und Fantasmen treten an die Stelle einer Begegnung auf Augenhöhe. Die größte Zumutung scheint tatsächlich immer noch zu sein, vermeintlich Fremde als gleichwertig anzusehen, da mit diesem Eingeständnis das rassistische Weltbild ins Wanken geriete. Somit auch eine Vorstellung vom Eigenen, die sich bloß in Abgrenzung gegenüber anderen formt und sicher wähnt.

Um es mit den bedauernden Worten eines bekennenden Neonazis aus Mecklenburg-Vorpommern auszudrücken: »Wenn man sie einmal kennenlernt, dann kann man sie nicht mehr hassen.«

Auf Wiedersehen, Meerschweinchenwiese!

Es begann wie ein Märchen: Ich, die Stadt und das sechsstöckige Haus kamen auf wunderbare Weise zusammen. Ich war stolz, dass die Gebrüder Skladanowsky das Bioskop, einen Vorläufer des Filmprojektors hier erfunden hatten, dass mit *Ecke Schönhauser*, einer der wichtigen DEFA-Streifen unter den U-Bahntrassen hier seinen Schauplatz hatte, dass unser Dach einen 360-Grad-Panorama-Blick inklusive Fernsehturm bot. Obwohl es verbotenes Terrain war, zu gefährlich für Kinder und zu dünn die Teerpappe über den hastig nach der Wende ausgebauten niedrigen Decken unserer Wohnungen. Ein Baumeister hatte sich kurz nach der Wende mit dem Kauf heruntergekommener Mietshäuser reich gestoßen, die er billigst renovierte und nach ein paar Jahren weiterverkaufte. Trotzdem bin ich ihm und seiner stets in Rosa und Gold gekleiten Frau dankbar. Denn immerhin bekam ich einen Mietvertrag, obwohl ich weder Einkommensnachweis noch sonstige Papiere erbringen konnte. Ich schwindelte mich darüber hinweg, indem ich ein von mir verfasstes Buch über New York als Geschenk mitbrachte und die schwierige Frage nach dem Einkommen damit beantwortete, dass ich ja direkt aus dieser Stadt hierher gekommen war – das Buch winkte als Beweis – und mich nun erstmal situierte. Die Baumeistergattin lächelte, nahm mein Machwerk, blätterte darin und meinte, nach New York wollte sie ja bald reisen. Worin ich sie bestärkte, indem ich sie mit Anekdoten unterhielt. Und das ist Teil eines Märchens, das Berlin früher bestimmte. Ich habe davon profitiert.

Ein paar Jahre später beobachtete ich von meinem Schreibtisch aus eine Gruppe spanisch sprechender Menschen auf dem Dach herumspazieren, den Ausblick prüfen, und bald waren wir an eine iberische Investorengruppe verkauft. Gegen Ende des Jahrtausends wurden wir von einem Londoner College-Fonds erworben, dem wir bis heute gehören. Reparaturen des mittlerweile verfallenden Materials gibt es kaum oder erst nach monatelangem Warten. Im Herbst springt die Heizung selten ohne den Eingriff von Spezialisten an. Auch das habe ich schätzen gelernt. Je weniger investiert wird, desto mehr Argumente habe ich in der Hand, sollte die Miete neuerlich erhöht werden.

Nach 15 Jahren sind nur mehr wenige der ursprünglichen Mieter im Haus. Anfangs ging es zu wie beim Bäumchen-wechsle-dich-Spiel: Hast du Lust auf eine neue Umgebung, einen neuen Freund, kein Problem, du findest immer eine andere Wohnung, in welchem Stadtteil, in welcher Größe du auch willst.

Lange Zeit schienen die einzigen Schwierigkeiten in der Nachbarschaft die Frage nach einer noch besseren Schule, einem noch helleren Balkon zu sein, und Wände unbedingt ohne Raufasertapete, die Fensterrahmen bitte aus Holz, aber abgeschliffen und neu lackiert. Alles lief seinen Gang. Die Bewohner wechselten ständig. Aus der WG gegenüber wurde eine Pärchenwohnung, wurde eine Kleinfamilienwohnung und dann mit dem zweiten Baby zogen die Mieter um. Eine neue Kleinfamilie kam. Auch sie neuerdings mit zweitem Kind, aber ohne Chance woanders hinzuziehen, es sei denn raus aus der Stadt. Andere Einheiten werden nur mehr für Feriengäste verwaltet. Die Touristen klettern als erstes aufs Dach, öffnen ein Bier und machen Selfies. Während früher zuweilen an Sommertagen die vor den Cafés sitzenden Trinker mit ihrem Schreien und Streiten unsere Nächte verdarben, hatten wir die Partys nun sogar auf Augenhöhe. Nach zwei, drei Tagen, stand der enge Hof voller Leerflaschen und kaputter Möbelstücke.

In anderen Wohnungen mieteten sich häufig Singlefrauen ein, manche mit Hund, fanden einen Partner und verschwanden wieder. Die Kleinfamilie unter uns, auch sie waren als Paar gekommen, brach vor kurzem mit zwei Kindern nach Schleswig-Holstein auf. Geblieben sind das syrisch-polnische Paar, mittlerweile mit zweitem Kind, und unter mir die Dealer-WG, die sich entwickelte, nachdem die alleinerziehende Mutter des pubertierenden Jungen ausgezogen war.

Habe ich erwähnt, dass die Geschäftsflächen im Erdgeschoss drei Gastbetriebe beherbergen? Der Thai, der eigentlich ein Vietnamese war, eines Tages wegen eines Schmuddelordens schließen musste und sich daraufhin neu erfand, sowie zwei immer gut besuchte Cafés. Morgens duftet es nach Schokoladetorten. Mittags nach Knoblauch und gebratenen Chilis. Nachmittags bis spätnachts steigt der Geruch von Döner in mein Schlafzimmer. Gegrölt wird an heißen Tagen von unten und von oben. Gegrillt auch.

Dann wurde die Straße vorm Haus drei Jahre hintereinander jeden Sommer aufgerissen. Einmal war es das Gas, einmal war es der Strom oder die Kanalisation, einmal waren es die Straßenbahnschienen. Das vierte Mal, als die Gehsteige erneuert werden sollten, wehrten sich die Anwohner. Ich nahm an einer offiziellen Begehung teil. Rollstuhlfahrer und Blinde mit Blindenstock testeten Unebenheiten und lieferten den Beweis, dass der Gehsteig eine Gefahr darstellte, die unbedingt zu beseitigen war. Es war das einzige Mal, dass ich Rollstuhlfahrer und Blinde in unserer Gegend auftauchen sah. Ich diskutierte mit dem zuständigen Stadtrat über den Umbau, erfuhr von Schweinebäuchen, jenen großen Steinen, die nach oben hin glatt, nach unten hin geschwungen sind und so die ständigen Schwankungen des sandigen Unterbodens ausgleichen. Sie würden auf jeden Fall beibehalten, versicherte der Beamte, und die sonstigen Veränderungen wären sicherlich zu unserem Besten. Der Protest scheiterte kurz darauf und ein weiterer Sommer voller Baulärm begann.

Ach ja, ich vergaß die U-Bahntrasse, auch sie wurde erneuert, als ich eines Frühlings die Terrassensaison eröffnen wollte. Schienen wurden verlegt, ein ständiges Hämmern und Schleifen und Schweißen und metallisches Krachen bildeten meine Atmosphäre für die folgenden Monate.

Das alles ist Bestandteil eines Märchens mit dem Titel: Berlin entwickelt sich. Oder auch: Diese Stadt ist verglichen zu anderen europäischen Großstädten weiterhin billig.

Alle drei Wochen finden wir in unseren Briefkästen ein Schreiben der Hausverwaltung, das uns ermahnt, Leerflaschen, Plastik, Möbel, Altöl et cetera ordnungsgemäß fortzuschaffen, was wir ohnehin tun. Nur die andauernd wechselnden Mieter auf Zeit natürlich nicht.

Habe ich schon erwähnt, dass wegen der ständig zu entsorgenden Flaschen aus den Cafés die Eingangstüren zum Haus oft offenstehen? Dass jede von den Gästen getrunkene Flasche einzeln in den Container geschmissen wird und in meinem Kopf und meinem Körper widerhallt? Dass in unseren Kellern schon so oft eingebrochen wurde, dass ich nicht einmal mehr ein Vorhangschloss an dem Verschlag, in dem ich Kartons horte, anbringe, weil es ein paar Tage danach ohnehin weggerissen wird? Habe ich schon erwähnt, wie viele Fahrräder bereits aus Hof und Kellern gestohlen wurden? Das gehört genauso zum Märchen. Ich gehe dann zum Fahrradladen und suche mir das am wenigsten attraktive Rad aus, bis auch dieses verschwindet. Die Verkäufer kennen mich bereits.

Und dann wurde der wunderschöne, noch zu Vorwendezeiten in Eigeninitiative von den Mietern angelegte und gehegte Hinterhofgarten im Haus gegenüber durch eine Mauer geteilt, welche mitten durchs Gras verlief. Ich überraschte die Bauarbeiter, als ich eines Sommernachmittags in den Schatten der kühlenden alten Baumkronen wollte. Ich mochte auch die Legende, die besagte, dass die Ummauerung des kleinen Sandspielplatzes aus Bruchstücken des Schlosses bestand. Der namensgebende, aus Eisenstäben gebogene Hirsch war eines Tages ebenfalls verschwunden und ist bis auf Weiteres in einem Depot der Stadtverwaltung untergestellt. Auf Wiedersehen, Kinderrutsche, Geburtstagsfeier-, Katzen- und Meerschweinchenwiese, auf Wiedersehen, freier Durchgang um die Ecke, obwohl ich zugeben muss, dass die Mücken dort hart attackierten. Die Bewohner der Hinterhofhäuser sind bislang unbehelligt, warten aber täglich auf die Entscheidung, was mit ihnen geschehen soll. Solange bleiben ihre Mieten noch sensationell niedrig und sie können tun, als hätte sich nichts verändert, als wären sie weiterhin so frei wie vor 20 Jahren, als die Stadt noch eine Hoffnung war. Obwohl findige New Yorker bereits damals rieten, möglichst rasch eine Immobilie hier zu erwerben, es würde sich lohnen.

Dann wurde der Parkplatz neben unserem Haus verkauft. Es ging das Gerücht, dass ein Einkaufscenter errichtet werden sollte. Und tatsächlich: Eines Tages hoben Bagger das Fundament aus, verschalten die Grube, gossen Beton. Wände wurden aufgezogen. Erste Geschoße. Eines Tages winkte beim Frühstück der Arm eines riesigen Krans ins Fenster, welcher sich allerdings vorschriftsmäßig verhielt. Jede noch so kleine Verrichtung wurde durch Hupen angekündigt, so dass die Bauarbeiter gewarnt waren. Alle paar Minuten ertönte nun dieses Quäken. Ich war dankbar für die halbe Stunde Mittagspause des Kranführers, für den kurzen Moment des Schichtwechsels. Doch die Arbeitszeiten wurden bald ausgeweitet. Nun bauten sie von sieben Uhr früh bis acht Uhr abends, sogar samstags, Hupen, Rasseln und Arbeiter, die mit Schreien kommunizierten. Ich hätte fast jedes Wort verstanden, hätte ich Polnisch oder Rumänisch gekonnt. Aber es war auch so kaum zu ertragen. Ich trug die Ohrenstöpsel nun sogar tagsüber. Gegen die Bauarbeiter hatte ich nichts, wohl aber gegen die Planer und die Bauherren. Die Arbeiter waren die einzigen, die in unserer Nachbarschaft überhaupt noch ins Staunen kamen, die überhaupt noch bemerkten, in welcher künstlichen Welt wir uns bereits bewegten. Während sie in den Pausen herumirrten und in ihren Arbeitsklamotten eine Möglichkeit suchten, sich mit etwas zu verkostigen, das nicht glutenfrei, in Fladen gerollt, salatlastig oder handgeschnitzt war und deshalb auch mehr kostete. So saßen sie an dem einzigen demokratischen Ort, der an meiner Ecke existiert, im Hühnerhaus, allein der Name ist genial, eine Zuflucht, in dem Verlagsmitarbeiter, türkische Familien, niederländische Touristen, bärtige Start-up-Hipsters in flauschigen Spielanzügen und Schüler aufeinandertreffen, um billige frittierte Hühnerteile zu verspeisen. Und die Bauarbeiter wunderten sich und fuhren abends wieder zurück nach Brandenburg, wenn sie denn Brandenburger waren. Die Polen und Rumänen verschwanden nachts in Containern.

Als dann nach Monaten eines Morgens der Kran abgebaut war, war ich fast glücklich. Wären nicht die Steinplatten gewesen, mit denen die Fassaden nun verkleidet wurden. Vor Ort wurden sie passend geschliffen und das Kreischen der Schleifmaschinen hörte nicht mehr auf. Es dauerte Wochen. Immer wieder ging ich an dem Bau vorbei und prüfte den Fortgang der Arbeiten, als wäre es mein Haus. Natürlich konsultierte ich ununterbrochen Webseiten mit Wohnungsangeboten, aber inzwischen waren nicht einmal mehr Wohnungen außerhalb des S-Bahn-Rings wirklich günstig, nicht einmal mehr außerhalb der Stadtgrenzen, was ich meinem Sohn ohnehin nicht zumuten konnte, denn sein Schulweg betrug bereits jetzt um die 50 Minuten und einen Gehaltszettel konnte ich weiterhin nicht vorweisen.

Ich kaufte mir geräuschhemmende Kopfhörer. Dann schloss die kuriose Apotheke gegenüber für immer und zog nach Charlottenburg. Dort gibt es mehr alternde Kunden mit erhöhtem Bedarf an Medikamenten. Die Fassade des Nachbarhauses war inzwischen fertiggestellt, nun kamen der Durchgang und der kleine Hof an die Reihe, die in Anlehnung an frühere Zeiten mit fachgerecht vor Ort geklopften Pflastersteinen ausgelegt wurden. Also patrouillierte ich weiter vor der Baustelle, wo Arbeiter auf Knien mit spitzen Hämmern die Steinblöcke zerteilten, während andere die Würfel in den Sand schlugen und wieder andere die sich formenden Straßenstücke feststampften. In einem anderen Land zu einer anderen Zeit fand ich dieses Handwerk einmal schön. Aber bitte nicht vor meiner Türe. Und dann war das Ding endlich fertig. Stand glänzend herum, die berühmten bodentiefen Fenster mit Schiebevorrichtungen zum Verdunkeln. Alles wie es sich gehörte. Ein paar Tage darauf waren alle Schlüsselbretter mit Namensschildern versehen. Alles verkauft. Große Überraschung: Es handelte sich nicht um ein Einkaufszentrum, sondern um ein Wohnhaus mit ein paar öden Läden, die keiner brauchte und deshalb niemand aufsuchte. Obwohl sich ein paar Häuser weiter bereits ein Enthaarungsstudio befand, eröffnete auch im neuen Haus eins. Obwohl wir von Möbelläden geradezu umzingelt sind, öffneten im neuen Haus auch zwei. Und so weiter. Nur der Laden für teure Kinderwägen und Babyzubehör boomte. Aus der Tiefgarage tauchten schwere SUVs und hochpolierte Porsches mit dazu passenden Passagieren auf. Manchmal verirrte sich eine Mutter mit Kind in den Laden für biologisches Fruchtmus, das aus Plastiktuben direkt in den Mund gedrückt werden kann. Ansonsten habe ich nie irgendwelche Menschen in den Geschäften gesehen. Lange hatte ich mich auch gewundert, was das Penthouse ganz oben wohl enthalten würde. Ein Schwimmbad, ein Sportstudio, eine schicke Wohnung mit Rundumblick?

Da sah ich eines Nachmittags Arbeiter einen roten Teppich auf dem Gehsteig auslegen, abgesperrt mit einem Seil mit Troddeln, Securitymenschen in Anzügen standen herum. Ein paar Stunden später, ich meinte schon, Besucher seien aufs Dach gestiegen, erklang das Geplauder von Partygästen, anfangs noch verhalten, dann aber sich steigernd, lauter werdend, musikbegleitend bis zu singend, dann grölend und betrunken durch die Nacht schreiend. Das Penthouse war also eine Wir-sind-in-dieser-Stadt-in-der-immer-gefeiert-wird-Location, die alle Wünsche erfüllte. Und so klingen die Menschen dann auch. Als gäbe es nichts anderes auf der Welt. Und das muss schließlich so sein, denn so wird Geld verdient. Die Stadt selbst preist sich so an. Und wem das nicht gefällt, der soll halt gehen.

Einige Zeit hatte ich Hoffnung, als ich von einem Künstler erfuhr, der den Besitzer des Hauses, in dem er wohnte, jahrelang gepflegt und von diesem als Dank zwei Miethäuser geerbt hatte, die er nun günstig und gut gelegen an andere Künstler vermietete. Aber als ich ihn anrief, beantwortete der Wohltäter sein Telefon bereits nicht mehr. Alles vergeben.

Kürzlich, in einer Mail der Hausverwaltung – schon wieder war die dünne Teerpappe des Daches durchlöchert von Stöckelschuhen oder Starkregen, ich habe auch schon leere Bier- und Saftflaschen aus der Regenröhre gezogen, und sammle nach Silvester die leergeschossenen Batterien und zersprengten Plastikraketen ein – werden die Mieter der obersten Stockwerke gewarnt, dass in den nächsten Tagen ein Dachdeckerteam über unseren Köpfen trampeln wird.

Habe ich schon erwähnt, dass es eine Zeit gab, als andauernd ein junger Mann mit Didgeridoo auf irgendwelchen Wegen aufs Dach geklettert war, wo er sich niederließ, um von oben seine selbstgemachten Klänge über die Stadt zu senden? Vielleicht weil das Instrument im Freien und umgeben vom Stadtlärm besser klang?

Und habe ich erwähnt, dass zu Fußballwelt- und Europameisterschaftszeiten ein Riesenbildschirm aufs Dach transportiert wird, um das wichtige Spiel draußen unter Zuhilfenahme von zahlreichen Bier- und Sektflaschen zu feiern. Das alles noch unter dem Vorzeichen: »Betreten des Daches verboten«, eine weitere Devise, die die Hausverwaltung nicht müde wird zu wiederholen. Es ist ja einfach. Sie drucken denselben Text wieder und wieder aus. Stecken ihn ins Postfach, in Briefumschläge, hängen ihn an der Eingangstür auf. Immer und immer und immer wieder. Wir alle kennen die Zeilen auswendig. Blöd nur, dass die Kurzzeitgäste meist kein Deutsch verstehen, sich daher nicht angesprochen fühlen. Mein Vorschlag, den Text doch in englischer Sprache oder meinetwegen spanisch und französisch zu verteilen, wurde zwar gelobt, aber nie vollzogen.

Durch das Rundmail veranlasst, begann ich mich für die anderen Terrassenbewohner zu interessieren – und tatsächlich sind ihre Jobs bezeichnend für diese Stadt im Übergang, von gelebter Improvisation zu schnellem Geld mit virtuellen Produkten: C. arbeitet als Junior Managerin für einen Schuhonlineversand, S. bei einem weltweit operierenden Onlineversand für Möbel, B. entwickelt Apps für Smartphones, T. gründete bereits als 17-Jähriger ein erfolgreiches Multi-Media-Unternehmen für Computerspiele, F. ist Grafikdesigner und Stadtentwicklungssprecher der Linken. Dazu kommt A., Professorin für nachhaltige Entwicklung. Alle entwickeln also, und ich überlegte schon mein Profil dementsprechend zu verändern. Seit Anbeginn aber ist die größte Wohnung mit Riesenfenstern und Blick über den gesamten Platz dem Schlagzeuger einer Band vermietet, die es geschafft hat, böse Klischees über Deutsche derart überzuerfüllen, dass sie damit weltweite Erfolge feiert, worauf die pinke Frau des Baumeisters damals ziemlich stolz gewesen ist.

Innerhalb von 15 Jahren hatte sich also mein Elfenbeinturm, in den ich mich zurückziehen und den ich nach getaner Schreibarbeit hinuntersteigen konnte, um mich unter die Leute zu mischen, in eine Art Flughafentower verwandelt, über den sämtliche Signale der An- und Abfahrenden, der Feiernden, der Schauenden und Kaufenden zusammenlaufen. Ich befinde mich unausweichlich im Zentrum von Aktivitäten, die daran arbeiten, mich, deren Arbeit immer gleichgeblieben ist, abzuschaffen. Hier hört die Metapher vom Tower natürlich auf, weil ich die Ströme der Gentrifizierung nicht kontrollieren kann. Ich bin eine Art kaputter Empfänger, der nur mehr aufnimmt, aber nicht mehr sendet. Ein Relikt vielleicht, wie meine tägliche Gesprächspartnerin im Treppenhaus, eine alte Dame, die schon zu Ostzeiten hier wohnte und zuhause geblümte Kittelschürzen und Kopftuch trägt; wenn sie ausgeht, dann nie ohne Hut und schickem Mantel in gedeckten Farben. Wir tauschen uns über kaputte Eingangstüren, neueste Diebstähle, die Marketingtricks von Telefon-, Strom- und Versicherungsanbietern aus, die bei ihr im ersten Stock klingeln, um sie für dumm zu verkaufen. Kürzlich, als sie vom Supermarkt kam, ging auf der Straße eine junge Frau mit Kamera vor ihr in Position mit der Bitte sie ablichten zu dürfen, was sie ablehnte. Die Fotografin entgegnete, dass sie Flaschen im Einkaufsnetz schon von weitem aufgenommen hätte, und ob sie dieses Bild behalten dürfe. Na gut, meinte die Nachbarin und fragte mich später: Wo gibt's denn so was? Was wollen die hier eigentlich? Ist Ihnen das auch schon passiert? Ich musste lachen und meinte, noch nicht. Noch spaziere ich hier nicht als Rest einer vergangenen Zeit herum, der den Besuchern zum Beweis einer Atmosphäre dient, welche auf Investorenprospekten gepriesen wird und die hier längst nicht mehr vorhanden ist. So endet das Märchen im Ungewissen. Ein Happy End ist nicht im Angebot. Nicht mit meinem Beruf. Außer ich beginne endlich etwas zu entwickeln.

Zu Kunst

Unbefangen: Jetzt.
Ein Erfahrungsbericht, aufgezeichnet von Sabine Scholl

Natürlich sehe ich das Ding. ·
So wie ich es sehe.
Wie ich es gewohnt bin.
Mir angewöhnt habe.
Doch:
Möchte ich mich herausreißen lassen!
Von Zeit zu Zeit.
Aus dem Schauen.
Hineingezogen werden in etwas
das geschieht.
Gerade am Geschehen ist.
Vor der Geschichte.

Um anzufangen
zu erzählen
gebrauche ich die Gegenwart.
Verwende ich Zeitwörter. In Verlaufsform.
Meide ich Hauptwörter. Ergebnisse.
Und lese ich mich, um zu sehen, in Geschehenes ein,
schwindle ich sofort, setze Vergangenheit um in Präsens.
Das sind Tricks.
Und ich will nichts wörtlich anführen,
nicht gefangen sein in fertigen Stücken Text.

(wie: »schnitzen schneiden singen tanzen zeigen zeichnen malen usf.«)
(wie: »pflügen pressen säen pflücken essen usf.«)
(wie: »tippen klicken suchen programmieren usf.«)

Ich will fort, frisch von der Leber, schnell bei der Hand.
Und meine bevorzugten Präpositionen heissen: VOR und WÄHREND.
Ich sage niemals: NACH!

Was kann ich sehen?
Ich fange an.
Ich will fort vom Schauen.
Ich will teilnehmen, spüren, sein.
In verschiedenen Sprachen.
Es gibt ein Sein zum Verweilen.
Ein Sein, das verläuft.
Ein Sein für immer?
Ein Sein, das Seiten wechselt, zugreift.
Wie: als Kind.
Wie: vor dem Wort.
Wie: vor dem Verbot.
Wo meine Hand begreift und mein Ohr erkennt
und mein Schritt den Raum zerteilt,
setze ich mich um.

Zum Beispiel setze ich mich, um Teil zu sein
und werde zum Gegenstand der Einrichtung.
Ich wohne. Im Schauen. Ich wirke. Im Erfahren.
Ich schmecke den Zusammenhang.

Zum Beispiel bewege ich die Bilder,
drehe ich die Erdteile um,
habe ihre Achse in der Hand.

Zum Beispiel verschiebe ich den Regen.
Ich kann Metall hören gegen Glas.

Zum Beispiel werde ich festgestellt. Als Rest.
Als Teil eines Musters an der Wand. Graphit. Eine Note.
Der Bleistift fängt mein Geschehen.

Zum Beispiel werde ich hergestellt mit den Räumen meines Wohnens. Die Pläne
schreiben meine Gänge vor. Das Wohnen prägt sich ein.
Ich bin sein Gegenstand und rede nicht hinein.

Zum Beispiel befinde ich mich in einer Hand. Sie ist meine Unterkunft. Ihre
Linien bilden meine Wände. Sie ändern das Gewohnte. Alles, was ich weiß.

Zum Beispiel habe ich alles, was ich weiß, erfunden, aufgehoben als Gegenstand
und weiter überlegt. Alles Zufall und Ordnung und Spiel. Durch meine Hände. Auf einem Regal.

Zum Beispiel höre ich den Ball. Werfen Fliegen Fangen.
Ich höre Verstehen Sehen. Weiter Spielen nun. Von Hand zu Hand.
Zusehen nicht stehen zu bleiben.

> Ich muss scharf stellen im Schreiben.
> Wort an Wort kleben.

Zum Beispiel: ein, krauses, Band, ein, Ball, ein, großer, heller, Batzen, an, der,
Wand, der, hält. Und, wieder, zerfällt?

Alles im Griff?
Nein.
Alles bleibt.
Unter der Hand.
Am Ende

> Zwischen den Zeilen, Tönen, Sprachen …
> Ein Wort liegt mir auf der Zunge.
> Doch sein Geschmack schwindet,
> spreche ich es aus.
> Ich muss weiter
> Schauen
> Fangen
>
> um

Der Bucklige im Disney-Universum.
Zu Disneys *Glöckner von Notre-Dame*

Am Anfang stand die Neugier, dann kam gleich der Streit. Welche der Versionen ist die Richtige? Das Buch oder der Film oder das Buch zum Film oder das Buch über den Film?

Meine Tochter will hören und sehen, was ihre Freundinnen hören und sehen und ich will, dass sie hört, was ich gehört habe als Kind. Ich nehme dabei an, dass das Original der Geschichte das Richtige ist, während für sie Dazugehören wichtig ist. Die Begegnung mit Disney wird schon deshalb unausweichlich. Disney setzt die Norm.

Was bist du? Was bist du? Fragen die Kinder meine Tochter in ihrem Hexenkostüm oder dem, was, wie ich meine, dem Bild von Hexen in verschiedenen Bilderbüchern entspricht. Doch in Chicago können die Kinder nur erkennen, was sie als Vorbild aus den Disney-Filmen kennen; also fehlen meiner Tochter DER schwarze Hut und DIE langen, strähnigen Haare, nach denen man eine Hexe bestimmt.

Wer bist du? Wer bist du? Fragen die Kinder meine Tochter im Schneewittchenkostüm, das fantasiert und kein blaues Kleid ist und keine rote Masche in ihrem Haar vorsieht.

Was bist du? Esmeralda MUSS in lila Schal und violettem Rock erscheinen, mit einer Kette aus Münzen um die Hüften geschlungen, und sei sie auch nur aufgemalt, gedruckt aufs Fertigplastikkostüm.

Die Regeln KÖNNEN nicht geändert werden. Alles ist vorhersehbar. Die Psyche der Zuseher, Benützer und Bewohner festgelegter Szenarien ist »besser auszubeuten als jede Ölquelle«, schreibt der Disney-Kritiker Fred Dewey.

Am Anfang stand die Unausweichlichkeit, am Ende die restlose Beschreibung eines Traums und kein Raum für Fantasie. Die Kinder und ihre Eltern kaufen sie, verteilt auf verschiedenste Produkte, ein.

So saßen wir also und schauten in den Fernseher hinein, wo Steinfiguren animiert lebendig und die gotischen Bögen der Kathedrale Notre-Dame zur Rutschbahn ausgebaut wurden im Film. Ein Haus, ein Ort, ein Gebäude werden zur Story, mit Architektur werden Geschichten erzählt, in denen die Bewohner und Benutzer Rollen spielen, damit alles seine Ordnung bekommt.

Die Geschichte, des »Glöckners von Notre-Dame«, zum Beispiel, wird gerahmt, als Puppenspiel, die der Gaukler vorführt, ein Trickster namens Clopin.

Im Roman Victor Hugos ist der Erzähler noch ein Philosoph, den es unter die Außenseiter auf der Straße verschlägt. Im Film muss alles leichter sein.

Und er orientiert sich an der Wirklichkeit, sozusagen, denn das Team der Disney-Zeichner fährt nach Paris, um diese Stadt zu studieren, um das vergangene Paris wirklicher zu zeichnen, als es jemals war. Für zehn Tage wird das Studio nach Paris verlegt, damit Paris umso leichter in den Blickwinkel des Studios gerückt werden kann.

Und man beginnt: Man zeichnet die Stadt als doppeltes Spiel. Notre-Dame ist der Himmel, das tägliche Leben auf den dreckigen, hektischen Strassen daher die Hölle. Quasimodo steckt als Antiheld dazwischen, eingesperrt vom Himmel, von der Hölle angezogen und verführt. Und sogar sein Körper wird als bestimmt von diesen Architekturen dargestellt. Als irregular gebaut, um damit angeblich die Akzeptanz des Abweichenden und Anderen zu statuieren. So jedenfalls sollen die Planer sich verstehen. In früheren Disneyfilmen heißt es, war nur das Schöne gut oder Hässliche wurden zum Schluss schön.

Die Botschaft des Glöckner-Films aber laute, dass einer nicht unbedingt schön sein muss oder normal. Wichtig ist, dass er Gutes tut, dann wird er auch erkannt.

Also darf Quasimodo seine ihm von Hugo zugestandenen Gemeinheiten im Film nicht ausführen. Er darf nicht bitter sein und enttäuscht, sondern er ist immer schon ein Mensch, der unter der Oberfläche seiner Hässlichkeit nichts als das Gute verbirgt, nur dass er halt davon nichts weiss. So erweist sich auch das Elend und Verhalten der »Zigeuner« in der Stadt nur als Verkleidung. In Wirklichkeit sind sie nie gefährlich für die Norm. Oder wie Amelia J. Uelmen zur Wahrnehmung des Anderen in frühen Mickey-Mouse-Filmen schreibt:

»In Mickeys Welt ist jeder, der anders scheint in Wirklichkeit bloß ein Weißer, der sich ein bisschen anders anzieht. Mickey erschafft ein Amerika in seinem eigenen Bild, indem er jeden kulturellen Unterschied als eingebildet oder bloß oberflächlich herausstellt«.

Und wo das Andere sich noch ein wenig sperrt, wird es ganz einfach kolonisiert. Denn was für Disney stimmt, stimmt auch für den Rest der Welt. Auch Paris kann da nicht anders sein. Mit dem richtigen amerikanischen Blick, ein paar lokalen Kräften und zeichnerischen Tricks ist es durchaus hinzukriegen, dass die Stadt aussieht, wie ein Historienfilm, den man aus Hollywood schon kennt, samt falschen Perspektiven und illusionistischer Architektur.

In die Vergangenheit wird projiziert, was an der Gegenwart nicht gefällt. Das Mittelalter in Paris im Film ist »mies« und »staubig«, Eigenschaften, die in den Vereinigten Staaten heutzutage anscheinend kaum zu finden sind, jedenfalls nicht in der von Dreck befreiten Disney-Welt.

Als Amerikaner hat man außerdem mit all den düsteren Epochen persönlich nichts zu tun, als Amerikaner befindet man sich außerhalb jenes dunklen

Stroms, den man Geschichte nennt, Amerikaner sein heißt, von dieser Last befreit sein.

Dennoch wollen die Disney-Leute an etwas erinnern und erschaffen damit eine künstlich historische Welt, eine sogenannte »Cybergotik«, wie sie schreiben, die die Schrecken des Vergangenen mit denen der Zukunft vereint.

In den Klaustrophobie erregenden Pariser Straßen, so verzeichnet ein Bericht über das Entstehen, wurde das Symbol für eine Gesellschaft gesehen, die festgelegt war durch Schicksal, soziale Starrheit, Konvention. Und weil die offensichtlich stark gefühlte Enge, den an weitläufige, ausgedehnte kalifornische Stadtlandschaften gewohnten Animateuren nicht genügte, zeichneten sie den alten Pariser Häusern einige Stockwerke mehr ein. Und die Kathedrale ragt in die Wolken ohne Ende, der Himmel ist nur in Verbindung mit einem Aufblicken zu ihren Türmen zu sehen. Der Gegensatz von Oben und Unten wird so verdeutlicht ausgeführt und entspricht damit wohl mehr der gegenwärtigen nordamerikanischen Wahrnehmung von europäischen Städten als ihrer beabsichtigten Rekonstruktion von Realität.

Der an Konzepte wie Main Street, Hub und Ride geschulte Disney-Blick muss sich bedroht in dunklen Gassen fühlen, verängstigt durch den Verlust des Horizonts, verirrt in einer um ein Zentrum zuweilen labyrinthisch geführten Stadtarchitektur. Das muss ganz einfach Hölle sein. Genauso werden auch die Körper der Pariser als nach unten gedrückte dargestellt. Sie sind »knochig, irgendwie flach, abfallend, gedrungen« gezeichnet, im Gegensatz zur Vorherrschaft der vertikalen Linien der Gebäude.

Das Licht-und-Schatten-Motiv der Kathedrale ist auch beeinflusst vom Effekt, den das kalte, regnerische, europäische Wetter auf die kalifornischen Besucher hatte, liest man im Bericht zur Herstellung des Films. Aus ihrer an blaustrahlende weite Himmel und scharfe Schatten gewöhnten Imaginationskraft entwickelte sich so das Schlagwort von der Stimmung, die aus verschiedensten Abstufungen von Licht erzeugt werden kann, das aber seine reale Wirkung erst aus der Technik der Theaterbeleuchtung bezieht.

Diese Vergangenheit sollte wirklich, nicht märchenhaft sein, so die Absicht ihrer Erzeuger, wirklich im Sinne einer Version des Vergangenen, in der alles ist, wie es gewesen sein hätte sollen, damit der Disney-Film auch funktioniert und den Vorgaben gehorcht, die da lauten:

Kenne dein Publikum! Vergiss nicht den menschlichen Faktor! Organisiere den Fluss der Menschen und Ideen! Bau einen visuellen Magneten! Vermeide Überladungen! Erzähle nur eine Geschichte auf einmal! Vermeide Widersprüche! Erhalte die Identität!

Das sind nur ein paar der Gesetze, die Disney für seine Themenparks aufstellt, doch sie gelten für den Aufbau des Glöckner-Films wohl auch.

Wozu sich mit Strukturen eines Gebäudes beschäftigen, an denen zweihundert Jahre gebaut wurde, warum überhaupt daran denken, wenn man mit Computertechniken die Innenwände der Kathedrale in kürzester Zeit repliziert. Die ausführlichen Beschreibungen der Geschichte und Architektur im Roman Victor Hugos, der angeblich die Kathedrale genauestens erforschte, alle Wege und Winkel, die Quasimodo kannte, vorher selbst beging, sich mit dem Bauwerk derart identifizierend, sodass er in den zwei Türmen die Pfeiler seines Initials H sah, sind im Film zum Spielplatz geworden, zur Möglichkeit von »rides«, zum stimmungsvollen Hintergrund, ähnlich wie in Disneyland.

Die dämonischen Steinfiguren, Alter Egos des von Notre-Dame geschützten wie verhinderten Quasimodo, die in Hugos Roman dem Glöckner näher standen als die Menschen auf der Straße, und mit denen er spricht, obwohl sie nicht antworten, werden im Film belebt und funktionalisiert. Hier sind sie nicht mehr Spiegel, sondern zeigen das, was Quasimodo werden soll, seine bessere Seite, sie stehen nun für Leichtigkeit, Humor, Wagemut, also genau das Gegenteil der fratzenhaften Starre der ursprünglichen Dämonen, deren Aufgabe es einmal gewesen sein kann, die Geister der Natur zu bannen und zugleich zu würdigen.

Und es ist bezeichnend, dass sich an dieser Stelle in den Beschreibungen zur Produktion der Kommentar eines afroamerikanischen Disney-Mitarbeiters findet, der erzählt, wie er sich selbst in der Geschichte Quasimodos verkörpert sah, als ausgeschlossen, wegen seines Aussehens, seiner Zugehörigkeit zu einer anderen Rasse. Und er spricht davon als Vergangenheit, weil er im Moment der Produktion erfolgreich disneyfiziert und aufgenommen ist in den Kanon der Weißen. Dass Disney jahrzehntelang an der Ausschließung des anderen gearbeitet hat, wird natürlich dazu nicht erwähnt, nicht gesagt, dass Schwarze in Disney-Filmen einfach nicht vorgekommen sind, dass man vermied Rassenprobleme anzusprechen, indem man sie ausgespart hat. In der Verfilmung von Hugos Roman soll demnach mit der Behandlung des Themas vom deformierten Körper diese Schuld abgeleistet sein.

Quasimodo, dessen Gesicht angeblich von Picassos Porträts aus der kubistischen Phase inspiriert worden ist, wird also in der Düsterkeit des Glockenturms situiert, wo er in Gesellschaft dreier Steinfiguren, genannt Victor, genannt Hugo, genannt Laverne, an Figuren des Spiels im Film schnitzt, um sich über die Entfernung der Welt zu trösten und die Illusion zu verleihen, dass er es ist, der den Lauf des Geschehens bestimmt.

Auch Walt Disney persönlich frönte in Krisenzeiten dem Spiel mit Figuren, automatischen allerdings, und verbunden mit einer Leidenschaft für seine Modelleisenbahn, auf der sogar Dali herumgefahren ist, stellte sich dieser Rückzug schließlich als Vorstufe seiner Idee zu Disneyland heraus. Fred Dewey bezeichnet die Entscheidung zum Bau des Themenparks als Plan zur Abschaffung des politisch verantwortlichen Erwachsenen: »... the toytown scale – impossible in the real world of commerce and business – gives adults the same feeling of mastery and control that children feel when playing with dollhouses or villages on a model train layout.«

Auch Quasimodo wird von Frollo, seinem Herrn, wie ein Kind gehalten. Da Frollo der eigentliche Meister ist, im Film Herr über Gesetze und nicht wie bei Hugo, über den Glauben, sind Quasimodo die Spielfiguren nicht erlaubt und in seiner Gegenwart verstummen auch die steinernen Dämonen.

Schließlich sind sogar die Gegensätze der Charaktere Quasimodos und Frollos im Film als architektonische Linien angelegt. Der Buckel Quasimodos sei als Metapher für sein Versteckenwollen, seine Angst vor der Welt zu verstehen, so die Zeichner, bzw. die Interpreten seiner Zeichner, an ihm dominieren horizontale Formen, um den Unterworfenen mit seinem Herrn zu kontrastieren, der groß, lang, gotisch, eckig ist, so wie die Architektur von Notre-Dame. Frollo ist Sinnbild für die Kathedrale selbst, ihre Strenge, ihren Anspruch auf Autorität.

Und das Bauwerk wird ihn schließlich zu Tode bringen, dann wenn er sich den Verlockungen der Straße und der Hölle seines Triebs zu sehr ergibt. Bis dahin wird Frollo es als seine Aufgabe sehen, den öffentlichen Raum zu reinigen, den Schmutz der Realität des Mittelalters und seiner Menschen, verkörpert in Gauklern und »Zigeunern«, zu beseitigen.

Der geheime Raum der Außenseiter ist im Film sogar noch unter der Hölle der Straße, in den Katakomben von Paris situiert. Zusammen mit den Toten landen sie im Untergrund, den die Zeichner als runde, kurvige, rhythmische Umgebung beschreiben, mit bunten Tüchern, die das Schreckliche verstecken. In ihrer Fähigkeit, Räume und Körper zu verkleiden, sollen die »Zigeuner« für »das Kreative« stehen, positiv bestimmt, weil die Geschichte auch nach Spaß und Exotik verlangt.

Während Hugos Roman von angstvollen Projektionen der Bevölkerung auf die Außenseiter handelt, von magischen Praktiken, Stereotypen der Hexenverfolgung und -prozessen, von Inquisition, setzt der Film auf den Unterhaltungswert des Bunten. Die Klischees über »Zigeuner«, wie Handlesen, Betteln, Lügen und Betrügen, goldene Ohrringe für Männer und Frauen, werden alle ausgeführt. Hauptsache man kann dabei lustig sein. Auch diese Unschuld ist durch die Nicht-Geschichte einer Auseinandersetzung Nordamerikas mit »Zigeunern« verdient. Und mit ein wenig Rollenspiel kann man die anderen rasch als Gleiche, nur Verkleidete, identifizieren.

In einer Enthüllungsszene am unterirdischen Treffpunkt wird klar, dass die »Zigeuner« nur so tun als wären sie blind, amputiert, aussätzig oder arm. Das sind Tricks, mit denen man sein Geld leichter verdient. Und am Narrenfest, an dem der Film spielt, wird deutlich, wie Disney mit der Idee einer verkehrten Welt umgeht.

Die subversive Tradition des Narrenfestes, das zu Epiphanie rund um Kathedralen und Kirchen gefeiert wurde, und wie der Karneval Gelegenheit bot, festgefahrene Positionen zu unterlaufen, denkt Disney als simple, umgekehrte Ordnung. An den originalen Festen gingen angeblich die Geistlichen in zerrissenen Kleidern, sangen unanständige Lieder, warfen Exkremente auf Passanten, Messen wurden gestammelt, unterbrochen von Schreien, Rülpsen, Furzen, Gebete wurden rückwärts aufgesagt, statt Weihrauch alte Schuhsohlen verbrannt.

In der Disney-Version wird die Ausschweifung mittels Hunden illustriert, die ihre Herren an der Leine führen, Krabben, die Köche im Kochtopf spazierenfahren, Fischen, die Fischerboote verschlucken. Wieder ist alles eine Frage der Verkleidung, die schnell demontiert werden kann, eine Praxis, die keinen schmerzt und nichts aus der Ordnung bringt, schon gar nicht die Autorität des obersten Herrn, Frollo, der das Geschehen von einem erhöhten Thron aus beobachten kann. Zerrissen ist nicht sein Mantel, sondern sein Herz, in dem sich bei dieser Gelegenheit die schöne Esmeralda festzusetzen beginnt.

Die unmögliche Leidenschaft Quasimodos für Esmeralda muss aussichtslos bleiben, damit die akzeptable Liebe zwischen zwei schönen und guten Menschen, Esmeralda und Phoebus, ihre Erfüllung finden kann. So wie die gewaltsame Verfolgung der »Zigeuner« ausgeklammert wird, so auch das ausbeuterische Verhalten des Soldatenliebhabers Phoebus im Roman Hugos, der im Film zu einer menschlichen Version des netten Löwenkönigs Simba mutiert. Auch der im Roman vorgesehene Tod der Protagonisten Esmeralda und Quasimodo wird im Film zum Happy End verdreht.

Als Vorstufe einer abschließenden Schlacht um die Kathedrale wird der Zuseher stattdessen in die Verquickung von Notre-Dame / Esmeralda, Herr und Knecht geführt. Frollo, der Herr hat seinen Knecht Quasimodo als Baby aus den Armen seiner Mutter direkt in den Bauch der Kathedrale verbracht, wo das Kind Geborgenheit fand und der junge Mann mit seinen Glockenfreundinnen intensiv kommuniziert, indem er sie zum Klingen bringt, sodass die ganze Stadt sie hört. Da Quasimodo aus »unserer Frau« nicht heraus darf, holt er sich schließlich eine irdische Frau, Esmeralda, herein. Und nur auf ihre Bitte hin befördert er sie mithilfe verborgener Wege, Winkel und ungeahnter Verbindungen der lieben Kathedralenarchitektur wieder hinaus. Erst als sie bewusstlos und fast am Ende ist, kann Quasimodo über ihren Körper verfügen, wie er will und in der Mitte, an der Rosette unserer Frau, schreibt sich seine Aufforderung zum Mitleid mit der Verfolgten ein.

Inzwischen aber hat auch der Herr ein Frauen / Raum-Problem und es folgt eine für Kinder unverständliche und bloß furchterregende Szene, ein weiterer Beweis, dass Disneyfilme niemals für Kinder gemacht worden sind, sondern dass die Produktion hauptsächlich den Bedürfnissen infantiler Erwachsener gehorcht, was der Kritiker Fred Dewey mit seiner Sicht einer Abschaffung des Unterschieds zwischen Kindern und Erwachsenen in Disneyland betont: »the whole park was built upon destroying this difference forever, rendering adulthood meaningless.«

Die Gewissens- und Glaubenskonfliktszene Frollos ist ein Spielfeld für die Technik der Animateure, an der sie die »Kunst ihres Machens« über die Logik der Geschichte erheben und zelebrieren dürfen. Frollo, in Liebe nun nicht mehr mit unserer Frau Maria, aber mit der höllischen Esmeralda, sieht die »Zigeunerin« als Flammen im Feuer des offenen Kamins tanzen, das ihn und seine Reinheit, seinen Glauben verbrennen will, und schließlich alles verwandelt, was er von sich kennt. Also muss er selbst draußen Feuer legen, die Häuser mit »Zigeunern« verbrennen, worauf der Knecht Quasimodo revoltiert, worauf die dreckige Menge der Straße revoltiert und das Feuer durchleuchtet nun selbst die Kathedrale unserer Frau, die Frollo so zürnt, ihn fallen lässt und das nicht nur symbolisch.

Quasimodo muss einige ihrer Säulen zerstören, um sich zu befreien, doch das tut ihm nur gut, während Frollo im Endkampf sich an eine Steinverzierung hält, die schließlich bricht und ihn endgültig zu Boden schickt. So gibt es zumindest einen Tod und dafür gleich den richtigen. Das Feuer sei übrigens mehr »europäisch als japanisch«, heißt es kryptisch in den Erklärungen zum Film. Aber dann wird es ja schon Morgen und das perfekte Paar tritt aus dem Kirchentor, verheiratet durch die Schlacht der Nacht, und Quasimodo wird endlich von einem Kind geliebt, weil er an sich glaubt.

In Hinkunft, meint Disney, geht Quasimodo in der Kathadrale ein und aus, die Straße nimmt ihn an, in Hinkunft hält der Himmel.

Während in Hugos Roman der letzte, den Außenseitern zugestandene Raum ihr Grab ist und nur mehr ihre Skelette vom möglichen Ausgang der Geschichte erzählen, sind die Unruhen des Herzens und des Volkes bei Disney schnell gezähmt. Die Differenz war bloß äußeres Detail, natürlich auch die Differenz zwischen Los Angeles und Paris, zwischen Heute und Vergangenheit.

Und wie die Filme Disneys ununterbrochen Ordnung und Kontrolle zelebrieren, so ist Disneyland als Übersetzung dieses Bestrebens in die Materialität des Raumes zu verstehen. Dass das Bedürfnis nach Rückversicherung und die Technik der Verkleinerung des Erwachsenen zu einem apolitischen Kind heute sogar als Vorbild für Architektur und Stadtplaner dient, sei zum Abschluss noch erwähnt.

Der wohlgeordnete Park von Disneyland war Disneys Antwort auf Rowdytum, Schmutz, Bedrohung durch soziales Chaos und körperlichen Überschwang. In Disneyland sollte ungehemmte, karnevaleske Stimmung vermieden sein und hier gleicht das Bestreben Disneys dem von Frollo, der die »Zigeuner« aus dem öffentlichen Raum von Paris vertreiben will. Diese Furcht vor dem Unvorhersehbaren führt, laut Fred Dewey, schließlich zur totalen Maschinisierung der Besucher Disneylands: »you are stepping into the shoes of billions who went before you doing exactly the same thing. No one need care or worry, since nothing can go in an unforeseen direction.«

Das Wirkliche musste also umgestaltet werden, damit es keine Bedrohung mehr bedeuten konnte, einschließlich der Natur. Die Themen im Disney-Park sind daher immer festgelegt, der Besucher spielt nicht, sondern wird verschluckt von einer geschaffenen Umgebung, die gar nicht vorgibt, etwas anderes zu sein als fantasiert und inszeniert. Vielsagend auch der Begriff des IMAGINEERING, ein Ineinander von *imagination* und *engineering*, der zur Beschreibung von Themenparks immer wieder angewendet wird. Die sogenannte Fantasie ist demnach immer auch stark vom Machbaren bestimmt. Und in dieser Architektur von Disneyland sind die Guten genauso oben situiert, während die Bösen in der Unterwelt, in Tunneln und Höhlen wohnen, sodass man sie als solche gleich erkennt. Man kann sich nie irren, die Dinge machen Sinn, man fühlt sich geschützt im Park, wie Quasimodo in seiner Kathedrale, ist durch einem Zaun abgeschirmt vom wirklichen öffentlichen Raum einer städtischen Umgebung, wo Chaos herrscht, Überstimulation, Verwirrung. Der Themenpark schafft sogar Ordnung in einem fingierten öffentlichen Raum, einer Miniatur-Version der Mainstreet, dem Urbild amerikanischer Zivilisation.

Diese Verkleinerung der Gebäude bezeichne, so Karal Ann Marling, den Ort der Erinnerung und des Traums. Erinnerung lässt die Vergangenheit schrumpfen und versüßt sie, bis auch Geschichte klein, wertvoll und privat geworden ist. Im Versuch der Rekonstruktion von Walt Disneys Erinnerung an seine Heimatstadt ist Mainstreet, so Marling, zum Spielzeug geworden, in dem man sich vertraut bewegt und das dadurch mehr Wert als das Reale bieten kann. Denn »... reassurance ..., means using the familiar conventions of real-world architecture – and then ›plussing‹ them until the audience has to smile«.

Und so lächeln die Besucher über Baumhäuser, Dampfschiffe, Flöße, Geisterhäuser, die Bestandteile amerikanischer Identität, eine Umgebung, in der sie vorgeben können, was sie meinen zu sein. Dieses Bauen von Träumen ist das eigentliche Ziel der Disney-Architektur, der Architekt muss Geschichten, aber erfundene, erzählen können und ausschalten, was an der Wirklichkeit nicht gefällt. Und das ist das Traurige daran, die deprimierende Definition von Träumen, die dem ganzen Disney-Unternehmen zugrundeliegt, wie Fred Dewey schreibt: »... the implication is simply that the only dreams people have are the stories they are handed and already dimly known, and that further, no one can have their own dream any more. To have ›dreams come true‹ means to inhabit machines millions others have passed through anonymously, without effect or result«.

Die restlose Vorgabe und Erfüllung des Traumes wird von anderen Epochen und Kulturen bestenfalls noch angeregt, findet zuweilen Eingang in die Kulisse des Themenparks, in das Bühnendesign des Films, denn dazu dient die Architektur von Notre-Dame auch, als Hintergrund für Action-Szenen, als Kopie einer Kopie einer Kopie gebraucht. Das Märchenschloss zu »Sleeping Beauty« zum Beispiel wird im Film aus dem Vorbild bayrischer und französischer Schlösser montiert und als es an die Konstruktion eines Märchenschlosses für Disneyland Paris geht, gibt es das Problem, dass eines der realen Vorbilder für das Schloss der Fantasie nur eine Stunde vom Themenpark entfernt zu finden ist, zu nahe, die Gefahr zu groß für einen Vergleich. Also bemüht man illusionistische Tricks, um die Eindruck des Gemachten zu erhöhen und derart unverwechselbar zu sein. Authentizität der Fantasie lautet die Devise der Disney-Architektur, und ihre ästhetische Absicht ist es nicht, das Wirkliche zu verdoppeln, sondern ein gefälschtes Reales zu erzeugen, das jeder glauben will.

So ist es kein Wunder, dass die Themenpark-Architektur schon längst zurückgeschlagen hat in die Realität der urbanen nordamerikanischen Architektur. Die Konzepte von Postmoderne und Retro-Architektur als Wiedererfindung und Wiedererschaffung des Vergangenen, so Beth Dunlop, sind damit zu einem kollektiven Geschmack verschmolzen. Die Erinnerung an das Alte, gesäubert von all dem, was man nicht wissen will, wird als Vorlage einer sogenannten »authentischen Reproduktion« hergenommen. Das Mainstreet-Modell Disneylands ist in zahllosen Städen und Einkaufszentren nachgebildet, um sich der Illusion einer Welt ohne Slums und Sprawl hingeben zu können und entlang von Geschäften zu flanieren, die nichts mehr anbieten als Repliken, Souvenirs des Mainstreet-Gefühls.

Dies ist die Aushöhlung der Vergangenheit, wie Ada Louise Huxtable in ihrem lesenswerten Buch *The unreal America* den Vorgang bezeichnet, eine Vergangenheit ohne Widerklang, stumm, die nichts Wirkliches mehr erzählt, in der sich die Menschen nur mehr wiedererkennen als Publikum eines Films, der ihnen sagt, was sie gewesen sind. Ganze Stadtteile werden in Kulissen verwandelt, reale Gebäude imitieren nur die Disney-Version und gefallen sich in einer Ästhetik, die vorgibt, von Strukturproblemen des urbanen Raums nichts zu wissen. Zum Ideal sei nun die Stadt als Themenpark geworden, schreibt Huxtable: »By reducing the definition of community to a romantic social aesthetic emphasizing front porches, historic styles and walking distance to stores and schools as answer to suburban sprawl – that post-World War II domestic american dream that has fallen out of favor as suburban problems have multiplied – they have avoided questions of urbanization to become part of the problem.«

Die Disney-Version wird heute, nachdem mindestens zwei Generationen von Architekten mit ihren Ideen herangewachsen sind, als das Wirkliche angesehen. Und alle Themencafés, -restaurants, -casinos und -einkaufszentren folgen dem Bedürfnis nach Erlebnis, Abenteuer und Sicherheit zugleich. Der Regenwald des gleichnamigen Cafés ist allemal beeindruckender als der wirkliche, in den man sich nur unter finanziellen und körperlichen Risiken begibt. Und mit der Zeit verschwimmen dann die Unterschiede zwischen der echten und der gefälschten Fälschung immer mehr, vielleicht auch, so meint Huxtable, weil man schon so lange an Ersatzerfahrung gewöhnt worden ist, so dass einen die Vielfalt nicht mehr länger interessiert.

So erzählt zum Beispiel ein Architekt, der ein Hotel für Disney entwerfen sollte, das sich dem Thema der Ästhetik des amerikanischen Südwestens widmet, dass er sich nicht das Gebiet des heutigen Santa Fe zum Vorbild nehmen konnte, das in seiner Ausrichtung auf Touristen nicht mehr der Idee seiner selbst entspräche, sondern dass sein Design mehr dem Südwesten ähneln solle, wie in Wim Wenders Film *Paris Texas* von 1984 dargestellt.

Die neueste Entwicklung scheint heute eine Vermischung der gefälschten mit wirklichen Elementen zu sein, um die Wirkung der Illusion noch zu erhöhen. Zum Beispiel heißt es im Prospekt eines Einkaufszentrums euphorisch: »a replica of Columbus' *Santa Maria* floats in an artificial lagoon, where real submarines move through an impossible seascape of imported coral und plastic seaweed inhabited by live penguins and electronically controlled rubber sharks.«

Diese Einkaufszentren sind private, bewachte, abgeschlossene Räume, nicht-öffentlich, kein Raum für Aufstand und verkehrte Welten. Frollos und Disneys Absicht hat sich damit – wenn auch erst posthum – erfüllt. Den Fernseher abzudrehen ist damit nicht mehr genug. Wegschauen ist unmöglich.

Der hübsche Phoebus aber würde in Wirklichkeit heute wahrscheinlich als Wachmann einer privaten Gesellschaft arbeiten, Esmeralda Putzfrau sein – ständig mit mexikanischen Emigrantinnen verwechselt –, Quasimodo einer Schönheitsoperation unterzogen und Paris ist sowieso einfach zu teuer, Notre-Dame ist diese Stadt in Indiana. Und Hugo?

Hugo soll sich im Grabe drehen, wie er will.

P.S. Zum Wort »Zigeuner«. Im englischen Original wird von »gipsy« gesprochen. In der deutschen Übersetzung wird das Wort »Zigeuner« verwendet. Die sprachliche Vereinfachung entspricht hier dem visuellen Klischee. Daher habe ich keine politisch korrekte Umschreibung vorgenommen.

Lust-Orte.
Zu drei wiedergefundenen Szenen des Fritz-Lang-Films *Metropolis*

I. EWIGE GÄRTEN

Wo die Umdrehung der Maschine Gold bedeutet, bieten die ewigen Gärten Mädchen zum Spiele. Verziert schwärmen sie ins Licht. Gedrechselte Säulen formen eine Grotte, deuten eine Höhle an. Der Uterus im Untergrund. Während die echte Frau im Bauch der Stadt herumtreibt und von Veränderung kündet.

In der Lustgrotte hingegen dreht sich eine Auserwählte, selig lächelnd, gefällig, wird vom Meister geprüft, stellt sich dar. Ein Rock aus Rokoko, ein Hut, Schleier über nackten Brüsten. Doch eine zweite Frau kommt in die engere Wahl. Der Meister zückt eine Palette und den Pinsel, verbessert die Lippen. Alles muss stimmen. Die Haut der Frau ist Auftragefläche für sein Bild. Er blickt zufrieden durch die Brille. Aber was weiß er von Schönheit, wenn er selbst, weißhaarig, gartenzwergig, nicht über sie verfügt? Er vernebelt die makellose Frau mit einer Puderwolke, die das Bild einhüllt. Als Übergang. Denn der Held tritt auf und der Meister kann sein Werk nicht vollenden, verliert den Überblick im Drehen, Laufen, Fangenspiel. Der Held als Kind. Gespielte Natur. Fröhlich tönt Musik. Der Brunnen, der weiße Pfau, das Wasser im Mittelpunkt, Fontänen links, rechts, eine Blonde, verborgen hinter springenden Strahlen, ruft den Helden. Auch ihre Arme schießen hoch, winken ihm. Glitzern, glänzen, Wasserspiel. Schmuck und edle Steine gleißen. Lust ist Wasser ist Gefahr. Eine Nixe räkelt sich mit nackten Brüsten. Halb Frau halb Tier, eine Schale voller Sündenwasser. Wer davon benetzt wird, ist gefangen im Garten der Lust.

Die Blonde und der Held bespritzen sich und Wasser trifft die Schminke auf der Haut, die zu diesem Zeitpunkt noch hält (was sie verspricht) (für ihn). Sie läuft ihm in den Arm, öffnet ihren Mund ganz weit, als er sie fängt. Doch sie beugt sich zurück, die Hand mit dem riesigen Glitzerstein sagt nein. Der Held aber dreht sie in seinem Arm. Er will. Obwohl sie nein sagt, liegt sie bereits richtig geneigt, so dass sein Kuss sie treffen kann. Ihr Nein war bloß gespielt.

Da öffnet sich die Türe und die echte Frau fällt in seinen Blick. Noch nie hat der Held derartiges gesehen. Erstens: ist sie bekleidet. Zweitens: trägt sie weder Haarschmuck noch Hut. Drittens: kein Glitzern nirgendwo. Viertens: Kinder an der Hand.

Damit sind ihm die Glanzmädchen mit geschminktem Lachen nicht mehr recht. Und sie selbst spüren auch, dass das nicht geht. Verglichen mit dem Bild der Echten. Die Gedanken der Blonden rasen unter ihrem Hut. Fassungslos. Wer stört, gerade jetzt, wo ich die Favoritin bin? Weiße Ibisse staksen herum.

Die echte Frau schaut so aufrichtig aus ihrem Gesicht heraus, dass man dahinter was zu sehen meint. Während die geschminkten Mädchen bloße Leinwände sind. Für die Wünsche der Söhne, die sie immer erfüllen. Aber niemals füllen die Söhne ihnen den Bauch. Die geschmückten weiblichen Wesen drängen nun von allen Seiten ins Bild, sammeln sich um den Brunnen. Sie tragen Kleider, kostbar und pompös. Silhouetten aus Vergangenheit und Material der Gegenwart bilden eine Fantasie der echten Zukunft. Sie tragen Feldherrenhüte. Weil sie dauernd mit Erobern beschäftigt sind. Frauen müssen Männer unterhalten, um zu helfen, dass die ihr Werk besonders gut gestalten. Sorgloses Dasein besteht aus leichter weißer Seide. Die richtige Frau hingegen schmückt ein Kleid aus Ruhe und Licht.

Nun, da ihnen das Territorium des Sohneskörpers entgleitet, starren die Spielmädchen auf die echte Frau, umgeben von den Früchten ihrer natürlichen (Gebär)Funktion. Sie starren, als wäre die echte die seltsame Frau und nicht die Paradiesmädchen, die nur Scheinfrauen sind, Täuscherinnen und Getäuschte.

Irgendwas stimmt nicht. Irgendwie sind die Werte plötzlich verschoben. Und die Spielfrauen wissen nicht, was tun. Der Meister hat sie für einen derartigen Fall nicht trainiert und er ist es ja, der das ganze Spiel hier organisiert. Sie können nichts wissen, weil sie keine Töchter sind, weil es keine Töchter gibt in dieser Lustwelt, nur Söhne und alles dreht sich um deren Wohl. All die Rüschen und Ketten und Fransen und Perlen und Ringe, die Hüte, die Schleifen, die Federn, die Mäntel und Stolen, die Schleier und Borten, das ondulierte Haar, der lasterhafte Bubikopf scheinen jetzt herabgesetzt, weil es nämlich die echte Frau ist, die sich sicher fühlt und im Recht und auch so schaut. Unbeeindruckt von Pomp und Glanz. Und die zu allem Überdruss noch spricht, mehr zu sagen hat als einen lockenden Ruf.

Die Lustgesellschaft hat zu spielen aufgehört. Die geschminkten Mädchen fühlen sich nicht angesprochen, als die echte Frau zu den sie umgebenden Kindern spricht: Die Spielmädchen kommen in ihrer Rede nicht vor. Die Echte spricht von Brüdern, wenn sie Menschen meint. Denn wo es keine Töchter gibt, sind auch keine Schwestern. Mit diesem Trick macht sich die Echte zur einzigen Frau auf dieser Welt. Und zur einzigen, die von jetzt an in Frage kommt. Für ihn. Die Lust hat ausgespielt, der Glanz ausgeglänzt, der Kuss war dumm. Nicht ernst gemeint. Erst mit der echten und einzigen Frau bekommt sein Leben Ernst.

Und die Blonde mit dem schwarzen Hut weicht bereits, versteckt hinter der Schulter des Helden, der sich den echten Blick der einzigen Frau zu Herzen nimmt. Der sich traut. Der unbedingt will und zuhört, und der diese Sprache versteht. Denn die Brust der echten Frau ist gut verschnürt. Er ist durch ihre nackte Haut nicht abgelenkt.

Es steht unentschieden für einen kurzen Moment: Die Spielwelt der Erwachsenen ist der verdrängten Kinderwelt gegenübergestellt. Getrennt durch eine Schwelle. So darf es aber nicht bleiben. Der Meister schreitet ein, muss seinen Raum verteidigen, wieder herstellen, was trennt. Steigt die Stufen hinauf zur hässlichen Wirklichkeit, vor der man die Söhne am besten verschont.

Während der Held sich schon das Herz hält. Und die Sorge der Blonden schwarz Behüteten, schützt ihn vor gar nichts. Sie atmet tief ein. Während er mit sich ringt und mit dem Bild, das in seinen Blick gefallen ist und sich tiefer prägt als sonst. Als die Flügel des Tores sich schließen hinter der echten Frau, ist es entschieden. Er bricht auf, lässt die Geschmückte zurück, die aus der Fassung fällt.

Der Held wendet sich an den Meister, den Zuhälter für die Söhne, trägt seinen Wunsch vor, aber an eine eigene Wahl ist nicht gedacht. Der Meister wählt aus. Er will dem Helden die echte Frau nicht geben, nicht verraten, woher sie kommt.

Doch der Meister ist selbst schwer beeinträchtigt, wie man jetzt merkt. Um seinen Blick zu klären, den Regeln der Schönheit folgen zu können, braucht er dicke Gläser vor den Augen. Er ist so gut wie blind, kann seine Aufgabe nicht mehr erfüllen. Ein Schweißfilm bildet sich auf seiner Stirn.

In einem letzten Blick des Helden beginnt der Garten sich zu drehen, will ihn locken, umgeben, zeigt ihm Üppigkeit, ausgesuchte Pflanzen, eingefangen und begrenzt nur durch die Wände des Glashauses, das den Hintergrund kariert. Ist diese menschengemachte Schönheit ein Käfig für den Sohn? Ist der Held ein wertvolles, weißes, in Seide gekleidetes Tier wie der weiße Pfau im Vordergrund? Ein eitles Tier? Ja, ja, ja.

Er begreift es, er läuft. Und kehrt nicht mehr zurück.

II. GEORGY IM TAXI

Der Held wird die weiße Seide für immer ablegen. Der Arbeiter Georgy übernimmt seinen Part der Sorglosigkeit. Und weil er bloß verkleidet ist, verirrt sich Georgy, hält die Anweisungen nicht ein. Er wird verführt von der Schminke, die das Anhalten der richtigen Bewegung ist, der Bewegung des Mannes in die richtige Richtung. Georgy lässt sich gehen im Taxi und wird von Zetteln umwölkt, bespritzt, überfallen. Die Werbung drängt ins Auto. Die Frau nebenan, bringt ihn auf die Idee. Sie lächelt, ihr Haar von einem schimmerndem Band gehalten. Er starrt hinüber durch doppeltes Glas, die doppelte Täuschung, Vortäuschung von Nähe, Schönheit. Die Frau ist ein Glanz und will es sein.

Georgy wird durch das Papier der Werbung bestürmt, verschwindet hinter dem Vorhang aus Verführung. Versinkt darunter und Luftballons, pralle Kugeln, in denen sich Licht fängt. Die Vernunft und der Gehorsam prallen ab von dem ovalen Rund, verwandeln sich in Köpfe, Gesichter, die Georgy in eine Welt entführen, die ihm unbekannt geblieben war, bis nun.

Die fremde Frau ist weiß geschminkt, hat asiatische Augen, einen klein gezeichneten Mund. Die fremde Frau hat ein Herz auf den Lippen, ein Lächeln. Die fremde Frau lockt, ruft, die Musik, ein Schnurrbart an den Enden aufgedreht, schwungvoll wie der Körper der Geige, die braunen fremden Finger drücken glänzende Knöpfe aus Metall, drücken die Tasten schwarz und weiß, der Instrumente.

Woher kommen diese Träume? Woher besorgt Georgy sich diese Bilder? Wo hat der Arbeiter je da unten bei den Maschinen von solchen Welten gehört? Liegen die Bilder in die Taxisitze implantiert? Lauern sie in den seidenen Kleidern, der Sohnesuniform? In seinem Inneren betrachtet Georgy Männer und Frauen im Tanz vereint und im Trinken. Männer vergnügen sich und Frauen drehen sich wie im Roulette, Drehen ist gefährlich, ein Schwindel, ein Um-sich-selbst-Drehen, alles dreht sich um das Selbst, gefällig, gefallene Frauen, Lippen dicht an Lippen, Lippen die warten. Nur das Drehen der Maschinen in der unteren Welt bringt Geld. Das Drehen des Spiels ums Glück verliert, und eine Frau in der Mitte, die Frau mit dem goldenem Band überm Haar in einen dichten Mantel gehüllt, den sie zu öffnen beginnt. Georgy schrickt aus seinem Traum von der fremden, lustvollen Welt. Schwarze, Asiaten, Schminkfrauen sind Ablenkung, ein Abkommen vom rechten Weg. Statt der richtigen Adresse zieht Georgy den Werbezettel mit der Adresse Yoshiwaras hervor. Und der Fahrer dreht an seinem Steuer, an seinem Rad und fährt ihn in eine Welt wo alles sinnlos kreist.

III. YOSHIWARA BABYLON

Nach der hellen Tageswelt der ewigen Gärten treffen die Söhne sich nachts im Yoshiwara. Von der japanischen fließenden Welt, in der das Wassergeschäft verhandelt wird, bleibt nur der Name. Vom japanischen Haus der Kunst, wo in allen Fertigkeiten ausgebildete Frauen reiche Männer unterhalten, bleibt nur die Überzeichnung sexueller Gier. Es gibt hier keine Geishas, denn Geishas sind keine Huren. Und das Vergnügen, das die Männer mit anderen Frauen finden, ist keine Sünde in Japan. Es gibt keine Sünde im echten Yoshiwara. Deshalb ist der Lusttempel in Metropolis nur dem Namen nach japanisch. Ist Exotismus aus dem Exportgeschäft, bizarre Gegenstände, japanische Gespenster.

Dem Chef des Etablissements, ölig, klebrig, geldgierig, haftet Schmutz auf der Haut. Er bedeutet kein Glück, hat er sich von allem das Schlimmste eingefangen. Das Reine, das Edle, das Gute wird in seinem Körper schlecht.

In den Gärten kreisen viele Mädchen um einen Mann. Im Yoshiwara drängt eine Menge von schwarzweiß gekleideten Männern um eine Frau, deren Fleisch weiß aus einem dunklen Kleid sticht. Der Stoff liegt eng am Körper wie eine Haut. Ihr Kopf bedeckt von einer mit Perlen bestickten Haube. Wer die Natur des Haares verhüllt, der ist nicht echt. Hüte, goldene Bänder, Kopfputz aller Art unterbinden Fruchtbarkeit.

Die falsche Frau ist der Star, die Diva, Männer könnten sich töten wegen eines Fetischs, eines Strumpfbandornaments. Füße und Sünden heißt Magdalena.

Hier aber wird die falsche Frau nicht mehr erlöst. Die Hure wird nicht zur Heiligen. Sondern umgekehrt. Die Heilige wird zur Hure. Ein Trick des Christentums. Die heiligen Frauen werden schlecht. Gemacht. Isis, Astarte, Lilith, Ischtar. Keine Göttin durfte überleben. Und Maria macht das Medium. Die Madonna, weiß vom Erlöser und erledigt die Verkündigung. Sie kann aber selbst kein Gott sein.

Und Babylon wird in ein heiliges Buch gebannt. Die sündige Stadt ist eine Frau. Die Städte des Vergnügens sind Behälter für Sünden. Lust ist schlecht. Gebären ist gut. Das Buch ist die Vorlage für den falschen Zauber, der alle Männer durcheinander bringt.

Der Zuschauerraum ist mit Söhnen und Vätern gefüllt. Sie rauchen, in Erwartung. In der Mitte der Bühne ein Becken. Sündenpfuhl, über dem sich das Becken der Frau bewegen wird, nicht um befruchtet zu werden, sondern um zu zerstören. Statt der springenden Fontänen des Brunnens aus den ewigen Gärten, steigt hier Rauch auf. Schwarze Sklaven tragen diese Schale, sie knien, scheinen das Ding mit ihren Ellenbögen zu stemmen, obwohl das so nicht geht. Der Deckel wird nach vorne geklappt. Er ähnelt einem Auge, in dessen leerer Mitte, der Pupille, die künstliche Frau in Fleisch und Blut erscheint. Nur ihr Kopf ist frei zu sehen durch die Öffnung des Auges, ihr Körper hinter dem Gitter der Regenbogenhaut. Und dann verschwindet der Deckel, löst sich irgendwie auf und die Frau steht vor aller Augen, unvermittelt, fällt sie in den männlichen Blick. Hält die Lider gesenkt.

Der Umhang ist ein Vorhang über dem Körper der Frau. Dringt Licht durch den Stoff, so werden die Umrisse ihres nackten Körpers sichtbar. Sind verhüllt und unverhüllt zugleich! Sie wird auf einer Plattform gedreht, wie ein Auto, genaues Hinsehen ist erlaubt. Doch diese Frau wird nicht verkauft, sondern sie arbeitet an der Versklavung der Männer. Sie sollen Lustopfer sein.

Der Tanz beginnt: Die Männer geifern wie geplant. Ihre Gesichter verzogen vor Gier. Und die falsche Frau beginnt ihren Unterleib zu kreisen. Schleiertanz. Das Becken der Fruchtbarkeit, erneut Gefahr, die aus dem Drehen ersteht. Die Spitzen ihrer nackten Brüste mit goldenem Glitzerglanz beklebt. Nackte, weiße, weibliche Haut verwirrt mit glitzerkaltem Stein. Dieser Körper kann nicht fühlen.

Während sie sich erhobenen Schleiers dreht, stehen die Rockfransen ab und entblößen ihr den Unterleib. Die Männer lecken sich die Lippen vor Appetit, während ihr nicht schwindlig wird. Sie tanzt auf der Schüssel. Kreist den Oberleib, den Kopf gesenkt, ein blonder Vogel mit quergestelltem Kamm.

Schließlich aufrecht, hakenförmig hochgezogene Knie, und die Münder der Männer offen stehend, benommen, berauscht, geweiteter Blick, verblödet voller Gier. Männliche Gesichter verfließen, werden ein einziger Hunger, ein Begehren nach der Frau. Die männlichen Augen haltlos offen, obszön und die nackte Frau weiß, sie hat gesiegt. Während die Männer sich fast zerfleischen, wird das Kreisen und Wippen und Schütteln schneller, die Beckenstöße schamloser, die Musik schriller, der Fieberkranke wird wirrer. Der Prediger weist das Buch vor als Beweis, das Buch der Bücher, das von Babylon spricht und dessen Wort sich jetzt erfüllt.

Aus der Tiefe der Opferschale steigt das gewundene, vielarmige Monster und endlich haben die Männer sich entschieden, sie wollen die Frau, so wie sie sie sehen, umgeben von Sünden, die nun beschwingt aus ihren Nischen treten. Sie streben zum Auftritt auf die Bühne, ersetzen die schwarzen Tragesklaven, die mit einem Mal verschwunden sind. Verkörperte Sünden anstelle schwarzer, fremder Körper. Wo sind sie hin, die Fremden? Die Mohren haben ihre Schuldigkeit getan. Nur der Tod bleibt übrig und der Tod hat bald zu tun. Solange bis die Babylon brennt und das Wasser kommt und alles rein wäscht von der Sünde. Und der ewige Garten versinkt.

Und die Lustmädchen sind dann endlich ungeschminkt. Werden echt, durch die Kinder. Sie wischen den Huren die Schminke ab, die falsche Rolle der Frau.

IV. HARBOU

So steht es geschrieben. So will sie das sehen. Die echteste der echten Frauen. Autorin samt Sekretärin. Höhere Tochter, kinderlose Geberin. Die Verkleidung ermöglicht Erkenntnis. In das Kleid das anderen schlüpfen ist in die Haut des anderen schlüpfen. Die Autorin schreibt, in die Gewänder derjenigen gekleidet, die sie darstellen will. Trug sie Seide, trug sie Perlen? Glitzerte ihre Haut? Wie kämmte sie ihr Haar?

Die moderne Frau Harbou verkündet in Film und Roman, dass es die moderne Frau nicht geben soll. Freisein und gleiche Rechte gelten nur für die, die schreibt. Die Frauen, die die Autorin schreibt, weist sie zurück in alte Modelle: Herrin, Hindin, Heilige Maria, Mutter, Madonna, Magd. Für sich selbst verwirklicht sie den Traum der modernen Frau. Nach dem zweiten Weltkrieg bindet sie sich ein Tuch übers Haar und arbeitet mit Händen, wird zur Trümmerfrau. Jenseits des Films und des Buches landet sie am Bau. Und die Buchstaben ihres Namens haben sich vertauscht. Aus der großen exklusiven HARBOU, bildet sich ein ROHBAU. Für den Rest ihres weiblichen Lebens findet sie sich einen Inder, einen Schwindler als Mann.

Das ist ein Märchen, wirklich.

(ES WIRD) Jeden Tag ärger.
Zu Bildern aus dem Film *Trouble Every Day*
von Claire Denis

ES WIRD ist Vermehrung, Fortpflanzung. In Klammern gesetzt bedeutet, sie zu vermeiden. JEDEN TAG ÄRGER ist zum einen Wiederholung, zum anderen, ÄRGER als Adjektiv, die Entwicklung hin zum Schlimmsten. Aus diesem Widerspruch entfaltet sich mein Text.

1

Ein Gehirn im Wasser bei Tageslicht, eine Gehirnwäsche. Es ist weißgrau, sauber, unblutig, ausgelöst, der menschliche Kern, die Schaltzentrale. Wie ein Kuchen, kommt es unters Messer, wird in handliche Scheiben zerteilt. Um den Menschen zu verstehen, muss der Wissenschaftler ihn zerstören.

Eine Anmaßung. Eine Isolation von lebendiger Umgebung.

Die weiße Masse, der weiße Mantel, die weiße Mundbinde als Grenze und Schutz vor der Gefahr, sich entweder anzustecken oder das Ergebnis zu verderben.

Der Wissenschaftler holt Nerven mit einer Pinzette hervor, nestelt an der Rinde. Was er sucht, wird er nicht finden. In der toten Materie sind weder Emotionen sichtbar, noch erkennt man Lust. Keine Verbindungen möglich. In Wirklichkeit ist es der Mandelkern, der ins Hirn dringende Impulse emotional bewertet, wie die aktuelle Forschung weiß.

Im Labor grüne Pflänzchen in Gläsern, in nährender Flüssigkeit, grüne Keime, beginnendes Leben. Eine weiße Kapsel kreist in einer grünen Lösung wie Fruchtwasser, wird bewegt von einer Maschine. Etwas wächst heran. Wächst. Näher.

Während aus dem Telefon eine entfernte Stimme, verlassen, entkörperlicht, fast kindlich um Anhörung bittet. Ein Ruf, der nicht erwidert wird vom forschen Mann.

Nur die Assistentin kümmert sich. Ihr Name ist Malecot, sie hat also eine schlechte Seite, oder ist sie zur Hälfte männlich? Male?

Und sie hilft, vermittelt später zwischen dem hellen Labor und dem dunklen Missbrauch des Wissens. Hat Mitleid mit dem abtrünnigen Forscher Leo. Aber auch sie verfügt nicht über ein Mittel gegen den Ärger.

2

Während der nackte Mr. Brown versucht, telefonisch eine Verbindung herzustellen, liegt die Kindfrau in der BADEWANNE, in einer weißen Suppe, einer von Seifenflocken milchig trüben Brühe. Sie reinigt sich. Ihr Geschlecht, ihre nackte Haut, der Ring an ihrer Hand. Ist durch den Ehering das Geschlecht geschlossen? Wird das Bedrohliche, das Verbotene dadurch rein? Ein abergläubischer Brauch besagt, dass der Blick aufs weibliche Geschlecht schützt vor dem Bösen.

Die weibliche Öffnung ist es, in die der Mann greift. Aber er kann nichts herausholen für sich. Muss sich später einen runterholen. Die Kindfrau bleibt unberührt von ihm. Nicht penetriert. Weder von seinem Penis noch seinen Zähnen. Bis auf eine Spur am Oberarm.

Ich liebe dich, ich fresse dich mit Haut und Haar und Haube. Und Hirn. Rotkäppchen will noch nicht wahrhaben, dass es mit dem bösen Wolf verheiratet ist. Der Abdruck seiner Zähne ist Zeichen unkontrollierter Triebe, Zubeißen als Zuneigung einerseits, andererseits bedeutet die Spur Sorge, Zurückhaltung, ein Schützenwollen vor tiefer reichenden Konsequenzen.

Zieht er sie bald in seinen Ärger mit hinein? Deutet seine Frage: Are you frightened? eine mögliche Mitwisserschaft, eine spätere Mittäterschaft an? Könnten sie Komplizen sein?

Er spricht zu ihr von einem ESSEN, zu dem er gehen muss. Eine vorgeschützte Behauptung. Denn das Kauen und Zerreißen von Speisen in Gesellschaft ist sozial. Doch es drängt Brown, einen Menschen zu zerbeißen.

Noch errichtet die Kindfrau einen Schutzwall aus Weiß gegen die Bedrohung. Der Bademantel, das Kostüm, die Bettlaken. Sie verkörpert die Reinheit, die Unbeflecktheit, das leere Blatt, auf das der Mann seine Wünsche schreibt. Die Jungfrau, die das Monster retten soll, hinüberziehen in ihre heile Welt. Sie ist ein Wall aus Weiß und Weißnicht, aus Nicht-Wissenwollen (very french I would say).

Eine Frau im Aufblühen, June. Und weibliches Leben ist von Blut begleitet. Man kann das nicht ausschließen. Die monatliche Blutung, das Blutbad bei der Geburt, Wallungen in den Wechseljahren. Während Männer weiße, klare Flüssigkeiten in ihrem Körper produzieren: Samen, Speichel, Schweiß.

Auftritt der Vampirin Coré, eine frühe Passion von Brown. Sie ist Core, der Kern, das Innerste der Geschichte. Hard Core. Extrem. Die Namen in diesem Fast-Stummfilm sind gemischt, die Grenzen zwischen Sprachen flüssig. Corés Mantel flattert im Wind, sie genießt die Luft, die Freiheit, das Offene, die Natur.

Aus der Geschlossenheit des Hauses hat sie sich mittels einer Säge befreit, maschinell betriebene Zähne bissen Löcher in Türen. Sie hat die Haut des Hauses zerstört. Sie will immer hinaus, während die Männer immer rein wollen, einbrechen, eindringen, der Schwanz ins Innere der Frau. Der schwarze Retter ist zu spät. Die Matratze zerschlitzt, die Garage leer.

Im Gegensatz zu klassischen Vampiren geht es hier nicht um den »sauberen Biss«, das Hinterlassen von Sauglöchern zweier Eckzähne auf einem weißen Hals. Es geht um Zerfleischung, das sich Gütlichtun eines Monsters, das den anderen zerstört. Es gibt kein Weiterexistieren des Opfers als untotes Wesen.

Diese Hard-Core-Vampirin reibt sich am Blut, freut sich am Tötungsspiel. Leckt den Sterbenden wie eine Tiermutter ihr frisch geborenes Kind, schmeichelt, gurrt, genießt den Übergang vom Leben in den Tod. Ein pervertierter Gebärvorgang. Geburt ist Hervorbringen des neuen, mit Blut überzogenen Lebens, Stöhnen, heftiges Atmen, Schreie, gewaltige, übermenschliche Körperkraft, das Zerreißen von Gewebe.

Diese vampirische Zerfleischung macht Angst. Denn nur mehr eine tote Hülle bleibt, die aus den Augen verschwinden muss, im Braun der Erde vergraben wird. Braun ist das Ende, ist getrocknetes Blut, ist Verstecken, wie Mr. Brown, der seine Begierden verheimlichen muss. Die Frau als reiner Trieb, der alle mit ihr Verbundenen in den Abgrund reißt. Sie vollzieht, was Leo, der Mann, ihr künstlich einpflanzte, um die sexuelle Lust endlos zu verlängern. Ein Männerwunsch. Eine Fortpflanzungsverhinderung. Liebe hingegen ist Kultur, eine Errungenschaft der Zivilisation. Wird sie stärker sein als das Sexprogramm?

Und so wie sich die Zähne der Säge durch das Tor gebissen haben, so werden die geschlossenen Räume immer wieder aufgebrochen. Es gibt keinen Schluss, keine Lösung, weil es kein richtiges Schloss gibt, um die Triebe ein für allemal anzuhalten.

Auch die zwei Jugendlichen warten auf ihre Gelegenheit endlich einzudringen, endlich zur Frau zu gelangen, eingeweiht zu werden in das erwachsene Spiel. Sie lassen sich durch Gitter und Bretter nicht abhalten. Sie wollen ES erleben. Wissen aber nicht, was ES ist. Der kleine Tod, le petit mort (Orgasmus), oder der große?

Oder beides? Sie warten schlaflos, rauchen, spionieren rund ums Haus der Triebe. Sie studieren den täglichen Ablauf: Immer pünktlich. Sagen sie, kommt der Mann.

Die halben Kinder in ihrer Märchenbettwäsche könnten die Augen nicht schließen, auch weil sie noch nicht wissen, was sie drinnen, im Haus, im Geschlecht der Frau, erwarten wird.

Während Brown die Augen nicht mehr schließen kann, weil er längst begriffen hat. Aber er will nicht wahrhaben, dass es keine Lösung gibt. Hält sich mit den Händen die Augen zu. Wünscht sich so blind, so unwissend zu sein wie seine Frau, das Kind, die nichts zu merken scheint. Auch der Rauch seiner Zigaretten weckt sie nicht auf, sie kann nichts riechen. Oder tut so.

4

Die Reinigung der blutverschmierten Vampirin geschieht mit wenig Wasser und einem Schwamm. Der Mann versucht sie rein zu waschen, ihre Unschuld wieder herzustellen, vergebens. Sie spricht ein einziges Mal: Sie will sterben. Und ihre Worte werden vom liebenden Mann fort gewischt wie das Blut von ihren Lippen.

Denn er ist Schuld. Noch ein Mann, der versagt.

Der dunkelhäutige Leo erforscht die finstere Seite der menschlichen Existenz. Sein Labor im Keller des Hauses, ein Geheimnis. Weißer Mantel, weiße Töpfe, er ist hinter Glas, das Licht fängt sich an der glatten Fläche, markiert seine dunkle Haut. Das Treibhaus, ein Synonym für das Verderben. Das Haus der Triebe, das einmal das Haus der Liebe war. Das Grün der Pflanzen, die retten sollen. Die Samen im Wasser des Dr. Semen / eau, (wörtlich: Samen, engl., Wasser, frz.) helfen nicht gegen den sexuellen Appetit, mit dem die Vampirin und Brown angesteckt sind. Die Erforschung der menschlichen Libido geht schief. Will man sie begreifen, festhalten, entschwindet sie aus kontrollierenden Händen, sie ist flüchtig, immer unterwegs.

5

Das Motorfahrzeug, gedoppelt. Leo transportiert die Frau weg vom Ort ihres Verbrechens. Der Freund bringt das Mädchen im Halbdunkel zur Arbeit. Beim Umziehen hält sie eine orange Frucht zwischen ihren Zähnen, etwas Lebendiges, Frisches.

Ihr nackter Nacken ist verlockend, aber das Verbotsschild vor der Türe hindert sie einzutreten in das Spiel. Das Tabu, sie wartet vor der Nummer 321, das ist 1,2,3 pervertiert: Verkehrung der natürlichen Ordnung: Vom Einzelwesen 1, zum Paar 2, zur Familie mit Kind 3. Denn das Kind dringt in die Beziehung zwischen zwei und sprengt sie auf. Der Embryo in der Hülle der Mutter, der Schmarotzer, Alien.

Diese Geschichte ist in ihrer Vermeidung des Christlichen voll von katholischer Symbolik. Deshalb wird sich Braun an der Frau, die putzt, vergehen. Während die Vampirin alles schmutzig macht, das ganze Haus, die Wand, die Haut, das weiße Kleid.

Die Kindfrau spricht französisch im Traum. Die fremde Sprache liegt ihr auf der Zunge. Sie will ein petit dejeuner, ein »kleines Essen« oder auch was »Kleines« essen. Will vielleicht ein Kind?

Dann geht sie aus, rosa Kostüm, schwarzes Kopftuch, ein Witwenschleier. Sie versucht, Kontakt mit der Reinigungsfrau herzustellen. Berührt deren nackten Unterarm, fast fordernd, mit einer tierischen schwarzen Haut über ihren Händen. Hat SIE das Opfer gewählt? Ist das Spiel mit dem Blut ein Ersatz für das nicht vorhandene Kind? Fehlt die Möglichkeit, sich FORT zu pflanzen und damit sterblich zu werden? Der Mann verspritzt seine Samen sinnlos, behält sie für sich.

6

Endlich geht Brown ins Labor zum braven Forscher, der das Gegenteil zu den anderen Männern darstellt. Ein Saubermann. Fühlt sich belästigt. Würde sich nie die Hände schmutzig machen. Spielt nach den Regeln. Während die Frau des Wissenschaftlers Semeneau von dessen Forschungen infiziert, die dunkle Seite lebt. Leo hat die Regeln verletzt. Deshalb wurde er ausgeschlossen aus der Gemeinschaft. Vereinzelt wie Dr. Brown. Wasser, Luft hilft ihm nicht. Die rotierende, Leben generierende Maschine im Labor wird vor seinen Augen abgestellt. Die Pflanzen im Park helfen nicht. Er tritt einer Blondine zu nahe, versperrt ihr mit seinem Körper die Türe. Sie wehrt sich, schreit, sie ist eine reife Frau und lässt sich nichts gefallen, sagt: Malade? Va? Hat ihn als Kranken erkannt.

7

Das Reinigungsmädchen putzt im Hotelzimmer das Bad. Spritzt die Wanne mit der Dusche sauber, mit der später ihr Blut abgewaschen wird. Sie trägt hellblaue Gummihandschuhe. Ihr blauer Lidschatten ist die einzige Schminke im kindlichen Gesicht. Das Blau verbindet sie mit Browns blauen Augen, die sich gerade schließen wollen. Im Bett.

Das Mädchen ist eine Spur zu neugierig, ausgehungert nach Abenteuer. Das wird ihr Verhängnis. Leider geben sich Frauen immer wieder nur zu gerne hin. Spielen das Opfer. Spielen mit. Auch die Kindfrau begibt sich ununterbrochen in Hingabeposen. Es könnte immer entweder ein Kuss oder ein Biss sein, der sie trifft.

Aber es ist kein Spiel. Die Männer wollen ins Geheimnis des Lebens dringen. Während sie es in der Tiefe erforschen wollen, zerstören sie es. Brown kann nur im Töten abspritzen. Wird der Putzerin den Unterleib zerbeißen. Um das Kind, die Unschuld, den Neubeginn zu suchen und zu vernichten. Gleichzeitig.

8

Bis vor zwei Jahren spielte ich jeden Morgen mit meinem Sohn das Hühnchenspiel. Um ihn anzukleiden musste ich die Folie seiner Verpackung, seinen Pyjama also abziehen. Dann ihn marinieren, würzen, köstlich füllen, spicken. Die blaue Unterhose als Pflaumensauce, die Jeans als Meersalzkruste, das Hemd als Semmelbrösel, die Socken als Kroketten. Täglich ein neues Menü. Er wurde in den Ofen gesteckt und gebraten. Der Höhepunkt des Spiels war seine Lust am Gebissen-, am Gefressenwerden. Ich musste ihn mit dem Messer meiner Handkante zerteilen und die einzelnen Stücke zum Essen vorlegen. Ein Schnappen nach Fleisch, Gekitzel, Gekicher, Gekreische. Danach konnte er zur Schule, in den Ernst des Lebens. Mein Sohn heißt Leo. Seine Geburt war von einem grauenvollen Schwall von Blut begleitet. Ich meinte zu sterben. Deshalb hat dieser Film mich an Grenzen gebracht, wo ich fürchtete, mein Selbst würde sich auflösen. Ich musste ein Mittel finden, um mich nicht anzustecken. Damit die Gefühle mich nicht überwältigten. Gegen diesen Ärger musste ich bei Tageslicht lange Zeit ins Blau des Himmels starren nach dem Film. Eine Farbe, die darin nicht vorkommt. Außer in den leeren, irren Augen Browns.

Deshalb auch der Mutterblick, die Konzentration auf das nicht anwesende Kind, um mich zu schützen gegen die unerträgliche Nähe der Bilder zu denen, die in meinem Gehirn gelagert sind, verbunden mit der Angst, im Mandelkern. Deshalb errichte ich einen Wall aus Worten, weil ich von dem Schrecken des Blutes in meinen Körper nur allzu viel weiß.

Mögliche Geschichten –
Potpourri aus Namen, Noten und Nudeln

Motto
Kikoeru, kikoeru, nami no otó –
Ich kann hören, ich kann hören,
den Klang der Wellen

I. Annäherung

Natürlich war ich über die Einladung, zu Musik Literarisches zu verfassen, froh. Immerhin habe ich von mir selbst den Eindruck, dass Musik für mein Leben und Schreiben wichtig ist. Im Ausland erwähne ich oft, wenn es darum geht, etwas spezifisch Anderes, also Österreichisches, im Vergleich zum Land, in dem ich mich aufhalte, zu benennen, die Allgegenwart der Musik. Wie ich als Kind mit Ehrfurcht die Plattensammlung meiner Eltern durchhörte, wie ich Arien aus Mozartopern erkannte, wie mir bei manchen Stücken Tränen in die Augen traten, wie Angst bei tiefen Bassstimmen aufkam, wie Gänsehaut beim Dröhnen der Orgeln, wie schließlich meine Onkel eine Band gründeten und samstags probten, mit glänzenden elektrischen Gitarren, wie ich mit Brüdern und Freundinnen stundenlang sang, wie ich schließlich mit einem ersten Liebhaber um die Stelle des Leadsängers konkurrierte und mit der eifersüchtigen Bassistin um ihn rang, wie ich aber dann doch mehr schrieb als sang, und wie mich Musik während des Schreibens jetzt stört, weil sie zu intensiv hereinsteigt, mich völlig besiegt, und wie ich Stille brauche, und wie meine Tochter glaubt, dass ich Musik nicht mag, weil ich dabei nicht arbeiten kann, und wie ich ihr daher den Ghettoblaster ins Kinderzimmer stelle, um beim Schreiben nicht die Stimmen Christinas, Jennifers und Pinks zu hören, und wie ich andererseits im Zuge unseres Musikkriegs die Fernsehsendungen mit falscher Folklore benutze, um das schlafunwillige Kind ins Bett zu vertreiben, weil sie diese Lieder nicht erträgt.

Und dann die Einladung zum Ratespiel: Ich erhalte eine CD ohne Information zu Komposition und Interpret und soll darüber schreiben. Ich schob sie im Kinderzimmer in den Player und dann ertönte dieses Lied – und da war Text und diese Stimme, und am Anfang verstanden wir nur Sünde.

Meine Tochter schaute entgeistert.

Warum ich diese Musik hier bei ihr spiele, und was das ist.

Was glaubst du?

Sie zuckte die Achseln.

Ich bemerkte, dass sie keine Ahnung hatte, nicht wusste, was Sünde ist.

Irgendwas mit Gott? Meinte sie dann.

Und ich versuchte zu erklären, und dabei fiel mir mein eigenes Lernen von Sünde ein, das Suchen im Gebetbuch nach möglichen Verfehlungen als Hausaufgabe gestellt.

Und glaubst du, dass du Sünden begehst, fragte ich meine Tochter.

Na ja, könnte schon sein, zum Beispiel die Vier in Biologie, ist Sünde. Darüber hast du dich doch sehr aufgeregt.

Ja, aber nicht weil es Sünde ist.

Sondern?

Hm, aber wie kannst du an Sünde glauben, wenn du nicht an Gott glaubst?

Doch ja, geht schon, meinte sie. Ich stelle mir dabei was Schlimmes vor.

Und ich überlegte ernstlich, ob ich nicht etwas vergessen hatte in ihrer Erziehung, weil sie religionslos aufwuchs und nicht getauft, obwohl, sogar bei mir war das Katholische aus zweiter Hand, kam eher von außen heran, so dass die Musik zuerst war, und dann vielleicht die Idee von Gott, nicht umgekehrt. Oder vielleicht war die Musik Religion von Anfang an?

Jedenfalls hatte ich immer das Gefühl, mich bloß in einem Schauspiel zu befinden, wenn ich die Busse betete vor dem Seitenaltar, nach dem Aufzählen der Sünden. Und ich dachte, dass ohne ein Konzept von Sünden auch die dazupassende Musik nicht greift. Denn wie sollte meine Tochter dieses Lied verstehen, das Worte wie Sünde, Satan, Fluch in ein Kinderzimmer voller Pferdeposter und Dinosauriermonster streute?

Andererseits hatte sie als Kleinkind zum Einschlafen immer nach »musique Bach« verlangt.

Irgendwie war ich enttäuscht.

Warum war das Stück so kurz?

Warum musste es Musik mit Text sein? Auf Deutsch?

Text verführt dazu, auf seine Bedeutung zu achten und weniger auf die Musik.

Ein Text von Georg Christian Lehms.

Auch dieser Name hat mit Erde zu tun, mit Schmutz, wie meiner.

Während der Bach reinigt.

Und hatte er tatsächlich seinen Namen in die Musik komponiert?

Warum musst du das hören? Fragte die Tochter.

Na, das ist wie ein Spiel, ich bekomme die Musik und soll dazu was schreiben.

Aber was wirst du dazu schreiben?

Ich muss mir was einfallen lassen.

Und wenn dir nichts einfällt?

Sie lachte.

»Und übertünchtes Grab. Sie ist den Sodomsäpfeln gleich«, hörten wir.

Was sind Sodomsäpfel, fragte sie weiter.

Ich ging zum Computer.

Sodomsäpfel sehen wie essbare Früchte aus, werden aber zu Rauch und Asche, wenn man sie pflückt, gab ich zur Antwort.

Doch wie sollte ich ihr Sodom erklären, wenn sie die Bibel nicht kennt, aber den fünften Harry Potter liest, auf Englisch.

Und wie Satan? Der ein Anagramm von Santa, Heiliger, ist, wie man Santa Claus, den Weihnachtsmann, amerikanisch kurz, in Chicago nannte, daran erinnerte sie sich noch.

Ist Musik also weniger Religion als eine Art Zuhause, ein Ort, an dem man sich findet, oder an dem man etwas findet, das einen hält? Ist Musik ein Kontinent?

Und haben nicht Geister und Monster die Funktion des Satans übernommen? Auch die ganze Zaubergeschichte ist ein Kampf des Dunklen gegen das Licht. Gottseibeiuns wird zum Duweißtschonwer, um den Bösen nicht zu provozieren und Potter zum Erlöser mit dem Lichtzeichen auf der Stirn.

Aber warum schreibst du darüber in Zusammenhang mit mir? Fragte die Tochter.

Hm, antwortete ich, und dachte, dass es ja auch umgekehrt funktioniert. Dass das Wissen um Zauberer einmal ihrem Verständnis für die Bilder der Bibel helfen kann. Denn es ging mir nicht eigentlich um die Religion, deren Zeichen ich auch nur unter Zwang erlernt hatte. Aber dass sie die mit der Religion verbundenen Geschichten, Namen und Symbole nicht kannte, störte mich. Ohne sie könnte meine Tochter vielfache Anspielungen und Konstrukte unserer Kultur kaum verstehen.

The shape of vile transgression / In sooth is outward wondrous fair, las ich später am Computer. Auf Englisch war der Text ein wenig besser, Sünde als Transgression.

Das entfernte von der katholischen Schuld, klang technischer, irgendwie verräumlicht, war mir angenehmer, rief allerdings in Erinnerung, dass ich den Aufsatz zu Kräftner und Zürn fertig stellen sollte. Weitere Auseinandersetzungen mit Schuld, mit einer Sündflut, Märtyrern und Mystikerinnen. Da lag ein Gift, das zerstörte. Besser wäre es gewesen, sie hätten dem Zwang zur Religion widerstanden und sich nicht dem Glauben an die Sünde hingegeben.

Was hatte ich eigentlich damit zu tun?

Kam ich hier nie raus?

Ich, eine Angehörige der westlichen Kultur, des westlichen musikalischen Systems, Angehörige einer Kultur der Sünde und der Schuld?

Ich packte die CD in meinen Koffer.

Ich flog fort.

II. Entfernung

In Japan sah alles anders aus. Aber hörte es sich auch anders an? Hörten die Menschen dort etwas anderes als ich, auch wenn sie dasselbe hörten? Aber warum? War es wie beim Essen?

So wie mir Herr Kimura im Udon-Restaurant erklärte? Auch wenn wir dasselbe aßen, schmeckte er als Japaner auf andere Art. Herr Kimura konnte Violine spielen und ein wenig deutsch, er liebte klassische Musik.

Die Japaner aber haben neben der Zunge auch einen Geschmackssinn im Rachen und viele Speisen werden dort hinten goutiert, erklärte Herr Kimura. Zum Beispiel, Nudeln werden mit geräuschvollem Schlurfen vom vorderen Teil des Mundes bis in den Rachen gesaugt, etwas, das ich immer noch nicht kann.

Herr Kimura sagte, die klassische Musik verwendet ähnliche Motive wie japanische Schlager und das ist es, warum er sie liebt. Die Nudeln waren sehr heiß. Sie schwammen in einer dunklen, kräftigen Suppe.

Wie aber ist klassische Musik nach Japan gekommen? Fragte ich.

Vielleicht mit dem Militär, meinte Keiko. Am Anfang der Öffnung. Und dann brach mit einem Mal das Fremde herein. Schiffe, Waffen, Eisenbahnen, Kleider und die Musik. Ein deutscher Kapellmeister schrieb sogar den Tonsatz für die Nationalhymne Japans, harmonisierte und arrangierte dazu ein japanisches Lied für europäische Blasinstrumente.

Und hast du gewusst, fragte Keiko, warum in Japan zu Jahresende immer Beethovens Neunte ertönt?

Nein, warum?

Wegen Tsingtau, einer kleinen deutschen Kolonie in China. Die dort im 1. Weltkrieg kämpfenden deutschen Soldaten wurden bald von den Japanern gefangengenommen und auf die Insel gebracht. Das Lagerorchester von Bando in der Präfektur Tokushima hat die 9. Symphonie Beethovens zu Weihnachten in Japan uraufgeführt.

Auch die deutschen Würste, die Bäckereien, die Baumkuchen, Stollen und Konditoreien wurden von Kriegsgefangenen auf diese Weise nach Japan gebracht. Kaisersemmeln heißen in der Bäckerei Bruder jetzt Kaiser, sind aber knuspriger als in Wien.

Wie aber kam Bach nach Japan?

Mein Bruder meinte, mit der DDR. Bach-Export als ostdeutsche Spezialität. Weil Bach im Osten Deutschlands wirkte, wurde er vom kommunistischen Regime zum Rebellen, Aufklärer und Freigeist stilisiert.

Herr Siemonetto teilte diese Meinung, denn er hatte schon vor mehr als 25 Jahren, noch in Ostdeutschland, ein paar Jungen des Leipziger Thomanerchores interviewt, des Chors, den einst Bach leitete. Viele dieser Kinder kamen aus einem atheistischen Zuhause.

Aber ist es möglich, Bach ohne Glauben zu singen? Fragte er.

Wahrscheinlich nicht, antworteten sie, aber wir haben Glauben. Bach hat sich als Missionar sogar bei uns erwiesen.

Während einer Reise nach Japan entdeckte Herr Siemonetto dann, dass Bach 250 Jahre nach seinem Tod eine Schlüsselrolle in der Evangelisierung des Landes einnimmt.

Herr Siemonetto vergisst aber, sagte ich, dass es nun in Japan kein Problem ist, wenn verschiedene Religionen nebeneinander existieren, dass es keine Kriege um den richtigen Glauben gibt und dass es auf ein paar Ideen mehr oder weniger, ob aus dem Westen oder aus dem Osten, ob katholisch oder protestantisch, nicht ankommt. Schließlich kann auch Vollkornbrot neben Reisbällchen bestehen, Riesling neben Sake.

Aber auch Herr Siemonetto verband die Idee der Musik mit der Idee der Religion.

Das Interesse für Bach in Japan entsteht aus einem spirituellen Loch, meinte Herr Siemonetto, weil es in keinem anderen Land der Welt so viele Handleser gibt, kein anderes produziert derart viel Pornografie. Selbstmordraten steigen und viele Menschen haben täglich Angst.

Das erklärt auch den Erfolg von Kobe. Hier wird Bach gepflegt. Von einem eigenen Kollegium aus verbreitete sein Gründer, Herr Suzuki, die deutsche HOFFNUNG über das ganze Land, weil es dieses Wort im Japanischen nicht gibt.

Herr Suzuki sagte, sie hätten in Japan nur IBO, Wunsch oder NOZOMI, das Unerreichbares beschreibt.

Von Herrn Suzuki wurde daher auch das Wort KANTATE in den japanischen Sprachgebrauch eingeführt, sagte Herr Siemonetto.

Was aber kam zuerst nach Japan? Musik oder Religion?

Die portugiesischen Missionare des 16. Jahrhunderts hatten knapp vier Jahrzehnte Zeit für ihr Projekt der Christianisierung. Vor allem im Süden waren sie erfolgreich, es wurde schick mit Rosenkränzen zu promenieren, allerdings um den Hals gehängt, wie Schmuck.

Also waren doch katholische Hymnen die erste westliche Musik, vermutete Keiko.

Sie wies auf die Statuen mit dem Titel »Der Ursprung der europäischen Musik in Japan«, die Kinder, Weihnachtslieder singend, zeigten. Ein Missionar begleitet sie auf einer Violine. In jesuitischen Seminaren wurde damals, neben Latein, japanischer Kalligraphie und Literatur, bereits westliche Musik gelehrt.

Der Baske unter portugiesischer Flagge, Francisco Xavier, brachte bei einem Besuch Geschenke, um den Vorteil der westlichen Zivilisation zu dokumentieren, Instrumente zur Beherrschung der Zeit, des Körpers und des Himmels, also eine Uhr, eine Brille, ein Teleskop und ein Tasteninstrument, entweder Klavichord, Cembalo oder Spinett, denn die westliche Musik erwies sich als edelste und effektivste Form der Konversion.

Keiko erzählte mir auch die Geschichte von den vier christianisierten japanischen Knaben, die so gut musizieren lernten, dass man sie nach Europa schickte, um sie als Missionierungserfolg vorzuführen. Sie reisten über Portugal nach Rom, wo ihre prächtigen Gewänder beim berittenen Einzug in den Vatikan Aufsehen erregten und sie wurden vom Papst zu einer Audienz empfangen. Der Legende nach waren sie die ersten Japaner, die Europa je sahen; Stoff für einen Roman also, der kürzlich in Japan von einer Kunsthistorikerin verfasst wurde, berichtete Keiko. Sogar das Programm eines Konzertes der vier Wunderknaben hat man rekonstruiert. Die Auseinandersetzung verlief jedoch einseitig, denn während die japanischen Schüler gelehrig und interessiert waren – einer der Musiker verarbeitete seine Reise in einem Tagebuch – wussten die Jesuiten mit den ihnen fremden Musikformen damals nichts anzufangen. Ein westlicher Beobachter schrieb:

»Unsere Tänzer tanzen mit Kastagnetten und halten sich gerade; die Japaner tanzen mit Fächern und in einer kauernden Haltung, also ob sie etwas verloren hätten und auf dem Boden danach suchten.

Die Europäer machen Tanzschritte mit ihren Füssen; die Japaner bewegen sich langsamer und gestikulieren vor allem mit ihren Händen.

Wir singen polyphonisch; die Japaner singen alle dieselbe Melodie mit einer unnatürlich gepressten und hohen Stimme; das ist die schrecklichste Musik, die man sich vorstellen kann.« (nach *A History of Japanese Music*)

Aber die Tage der Missionare waren sowieso gezählt. 1597 wurden die ersten japanischen Christen gekreuzigt, die Jesuiten des Landes verwiesen, ihre Anfänger verfolgt. Die christliche Madonna musste heimlich in der Figur der japanischen Muttergöttin Amaterasu verehrt werden, wie ich im Fernsehen in einer Soap-Opera sah. Die verbliebenen Reste der Kirchengesänge wurden von japanischer Musik überlagert. Japan war wieder Japan. Und das noch lange Zeit.

Die zweite große Welle westlicher Musik setzte mit der erzwungenen Öffnung vor ca. 150 Jahren ein. Schon Kommandant Perry betrat den japanischen Boden begleitet von Militärmusik. So lernten die Japaner den Zusammenhang von Marschieren und Musizieren. Die frischen Missionare forschten nach Spuren des verbotenen Christentums. Wie in einem Selbstbedienungsladen deckten sich die Japaner nun mit den Errungenschaften westlicher Zivilisationen ein. Von Deutschland wurden vor allem Musik, Militär und Schulwesen übernommen, wie man heute noch an den von preußischen Uniformen abgeleiteten Anzügen japanischer Schüler erkennt.

Im Unterricht ging zu Beginn das Interesse nach einer Verbindung von europäischer und japanischer Musik, um eine neue Tradition zu schaffen, bis schließlich an den Hochschulen europäische Musik bevorzugt wurde. Das Streben nach Modernisierung überwog den Nationalismus und verbesserte über die Lehre auch den allgemeinen Status westlicher Musik. Schon Anfang des 20. Jahrhunderts war dann in der Ausbildung von Mädchen aus höherem Hause das Klavier dem Koto gleichgestellt, bis es dem japanischen Instrument schließlich völlig seinen Rang als Statussymbol ablief.

1890 reiste die Musikerin KODA Nobu als erste japanische Musikstipendiatin nach Wien, das aus japanischer Sicht als Zentrum der europäischen klassischen Musik galt. An der Hochschule studierte sie neben Klavier, Geige und Gesang auch Harmonielehre, Kontrapunkt und Komposition und war damit die erste japanische Musikerin, die überhaupt westliche Kompositionstechniken erlernte. Über ihren Aufenthalt in Wien, ihre Erfahrungen als exotische, alleinstehende Frau in einer europäischen Hauptstadt zu Ende des 19. Jahrhunderts ist kaum etwas bekannt.

Sollte ich nach Wien fahren, um darüber zu recherchieren?

Als KODA Nobu nach Japan zurückkehrte, sollte sie für lange Zeit das einzige lebendige Beispiel europäischer Musikkultur sein. Bis dahin war eine seltsame, zufällig zusammengewürfelte Auswahl teils besonders einfacher, teils leicht eingängiger, teils populärer, zum Teil heute ganz unwichtiger Stücke in Japan bekannt gewesen.

Ab den Zwanziger- und Dreißigerjahren spielten schließlich aus Europa geflüchtete Musiker, oft jüdischer Herkunft eine bedeutende Rolle in der Ausbildung von Orchestern und der Erweiterung ihres Repertoires, ein Angleichungsprozess voller Schwierigkeiten und Hindernisse. Die Flüchtlinge hatten zwar ihre Heimat verloren, nicht jedoch den hohen Anspruch an ihr Wirkungsfeld Musik.

Joseph Rosenstock etwa, war mit dem Niveau des auszubildenden Neuen Sinfonieorchesters in Tokio so unzufrieden, dass er, aus Wut über zweimal gemachte Fehler, seinen Dirigentenstab zerbrach und den Musikern an den Kopf warf. Die Spieler trauten sich nicht einmal mehr zu husten.

Der deutsche Manfred Gurlitt bemühte sich besonders um die Förderung der Oper und plante zu einem Libretto der japanischen Literatur eine Oper zu komponieren. Lange schien es ihm unmöglich, Wagner aufzuführen, da die Japaner aufgrund ihres Körperbaus dazu nicht in der Lage seien.

Eine interessante Figur zwischen den Kulturen bildete die Cembalistin Eta Harich-Schneider, die angeblich nach Japan kam, weil sie in Nazideutschland ohne ein Bekenntnis zum Regime nicht mehr genügend Engagements erhielt. Wahrscheinlich war es doch diese ausgezeichnete Interpretin der Goldberg-Variationen, die Verfasserin eines Buches über das Cembalospiel und eines Aufsatzes mit dem Titel »Haette Bach ...«, welche diesen Komponisten in Japan erstmals einem breiteren Publikum zugänglich machte. Hauptsächlich aber konzentrierte sie sich dort auf die Lehre und gab Hauskonzerte. Wegen ihrer Freundschaft mit dem Spion Richard Sorge, dessen Verrat deutscher Angriffspläne sie später als Akt des Widerstands gegen die Nazis zu interpretieren verstand, geriet die Musikerin fast in Schwierigkeiten. Ihre guten Japanischkenntnisse befähigten sie zu einem tiefgehenden Studium der japanischen Musik, was sie für John Cage zu einer wichtigen Informantin machte, der ihr 1953 sogar ein Klavierstück widmete.

Nach dem Bündnis Japans mit Nazi-Deutschland wurden die jüdischen Musiker, zusammen mit anderen Musikern in Karuizama in Mitteljapan, zwangsinterniert. Die von den Exilanten geleistete Arbeit an der Entwicklung japanischer Orchester aber steht trotz ihrer schwierigen Position im Gastland außer Frage.

Dennoch, was macht nun die Faszination aus? Warum war Japan bereit, westliche Musik in die eigene Kultur zu übernehmen, hörte ich nicht auf zu fragen, diesmal meinen Bruder, natürlich Musiker, ein Kontrabassist.

Er versuchte meine Frage mit Musikdarwinismus zu erklären und kam damit erneut auf die Verbindung von Musik und Religion. Westliche Musik sei ausdrucksstärker und das hänge mit den großen Innovationsschritten ab dem Beginn des Mittelalters zusammen. Mit der Abspaltung der westlichen Welt von der kulturellen Hegemonie Byzanz' wurde gegen heftigen Widerstand der Kirche die Mehrstimmigkeit entwickelt. Daher gibt es im Westen heute eines der höchstentwickelten Musiksysteme der Welt, meinte mein Bruder. Die japanischen Interpreten fühlen sich in die westliche Musik hinein und werden wie sie, ohne es wirklich zu sein, denken viele Musiker in Wien. Schließlich sind sie Konkurrenten. Sagte mein Bruder aber nicht laut.

Im Westen wird der individuelle Ausdruck geschätzt, im Osten die perfekte Wiedergabe. Westliche Musik wird in Japan daher mit chinesischen Methoden studiert, und zwar durch Imitation, schrieb Eta Harich-Schneider in ihrer Geschichte der japanischen Musik.

In der Shoins-Kapelle, einem schlichten Bau aus Beton, wohnt aus diesem Grunde Bachs wahrer Interpret. Nur Herr Suzuki weiß, dass Bach gegen den eigentlichen Sinn der Betonung des Wortes Unglauben, z.B. komponiert. Mit Herrn Suzukis Kollegium ist die Legende vom anpassungsfähigen Japaner perfektioniert. Japaner kopieren, erzeugen daraus aber eine bessere Qualität, als sie das Original je haben kann. Als Grund dafür wird das Zusammenspiel von Essen und Musik angeführt, denn wer gut gegessen hat, kann auch gut singen. Noten und Nudeln sind auf diese Weise verbunden. Die Musiker spielen Bach auf Deutsch, dessen Sprache sie kennen müssen, um die Musik besser zu verstehen. Auf diese Weise produzierte Herr Suzuki mithilfe von Bach in Japan latente Christen.

Auch wenn die Worte Sünde und Satan fehlen, weil es um das Unsagbare geht, einen guten und erlösenden Gott aus dem Westen, der was zu bieten hat, während die traditionellen japanischen Religionen starre Gewohnheiten sind, sagte Herr Suzuki.

Es gibt aber auch den umgekehrten Transport, Einflüsse Japans im Westen. 1900 hörte Claude Debussy auf der Pariser Weltausstellung das erste Mal japanische Musik. Er begeisterte sich für eine japanische Schauspieltruppe, die ihre

Aufführungen mit Musik begleitete und wollte neuartige Klänge auch in seine Kompositionen einführen. Er plädierte für das Hören und gegen die Zugehörigkeit seiner Musik, indem er fragte: »Seid ihr nicht imstande, Akkorde zu hören, ohne nach ihrem Pass und ihren besonderen Kennzeichen zu fragen? Woher kommen sie? Wohin gehen sie? Hört sie an, das genügt.«

Giacomo Puccini nahm Unterricht bei der Frau des damaligen japanischen Botschafters in Rom. Er borgte sich Schallplatten und Noten, sie sang ihm Lieder vor und spielte auf traditionellen japanischen Instrumenten. Nur so konnte es ihm gelingen, »Madame Butterfly« zu komponieren.

Natürlich hatte ich an diesem Punkt den Witz längst schon gefunden.

In Japan machte er nur nicht viel Sinn.

Und gelöst war die Frage nach klassischer Musik in Japan damit nicht. Und was die Japaner nun hören.

Ich flog also aus dem fernen Osten über Russland zurück in den Osten Berlins.

Und hier kam erneut die Familie ins Spiel.

III. Nächste Nähe

Ein Witz wird enthüllt.

Denn all das Vorhergegangene ist nicht der Grund, warum man mich mit der Bachkantate konfrontiert. Warum ich hören soll.

Es könnte allein mein Name sein, mein Nachname. Die Stimme des Sängers der Kantate könnte dem Kontratenor Andreas Scholl gehören.

Es ist auch lustig, dass jener Sänger einen Bruder namens Johannes hat, mit dem er in seiner Jugendzeit sang, genau wie ich.

Namen sind kein Zufall. Deshalb ist auch das erste Buch mit dem Autorennamen Scholl, das ich als Kind sah, entscheidend. Sein Titel *Die weiße Rose.* Obwohl ich nie Familienforschung betrieb, bin ich möglicherweise verwandt. Irgendwie. So hatte ich z.B. völlig übersehen, dass auch der Titel meines ersten literarischen Buches, *Fette Rosen,* darin anklingen kann. Gefragt wurde ich danach schon.

Einmal bekam ich eine E-Mail aus Südafrika. Das Mädchen hieß Sabine Scholl, war 21 Jahre alt und studierte Psychologie.

Auch in Chicago war ich bekannt. Dr. Scholl betrieb ein Institut, in dem man Fußpflege lehrte. Eine Forscherin fragte an, sie hätte beim Radfahren am Lake Shore Drive ein altes Tagebuch gefunden. Ob ich mit der Verfasserin, einer Elsa Scholl, verwandt sei. Meine Namensvetterin in Deutschland liebt es, sich mittelalterlich zu verkleiden. Sie ist Mitglied eines Vereins Gelebte Geschichte und an ihrem Foto im Internet kann man sehen, dass sie doppelt so viel wiegt wie ich.

Mit Andreas Scholl kann ich mich leichter identifizieren. Er sagt, dass die Musik den Worten unterworfen wird:

Er sagt, ich fand heraus, dass es mir gelang, die Musik besser den Worten anzugleichen, wenn ich mir vorstellte, ich würde zu einem Mädchen im Publikum sprechen. Weil die geschriebene Partitur nicht die Musik ist. Es ist die Musik in getrockneter Form. Man braucht heißes Wasser – und die Musiker sind das heiße Wasser – dann wird eine köstliche Suppe daraus.

Ich schlucke also die Musik, ich schlürfe die Sünde.

In Japan werden Essen und Musik vereint. Keiko war von meinem Text so fasziniert, dass sie zu kochen vergaß. Sie aß dann eine Schüssel kalter Nudeln.

Dankeschön Sabine, schrieb sie mir.

Bachs Name wurde aus den Archiven des Herzogs entfernt.

Mit Dank an Yuko Tamagawa, Noriko Kobayashi, Minoru Nishihara, Herrn Kimura, Frau Tanaka, Herrn Siemonetto, Herrn Suzuki, meinen Bruder, meine Tochter und besonders Keiko Hamazaki.

Kunstfellige Kopfwesen und soziales Lesen

Als meine Tochter mich bat, ihr *Harry Potter*-Buch zu lesen, lag es so lange auf meinem Bücherstapel, bis ich die erste Verfilmung gesehen hatte und sich in meinem Gehirn beim Lesen Textvorlage und Filmbilder überlagerten. Ich kam nicht umhin, die Figuren und Symbole mit den griechischen, römischen, christlichen Mythenerzählungen zu vergleichen, welche die Autorin geplündert und als Konzentrat in ihre Geschichten eingearbeitet hatte. Deren Originaltexte waren für Potter-Leser nun verdorben. Zu langatmig, nicht spannend genug. Das Material ausgereizt. Und dennoch konnte meine Tochter, ein Kind der Vor-IPod-Ära, zur Leserin werden. Sie war mit Büchern aufgewachsen.

Anders bei meinem jüngeren Sohn. Er begleitet mich lieber in die Video- als in die Bibliothek. Schon als Grundschulkind las er in Bildbänden höchstens kurze Textpassagen über Götter aus aller Welt. Dann lange nichts. Dann kamen Comics. Dann eine Phase mit Geschichten, in denen er als Leser über den Fortgang der Handlung entscheiden konnte. Dann – mit elf Jahren – der IPod Touch, selbst zusammengespart. Keine Lektüre mehr. Dann ein Pflichtbuch für den Deutschunterricht. Der Fortsetzungsband blieb liegen. Er las alle Comic-Bände noch einmal. Und plötzlich *Erebos*, ein fünfhundertseitiger Wälzer. Ich schöpfte Hoffnung. Das musste ein besonderes Buch sein, das einen Kaum-Leser auf die Couch zwang. Auf seinen Wunsch hin las ich das Buch, um zu verstehen, wie eine Geschichte gestrickt sein muss, die computeraffine Kinder zum Lesen zurückführt, ein Versuch, die Prinzipien der Spielewelt ins Buch zu übertragen. Zu Beginn werden Tastenkommandos den Bewegungen der Spieler in der programmierten Fantasiewelt zugeordnet. Bald aber verzichtet die Autorin darauf, stellt die Erzählungen aus Spiel und Außenwelt nebeneinander, schildert, wie die Spieler sich im Schulalltag schwerer zurechtfinden, je intensiver sie das Spiel betreiben und wie die gewählte Spielfigur ihr Verhalten in der realen Welt beeinflusst. Als im Spielverlauf Aufgaben verteilt werden, die eigentlich in der fiktiven Wirklichkeit zu erledigen sind, um höhere Game-Levels zu erreichen, wird es spannend. Schließlich erhält der Spieler einen Tötungsauftrag, will nicht mehr mitziehen, wird aus dem Spiel verbannt, leidet unter Entzug und tut sich mit anderen Geschädigten zusammen. Um dem Programmierer und seinen bösen Absichten auf die Schliche zu kommen, müssen sie nach Entsprechungen des Spiels in der Realwelt suchen und diese unschädlich machen. Was gelingt. Das Spiel gewinnt nicht. Als ich begriffen hatte, dass dieses Buch versucht, das Computerspiel in die Erzählung einzuführen und zugleich für die Gefahr einer völligen Versunkenheit in dieses zu sensibilisieren, da hatte mein Sohn seine Beziehung zu Büchern längst wieder beendet. Fesselnd findet er vor allem Spiele auf dem IPod Touch (X-Box, Playstation), Gameboys hatte ich nicht erlaubt. Er zeigt mir das Gott-auf-einer-einsamen-Insel-Spiel, ein Weltenkonstruktionsspiel. »Da lern ich was«, behauptet er, wenn ich ihn fernhalten will. »Das ist intelligent.« Er weiß, was mir wichtig ist. Wenn er aus der Schule kommt, muss er als Erstes zum IPod Touch. Warum tust du das? Ich muss was nachsehen. Was? Na, ich muss schauen. Was? Spielt das Spiel ohne dich weiter? Nein, aber ohne Geld kann ich die Stadt nicht fertig bauen. Wer gibt dir Geld? Das Spiel. Während du weg bist? Ja, ich muss schauen, wieviel ich bekommen habe in der Zwischenzeit. Und musst du was Bestimmtes tun, damit du Geld kriegst? Ich muss gut spielen. Wie gut? Ach, das verstehst du nicht, wenn du nicht selber spielst.

Wie soll man Kinder aufziehen, die an Stelle von Adventsliedern die Kennmelodien von Werbespots summen und anstatt mit Freunden in den Zoo zu gehen, unzählige Youtube-Videos von Hunden, Haien, Hasen usw. betrachten, verschicken und kommentieren? Die die neuesten Apps von Smartphones vergleichen und das Handy ausschalten, wenn sie ihre Eltern im Unklaren darüber lassen wollen, wo sie sich gerade befinden und damit den Hauptgrund, ihnen den Besitz eines Geräts zu erlauben, hinfällig werden lassen.

Als wir in den USA lebten, befürchtete ich, dass meine Tochter die Sprache, in der ich schrieb, nicht mehr verstehen wollte. Bei meinem Sohn argwöhne ich, dass er im Laufe seiner digitalen Pubertät auf die Kulturtechniken des Schreibens und Lesens verzichten wollen wird. Verzichten, weil nicht länger nötig? Weil sie abgelöst werden durch Kommunikationssysteme, die das Internet nutzen und den Kindern eine Vielzahl von virtuellen Realitäten anbieten? Wie verändern neue Technologien das soziale Verhalten ihrer Nutzer? Werden die virtuellen die »echten« Beziehungen ersetzen? Und was bedeutet »echt«? Realität, Simulation und Authentizität gehen für digitale Kinder ineinander über, d. h. Eltern setzen Grenzen, während Kindern das Ineinanderfließen verschiedener Realitätsebenen völlig normal vorkommt.

Noch bevor sie auf eigenen Geräten tippen und tasten, betrachten Kinder Werbefilme im Fernsehen nicht als simulierte Realität; in ihrer Wahrnehmung ist die Werbewelt identisch mit der wirklichen. Als Erwachsene bemerke ich die Absicht zur Verführung dabei und bin entschlossen, die beworbene Süßigkeit gerade nicht zu kaufen. Kinder verstehen die Knusprigkeit des Kekses durch soundtechnisch verstärktes Krachen, als Information über eine Tatsache. Selbst wenn sie das Produkt nicht konsumieren, dringen Jingles und Slogans, die nicht produktorientierten Melodien und Wortmeldungen gleichwertig sind, in ihre Gehirne und bleiben dort haften, manchmal jahrelang.

Die simulierte Realität wird der wirklichen von Kindern meist vorgezogen, weil sie Sensationen komprimiert und konzentriert, z. B. die Gefährlichkeit von Krokodilen, die ihre Mäuler aufsperren und ihre Zähne in lebendiges Fleisch hauen. So destilliert man die Quintessenz, kürzt eigene Erfahrungen ab, die tagelange Beobachtungen im Zoo voraussetzen würden. Der tatsächliche Besuch bei den Krokodilen ist langweilig, weil diese nur träge daliegen, oftmals vor den Blicken der Besucher versteckt. Genauso verfahren computeranimierte Zeitraffer-Aufnahmen von Wachstumsprozessen in als pädagogisch wertvoll gepriesenen Natursendungen. Warum sich die Mühe machen, täglich einem sprießenden Keim zuzusehen, wenn dieser Prozeß viel eindrucksvoller innerhalb von zehn Sekunden am Bildschirm abgespult werden kann? Oder die Verpuppung der Raupen oder das Heranwachsen seltener Nagetiere in Höhlen. Das monatelange Lauern von Naturfotografen, der Einsatz hochgerüsteter Technologien zur Darstellung von natürlichen Vorgängen werden ausgeblendet. Die natürlichste Natur ist nur mehr durch allerhöchste Künstlichkeit darstellbar, wie Donna Haraway in ihrer Betrachtung zu Tierpanoramen ausgeführt hat. Wie sollen Eltern unter diesen Voraussetzungen ein Kind zu einem Waldspaziergang überreden oder für die Beobachtung eines Käfers begeistern? Man bräuchte Zeit und Geduld, um das durch die Naturfilme geweckte Interesse mit realen Erfahrungen zu verfestigen. Gemeinsam verbrachte Zeit, die sich viele Eltern nicht mehr nehmen.

Eines der wenigen erlaubten Computergames auf meinem Rechner war *Lara Croft,* deren weibliche Hauptfigur meine Tochter, die sich über die Omnipräsenz männlicher Kinderhelden in Büchern und Spielen beklagte, für dieses Ungleichgewicht entschädigen sollte. Also durfte sie mittels Laras Frauenkörper springen, laufen, stöhnen, kämpfen, sterben und wiederauferstehen. Die Identifikation mit der Spielfigur wurde so stark, dass wir Lara Croft in der Wirklichkeit nachspielten: Ich gab die Tastenkombinationen mündlich vor und das Kind vollführte diese mit entsprechenden Verrenkungen seines Körpers. Das war ja noch lustig. Dass jedoch die Art der Wahrnehmung durch die Kriterien des Computerspiels beeinflusst wird, wurde mir klar, als wir eines Tages vom Fenster aus einen Mann beobachteten, der auf den Dächern gegenüber herumkletterte, auf die Schrägen steigend, schmale Simse überschreitend, links und rechts eine Tiefe von mindestens fünf Stockwerken. Es sah waghalsig aus. Cool, meinte meine Tocher. Wäre toll, wenn er jetzt abstürzen würde! Warum? Weil es spannender wäre! So wie sie es von *Lara Croft* kannte. Einfach reloaden und das Spiel geht weiter. Der Mann fiel nicht, sondern verschwand irgendwann durch eine Luke vom Dach.

Über den Einfluss neuer Medien auf Psyche, soziales Verhalten und Intelligenz ist in letzter Zeit von Pädagogen, Entwicklungspsychologen und Hirnforschern viel geschrieben worden. Pädagogen behaupten wahlweise, dass sie eine Verdummung oder eine Verstärkung der Lernfähigkeit verursachen; Entwicklungspsychologen verweisen auf die notwendigen Mechanismen von Austausch und Reflexion zur Ausbildung einer tragfähigen Ich-Struktur, welche die Vorraussetzung einer seelischen Reifung ist. Hirnforscher wiederum betonen den Zusammenhang zwischen Handschreiben und Gedächtnis. Derjenige, der handschriftliche Notizen macht, prägt sich das Aufgezeichnete besser ein als durch das Antippen von Tasten oder das Streichen über einen Touchscreen.

Die Hoffnung auf eine Verbesserung des Körpers mithilfe neuer Technologien ist ebenso alt wie die Angst vor einem Verlust menschlicher Fähigkeiten durch diese. In den 8oer-Jahren des 20. Jahrhunderts, nach einer Zurück-zur-Natur-Welle, die ich in Kalifornien erlebt hatte, kam kurz vor der Verbreitung von *Personal Computern* eine Zukunftsbegeisterung auf, die literarisch als Neuromancer-Bewegung bekannt wurde. Ihr prominentester Autor, William Gibson, hatte in Romanen das Konzept des virtuellen Raums entworfen. In der Neuromancer-Trilogie ist die Durchdringung von Spielwelt und Körperwelt bereits vollzogen. Sie zelebriert die virtuelle Persona als Verstärkung körperlicher und geistiger Gegebenheiten. Diese Zukunft war zwar düster, zugleich aber auch schillernd und faszinierend. Ich wurde Fan, obwohl ich keinen eigenen Rechner besaß, aber einen Freund, Programmierer der ersten Generation, den ich wegen seiner Hardware und seinem Wissen darüber häufig aufsuchte. Um Geld zu verdienen, saß ich an einem riesigen Fotosatzgerät, dessen maschinelle Hitze meinen Körper umhüllte, während ich schreibmaschinengetippte, mit handschriftlichen Notizen angereicherte Artikel zur Lage der Weltrevolution abschrieb, das Auge auf dem einzeiligen Display, um Fehler zu bemerken. Das war der Beginn vom Ende der Gutenbergära und der Anfang der Herrschaft des Äppäräts, wie eine andere visionäre Figur der Zukunft im Roman *Super Sad True Love Story* von Gary Shteyngart das lebensnotwendige Gerät nennt. Shteyngarts Äppärät ist ein handlicher Computer, der so gut wie alles organisiert: Arbeit, Beziehung, Orientierung. Die Verbesserung des Menschenmöglichen betrifft bei Shteyngart weniger das Fleischliche, der Held verfügt nicht über Superkräfte, er verändert vor allem sein soziales Verhalten und seine Selbstwahrnehmung. Das Utopische dieser Vision liegt in der flächendeckenden Versorgung aller Einwohner mit Äppärät, ansonsten kommt Shteyngarts Zukunft unserer Gegenwart recht nahe. Das Internet bietet mit sozialen Foren und Spielwelten Nutzern die Möglichkeit, vielfältige Identitäten und Realitäten zu entwerfen: Neue Selbstbilder, Wohnungen, Jobs, Beziehungen, alles nach Wunsch, um mit ebensolchen Wunschbildern online zu kommunizieren, ohne sich allzu oft der Wirklichkeit außerhalb des Netzes zu stellen. Sherry Turkle, Professorin für Social Studies of Science and Technology am MIT, Roboterforscherin und ausgebildete Psychologin, beobachtete diese Entwicklungen in den frühen Neunzigern noch weitgehend wertfrei. Mittlerweile sieht sie die Entwicklung kritischer: Computer und ihre Programme dienen nicht den Menschen, sondern die Menschen richten ihr Leben nach den Angeboten und Funktionen der von ihnen geschaffenen Möglichkeiten aus. Sie rät zu einer besseren Kommunikation zwischen Digital Natives und Digital Immigrants, um diesen Trend wenn nicht aufzuhalten, so doch zumindest besser steuern zu lernen. Das hieße, Eltern und Kinder müssten beginnen, sich in ihren Fähigkeiten zu ergänzen, statt einander auszuschließen. Tatsächlich war es meine Tochter, die mir das erste Handy einrichtete, sie selbst besaß lange vor mir eines, behauptete, sie brauche es, um den Schulweg alleine wagen zu können. Nur wenn sie mit den Eltern verbunden sei, könne sie ihre Angst überwinden, lautete ihr Argument. Eine verlängerte Nabelschnur, das leuchtete ein. Mit ihr tauschte ich meine ersten SMS, sie erledigte meinen Einstieg bei Facebook, nachdem ich die Segnungen von MSM und Myspace übersprungen hatte, mich höchstens manchmal in den Rest eines Chats verirrte, den sie vergessen hatte, zu schließen, bevor sie den Computer verließ. Seltsame Kürzel und Gespräche waren da zu lesen:

> Kranführer says: (8:32:28 PM)
> du bist ein verräter
> Panther. says: (8:32:35 PM)
> weshalb
> Kranführer says: (8:32:56 PM)
> buttons
> Kranführer says: (8:34:09 PM)
> wasn scheiß
> Kranführer says: (8:34:17 PM)
> es gibt viel bessere anti emo lieder
> Kranführer says: (8:34:28 PM)
> und dieses »i must be emo« mein ich nicht
> Kranführer says: (8:34:48 PM)
> also
> Panther. says: (8:34:48 PM)
> hihi
> Kranführer says: (8:34:56 PM)
> was sagst du zu deinem verrat
> Panther. says: (8:34:57 PM)
> es ist hart kleiner emo
> Kranführer says: (8:34:59 PM)
> du reudiges etwas ß
> Kranführer says: (8:35:20 PM)
> sprichst du mich grad als emo an und denkst es macht mir was aus ? xD
> Panther. says: (8:35:26 PM)
> hihi

Hier wird kommuniziert, um im Gespräch zu bleiben. Das war mir bereits aufgefallen, als die Teenies noch telefonierten, um sich zu verabreden, aber nicht zu reden aufhörten, obwohl sie sich treffen würden. Während ich gelernt hatte, nur anzurufen, wenn es wichtige Mitteilungen auszutauschen galt und dann aufzulegen, wegen der Kosten. Das war vor den Flatrates. Diesem Bedürfnis, sich zu verbinden, können die Jugendlichen mittlerweile in Chats kostenfrei nachgehen und betrachtet man den Informationsgehalt des zitierten Gesprächs, handelt es sich nicht um Anstecker, die zu kaufen sind, sondern um einen Schlagabtausch, ein Herausmeißeln des jeweiligen Coolnessfaktors, der auf dem Schulhof Punkte bringt. Meist meidet man sich dort, weil man offline nicht dieselbe Schlagfertigkeit hat und sich nicht auf die Reaktionspause verlassen kann, die der Chat ermöglicht. Sprachlich interessanter sind die SMS, deren begrenzte Anzahl von Zeichen zur Reduktion des zu Sagenden zwingt. Im Französischen greift man auf Lautschrift zurück, um unnötige Buchstaben zu reduzieren, wie:

sa sre vremen tro
moi ossi jecoute du rap mai 1 peu du rok ossi
ba chaci c gou.

Das erinnert an Sprachspiele der literarischen Avantgarde, verwendet deren Regeln, wie etwa die Beschränkung des Sprachmaterials, den Rückgriff auf die gesprochene Sprache, und konzentriert sich in hoher Verdichtung auf das Wesentliche. Jennifer Egan widmet in ihrem jüngsten Roman eine in der nahen Zukunft stattfindende Episode mit dem Titel »Reine Sprache« der Idee, eine Sprache ohne Vorurteile und moralische Wertungen zu schaffen, die mittels SMS formuliert wird. Sogar einander gegenüber sitzende Menschen können sich einander besser verständlich machen, indem sie sich auf von allem unnötigen Ballast bereinigte Botschaften konzentrieren. Unter den Tisch fallen dabei außersprachliche Erkennungszeichen wie Mimik, Gestik, Tonfall, Berührungen, die in Gesprächen eine Verbindung ins Innere, in die Gefühlswelt des jeweiligen Sprechers herzustellen imstande sind. Hier setzen Sherry Turkles Reflexionen ein, die auf Interviews basieren, die sie mit Jugendlichen und Studierenden geführt hat: Die Verwendung von Handys und Computern, um ständig verbunden zu sein, bewirke eine Veränderung im Umgang mit Gefühlen. Diese werden, wie ein Mädchen es beschreibt, während des Simsens in der Absicht herausgebildet, sie und sich selbst weiterzureichen. Nachdem die Empfindung »gesendet« ist, bleibt die Unsicherheit des Wartens auf Antwort und die Angst, allein zu bleiben. Gefühle wirken zu lassen und zu reflektieren, wird vermieden. Emotionen werden, sobald sie aufsteigen, per SMS begleitet. Um sich selbst empfinden zu können, müssen die Jugendlichen *connected* sein; indem sie Gefühle teilen, entwickeln sie ein gemeinschaftliches Selbst. Deshalb wird auf Bahnhöfen, Flughäfen, in Kaufhäusern, Museen sofort geprüft, ob man an ein Netz angeschlossen ist. Auf diese Weise ermöglichen die Kommunikationstechnologien scheinbar einen Ersatz für zerfallende gesellschaftliche und familiäre Strukturen. Das Handy dient als Kleber. Die »Unterbrechung«, das »Getrenntsein«, das »Funkloch« wirft die Jugendlichen auf sich selbst und eine Wirklichkeit zurück, in der sie zunehmend Schwierigkeiten haben, alleine zurechtzukommen.

Was man sein möchte und was man ist, bildet sich – entwicklungspsychologisch gesehen – in der Reflexion heraus, die einerseits Zeit mit sich selbst erfordert und sich im Laufe von Gesprächen mit anderen formt, meint Turkle. Neuerdings werden Gefühle qua Kommunikation über die sozialen Medien erzeugt. Auf Facebook wird ein Impuls sprachlich ausgedrückt, mit anderen geteilt, in einer Form, die möglichst viel Zuspruch durch *Likes* und Kommentare finden soll. Jenes Feedback, das in vordigitalen Zeiten ein Gespräch mit Vertrauten über einen selbst lieferte, wird dadurch ersetzt und kann die Herausbildung von Identität nicht ausreichend befördern. Denn die Äußerung für das soziale Medium werde immer schon im Hinblick darauf kreiert, zu einer Persona zu passen, die online aufgebaut wurde. Der Vorteil gegenüber dem realen Leben ist, dass ein solches Image immer wieder korrigiert und verbessert werden kann. Die Timeline bei Facebook, die Möglichkeit, sein Profil neu zu definieren bzw. das, von dem der Nutzer andere glauben machen will, wer oder was er ist, mit dem Ziel, Anerkennung zu bekommen. Gesehen zu werden und Kommentare zu erhalten, bedeutet, dass man nicht alleine ist und dass die eigene Existenz anderen etwas bedeutet, wenn auch nur vorübergehend. Problematisch wird das, wenn die Blog-, Chat- oder Facebook-Persona wichtiger wird, als der Mensch, der sich dahinter verbirgt oder wenn sich die betreffende Person in der Vielfalt ihrer Selbstdarstellungen nicht mehr zurechtfindet. Körperliche Nähe kann auch durch Unterhaltungen via Skype bloß simuliert werden. Der Augenkontakt fehlt. Die übermittelten Bilder des Gegenüber sind immer leicht verschoben, die Verbindung ist mal besser, mal schlechter.

Während ich dies schreibe, kommt mir in den Sinn, dass ein Verhalten, das der vorangegangen Generation zunächst fremd war, immer schon verdammt und als schlechter Einfluss auf die nachkommende gewertet wurde und wird. Meine Eltern fühlten sich durch meine Lesewut gestört, die nicht in ihr Konzept eines »normalen« Kindes passte. Mutter schenkte mir Bücher, beschränkte deren Gebrauch jedoch auf zwei Stunden täglich. Das gemütliche Lesen in den Ferien wurde durch pädagogische Interventionen unterbrochen, in denen sie mich aufforderte, nach draußen zu gehen, Freundinnen zu treffen, mich zu bewegen, anstatt vor den Buchseiten zu kleben. Während ich studierte, begannen sich Kollegen in Befürworter und Gegner der Computer zu teilen. Eine Bedrohung von Literatur und Wissenschaft durch das Schreiben am Rechner wurde heraufbeschworen. Das Phänomen wiederholte sich mit der Verbreitung des Internets und setzt sich in dem Widerstand gegen E-Book und andere digitale Veröffentlichungsmöglichkeiten fort.

Es gibt Forschungen, die der Diagnose einer Vereinsamung durch das Netz widersprechen und besagen, dass sich ein in der Realwelt erprobtes Verhalten in der virtuellen Welt fortsetze, dass kommunikative Jugendliche auch über Facebook kommunikativer seien und dass Online-Schüchterne jenseits des Netzes sich dadurch nicht weniger schüchtern verhalten würden. Nerds werden nicht weniger Nerds, wenn man sie von Computern fernhält. Mein Programmiererfreund war vor seinem Kontakt mit der Internetwelt ein charmanter Mensch mit autistischem Einschlag und hatte Probleme, Gesichter wiederzuerkennen. Der Austausch mit Gleichgesinnten übers Netz, Freundschaften, die sich virtuell entwickelten, waren ihm soziales Leben genug. Nicht die in virtuellen Welten sich Bewegenden empfinden ein Ungenügen, sondern jene, die sich nicht ausschließlich darin aufhalten, vielleicht seine Frau, seine Kinder oder ich. Alle paar Jahre trifft sich seine Programmier-Community in der echten Welt und manche Freundschaften gehen in der Begegnung mit den wirklichen Menschen, die hinter den vertraut gewordenen Computer-Personae stehen, zu Bruch. Mein Programmierfreund ist erwachsen und hat sich seine Existenz über einen langen Zeitraum mit Rechner und World Wide Web aufgebaut. Nicht so die Kinder, die heute in frühem Alter mit Geräten konfrontiert werden, welche eine direkte Interaktion ersetzen. Schon als Babys müssen sie die Aufmerksamkeit der Eltern, nach der sie verlangen, mit einem Smartphone teilen. Diese Veränderung ist auf Spielplätzen und Spaziergängen offensichtlich.

Turkles Beschreibung einer flächendeckenden Nutzung von Kommunikationstechnologien durch amerikanische Jugendliche und Erwachsene ist erstaunlich. In Deutschland treten mit jeder technischen Neuerung immer auch kritische Stimmen und Verweigerer in Erscheinung. Die Technologiegläubigkeit ist nicht derart ausgeprägt, der Jugendschutz strenger. Der Favorisierung von interaktivem Spielzeug trifft hierzulande auf eine starke Fraktion für Holzbausteine mit bleifreier Lackierung. Bei meinen seltenen Besuchen, aus den USA kommend, wo ich meine Kinder aufzog, erschienen mir deutsche Spielzeugläden wie Kirchen der Vernunft. Keine *Laughing Ernies,* keine Tamagotchis, keine Furbys, denen amerikanische Kinder nicht entkommen konnten. Das Furby, ein kunstfelliges Kopfwesen, welches ununterbrochen Aufmerksamkeit und Betreuung einfordert, kam eines Tages als Geschenk in unsere Wohnung und begann, nach ein paar Stunden Faszination, zu nerven. Da wir nicht herausfanden, wie wir sein ständiges Gequengel abstellen konnten, versteckte ich Furby in einem Küchenschrank, aus dem es, wenn ich es bereits vergessen hatte, herausquäkte, sobald ich auf der Suche nach einem Topf die Tür öffnete: *Take me! Take me! Touch me! I am hungry!* Meine Tochter bekam Angst, sie fand diese Beharrlichkeit unheimlich. Auch der mechanische Weihnachtsmann, Geschenk der Babysitterin, der, wenn wir vorübergingen, tanzend sein inneres Tonband mit »*Jingle bell, jingle bell rocks*«, abspielte, wurde in die Rumpelkammer verbannt.

Konformitätsbereitschaft erweist sich in den USA schon beim Kino, wo familientaugliche Hollywoodfilme zur Unterhaltungspflicht werden, der nachzukommen hat, wer als Familie gelten will. Kinder aller Altersstufen werden in Vorstellungen geschleppt, wenn sie noch nicht einmal still sitzen können und sich vor allem für Süßigkeiten, Limonade und Popcorn interessieren. Sie müssen auf die Toilette oder wegen brutaler Filmszenen getröstet werden. Sie laufen im Kinosaal herum, weil sie den Dialogen nicht folgen können. Aber sowohl im Kino als auch beim Fernsehen sind die Eltern, die Freunde zumindest anwesend, können kommentieren, erklären und das Kind aus dem Raum führen, wenn es das Gezeigte nicht erträgt. Diese körperliche Nähe geht in den sozialen Medien verloren. Oder? Wer sagt, dass es gut ist, wenn Kinder alleine stundenlang fernsehen, facebooken oder am Computer spielen? Besser wären festgesetzte Zeiten am Rechner in Anwesenheit der Eltern – das würde den Gefahren der Nutzung des Netzes entgegensteuern.

Auch Computerwissenschaftler David Gelernter ermahnt, den Computergebrauch für eine gewisse Zeit auszusetzen, um die Kulturtechniken Lesen und Schreiben nicht völlig aufzugeben. Gelernter gilt als Vordenker des Internets, der mit *Mirror Worlds* zahlreiche Auswirkungen neuer Technologien antizipiert hat, nun aber zu einem vorsichtigeren Umgang und einer Stärkung alter Medien rät. Die Entwertung der Sprache müsse gestoppt werden, das Buch als Aufbewahrungsmedium für Wissen dürfe nicht verlorengehen. Ansetzen müsse diese Gegensteuerung bei Kindern und Jugendlichen, die durch das Lesen von Büchern lernen, sich Kenntnisse anzueignen und nicht zahllose Informationen in großer Geschwindigkeit an sich vorbeirasen zu lassen. Nur durch das Erfassen von Inhalten Zeile für Zeile, Seite für Seite, könne Wissen im Gehirn gespeichert werden. Selbständiges Denken, achtsames Erarbeiten auch komplexer Vorgänge würden durch Gewöhnung an Abläufe in Computerspielen gestört, da es dort keine Pausen, keine Zwischenzeiten geben darf, die die Kinder am Weiterklicken hindern würden. Langeweile, so Gelernter, fördere Kreativität. Gelangweilte Kinder und die Zeit, die sie benötigen, bis ungenützte Stunden in Produktivität übergehen, müssen Eltern aushalten und verantworten können. Selbst wenn die Kinder gegen ihren Widerstand dazu gebracht werden müssen, Ruhe in ihren Köpfen zu schaffen und der IPod Touch beim Schlafengehen aus dem Zimmer genommen werden muss.

In allen Einwänden geht es um Wahrnehmung, Bewegung und Denken, es geht um den Körper, der nicht abgekoppelt ist vom Denken, und der einen größeren Einfluss auf geistige Prozesse hat, als bis lang angenommen. Ich war lange überzeugte Bleistiftbenutzerin, weil die Handhabung des Stiftes etwas Körperliches und Feinmotorisches hatte. Das Schreiben war ein anderes. Nicht unbedingt besser. Man musste mehr gedankliche Vorarbeit leisten, um unnötige Schreibvorgänge, die fingertechnisch anstrengend gewesen wären, zu vermeiden. Den Einsatz der mechanischen Schreibmaschine fand ich wenig verlockend, eher meinem Rücken und den Hand- und Fingergelenken schadend. Die Computertasten waren eine Erleichterung. Aber ich schrieb weiterhin erste Textentwürfe mit Bleistift auf Papier, überarbeitete diese Versionen noch zwei- bis dreimal, bevor ich sie in den Computer tippte und meinte, die Zeit, die dieses Verfahren in Anspruch nahm, zum Denken zu benötigen. Erst bei einem Buch mit Recherchematerial begann ich, direkt in den Computer zu tippen und bin dabei geblieben, obwohl ich zahlreiche Ausdrucke brauche, um den Überblick zu behalten. Je mehr Text ohne Seitenumbruch fließt, desto mehr gehe ich in ihm unter. Dass mein Beruf durch die neuen Medien maßgeblicher Veränderung unterworfen sein würde, daran dachte ich nicht, bevor das E-Book und soziale Medien sich etabliert hatten. Inzwischen haben sich die Anforderungen verändert. Beim Konzept des »self publishing« z. B. hat der Autor mehrere Aufgaben zu erfüllen: Er produziert Texte, begründet seine eigene Marke, tritt als Partner eines Verlags sowie seiner Leser auf. Oder er wird gänzlich ersetzt: Der von Larry Birnbaum, Professor für Narrative Science, entwickelte Schreibroboter schafft es mittlerweile, die Arbeit eines Autors zu übernehmen und pro Woche über 10.000 journalistische Artikel zu erzeugen, wie Birnbaum bei einer Präsentation in Berlin kürzlich vorführte. So wie sich also der menschliche Autor neue Aufgaben suchen wird, werden sich auch die Rezeptionsweisen seiner Arbeit ändern. Wie diese Interaktion aussehen könnte, ist an Bob Steins Projekt einer »Social Reading Plattform« zu erahnen, in der sich Bücher für einen von Lesern erzeugten Polylog öffnen sollen. Der Gebrauch von Büchern ist dabei nutzergesteuert; gemeinsames Lesen ermögliche gemeinsames Denken, so Stein. Lesen bedeute nun nicht mehr, sich mit einem Objekt aus Papier in einer gemütlichen Ecke niederzulassen, einen Text von Anfang bis Ende durchzulesen, unansprechbar für seine Mitmenschen zu sein; nein, Lesen werde zum *skimming,* einem Überfliegen, Wesentliches heraushebend, Unwesentliches auslassend. Zwar stehe die gemeinsam besprochene Buchseite im Mittelpunkt, doch das Lesen erfolge wahlweise auf verschiedenen Ebenen als Kommunikation mit anderen Lesenden, als Austausch mit dem Lektor oder dem Autor. Mithilfe von Textstücken, Markierungen, Schlüsselworten und Wahlmöglichkeiten zwischen verschiedenen Kontaktebenen plus den Anmerkungen der Mitleser werde ein Text erschlossen, den man bisher auf sich allein gestellt verstehen musste.

Für diese Art Texte aufzunehmen sind Kinder heute besser vorbereitet als ihre Eltern, die mit Büchern als materiellen Objekten aufgewachsen sind. Meine Sorge ist nicht allein die eines Menschen, der Kinder erzieht, sondern betrifft meinen Beruf. Eine Generation, die kaum mehr liest und schreibt, sondern über das Netz kommuniziert und keine Zwischeninstanzen mehr braucht, wie sie die Berufe von Autoren, Lektoren, Verlegern, Buchhändlern heute noch darstellen, hebt deren Bedeutung auf. Im Zentrum einer derartigen Zukunft stehen dann nicht mehr Prozesse von Wahrnehmung, Reflexion, Systematisierung, Ordnung durch Schreiben, Veröffentlichung, Verbreitung, Verkauf, Lesen. Sondern es werden Phänomene im Netz wahrgenommen, Muster gebildet, und im selben Medium weitergegeben oder im Weitergeben gemeinsam entwickelt und so Wirklichkeit geschaffen. Die Leser sind Schreiber und die Schreiber sind Leser. Mein Dilemma ist: Ich bin eine technikaffine Person, gewesener Neuromancer-Fan, Avantgarde-sozialisiert und verstand meine Haltung auch als Abgrenzung zu vorangegangenen Künstlergenerationen. Die Avantgarde hat die Veränderungen der Konzepte von Autor und Text theoretisch antizipiert; mit der Entwicklung neuer Medien erodiert die bislang unangreifbare Festung der Autorschaft tatsächlich, der Text ist offen, wird sozial und interaktiv. Eine künstlerische Arbeit, die ich in meiner Studienzeit bewunderte, war ein fotografisches Tagebuch, das auf täglich zur selben Zeit am selben Ort gemachten Selbstporträts basierte. Etwas Ähnliches realisiert mein Sohn nebenbei mit seinem IPod Touch. Bevor er zur Schule aufbricht, hält er den Gesichtsausdruck des Tages fest, indem er ein Porträt von sich schießt und mir nach einem Monat seine Sammlung im Zeitraffer zeigt, ohne dem Vorgang besondere Bedeutung zu geben. Welches der beiden Projekte ist künstlerisch wertvoller? Und welchen Wert sähe mein Sohn darin, würde er jenes Kunstwerk heute betrachten? Nicht mehr als einen Verweis auf die App an seinem Gerät, vermutlich. Warum sollte er auch? Für die damaligen technischen Möglichkeiten war das tägliche Festhalten des eigenen Gesichts mit einem gewissen Aufwand verbunden. Für die heutigen nicht mehr.

Kinder sollten beides haben: Exzellente Fähigkeiten sich zu konzentrieren, sensible Wahrnehmungsinstrumente, Neugier auf ihre Umgebung und menschlichen Umgang, sie sollten gut formulieren und argumentieren können; sie sollten sich im Lesen Wissen aneignen oder zumindest Spaß daran haben. UND sie sollten mit neuen Technologien umgehen können und diese zur Erweiterung ihrer Wahrnehmungs- und Ausdrucksmöglichkeiten nutzen. Ich wünsche mir, dass sie dieselben Instrumentarien zur Verfügung haben wie ich und dennoch stärker in die Zukunft gerichtet sind, als ich es sein kann. Wenn Kinder eine fremde Umgebung am liebsten über den Bildschirm des IPod Touch und des Laptops wahrnehmen möchten, sind die Eindrücke zu stark, lassen sich nicht einfach ordnen oder abschalten und keinen Wechsel in ein anderes Realitäts-Setting zu. Dann reiße ich sie heraus, überrede sie zu Spaziergängen, zu Berührungen. Sie sind froh darum. Bei anderen Gelegenheiten reißen sie mich hinein in ihre Welt. Auf der »Social Reading Platform« lesen wir ihre Lieblingsbücher gemeinsam. Ich erzähle ihnen von den komplizierten Familienverhältnissen der griechischen Götter, nachdem wir im Film *Percy Jackson* eine Teenagerversion des Helden Perseus erlebt haben.

Eine Lösung sehe ich im ständigen Ringen um Kompromisse. Gegenseitige Teil- und Rücksichtnahme, Beschränkung, Kontrolle, Training von Körper und Wahrnehmung. Die Rückeroberung der Aufmerksamkeit. Eltern müssen mit vollem Einsatz dabei sein, die Betreuung ihrer Kinder nicht den Apparaten zu überlassen. Die Türen zu den mit Fernsehern und elektronischen Geräten versehenen Kinderzimmern sollten die Eltern nicht schließen, sondern anklopfen und sich von den Bildschirmwelten erzählen lassen. Jetzt lerne ich das verdammte Gott-Spiel von meinem Sohn.

Und ich

Die Heimat ist eine Karte.
Grieskirchen und Schlüßlberg aus der Erinnerung

Es gibt diese Schreckensvorstellung im Traum oft, aber auch in der Wirklichkeit, dass man an einen Ort zurückkehrt, den man einmal gut gekannt hat und der sich in der Zwischenzeit verändert hat, sodass man ihn nun kaum wiedererkennen kann, oder schlimmer noch, dass man von ihm und ihnen, den Anwohnern, nicht wiedererkannt wird. Zahlreiche Sagen und Märchen nähren sich von diesem Stoff. Der kurze Besuch in einer fremden Welt verursacht einen Zeitsprung in der vertrauten, 100 Jahre sind vergangen, wo man doch glaubte, man wäre nur eine Nacht fort gewesen. Die Neugierde, welche den Helden festhielt jenseits der Grenzen des Vertrauten, rächt sich.

Nun, Ende der 1980er-Jahre, trage ich dieselbe Mode wie damals, als ich noch dort lebte: abgeschnittene Jeans, eine leichte bunte Bluse, die Haare mit Stirnfransen, dicke Sohlen auch an den Sandalen. So gekleidet kehre ich nach Oberösterreich zurück.

Manchmal, wenn ich versuche, einen dieser Hänge zu besteigen, mich bücke, um eine am Boden liegende halbreife Birne aufzuheben, mich wende für einen Griff in die dunklen Brombeeren, manchmal wird mir schwarz vor den Augen in der Begierde alles schön zu finden, zu genießen, was einmal Schmerz verursachte, unbeteiligt die Wiese und den Wald zu begehen, wohin ich früher meine Verzweiflung über die Unausweichlichkeit eines festgelegten Ortes getragen hatte, mit dem mein Schicksal beschlossen schien. Vielleicht ist es diese Dunkelheit, die unsichtbar, aber doch zu spüren über all der Pracht liegt von Kirschen und Grün und Mostkrügen und Gelb, eine dunkle Strömung, die nur den Tod als Ausweg bot, oder aber eben die Flucht. Ich bin mir fast sicher, dass ich da hineingeboren wurde aus dem einzigen Grund, um einmal fortzugehen. Über allem liegt ein dichter Schleier, das Abgesenkte der Erinnerung, das unvergesslich Geschehene befällt mich, auch wenn es scheint, im ersten Anblick, als wäre alles gleich geblieben. Vielleicht verursacht gerade dieser Glauben den Schwindel, da die Gewissheit des Unabänderlichen sich mit den kleinen halb übersehenen Wegzeichen kreuzt, welche nun tatsächlich anders dastehen. In diesem Übersehen vielleicht entsteht die Irritation des Auges. Aber die Luft – warum drückt etwas auf die Lungen, was das Gehen schwer macht und damit gleichzeitig das Denken? Welche Last steigt in den Körper und verunmöglicht ihm die freie Bewegung?

Es ist ein Tag im Mai und Pflanzen nützen die Sonne, die Blüten brechen auf, die Triebe bohren sich durch die Kruste der Erde. Das Dottergelb des Löwenzahns, das Sanftweiß der Apfelblüten, das milde Gesicht der Margariten, die kräftigen Striche der Gräser, all das verdunkelt sich, als ob sich der Himmel schließen würde zu einer Kuppel und keinen mehr davonließe. Die Verengung des Möglichen, das Abhängigsein von den Launen der Natur, die Beschränktheit der Wege nach draußen ist, was den Sesshaften auferlegt wird. Und sie tragen es fröhlich. Die Leute sind wie das Fernsehen geworden, sagt jemand, und schaltet das Fernsehen ein. Statt gemeinsam das Heu einzuholen, sitzen sie heute vor den Röhren. Zuerst warfen die Frauen ihre Trachten fort und kauften synthetische Kleider. Später kam die Zeit der Besinnung. Jemand schlug die Rückkehr zu den Bräuchen vor. Aus den Dachböden holten sie die Truhen, sie trafen sich, stickten Goldhauben und nähten neue Dirndlkleider. Die Männer mit den Hirschknöpfen gibt es wieder. Sie kämpfen, um ihren Besitz zu retten, zwei Maibäume in jedem Dorf. Sie pflegen das Brauchtum des Streits, wenn zwei Parteien regieren, Rot und Schwarz in Österreich. Zum Beispiel: Wer hat den besseren Baum, wem gehört der höchste Kranz, der an diesem Pfahl hängt, wo sich die Burschen früher bewiesen, indem sie um die Wette versuchten, den nackten Stamm zu erklettern. Früher ein Kult der Fruchtbarkeit, heute das simple Spiel der Parteien auf dem Dorfplatz, wo Eigentum gestört und Unordnung vor Gericht gebracht wird. Alles ist geteilt, die Feste, die Gasthäuser, die Männer, die Frauen. Rot oder Schwarz ist die Entscheidung am Anfang jener Welt.

Den Wiesenweg entlang über die Brücke, und dann der Fluss, Gebiet der Mücken, bis zur Autostraße, und dann der Teich, ein langer Weg zu Fuß ins Dorf, um einkaufen zu gehen, Brot zu holen oder Fleisch. Da war ein einziges Geschäft am Dorfplatz. Öffnete man die Türe, warteten die Leute drinnen geduldig, ihre Geldbörsen in der Hand, Frauen, natürlich die Frauen, kaum ein Mann. Es gab hier alles, woran ich nur denken konnte, damals, und damals dachte ich nicht weit. Zucker war Zucker damals, Nudeln Nudeln, eine Sorte bloß, Brot war Brot, entweder dunkel oder hell. Gemüse wurde im Garten gezogen, Milch und Eier vom nahen Bauern gekauft. Was brauchte man schon? Nähseide, Stoffe für Schürzen, Holzschlapfen, Geschenkpapier. Die Frauen übergaben dem Kaufmann ihre Einkaufszettel und sie konnten sich unterhalten. Es war die Aufgabe des Mannes, die verschiedenen Posten abzuwägen und am Ladentisch aufzutürmen, der Kaufmann immer mit dem Bleistift hinterm Ohr. Jede Kundin war wichtig, auch wenn manchmal das Geld in ihren Börsen fehlte, um zu bezahlen, besonders zu Ende des Monats. Dafür gab es das größte Buch, man konnte »anschreiben lassen«, und irgendwann seine Schulden begleichen. Und jede konnte es hören im Geschäft, wer Geld hatte oder keins. Keine Geheimnisse in einem Dorf wie diesem, wo alle aus den Fenstern sehen, während des Tages und sich grüßen. Kein Fremder passiert die Wege ungesehen, neugierige Augen, hinter jedem Fenster und Balkon wartet jemand ihn wahrzunehmen. Bezüge werden geschaffen, endlos, wer mit wem und wann, wie lange bekannt, Verwandtschaft, endloser Versuch zu ordnen, nicht um zu verstehen, aber abzuschließen das System der Welt, die Vorstellung davon, sobald etwas Fremdes störte.

Und das Geschäft des Kaufmanns mit dem Bleistift hinterm Ohr braucht längst keiner mehr, nachdem die Kaufhallen und Einkaufszentren an den nun breiteren Straßen errichtet worden waren und fast alle ein Auto fahren, um es zu beladen mit fünf Sorten Zucker, Mineralwasser, Kinderfahrrädern, Hausschuhen und Damenblusen. Statt des großen Buches zum Verzeichnis der Schulden steckt jedem eine Plastikkarte in der Tasche. Geld fließt von irgendwoher, irgendwohin, Hauptsache man bemerkt das nicht.

Vorbei die Sonntage mit Schaumrollen und verlorenen Trachtenhüten, vorbei die Sommer mit vollgestopften Heustadeln und den Schürzenkleidern und Barfußgehen, vorbei, ich bin hoffnungslos verdorben. Die einzige Wurzel, die mir blieb, sind die Geleise, die Eisenbahn, das Fahren.

Was stört mich an dieser Landschaft, die ich gleichzeitig so schön finde, meine Herzenslandschaft, wie ich immer wieder erkläre, sobald ich mich anderswo befinde. Sind mir diese Hügel zu vertraut, zu sehr gekennzeichnet von den Marken des Mutterlandes, zu viel Erde? Vielleicht ist es eine Erinnerung an die ewige Schuld, die dieses Land uns mitgab. Wir kamen zur Welt mit Schuld beladen, so sagte der Pfarrer sonntags, unser Aufderweltsein war unsere Schuld, die war abzutragen nur durch Arbeit und das Einhalten der Regeln, hieß es, doch man kam niemals frei. Immer blieb ein dicker Strich unter der Rechnung, der sich ins Gewissen schob, noch nicht, noch nicht. Niemals kam man wirklich auf die Welt, niemals ganz, immer zur Hälfte vergraben in dieser Erde, die einen tiefer und tiefer einsaugte. So war dann das Zurückkehren für ein paar Tage und das Gehen wieder voll Schuld, da man ja ein Gebiet betrat, welches zu bearbeiten dalag und nicht zu Gefallen denjenigen, die nicht arbeiteten. Solche waren wir, die wir fortgegangen waren. Wir drückten uns. Indem wir in die Stadt flohen, machten wir uns ein leichtes Leben. Indem wir davon sprachen, machten wir alles schlecht. Was wir auch erbrachten an Tüchtigkeit, zählte im Dorf nicht, sodass wir selbst uns verloren zwischen jener fremden anderen Welt, welche unsere geworden, wo wir also nicht herkamen, und der einen und einzigen der Herkunft, welche wir verließen und die wir, jedesmal kleiner geworden, aufsuchten mit dünnen Stimmen und schwächlichen Knien. Das waren wir, die Versager, die es zu nichts brachten, und wir spürten die Gnade bei jedem Schritt über den Feldweg, hindurch zwischen den Ähren und liegend am Hang nach den Riesengläsern voll Most inmitten der Wespen, spürten wir, dass unsere Näherung vergebens gewesen war. Das Nachmachen des Kindseins genügte nicht und ansonsten hatten wir hier nichts verloren. Wir waren Söhne und Töchter unserer Eltern, aber keine Kinder mehr, wir waren keine Eltern, wer waren wir? Schuldbeladene, vom rechten Weg Abgekommene, potenzielle Verbrecher, eine Drohung gegen die Ordnung. Der Wechsel des Gebiets, welches allen genügt, wird von den Genügsamen mit harten Worten für die Ausbrecher bestraft.

Und ich frage mich, immer noch, wie macht man das? Es nicht zu sehen. Ich war zum Fluss gekommen, kurz vor der Veränderung des Lichts am Abend, und setzte mich auf die moosbewachsenen Stufen, die zum Wasser hinunterführten, blickte in die Wirbel, in das bewegte Wasser, um mit diesem Fließen auch irgendetwas in meinem Kopf in Gang zu setzen oder zu beruhigen, Gedanken, Blick. Plötzlich schwillt der Fluss an, es ist wie Flut, wie geht das, manchmal schon hatte ich von einer Vergrößerung der Wasseroberfläche geträumt, dass der Fluss aus seinem Bett stiege und die Wiesen überschwemmte. Vielleicht eine Erinnerung an tatsächlich stattgefundene Hochwasser? Der Fluss wird zum Meer in meinem Traum und ich fliehe, um nicht unterzugehen, die Böschung hinauf. Gerade wird es dunkler, das Haus meiner Eltern ist nahe, die Umgebung jedoch verändert, dicke Wolken Rauchs steigen auf und verdunkeln den Himmel noch schneller. Das Rundherum ist verbaut von bienenwabenartigen Hochhäusern, man blickt weit über die fast futuristischen Anlagen. Etwas steht in Flammen. Ich frage einen der Zuseher, die sich vor dem Schauspiel versammelt haben, was geschehen sei. Er dreht sich um, ein junger Mann, ich meine ihn zu kennen und erschrecke, als ich bemerke, dass es mein toter Kusin ist, der nicht spricht, aber mich ernst anblickt. Neben ihm eine weitere Tote, Jugendfreundin, die mir von ihrem früheren Leben zu erzählen beginnt, mich nicht loslässt. Ich treffe immer mehr der durch Unglücksfälle, Selbstmord oder Krankheit Gestorbenen. Ich will nicht, denn ich will nicht gestorben sein und laufe ins Haus zu den Eltern voll Angst und verlange von ihnen, dass sie mir erklären, was das bedeute und wie ich die Erscheinung zum Verschwinden bringen kann. Aber auch drinnen, im Haus, öffnen sich die Schränke und Körper von Toten quellen heraus, ansteigende Flut, wie der Fluss, an dem ich vorher saß. Doch mein Vater kann nichts sehen, er sieht nicht, was ich sehe, er sieht gar nichts, nichts, nur mich, das Zimmer, die Möbel, die Mutter. Er sieht es nicht, und auch die Mutter sieht es nicht. Ich allein schaue also in jene unsichtbare Welt. Meine Türen sind geöffnet. Ich habe Angst, erwache. Vielleicht ist es, weil sie immer an ihrem Ort leben, dass sie nichts sehen, denke ich später. Immer am selben Ort und die Menschen verschwinden, sind vergessen, während ich eine Art Gleichzeitigkeit erlebe, wenn ich die Orte der Herkunft aufsuche.

Und das Heimweh? Was für ein Gefühl wäre es und wonach ginge diese Sehnsucht? Ist es die Trauer um geordnete Verhältnisse, verbunden dem Bild einer bestimmten Landschaft, eines bestimmten Ortes? Eine Erinnerung an das Geborgensein des Kindes, welche sich bei genauerer Betrachtung als brüchig herausstellt?

Heimweh ist, bei entsprechender Gewöhnung, ein gemischtes Gefühl. Unterwegssein auf Reisen ist anstrengend, unsicher, gleichzeitig aufregend und erhebend. In schwachen Momenten schwindet jene Faszination des Fortseins fast und beschwört das Vergangenheitsbild des Herkommens. Wer an verschiedenen Orten gelebt hat, kennt also verschiedene Arten des Heimwehs. Oder gibt dieses Gefühl einmal gänzlich auf, ersetzt es durch eine unbestimmte Sehnsucht, sich dorthin zu wünschen, wo man gerade nicht ist.

Selten aber wünscht man sich an Orte zurück, an denen Schreckliches passierte. Meist findet man im ersten Ansatz des Erinnerns an Orte und Reisen auch nur das Angenehme, vertraut Gebliebene. Bohrt man länger nach und tiefer, zerfällt das schöne Bild bald in seine weniger schönen Teile.

Ich sehne mich nach dem Salzgeruch in der Luft an der Atlantikküste Portugals und vergesse die schimmeligen Wände, die feuchten Decken im Hotel.

Ich sehne mich nach der Geschäftigkeit, Vielstimmigkeit eines Bazars in Fez und vergesse die Männer, die sich mir in den Weg stellen, mich bedrängen.

Ich sehne mich nach einem Kaffeehaus in Wien und vergesse die dumpfe Trägheit draußen, welche mir die Brust schnürt.

Jedes Weh nach einem Ort idealisiert ihn so sehr, dass ein Sich-Wiederfinden dort kaum jenem Gefühl gleichkommt.

Der abgerissene zuckende Schwanz der Eidechse hing in der Luft an deiner Hand, während das Tier sich eilig in sein Loch zurückzog. Du starrtest mich an und ich starrte dich an, wir warteten, während der Körperteil in seiner Bewegung fortfuhr, hatten wir getötet? Du ließt es fallen, und wir rannten davon, hinter uns die Baugeräusche, Eltern, Onkel zogen eine Mauer auf, ein neues Haus, wir verließen das Grundstück und die Drohung eines kleinen schimmernden Tieres, setzten uns ins Gras. Steckten saure Blätter in den Mund, getrauten uns kaum zu kauen, in Gedanken zermalmten wir die schlüpfrige Bewegung, den Glanz jener Haut und voll Ekel hielten wir inne, wir aßen keine Blätter mehr an diesem Tag.

Heimat, die Heimat, die Heimat, engere Heimat, die weitere, ich wiederhole das Wort und weiß nicht mehr, was es bedeutet. Am Bahnhof die Karte des Landes mit Zeichen versehen, die wir versuchen zu entziffern, einmal rot und einmal grün.

Die Heimat, das waren verschiedene Punkte, die Dörfer und von jedem Punkt aus eine Linie in das nächste größere, und von diesem größeren die Verbindung in die Stadt. Dazwischen keine Linien, kein Grund, den Hügel zu überqueren, zum Besuch des nächsten Dorfes. Als ich in die größere Stadt zur Schule fuhr, gingen die Insassen der Züge und Busse aus jeweils verschiedenen Richtungen in Gruppen, minutenweise zeitversetzt, zu den Schulen, sie mischten sich kaum, behielten sogar hier ihre vorgegebene geografische Bestimmung bei.

So kam es, dass ich erst in der ganz großen Stadt meine Freundin kennenlernte, die vier Kilometer von mir, bloß getrennt durch einen Hügel, aufgewachsen war. Dort erst trafen wir uns und waren uns nah, da wir in der Fremde waren.

Die Fleischpalmen im Bahnhofsrestaurant, das Stickgerüst, die künstlichen Holzbehälter für Suppenwürze, Salz und Pfeffer, Zahnstocher. Die Fenster geschützt durch ein Baumwollacrylgemisch in braunen Farbtönen. Ich sitze auf Holz, das in feinen Scheiben übers Plastik geklebt ist und die Polster unverrückbar. Neben mir schmiedeeiserne Haken und die Traurigkeit des stehengebliebenen Rauchs im Raum. Bier auf Pappkartondeckeln und all das, bemüht, eine freundliche Umgebung zu erzeugen. Das Dumpfe hat seinen Ursprung in der Ereignislosigkeit. Die Löcher senken sich mit Schwere, sodass man vergisst, dass es außerhalb jener Räume auch noch Welt gibt. Erschlagene Vielfalt, erschlagenes Denken der Vielfalt, die Vorstellbarkeit schwindet, denn die Zeitung ist die Zeitung, nicht die Welt.

Ausländer besuchen das Bahnhofsrestaurant, und manche echte Reisende, andere, die den nächsten Zug gern versäumen und nicht einmal das, sondern es ist vollkommen belanglos, ob sie irgendwo hinkommen heute Nacht, oder nicht. Randexistenzen sitzen hier und gelangweilte Anwohner, die die längeren Öffnungszeiten schätzen und das Gefühl, gemeinsam mit denen zu trinken, die nicht so verwurzelt sind, die ihren Ort wechseln.

Nun aber zu den Geschichten. Wenn ich frage, warum ich mich immer bewege, kann ich nur sagen, dass es immer so war. Noch die Milch war zu holen über einen längeren Weg und ich trug ein Netz, in dem die Flaschen gegeneinander schlugen, die Lebensmittel waren zu holen über einen längeren Weg mit dem Fahrrad und die Kirschen waren zu holen von den Bauern der Umgebung und die Eicheln zu bringen in den Wald im Winter für die Tiere.

Wir – die Fahrschüler – standen mit unseren Schultaschen am Rücken bereit zur Abfahrt – die kleine Bahnstation war gelb bemalt – damals – wir nannten sie Haltestelle und aus einem langen Automatenrechteck an der Wand kam Schokolade verpackt in Stanniol. Mein Großvater wachte über das Öffnen und Schließen der Schranken. Wir standen und warteten, eine aufgebrachte Horde auf den Pfiff des Bändigers, Stationsvorstandes mit der roten Fahne in der Hand. Mit dem Ruf »Der Zug kommt«, mit einem Klingeln und Aufleuchten von roten, grünen Lämpchen auf einer alten Apparatur trieb er uns zusammen auf den richtigen Bahnsteig. Die alte Kurbel bewegte die Schranken, das Verbot, und Drähte führten zu einer Schranke, weiter entfernt, die ächzte und knarrte, so spürten wir die Verbindung zu einem anderen Ort, und die Ankunft des Zuges war jedesmal eine Sensation. Welche Lokomotive würde uns fahren durch das Eis, Dampfroß oder Krokodil, schwarz, rot oder grün, sagten wir voraus, als wir in den Himmel starrten, voll Schneeflocken, welche weiß auf unsere Augen zufielen aus dem dunkleren Grau, das war Unendlichkeit. Wenn der Zug hielt, gab es die Schlacht ums Einsteigen, Erklettern der Stufen der Waggons und einmal schaffte ich es nicht und lag zwischen den Rädern, konnte mich nicht mehr befreien, auch vor Angst erstarrt, als ich den Pfiff hörte, der die Abfahrt freigab. Im letzten Moment rief dann einer, niemand sonst hatte bemerkt, dass ich verschwunden war in dem schmalen Raum zwischen Bahnsteigrand und Geleisen. Man zog mich heraus, ich schwankte auf den geretteten Beinen, denn etwas war ernst gewesen an der Verzweiflung da unten eingeklemmt, ich sah das Ende meines Lebens und hatte geschwiegen. Später einmal stoppte der Zug plötzlich an einem Übergang mit Schranken im Nebel, kreischende Stimmen und als wir aus dem Fenster sahen, war Feuer vor uns. Jemand rief, schnell, hinaus, wir sprangen tief hinunter über das Geröll neben die Geleise, standen herum, weiterhin Schreien, Geheul, etwas brannte da vorn, und wir gingen nicht hin aus Angst, standen im Schnee mit dicken Flocken auf unseren Hauben, denn das war geschehen, wie man uns sagte, ein Auto war in den Zug gefahren, das Auto mit den Kindern, die nun vor uns verbrannten. Der Unfall, das Schreien und schweigender Schneefall, die Kinder, Kinder wie wir, das war der Tod, die Unabänderlichkeit. Wir bestiegen den Zug wieder, der weiterfuhr, wir kamen zu spät in die Schule, verfroren und achteten nicht auf die vor Schreck geweiteten Augen der Lehrerin. Sie war uns peinlich, da wir nun erfahren waren.

Über dem Stadttor, wenn wir durchgehen, lauert ein Stern hinter den Steinen, jedesmal eine neue Geschichte. So lernten wir die Vergangenheit. Das Gemäuer überlieferte uns Grausamkeit. In jenem Schloss lagen die Knochen einer Frau, lebendig begraben hinter Ziegeln, und das Loch über jenem Tor benutzte der Teufel als Aus- und Eingang, peinigte die Stadt, bis man heimlich den Stern über der Öffnung befestigte, der ihn bannte und für immer zurückhielt. Die Vorstellung einer zusammengeduckt sitzenden Gefahr im winzigen Raum hinter dem Stern aus Gold fiel uns schwer, der Teufel hatte feste Gestalt, wir hatten Bilder gesehen und was uns gruseln machte, war, dass das Böse so nahe war und vielleicht, wer weiß, eines Tages doch ausbrach aus seinem Gefängnis, eine undichte Stelle entdeckte und sich endlich auch uns zeigte. Ein wenig vernachlässigt fühlten wir uns, dass jene konkreten Bedrohungen nie uns zuteil geworden waren, dass wir immer nur davon hörten, glauben sollten und sie nie, niemals zu Gesicht bekamen. Also hofften wir nahe den Wäldern und Kapellen, dass die unsichtbaren Begleiter irgendwann ihr Schweigen brächen. So stellten wir uns das Religiöse als eine plötzliche Offenbarung der Bilder vor, ein Vertrauen ins Wunderbare und den Nebenbezirk der Einbildung. Der Schwibbogen, so nannte man das Tor, und ein Weg, der zur Kapelle führte. Dort Blumen ordnend, die gealterten Farben der Bilder und die Hände nicht gefaltet, sondern mit den Gitterstäben und dem Wasser spielend. In Zukunft würde geschehen, was uns Kindern noch verwehrt war: Erwachen, Aufbruch.

Das Süßliche, ein Kindergrab, verschlungenes schwarzes Eisen, Kunst und Gutsein, aus dem Abfall rissen wir die Blumen, halbverwelkt, welche wir über die verlassenen Gräber verteilten, schwache Inbrunst auf falschem Gebiet. Der Friedhof ist keine Gegend für Kinder, doch uns trieb es hin, die Handgriffe zu tun, um ein Gedenken zu pflegen. Wir wählten einen kahlen Hügel, ein graues Holzkreuz zu unserer Sorge, in den Behältern lagen vertrocknete Kränze, Inschriften verdorben und blass, die wir verwerteten für die Ehrung einer kleinen Leiche. Ein Wassergrab umgaben wir mit Pflanzen, rochen die geweihten Kräuter, hielten uns an der Hand vor Staunen, wenn wir die Halle passierten, wo die Leichen ausgestellt lagen. Vor dem Weg zum Bahnhof ergründeten wir den Tod, der lagerte auf einer Bahre und war stumm. Einmal klebten die Nasenflügel des alten Mannes aneinander, als wäre er bei zu heftigem Einatmen gestorben, und ich dachte daher, dass der Tod ein Schließen des Körpers sei, der keine Luft mehr einließ, so viel man sich auch bemühte. Dann wieder lag ein Kind in einer Krippe aus Heu und war eine Puppe und wir besahen lange diesen Körper und begriffen nicht den Tod. Es roch nach Chloroform. Oft erwarteten wir eine Bewegung, solange wir im Raum waren, es sollte doch nicht wahr sein, dieses Ende und Aufhören von Atemzügen. Man durfte die Leichen nicht anrühren, doch wir hätten sie gerne geschüttelt, wieder erweckt ins Leben, in der Gewissheit, dass es unrecht sei, dass es den Tod, die Zerstörung gäbe. Das System der Welt, wie man es uns erklärt hatte, konnte so nicht in Ordnung sein. Ich erinnere mich an die Verstörtheit, welche mich befiel, als ich bemerkte, dass unter unserem Kindergarten noch ein weiteres Leben bestand. Im Keller wurde das Fleisch des Ortes gefroren und die Jagdbeute. Ich saß vor dem kleinen Fenster, sah die Tierhälften hängen, sich bewegen, und mit diesem Erkennen des Rohen war das Vertrauen in die obere Welt verloren. Es gab also ein Ende. Die Tiere veränderten sich, wurden zerschnitten, und uns hatte man erzählt von Aufwachsen, Größerwerden, einer ständig sich verbessernden Entwicklung. Auch ich würde einmal auf einem jener Fotos abgebildet sein, als Frau im weißen Kleid mit einem Mann an der Seite, versprach man, und in meinem Kinderbikini fühlte ich den Moment nah. Man musste nichts tun, alles würde so geschehen. Nun aber vor diesen Fleischstücken spürte ich den Verrat des Lebens an uns. Die Gänge zum Friedhof später, waren getragen vom Gedanken freundlich zum Tod zu sein, ihn zu sehen, aber bloß um ihn zu überreden, uns zu verschonen. Wir pflegten mit dem Grab unser vorweggenommenes Sterben.

Das Profane war rund, war ein Schilling, den man zum Bäcker trug, um Süßes zu kaufen, ein paar Stufen stieg man hinauf zur Türe, welche ein Klingeln hervorrief beim Öffnen. Auch die Bäckerin sah so aus wie die Vielfalt von Bonbons, Kaugummis oder Gegenständen aus süßer Masse und Eis. Blond gefärbte Locken, rosa Gesicht, roter Mund, weich, doch schimpfen konnte sie, wenn die Kinder sich vor der Ladentheke drängten und jeder wollte zuerst an die Ware seines Wunsches. Doch wer über jene runde Münze nicht verfügte, durfte bloß draußen vor den Stufen warten oder den Käufer und seinen Schatz begleiten, hoffen, dass im Nebeneinanderhergehen etwas abfiel für einen weiteren, sehr gierigen und immer gieriger werdenden Mund. Verzicht war schwer erlernt und wer konnte, versuchte Münzen zu erwerben, am Bahnhof, wo alles zusammenlief, geschah und möglich wurde. Züge kamen an mit Menschen aus dem Ausland, welche Koffer trugen, und da boten wir uns an, das Gepäck bis zum Bus zu tragen, oft ohne Erfolg, da wir in Horden auf die Reisenden zustürzten, ihnen die Koffer fast entrissen und die nicht ahnend, dass der Weg ganz kurz war, ihn uns schließlich überließen. Also stolperte einer über die Geleise, denn für seine Arme war jede Last zu schwer, verfolgt von den anderen erfolglos Gebliebenen, denen der überforderte Besitzer des Gepäcks ganz schnell eine Münze gab, um die Bande loszuwerden. Dann erst fing der Streit an, Gemeinheiten, leer Ausgegangene. Ich heulte vor Wut, da ich auf ungerechte Weise um den Zitroneneislutscher gekommen war und um alles auf der Welt, ohne das Rund zwischen den schwitzenden Händen, und weil ich nicht zu den ewig Brause auflösenden Kindern am Fluß gehörte.

Wir Fahrschüler gingen zur Schule in die alte Sparkasse und waren stolz darauf, so weit entfernt von den andern Schülern zu sein. Die Brauerei war neben uns und wehte manchmal den Geruch von Hopfenmaische unangenehm herein, aus einer Welt, deren Bedarf uns unerklärlich war, Männer und Bier, während wir Milch aus kleinen Flaschen mit dem Strohhalm tranken. In den Garderoben bereiteten wir uns aufs Krippenspiel vor, wenn Weihnachten sich näherte, die Kostüme brachten wir von zuhause mit. Meist sollte ich die Jungfrau Maria sein, weil mein langes Haar das schönste war, was anscheinend als wichtigstes Attribut der Rolle galt. Einmal gab es Streit um die Wahl des Kleides, ein Mädchen hatte das goldene Abendkleid ihrer Mutter samt Schleppe in die Schule getragen und ein anderes das blaue Tuch, welches sich die Bauern umbanden, bevor sie in den Stall gingen, um zu arbeiten. Obwohl ich das goldene

Kleid lieber angezogen hätte, verteidigte ich den armseligen blauen Stoff, ich fand es unerhört, die Geschichte von armen Leuten auf der Flucht durch ein so wertvolles Kleid zu entstellen.

Hinter den hohen weißen Flügeltüren, die während des Unterrichts geschlossen wurden, erträumte ich damals schon, Volksschülerin, den besonderen Mann, der bald anklopfen, mich aufrufen und allein mich aus der Klasse fortführen würde. Ich fühlte mich – und wahrscheinlich taten das alle heimlich – zu erwachsen für dieses Mädchenleben, das man uns anmaßte zu ertragen. Nur Schifahrer, Sänger und Präsidentensöhne kamen für eine derartigen Entführung in Frage.

In den Mittagspausen, in denen wir Fahrschüler nicht nach Hause konnten, kämpften wir in einzelnen Parteien, die sich, so schnell sie sich bildeten, auch wieder auflösten und neu formierten. Es konnte passieren, dass wir ein paar Tage, nachdem wir uns in erbitterter Feindschaft die Gesichter zerkratzt hatten, wieder besonders vertraut waren, wenn wir gemeinsam die Türe zum Dachboden des alten Gebäudes öffneten. Heimlich, denn es war nicht erlaubt, die Eisentür knarrte und einer musste immer Schmiere stehen, während die anderen sich die Treppe hochschlichen. Immer wieder war es ein faszinierender Ausbruch aus dem normalen Leben, diese Gänge in die verschiedenen Dachböden von Bauernhöfen, Familienhäusern und dann die Sparkasse, die eine besondere Geschichte bot, denn dort war die Vergangenheit des Hauses und auch der Stadt gelagert. Wir – immer auf der Suche nach einem Schatz – öffneten die Kästen und Laden des dunklen Restmobiliars, fanden auch anfangs ein paar Münzen und wertlose Scheine, doch dieser Beginn war die Verheißung eines möglichen Reichtums, und auf die Ehrfurcht vor den alten Urkunden und verstaubten Sparbüchern folgte sofort die Berechnung ihres Wertes. Es war die Zeit, als man wieder begann, Gefallen an alten Dingen zu finden, an allen, die noch übriggeblieben waren nach dem Rausch des Fortwerfens und Neukaufens. Wir waren auserwählt worden von diesem Schatz, ihn zu finden, zögerten aber unter dem Diktum des Verbots, dies ans Tageslicht zu bringen. Wir waren eingedrungen in den Staub dieses Traums einer verlassenen Vergangenheit und stahlen uns wieder die Treppen hinunter, hinein in die Schulzeit, gestärkt durch das Geheimnis, welches über unseren Köpfen wohnte.

Das Museum der Heimat war lange unsere Zuflucht. Schloss Tollet, ein wenig außerhalb des Ortes. Alle kannten es, doch kaum einer betrat es. Es war seinem Schicksal überlassen und gesperrt. Mit den Fahrrädern kamen wir über die Hügel gefahren, vorbei am Sägewerk, Stapel von duftendem Holz und Luft voll Spänen, so näherten wir uns, auch das war geheim. Am Vorplatz, riesige Kastanien, eine kleine Brücke führte zum Turm, dem Eingang, den wir nicht nahmen, sondern wir stiegen in die Flanken des Gebäudes durch ein Fenster ohne Scheiben und hatten alles für uns. Riesige Räume, Küchen, Treppen, und das Klavier.

Wenn wir auf den Turm kletterten, berührten wir die armlangen Zeiger der Uhr, es war Revier der Vögel und ihres Kots, voll davon. Trotzdem Macht, unsere Hände verrückten die Zeit, wir taten es für alle. Die mussten nun sehen, was wir anders sahen. Es war Mädchenrevier, nichts für Jungen. Wir spielten das Klavier und tanzten, sangen, hier war kein Kampf zwischen den Geschlechtern, Klassen. Es lag alles da, frei, zu belegen nur von uns.

Wir ernährten uns von den Äpfeln an den Bäumen, von den Beeren. Wenn wir Streit gehabt hatten mit anderen, trafen wir uns im Schloss, oder blieben dort allein. Oder die Langeweile vertrieb den Trotz, Neugierde kam auf gegen den Schmerz, oder Lust, Spiellust des Geheimnisses gegen die äußere Welt, die dumm war. Unwissend und dumm. Wir ahnten, sie hatten keine Träume, die anderen. Und wenn nachts etwas mit ihnen geschah, so vergaßen sie es sogleich. Da unten in der Stadt arbeiteten sie vor sich hin, ferne, unwirkliche Wesen, wie erfunden, erfunden von uns, die wir von ihnen lebten. Wir rächten uns an unserer Herkunft, indem wir nahmen, was einfach dastand. Und öffneten die Türe zu einem weiteren Raum. Nie waren wir schon überall gewesen. Und die Räume veränderten sich, Zimmer unseres Aufstands im Kleinen. Wir waren es, die dieses Schloss bauten und beehrten durch unsere Anwesenheit.

Später war ein Zweck gefunden. Sie brauchtes es für die Stadt, um auszustellen, was Heimat war. Neue Fensterscheiben, kein Loch mehr in der Mauer. Wir gingen nie mehr hin.

Das was Kaffeehaus war, hieß hier Konditorei, man kam dahin zu festlicher Gelegenheit, nicht alltags, und bestellte die Schnitten und Torten zum Kaffee. Ich durfte ganz selten hin, ging in Trachten gekleidet, einem Kostüm mit Borten, einen roten Hut auf dem Kopf. Eines Sonntags betrat ich den dunklen Raum mit Onkel und Tante aus Wien, nach der Kirche, als alle die Konditorei aufsuchten, um Kuchen zu kaufen für den Nachmittag. Die Manieren hatte ich von den Eltern kaum gelernt. Wie man aß, richtig, und trank, ohne den Bart von Schlagobers unter der Nase, wusste ich nicht. Ich kam unschuldig in dieses Haus voll süßem Geruch und dringendem Klirren der Messer und Gabeln auf den kleinen Tellern. Und als die anderen das Schwierige bestellten, eine Cremeschnitte, stach ich hinein mit der Gabel, brachte nichts in Bewegung, brach nichts und haute und stach heftiger, während die anderen schon aßen. Und mit einem Schlag rutschte meine Gabel und der Teller flog und meine Schnitte auf den Rock der Tante und das Glas zu Boden, zerbrach, Scherben auf Marmor. Und ich schämte mich unendlich, wünschte, dass es mich nicht gäbe, dass ich mich auflöste in diesem Dunkel, samt Trachtenkostüm und allem, was daher stammte, da ich die Köstlichkeit nicht zerteilen und in meinen Mund transportieren hatte können, sondern im Gegenteil, alles an die Welt abgegeben, die das unvorhergesehene Geschenk so nicht wollte. Schande, sie schüttelten die Köpfe, schnaubten und verbargen halb ihr Lachen. Die Angst, öffentlich zu essen blieb dann, und später, viel später erzählte mein Onkel den Eltern diesen Vorfall, den ich verschwiegen hatte aus Scham, und so kam zur Schande noch der Schimpf über meine Verstocktheit. Aber die Cremeschnitte war geflogen, und ich mied die Konditorei, schlug Einladungen aus in Erinnerung an das zerquetschte Weiße am gefleckten Boden und meine leere Gabel in der Hand.

Die Blasmusik ist ein Stab in der Hand, sind Haare von Tieren gebüschelt am Hut, sind zwei Hände, die Zimbeln aneinander schlagen, sind Menschen am Rande der Straße und Knöpfe, blinkende Knöpfe, eine ordentliche Fröhlichkeit.

Entweder Eisenbahner oder Feuerwehr, entweder blau oder braun, entweder Onkel oder Großvater. Aufregung und Gänsehaut über den Rücken eines kleinen Mädchens, das ich war. Der Schauder kam immer, wenn sich Menschen sammelten und Lärm dazu, ein strenger Rhythmus, ich konnte die Wichtigkeit der Männer schon damals nicht ertragen, verstand nicht, warum sie die Uniformen anzogen, um etwas Besseres zu sein. Und einmal bewegte ich mich zu weit hinaus aus dem Fenster, während der Zug schnell fuhr, ich hielt das Gesicht dem Fahrtwind entgegen, Abenteuer, und so verlor ich den schönsten Hut, rot mit weißer Feder, er flog davon. Wir waren auf dem Weg in die Stadt gewesen, sonntags zur Kirche, zur Blasmusik, ich und mein Cousin. Natürlich war es verboten, bei fahrendem Zug aus dem Fenster zu sehen, wie sollte ich erklären, was geschehen war? Ich ging auf die Suche, ein Mädchen im Trachtenkostüm, mit einer kleinen Lackhandtasche, watete entlang der Bahn durchs Gras, die Augen aufgerissen, um endlich den roten Fleck des Huts zu sehen, zu finden. Ich ließ meinen Cousin bei der Blasmusik, denn er sollte mir dann erzählen, was ich zu erzählen hatte, wenn ich heimkam, mein Alibi.

Und ich wurde von einer Frau gefunden, als ich weinend neben den Geleisen stand, ohne Hut. Sie half mir und gemeinsam fanden wir das Verlorene, ich wähnte mich gerettet, frei von Schuld bis auf die schwarzen Flecken am roten Stoff, bis auf die grünen an der hellen Strumpfhose. Doch ich hatte den Hut wieder auf meinem Kopf, das Wichtigste, die weiße Feder. Und zuhause erzählte ich der Mutter von der Blasmusik und allen Liedern, dem Marsch durch die Stadt, ich war heil, davongekommen, schien es, doch schnell holte mich der Verrat ein. Mein Cousin, der sich verplapperte, gleich am selben Tag, das Geheimnis gelüftet, die Strafe gewiss, und dazu das Dumpfe auf und ab hüpfende Geräusch der Tuba, das noch in meinen Ohren dröhnte, Blasmusik.

Eines Tages verließ ich die alte Sparkasse in der Mittagspause nicht mit den Fahrschülerfreundinnen, um durch die Stadt zu streifen. Am Brunnen am Stadtplatz blickte ich ins Wasser, die Münzen zu besehen, selbst eine zu werfen, eine lichte, die torkelnd schnell nach unten sank. Ein Brunnen aus Stein, mit Moos bewachsen, rostigen Stäben, die aus den Mäulern der Figuren ragten, woraus das Wasser kam und das Geräusch, so begann vielleicht die Wasserliebe, Regelloses, das sein Gegenteil kennt und verkehrt, aufgeht. Ein Mädchen, welches in der Klasse verfemt war, folgte mir. Wegen seines Aussehens, seiner Herkunft, seiner Schuhe, mochte es keiner. Der Brunnen plärrte, und ich beschloss mit ihr zu reden und sie redete mit mir, Baden war verboten, also badeten wir die Hände und ihr dünnes strähniges Haar fiel neben meines, und wir tauchten die Münder ein ins Wasser im Reden. Es schmeckte verdorben und war nicht erlaubt, weil Bäume den Brunnen umstanden im Rund vor der Kirche am Platz. Und das Wasser beruhigte sich, und ich beschloss zu lieben, nahe der Kirche, was von anderen missachtet war. Der Dämon des Guten stieg in mich ein und ließ das Mädchen reden, ihr Gesicht zeigen im Spiegel, wo das Wasser sich nicht bewegte. Ein Versuch bloß, wo es immer verzerrt blieb, da unablässig neues Wasser den Rohren entsprang. Seltsame Konstruktion, der Pranger daneben, böse Erfindung, sie stand so da mit den verdrehten Knien und hochgeschnürten Schuhen, früher war sie gelähmt, erzählte sie und vergrub ihre Finger in der grünen Wolljacke. Ohne Schutzimpfung, also fehlendes Rotkreuz und Würfelzucker im Kindergarten. Kein Kindergarten, kein geheimnisvoller Tropfen, der sich auflöste und ihre Beine mussten sich daher verbiegen. Ich dachte daran, als ich in den Fluss stieg, eisiges Wasser fraß sich kalt an die Knochen, und man konnte kaum den Fuß mehr heben, so gefroren schien das Fleisch, schmerzte tiefer und tiefer. Diese Angst vor der Lähmung kannte ich, die Hilflosigkeit, Opfer einer Krankheit zu sein, nur für Kinder. Und nun sah ich die Folgen an den Schuhen, den Waden, den Knien des Mädchens, welches knapp entkommen war und das alle ächteten, weil sie eine Erinnerung an diese Gefahr war. Am Karbrunnen riefen sie herüber, die anderen und dehnten die Verachtung auf mich aus. Für ein paar Tage ging ich an der Seite des Mädchens mit der hässlichsten Schürze. Wir zählten die Münzen rundum, stellten uns vor, was zu tun wäre mit dem Geld, holten wir es heraus und von dem wenigen Süßen, das sie hatte, gab sie mir. Ich versuchte, den Pranger, die Strafe zu verstehen. Wir fürchteten uns, in jene Geschichten zu geraten, die sich in der kleinen grünen Schulmappe – »Meine Heimat« – befanden. Wir als Opfer an den Steinpfahl gebunden, bespuckt, gekitzelt, belacht zu werden. Nicht die Grausamkeit von anderen Foltern ahnend, waren unsere Strafen leicht, waren in die Ecke geschoben worden, mit zwei Fingern zweier Hände auf uns zeigen, wir, wie Käfer am Rand, mit Flecken von Tinte an der Nase. Und unten am Grund des Brunnens hockte das Untier, ließ sich nicht vertreiben, hässliches Vieh, bis es sich sah und zersprang. Die Traurigkeit des Tieres war mit uns, als wir uns diese Tage begleiteten. Bis ich aufgab und schnell zurück auf die Seite zu den anderen sprang, wo mein Kleid leuchtete und ein gefälliges Lächeln im Bravsein.

Und immer um den Tod so ein Gerede, wir stehen in einer Grotte aus Eis inmitten des Glitzerns, Farben rinnen über die hellen glasigen Säulen. Es geht noch tiefer hinein, wir stehen mit den schweren Schuhen, den Hosen aus Leder, wir, das ist ein Mann im Foto im Buch, der schaut in die Höhle, sein Schatten am Eis und die Geschichten von Gefahren im Schnee in den Bergen. Onkel und Tanten erzählten, von Helden, die steigen und sich verirren oder Sturm kommt auf, verlorene Richtung und stürzen in die Spalten von Gletschern, im ewigen Eis erfroren, oder Kinder auch, die verschwanden, versanken in den Rissen aus Stein und Schnee, nie mehr wiederkehrten, der Berg nahm sie und man fand dann später, auf der nächsten Seite des Buchs die Köpfe der Toten. Bilder in Büchern, großes Rätsel Tod. Die Menschen saßen in den Bergen, blickten ins Tal, die Flößer trieben das Holz am Fluss, und die Köhler schütteten die Meiler auf, alte Worte. Damals schon liefen die Bemühungen, sich die Welt zu erklären über die Worte. Das Rätsel der Worte sollte die Welt lösen. Was ist ein Köhler, was eine Spinnerin? Wer spinnt, ist verrückt, ist trotzig, ist ein Tier oder reißt Fäden aus einem Klumpen von Wolle und zieht sie in seiner Hand. Was ist das, die »grüne Mark« aus dem alten Buch, was ist sie, die »Heimat«?

»Gasthäuser sind schlecht, weil sie dort rauchen und sich betrinken«, sagte meine Mutter, und ich glaubte ihr, bis ich herausfand, dass andere gern dorthin gingen, und ich beschloss es ohne ihr Wissen zu tun. Sonntags teilten sich die Familien, Buben mit den Vätern zum Wirt, Mädchen und Mütter in die Konditorei. Doch einmal schlich ich mich mit dem Onkel davon und trat in die Stube voller Männer an langen Tischen mit Bier oder Wein. Es war laut und ich verstand nicht viel, das Vieh, die Landwirtschaft und Witze über Frauen, ein Dunst im Raum. Ich staunte, dass noch nichts Böses geschehen war innerhalb einer Viertelstunde. Keiner schlug auf den anderen ein oder schimpfte, eigentlich lachten viele, und ich fühlte mich erhaben plötzlich über die Wahrheit, wie meine Mutter sie verstand. Was konnte hier schon passieren, daneben befand sich der Sitz der Polizei, niemand würde es wagen, Unrecht zu tun. Doch, als später meine Großmutter und eine Tante kamen, um ihre Männer zu holen, luden die sie ein, Schnaps zu trinken, und sie tranken und gingen nicht, tranken noch einen und beugten sich lachend zu mir. Aus ihrem Mund roch es drängend, sie kamen näher an mein Gesicht und scharf flog ihr Atem über meine Nase. Da wusste ich nicht, was tun und sagen, da sie anders waren als sonst, wenn sie nicht tranken und ich mochte den Geruch nicht. Mit geröteten Gesichtern prusteten sie los, und ich ahnte, dass es das war, was meine Mutter verbot, die Veränderung des Gewohnten, das endlos scheinende Lachen, das Lautsein unter einem Hut.

Dort wo es stank, Schwefel, wo wir in die graue Brühe stiegen, dort war's gesund und unter den Kastanien schaukelten wir. Wälzten uns in stacheliger Haut, die platzte und brauner Glanz sprang aus seiner Haube, sprang uns in die Finger, wo wir über Wege fuhren, die wir sehr gewohnt waren. Eine Gruppe von Bäumen war die Marke, ein ältester Baum war unser Schutz, wenn es krachte und grelles Licht leuchtete durch das Dach, wo der Baum ein Haus war, wo wir mit dem Fahrrad lagen. Und der Fluss floss weiter, folgte dem Wehr und wir hintennach durch knirschenden Kies. Achtung, die Steine am Boden bestimmten unsere Bahn, sinnlos unser Steuer, die Steine brachten uns zu Fall und unser Blut mischte sich mit Staub an Knien und Ohren. Weine nicht, steh auf, steig in das Wasser, es brannte die Wunde aus und du fuhrst weiter. Tritt in die Pedale, klingle, komm mir nicht zu nahe. Fremde reisten an die Quelle, tranken den Gestank und waren Weiße und Gelbe und Hellbraune, alt. Du, verzieh den Mund nicht, sie sprachen eine seltsame Sprache, wir mussten lachen, wie das klang, doch schon hatten wir gelesen, dass andere Länder andere Worte sind. Die Fremden dröhnten.

Je mehr Wege gebaut wurden, desto schneller starben die Bewohner. Im Fernsehen läuft das Begräbnis eines jung verunglückten Schirennfahrers. Fanclub, Dorfgemeinde, Sportbeamte, alle marschieren zur Trauermelodie, ein Verlust, keiner begreift, sein Auto war so schnell und der Tote so vorsichtig, Reden am Grab, Schwüre, er war 25 Jahre und kann nun sein Haus nicht mehr bauen.

Die bloß durchs Gehen ausgetretenen Wiesenwege sind zu Schotterwegen geworden, ein wenig breiter, die Schotterwege wurden zu Wegen, bestreut mit Kies. Man konnte nun mit dem Fahrrad fahren, mit dem Moped später. Später kam der Asphalt über den Kies. Man rutschte nicht mehr. Im Winter wurde geräumt, wenn Schnee war, die Linie des Weges verweht. Das hielt ein paar Jahre. Schließlich die große Entscheidung. Sie machten eine Straße, zwischen zwei anderen größeren Fahrbahnen zogen sie eine dritte ein, Weg zur Spazierfahrt, für Autos, am Nachmittag, sonntags oder abends. Das ist die Geschichte des Fußweges zur kleinen Bahnstation und ist die Geschichte von vielen Wegen, die sich einschnitten in eine Landschaft, die einmal für Menschen war und jetzt zu einem Gebiet von Menschen mit Autos geworden ist.

Wenn ich jetzt die Straße entlang gehe, rasen junge Männer in verlängerten Autos in meine Richtung, sie liegen in den Kurven gut mit ihren breiten Reifen, blenden kurz auf, sobald sie erkennen können, dass ein weibliches Wesen die Fahrbahn beehrt, beugen den Kopf, um unter der Sonnenblende meine Gestalt zu erspähen, sie hupen im Vorüberfahren. Ich wünsche mir, dass das Auto sie zum Teufel fährt, an den nächsten Baum.

Inzwischen bin ich eine der seltsamen Fremden geworden, denn ich begegne einer Landschaft, die nicht der entspricht, welche in meinem Kopf wohnt. Ich sehe andere Häuser, andere Menschen, als die, die vor mir stehen. Ich, die alles ändern wollte und deswegen fortging, kann die Veränderung des aus der Erinnerung Vertrauten nicht annehmen. Die Landschaft meiner Kindheit ist fantastisches Gebiet geworden, das ich nur mehr an anderen, weiter entfernten Orten wiederfinden kann. Nicht mehr dort, von wo alles ausging. Für mich leben meine Großväter, stehen die geschnittenen Bäume noch und den Hühnergarten sehe ich weiterhin, den kleinen Wald hinterm Haus. Ich will keine Verbindungen herstellen zwischen jetzt und früher. Die Natur zeigt unerbittlich den Fortlauf der Zeit und die Verheirateten und die Toten. Und der Tod wiegt schwerer als die Schmerzen über den Verlust des Vertrauten. Der Freund meiner Kindheit lebt nicht mehr, wir messen uns nicht mehr, wie wir es früher taten, an Fortschritten und Fähigkeiten. Damals fuhr ich in dorniges Gebüsch mit dem Fahrrad, weil ich versuchte, die Kunst zu erlernen, die er mir gezeigt hatte: Mit einem Auge zu sehen. Mir wurde alles schwarz, denn ich schloss immer beide Augen. Man musste mich herauszerren und riss mich blutig dabei, so fest steckte ich in den Dornen. Bis heute habe ich Zwinkern nicht gelernt. Und keinen Führerschein. Aber ich lebe.

Kleine Geschichte der Kleider

Es begann mit Katalogen, den Zeitschriften mit Anleitungen und Schnitten, Burda, Petra und Constanze, dem Nachfahren von Zeichen, die bestimmte Stücke dann ergaben, auf durchsichtigem Papier.

Wie sonst sollten Frauen sich verstehen, wenn nicht über Gewebe und deren Verarbeitung, über Kleider, die wir wechselten wie die Buchstaben und Sätze später. Das wurde getrennt und wieder zusammengestelllt, aus dem Alten, Verbrauchten wurde das Neue, eine Verwertung während des Tags, und die Männer waren in dieser Geschichte weit entfernt.

Also es begann, als wir im Garten der Großmutter saßen, auf der Bank. Mutter und Tanten, ich, im Schatten, ein Stoß Zeitschriften daneben, die wir durchsahen. Wir wählten, besprachen die Zeichnungen, meine Mutter nähte, das war ihre Kunst und ich half.

In welchem Jahr und welchem Monat, auf welcher Seite befindet sich dieses und dieses Kleid? Ich suchte, blätterte durch den Wald von Frauen, Träumen, Farben. Und ich fand.

Heute frage ich mich, waren das echte Pferde? Echte Sommer, echte Winter, die den Hintergrund abgaben für Röcke, Hosen und Pullover? Und wie wurden diese Muster erfüllt? Die Frauen standen inmitten von Blumen, eine Dame auf der Brücke, elegant, wie ich meine Mutter nie sah, in Handschuhen, Mantel, Stöckelschuhen, denn wir saßen auf der Holzbank unter den Ribiseln, die Tanten in Schürzen mit bunten Mustern. Sie erzählten und hielten ihr Strickzeug in der Hand, denn Stricken war schwieriger als Häkeln, ernster; die Mädchen häkelten, hielten bloß eine einzige spitze Nadel. Ich lernte das Zählen und Schönvernähen auf der inneren Seite. Die Fingernägel der Fotofrauen hingegen waren rot lackiert und niemand in der Familie färbte sich den Mund, wir waren die Natur, unsere Beine nicht rasiert, keine Linie nachgezogen im Gesicht. Die Frauen, die ich kannte, arbeiteten bloß an ihrer Figur, den Umrissen ihrer zweiten und dritten Häute.

Für die Sommertage, für die Stadtfahrten trugen die Frauen aus den Magazinen ärmellose Pullover mit Querstreifen und Kimonoausschnitt, und für die Sonnentage, die sie lesend auf Liegestühlen unter großen Schirmen verbringen sollten, ab und zu aus einem Becher Limonade nippend. Solche Tage gab es für die Frauen am Land – nie.

Ich erinnere mich an einen Skandal, den meine Mutter verursachte, als sie das erste Mal im Bikini im Garten erschien, mit breitkrempigem Sommerhut, und sich auf eine rote Segeltuchliege legte. Das war verboten, denn man glaubte an die Fortsetzung der Arbeit und dessen, was es immer schon gab. Bäuerliche Pflichten. Nur die Schnitthefte waren eine Möglichkeit, manchmal mit dem neuesten Stück genauso die Neueste zu sein, wie viele andere irgendwo auch.

Auch ich glaubte daran. Das war es, was ich lernte. Federball, Spazierstock, Seepromenade fand ich in Abbildungen und nichts stimmte mit dem Leben überein, das mich umgab, und dennoch war ich überzeugt und dabei, indem ich die Fotos und Zeichnungen studierte. Ich lernte mit den Frauen die Formen der Kleider zu sehen, die Nähte zu erkennen. Gemeinsam erspürten wir die Stellen und trennten sie auf. Ich nehme die Rasierklinge, fahre in die Seiten des alten, grauen Kleids, schlitze es auf, ich stelle mir nichts vor. Grauer Staub hat sich in der Enge der Nähte verfangen. Wenn ich die Fäden zerschneide, schneide ich den Staub, unangenehm. Dann die dunkleren Streifen am Stoff, dort wo er vernäht, dem Tageslicht entzogen war. Ich zupfe die Fadenreste entlang der Linien, kleine Löcher bleiben, das Gedächtnis des Kleids.

Die Großmutter trug Schürzen aus Prinzip, den ganzen Tag lang, außer sie fuhr fort. Ranken und Blätter waren ihr über Brüste und Bauch gespannt. Sie brachte Röcke zum Nähen, ihr Körper war einmal dicker, einmal nahm sie ab, und meine Mutter musste alles ändern, für sie. Die Verformung des Körpers habe ich so erstmals erfahren, und das Geheimnis eines Schranks, dessen Inneres man nie erblickte und in dem, so sagten die Tanten, noch hunderte von Schürzen lagen mit Blumen drauf. Geheim war auch, was die Großmutter darunter verborgen trug: Die Strümpfe, Unter- und Überhosen, Büstenhalter, Perlonröcke und Mieder, die man nirgendwo zu Gesicht bekam, als auf der Wäscheleine im Wind. Seltsame Geräte. Es gelang nicht, mir die Frauenkörper vorzustellen und zu wissen, wie sie solche Wäsche auf der Haut trugen.

Ich steige, jetzt in Berlin, zwanzig Jahre danach, die Stufen von der Straße hinunter in einen dunklen, mit alten Zeitschriften vollgestopften Kellerraum und frage die Verkäuferin nach Schnittmusterheften aus den 60er- und 70er-Jahren. Als ein paar davon auf dem Tisch liegen, gerät sie ins Erinnern. Sie erzählt anhand der Kleider, wie lange sie schon in der Stadt lebt, woher sie kommt. Damals als es nur Strümpfe gab und die Strumpfbänder immer rissen. Die Frauen häkelten ihre Badeanzüge und benetzten sich wahrscheinlich nie. Wie wären die Ungetüme jemals trocken geworden? Wir zweifeln beide. Ich weiß, dass meine Mutter mir noch Strumpfhosen strickte als Kind. Ein Gespräch entspinnt sich über Lochmuster, zwei glatt, zwei verkehrt, Wollqualitäten und wir fragen uns, wo alle die mit Hand gearbeitete Herrlichkeit geblieben ist. Ich verabschiede mich mit einem Gefühl von Nähe, selten habe ich mich mit einer Verkäuferin so verbunden im Reden.

Und was macht der Mann? Er zündet sich die Zigarette an. Und was macht das Kind? Es schwimmt auf einer Ente. Und die Frau? Sonnenbrille in der Hand, und sie trägt Hut. Gemeinsam gehen sie, als Familie, kaufen Blumen am Blumenstand. Warum? Sie gehen durch den Park. Warum? Und halten Schläger in der Hand. Warum? Schlagen einen Ball, ein Netz. Und stehen auf Terassen, schauen: eine Aussicht gibt's von diesem Turm. Aha.

Heute bin ich erstaunt über die schlechten Reproduktionen in den Zeitschriften, die grauenvollen Vorbilder unserer Träume. Die Jacke ist gut tragbar, der Spenzer kleidsam, und all das habe ich auch angezogen. Meine Strickjacke mit den roten aufgestickten Noppen war wie ein Ausweis, eine Zugehörigkeit gewesen, damit waren wir Familie. Alle Cousins und Cousinen trugen dieselben.

Und Blumen gab es immer und überall. Blusen, Jacken, Wäsche mit Blumen, Nachthemden und Haarspangen mit Blumen und in meinem Zimmer klebten Tapeten mit Blumen. Blumen waren über den Rock meines Dirndls gestreut.

Also Trachten vorwiegend; als wir klein waren, trugen wir das Zugeständnis an unsere Herkunft, umgeben von Bauernhöfen, Volksmusik, scheinbar. Auch wenn das nicht mehr stimmte, trugen wir die Schürzen vor dem Bauch, aus glänzendem oder gestärktem Stoff, unterschied sich der Sommer vom Winter durch eine weiße Bluse, Spitzen und Kniestrümpfe. Meine Brüder besaßen Lederhosen, zum Glück, damit konnten sie alles tun, und wehe sie vergaßen, wenn sie eine andere Hose trugen. Zogen sie den Schmutz an, wurden sie bestraft und bekamen Ohrfeigen als Folge von schmierigen Flecken am Stoff. Und wir Mädchen, die wir uns an Festtagen immer konzentrierten, sauber zu sein, freuten uns dann. Jemand anderer hatte für uns den Spaß, sich fallen zu lassen, vollzogen.

Wochentags trugen wir das »Rauschgewand«, wie unsere Mutter es nannte. Ältere, abgetragene Kleider, bei denen es nicht störte, wenn sie zerrissen, im Spiel draufgingen. So konnten wir uns überallhin bewegen, wohin wir wollten: Durch den Tunnel unter dem Eisenbahnschienen, auf die Bäume und den kratzigen Stamm wieder hinunter, über die staubige Treppe in den Dachboden klettern, ins Heu, das uns verwandelte, wild machte oder geheimnisvoll. Dort waren wir allein, blickten manchmal durch die kleinen Fensterluken nach draußen ins Helle, wo die Tanten saßen bei den Ribiseln. Ihr Haar war aufgetürmt. An besonderen Tagen schienen sie Nester zu tragen, oder irgendeine Last, so vorsichtig bewegten sie die Köpfe dann. Oder wir hörten Musik, liefen in den anderen Teil des großen Hauses, wo die Onkel mit ihren Freunden probten.

Die Haare wuchsen ihnen über die Ohren, sie waren gutaussehend, wie die Sänger in der »Bravo«, die wir auch schon kannten. Und ihre Frauen hatten sehr kurze Röcke, Mini, und Striche über den Lidern und an den Brauen. Twist, Baby, Twist, spielten die Gitarren für sie.

In den Strickheften stand, wie man es machte. Ich verstand nicht ganz: »Justine ist leicht durchschaubar«, lasen wir. »Das ist ihre besondere Masche. Den Männern gefällt's – wer will's bestreiten. Und die Frauen sagen: Schick ist das. Denn das sollte schon kleinen Mädchen ins Poesie-Album geschrieben werden«. Aha. »Wolle plus Dralon gibt Leichtigkeit und Fülle.« Ja, das versprach Neues, die Verbesserung des Lebens: Dinge mit -lon; Nylon, Perlon, Dralon. Und noch ein schwierigeres Wort: Indanthren, waschmaschinenechte Farben! Wir schlugen eine Seite um, die Frau zeigte gehäkelte Strümpfe und auf der Wange einen schwarzen Punkt. Warum? Das ist die Schönheit und man empfiehlt das zum Besuch einer Bar. Einer Bar? Alles ging zu langsam für uns, am Dachboden träumten wir, wie es so sei, Erwachsensein, und im Keller fanden wir die Zeitschriften. In der Kühle blätterten wir uns durch die neuen Systeme, die Seiten waren voll mit Gegenständen, die es bei unseren Eltern, Tanten, Onkeln, nirgends gab. Sexy Pullis, Ringelstreifen, »Gehen Sie mit der Mode!«.

Ich dachte mir Kleider aus und mich in die Kleider hinein, im Gras liegend, versteckt hinter hochaufragenden Halmen, während die anderen arbeiteten oder spielten. Ich entwarf Kleider in Gedanken, stellte mir vor, alles in Papier zu realisieren, weil das billig ist, Stoffe kosten Geld. Und machte alles nach, aus den Zeitschriften, alles was ich sonst nie brauchte: Après-Ski-Dress, Faltenrock zum Tennis, Nachmittagskleid zum Stadtbummel, kleines Schwarzes für die Bar, Kostüm für feierliche Anlässe. Natürlich würde ich »Modeschöpferin« sein.

Wichtig war der Geruch der fertigen Kleider, oder wie sie sich anfühlten, wenn man mit der Hand über den Stoff strich. Auch heute noch bin ich abhängig davon. Und könnte nichts kaufen, ohne den prüfenden Griff, das Urteil durchs Betasten.

Ich erinnere mich an eine glänzend hellgrüne Borte über einem weißen steifen Festtagskleid. Den Schnitt nannte man »Prinzeß«, enges Oberteil mit angeschnittenen Rockbahnen, die nach unten zu weiter wurden, in Glockenform. Ich erinnere mich an weiße Schuhe mit einem Netzvorderteil, eingefasst mit weißem Leder, das sich bald abstieß und in der Mitte durch ein zur Masche geformtes Lederband gehalten war. Man musste das weiß nachfärben, eine matte, cremige Masse, die Striche hinterließ und mich immer ein wenig unglücklich machte, weil die Täuschung nicht perfekt war. Doch die Paste roch gut.

Alles was glatt und glänzend war, erregte das Gefühl des Feiertags, und die gab es öfter in einem katholischen Land. Zur Erstkommunion trug man Weiß, eine Vorstufe zur Hochzeit, wozu bloß noch der Schleier fehlte, ein riesiger weißer Buschen Tüll. Und Stöckelschuhe. Die waren uns noch verwehrt. Alle Mädchen unserer Klasse saßen, die Hände im Schoß verschränkt, eine Kerze auf den Knien, mit Kränzen aus weißen Seidenblumen auf dem Haar, jede eine andere Krone, alle blickten dem Fotografen ins Objektiv, nur ich nicht. Das war die gute Zeit, als wir mit unseren Körpern noch in Einklang waren und noch glaubten.

Später interessierten wir uns für die Garderobe der Mutter, gingen heimlich, wenn sie nicht da war, an ihren Schrank, betrachteten und betasteten die starr nach unten hängenden Kleider, warteten. Bald würde es so weit sein. Manchmal zogen wir uns alte, bunte Damenhandschuhe über die noch zu kleinen Finger, standen vorm Spiegel und stemmten die Hände in die Hüften, wobei wir uns drehten und hofften.

Dann lernten wir wieder: R., Rn., Rd., Rdn., das heißt: Reihe, Reihen, Runde, Runden. Strick = stricken, häk = häkeln, arb = arbeiten. So ging es dahin, mit M., St., abn., zun., also: Masche, Stäbchen, abnehmen, zunehmen. Wir wiederholten: »Ein Strickstich besteht aus zwei schrägen, zu einer Spitze zusammenlaufenden Stichen, die eine rechte Masche nachbilden. Siehe die Arbeitsprobe«. Oder : V = Vorderteil, R = Rückenteil, X = Falte, Pfeil = Verlängern auf . . ., ein Punkt bedeutet Stoffbruch, und so fort. Wir lernten das im Zusehen, Helfen; auf den Boden gebreitet lag der Schnittmusterbogen, auf Knien verfolgten wir die Linie, gebildet aus Stern und Strich, weil wir uns auf das Neue freuten. Wir wuchsen, und gegen das Ende der ersten vier Schuljahre wurde es ernst.

Vorher noch Nachmittage mit schwergewichtigen, ausgeborgten Bänden voller Stoffmuster. Kleine viereckige Stückchen mit gezackten Rändern in verschiedenen Farben auf eine Seite geklebt. Daneben die Modelle. Man hob den Stoff vorsichtig hoch, er war nur an der oberen Kante befestigt, und prüfte seine Beschaffenheit auf der Tastfläche zwischen Daumen und Zeigefinger. Aufregung. Könnte man alles haben! Uns gibt man bloß Auschnitte davon. Wir erleben die Verwirklichung der Welt nur an unseren Fingerspitzen. Feinste Gewebe: Pastellgrün, Ocker, Türkis; die Namen der Farben: Burgunder, Kobalt, Cognac; der Stoffe: Trevira, Pepita, Satin. Ich wählte aus. Gemeinsam mit der Mutter, Seite für Seite besprachen wir. Ich musste ihr sagen, wenn mir ein Muster gefiel! Vielleicht? Nein. Es blieb beim Vergnügen des Blicks, ich durfte es nicht ausreißen, das gestärkte Viereck, spinnwebenleicht oder spitzendurchlöchertfein oder chinesischglänzend. Mutters Nähmaschine schnarrt. Manchmal flucht sie, wenn ihr etwas nicht gelingt, der Stoff rutscht, die Naht verzieht sich, oder ein Unterfaden, der verknäult den Lauf stört, der Faden reißt, die Naht muss aufgetrennt werden.

Anders die Wollkataloge – sie kommen per Post, Sommer und Winter, zweimal im Jahr, und sind Grund für Gespräche, Beratung, Austausch. Die Wunschfrage der Großmutter: Welche Farbe wird dein Pullover haben? Für Weihnachten, und zum Geburtstag, Winter und Frühling; man dachte nicht zu weit voraus. Ich wollte Petrol für die Wollweste und Ecru für den Kurzarmpulli; Signalworte, so konnte man sich verständigen und verstehen und ich stand in einer Reihe mit Großmutter und Mutter, doch mir fehlte die Geduld.

Ich verkroch mich lieber lesend, als dass ich endlose Luftmaschenschleifen verfertigte, Stäbchen zu einem Topflappen anhäufte, Sockenfersen abkettete oder die Fäden brav vernähte. Mehrere Anläufe, keiner gelang wirklich, vom dümmsten Mädchen der Klasse musste ich mir zeigen lassen, wie tunesisch häkeln ging. Ein Ausschnitt, der das Muster vergrößerte, erschien mir plötzlich hässlich und monströs im Handarbeitsheft, das unser Vorbild sein sollte, meins, meiner Mutter und das der Großmutter.

Mit dem fünften Schuljahr beginne ich das Gedächtnis zu verlieren. Ich erinnere mich daran als die Zeit der Scham, als ich in die größere Stadt kam, in die größere Schule.

Plötzlich waren meine Jacken die Jacken von »Bauern«, plötzlich war ich »vom Land«, plötzlich bedeutete rot und blau »Bauernsau«. Ich war kein Kind mehr, mein Vater hörte auf, mich zu fotografieren, nur Zöpfe waren geblieben und man zog mich deshalb auf.

Ich stürzte in eine seltsam verschwommene Zeit. Den Tanten konnte ich nichts mehr erzählen, den Erwachsenen aus den Katalogen glaubte ich nicht. Die Versprechungen von Schlittenfahrten, Freizeitkleidung, die Schminktips und gerafften Oberteile, alle glattgemachten Gesichter, die den Frohsinn des Lebens vorgaben, waren aus meinen Träumen vertrieben. Den orangefarbenen Angorapullover mit Puffärmeln konnte ich nicht leiden, sobald ich damit in der Klasse auftrat. Er zeigte die Nichtentwicklung meiner Brüste. Den braunen Crimplene-Faltenrock konnte ich nicht leiden. Mitschülerinnen bemerkten gnadenlos die Nähte am Saum. Den dunkelblauen Popeline-Staubmantel mit Druckknöpfen, der mir so gefallen hatte, als wir ihn erdachten, meine Mutter und ich, verdammte ich und zog ihn aus, versteckte ihn in der Ecke der Garderobe. Als »selbstgemacht« und daher schlecht wurden meine Kleidungsstücke entlarvt, und auch mein Körper gehorchte nicht mehr, reckte sich in die Höhe, verschob die Linien meines Gesichts, drückte mir die Nase weit nach vorne, sodass man mich vor allem daran wahrnahm, entzog mir Rundes von Hüften und Knien. Klapperdürr schickte er mich in die Welt von Schmähungen und Belustigung für die anderen. Vorbei die Vorstellungen von Schönheit und Männern zu gefallen.

Im Gegenteil, die Bauarbeiter brachen in Lachen aus, wenn ich vorbeiging, die kleinen Schuljungen zerrten mich am Mantel, um meine hilflosen Bewegungen zu erregen, und blickte mir einer ins Gesicht, lief ich rot an, siedend-heiß, während ich mich schämte. Die schreckliche Pubertät brach herein und damit der Streit.

Im Streit ging es vorerst um die Farben. Die anderen hänselten mich wegen der schwarzen Hosen, Röcke, wegen roter Blusen, Jacken, »Leichengewand« riefen sie, und mir selbst kam es bald auch so vor. Ich trug die Farbe alter Frauen, weil das Stoffmaterial immer von ihnen kam, und meine Verzierung war die Farbe von Blut. Doch es sind die Farben von Tracht und Tradition unserer Gegend, sagte meine Mutter. Mir war das zu streng; wie die Geschichten der alten Leute musste ich ihre abgelegten Teile auftragen, und ich wollte mich aus diesem Bild schieben, das meine Mutter an meinem Körper vollzog. Sonntags, vorm Spiegel sagte ich dann nein. Endlich. Das war der Übergang. Ich weigerte mich, weiter so auszusehen, wie Mutter mich sah, und sie weigerte sich, mich weiterhin zu bekleiden, sagte sie, in Wut, und ich zog mich aus, legte mich wieder ins Bett. Lieber nackt sein, als in die feste Form gesteckt, die nicht meine war, und ich, ich hatte keine.

Die Alte war aufgegeben, eine Neue tauchte nicht auf. Also Behelfe, alles Behelfe, Kompromisse, entweder zurückgeblieben oder zu weit voraus. Manche der Mitschülerinnen erschienen als perfekte Frauen, manche als Großmütter in plumpen Kleidern, Nicht-Farben, die ihre beginnende weibliche Gestalt verdecken sollten. Ich gehörte lange den Zurückgebliebenen an, lag immer weit hinten im Wettkampf um Hüften, Make-Up, Nylonstrumpfhosen und neue Frisuren. Ein Verpuppungsstadium, scheinbares Innehalten.

Die Crimplene-Hosen mit ausgestelltem Bein machten sowieso niemanden schöner. Die Rippenpullis betonten eine vor allem unentschiedene Form, der mein Oberkörper war, aus dem die viel zu langen Arme hervorragten. Die anderen Mädchen trugen Rauhledergürtel mit Nieten und langen Fransen um die Hüften, dezenten Lippenstift und ihre erste Dauerwelle.

Ich verharrte, blieb gleich, meine Sohlen hatten kein Plateau, mein Schianzug, ein Muss am Schikurs, war wieder selbstgenäht, und sah trotz aller Muttermühen elend aus, so hörte ich schon im Voraus die Meinungen der Mitschülerinnen. Ich war in der Opposition, doch ich hatte keine Wahl. Ich war hässlich geworden und träumte nicht einmal mehr vom eigenen Schönsein, dachte mich bloß in die Körper der anderen Mädchen hinein. Ich konnte nicht bestehen.

Und warum? Damals dachte ich, es wäre wegen Geld. Hätte ich Geld, könnte ich Kleider kaufen, eintreten in den Kreis, Geld war der Schwur, der echte Cordhosen versprach und andere Jacken mit anderen Nieten. Denn eigentlich sah alles genau so aus, wenn die Mutter Kleider fabrizierte, aber sie trugen keinen Stempel, kein Etikett, keinen Preis. Das fehlte, also fehlte ich in diesem Kreis.

Dann wünschte ich mir eine möglichst weite Hose, ein Riesending, schwarzer Samt, sogar mein Vater mischte sich ins Probieren vorm Spiegel, es sei übertrieben, doch ich setzte mich durch. Wie Elefanten müssen wir ausgesehen haben, schwere dunkle Beinröhren, aus denen, insektengleich, ein magerer Oberkörper stieg in engem Trikot, und darüber eine Jacke aus Plüsch, Acryl in schreienden Farben, meine war signalgelb, und damit war der Übergang fast schon geschehen.

Ich entdeckte die Übertreibung als Prinzip.

Bei Rot war ich stehengeblieben, mit Gelb stand ich kurz vorm Anfang und bei Grün startete ich los: Ein giftgrünes Kleid mit Margeriten; die Siebzigerjahre vollzogen sich in unverblümter Verweigerung jeglichen Geschmacks. Je ärger, desto ...

Ich öffnete die Zöpfe, Haarsträhnen fielen uns in die Augen, das war gut; wir trugen dünne glänzende Rollkragenpullover aus 100 % Kunststoff. Die Mädchen mit breiten Hüften verbreiterten sie nochmal, indem sie Glockenröcke und um den Bund geraffte Jeanshosen kauften, die dann starr nach links und rechts abstanden. Es war wunderbar. Der Aufbruch, eine Handhabe gegen das vorige Leben. Das Mädchen mit dem schrecklichsten Gang, einen Hinterteil wie eine Schreibmaschine, wiegte ihre mächtigen Teile, Schultern und Brüste auf 10 cm hohen bunten Sohlen. Sie hinkte, doch die Schuhe waren schön. Und immer wieder neu, immer wieder tauchten neue Modeprobleme auf, die zu bewältigen waren. Die Jeans enger, die Jeans weit, die Jeans mit Borten an der Seite, die Jeans mit Blümchen drauf, keine Jeans, verwaschene. Heimlich setzte ich mich nun selbst an die Nähmaschine, um zu ändern, denn meine Mutter kam nicht mehr nach.

Kaum verließ ich das Haus, morgens, und war kaum um die erste Ecke gebogen, als ich den Rock hochkrempelte, den braunen, unansehnlichen Crimplene, oder den blauen, braven, Trevira, sodass er kaum mehr mein Hinterteil bedeckte und stakste so in die Schule, bewusst, dass meine Beine die längsten waren. So wurde das zum Vorteil.

Es gab ältere Männer in Cafés, wohin wir manchmal gingen, eine Gruppe von Mädchen; mir war aufgefallen, dass sie mich auch bemerkten. Das erste Mal, neben den anderen, war auch ich wieder angesehen. Die Entfernung vom Nähen, Zerschneiden, Blättern, vom Zählen unter den Ribiseln wuchs und wuchs. Doch es sollte noch schlimmer werden.

Hippies, indische Kleider, Sandalen – der nächste Streich. Typisch Provinz, würde man heute sagen; wir fuhren in die nächstgrößere Stadt, Messestadt, um uns im Internationalen Bazar das Nötige zu besorgen. Die Haare waren nun am besten unfrisiert, sehr lange, die Düfte holzig, tränensüß, harzklebrig betäubend; grauenvoll, schmutzig, sagte meine Mutter und verbot. Natürlich trug ich das Fläschchen mit mir, bog um die Ecke, applizierte einen Tropfen und kam, umgeben von einer schweren Wolke in der Schule an.

Ich hatte nun etwas Geld, das ich im Sommer verdiente, das indische Zeug war billiger als die Kleider in den Boutiquen, der Protest von Eltern, Tanten, groß, also musste das der richtige Weg sein.

Und dann verschenkte ich Kleider. Ich weiß noch heute welche. Ohne Umweg, plötzlich gab es da ein Mädchen, das abgehauen war, allein unterwegs, aus einem anderen Land, Libanon, ihr Name war Leila, das Schiff. Sie besaß nur einen Rock und eine Bluse. Etwas musste geschehen und ich ging nach Hause, räumte ein paar Sachen aus dem Schrank:

Die weiße Bluse mit schwarzen Streifen, langem Schnabelkragen à la Jason King und hohen dreiknöpfigen Manschetten. Ein früherer Stolz. Den blitzblauen Feincordrock mit dem breiten Bund, die orangefarbene Kimonostrickjacke mit weißem Reißverschluss. Die Blümchenbluse, deren Geruch mich immer an einen meiner ersten Ferienjobs erinnert hatte. Der metallicblaue Nickipullover, der Leila sicher zu eng war, ein grüner Frotteebadeanzug mit roten Bändern eingefasst, dessen Körbchen mir immer zu groß gewesen waren.

Ich packte das ein, brachte es fort und mich damit in Konflikt mit meiner Mutter, die nicht verstehen konnte, dass ich die eigenen Kleider verschenkte. Nicht dass sie meine gute Absicht nicht respektierte, aber ihr war leid um die Mühen, die Zeit der Herstellung und meine Erscheinung. Ein Kleidungsstück war zu persönlich, zu aufgeladen, nicht nur durch den Verbrauch und Geruch des jeweiligen Trägers, sondern zugeschnitten auch auf ihn, in Farbe, Massen, Stil. Das Eigene konnte und durfte nie das Fremde werden.

Und mich interessierte genau das: Die Stücke aus dem Zusammenhang reißen, ihnen neue Bedeutung zu geben, die ihnen innewohnende Bedeutung auf mich abstrahlen zu lassen, und mich so zu verändern, einfach immer wieder zu verändern, nie allzulange die Gleiche zu sein.

Und es kam noch ärger, denn bald gab es auch Flohmärkte am Land. Das Verworfenste, Schrecklichste, Ekelerregendste, sagte meine Mutter. Mit meiner Großmutter sprach ich schon lange nicht mehr; doch war ich angelangt in ihrer besten Zeit. Ich konnte nun endlich tun, was ich immer wollte: In die Kleider von anderen schlüpfen. Stellvertretend für das Glänzendschwarze mit den roten Rosen und dem seidigen Schal der Mutter, zog ich nun eine glänzendes Anderes an. Stellvertretend für enganliegend, Stehkragen, Schlitz an der Seite, gab es das türkise Kleid. Ich füllte zwar das Dekolleté nicht aus, doch genügte die Form meiner Vorstellung. Gegen das Neubesorgen stand nun die Verwendung des Alten, schon einmal Gebrauchten, aus zweiter Hand. »Fetzenkönigin«, sagten die Tanten, doch ich fand mich endlich wieder schön.

Als Kind hatten sie mich noch gefragt: »Was willst du einmal werden?«. Sie meinten damit einen künftigen Beruf. Zum Beispiel: Modezeichnerin. Fast so schnell wie das Auge die Konturen entwerfen, sichtbarwerden lassen auf Papier, ein Gesicht, ein Kleid, Beine, Tupfer von Farben. Verliebtheit in Details: Faltenwurf, Rüsche, Abnäher, Gürtelschnalle, verstürzte Nähte. Warum habe ich es nie gemacht? Eine Cousine kam mir zuvor, zeigte mir einige Modelle, wie sie sie in der Schule zu zeichnen gelernt hatte. Danach interessierte es mich nicht mehr.

Später dann ging alles schnell. Mit dem Weggang von Zuhause war der Halt verloren, die Strenge, die Beschränkung durch Mutter, Tanten, Großmutter. Einzig die Bemerkungen der Leute auf der Straße erhoben noch Einspruch, oder Arbeitgeber, die einen zur Seite nahmen und mitteilten, man wäre – nicht entsprechend – gekleidet. Danach war mir nichts mehr verboten. Wir färbten Stoffe, alte Kleider, kürzten, machten enger, setzten Teile ein, wir saßen an der Nähmaschine, steckten Stoffe fest an unsere Körper und tauschten uns aus. So viele Rollen, die zur Verfügung standen, über die Zeit und die Kleider.

Dann die Modewelt von innen. Plötzlich war es gut, dass ich groß war. Plötzlich verlängerte man mir noch die Beine mit Stöckelschuhen; ich stieg endlos in die Höhe am Laufsteg; die Geschwindigkeit des Kleidens und Entkleidens wurde gesteigert. Ich überspringe diese Aufregung, die die Erfahrung wert war, selbst Modell zu sein für andere.

Die Hysterie hinter der Bühne, das Lampenfieber, überdrehte Bewusstseine vor Spiegeln. Wer war nicht genial auf dieser Szene? Leider niemand. Vielleicht die Helferinnen, welche uns in Ärmel steckten, Reißverschlüsse zuzogen, Hüte aufstülpten, Ketten umhängten, Schnallen schlossen, sogar die Strumpfhosen krempelten sie auf, streiften sie über unsere Beine, schnürten die Schuhe. Vielleicht waren diese Werkzeuge die einzigen, die im Hintergrund blieben. Es war ein Spiel mit der Schau, eine Möchtegern-Mode, doch ich ging so weit nicht mit. Bevor es noch richtig anfing, hörte ich wieder auf.

Natürlich trage ich nicht alle Erinnerungen mit mir herum. Meine Mutter hat manches Stück der Kinderkleidung aufgehoben und wir wundern uns noch heute über das Vergehen der Zeit, wenn wir sie aus den Schachteln holen.
Und bei all meinen Umzügen und Ortswechseln ließ ich ein Depot von Kleidern zurück in der vorigen Wohnung. Ich konnte nichts wegwerfen, und in Kellern verteilt warten die Säcke mit Schuhen, Taschen, Röcken, oft wertvolle Stücke, derer ich mich noch erinnere, auf ihre Entdeckung. Aber sie bleiben dort, ewig, oder sind dem Kreislauf von Altkleidersammlungen übergeben, oder modern vor sich hin, lösen sich langsam auf. Manchmal taucht in Träumen ein Stück auf, das ich schon lange nicht mehr besitze. Der mexikanische

Rock, im Rucksack durch den ganzen Kontinent transportiert, bis sich bei der Heimkehr herausstellte, dass er für die Stadt, für Europa einfach zu bunt war.

Manchmal meine ich auf irgendwelchen Flohmärkten oder an Passanten meine Kleidungsstücke wiederzuerkennen. Aber sie sind bloß ähnlich, ein Hinweis auf mein vergangenes Sein mit Kleidern.

Oder ich erinnere manches, was es nicht mehr gibt:
Die Jacke aus blauem Drillich, Arbeitsstoff eigentlich, selbstgenäht, zwei Wochen saß ich daran, eine komplizierte Konstruktion, mit Besatz aus schwarzem Leder, Innenpelz, gehalten mit Druckknöpfen. Wie lange sie mich begleitete, durch Nachtgänge, Recherchefahrten, Abenteuer, Kälteeinbrüche, wobei sie mich schützte. Und eines Tages verreiste ich und ließ sie zurück, nicht mehr schön genug, in einem Schrank, der mir nicht gehörte, und an den ich nie mehr kam.

Das karierte Pionierkleid, graue, weiße, blaue, kleine Karos, gewickelt um den Körper mit einer Schärpe, getragen zu Wollstrümpfen, Stiefeln, oder Holzschuhen, ländliche Ästhetik. Meine Freundin nähte dasselbe Modell in dunkelrot und ich zögerte lange, ob mir meines wirklich besser gefiel. Es verschwand mit dem Einbruch des Punk in irgendeiner Tüte, irgendwo.

Das schwarze Baumwollsatinkleid, ärmellos, entstanden unter dem Einfluss von Lydia Lunch, sie trug was Ähnliches auf dem Foto einer Plattenhülle. Weit geraffter Rock, enges Oberteil, dazu toupiertes Haar; Zuckerwasser, Haarspray, alles was zur Verfügung stand, um das Haar in die Höhe zu treiben. Zuletzt gesehen in einer Lade in einer Wohnung, bevor ich ging.

Das riesige graue Militärhemd, gekauft in Paris, jahrelang getragen, verändert, gekürzt, die Ärmel gekürzt und bemalt und immer wieder neue Möglichkeit zusammen mit anderen Kleidern. Solche Stücke waren »dankbar«, wie meine Großmutter sagte, und meinte damit haltbar, brauchbar, ziemlich lange.

Das sind Kleidungsstücke, die ich die interessanteren nenne, die über 10 Jahre neu und alt gleichzeitig bleiben, wenn man warten kann.

Für manche wartete ich: Die stahlblaue Kostümjacke mit glänzend eingefaßten Rändern. Immer noch, wenn ich sie heute ausführe, bewundert man Schnitt, Verarbeitung, Eleganz.

Die schwarze Kostümjacke, maßgeschneidert, die ich im Kleiderschrank der Mutter eines Freundes fand. Und die ich nie mehr zurückgab, obwohl er es forderte. Doch die Freundschaft war längst zerbrochen, ich wollte die Jacke als Pfand. Später vergaß er und ich vergaß den Grund, warum ich sie behalten hatte, erinnerte mich mit Schrecken dann, als der Freund starb und die Jacke, maßgeschneidert für seine Mutter, passte mir genau. Und auch noch heute.

Das Erinnern wird zur Aufzählung. Ein Gewand nach dem anderen schießt hoch, führt mich da und dorthin. Zeichen für verschiedene Rollen, die wir spielten. Ein Theaterkleid fällt mir ein, Ausstattung für ein längst aus der Zeit gekommenes Stück, oder Teil einer Aufführung für Kinder. Silbrig grau glänzender Stoff, mehr Umhang als Jacke, weite Ärmel in großzügigen Falten, der Kragen verbrämt mit grau gefärbtem Pelz. Das Stück war zu auffällig für die Straße, ich liebte es, zog es zuhause an, wenn wir uns verkleideten vor dem Spiegel, meine Freundin und ich. Durch Jahre und verschiedene Adressen schleppte ich das Ding, zerlegte es dann, um Neues daraus zu gewinnen. Zur Hochzeit der Freundin nähten wir ihr ein Kleid daraus, wobei wir Kragen und Ärmelenden mit Streifen des grauen Pelzes verzierten.

Und so fort, es ginge immer weiter so, ich hätte Beispiele um Beispiele, für Werden und Vergehen, oder den Rollenwechsel über Orte und Kleider.

Noch heute, halte ich manchmal inne und besinne mich auf die Herkunft dessen, was ich gerade am Körper trage:

Diese Jacke aus New York, von meiner Freundin für ihren Freund im Second-Hand-Laden gekauft, von ihm nicht angenommen als Geschenk, ich probierte sie, und da sie von der selben Farbe wie meine Augen war, wurde mir das Sakko übergeben.

Der Faltenrock, gekauft in einem Anfall von Verwirrung, angesichts hunderter von Geschäften in einem unterirdischen Shopping-Center in Valencia. Alles war verbilligt, sodass ich nicht anders konnte, als kaufen; viele Spanierinnen trugen diese Röcke, sodass ich nicht umhin konnte mich anzuschließen. Denn ich reise allein, fühlte mich einsam, wollte mit irgendjemand reden, also mit der Verkäuferin radebrechen, irgendwo dabeisein, und sei es durch einen Kauf.

Das T-Shirt aus einem Berliner Billigkleidergeschäft.

Die Schuhe, ausgetreten, mit zweimal gedoppelten Sohlen aus Portugal. Ein Glückskauf, ein Muss, da es in meiner Größe dort kaum Schuhe gab und ausgezogen, um festes Schuhwerk zum Gehen bei schlechtem Wetter zu erwerben, als Ersatz für das gestohlene Paar, verliebte ich mich in diese leichten, empfindlichen Rauhlederfrühlingsschuhe. Und so fort.

Das ist bloß eine Kombination. Die Zusammenstellung eines Tages.

Was die Geschichten der Kleider eigentlich bedeuten sollen?

Nichts als die Nichtigkeit dieser Dinge, die uns umhüllen, die uns im Kopf herumgehen, die sich verändern, in ihrer Abfolge manchmal Form annehmen, und die so schnell auftauchen, wie sie wieder verschwinden im Laufe eines Lebens. Die Kleider bilden uns, machen uns sichtbar im Blick des anderen. Was wären wir ohne diese äußere Bestimmung, was heißt dagegen Inhalt? Der Inhalt wäre die Täuschung, es ist mein Körper, der all diese Geschichten erfindet, sie aufnimmt und wieder beiseite wirft. Und es ist mein Gedächtnis, das sich der Reste entsinnt, ein paar Splitter meiner Geschichte, die sich nicht zusammensetzenlassen zu einem Ganzen, sondern liegenbleiben, aus ihrer Umgebung gerissen, wie der Berg von alten Hüllen, schon gebraucht, am Boden in den Gängen eines Trödelmarktes.

Wohnen Lernen Schreiben Sterben

Mein erster Versuch selbständigen Wohnens bedeutete einen Entzug von Wärme. Gegen den Willen der Eltern war ich ins Dienstbotenzimmer einer altwiener Herrschaftswohnung gezogen, um zu studieren. Ich hatte kein Geld für einen fahrbaren Elektroheizstrahler, geschweige denn für die dicke Stromrechnung, die mich diese Aufbesserung gekostet hätte. Ich lernte und schrieb, dick verpackt, las meist im Bett, und im Grunde war Kälte das geringste Problem. Zusammen mit anderen Studenten legten wir eine Schmerzgrenze von 12 Grad Celsius Zimmertemperatur fest. Die anfängliche Konzentration löste sich allmählich in einem ununterbrochenen Kennenlernen und Treffen von Freunden und Freundinnen auf, Festen, die irgendwie von irgendjemandem ausgerufen wurden und erst nach Tagen endeten, Gästen, die länger blieben als die Feste dauerten, Türen, die, aus den Angeln gehoben und als Tische verwendet, sich nicht mehr schließen ließen. Diese Nachwirkungen der 1970er-Jahre, die wir als Kinder zuhause bei den Eltern nicht erlebt hatten, mussten nun zu Beginn der Selbständigkeit erst mal erfahren werden, und sei es auf Kosten von Privatsphäre und Studienerfolg.

Während ich das schreibe, befinde ich mich auf dem begehbaren, silbrig gestrichenen Flachdach eines einstöckigen Gebäudes in Chicago und bin nur durch eine wackelige Holztreppe und eine Eisentüre von Menschen getrennt, die zwischen den Containern wohnen, in die ich am Wochenende meine schwarzen und blauen Müllsäcke werfe. Das Klappern der Plastikdeckel geht ununterbrochen, vermischt mit lautstarken Wortwechseln. Die Obdachlosen erinnern mich daran, dass ich wohne und deshalb bevorzugt bin. Es ist 1997 und ich sitze auf einem Dach, das sie nicht über dem Kopf haben, und ihr Einnehmen des öffentlichen Raums schränkt meinen privaten akustisch ein. Die Grenze zwischen ihrem Territorium und meinem hält nicht dicht. Wenn ich durch die Straßen dieser Armen gehe, fühle ich mich nicht fremd, obwohl ich es bin. Die Ungewollten, die Ungesetzlichen und Undokumentierten sind es auch. Und dass ich im Verständnis meines Landes zu nahe an der Grenze zur Armut, zur Asozialität bin, kriege ich inmitten dieser Randgestalten nicht zu spüren, zumindest nicht sofort. Ich lebe hier im Kleinkriegsgebiet. Alle versuchen den Schein aufrechtzuerhalten, es ginge ihnen gut, weil ihnen sowieso keiner helfen will.

Um mir in Wien eine bessere Wohnung leisten zu können, musste ich in den Ferien ins Ausland gehen, Gastarbeiterin werden in der Schweiz. Die winzigen Zimmer unterm Dach der Gasthäuser, in denen ich servierte, rochen immer nach Braten und Suppe, so wie ich selbst. Als Gastarbeiterin war ich abhängig von der Willkür meiner Arbeitgeber. Ich konnte mich schon deshalb nicht selbständig bewegen, nicht entscheiden, wohin ich wollte, da mir gleich nach der Ankunft der Reisepass abgenommen wurde, »um die Sache mit der Aufenthaltsbewilligung zu regeln«, hieß es. Das Dokument wurde einbehalten bis zum Ende meines Dienstes.

Einmal stellte sich das Angebot, kostümiert während des Karnevals zu servieren, als Zurschaustellung meines nackten Fleisches vor berührungsfreudigen Männern heraus; daher wollte ich nach einer Woche fort. Der Streit mit meinem Dienstgeber, ob ich denn gehen dürfe, dauerte fast die ganze Nacht. Er drohte mit Polizei und meinen Reisepass hatte er sowieso im Safe. Schließlich gab er nach, natürlich nicht ohne mir den Wochenlohn zu verweigern. Beschwerden beim Arbeitsamt nützten gar nichts. Wer so wankelmütig in seinen Absichten sei, verdiene keine Hilfe, hieß es. Und beim nächsten Mal wusste ich es besser; neben dem offiziellen Arbeitsmarkt gab es nämlich den schwarzen, organisiert von den jeweiligen Gruppen von Fremdarbeitern verschiedenster Herkunft: Italienern, Spaniern, Tunesiern, die in halbverfallenen Schweizer Holzhäusern wohnten.

Das durch diese Entbehrungen ermöglichte Zimmer in einer Wiener Wohngemeinschaft erschien mir dagegen als glückliche Insel, an der die Eroberungen und Dramen der Mitbewohner und Mitbewohnerinnen vorbeiwogten, sie nur manchmal überschwemmten. Dauer aber stellte sich auch hier nicht ein. Dann war das Zimmer neben mir mit einem Mal an Flüchtlinge aus Polen vergeben, die Geld am Bau verdienten, um einmal weiterreisen zu können. Nun roch es nach Kartoffelpuffer und Borschtsch. Nach ein paar Monaten waren sie fort, nicht ohne vorher ihr Zimmer an eine polnische Freundin weitergegeben zu haben, die ihrerseits nach vier Wochen eine Freundin als Nachfolgerin bestimmte. Ein Ende des Staffettenwohnens war nicht abzusehen und schließlich verließ auch ich diesen Ort.

Eine Kontinuität meines Wiener Daseins schien sich zu ergeben, als ich das Studium wiederaufnahm und nach einem neuerlichen Schweizer Gastarbeitersommer die Erinnerung an die erste größere Wohnung zurückrufen wollte. Doch ich hatte den falschen Ort und die falsche Mitbewohnerin gewählt. Noch richtungsloser als ich, begann sie, im Zimmer neben mir eine perfekte Kopie meines eigenen und meiner kleinen Gewohnheiten aufzubauen. Am Schreibtisch vorm Fenster sitzend, in die gleiche Jacke wie ich gekleidet, begann sie, die bis dahin als Kellnerin gearbeitet hatte, zu schreiben und zu studieren, wie sie behauptete, forschte aus, welche Vorlesungen ich belegte, wollte mich begleiten auf allen Wegen. Die Wohnung, die sie gefunden hatte, war ich. Und wenn ich, auf dem Bett liegend, wissend, dass auch sie im Bett lag und dem Dröhnen der Fernsehabendnachrichten, das durch die Wand aus der Wohnung einer schwerhörigen Nachbarin drang, lauschte, wusste ich, dass ich besessen war, dass dieser Raum mich besaß, so wie meine Bekannte nun mir im Körper und im Hirn festsaß. Und die einzige Fortsetzung des Wohnens, die ich zustande gebracht hatte, war nun die Erinnerung an das Haus meines Großvaters, in dem Unheimliches geschehen war, ein Schrecken, der mich wahrscheinlich dazu gebracht hatte, dass ich das Wohnen nie konnte. Der Schrecken hatte es mir ausgetrieben und alles was ich bisher geschafft hatte, war bloß das Vortäuschen von Wohnen gewesen. Mit dem Ausmalen des Raumes und ein paar Zeichnungen an der Wand glaubte ich ein Zimmer ausreichend markiert, aber es war nicht so. Denn von innen wie von außen arbeitete etwas gegen mein Wohnen, so dachte ich damals, da auch mein Gehirn belegt war von dem Nachahmungstrieb meiner Bewohnerin und meinem Kampf mit den Fantasien einer schizophrenen Schriftstellerin, über die ich meine Doktorarbeit zu schreiben versuchte.

Mein Kopf war voll, mein Körper schwer, ich ließ mich fallen in dieser Wohnung und das, was ich schriftlich und fotografisch damals dokumentieren konnte, immer mit dem Schatten der Bewohnerin hinter mir, die alles genauso vollsog, war Besessensein und die mühevollen Versuche sich aus diesen Klammern herauszuarbeiten. Aber es ging dann plötzlich ganz schnell, als sollte es so sein, nachdem sich ihr Bruder aus dem Fenster gestürzt hatte, tot war, auf dieselbe Art und Weise gestorben wie die schizophrene Dichterin, über die ich meine Abschlussarbeit verfasste. Und meine Bewohnerin hatte nun das dringende Bedürfnis, es ihr und dem Bruder nachzutun, und neben mir, neben meinem Zimmer auch aus dem Fenster zu springen. Und eines Nachts bald danach riss sie mich aus dem Schlaf, drohte, mich mit einem Brieföffner zu erstechen und alle meine Sachen, die wichtigen Studien für meine Dissertation, aus dem Fenster zu werfen und zu verbrennen, falls ich nicht sofort »ihre« Wohnung verließe. So weit war es gekommen, dass der Ort dann ihr gehörte. Aber ich begriff, dass sie beschlossen hatte, sich einen anderen Behälter für ihre Schmerzen zu suchen als mich, weil ich schon überlief, und brach sofort auf. Packte alles zusammen. Am Morgen war die Kopie von ihrem Vorbild endlich erlöst.

Nach dem Studium zog ich nach Portugal, um dort an der Nordküste an einer Universität zu unterrichten. Ich stellte mir vor, in einem sonnendurchfluteten Apartment mit Blick aufs Meer zu leben. Die Wohnungen, die man mir aber anbot, waren meist an Straßenkreuzungen gelegen oder in verödeten Ferienhäusern. Alles Familienwohnungen zudem, da die Stadt hauptsächlich aus Familien bestand, und Studenten, die in eigenen Wohnheimen untergebracht waren. Vier Monate vergingen, die ich in fensterlosen Abstellräumen oder abgelegenen Zimmern von mich freundlicherweise aufnehmenden Bekannten und Kollegen, natürlich mit Familien, verbrachte. Wohnen ist nicht einfach Wohnen. Wohnen ist von kulturellen und soziologischen Vorgaben bestimmt, so dass dies gerade denen, die immer wohnen, das heißt, meist am gleichen Ort bleiben, nicht auffallen kann. Der Status von einheimischen Frauen in Portugal, der meinem noch am ehesten entsprach, war der einer Geschiedenen, einer, die versagt hat, die auf einen anderen Mann (oder viele andere) wartete und daher Gefahr bedeutete für alle Ehen, die intakt geblieben waren. Schließlich schlug ich mich, da ich so rasch keine Familie werden konnte, auf die Seite meiner Studenten und bezog zusammen mit zwei Mädchen eine Wohnung im 11. Stock eines Apartmenthauses. Mit Blick auf die kilometerbreite Flußmündung, immerhin. Dort erst kam die Sprache, die ich zurückgelassen hatte, wieder zu mir und hier erst begann ich die neuen Worte langsam zu verstehen. Ich gewöhnte mich und blieb, als Fremde in einem System, das für meinesgleichen kaum eine Stelle finden konnte, in die ich zu passen schien. Hartnäckig aber besetzte ich diesen Raum, ein Wohnzimmer mit Kamin und stimmte mich ein. Dann aber, nach einem Jahr, wurde ich eines Tages aufgefordert, unverzüglich das Land zu verlassen. Die verschiedenen staatlichen Behörden konnten sich nicht über meinen Status einigen. Die Universität hatte mich eingeladen zu unterrichten, dem Einwanderungsamt jedoch war ich verdächtig. Die Beamten zögerten die Zuerkennung einer Aufenthaltsgenehmigung hinaus und warfen mir dann vor, unrechtmäßig in Portugal zu sein. Ausgestattet mit einem Bestätigungsbrief des Rektors musste ich nach Wien reisen und dort die Demütigungen über mich ergehen lassen, die die Konsulatsangestellte damals für Nicht-Mitglieder der EU bereithielt. Ein Spaß, den sie sich nicht entgehen ließ. Betrügerische Absichten, Versuch illegaler Einwanderung; sie probierte alles aus und je mehr sie es mir unmöglich zu machen schien, desto stärker begehrte ich in ihrem Land zu sein. Als ich endlich richtig verzweifelt und mehrmals in Tränen ausgebrochen war, lenkte sie ein. Ich durfte reisen. Seither kann ich mir Situationen von Ausländern in meinem Land recht gut vorstellen. Wohnen ist vorerst abhängig von der Erlaubnis, sich da und dort aufzuhalten. Und der Wechsel von einem großen Herrschaftsgebiet zum anderen, von Süden nach Norden, von Osten nach Westen, ist heute schwieriger als jemals zuvor.

In Berlin war es mir nie gelungen, einen eigenen Raum zu finden. Alles behielt den Charakter der Vorläufigkeit, da ich gängigen Vermieterkriterien – ohne feste Arbeit, kein regelmäßiges Einkommen – nicht entsprach. Es blieb die Möglichkeit des Bewohnens von Zimmern, die anderen auf ihre Bedürfnisse zugeschnitten waren. Das Prinzip Gästezimmer, nur auf Monate verlängert. Unmäßige Inanspruchnahme von Gastfreundschaft, könnte man es auch nennen, oder Belagerung; und nur wirklich gute Freunde können Situationen wie diese verkraften. Erst nach einem halben Jahr schaffte ich es dann vom Gästezimmer in eine Wohnung zu übersiedeln, die ein Schriftstellerfreund wegen eines Auslandsaufenthaltes verlassen wollte. Wie lange, wusste er nicht, aber ich zog dennoch ein. Seine Bibliothek, sein Schreibtisch, sein Stuhl, sein Bett, seine Decken durfte ich benutzen und wollte aber eigentlich endlich was Eigenes haben. Wie lange dauert es, bis man Herkunft und Untergrund vergessen kann? In Wien war es mir schon immer gruselig erschienen, mir vorzustellen, wie viele Menschen in den Altbauwohnhäusern gestorben waren, welche unsichtbaren, doch spürbaren Spuren sie hinterließen. In dieser Berliner Wohnung waren die Einrichtungen des Hauptbewohners deutlich wahrnehmbar. Ich begann die Bibliothek mit Tüchern zu verhängen, brachte Vorhänge an, verrückte Tisch und Bett, räumte Möbel zur Seite, beklebte Fenster, versprühte Düfte, legte Teppiche auf. Doch aus dem Briefkasten quollen Verlagsprogramme, die mein Vermieter geordnet hatte, Nachrichten sammelten sich auf seinem Anrufbeantworter und in meinem Kopf gingen all die Beschreibungen seines Berliner Lebens um, das er mir geschildert hatte, als ich noch nicht daran gedacht hatte, jemals hierherzuziehen. Er war mir zu nahe, als dass ich ihn verdrängen hätte können. Und seit damals weiß ich, dass der Begriff Untermieter eigentlich nicht stimmt. Es müsste Übermieter heißen, also derjenige, der vorher Festgelegtes übernimmt und dessen Bewegungen durch die Räume vorgezeichnet sind vom Rhythmus des hauptsächlichen Mieters.

Die Fortsetzung meiner Suche nach Wohnen in Berlin fand dann in einem spanischen Dorf statt, einer Ansiedlung von Rentnern aus Deutschland und England, Reihenferienhäusern, zu fünfundneunzig Prozent verlassen und ich hütete eines davon. Die Sinn- und Nutzlosigkeit eines Hauses im Süden, ohne Ferien und ohne Urlauber, war hier sofort zu spüren. Der Mangel an Bewohnern wurde mit einer Unmenge von Schlössern, Alarm und Lichtschaltanlagen ausgeglichen, die potenziellen einheimischen Dieben und Eindringlingen Gedanken an Besitz und Nutzen von leerstehenden Räumen, nicht gebrauchten Alltags- und Ziergegenständen austreiben sollten. Ich teilte mir das Haus, dessen Stromkreis immer wieder durch den mächtigen Verbrauch der Aufbereitungsanlage für den zweiwöchentlich im Jahr genutzten Swimmingpool ins Schwanken geriet, mit ein paar Holzwürmern. Ihr unbändiges und lautstarkes Nagen unterbrach manchmal meine Lese- und Schreibruhe, von der ich nun wiederum fast zu viel hatte. Diese Räume strahlten Abwesenheit aus. Und normale Menschen, zum Beispiel Einheimische, Spanier, gab es dort nicht. Die Ferienhausanlage war ins trockene Nichts gebaut worden und so blieb die Leere auch dort. Und ich genauso. Nach zwei Wochen intensiven Schreibens saugte sich das Nichts in mich hinein und ich wollte fort aus den verqueren Träumen einer Rentnergeneration, die mit der Erfüllung ihrer Wünsche alleine dastand. Keiner ihrer Nachkommen wollte so ein Haus als Traum akzeptieren. Und mir drückte die Lage aufs Gemüt. Es endete damit, dass ich nicht fortkonnte. Ich saß, lauschte dem Sturm, dem Gewitter, den Holzwürmern, der Wasseraufbereitungsanlage und vergaß langsam, wie man sich bewegt, wie man sprach, vor allem, in welcher Sprache. Ich saß da und wollte gut finden, was schrecklich war, bis endlich eine Freundin zu Besuch kam und mich herausriss. Sie konnte es nicht einen Tag in diesem Haus ertragen, das wie ein Grab sei, sagte sie, und zog mich zur Busstation. Danach flog ich zurück, das Manuskript meines ersten Buches im Gepäck, immerhin.

Neben den längeren Aufenthalten in Berlin, Frankreich und Spanien hatte ich oft Gelegenheit, als Gast verschiedene Weisen des Wohnens durchzuprobieren. Einmal testete ich sogar die Wohnung von James Bond. Oder jedenfalls Räume, in denen man sich den Agenten dazu passend vorstellen konnte: Ein cremefarben tapezierter Traum, der Teppichboden flauschig, die Einbauschränke cremefarben, mit Anzügen und weißen und gestreiften Hemden gefüllt, das Bett mit vielen Kissen, einem Überwurf, der cremefarben war, und dahinter Spiegel in Gold gerahmt, riesengroß, die Bar unversperrt, Whiskey in Kristall auf einem Wagen fahrbar, neben dem Bett eine Klingel. Und das Bad des Doubles von James Bond, war geräumig mit Stapeln von flauschigen cremefarbenen Handtüchern und Rasierwasserflaschen aus Kristall. Diese Wohnung war unendlich, die Fotos der Familienmitglieder an den Wänden der Gänge waren winzig klein. Es ist seltsam, für einige Zeit eine Wohnung von Menschen zu belegen, denen man persönlich nie begegnet. Aus Ordnungssystemen, Farbvorlieben, dem Inhalt von Kühlschrank und Küchenregalen, von Biblio-, Audio- und Videothek baut man sich eine Person aus Vermutungen, über die Gegenstände und vorgegebenen Bewegungsrouten, Lichteinfällen etc. So befand ich mich, zum Beispiel, einmal auch in der Wohnung eines Kriegsberichterstatters, einmal auf dem Hausboot eines aristokratischen Grundstücksmaklers, dessen Einrichtung und Farbzusammenstellung in vielem den Räumen von James Bond ähnelten, obwohl insgesamt beeindruckender und feuchter. Und ich muss zugeben, dass mir diese Art des Erforschens von Wohnmöglichkeiten nicht schlecht gefällt. Immer wieder neue Innenräume von Menschen aus ihren äußeren, privaten Arrangements zu erschließen, um sie dann nie wirklich kennenlernen zu müssen. Dieses Probewohnen ist wie Verkleiden, für kurze Zeit Rollen Einnehmen, die einem nicht geläufig waren, bis dahin. Wahrscheinlich ist auch das ein Versuch, der Enge von vorgegebenen Vermögens-, Klassen-, nationalen und regionalen Grenzen zu entkommen.

Auch auf einem Schloss in Frankreich, in das ich eingeladen worden war, die Ferien zu verbringen, fielen diese Unterschiede auf. Die Räume dort wurden seit Jahrhunderten von Mitgliedern derselben Familie in Gebrauch genommen, Spuren historischer Abläufe trafen sich dort, erzählten die immer selbe Geschichte, zusammengefasst unter einem Adelsnamen. Und die Räume waren dementsprechend groß gehalten, um viel Platz für das Gedächtnis vieler zu bieten. Für einen allein sind sie zu groß. Ich habe keinen Stammbaum meiner Vorfahren ausgearbeitet, verfüge nicht über alte Dokumente, die von ihrer Tätigkeit zeugten, kein Mitglied meiner Familie wurde je von einem Maler porträtiert. Ich trage keine durchgängige Geschichte in mir herum, und darum setze ich mich auch nicht fest.

Das Jahr davor wohnte ich in einem Schloss in Deutschland, das nacheinander Lustschloss, Irrenhaus und Kaserne gewesen war und schließlich zur Unterkunft für künstlerische Stipendiaten wurde. Die Weite dieses Gebäudes wurde früh in winzige Zellen aufgeteilt und damit einem modernen Wohnkonzept unterstellt. Diese Räume wurden bis ins Äußerste genützt, das Alte bestand nur mehr als Fassade, als Hintergrund für stimmungsvolle Fotografien. Bemerkenswert auch die Vorstellungen der Planer: Dass Bildende Künstler und Architekten Platz brauchen, wurde angenommen. Ein Schriftsteller aber wird am liebsten gleich lebendig in eine Bücherkiste gepackt. Der Planer hatte bei der Ausarbeitung des Raumkonzepts für Schreibende sicherlich eine Reproduktion des Spitzweg-Gemäldes »Der arme Poet« vor sich gehabt. Mehr als ein Bett und ein Tisch hatte in dem Zimmer unter der Dachschräge nämlich kaum Platz. »Ich begreife nur nicht«, so fasste ein Kollege die Situation zusammen, »warum sie uns nicht gleich auch noch einen Regenschirm bei der Ankunft in die Hand gedrückt haben«.

Nirgendwo sein und bleiben dürfen, zumindest nicht an dem Ort, den man selbst gewählt hätte, wird einem am Beispiel des Abgeschobenwerdens vor Augen geführt. Auch das ist mir im Zuge einer meiner ersten Reisen passiert. Auf der Rückreise von den USA nach Europa war ich mit einer Freundin in London gelandet und wollte per Autostopp vorerst nach Paris. Dort lebte ein Freund, der uns Geld für die Weiterreise leihen konnte. Das war aber für den Einwanderungsbeamten, der uns aufgrund unseres unzivilisierten Aussehens auf die Seite geführt hatte, kein Argument. Wir konnten nur 10 Dollar als Barschaft vorweisen, zu wenig meinte er, um in unser Herkunftsland zurückzukehren, und damit hatten wir die Bewegungsfreiheit verspielt. In einen Warteraum geführt, einen Transitraum, durften wir unter Besuchern, die vor allem aus der Dritten Welt nach Großbritannien hatten kommen wollen, Platz nehmen. Ohne Gepäck und Reisepass, ohne Erklärung saßen wir etwa zwei Stunden, bis schließlich ein paar Uniformierte alle Insassen aufforderten, den Raum zu verlassen. Einen Korridor entlanggeführt, verfrachtete man uns, zusammen mit anderen Gestrandeten, in einen Bus, der langsam das Flughafengelände zu verlassen schien. Wohin, das wusste keiner. Nach einer halbstündigen Fahrt hielten wir vor einer Baracke und ein langwieriges Ritual von auf- und zuschließenden Türen, die auf Gänge, immer wieder neue führten, begann, eine Art Schleusensystem, das verhindern sollte, dass irgendjemand nach vorne oder hinten abhauen konnte. Die Beamten verrieten mit keinem Wort, was die Leute erwartete, und die gefängnishafte Stimmung machte Angst. Schließlich öffnete sich eine Türe auf einen großen Raum, in dem ein Tisch stand, der mit Chapatis und großen Teekannen vollgeräumt war. Essen! Wir durften nicht bleiben, aber essen. Das lenkte ab und ein. Danach die mühevolle Rückkehr, Türen auf, Türen zu, Türen auf, Türen zu, Bus, Warteraum. Man durfte nur nicht ins Freie gelangen, denn das hätte Freiheit und Aufenthalt bedeuten können. Nach ein paar weiteren Stunden kam eine Stewardess, uns abzuholen. Meine Frage nach dem Wohin wollte sie nicht beantworten. In einem Auto wurden wir übers Flugfeld direkt zu einem Flugzeug gefahren, das, nachdem wir darein verfrachtet worden waren, sofort abhob. Die Maschine war ohne Passagiere; draußen blauer Himmel, Wolken. Das Gefühl der Ortlosigkeit während dieses Fluges, während ich auf die leichtflockig weißen Gebilde da draußen schaute, ist mir heute noch in Erinnerung. Es war wie ein großes Ende all dessen, was ich vorher, einmal, jemals gewesen war. Es war angsteinflößend, aber auf irgendeine seltsame Art, sogar schön, doch nur für diesen Moment des Übergangs, der nicht mehr lange dauern konnte, da das Flugzeug zur Landung ansetzte. Und je näher es dem Boden kam, versuchte ich den Schriftzug auf dem Gebäude zu entziffern, um wieder zu wissen, wo ich war. Amsterdam. Sie hatten uns nach Amsterdam verschickt. Die Stewardess drückte uns Reisepässe und Flugtickets in die Hand, entließ uns in die Freiheit. Es gäbe ein britisches Gesetz, erklärte sie, das die Fluglinie, welche uns nach London gebracht hatte, zwang, Reisende kostenlos in ihr Herkunftsland zu transportieren. Was hiermit geschah. Unsere Tickets waren auf Wien ausgestellt. Abflug sofort. Und der britische Stempel im Pass durchgestrichen mit einem schwarzen Kreuz.

Seit ein paar Jahren beginnen Bekannte und Freunde sich in zwei Gruppen zu teilen.

Die mit den Häusern konnten sich entscheiden für einen Ort, sie sind niedergelassen.

Die ohne Häuser warten entweder noch zu oder wehren sich mit aller Kraft gegen das eigene Haus. Meistens sind es Nachkommen jener Eltern der Hausbaugeneration der 50er- und 60er-Jahre, deren Drang nach dem Eigenheim, deren Entschlossenheit, sich ihr Leben lang zu verschulden und einzuschränken, damit zumindest das Wohnen großzügig sei, von ihren Kindern schlecht gewürdigt wird. Der Traum der Eltern kann nicht mehr der ihre sein. Selbst Wohnträume sind wechselhaft geworden und oft gehen heute sogar gutgemeinte Versuche sich festzulegen schief. Da gibt es einen Bekannten, der für seine Freundin, sein Kind und sich ein Haus baute, worauf die Beziehung zugrunde ging. Und er, nicht müßig, wurde Vater eines zweiten Kindes, für deren Mutter und sich er ein zweites Haus zu errichten begann, worauf die Beziehung zerbrach usf. Jetzt ist er Besucher in seinen Häusern und zieht es vor, allein zu wohnen, in einem Zimmer.

Sogar meine Eltern treibt es fort von ihrem ehemaligen Traum. Nachdem sie zu Bauzeiten dankbar das Gratisgrundstück auf dem Besitz meines Großvaters angenommen hatten, begann sich die Gegend stark zu verändern. Statt des Wiesenumlands fällt ihr Blick heute auf die Fertigbauteilhäuser von Nachbarn, die sie nicht kennen. Die meiste Zeit des Jahres verbringen sie daher zurückgezogen auf einer winzigen Almhütte in den Bergen, ohne Wasser, ohne Strom. Oder sie verreisen. Das Traumhaus dient nur mehr als Anlauf und Abfahrtsstelle. Es ist zu einer Art geräumigem Bahnhof geworden.

Was aber wäre das Gegenteil des Wohnens? Ist es Reisen, Unterwegssein, sich immer wieder kurz in einem fremden, von anderen geschaffenen Ambiente einrichten? Oder ist es das Ausräumen von einstmals vertrauten Zimmern? Wahrscheinlich doch der letztere Zustand, der ein Prozess ist, welcher befreiend und schmerzhaft zugleich vor sich geht, ein Zunichtemachen aller in winzigen Schritten unternommenen Bemühungen, sich und seine Dinge einzurichten. Das Ansammeln und Inshausbringen des Besitzes, das Platzsuchen und -finden, das Gebrauchen der alltäglichen Gegenstände erzeugt ein dichtes Muster, eine Fülle, die das Sich-da- und Wohlfühlen begründet. Mit der Notwendigkeit, diese Fügungen zu lösen, wird der Zusammenhang der Gegenstände unterbrochen. Plötzlich sind es zu viele, plötzlich stören sie, stehen im Weg, gehen auf die Nerven. Immer wieder neue Schichten von Verräumtem und Verstecktem tauchen ans Tageslicht, müssen beachtet und erwogen werden, ob sie es noch wert sind, behalten zu sein.

Natürlich ist das kein Rezept für Sammler. Aber Sammler sollten auch nie umziehen. Denn Wohnen, richtiges Wohnen ist Sammeln, ist Besitzen, das ist klar. Nicht umsonst sind Sitzen und Besitz verwandt, nicht umsonst wohnen und gewohnt.

Und wie schwierig es ist, als Reisender Abschied zu nehmen von seinem – sei es auch wenigem – Besitz, wird jedem klar, dessen Gepäck während eines Fluges verlorengeht. Nicht allein, dass er um die Wohligkeit der vertrauten Kleider und Gegenstände gebracht wird. Die Ungewissheit des Wartens setzt einen intensiven Rekonstruktionsprozess in Gang, der ein deutlicheres Licht auf den jeweiligen Wert und die über den Wert hinausgehende persönliche Bedeutung der Gegenstände wirft, als hätte man sie greifbar vor sich liegen. Jedes Stück erhält seine eigene Geschichte in der schmerzhaften Realisierung seiner Abwesenheit und des angstvollen Nachdenkens über Möglichkeiten, es bei seinem totalen Verlust ersetzen zu müssen. Bis dann endlich die Nachricht kommt, dass alles gefunden sei und ihre Bedeutung im alltäglichen Gebrauch der Dinge schließlich wieder völlig aufgeht.

In letzter Zeit, da längere Auslandsaufenthalte immer schwieriger werden, das gewählte Land verlangt zum Beispiel Genehmigungen, sogar zum nur zeitweiligen Bleiben, wo Ein- und Zuwanderer als Bedrohung erfahren werden, muss ich mein verstärktes Interesse an Reise- und Umhängetaschen, fahrbaren Gepäcksstücken und Seekisten feststellen. So, als sollte alles jederzeit ständig transportierbar sein. Kaum, dass ich an einem Sonderangebot von Reiseartikeln unversucht vorbeikomme, die Preislisten von UPS und Federal Express liegen griffbereit und in Zeiten, wo man nicht wissen kann, welche Verrenkungen man noch anstellen muss, um die nächste Visumsverlängerung zu erhalten, um seine Anwesenheit möglichst täuschend echt spielen zu können, denke ich vor allem daran, wie meine Hüllen und Erinnerungsgeräte, Bücher und Computer, mein Wohnen also, am besten verpackt, verlegt und anderswo aufgestellt werden könnten.

Und natürlich ist Wohnen nicht nur in einer Form vorstellbar. Obwohl das Gemeinsame, in einem Apartmenthaus zum Beispiel, erst vor ungefähr hundert Jahren entwickelt wurde, bestanden und bestehen neue und ältere Wohnformen nebenher. Und obwohl mit dem Fortschreiten neuer Kommunikationstechnologien die Unterschiede von privat und öffentlich, innen und außen, Wohnen und Arbeiten langsam aufweichen, bedeutet das nur eine Spielform in der zeitlich und räumlich abgestuften Vielfalt des Wohnens. Und damit werden auch die bislang als alleingültig gehandelten Metaphern und Analogien von Mensch und Haus hinfällig. Der Keller ist nicht mehr der einzige Speicher von Verborgenem und Verdrängtem, der Dachboden nicht mehr der einzige Raum, in dem sich das Gedächtnis an vergangene Jahrzehnte sammelt. Umgekehrt setzen sich gewisse Geschehnisse, Begegnungen, Emotionen als Bilder von Räumen fest, die mit dem Denken an diese Räume wieder erinnert werden können. Und vielleicht bringt den Schreibenden die Angst vor dem ständigen Verschwinden dazu, das Vergangene in immer wieder anderen Versionen zu erinnern und neu hervorzubringen. Vielleicht lässt sich das Nicht-Lassen der Vergangenheit auch aus dem Schmerz um den Verlust des verwurzelten, kontinuierlichen Lebens erklären.

Nun, da ich mich endlich an den Fluch meiner Kindheit, das nicht (an einem Ort) Wohnen-Können, zu gewöhnen beginne, habe ich auch Angst, dass das Traumhaus einmal wirklich werden wird. Und in der Tat konnte ich auf Reisen, besonders in Deutschland, schon einige davon besichtigen. Perfekte ökologische Architekturen bei neuen, oder bei alten, perfekt behutsam restaurierte Häuser, gemütlich geschmackvoll eingerichtet, den Interessen aller Bewohner entsprechend, von Kachelofen bis offener Kamin, Komfort, kuschelige Bibliothek, freier Wohnraum ohne Beklemmung, ausgebaute Dachstuben mit viel Licht, Gärten mit Blumen, Schlauch und Spielgeräten; das Haus meist außerhalb, aber doch in der Nähe einer großen Stadt gelegen. Swimmingpool beheizt durch Solarzellen. Und und und. Ich muss gestehen, dass diese Offensichtlichkeit an gutem Wohnen mich nach den ersten Minuten der Ver- und Bewunderung unruhig zu machen begann, dass ich in den gelüfteten, freundlichen Räumen auf gesunden Matratzen mich die Nacht durch schlaflos wälzte und dass ich froh war, endlich wieder im Zug, im Auto zu sitzen danach. Und dass mir der Dreck und das Chaos meiner jetzigen Wohnverhältnisse immer noch gefällt, weil diese Situation zwei Vorteile hat: Erstens ist es nicht schön genug, um mich zum Bleiben zu zwingen, ein Aufbruch ist möglich. Und zweitens kann der Traum vom Haus sich ständig verändern, so wie der Traum von einem perfekten Ort. Oder aber all das, mein ständiges Herumziehen, ist eine immer wieder neu inszenierte Flucht vorm Tod, ein »Kratzen am Sargdeckel«, wie Georg Büchner meint, wenn er Danton sagen lässt: »Wir sind alle lebendig begraben und wie Könige in drei oder vierfachen Särgen beigesetzt, unter dem Himmel, in unseren Häusern, in unseren Röcken und Hemden.«

Das Gesicht, mit dem Europa schaut

Hinter den Plastikplanen leuchtet es abends bläulich, Lichtflecken, sich verschiebend, wiederaufhebend, wechselndes Muster von Abläufen, Bildern. Schatten hinter Plastik.

Als unten am Gehsteig jemand ruft, schlagen Männer die Plane zurück, drüben über dem ausgewaschenen Ladenschild in Rot: THE LE DER STORE, das A ist verschwunden; über dem unverglasten Fenster grüne Ornamente.

Solange es warm ist, sehe ich meine Nachbarn täglich und sie sehen mich, pfeifen, wenn ich vor die Haustür trete. Mit den ersten Frösten Mitte November sind sie fort. Zurück in den Süden. Die Fenster des heruntergekommenen Hauses bleiben dunkel. Das A fehlt, weiterhin.

In Wien hatten die Flüchtlinge vom Haus gegenüber zwar Glas in den Fenstern, doch vor Traurigkeit rissen sie sie auf, hängten ihre Oberkörper aus den Löchern und wiegten sich zu lauter Musik. Sie haben mir auf den Tisch geschaut, ins verrutschte Gesicht, und ihre Rhythmen und Gesänge bohrten sich in meine Ohren ohne Sperren. Die Geografie des Balkans war nur eine Blickweite über die Straße entfernt. Während in Berlin die Nachbarn nur so groß wie die Spitze meines Bleistifts waren, manchmal mit zwei Armen daran, Händen, die Zigaretten hielten und rauchten. Ein Adventkalender war ihr Haus, die Lichter gingen aus und an gegen Abend; keine Berührungen, keine Worte, keine Töne.

Von Chicago kommend, lande ich in Frankfurt, die Sprache so nah plötzlich, jedes Wort klar, und an der Straßenbahnstation fährt Blaulicht quer über die Schienen, zwei Polizisten stolz über den Fang, ein arabisches Gesicht, der Mann geht langsam, aufrecht, die Polizisten nervös, als gäbe es ihn zu verlieren, der sich gar nicht wehrt. Er zündet sich eine Zigarette an, bereit zu warten. Weit und breit ist keine Spur seines Verbrechens zu sehen, kein Opfer, keine Zeugen. Dann die Verstärkung, Polizei, nun sind sie zu fünft, den Mann zu versorgen, der sich nicht rührt.

Und dann hineingesprungen in die Welt der gut Genährten und Gekleideten, in die Welt der Brezelbuden, Kaffeestuben, Fleischereien, in die Welt der Obststände, an denen man nach Nummern wiegt und junge Türken den Traubenpreis hinuntersteigern, und hinein in die Welt der Reformläden, Apotheken mit Mitteln gegen die Angst, die Verstopfung, das Versagen.

Ich wühle mich durch und entlang von Alleen, sorgfältig gezäunt und gepflegt, funktionierend wie die Straßenbahn, die mich trägt, wohin ich will.

Ich dränge mich heraus und Blaulicht fällt auf den glatten Gehsteig, ohne Löcher, ohne Müll, aber eine alte Frau liegt da, am Boden, Dauerwellen, hellbraune Jacke, blaue Stretchhosen, bloß dass sie sich nicht rührt.

Angefahren, sagen die Zuseher, die in Zweierreihen davor stehen. Ich gehe weiter, ziehe eine Karte mit Magnetstreifen durch eine Maschine und bin mit einem Mal von Frauen umringt, die in Nadelstreif, Zweiteilern, möglichst eng, über einen Pflasterplatz eilen, auf dem ein riesiges Buch, eine Schachtel vielleicht, eingeschlagen hat. Seine Ecke ist versunken, und ich bewege mich dorthin.

Es ist wie mit den Kleidern, die ich in Modemagazinen aufmerksam betrachte, wenn ich müde bin. Niemals werde ich eines davon tragen, wie ich weiß, und dennoch glaube ich daran, im Moment, wo mein Auge Umrissen nachfährt, Farben zusammendenkt, Schnitte übersetzt, bis zu den Frisuren und Gesichtern, die niemals meine sein werden. Trotzdem stecke ich darin, ich könnte schwören, und genauso streife ich die kaputten Gehsteige in Chicago entlang, umgehe tiefere Spalten, springe über großzügig gestreute Glasscherben zerschlagener Flaschen, weiche den mexikanischen Gesichtern unter Kapuzen aus, die GUÉRA, GUÉRA flüstern, vorbei an verriegelten Bars, Geschäften voll Southwestern-Cowboystiefeln, Fransenhemden mit Sonnenuntergang, vorbei an Verbotsschildern für Gangs und Drogen, vorbei an den schwarzen Fettrauchwolken der Taquería, vorbei an der Fastfood-Hütte mit Holzdach, wo vor zwei Wochen die Schießerei stattfand, ein Toter, und bin bei der Post angelangt, deren Flügeltüren sich öffnen, selbsttätig, und ich reihe mich ein. Ich könnte schwören, dass ich selbst es bin, die diese Strecke zurücklegt in circa zehn Minuten. Aber wo ist der, der mir glaubt, der es mir beweist? Genausogut könnte ich in Wien sein oder in Gedanken. Tatsache ist, mein Körper schreibt, aber woran?

Wir brauchen uns nicht zu verkleiden, die Wirklichkeit ist schrecklich genug. Wir brauchen keine Masken, um Monster zu sein, lese ich in der Zeitung. Und Vögel, Blätter sinken wasserwärts, der See zieht sich in Wellen ans Ufer, ein kalter Wind reißt die glatte Fläche auf, nur das Licht wärmt, zeichnet scharf die Ränder, bis die Sonne schließlich zwischen Häuser taucht und Figuren im Dauerlauf alleinläßt mit der Kälte, November und aus meiner Zeitung fällt der Katalog für Halloween: Kerzen in Form von runzeligen Händen mit Tropfen in der Farbe von Blut, Plastikkleber von Wunden, Einschüssen, Male von Messerstichen, aufblasbare Fledermausflügel, Schminksets für Frankenstein, Müllsäcke mit Gespenstergesichtern, Skelette in Leuchtfarben, Spinnenringe, Totenkopfsäulen als Kugelschreiber zum Preis von 99 Cents. Ich reiße mich hinein, fülle mich auf mit falschen Fingernägeln, träume Perücken über meinen Kopf, die meine Erscheinung aufgreifen, mitnehmen, ich zeichne mich aus in diesem Spiel der Identität, um die Geister zu vertreiben, die hinderlich sind, fürs Neue. Und ich setze wieder an, nach meinem Verwandeln, gehe aus dem Haus, stimme überein mit den Strohballen, Kürbishaufen im Vorgarten, auf Fensterbänken. Hier in Chicago stellt man die Leichen vors Haus, anstatt sie zu verbergen. Sie halten ihren Platz, während es kälter und kälter wird, schon frieren meine Zehen, und dann setzt Weihnachten ein, das Geschäft, die Rehe, Elche, Rentiere, Schlitten, Engel bauen sich nun auf vor den Häusern, während die Skelette ruhen, bis zum nächsten Jahr, wenn sie auferstehen zum Spaß.

Aus dem Nichts eine riesige Sache zu erfinden, ich war darin schon immer groß. Die Menschen tragen weiße Plastikbecher vor sich her, mit einem Deckel, wohin man auch schaut, wird man den Eindruck nicht los, so schwappt ihr Inneres nicht heraus.

Soll ich meine Gedanken nun zusammensuchen über die örtliche Zerstreutheit? Ich will wissen, wie die Erinnerung an bestimmten Orten aufreißt, sich festzurrt an Gegenständen und sich an anderen Punkten nie mehr öffnen kann, für etwas, das nachher kommt. Wie soll ich die Stadt denken, meine Stadt in Portugal, wo ich wohnte, da sie heute anders existiert? Straßen, die ich beging, die heute keine Straßen mehr sind, Geschäfte, in denen ich kaufte, aufgelassen, Boote ersetzt durch neue, und mein Haus am Platz nicht mehr das höchste? Wer befindet sich im Besitz der Realität? Der, der umzieht, oder der, der bleibt?

Und wieder gelandet in Lissabon entfaltet sich die Erinnerung mit einem Schlag. Worte wie »ländlich«, »langsam«, »schön« erhalten wieder Bedeutung. Sie waren zu bloßen Formeln verkommen, in belanglosen Gesprächen. Und plötzlich füllen sie sich mit rasender Geschwindigkeit. Fremde Sprachteile stellen sich zögernd, aber notwendig ein. In dieser Stadt wird noch geschaut, Starren würde man sagen in Chicago, Glotzen in Wien.

Treffe ich meinen Liebhaber in einer anderen Stadt in einem anderen Land, so ist das fast kein Betrug. Ein Überwechseln von einem Körper zum anderen, dessen Sprache sich deutlich abzeichnet auf meinem. Diese Abdrücke des Liebhabers muss ich versuchen zu verstecken, nach meiner Rückkehr. Muss sprechen, als wäre nichts gewesen, und dennoch den Unterschied erspüren zwischen Mann und Mann.

Und auch der Liebhaber ändert sich, je nachdem in welcher Sprache wir uns befinden, je nachdem wie vertraut wir den Städten sind, die wir anfliegen von einem je verschiedenen Kontinent.

In Paris zum Beispiel scheint mein Liebhaber klein und ungeschickt zu sein, die Sprache stößt sich an den Bewegungen der Stadtbewohner, wird unbeachtet fortgespült, irrt in nicht endenwollenden U-Bahn-Gängen und verwandelt sich zu guter Letzt in eine andere, besser geläufige, je mehr Zeit wir in der Bar verbringen, dort wo die Amerikaner sind. In Paris müssen wir uns trennen von Paris, um zusammenzusein. Wir verschwinden in den Vierteln der Araber und Schwarzen, die zu beschäftigt sind, ein müdes, seltsam voneinander abstehendes Paar wahrzunehmen, das sich die Reihen des großen Flohmarktes hinunter- und hinaufwühlt, in Militärhemden und bulgarischen Röcken, sich verkleidend vorstellt anders und anders und anders zu sein, und schließlich hinaufsteigt ins Hotelzimmer, alles abschüttelt und müde sich erregt, die Laken über Nacktheit zieht.

Gehe ich in Chicago meine Straße entlang, treffe ich keine Weißen. Ich bin die Ausnahme. Schwarze Käufer und Verkäufer, braune Mexikanerinnen mit langen Haaren, in weiten Anoraks, ältere Latinoherren in Stiefeln, Westernhut, hin und wieder lilagefärbte polnische Dauerwellenträgerinnen; sie sind selten geworden. Und auch wenn ich in den Bus steige, in die U-Bahn, weiß ich, dass das nicht der Ort meiner Rasse sein kann. Wer öffentliche Verkehrsmittel nützt, muss versagt haben, denkt das sorgfältig sortierende Kastensystem in anderen Fahrgästen sich aus. Wer weiß ist, schafft es bis zum Auto.
Ich stehe am unteren Ende der Plätze, die für Anglos vorgesehen sind. Immer noch weit entfernt von denen der Schwarzen und Mexikaner. Will ich spanisch mit Latinos sprechen, glauben sie es kaum, antworten englisch, weil ich nicht aussehe, wie ein spanischsprechender Mensch hier auszusehen hat. Anglos sprechen kein Spanisch, das Spanisch der Anglos ist für Colleges und Reisen nach Europa und Südamerika bestimmt. Nichts für die Straße, das eigene Land.

Und dann kippt die Sprache und ich erschrecke über die Möglichkeit Gegebenes zu verändern, sehe mir selbst zu, wie ich Erinnerung aus mir kaue, sie in Geschichten vor mich stelle. Und während ich die eine Sprache noch bewohne, dringt die andere seitwärts in mich, Deutsch wird unterlaufen, Anfänge setzen auf Englisch ein und lassen sich dann zurückbiegen, sobald ein paar Worte fehlen. Oder das Denken läuft auf der Oberfläche dahin, selbsttätig, wie die Sprache vorgibt, dass zu denken sei. Ich tue nichts dazu, betrachte, wie ich mit dem Wort »suffer« mein Wissen ums »Leiden« betrüge. Erlaube mir die vermeintliche Einwegigkeit des Englischen, während mir vor der Vieldeutigkeit des deutschen »Leidens« graut. Ein Verrat, der leicht fällt.

Am größten erscheint mein Liebhaber in Lissabon und ich wachse dort mit ihm. Im Café am großen Platz halten die Blicke der einzeln auf Tische verteilten Männer ein, mich zu gebrauchen, als mein Liebhaber zu mir tritt. Sein Gesicht ist hier bekannt. Die Sprache seine Sprache, die Stadt seine Bühne, er überredet mich zu einem Kleid und mit ihm komme ich in Kreise, die man von außen kaum kennt. In Lissabon wird mein Liebhaber laut, weil Gewicht hier die Stimme erhebt, in Lissabon hat er viele Diener, Verehrer, Leute, die unter ihm sind. Nicht dass er es merkt, er hört es nur von mir, dass ihm hier alles gelingt. Und Türen öffnen sich zu ungewohnten Zeiten und Arme und Wangen empfangen mich in aller Form; als sie mich blitzen wollen, schlage ich meine Hände vors Gesicht. Ich will nicht hier sein, um woanders zu erscheinen, auf Papier. Ich bin ohne Namen, eingereist, sage ich, und er wird still. Im Flugzeug zerre ich ihn mir vom Leibe und werde allein.

Aber was wäre, wäre ich in Wien? Die Flüchtlingsunterkunft vor meinem Fenster niedergerissen, das Grundstück leer, manchmal sehne ich mich nach der Bibliothek in dieser Wohnung und nach etwas, das man im Schlaf kennt, nach Dingen, meist Essen, die es hier nicht gibt. Nur wenn ich dann dort bin, angekommen, schmecken sie niemals so gut, wie meine Vorstellung es hier will. Ich mache sie besser, als sie jemals waren und das ist der Grund: Ich habe mich in der Zwischenzeit an anderes gewöhnt und finde, zurückgekommen, in den vorherigen Geschmack nicht mehr hinein und die Erwartung des Vertrauten trügt. Nach längerer Abwesenheit arbeitet der Reizschutz nicht mehr gut genug und all das, was man gar nicht kennen will, nicht wieder finden, stürmt herein. Es war verstaut im Gedächtnis und nun bricht das schöne Bild. Das vorgestellte Semmelsonnenrund zerbröckelt krümelig und lau am Gaumen, der vorgestellte Park ist von den alten Frauen und den Tauben schon verbraucht und schleunigst ziehe ich mich ein. Die Sprache! Das Tempo! Der Abstand zwischen den Menschen! Erst nach ein paar Tagen lächle ich dann, die Stadt ist wieder handhabbar geworden, im Groben. Im Feinen bin ich nicht mehr zuhause und will es auch nicht sein, das heißt, es dauert mir zu lang. Also fälsche ich meine Anwesenheit, gebe etwas vor, zum täglichen Gebrauch.

Image Check

»In einer Welt, in der sich alles nur ums Image dreht, sich sein Image zu verderben, das ist wirklich schlimm«, kommentierte eine amerikanische Freundin die aktuelle Lage.

Als ich 1996 das erste Mal von Österreich aus nach Chicago flog, hieß es »Wien darf nicht Chicago werden«, herunter von Plakaten der Blauen. Chicago als Abbild von Unsicherheit, Gefahr und Korruption. Wien, die Arme, brauchte Schutz, aber wovor genau? Ein Bild aus den 30er-Jahren, dargestellt unter anderem in der Fernsehserie »The Untouchables«, das im heutigen Chicago den Hintergrund für inszenierte Stadtführungen samt Gangstern und Maschinenpistolenattrappen stellt, sollte für Bedrohung stehen. Als der Spruch schließlich auf die Titelseiten der Chicagoer Zeitungen kam, wurde eine Entschuldigung schnell nachgereicht. Man habe bloß mit dem Image Chicagos gespielt, nicht die wirkliche Stadt gemeint.

Was aber ist wirklich? Wahr ist, was wirkt, im Hantieren mit Verunglimpfungen, verdrehten Zitaten, Bildern aus Filmen, falsch interpretiert. Das ist, was zurzeit zählt, und damit zurückwirkt und ein seltsames Bild Österreichs erzeugt, eine bizarre Ansicht nach außen, kein freundlicher Gruß. Wir ist endlich Wir, tautologische Identität, und das unausgesprochene, damals nicht dargestellte, vielleicht echte Feindbild Chicago, mit seinen verschiedenen Ethnien, Sprachen und Einwandererkulturen hat endlich funktioniert.

Abgrenzung tut not. Die Bilder von UNS und DENEN werden zu Formeln verallgemeinert, gegeneinander ausgespielt und verhindern damit Variationen des Andersseins, sowie den Austausch zwischen anderen und eigenen. Begründet aber das allein schon eine neue Identität? Ist das Inland zufrieden damit, ein »kleines Alpenvolk« zu sein? Und welches Image ist zu korrigieren und wohin?

Bislang wurde bloß versucht, den anderen klarzumachen, was sie von Österreich halten sollten. Also: Werbekampagne Mozart, Schönbrunn und Freud = kultureller Wert für die Ewigkeit. Und Punkt. Schifahren und Schnee = Sauber und fair. Punkt. Abdruck der Präambel zur Regierungserklärung in *Herald Tribune* = Demokratie. Und Punkt. Das kann geglaubt werden oder nicht, und Punkt, sodass der Eindruck entsteht, dass es »das Ausland« für die Inländer nicht gibt oder nur als Negation des Eigenen.

Zwei verlorene Kriege, historische Kränkungen, die den Umriss Österreichs und so seine Identität mitbestimmten, tragen zu dieser Wahrnehmung bei. Kritik wird daher oft mit Trotz entgegnet, »man wird nicht kriechen«, wird sich »sein Recht holen«, »man braucht die nicht, die brauchen uns«. Übersetzern zwischen den Fronten wird Verrat, Verschwörung vorgeworfen, wie im Filmdrehbuch. Statt Auseinandersetzung steht Rückzug am Programm, beleidigte Reaktion. Das war schon länger so.

»Sollen sich nicht so anstellen, die Franzosen«, bemerkt ein in Trachtenhut, -hemd und Lodenmantel Gekleideter im Flugzeug nach Paris.

Das Image, das die Welt bisher von Österreich empfing, ist aber nicht so sehr verschieden von dem, wofür es mittlerweile steht. Nur wird jetzt ausgesprochen, was vorher bloß geahnt, und wird verstärkt, was vorher bloß umrissen war. Die französischen Zeitungen, zum Beispiel, die ich zu Anfang der Krise im Flugzeug neben dem Trachtenösterreicher las, betonten vor allem den täuschungsverliebten Umgang mit Wirklichkeit, die große Verdrängung historischer Schuld, die Doppelbödigkeit, die barocke Verhüllung negativer Aussagen, das Land leugne das gesamte unangenehme Kapitel des 20. Jahrhunderts, um fröhlich eine Zukunft, die wieder die Vergangenheit (des 19. Jahrhunderts) wäre, zu begehen.

Und wer kennt nicht die üblichen Images einer Tourismuswerbung, die meist eine Bestätigung des Alten verbreiten will. Es ist nie gelungen, einleuchtende Darstellungen eines modernen Österreich zu vermitteln, außer in den Arbeiten zeitgenössischer Schriftsteller, Künstler, Komponisten, Theater- und Filmemacher. Und meist arbeitet die Kultur-und Imageverbreitung nach außen mit Klischees, man hat wenig Raum, die Aufmerksamkeitsspannen sind gering, man will schließlich sofort und restlos wiedererkannt werden, das passiert bei der Vorstellung anderer Länder oft auch. Australien ist Koalakänguru, Spanien ist Flamencostierkampfwein, Brasilien ist Sambasextropikal. Und Punkt. In solchen Einwortdefinitionen bleibt keine Zeit für Einzelheiten. Doch sind es die kleinen Details, die das Klischee brechen und plötzlich eine Idee geben können, was anderswo vorgeht oder wie es zugeht in Österreich. Walzerkonzert, Ball mit Walzer, Vortrag über Walzer, Sissiwürfel und Schnitzlerapfelstrudel-Event reichen nicht aus.

In den US-Medien wird an Österreich weniger die Kunst der Verstellung als seine Erinnerungslücken beklagt. Österreicher erinnern sich entweder gar nicht oder völlig falsch. Weil sie ihre nationalsozialistische Phase nicht zugeben wollen und in einer Art imaginärer Geschichte lebten, tauchen diese Gespenster immer wieder aus dem Verborgenen herauf. Immer wieder brechen Stücke unbewältigter Ereignisse in ihre Gegenwart und sie werden daher die Vergangenheit nicht los. Die amerikanische Lust am Gruseln spielt hier mit herein ins Bild. Schlechtes Gedächtnis, Österreich brauche Hilfe beim Erinnern, und wenn es sie bekommt, schlägt Österreich die Hilfe aus. Deutschland, das die USA in Unmengen von Filmen schon immer mit Gedanken an Nazis verband, steht nun besser da, denn Deutschland habe sich um das Abarbeiten seiner Schuld bemüht.

Doch auch ein beliebteres Bild Österreichs war in den USA fast gänzlich vom Film her bestimmt. Mithilfe von »Sound of Music«, einem Film aus den 60er-Jahren, der hier nie Erfolg hatte, der einem jedoch draußen oft unterkommt, hat Hollywood Österreich als Hort schöner Landschaften, historischer Gebäude und reichen musikalischen Erbes porträtiert – und damit praktischerweise entnazifiziert. Die österreichische Szenerie wird im Film von sozialen und politischen Konflikten gereinigt, die Menschen promenieren zwischen Natur, Naturgeräuschen und Musik. Erst der schwere Schritt marschierender deutscher Soldaten bringt einen bedrohlichen Ton. Der »Anschluss« wird so eingeführt, dass Österreich seine wahren Werte dem Nazitum entgegensetzen kann.

In der Fälschung historischer Ereignisse, die zum Anschluss führen, sowie der Komposition der Szene, die den Anschluss darstellt, bestätigt der Film die Opferrolle Österreichs im Sinne der Moskauer Deklaration von 1943, wonach Österreich das erste freie Land gewesen sei, das Hitler in die Hände fiel.[1] Auf diese Weise konnte ein Märchenland als Katalysator für die angespannte politische Lage in den USA der frühen 60er-Jahre dienen und zumindest im Film den Fortbestand von unhinterfragtem Patriotismus und patriarchalisch strukturierten Familien garantieren. Österreichische Identität besteht laut »Sound of Music« aus Musik, Familie und Natur. Der Film erfreut bis heute ungebrochen Millionen Menschen außerhalb von Österreich. Eine Veranstaltung in London, die die Vorführung von »Sound of Music« mit karaokehaftem Mitsingen der Lieder durch die Besucher verbindet, soll aufgrund ihres Erfolges auch in die USA gebracht werden. Und das von Hollywood erzeugte Image einer künstlichen Heimat lässt sich absurderweise ins Kulturkonzept der blauen Welt leicht übersetzen. Kunst im März 2000 wäre demnach: Papa, Mama, Kinder, die gemeinsam deutsch singen. Misstöne, Einzelstimmen, Fremdsprachen wären in diesem Heimkonzert aber nicht mehr erlaubt.

Es ist zu hoffen, dass der Ruf nach Ordnung des Bilds im Rückgriff auf eine imaginäre Vergangenheit nicht nur Heimatmuseen, Themenparks und Trachtenkunde hervorbringt. Denn anscheinend sind Erinnerungen, die durch Verschweigen und Schönreden bereinigt worden sind, die beliebteren. Dabei beruft man sich auf eine Vergangenheit, von der man glaubt oder wünscht, dass sie zu einem bestimmten Zeitpunkt so gewesen sei. Alles andere, das es damals nicht gegeben haben soll, wird scheinbar aufgelöst, Übergänge als Markierungen von Widersprüchlichkeiten werden gelöscht, Vielfalt, Komplexität, die Beredtheit von Wechsel und Kontinuität geleugnet.

Denn obwohl ich in der sogenannten Natur aufwuchs in Zöpfen, Kniestrümpfen und Dirndlkleid, in der sogenannten volkstümlichen Kultur – Dialekt war meine erste Sprache, mein Großvater dichtete Mundart –, hieß das noch lange nicht, dass nicht auch andere Begegnungen möglich waren: Ein Onkel, Sohn von Zugewanderten aus dem Banat, brachte jugoslawische, türkische, rumänische Mieter ins Bauernhaus. Meine französische Schwiegermutter zog in den 50er-Jahren von Paris in den Pinzgau, vorerst ohne ein Wort deutsch zu sprechen. Die Anwesenheit der sogenannten Fremden in der sogenannten Heimat reicht weiter zurück als die blaue Sicht erlaubt. Und das Geleugnete schießt hoch, stört. Schweigen schafft nichts aus der Welt. Also wird den Entfremdeten und Verunsicherten immer wieder eine Vergangenheit erfunden, die ihre gegenwärtigen Bedürfnisse befriedigen will. Das gelingt vorläufig und vordergründig auf dem Wege nostalgischer Vereinfachungen einer Geschichte, mit der man sich wohlfühlen kann.[2]

Nun, da Wien Wien sein soll und Wir Wir, wäre zu fragen, was Wir eigentlich ist. Kann WIR nur existieren, wenn SIE ausgemerzt sind? Kann und will das Inland über sich selbst hinaussehen? Oder bietet schon das gemeinsam erfahrene Gefühl der Isolation einen Ersatz für Identität? Was kann man, wir, ich tun?

Indem es sich feststellen wollte in seinem Inneren, begann das Bild Österreichs, das es nach draußen vermittelte, zu wackeln. Und das ist gut. Nun gilt es zu begreifen, dass Positionen in Bewegung sind, sein sollen. Ständig.

Und auch ich bin bloß das, was man an und in mir sieht. Je nachdem, wo ich mich befinde. Verschiebungen, Verzerrungen, sicherlich, doch aus dem Zerren zwischen Hier und Dort, Innen und Aussen, Nah und Fern wird schließlich auch das Image erzeugt, das ein Land, seine Einwohner und Angehörigen bestimmt.

BLUT MUTTER JUDE TSCHUSCH

Das U ist mein Tabu. Wörter mit U.

Warum?

In meinem Namen kommt kein U vor.

Obwohl es eine Zeit gab, in der ich auch kein I vertrug.

Aber das U bleibt fremd. Es sind weniger die Worte, als die Laute, vor denen ich mich scheue. Es ist weniger das Schreiben als das Sprechen, das mir Mühe macht.

Das Wort Jude lernte ich spät. Dort, wo ich aufgewachsen bin, gab es weder den Ausdruck noch die Menschen, zu denen diese Bezeichnung passte. Sehr spät, im Geschichtsunterricht, nahm es der Lehrer in den Mund. Wir konnten es kaum aussprechen. Das blieb so. Sehr lange. Sehr lange sprach keiner dieses Wort aus in Österreich und wenn, dann war es meistens um die Menschen, zu denen diese Bezeichnung gepasst hätte, zu beleidigen und sich selbst ein Recht darauf zuzugestehen. Das U war ein Behälter für Zwischentöne, die Ungutes bedeuteten. Die man besser drunten ließ und gar nicht anfing zu erwähnen. Man verheddert sich, konnte das nie richtig hinkriegen. Oder es geschah aus schlechtem Gewissen, Scham oder Schuld. Das Wort Jude war nie frei, konnte kein Wort sein, wie Haus oder Himmel oder Milch. Mit den Menschen, zu denen diese Bezeichnung passte, konnte ich mich erst beschäftigen, als ich das englische Wort sprechen lernte. In Chicago oder New York traf ich Menschen, die *jewish* waren. Für manche von ihnen wiederum war das Wort *german* ein Tabu. Eine Bezeichnung, die auf meine Herkunft passte. Manche wollten nicht mit mir reden. Warum? Weil sie noch von dem Wort Jude wussten und wie man es in Germany gebrauchte. Das Wort *jewish* konnte ich in Chicago oder New York aber dann bald ganz gut verwenden. Die Schwierigkeit mit dem U auf Deutsch aber blieb.

Sehr eng verwandt mit dem Problem des Wortes Jude war das Problem des Wortes Blut. Obwohl das noch tiefer reichte. Ja, weil das Wort Blut so wichtig geworden war, wurde die abfällige Bewertung des Wortes Jude erfunden. Daher konnte mir nichts wirklich gut sein, das mit Blut befasst war. Blut war nur ein anderes Wort für Heimat. Und die warf alles raus, was ihr nicht passte. Blut verband sich mit Boden und anderen grausamen Vorgangsweisen. Blut nahm sich das Recht zu den einen Ja zu sagen und zu den anderen Nein. Also sprach ich auch dieses Wort nicht gerne aus. Es war unangenehm. Sogar meine Mutter vermied es, Blut zu sagen, als sie mir erklärte, was ich zu erwarten hätte, wenn ich erwachsen bin. Daher konnte ich das Blut zwischen meinen Beinen dann auch nicht benennen, als es zu rinnen begann. Nicht nur, dass meine Mutter es vermied Blut zu sagen, man sollte es auch nie sehen, hat sie mich gelehrt. Das war das Allerschlimmste. Das monatliche Blut durch Kleidung dringen zu sehen. Man musste all diese blutigen Vorgänge verstecken. Auch sonst, wenn man sich verletzte, musste das Blut sofort verdeckt sein. Also war es ein Tabu, dieses U. Also musste es immer unangenehm sein, Blut zu sehen. Deshalb sprach ich auch nicht davon, als ich beobachtete, wie es aus dem Handgelenk des alten Mannes tropfte und eine Lache am Holzboden bildete. Deshalb sprach ich auch bald nicht mehr mit meiner Mutter, weil sie es war, die mich in das Tabu des Blutes eingeführt hatte, das eigentlich ein Tabu des U war. Denn auch sie trug das U in ihrem Namen.

Viel später erst, als ich selbst Mutter werden sollte, begriff ich, warum man vermied, das Blut zu sehen. Es war die Erinnerung an den Tod. Es war der Ort, an dem das Leben und der Tod zusammenkamen, und unser Körper ist nur ein Behälter, den es aufrechterhält oder verlässt. Sonst nichts. Als ich mit der Geburt meines Sohnes beschäftigt war, vergaßen die Hebammen einen Teil des Mutterkuchens in meinem Bauch. Das doppelte U im Wort Mutterkuchen weist bereits auf die Gefahr. Dieses vervielfachte U verursachte unglaublichen Schmerz. Den man mir nicht glaubte, denn als Mutter ist man dazu angehalten, Schmerzen zu leiden und nicht davon zu reden. Denn das Glück, eine Mutter zu sein, wiegt die Schmerzen auf. Meinen die Vertreter der Natur. Ich aber schrie. Und dann kam das Blut. In riesigen Schwällen brach es hervor, heiße Ströme spritzten zwischen meinen Beinen und die Hebammen fingen es in Metallbecken auf. Ich spürte, wie mich das Leben verließ mit dem Blut.

Oft habe ich mich auch gefragt, ob es einen Unterschied gibt zwischen einem Kind, das aufwächst und Mutter sagt, und einem, das die Mutter Mama nennt. Hat es einen Einfluss auf das spätere Leben, ob man in frühester Kindheit das U oder das A bevorzugt? Ich las lange Abhandlungen über die Bedeutung des Lautes A im Erlernen der Sprache. Dass der erste Buchstabe des Alphabets der erste Laut ist, den ein Kind erwirbt, in allen Sprachen. Wenn das stimmt, habe ich ein Problem. Denn ich bin mit dem U-Wort aufgewachsen, nannte meiner Mutter verkleinert, also Mutti. Vielleicht rührt auch daher meine Abneigung gegen das U (und zeitweise das I)?

Warum aber ist auch im U des Wortes Tschusch so viel Verachtung enthalten? Auch dieser Ausdruck ist mir seit meiner Kindheit vertraut. Er wurde als Bezeichnung verwendet für jene ersten Menschen, die ich kennen lernte, die meine Sprache nur in Bruchstücken kannten. Dafür aber waren sie sehr stark und verrichteten Arbeit, die ich nicht machen konnte, wie Zementsäcke schleppen, tiefe Löcher in die Erde graben oder Karren voller Schotter über schmale Bretter zu schieben, ohne dass sie kippten. Ein paar Mal habe ich das probiert, aber nie geschafft. Diese Männer wurden Tschuschn genannt und sowohl das U als auch das doppelte Sch drückten etwas aus, was nicht dazugehören konnte, vielleicht weil sie von woanders herkamen und untereinander anders sprachen. Vielleicht war das doppelte Sch eine Imitation ihrer Sprache, die wir nicht verstanden? In Wien habe ich das Wort später noch oft gehört. Inzwischen war es mir klar. Ich hatte gelernt, dass es bedeutete, wir sind wir und die sind die. Es gab eine Grenze. Noch dazu, weil in Wien die Grenze nahe war. Und alles jenseits der Grenze war weniger wert als wir. Das lag im U von Tschusch in Wien.

Natürlich gibt es auch andere Laute, die Tabu sind. Zum Beispiel einige Diphthonge des Dialekts der Gegend, in der ich aufgewachsen bin. Ich vermeide den Begriff Heimat. In gewissem Sinne ist auch dieses Wort für mich Tabu. Weil es eine Heimat gar nicht gibt. Die Diphthonge wiesen mich schon in der Grundschule als Bewohner einer bestimmten Gegend aus, die von Landwirtschaft geprägt ist, von Bauern. Dazu sollte man in der Schule aber nicht gehören. Der Dialekt war dort Tabu. Da mein Großvater in Mundart dichtete, kannte ich einige Verse auswendig, die zwar lustig waren, aber nur im Dialekt. Als ich eines Tages von der Lehrerin gebeten wurde, ein Gedicht aufzusagen, begann ich eines vor der Klasse zu rezitieren. Während ich sprach, fiel mir auf, dass Dialekt verboten war, und ich versuchte die Worte ins Hochdeutsche zu übersetzen, was natürlich misslang. Die Pointe ging verloren.

Nach vollzogener Anpassung meinte ich jahrelang jene Diphthonge vergessen zu haben, bis ich in Portugal portugiesisch lernen sollte. Das Portugiesische ist voll von Diphthongen und Nasalen, die denen meiner Kindheit ähnlich sind. Aber ich traute mich nicht, sie anzuwenden, weil das Tabu über ihnen lag. Lange sprach ich die portugiesischen Worte falsch aus, weil meine Zunge sich weigerte, die Laute jener Sprache zu formen, mit der ich aufgewachsen war. Sie waren Tabu, weil sie herabgesetzt worden waren. Schließlich musste ich mich überwinden und zurückgehen in Kindheit und Herkunft, um jene Laute zu bilden, die nun in der Fremde nötig waren. Wo sich zwei Orte in zwei Sprachen verbanden, wo »Bej« und »bem« gleich wurden, »Bienen« und »gut«.

Einmal Außenseiter, immer Außenseiter

Kürzlich, während eines Hearings auf einem historischen Campus nahe einer mittelgroßen deutschen Stadt, zählte ich meine an Universitäten in USA, Japan, Portugal verbrachten Jahre auf. Es ging um Antworten auf Pflichtfragen, die von Menschen gestellt wurden, die ihren geschützten Bereich wohl selten verlassen hatten, sonst hätten sie es nicht geschafft, sich dauerhaft an Institutionen zu etablieren. Ihre Lebensläufe hatten, im Gegensatz zu meinem, keine umzugs- und kindererziehungsbedingten Lücken, sondern schienen alle nötigen Stationen aufzuweisen. Und ich spürte, dass ich solchen Ansprüchen an Vollständigkeit nie genügen würde. Wieder einmal fragte ich mich, ob es möglicherweise an meiner Herkunft liegt, dass ich nirgends richtig hinpasse. Denn wo wir wohnten, wollte keiner hin, der etwas zählte. Schon der Name rief unangenehme Gefühle hervor und wir sollten uns hüten, ihn anderen zu verraten.

Mein Großvater hatte während des Krieges für seine vielköpfige Familie einen alten Bauernhof erworben. Es war kein Stammsitz eines Großbauern, sondern vorerst Mühle, später Gasthof, danach das Armenhaus der Gemeinde gewesen. Entweder erfolgte der Verkauf unter der Auflage, dass die Bewohner als Mieter übernommen wurden oder die Vermietung half, den Kauf zu finanzieren, so richtig konnte ich das nicht eruieren. Darüber zu sprechen war tabu, als sollten wir uns selbst nicht an den schlechten Ruf unserer Gegend erinnern. Jedenfalls war, seit ich denken kann, eine unsichtbare Grenze mitten durchs Haus gezogen, zwischen »denen« und »uns«. Die verbotenen Gebiete waren genau umrissen und alle hielten sich daran. Nur wir Kinder überschritten die Linie oft und heimlich.

So lernten wir die Ausgemusterten kennen. Eine ledige Mutter, ein zwergwüchsiges Paar, Vertriebene, eine kinderreiche Familie von Tagelöhnern, die Alkohol tranken und Zigaretten rauchten, das Paar mit geistig zurückgebliebenen Söhnen, die sich nacheinander auf die Gleise des hinterm Haus durchbrausenden Zuges legten und totfahren ließen. Auch ihr Vater hatte sich einmal die Pulsadern aufgeschnitten und wir Kinder standen staunend davor, ohne zu begreifen, was das auf den Holzboden tropfende Blut bedeutete. Wurden wir im verfemten Teil des Hauses, auf dem Vorplatz oder der falschen Wiese erwischt, drohten Strafen. Später zog die erste Gastarbeiterfamilie mit Nachwuchs ein.

Den Vater hatte mein Onkel im Stahlwerk, wo beide arbeiteten, kennengelernt. Seltsamerweise galt für diese türkischen Kinder das Verbot nicht, sie waren beliebt und durften mit uns spielen.

Auch auf der guten Seite kamen Menschen zu Tode. Ein Cousin ertrank zweijährig im Fluss, einer starb bei einem Autounfall, seine Schwester atmete in der Garage Abgase ein. Meine Eltern standen unter dem Druck ihrer eigenen Familien und stimmten in deren Ablehnung meiner Versuche, dem Milieu zu entkommen, mit ein. Allein, dass sie mir erlaubt hatten, eine höhere Schule zu besuchen, brachte ihnen Kritik ein, und sie konnten sich nicht erklären, was ich im Studieren verfolgte. Dass ich ein Mädchen war, das lieber lernte und las, anstatt an Heirat zu denken, wurde als unweiblich und damit wider die Natur kommentiert. Als Kind hatte ich meinen Vater noch bewundert, weil er Möbel bauen konnte, Autos reparierte und Lokomotiven steuerte. Später, als ich auf Anraten meiner Lehrerin dennoch ins Gymnasium durfte, wollte ich ihn im Beisein von Mitschülerinnen nicht mehr grüßen, so peinlich war er mir. Die von meiner Mutter genähten Kleider waren nur so lange bewundernswert, bis sie als Beweis dafür galten, dass wir uns gekaufte Jeans nicht leisten konnten.

Eine Bekannte, der ich einmal diese Geschichte erzählte, bemerkte, dass ich mit dem Kindheitsort einen Schatz mit mir herumtrage, den ich besser nutzen sollte. Ich habe das damals nicht verstanden. Sie meinte wohl, dass mir auf diese Weise früh die Augen für Außenseiter und das Funktionieren einer Gesellschaft geöffnet wurden. Das mag stimmen. Die Themen, über die ich schreibe, sind stets von Grenzgängern, Außenseitern, von Vermittlern zwischen verschiedenen Welten bestimmt.

Andererseits wurde ich lange das Gefühl des Versteckenmüssens nicht los, um in Künstler- und Akademikerkreisen respektiert zu werden. Und die Gewissheit, dass ich die ungeschriebenen Regeln und Stützpfeiler von Bessergestellten nur in Bruchstücken kenne und deshalb immer wieder ausbrechen will, um mein Scheitern daran zu verwischen. Solches Verhalten schlägt stets in Krisensituationen durch und nimmt mir die Souveränität, die ich glaubte, durch die Abwendung vom Ort der Kindheit zu erreichen.

Ich beginne zu provozieren, flüchte ins Witzeln. Erlebe Momente, in denen ich unfähig bin, meine Leistungen darzustellen, weil ich mich tatsächlich nicht mehr daran erinnere, weil mir die Worte entgleiten, und nur mehr eine riesige Unmöglichkeit im Raum steht, die mir klarmacht, dass ich nichts bin und nichts weiß und schnell verschwinden soll. So wie auf jenem Campus vor den Prüfern der Kommission. Weil ich mich in solchen Augenblicken erneut an dem verfemten Ort befinde, wo keiner es wagte, gegen die Ausgrenzung anzugehen.

Nicht einmal die politische oder feministische Schulung während des Studiums half. Meist waren die Gesprächspartner in der Klassenfrage ideologisch beschlagener als ich, obwohl sie aus Lehrer-, Arzt- oder Unternehmerfamilien stammten. Diese Kollegen waren es auch, die anmahnten, ich solle mich nicht vereinnahmen lassen von kapitalistischen Strukturen, nicht einfach gehorsam arbeiten, sie forderten mehr Revolution. Ich jobbte, um mir das Studium leisten zu können, während ihre Eltern ihnen die Studien finanzierten. Ich begriff nicht, dass exzellente Leistungen nie ausreichen, wenn soziales Kapital, strategisches Wissen und ja, auch gesicherter finanzieller Rückhalt, fehlen. Deshalb bin ich nie wirklich aufgestiegen, sondern habe bloß meinen Radius erweitert.

Trotzdem habe ich mir keine bessere Herkunft erfunden, wie meine Freundin, die Tochter eines Gendarmen. Wir waren die einzigen aus unserer Schule, die das Gymnasium besuchten, auch dank der damaligen sozialistischen Bildungspolitik. Weil sie Adelheid hieß, wollte sie mir weismachen, dass sie blaublütig war und zeichnete in den Pausen die verzweigten Stammbäume von Komtessen und Baronessen, die sie mit den Habsburgern verbanden, während ich ja bloß von Bauern herkam. Bauernsau, quälten die Mitschülerinnen in grausamen Anflügen mich und zwei andere, die ebenfalls kein ansehnliches Elternhaus vorzuweisen hatten, und rümpften die Nasen, weil wir vermeintlich nach Kuhmist stanken, was im Grunde bedeutete, du gehörst nicht dazu.

Da hilft nur mehr abhauen, dachte ich. Laufen, gehen, davonfliegen und vor allem, in Großstädten leben. So suchte ich das Ungenügen an der Gegenwart durch die Wahl eines immer neuen Ortes zum Besseren zu verändern. Das einzige, das blieb, war die Naht zwischen mir und den wechselnden Umgebungen, die immer aus Worten bestand. Ich fand ein Zuhause in meinem Schreiben, wo vieles möglich wird.

Die Geschichte meiner Herkunft trage ich weiter in meinem Körper und meinen Träumen. Wohin ich auch komme, begleitet, quält und nährt sie mich. Statt Heimat verwende ich mittlerweile den Begriff Zugehörigkeit, denn der ist nicht an einen Ort, sondern an Menschen gebunden. Von jenem Universitätscampus bin ich schließlich demütig und dankbar in die Großstadt zurückgekehrt, wo ich nicht auffalle, sofern ich es schaffe, meine Miete rechtzeitig zu bezahlen. Aber wie lange noch? Und wohin dann?

Die Rechten am Land

Nicht jedem, der die Stadt fliehen möchte, steht das Landleben offen. Eine Freundin gestand mir kürzlich, dass sie es nicht wage, ins Umland Berlins zu ziehen, weil sie nicht mit täglicher Ausgrenzung leben könne. Sie ist durch ihre Hautfarbe als Andere erkennbar. Dass sie hochgebildet und beruflich erfolgreich ist, ist für die Diskriminierer möglicherweise ein weiterer Kritikpunkt. Sogar ich, die ich am Land aufgewachsen bin, erspüre in ländlichen Regionen oft Misstrauen. Nach den Wahlen in Österreich betrachte ich auf der Grafik blau gefärbte Bezirke mit rechten Mehrheiten und präge mir Gegenden ein, die frei davon sind. Ich mag die Landschaft, will aber nicht mit Argwohn betrachtet werden. Rechtes Denken und Wahlverhalten ist auch in Frankreich und USA außerhalb großer Städte konzentriert. Aber warum? Ist sie tatsächlich die Folge einer gefühlten existenziellen Bedrohung durch die Anwesenheit von Fremden? Oder ist sie der Übersichtlichkeit innerhalb eines begrenzten Raumes geschuldet? Diese Stimmung, in der »fremd« bereits eine unbekannte Autonummer sein konnte, wurde mir von Kind an eingeimpft. Aussonderungen waren damals bereits ein beliebter Zeitvertreib. Sie dienen dazu, ein WIR-Gefühl hervorzurufen, das ohne ANDERE nicht funktioniert. Möglicherweise werden so uneingestandene Triebe und Ängste kanalisiert, weil Ordnung stets geschaffen wird, indem man Andere als nicht-passend erklärt. In vielen ländlichen Regionen Österreichs setzten länger als anderswo katholisches und unreflektiert – weil nicht genug geahndet – fortlebendes Nazi-Denken die Norm. Das Ausgrenzen aufgrund geringster Abweichungen ist mir seit daher vertraut. Ungehörig waren ausländisch klingende Akzente; die sexuelle Freizügigkeit kinderreicher Familien; der Verrat, der mit höherer Bildung verbunden wurde; das unpolierte Auto; die Artikulationsprobleme von Behinderten; die Flausen von Aufstieg und Bessersein; klassische Musik; unterlassene Prügel für ungehorsame Kinder; gekaufte Marmelade statt selbst gemachter, usf. Mittlerweile ist Aussonderung eine Taktik rechter Parteien und durch ihre Wahlerfolge legitimiert. In einem Klima der Feindschaft dürfen Frustrationen neuerlich auf Sündenböcken abgeladen werden. Aktuell sind das die Flüchtlinge, da sie die bedrohliche Seite der Globalisierung verkörpern.

Für die Rechten wurde in Österreich vor allem von männlichen Erstwählern gestimmt. Jene, die entweder keinen Zugang zur Bildung finden oder ihn nicht wollen. Weil sie meinen, sich nicht anstrengen zu müssen in einem komplexen Weltzusammenhang, da sie ohnehin per Zufall über eine wertvolle Essenz verfügen: einheimisch und weiß zu sein. Damit wären soziale und ökonomische Probleme auf einen Schlag gelöst. Sogar der defekteste Weiße ist demnach viel mehr wert als der Gebildete anderer Herkunft. Mit dem Trick einer Ethnisierung von sozialen Problemen wird der Rückzug auf das UNSER, das KONTROLLE verspricht, zum Heilsversprechen. Natürlich sollte in strukturschwache Regionen mehr investiert werden und das ist tatsächlich ein Versäumnis bisheriger Regierungen. Doch selbst wenn globale Vorgänge gestoppt würden, wären ländliche Gebiete nicht automatisch bessergestellt. Aber eine Politik der Feindschaft bringt eben Stimmen und Macht. Wer das Wahlprogramm der Freiheitlichen Partei liest, kann feststellen, dass im Grunde allen alles Erdenkliche zugesichert wird. Die Programmpunkte sind Beschwörungen, in denen möglichst oft die Zauberworte WIR und UNSER gesetzt werden, um das Gruppengefühl zu fördern. Die antidemokratischen Absichten ihrer Vertreter, die sie in Reden und auf hetzerischen Facebook-Seiten herausschreien, sind auf der Webseite sorgfältig verhüllt. Und wie genau die totale Umstrukturierung zur Zufriedenheit aller durchgeführt würde, wird nirgends erklärt. Folgte man diesen Versprechen eines abgekoppelten Gemeinwesens ohne störende Außenseiter und Ausländer, würde der Krämer im Dorf seinen Laden wiedereröffnen und dort mindestens 14 Stunden arbeiten. Die Großmärkte an den Ortseinfahrten würden geschlossen. Die klassische Landwirtschaft kehrte zurück. Der Bauer arbeitete 18 Stunden am Tag, einheimische Knechte würden eingestellt. Beim Fleischer zahlten die Kunden dreimal so viel für inländisches Fleisch. Man tauschte Dienstleistungen gegen Naturalien. Der Bäcker müsste für einen Hungerlohn um 2 Uhr früh beginnen. Alle Arbeiten würden von Einheimischen verrichtet. Frauen kochten aufwendiger, bräuchten länger zum Einkaufen, und hätten für einen Job ohnehin keine Zeit. Alte Menschen würden von Familienangehörigen versorgt. Man benötigte keine Pflegerinnen aus Tschechien mehr. Computer würden abgeschafft. Zurück zur händischen Arbeit und zu Maschinen ohne digitale Technik. Alte Industrien würden wiedereingeführt. Bergwerke schürften wieder, jeder einzelne Nagel würde im Lande gepresst. Österreicher kauften österreichische Produkte. Gingen in die Kirche. Fremdsprachen wären unnötig. Schadhafte Ausländer würden zurückgeschickt und ihre Stellen nähmen brave Inländer ein.

Dass das Unbehagen aber weniger an lokalen als an globalen Vorgängen liegt, von denen die Landbewohner sehr wohl profitieren, wird von keiner der rechten Parteien je erwähnt. Wozu auch. Das zu verschweigen ist das Geheimnis, auf dem ihr Erfolg beruht.

Glücklicherweise habe ich, die ich zwischen Ausgegrenzten aufgewachsen bin, auch anderes erleben können als Hass. Mein Vater fand immer Zeit, sich mit den in der Nähe untergebrachten geistig und körperlich Behinderten zu unterhalten. Meine Tanten ließen sich von der traditionell gekleideten Türkin

Häkeltechniken erklären. Die Familie meiner Cousine sorgte selbstverständlich für deren vier Töchter, die sie mit einem schwarzen DJ aus Barbados bekommen hatte, nachdem dieser verschwand.

Wenn es mächtige Sprecher gibt, die mächtige Erzählungen über Ausgrenzung verbreiten, müssen wir andere maßgebende Geschichten dagegensetzen. Indem wir z. B. Geschichte als jahrhundertelange Abfolge von Migration und Integration beschreiben, wie der Historiker Philipp Thers in seiner Studie *Die Außenseiter*. Und es gilt diejenigen zu erreichen, die sich bei ihrer Wahlentscheidung nicht ganz sicher waren und aus Verlegenheit oder auch Unwissenheit oder auch Bequemlichkeit die Rechten und ihre verführerischen Versprechen wählten.

Eine Rückkehr, viele Rückkehren

Als würde ich nach einem Beinbruch versuchen, erste Schritte zu gehen: Wackelig und staunend bewege ich mich, als ich meinen ehemaligen Wohnort Chicago erreiche. Immerhin habe ich es nach mühseligen Prozeduren in dieses Land hinein geschafft, das mittlerweile zur Festung geworden ist. Reisende werden durch zahlreiche Barrieren geschleust, x-mal durchleuchtet, ihre Dokumente und Körper geprüft, sie müssen Kleidungsstücke aus- und anziehen, Taschen aus- und einpacken, Kommandos befolgen, Abstand wahren, höflich bleiben, im richtigen Winkel in Kameras starren, die Hände über den Kopf heben. Ihre Fingerabdrücke werden digitalisiert und eine Datenflut wird produziert, um diese Informationen irgendwo mit irgendetwas abzugleichen, das für immer unzugänglich bleibt. Und die Menschen bleiben verdächtig bis zu jenem Moment, an dem der letzte Beamte in diesem Parcours ihnen die Einreise erlaubt.

Früher bin ich mehrmals im Jahr zwischen USA und Europa hin- und hergeflogen, kannte die Prozeduren auswendig. Da waren sie weniger strikt. Jetzt, zehn Jahre später, erkenne ich nach dem ruppigen Empfang fast nichts wieder. Nicht den Flughafenterminal, nicht die Zufahrtstraßen. Die Häuser in meiner alten *neighbourhood* haben inzwischen hohe Sicherheitszäune und dicke Schlösser. Sogar das Haus meiner Freundin ist mir fremd. Seit die Gegend sicherer geworden ist, wurden Fenster in die Front gefügt. Nur der vertraute Empfang und das Miteinanderreden lassen mich neuerlich heimisch fühlen. Alles andere hat sich verändert. Ich habe mich verändert. Meine Erinnerung an Chicago war längst Fiktion geworden und stimmt mit dem vor Ort Gefundenen nicht überein.

Jetzt erinnert nur wenig an die Straßenecke, wo wir als Familie wohnten, weil alle Gebäude und die daran anschließenden entweder abgerissen oder umgebaut wurden. Nur den Bettdeckenladen und den Dollarstore gibt es noch. Der Mann an der Kasse des Billiggeschäfts ist gealtert, aber weiterhin freundlich. Ich schaue die Fenster hoch und spüre seltsamerweise nichts. Erwarte, dass mein früherer Nachbar mich sieht und hereinbittet. Doch nichts geschieht. Der Nachbar hat nach einer paranoiden Episode die Kunst aufgegeben und sogar seine Frau verlassen, habe ich gehört.

Der Block scheint völlig im Umbruch zu sein. Läden stehen leer. Die Fenster einiger Restaurants sind vernagelt, pleitegegangen. Ich gehe weiter, erinnere mich an die Wege und Straßen nur halb, verlaufe mich, nehme den falschen Bus. Erst nach einigen Tagen stellt sich eine gewisse Mechanik des Navigierens ein. Ich absolviere die Stadt, nehme jedoch nur eingeschränkt teil. Ich klappere Stationen ab. Ich bin nicht mehr von hier. Und die Enttäuschung darüber ist größer, als würde ich an einem völlig unbekannten Ort ankommen und feststellen, dass er mir nicht gefällt. Dann, endlich am Seeufer angekommen, geht mein Blick ins Weite, und ich empfinde Erleichterung. Diesen Gegensatz zwischen Skyline und Mittelmeerfeeling habe ich immer geliebt. Und mit einem Mal springen mir Dinge, die vertraut erscheinen, wahllos ins Gehirn. Die hellblauen Streifen am Polizeiauto. Der chemische Geruch, der aus einer Wäscherei strömt und mich durchfährt. Die Aufregung im Buchladen, als ich innerhalb von zwei Minuten fünf Bücher finde, die ich sofort mitnehmen will. Eine Saite in mir wird angerührt, die ich trotzdem noch bin.

Natürlich ist Sich-heimisch-Fühlen kein freischwebender Zustand, sondern an Menschen, Situationen und Lebenschancen gebunden. Wo ich gemocht und anerkannt werde, ohne Vorbehalte respektiert, wie im Haus der Freundin in Chicago, erlebe ich Vertrautheit. Aber mittlerweile habe ich in dieser Stadt keine Lebensbasis mehr und deshalb ist die Freude des Wiedersehens nur halb. Ich begreife: Wonach ich mich gesehnt habe, das war die Unbeschwertheit und Zuversicht, die damals möglich war an diesem Ort. Mit den Kindern. Auch sie sind inzwischen andere. Meine Freundin zeigt mir Fotos von Menschen, die ich als Kleinkinder kennengelernt hatte und nach unserem Umzug aus den Augen verlor. Wesley, der nun als Model arbeitet; Emilio, jetzt ein blonder, langhaariger Nerd; Sarah ein rebellisches Surfergirl; Megan, ein zarte junge Frau, die Fotografie studiert.

Diese Rückkehr nach Chicago war nicht die einzige, die ich vergangenes Jahr unternahm. Im August davor reiste ich nach Portugal, wo ich ebenfalls früher gearbeitet und gelebt hatte. Damals musste man die Besonderheiten des Landes noch selbst entdecken und für sich nutzen lernen. Die Stadt war unpraktisch, das Land rückständig, verglichen mit Mitteleuropa. Mittlerweile ist in Lissabon das Beste des Besten vorsortiert und wird den Touristen wie in einem Concept Store dargeboten. Da ich mich ohnehin nach Verlangsamung sehnte, klinkte ich mich rasch ein und durfte mich willkommen fühlen. Die Prozesse des Wiedererkennens geschahen als Echos von Worten, die ich allmählich wieder verstand. Mit der Sprache traten die Dinge in Erscheinung und umgekehrt mit den Erscheinungen die Worte. Plötzlich lag mir der Name einer Speise auf der Zunge, die ich längst vergessen hatte und sofort bestellte, um ihrem Geschmack nachzuspüren. Oder ich erblickte an der Bar eine Flasche, und das Wort *amendoa* fiel mir ein, Bittermandellikör, den man eisgekühlt trinkt.

Zurückzukehren kann also gar nicht bedeuten, dasselbe vorzufinden. Das würde ja heißen, sich zurückzuentwickeln. Eine Rückkehr könnte gelingen, indem man Erscheinungen aufspürt, die sich verändert haben, und diese mit solchen verbindet, die gleichgeblieben sind, um in diesem Zusammenspiel Neues herauszubilden. In einer tatsächlichen Wieder-Belebung, nicht einer Wieder-Holung, könnten die Stadt, das Land im Sinne einer praktischen Aneignung des Raumes ein weiteres Mal handhabbar werden. Es geht deshalb gar nicht um eine Rückkehr, sondern um verschiedene Möglichkeiten des Ankommens. Und natürlich ist dieser Prozess endlos.

Denn die Rückkehr von der Rückkehr gestaltet sich ebenfalls nicht problemlos. Das habe ich mehrmals erlebt, wenn ich nach einem längeren und erfahrungsreichen Auslandsaufenthalt in Wien oder Berlin angekommen war. Die vor Ort Gebliebenen sind an diesen Erlebnissen nur mäßig interessiert. Der Zurückkehrende wird nicht als bereichernd wahrgenommen, sondern als Mensch, der weniger geworden ist, weil ihm die Dauer fehlt, das Verstricktsein in Alltäglichkeiten, in dem die Gebliebenen verweilten und die ein Gewebe von Anwesenheit erzeugten. Der Zurückgekehrte kann die Gebliebenen nie mehr einholen, hat Lücken in der Kontinuität. Und nicht jeder ist Odysseus, der nach seiner Heimkehr kurzerhand alles tötet und zerstört, was ihn daran erinnert, dass er zwanzig Jahre lang verschwunden war. Er bringt den Krieg nach Hause. Wir wissen ja nicht, wie es dem Helden danach erging. Vielleicht begann er, sich irgendwann zu langweilen? Vielleicht war er das ständige Bewegen mittlerweile eher gewohnt als das Bleiben?

Ich muss zugeben, dass ich nach einer Woche in Chicago begann, abermals Fühler auszustrecken und zu überlegen, an welcher Universität ich eventuell ein weiteres Gastsemester etc. ... Eine weitere Fiktion, nun, da Aufenthalts- und Arbeitsvisa noch komplizierter zu erlangen sind als je zuvor. Und meine Erkundungen zur Rückkehr zielen auch auf einen allzu selbstverständlichen Umgang mit diesem Begriff, der heutzutage unwillkommenen Gästen entgegen geschleudert wird, die man abweist. Als ob die vor Krieg und Verfolgung Geflüchteten oder die von ihren Familien mit großen Hoffnungen auf den Weg Geschickten sich so einfach an dem Ort wieder einleben könnten, von dem sie einmal aufgebrochen sind!

Und die Anderen

Reißverschluss

Indem ich sowohl theoretische, als auch literarische Texte verfasse, ersteht in der Behandlung verschiedener Themen vorerst ein Dialog zwischen mir und mir. Der Zwiespalt ist meine Ausgangsposition. Die Entscheidung für die jeweilige Form fällt dann, sobald ich mir über Notwendigkeit und Möglichkeit der Vermittlung klarwerde. In diesem Fall jedoch blieben die Unterschiede. Also wählte ich den REISSVERSCHLUSS als Form, einen Spalt, der auf- und zugezogen werden kann, dessen Glieder sich in der Mitte verbinden. Die Möglichkeiten hießen hier: Ich öffne mich, ich bin getrennt, ZIPP, es greift ineinander, der Spalt ist geschlossen und sichtbar zugleich. An dieser Stelle kommen ein Mann und eine Frau zu Wort, Malcolm Lowry und Djuna Barnes.

Lowry, am Ort der Spaltung, spricht über einen, der mehrere Personen ist. Als einer unter vielen, spricht er von dem einen, den vielen. Er braucht als Spiegel noch die Frau, die ihm teuer und treu ist, wie sein Wort. Barnes erzählt von Frauen, die sich selbst spiegeln und daher eigenartig sprechen, fremd sind im Allgemeingebrauch. Daraus entsteht eine Mitte, die meine Stelle wäre, welche doch ein ZWISCHENSEIN ist und bleibt.

Frauen, die nahe am Sprechen sind und sich verfehlen meist. Nicht der Unterschied ist es, dass sie durchsichtig werden. Vielmehr ein Fehlgehen in der Annahme von Bildern, die schon gemacht sind. Denn wie können die Frauen genau werden, wo nichts ist?

Männer, die den Raum stecken und ihn durchfahren, handeln und Tausch treiben im Kanal.

Was steckt hinter den glatten Flächen der Geschichten? Hinter »Er-Sie-Es«? Nichts als »So ist es gewesen«, oder »Es ist so gewesen«, oder »Ist wie nichts gewesen«? Wie?

Die Unterschrift war leicht verwischt. Daher konnte er nicht wissen, ob ein Mann oder eine Frau den Roman übersetzen würde. Er hatte Befürchtungen wegen einer Frau, wegen der obszönen Stellen. Die könnte das nicht verstehen, nicht einsteigen wollen. Sie ließe das Wort und machte es glatt.

Umgekehrt schleift ein Mann die Zeichen einer Frau. Ungeheuer aus Sprache werden rein und aufgereiht. Sie sind nichts mehr oder nicht mehr scheinend. Sie haben ihren Kern verloren.

Ich bin kein Wort der Übersetzung und habe mit niemandem getauscht, auf dieser riesig breiten Straße. Ich setze fort, was dort zu Boden fiel, bücke mich und werde hineingezogen, abgeführt.

Es ist auch Strafe. Tut aber keinem weh. Es macht auch Spaß. Lass mich!

Natürlich handelt es sich um Macht. Das Sprechen der Damen nimmt Vertrautes auf, macht es unähnlich, und schiebt anderes vor. Gestohlenes und Echos macht sie sich zu eigen, sie wechselt ihren Platz und verschwindet im Text als Behälter von Sätzen. Daher das Obszöne, das Triviale, das Gärende, Blasphemische und das Unreine, das sich gegen die Entsprechung stellt.

Der Schreibende versucht die Figur zu erlösen, aber wird der andere die Erlösung übersetzen wollen? Kein Schritt wird mehr getan, ohne dass die Dinge folgen. Das Geschriebene dringt nun in sein Leben. Nicht, dass das Modell lebendig wäre, es bewegt sich und lauert um den Schreibenden, der eigentlich ein Spion ist. Mehrere Leben sind zu sehen. Der Übersetzer kommt hinzu. Und setzt alles so, wie das Buch. Die Erscheinung, als ob er tatsächlich darin lebte. Das Element verfolgt ihn, das Haus brennt, er rettet einen Roman von ihr und sie holt seine Schrift aus dem Feuer. Knapp kommen sie mit dem Leben davon.

Die Frau bleibt (sich) entzweit, auch wenn sie oft zu zweit ist, da sie nicht zur Deckung kommt, was hieße Entscheidung. Sie hebt sich nicht ab von einem Hintergrund. Ihre Erscheinung ist ein Abschied, sie dreht sich um, sagt »Lebewohl und kümmert sich nicht, wo ER sich nicht kümmert.« In der Spiegelung von Frau zu Frau kommt Gerede auf, wie ein schlechter Wind, so »laut zwitschernd auf dem Draht, dass man die Botschaft nicht vernehmen kann«. Alles dreht sich um das Eine: Liebe, die die Frauen verrückt macht. Sie mischen sich untereinander, das geht die Runde, rumort, sucht nach Worten und borgt die Sprache der Engel, süß und täuschend, nachahmend und schmeichelnd. Die unauflösliche Zweiheit, die nie eins werden kann, bleibt immer in Bewegung. Geleitet vom Zweifel befindet sie sich zwischen dem Höchsten und Niedrigsten. Zwischen Himmel und Hölle ist die Frau nicht Teufel, nicht Gott. Hier zeigt sich das Ferne geeignet, eine Nähe zu beschreiben, die unübersichtlich ist.

Doppelt gebunden. Wegen des Sprechens und der Kehle. Deine ist auch meine, sagte ich. Und der Atem wurde dünner. Und es war angenommen. Einmal ja, und immer. So muss es geschehen und kam dann näher, bis das Gesicht des einen das des anderen wurde. Den Platz wechselten beide. So aufeinander zeugten sie etwas, was nicht das, noch das war. Schon begann es abzunehmen, rasch an Stärke zu verlieren. Schwand und musste doch gehalten werden. Und dieser Blick im Rücken. Ließ nicht nach. Brocken für Brocken sammelte ich und sprach nicht mehr. Türmte. Die Dichte fehlte. Das musste Folgen haben und möglichst breit. Mit einem langen Atem. Die Auslieferung der Toten.

Das Echo als Prüfung. Nur die Hölle, das Letzte, lässt sich nicht wegschieben. Auf derselben Stelle bauen sie das Haus wieder und sitzen, und schreiben. Die direkte Entsprechung gibt es nicht, doch eine größere Ähnlichkeit.
Auch das müssen sie sich zu eigen machen, sie müssen die Worte erkennen und ihnen nachfolgen. Er muss die Geschichte schreiben, falls er nicht selbst zu Ende geschrieben werden will. Der Übersetzer wird krank und es gibt keine Rettung. Kerne spalten sich, das Böse hat nun die Hand drauf. Es gibt kein Mittel, kein Zeichen der Erlösung. Er kann nicht mehr stehen. Zwischen Liebe und Wissen. Gefährliche Schwebe über der Leere. Er stirbt als Stellvertreter. Der Körper fiel aus und setzte nie mehr ein. Im Buch die schwarzen Buchstaben, Todesbriefe, kurze Zeit noch.

Die letzten Worte, das musste noch
einmal gesagt werden. Dann wird alles
wieder gut. Der Umgang mit vielen, der

Ausgang nach mehreren Seiten.
Deutlich hieß
es, »deutlich« und »Was denken Sie«.
Das wiederum konnte ich nicht sagen
und es flog hin und her, blieb
plötzlich stecken. Grub sich in Luft
ein und beschwerte. Ein Anruf machte alles gleich.
»Schwierig«, meinten sie noch und ich
konnte nichts mehr erkennen.

Flüssiges Dichten. Es rinnt nach allen Seiten aus und bleibt doch in Spannung, kippt nicht, ist ohne Halt. – Dauernd. Andererseits die Ausgelassenheit und dazu kommt das Geschlecht noch. Oder: Vielmehr fehlt es eben völlig. Womit wettgemacht? Höchstens seinen Ersatz einsteckend, während des Schreibens. Und dies ist ein Bild. Frauen strecken schließlich die Zunge raus.
Die Damen stellen ein Bild von schrecklichen Engeln, um eine Heilige gruppiert, deren Zunge unsterblich und unverwüstlich ist, die im Sprechen und Lieben, wie im Essen nie satt wird. Ihr Verkehr ist ein buntes Durcheinander, ihr Zeitmaß das des Jahres, der Vegetation und des Ablaufs der Gestirne, eine Zeit von Wiederholung, von Verlängerung nach alles Seiten hin. So genügt es nicht, die Geschichte der Schöpfung umzukehren. Doch in einer Verschiebung des Blicks erscheint bereits die ungewohnte Kreuzung festgeschriebener Gesetze. Und das beginnt mit der Ablenkung der weiblichen Schuld von der Erbsünde; die Botschaft lautet nun:
»Es war ein Apfel gewiss, aber der Mann war es, der ihn stahl und seine Kerne verstreute, und die benützt er bis heute, um Söhne zu bekommen.«

Poesie kriecht in den Spalt. Dunkel, ohne Luft fast, die Wände legen sich sofort an den Körper und jede Bewegung erstarrt. Natürlich tut das weh. Man hat kein Kleid. Alles ist einem genommen und man kann nicht nach Hause zurück.

Er hat mehrere Stimmen und man gibt ihm recht: eine Figur, der Schreibende und die Kontrolle, die alle wieder zeugen könnten. Und das lässt sich nicht mehr an einem sammeln, das trifft nie ein. Eine Mehrheit aber sticht die Poesie. Der Höllenstein aus vielen Rändern.

Wer spricht sie? Die Frau. Eine fremde Stimme, hinter der Wand, die den Satz beendet, eine Frage nach dem Leben. Es ist die Stimme eines Mannes, die das Wort »Leben« spricht. Um den Plan auszuführen.
Was soll es bedeuten? Das Loch schließt sich, man sieht und fühlt nichts mehr,

hört bloß die eine Stimme. Wird man wirklich gerufen? Und wie erfährt man, wohin? Das wird nur ausgedacht. Man lässt den Körper fallen und dann? Die Krise, der Durchgang. Zeit ist nicht vorhanden. Man bittet, erhört zu werden von der Stimme, die selbst kein Körper ist. Nirgends. Auch das Handwerk geht verloren im Dunkeln. Man keucht und bittet um Licht, das längst schon da ist. Anderswo. Im Zuge der Sehnsucht. Und in der Falle steigt man auf. Kommt hoch, ein Griff nach dem anderen und tritt zutage schließlich. Ganz kurz. Mit einem Leib.

Die natürlichen Körpergrenzen werden durch Verlängerungen in den Himmel überschritten, himmlische Attribute sind Bestandteile des Körpers. Der Lauf des Jahres schreibt die Zeichen von Heiligkeit und Leichtigkeit dem Körper ein. Auch die Sterne sind mit Schrift versehen. Die Schrift als Pass, ein Zuviel vorerst, das nicht bedeutete, sondern Überfluss war. Beschwert die Frau, dringt ins Heitere, setzt sich in ihrem Kopf fest, der zum Stern, zur Sonne wird. Sie sinkt, verliert die Fähigkeit zu schweben, vermengt mit irdischen Elementen, der Erde und dem Fleisch. Hier gilt das Gesetz des Geschlechts, des Verbots, des Verstecks. Wo ein ständiges Kommen und Gehen ist, ein Durchgang mit vielen Treffern.

Vögel fliegen über ihn. So sind die Folgen abzuleiten. Sie zeichnen ein Unglück am Himmel, während er sich tief unten befindet. Er hört Geräusche und sieht Bilder im Licht. Farben. Man hält ihn für einen Spion. Er arbeitet. Doppelt.

Er schleust die Worte, trifft voll Verwunderung mehrere auf einmal. Macht eine Notiz, wenn er im Zweifel ist. Und der Spalt bleibt dennoch. Die Überwachung des Fahrens und Schreibens. In jedem Augenblick in Ewigkeit geschieht dies unsichtbar, aber voll Wirkung. Er ist allein. Ohne Frau wäre er nicht vorhanden. Sie steuern am Kanal der Katastrophe zu.

Jene Engel, die oben blieben (rein!), und den Teil des Himmels für sich einnahmen, von dem sonst nie erzählt wurde, brüteten 9 Monate lang eine notwendige Überraschung aus. Durch Berührung und 12fache Spiegelung entstand das Ei, das zur Erde stürzte und zerbrach. Daraus schlüpfte ein neues Wesen: »Das war die erste Frau, die mit einem Unterschied geboren worden war.«

Der letzte Wunsch nach Treue. Eine Frau, eine und das Wort. Die Angst darum. Und wie sie retten? Denn es gibt keine Boote mehr. Man kann nur mehr im Stehen trinken und schreiben. Angelehnt im Sturm. Er war nicht menschlich und schob seine Kleider vor. Damit im Streit und nicht zu fassen. Der Schmerz, viele zu sein.

Im Traum wird nicht getauscht. Im Traum senkt sich das Denken schwer in den Körper und lässt nicht nach, solange geprüft, verschoben und weggelegt wird und dieser Filter der Dinge hilft, sie zu verändern. Schwierig auch, dass das Sichtbare ein Erfundenes ist, man schreibt im Geiste oder vielmehr läuft ein deutlicher Film, auf dem gelesen, gestrichen, geschrieben, gezeichnet wird. Es kommt so heftig heran, dass man glaubt, zu ertrinken und gleichzeitig das Gefühl, dass dies natürlich die Realität sei, mehr als das ruhige Sitzen am Schreibtisch, wo der Vorgang des Denkens nie sichtbar und in diesem Sinne körperlich wird. Im Traum eine innere Helligkeit, die wehtut und bedrängt. Der Zwang einer endgültigen Lösung ist es, der diese Zustände so anstrengend macht.

Hier beginnt, was man nennen kann: Frauen schreiben
(sie können es nicht, sagt man)
Sie streiten, trennen, schneiden Figuren fein säuberlich und legen sie zusammen, verziehen sich wieder. Denn die Grammatik stimmt nicht ihnen zu.

Sie ist die ganze Maschinerie, d. h. sie spielt sie und damit unterläuft sie das große System: Sie ist das zu Schreibende und das Papier, die Leere und das Geschriebene, sowie diejenige, die hämmert, aufträgt, kratzt. Sie kommt nicht zurande, hört nie auf damit, sie macht und sie passt, ist gezeichnet, beschrieben und ES passiert sie, sie nimmt sich und schlägt drauf ein. Sie ist das Gebäude und von vielem bewohnt. Sie hält sich geschlossen. Und Trümmer sind wie immer das Material, Reste. Sperrgut. Die Frau »Sie ist ein Lebewohl an den Schöpfer, ohne ihn zu stören.«

Das Denken bleibt in der Schule und lernt nichts dazu, wird geprüft, genossen. Brav sind die Abwesenden, die fehlen und deshalb gut sind auf der Bank, auch die Schwätzer.
Während die anderen sprechen, den Mund offenhalten, Lippen am Podest. Das Treten auf der Stelle schürft gar nicht tiefer, sondern steht und kichert, spreizt die Federn laut.
Denken währt am längsten und ist am meisten wert, kann aber nicht gekauft werden. Wie bei allem kommt es darauf an, in welcher Hülle es erscheint. Wie aufmerksam. Es ist eine Ware und schüttelt man die Schachtel, dringen ein paar Sätze durch. Das ist schön und damit wird gerne gespielt. Das Ping trifft eben nicht auf Pong. Sonst wäre das Spiel zu Ende.

Besessen-Sein.
Zum Roman KOSMOS von Witold Gombrowicz

Obwohl mir seine übertriebenen Aussagen zu Selbst und Werk nicht ganz geheuer sind, sollen dennoch zwei Sätze des Autors zu KOSMOS am Beginn stehen:

Der Erste: »*Kosmos ist für mich schwarz, vor allen Dingen schwarz, etwas wie ein schwarzer, zerwühlter Strom voller Wirbel, Hemmnisse, überschwemmter Gebiete, ein schwarzes Gewässer, das Tausende von Abfällen dahinträgt . . .*« (*Gespräche*, S. 115)

Der Zweite: »*Kosmos ist ein wenig ein Kriminalroman.*« (*Gespräche*, S. 120)

Die Schwärze, das Grausen, der Kriminalroman scheinen sich aufs Erste zum Begriff des *roman noir* zu verbinden; doch Gombrowicz wäre nicht Gombrowicz, würde er nicht sofort darauf hinweisen wollen, dass es sich bei ihm nur um eine Nachahmung jener Form handeln kann.

KOSMOS, 1965 im polnischen Original erschienen, trug in einer ersten Übersetzung ins Deutsche den Titel INDIZIEN. Das Wort INDIZ lässt sich in zwei Richtungen verfolgen. Einerseits ist es Anzeichen eines zukünftigen Geschehens und andererseits versteht man unter Indiz die Spur eines Verbrechens. Die Anzeige eines Unerzählten wird zum Grund des Erzählens, das ein Forschen nach einer Geschichte vor der eigentlichen Geschichte ist.

Ein »dunkler Punkt« steht am Beginn des Kriminalromans, schreibt Ernst Bloch, und KOSMOS, die Geschichte von Chaos und Ordnung, wiederholt den Anfang mancher Erzählungen von Gombrowicz': Ein Ich-Erzähler, er trägt den Vornamen des Autors, Witold, flieht von der Stadt aufs Land, begleitet von einem Bekannten und dringt in einem imaginären Polen, das der Schriftsteller Gombrowicz vor langer Zeit, zu Kriegsbeginn zufällig verlassen hatte, in den geschlossenen Kreis einer Familie samt Pensionären ein. Der verdächtige Anlass findet sich dann zufällig.

Es war ein Spatz. Der Spatz hing an einem Draht. Aufgehängt. Mit zur Seite geneigtem Köpfchen und aufgesperrtem Schnäbelchen. Er baumelte an einem Stück dünnen Drahtes, an einen Ast gehängt.

Sonderbar. Ein gehängter Vogel. Ein gehängter Spatz. Diese Exzentrizität schrie
hier mit lauter Stimme und deutete auf eine menschliche Hand, die sich ins
Dickicht gedrängt hatte – aber wer? Wer hatte gehängt, wozu, was konnte der
Anlaß gewesen sein? ... dachte ich in dem Gewirr, in diesem üppigen Aufwu-
chern von Millionen Kombinationen, und die rüttelnde Bahnfahrt, die pol-
ternde Nacht im Zuge, die Unausgeschlafenheit, die Luft, die Sonne, der Marsch
hierher mit diesem Fuks, und Jasia, die Mutter, das Theater mit dem Brief, mein
»Einfrosten« des Alten, Julius, übrigens auch Fuksens Ärger mit dem Chef im
Büro (von dem der erzählt hatte), die Wagenfurchen, Schollen, Absätze, Ho-
senbeine, Steinchen, Blätter, alles überhaupt kam plötzlich auf diesen Spatzen
zugestürzt wie eine Menschenmenge auf den Knien ... (S. 8–9)

Das Ereignis des gehängten Vogels bringt alle vorhergegangenen widrigen Umstände auf den Punkt, von dem aus die einzelnen Fäden nun verfolgt werden
müssen. Die klassischen Fragen: Wer? Wie? Warum? sind gestellt. Witold
muss sich auf die Spur des Täters begeben und beginnt mit einer – wie ihm
scheint – aussichtslosen Arbeit; aussichtslos deshalb, weil er zuviel sieht und
sich in der Fülle kleinster wahrgenommener Teilchen kaum entscheiden kann,
welches bedeutungtragend wäre, welches nicht. Alles ist verdächtig und überflüssig zugleich.

Trotzdem, er beginnt zu ordnen, Dinge miteinander in Beziehung zu setzen,
Ausschnitte, Bruchstücke; all das noch verdoppelt und vervielfacht durch die
Vermutungen seines Gefährten. Schon der Gedanke an vergangene und mögliche Taten nimmt ein nächstes Vergehen fast vorweg. Der Suchende liefert sich
seiner Suche aus. Witold fühlt sich vom Verborgenen und noch Aufzuklären-
den bedroht. Der Wunsch nach Lesbarkeit der An-Zeichen schlägt bald um:

Unerhört – die Bestirntheit des mondlosen Himmels – in diesen Aus-
schwärmungen zeichneten sich Konstellationen ab, manche kannte ich, den
Großen Wagen, den Bären, ich fand sie wieder auf, aber andere, mir unbe-
kannte, lauerten auch, wie eingeschrieben in die Plazierung der Hauptsterne,
ich versuchte, Linien auszumachen, die Figuren markierten ... und diese Dif-
ferenzierung, das Skizzieren der Landkarte ermüdete mich plötzlich, ich wand-
te mich dem Gärtchen zu, doch auch hier ermüdete mich gleich die Vielzahl
der Gegenstände, wie etwa der Schornsteine, ein Rohr, die Knickung der Dach-
rinne, das Mauersims, ein Bäumchen, oder auch schwierigere, die eine Kom-
bination bildeten, wie zum Beispiel die Biegung und das Verschwinden eines
Pfades, der Rhythmus der Schatten ... und unlustig begann ich auch hier Fi-
guren zu suchen, Zusammenstellungen; ich hatte keine Lust, ... (S. 18)

Da ein Indiz immer wieder auf ein nächstes, dahinterliegendes verweist, die Kombinations- und Substitutionsmöglichkeiten unendlich sind, muss Abhilfe geschaffen werden. Die verstreuten Einzelheiten können wahr sein, wenn sie aus ihrer Vereinzelung treten und ein Teil bezüglich eines anderen gesetzt wird. So wird »etwas« darstellbar, lässt sich eine Verbindung, eine Linie erkennen, eine Strecke auf einer Karte.

Natürlich arbeitet Witold hier mit einem Vergleich. KOSMOS, der Weltraum wird auf die Erde geholt, um dem Detektiv zu helfen. Und natürlich spielt Gombrowicz damit auf die Beziehung von Wahrnehmung und Sprache, auf die Konstruktion seines Romans an, der eine Geschichte vom Entstehen der Geschichte beschreiben soll, und vom Entstehen der Wirklichkeit. KOSMOS ist, wie Gombrowicz zugibt, ein »*Roman, der sich selber während des Schreibens erschafft.*« (*Gespräche*, S. 119)

Das vom Detektiv, vom Erzähler, vom Autor Aufgedeckte muss sofort mit anderen Einzelteilen zusammengedacht werden, damit ein Raum, ein Roman entstehen kann, in dem das Geschehene seinen Platz findet und damit sinnhaft wird. Es ist die ununterbrochene Arbeit gegen des Chaos seit dem Beginn der Welt, es ist die Wiederholung der Schöpfungsgeschichte, so hatte sich Gombrowicz das wohl gedacht. Im Nachhinein des Erzählens.

> *Ich kann das nicht erzählen ... Diese Geschichte .... weil ich ex post erzähle. Der Pfeil zum Beispiel ... Dieser Pfeil damals beim Abendessen war gar nicht wichtiger als Leons Schachspiel, die Zeitung oder der Tee, alles – gleichrangig, alles fügte sich zum gegebenen Augenblick zusammen, eine Art Zusammenklang, das Gesumme eines Schwarms. Heute aber, ex post, weiß ich, daß der Pfeil am wichtigsten war, also hebe ich ihn in der Erzählung hervor, ich hole aus der undifferenzierten Masse der Tatsachen die zukunftsträchtige Konfiguration heraus. Und wie soll man anders als ex post erzählen? Kann also niemals wirklich etwas ausgedrückt, in seinem anonymen Werden gezeigt werden, wird nie jemand in der Lage sein, das Gestammel des entstehenden Augenblicks wiederzugeben, wie kommt es, daß wir, aus dem Chaos geboren, es doch nie zu fassen kriegen, kaum schauen wir hin, schon entsteht Ordnung unter unserem Blick ... und Gestalt ... Macht nichts. (S. 30–31)*

Dass den Figuren durch ihre Namen, bzw. durch die Anfangsbuchstaben ihrer Namen, von vornherein Bedeutung zugeschrieben wird, liegt nahe. Gombrowicz hat die Namen im Laufe der Arbeit am Text immer genauer aufeinander abgestimmt. Es sind dies:

Die drei L: Leon, der Hausherr, Lena, seine Tochter, Ludwik, ihr Mann.

Die zwei K, ältere Frauen: Katasia, die Haushälterin, Kulka, die Hausfrau.

Dann Fuks, der Gefährte, das Double, und Witold der Erzähler.

WItold ist durch das WI sowohl mit seinem Nebenbuhler LudWIk, als auch mit dem Kater Lenas, für die er sich interessiert und der DaWIdek heißt, verbunden.

Welche Auswirkungen das haben wird, ist damit schon festgelegt.

Dem Programm der zerstreuten Wahrnehmung entsprechend werden die Figuren nicht psychologisch vorgestellt, sondern es sind Bruchteile, peinlich genau beschriebene Körperstücke, die sie vorstellbar machen sollen. Sie sind bloße Funktionen im Plan einer Erzählung, von dem auch der Erzähler im Zuge seiner Tätigkeit immer wieder umgeworfen wird.

> *... Kulkas Patsche, wie eine Kartoffel auf einer Rübe, ein Fäustchen, das aus weibsbäckigem, ausladendem Arm ragte; Folge davon war ein leise zunehmendes Mißvergnügen ... das im Ellbogenbereich noch unangenehmer wurde, wo rotige Schrundigkeit in bläuliche und violette kleine Buchten überging, die in andere Schlupfwinkel führten. Kombinationen, verworren, quälend, mit Händen, ähnlich wie die Kombinationen an der Decke, an den Wänden ... überall ...(S. 55)*

Das erste verdächtige Anzeichen scheint Witold der etwas schiefe Mund Katasias zu sein, eine Abweichung von der Symmetrie, die ihn abstößt. Gleichzeitig fühlt er sich durch die Anziehungskraft der jungen Frau, Lena, bedroht, gegen die er sich nur wehren zu können glaubt, indem er ihren schönen, begehrenswerten Mund in Beziehung zum Verunstalteten setzt, sie also gemein macht. Danach glauben Witold und Fuks einen an der Zimmerdecke versteckten Pfeil wahrzunehmen, dessen Richtung sie verfolgen. Das vermutete Indiz weist aber vorerst bloß auf Un-Bedeutendes.

> *Eine schwierige Aufgabe ... denn selbst wenn hier etwas verborgen war, auf das der Pfeil dort, an der Decke, in unserem Zimmer, zeigte, wie wollten wir das in dieser Wirrnis herausfinden, unter lauter Unkraut, Kroppzeug und Müll, die an Menge alles übertrafen, was sich an den Wänden oder Decken tun mochte. Eine erdrückende Fülle von Verbindungen, Beziehungen ... Wie viele Sätze lassen sich aus den vierundzwanzig Buchstaben des Alphabets bilden? Wie viele Bedeutungen kann man aus Hunderten von Unkräutern, Erdkrumen und anderen Kleinigkeiten ableiten?* (Seite 36)

Die Buchstaben, die Worte bedeuten von selbst nichts. Der Sinn des sprachlichen Zeichens ergibt sich durch die soziale Determiniertheit. Das wäre ein Element der Zeichendefinition nach Saussure. Und Sinn wird erzeugt im ›Sich-Beziehen-Auf‹ innerhalb eines geschlossenen Systems. Davon macht Witold fleißig Gebrauch, ohne zu Rande zu kommen. Denn die Willkürlichkeit des sprachlichen Zeichens, weiteres Element nach Saussure, scheint ihm von Grund auf verdächtig. Das Bemühen des Erzählers um eine Darstellung des Geschehens, muss misslingen, ohne die Sicherheit eines sozialen Systems, das bereit wäre, seinem Erzählen zu folgen. Die Anzeichen gewinnen so ihre Bedeutung allein durch die Auslegung des Beobachters und er muss befürchten, dass dahinter keine Entsprechung steht. Diese Gefahr kann der Erzähler nicht vergessen und seine Versuche zu ordnen, bringen daher vorerst Doppeldeutiges und Zwiespältiges hervor. Andererseits birgt auch der Eingriff ins Geschehen Gefahren, da das Verfolgen des einen Handlungsfadens andere verunmöglicht und das Aufdecken des einen Sachverhalts einen anderen verdunkeln muss.

Trotzdem, die Unsicherheit des Verdachts erzeugt Handlungsdruck. Ob die Notwendigkeit einzugreifen vor ihrer Zwangsläufigkeit steht oder umgekehrt, lässt sich nicht unterscheiden. Der Detektiv muss immer zweifeln, ob nicht seine Tätigkeit das Indiz erst hervorbringt, ob sein Beweis nicht nur Beweis eines Tuns ist, das ihn selbst zum Täter machen könnte. Denn will er das verborgene Geschehen durchdringen, muss er sich mit dem Täter gleichsetzen können.

Das nächste Anzeichen, dem Witold und sein Gefährte folgen, führt in eine neue Richtung. Das Zimmer Katasias, der Bedienerin mit dem schiefen Mund, soll untersucht werden. Dieses aufklärende Vorgehen des Detektivs ist jedoch nichts als getarnte Begierde, wie die Höhlenmetaphern beweisen. Die Gegenstände im Zimmer werden bloß durch die innere Beteiligung des Beobachters mit Bedeutung aufgeladen.

> ... *obwohl jedes dieser Dinge in dem Zimmer, ihr, Katasia, gehörte, bekamen sie erst vereinigt etwas von ihr, indem sie ein Surrogat ihrer Anwesenheit bildeten, eine sekundäre Anwesenheit, die ich durch Fuks – durch seine Taschenlampe – vergewaltigte, während ich selbst abseits auf Wache stand. Ich ließ mir Zeit beim Vergewaltigen. Der gleitende, sprunghafte Lichtfleck hielt bisweilen wie gedankenversunken auf etwas inne, um dann weiter zu stöbern, zu schnüffeln, seine aufdringliche, tastende Suche nach einer Schweinerei hartnäckig fortzusetzen – das suchten, danach wühlten wir. Schweinerei! Schweinerei!* (S. 63)

Natürlich kein Zufall, dass die vorgefundenen, verdächtigen Gegenstände allesamt spitz sind, dass es sich um Einstiche, Löcher von eingeschlagenen Nägeln etc. handelt. Nachdem der Erzähler sich den Wunsch nach einem Eindringen ins Geheimnis (der Frau) versagt hat, findet das Begehren andere Wege. Da Witold nach der Durchsuchungsaktion noch nicht befriedigt ist, möchte er zumindest heimlich einen Blick ins Schlafzimmer Lenas werfen. Seine Erwartung wird aber völlig enttäuscht. Er beobachtet bloß, dass Ludwik Lena einen Alltagsgegenstand, eine Teekanne, zeigt. Dieses abermalige Nichts an Bedeutung angesichts höchster Spannung wirft den Erzähler völlig aus der Bahn:

Auf alles war ich gefaßt gewesen. Aber nicht auf eine Teekanne. Man muß er-
lebt haben, was das ist – der Tropfen, der das Faß überlaufen läßt. Was »zu-
viel« ist. Es gibt so etwas wie ein Übermaß an Wirklichkeit, ihr Aufquellen bis
zur Unerträglichkeit. Nach so vielen Gegenständen, die ich gar nicht alle auf-
zählen könnte, nach Nadeln, Fröschen, Spatz, Stäbchen, Deichsel, Schreibfe-
der, Schale, Pappdeckel etc. Schornstein, Kork, Riß, Rinne, Hand, Kügelchen
usw. usw. Erdklümpchen, Gitter, Draht, Bett, Steinchen, Zahnstocher, Hähn-
chen, Pickel, Meerbusen, Inseln, Nadel und so weiter und so weiter, bis zum
Überdruß, bis zum Überfluß – jetzt wie aus heiterem Himmel diese Teekanne
ohne Sinn und Verstand, extra, gratis, Luxus des Durcheinander, Prunk des
Chaos. Genug. Es schnürte mir die Kehle zu. Ich schlucke sie nicht. Ich schaffe
es nicht. Genug jetzt. Umkehren. Nach Hause. (S. 69–70)

Im Aufzählen der Gegenstände löst sich das Bezeichnende vom Bezeichneten,
wie im Kinderspiel, das ein Wort so oft wiederholt, bis sein (willkürlicher) Sinn
verlorengeht.

Dieser Punkt des Nichts, der Leere, die Ende bedeutete, verlangt nun nach
einer Tat, die die Spannung wieder aufbaut, die Zeichenkette wieder in Gang
bringt. Der Erzähler fühlt sich in die Dunkelheit des Anfangs zurückgestoßen.
Etwas geht mit ihm durch und in seiner Verzweiflung rächt sich Witold am
Kater Lenas, indem er ihn erwürgt und an einem Haken aufhängt. Somit kann
das Spiel weitergehen, er hat ein neues Zeichen gesetzt, dessen Hinter-Grund
nur er kennt. Der Erzähler befindet sich nun auf der Seite der Täter, jenseits des
Vermutens. So scheint ihm zu gelingen, was er die ganze Zeit erstrebte, nämlich da-hinter zu kommen. Er agiert nun zwei-deutig, sodass er unter der Unmöglichkeit einer ein-deutigen Zuordnung nicht mehr so sehr leidet. Zudem
ist damit – so scheint Witold – das erste Hindernis einer Annäherung an Lena
beseitigt. Durch den Tod des Katers hat er sich an sie »herangemacht«. Da es
aber das Begehren war, das ihm diese Tat aufzwang, verliert er wiederum die
Kontrolle über das Geschehen. Das Begehren wird der dunklen, nicht geheu-
ren Seite zugeordnet, davon bleibt Witold nun beherrscht. Seine Übertragungen auf das Objekt seines Begehrens schaffen keine Ordnung, sondern besetzen seine Gedanken. Er ist seinen Assoziationen ausgeliefert. Dennoch ist es
diese Leidenschaft, die die Erzählung und die Nachforschung vorerst in Gang
halten. Doch der Ort ist zu geschlossen, die Flut von Gedankenverbindungen
zu dicht; der Autor Gombrowicz beschließt, das System: Stäbchen – Spatz –
Kater – Mund – Hand – usf. an einen neuen Schauplatz zu verlegen.

Die Gruppe macht einen Ausflug, getarnt als Flitterwochenfahrt der Jungver-
heirateten Lena und Ludwik, dem sich noch zwei andere junge Paare anschließen. Vier Paare stehen somit vier Einzelpersonen gegenüber und dass die Geschichte zudem als Angriff auf Ehe und Familie zu verstehen ist, wird sich in

der Folge noch herausstellen. Neu im Spiel ist die Natur, der der Mensch in jedem Falle untersteht. Da sich die Streuung der bisher angesammelten Indizien nur um einen sinnstiftenden Anhaltspunkt organisieren könnte, taucht hier die Sehnsucht nach einem höheren Prinzip als Anfang der Ordnung auf.

Ein himmelhoher Vogel zeigte sich – allerhöchst und regungslos – ein Geier, ein Habicht, ein Adler? Nein, es war kein Spatz, aber allein dadurch, daß es kein Spatz war, war es doch ein Nicht-Spatz, und als Nicht-Spatz hatte er etwas von einem Spatzen.
Mein Gott! Wie gut mir der Anblick dieses einzigen Vogels tat, der, ganz zuoberst, über allem schwebte. Höchster Punkt, überragender Punkt. Wirklich? So satt hatte ich also die Unordnung dort, im Hause, jenes Mischmasch, das Chaos der Münder, des Hängens, Kater, Teekanne, Ludwik, Stäbchen, Dachrinne, Leon, Gepolter, schlagendes Drängen, Hand, Einschlagen, Nadel, Lena, Deichsel, Fuksens Blick usw. usw. etc. etc. etc., wie in einem Nebel, wie in einem Füllhorn, Wirrsal . . . Und hier im Himmelblau thronte ein Vogel – Hosianna! – und was für ein Wunder, daß dieser ferne, winzige Punkt die Herrschaft gewann, wie ein Kanonenschuß, und Chaos und Wirrsal ihm zu Füßen fielen! (S. 105)

Der Wiederholung der angesammelten Beweisstücke für ein Unbekanntes wird jedesmal ein neues Element hinzugefügt. Diesmal ist es der Vogel, der den Überblick zu haben scheint, und der durch sein Vogel-Sein dem corpus delicti, dem Anfangszeichen der Erzählung verbunden ist. Das Bild der Analogie kehrt ab nun immer häufiger wieder. Das Ferienhaus erhält Existenz nur in Beziehung auf das zurückgelassene Haus, die Worte der lustigen Gesellschaft erhalten doppelte Bedeutung in Anspielung auf etwas Vorhergewusstes, die Figuren selbst können nur anwesend sein, weil sie aus der Vor-Geschichte herkommen. Diese Distanz im Wissen um sich selbst bestimmt auch das erste Treffen zwischen Lena und dem Erzähler. Witold kann sie nicht mehr als die wahrnehmen, die sie ist, da er sich mithilfe seiner Übertragungen, die sie nicht kennt oder nicht zu kennen vorgibt, eine andere Figur aufgebaut hat. Der Abstand macht die Frau sichtbar. Sie steht Witold so für alle Manipulationen zur Verfügung. Das tatsächliche Gespräch zwischen Witold und Lena verläuft daher völlig nichts-sagend.

Hier ein paar Worte zu Darstellung von Frauen im Werk des Autors Gombrowicz, zur Beziehung der Geschlechter, die immer vom männlichen Misstrauen gegenüber Frauen bestimmt ist. Sobald Frauenfiguren ins Geschehen treten, werden sie daher entweder verworfen oder sie verwerfen die ihnen unterlegenen Männer. Im Zeitungsroman *Die Besessenen,* zum Beispiel, darf eine junge Frau nur als Folie des Bösen auch aktiv werden. Die Konstellation von unerreichbarer, moderner Gutsherren- oder Bürgerstochter und einem jungen Mann, der ihr ausgeliefert ist, kehrt im Werk Gombrowicz' recht oft wieder. Es gibt also keine tatsächliche Beziehung zwischen Männern und Frauen. Denn der Unterschied der Stände und Geschlechter ist einmal zu groß und einmal stellt er sich als bloß gemacht heraus.

Vom Nichts her vervielfachen und vermischen sich die Bedeutungen und vom Nichts geht auch die folgende Unterhaltung des Erzählers mit dem Hausherrn Leon aus, dessen Gerede immer mehr Witolds Gedanken zu gleichen beginnt, so als müsste jeder in dieser Geschichte schließlich sein Double finden, um zu erkennen. Leon aber schafft neue Verwirrung, indem er eine Sprache erfindet, die auf dem sinnlosen (?) Wort GREB gründet.

(GREB, das ich im deutschen als Anagramm von BERG lese, während es in der französischen Übersetzung tatsächlich BERG lautet.)

> *Und plötzlich fiel es:*
> *»Greb!«*
> *Deutlich, laut ... so daß ich einfach fragen mußte, was das hieß.*
> *»Was?«*
> *»Greb!«*
> *»Was Greb?«*
> *»Greb!«*
> *»Ach ja, Sie sagten, daß zwei Juden ... Ein jüdische Witz.«*
> *»Ach was Witz! Greb! Gegrebse mit dem Greb in den Grebs – verstehen Sie –*
> *Gegrebse mit dem Grebebs ...Ti, ri, ri«, fügte er listig hinzu.*
> *Er flatterte mit den Händen und sogar mit den Füßen – als tanzte er innerlich*
> *triumphierend. Mechanisch und dumpf wiederholte er irgendwo aus kaum*
> *wahrnehmbarer Tiefe: »Greb ... Greb ...« Er beruhigte sich. Wartete.*
> (S. 128)

Der Erzähler fühlt sich durch diese Wendung bedroht, da der Wahnsinn einer Figur alle vorhergehenden Anzeichen und die ganze Geschichte bedeutungslos machen würde. Um das zu vermeiden und um wieder eine gemeinsame Grundlage zu finden, begibt er sich auf die GREB-Ebene Leons. Der Trick gelingt. Leon geht auf das Verständigungsangebot ein. Die Assoziationsketten und -sprünge Witolds werden nun von Leon fortgeführt. Da es im Gespräch um Lust und vergangene Sünden geht, wird auch klar, wozu das GREB dient. Es ist das, was man nicht auszusprechen wagt, die Barriere vor dem Verdrängten. Der verheiratete Leon hatte vor 25 Jahren einen Seitensprung begangen, an dessen Schauplatz er jetzt die Ausflugsgesellschaft locken will.

Die Bejahung des Begehrens und der dunklen Seite verbindet den Erzähler mit Leon, aber auch die Versessenheit auf das Kleine, die An-Zeichen, Indizien, Spuren einer möglichen Tat. Gemeinsam ist ihnen der Hang zu einem Anhalten in Gedanken, wie zur Verdächtigung. Nachdenken über ein mögliches Tun verunmöglicht es immer mehr. Das bewusste Begleiten einer ansonsten gedankenlos getroffenen Entscheidung ist der Bewegung hinderlich. Selbst-Betrachtung fördert die Erstarrung. Und darin wird der Erzähler den Beweisstücken der Verbrechen ähnlich. Das Unbewegliche der gehängten Tiere und Gegenstände steht gegen das Bewegte des Geistes, der über den Grund dafür nachsinnt. Die Unentscheidbarkeit im Verlauf des Nachforschens kennzeichnet aber auch die Struktur des Romans selbst, sein Verhältnis zur Repräsentation. Der Text verhält zwischen der Absicht etwas zu sagen und dem Ereignis dieses Sagens. Der Detektiv, der der Erzähler ist, wird also Täter und Opfer zugleich und nähert sich damit dem dunklen Knoten der Geschichte mehr und mehr, ohne ihn auflösen zu können. Also unternimmt er noch einmal die Anstrengung, den Teil seines Selbsts zu zerstören, der Lust auf Liebe, auf die Frau, auf Lena hat, und der mit ein Anlass für seine Verwicklung in die Geschichte gewesen war. In der Dämmerung lösen sich die klaren Umrisse auf, schließlich geht alles in die Nacht ein, die auch Witolds eigene dunkle Seite verstärkt, den Ekel anstelle der Lust setzt.

Das Haus vor uns schien von der Dämmerung schon ziemlich angefressen, in seiner zerrütteten Substanz ... und der Talkessel war wie ein falscher Kelch, ein giftiges Bukett, mit Kraftlosigkeit gefüllt, der Himmel schwand, Vorhänge zogen sich zu und verhüllten, der Widerstand wuchs, die Dinge wurden ungesellig und krochen in die Höhle, Schwund, Zerfall, Ende – obwohl man ziemlich gut sehen konnte – aber eine bösartige Auflösung des Sehens selbst machte sich bemerkbar. Ich lächelte, Dunkelheit kommt meist gelegen, dachte ich, im Nichtsehen kann man sich nähern, herankommen, berühren, anfassen, umarmen, und sich bis zum Wahnsinn lieben, aber ich hatte eben keine Lust, ich hatte zu nichts Lust, ich hatte ein Ekzem, ich war krank, nichts, nichts als anspucken, ihr in den Mund spucken und aus. (S. 150)

Die Gesellschaft trifft sich zum Abendessen wieder im Haus, wo noch einmal die Fäden der Witold'schen Gedankengeschichte zusammenlaufen. Die Szene bietet Gelegenheit alle oralen Tätigkeiten durchzuspielen: Sprechen und Schlucken, Spucken und Erbrechen und Essen, die auch durch das vorangegangene Gespräch mit Leon sexuelle Bedeutung gewinnen. Die Fetzen des Gehörten und Beobachteten führen Witold wieder zur Aufzählung der sich häufenden Indizien:

... die Vertiefungen hinter dieser Wurzel, was weiß ich, die Seife in Katasias
Stübchen, ein Stück Seife, oder die Teekanne, diese ihre zurückschreckenden,
mimosenhaften Blicke, die Pforte, die Details der Pforte mit dem Schloß, dem
Vorhängeschloß, großer Gott, barmherziger Gott, all das dort am Fenster, im
Efeu, oder zum Beispiel das Erlöschen des Lichts damals in ihrem Zimmer,
Zweige, mein Hinabklettern, oder denken wir nur an den Priester am Wege
und jene imaginären Linien, diese Verlängerungen, Gott, o Gott, der schwe-
bende Vogel, wie Fuks die Schuhe auszog, und dieses ganze Verhör im Eßzim-
mer, dumm, zu dumm, sowie die Abreise, das Haus mit Katasia, zum Beispiel
die Veranda und die Tür das erste Mal, Hitze, und daß Ludwik immer ins Büro
ging, oder die Lage der Küche in bezug auf das Haus, ein gelbliches Steinchen
und der Schlüssel zum Stübchen, oder der Frosch, was war mit dem Frosch,
wo war er abgeblieben, ein Stück zerschrammter Zimmerdecke und diese
Ameisen dort, bei dem zweiten Baum, am Wege, und die Hausecke, hinter der
wir standen, Gott, o Gott, Kyrie eleison, Christe eleison, dort, der Baum, an
diesem Zipfel und jene Stelle hinter dem Schrank, und mein Vater, mein Ärger
mit dem Vater, das Drahtgeflecht des erhitzten Zauns, Kyrie eleison ...
(S. 157)

Aus dem Strom der Wiederholung tauchen neue Bestandteile auf. Der Vater
(des Erzählers) steht plötzlich mit im Raum der Überlegungen, da der Ärger
mit ihm Grund für das Fortgehen des Sohnes und damit für den Beginn der Erzählung gewesen war, ein Anfang vor dem Anfang.

Aber noch etwas fällt auf: Die vermehrte Anrufung Gottes, Formeln wie ein
Gebet, das keine Antwort mehr erwartet. Der Anfang von KOSMOS war durch
einen Spatzen, ein Stäbchen, eine Schnur gekennzeichnet, einen vom Himmel
geholten Vogel.

Das Erzählen Witolds mündet immer wieder in eine Aufzählung aller bisher
gesammelten Anzeichen. Schließlich erscheinen zwischen den Hauptindizien
auch weibliche Figuren, die auf die vom Erzähler verspielte Liebesbeziehung
verweisen. Er hat sich die Frau unmöglich gemacht. Hier wird auch das Besessensein vom Stäbchen deutlicher.

Den Begriff des sprachlichen Zeichens nach Saussure könnte man nun mit
dem Gedanken an Freud als ersten Detektiv, dem Aufdecker des Verdrängten,
kombinieren. Und erhielte als Ergebnis: Lacan.

Lacan bewerkstelligt mithilfe eines Anagrammes des Saussure'schen Zei-
chenkörpers A/R/B/R/E zu B/A/R/R/E eine Umdeutung der Differenz des
sprachlichen Zeichens. »barre« steht bei Lacan für Phallus und den Phallus beschreibt er als Signifikanten der zeichengebenden Praxis schlechthin. (nach S.
Weber)

Diese Rechnung bleibt aber unbeglichen. Ziemlich stolz behauptete Gombrowicz, schon vor den Strukturalisten strukturalistisch gewesen zu sein. Und wirklich lassen genügend An-Zeichen darauf schließen, dass eine streng strukturalistische oder lacanistische Untersuchung zu einem ähnlichen Ergebnis kommen könnte.

Doch KOSMOS ist nicht nur PORNOGRAPHIE, wie der Titel eines früheren Romans von Gombrowicz lautet, es ist eine Weiterführung der wichtigsten, in seinen Werken entwickelten Merkmale. Nicht nur die Zeichen, der Blick, die Körper, das Begehren halten KOSMOS in Bewegung, sondern auch das Unmögliche und die Überschreitung. Die Ähnlichkeit von KOSMOS und PORNOGRAPHIE liegt in der Wiederholung. Der Pornograf ist einer, der wiederholt. Der Erzähler ist einer, der etwas nochmal macht. Die Wiederholung ist im sprachlichen Zeichen enthalten und stellt die Aussicht auf ein Festsetzen von Wirklichkeit immer in Frage. Das Grauen in KOSMOS ist Grauen auch vor der Verselbständigung des Geschriebenen, Grauen vor dem Kippen des Eingebildeten ins Tatsächliche. Das absurde Verbrechen des gehängten Spatzen erlaubt Gombrowicz vom Besessen-Sein des Schriftstellers durch seine Tätigkeit zu sprechen. Was im Roman DIE BESESSENEN noch in eine triviale Thrillersituation verpackt werden konnte, tritt hier unverhüllt auf.

Der Schreibende / Aufdeckende besitzt den Schlüssel nicht. Er ist im Gegenteil besessen von seinem Tun und das Ergebnis kann nie sein Eigenes sein. Also fängt er immer wieder an. Ernst Bloch weist in seinen Überlegungen zum Kriminalroman auf den Ödipusstoff als »Urstoff alles Detektorischen« (*Der Kriminalroman*, S. 335) hin und erwähnt auch, dass in der Vorstellung des Manichäismus das Dunkle jeder Ordnung vorangehe (*Der Kriminalroman*, S. 338).

Die Hell-Dunkel-Symbolik und die Auseinandersetzung mit dem Bösen bildet das wichtigste bedeutungstragende Element in Gombrowicz' Zeitungsroman DIE BESESSENEN. Ein Besessener ist hineingerissen in Handlungen, deren Beweggrund er nicht kennt. Darin ähnelt er dem Erzähler in KOSMOS. Ein Besessener muss tun, was ihm das Böse befiehlt. Trotzdem ist ihm das eine gewiss: Wenn es den Teufel gibt, dann auch Gott. Die Hellsicht ist nicht möglich ohne das Dunkle. In diesem früh verfassten Roman führt Gombrowicz, schon weit im Gang der Erzählung verstrickt, ohne Aussicht auf Lösung, plötzlich einen Hellseher als Detektiv ein, den man auch als Stimme des Erzählers vernehmen kann, wenn er zum Beispiel sagt:

Noch nie hatte er ein derartiges Gefühl von Hilflosigkeit gehabt. Was nützte es, daß die Natur ihn mit der Gabe einer partiellen und sehr zufälligen »Hellsicht« beschenkt hatte, wenn diese Hellseherei nichts klärte, sondern den Menschen im Gegenteil in einen Zustand noch größerer Ungewißheit versetzte und ihn mit geheimnisvollen und unerforschten Mächten umzugehen hieß.

Andauernd streifte Hincz diese metaphysische Welt, deren Natur er nicht durchdringen konnte.
Immer stärker neigte er darum dem Glauben zu. Immer deutlicher zeigte sich ihm unter den entsetzlichen Unklarheiten der Welt die schlichte und gewissen Wahrheit, daß die einzige Zuflucht des Menschen, seine einzige Waffe und sein Gesetz die Werte des Charakters sind und sein einziger Wegweiser die Moral.
(S. 271)

26 Jahre später ist solcher Glaube und jugendlicher Rückschluss verflogen und nichts als Angst oder ein unbestimmtes Gefühl der Bedrohung hat sich an die Stelle der schwarzen Romantik gesetzt. Als der Erzähler von KOSMOS auf einem nächtlichen Streifzug die Leiche Ludwiks, seines Rivalen, erhängt an einem Baum, findet, muss er sich mit dieser Verkörperung seines Besessenseins, die zur ersten und einzigen Tatsache in diesem Kriminalroman geworden ist, auseinandersetzen.

Und es hilft nichts. Einmal auf dem Wege der sich verwickelnden Fäden des Geschehens, bleibt Witold nur die Möglichkeit, das Vorgefundene in SEIN System einzubinden. Das ›Hängen‹ und der ›Mund‹, müssen sich verbinden. Witold steckt dem Toten seinen Finger in den Mund. Damit hat er sich von der Tatsache (des Toten) befreit. Diese Zwangsläufigkeit führt den Erzähler / Detektiv endgültig an den dunklen Punkt des Geschehens, nicht aber als Aufklärenden, sondern als Täter. Die Identifikation mit dem Bösen besetzt den Platz der Vernunft, nimmt überhand. Witolds nächste Tat müsste, um nicht in seinem eigenen Sinne Wortbruch zu begehen, das Verbrechen, ein Mord sein.

Er trifft wieder auf die Gesellschaft, die in der Dunkelheit durch die Natur stolpert, um den einstigen Lust- und Sündenort des Familienvaters wiederzufinden. Der Erzähler verschweigt, was er gesehen hat. Seine Hand verselbständigt sich. Er steckt dem Priester seinen Finger in den Mund. Dieses Hineinstecken bezeichnet Witold als »Einführung« seiner Hirngespinste in die wirkliche Welt. Er traut sich also jetzt das Stäbchen in die Höhle zu tun. Gleichzeitig versucht sein Finger den Zeigefinger Gottes zu wiederholen, der den Lauf der Welt betreibt. An seiner dunkelsten Seite angelangt, glaubt der Erzähler sich von seinem Besessen-Sein befreit. Er meint, sich und die Geschichte besitzen zu können.

Doch wieder macht ihm Leon, der Familienvater, einen Strich durch die Rechnung, denn er ist es nun, der den Gang der Figuren bestimmt und seine (vergangene) Lust ist der Motor aller Bewegung. Hier zeigt sich, dass die Gesetze der Planetenbewegungen in KOSMOS auch die Zwangsläufigkeit der Bewegungen innerhalb einer Familie meinen. Auch die Familienmitglieder kreisen auf festgelegten Bahnen um einen Mittelpunkt, der sie alle erhält, und der sich aber selbst genug ist. Die Selbstzufriedenheit ist Leons späte Rache an der einstmals vorgestellten Wahlverwandtschaft. Sein Spruch »gleich zu gleich« bedeutet nämlich nicht, dass sich Ähnlichkeiten anziehen, sondern dass der Mittelpunkt des KOSMOS, der Familie, eigentlich nur mit sich selbst verkehrt. Und so lässt er alle an seiner Selbstbefriedigung teilnehmen. Die Aussicht, die er den anderen versprochen hatte, gibt es nur in der Erinnerung, die sein Körper nun vor allen darstellt.

Dieser Vergleich von himmlischen und irdischen Vorgängen hat aber auch den Verlust von Höhe zur Folge. Heruntergebracht auf irdisches Maß findet sich nun keine höhere Instanz mehr, auf die sich unten wie oben beziehen könnte. Der Erzähler, Witold, Gombrowicz muss zugeben, dass sein Streben nach Durchschaubarkeit auch noch die letzte Sicherung zerstört hat. Die oberste Instanz des Vaters, deren Störung mit dem gekreuzigten Vogel vorgezeichnet war, und die sich mit dem Kippen in die sinnlose Sprache verstärkt hatte, hat sich nun endgültig auf sich zurückgezogen. Sie ist nicht für die anderen da. In einer letzten Anstrengung, diese letzte Tatsache hinter allen Dingen ungeschehen zu machen, wird der Erzähler zum Echo des Vaters. Er übernimmt wissentlich das GREB, die Sprache des Verdunkelns.

In dieser Doppelung hebt sich aber das Sagbare auf, Stille tritt ein und die Erzählung bricht ab. Das Rätsel des Verbrechens wird nicht gelöst, wohl aber wird die Voraussetzung aller Verbrechen und des Versagens angezeigt. Dass es nämlich keinen mehr gibt, der den Himmel und die Welt zusammenhängt. Dass es keine Erlösung gibt.

Was macht der Erzähler also? Er hört auf.

»Gott mag wissen«, gesteht Gombrowicz, »mir scheint es, daß das Grausen von KOSMOS entschlüsselt werden wird, aber nicht so bald.« (Gespräche, S.116)

Der Verlust der göttlichen Instanz hat eine leere Stelle geschaffen, auf die sich nun die Arbeit des Erzählers bezieht. Immer wieder versucht er dort einzudringen, wo nichts ist und den Platz des Schöpfers zu besetzen. Doch er findet keinen Halt und zurückgeworfen, stellt sich das Grausen ein.

Bleibt also noch die Ironie, ein schwacher Trost, genauso wie sich die Parodie als schwaches Instrument zur Negation erweist. Gombrowicz kann an diesem Punkt nur mehr mit Kommentaren zum Werk und dem letzten Band der Tagebücher fortsetzen. KOSMOS schließt:

Es wurde ganz still, und es war nichts zu hören, ich dachte der Spatz Lena Stäbchen Lena Kater in den Mund Honig Lippe ausrenken Wand Erdkrume Riß Finger Ludwik Gebüsch hängt hängen Mund Lena allein dort Teekanne Kater Stäbchen Zaun Straße Ludwik Priester Mauer Kater Stäbchen Spatz Kater Ludwik hängt Stäbchen hängt Spatz hängt Ludwik Kater ich werde aufhän-

gen —— Es begann in Strömen zu gießen. Lose, dicke Tropfen, wir hoben den Kopf, es goß, Wasser stürzte, Wind brach los, Panik, jeder rast unter den nächsten Baum, aber die Kiefern halten nicht trocken, sie triefen, es tropft, Wasser, Wasser, Wasser, nasse Haare, Schultern, Schenkel, und direkt vor uns in der dunklen Dunkelheit, unterbrochen nur vom Aufflackern verzweifelter Laternen, eine Steilwand stürzenden Wassers, und da, im Lichte dieser Laterne, sah man, wie es goß und stürzte, Wasserströme, Fälle, Seen, es rinnt, spritzt, sprudelt, Seen, Meere gluckernden Wassers und ein Strohhalm, ein Stäbchen, ein Blatt, vom Wasser getragen, verschwindend, Bäche fließen zusammen, Flüsse entstehen, Inseln, Hindernisse, Staus und Arabesken, und oben von oben in der Höhe eine Sturmflut, es gießt, es fliegt, und unten ein dahinjagendes Blatt, ein entschwindendes Stück Rinde, von all dem Schüttelfrost, Katarrh, Fieber, und Lena bekam Angina, man mußte ein Taxi aus Zakopane kommen lassen, Krankheit, Ärzte, überhaupt etwas anderes, ich fuhr nach Warschau zurück, die Eltern, wieder Krieg mit meinem Vater, und andere Sachen, Probleme, Komplikationen, Schwierigkeiten. Heute gab es Hühnerfrikassee zu Mittag. (S. 182)

über die bilder und den verstand.
zu anselm glück

ich fange also an und blättere und blättere in büchern.
wie gewinne ich raum im lesen?
und wie gewinnt anselm glück raum in den zeichen der schrift, des körpers, der
fortbewegung; in der zeichnung, die die wand ritzt, sie verletzt, in der seite des
buchs?

ich sehe gekritzel, beiläufige striche, figuren eingekratzt ins weiß, ahne einen kampf
der striche, einen kampf von schwarz und weiß, schrift und papier, des geschriebenen gegen die rede, einen kampf der fläche gegen den raum, und umgekehrt.
ich sehe eine wolke der lust, die über allem treibt, schlitze und schwänze, die
gier, das hervortreten des geschlechts an die oberfläche der zeichnung und die
verschiebung, vervielfältigung der körperöffnungen, körperteile. diese oberfläche ist ein schirm vor meinen augen, bevor ich tiefer dringe in den textraum,
zeichenraum.

ein buch liegt bereit, noch geschlossen.
die schrift auf dem umschlag ist zittrig, ungerade, flüchtiges gekrakel, das sich
nicht hält an die forderung nach richtigkeit. die buchstaben gehen zurück hinter den linienspiegel und die grundschule des schreibens.
auf dem deckel verschwindet der schreibende fast unter der maschine und dem
stuhl, er drückt seinen körper mithilfe der tasten in die geraden zeilen auf recht-
eckiges papier. er verliert darin sein rund.
später aber beim vortragen des textes durch den autor, der steht und sein sprechen mit gesten begleitet, gewinnt er etwas zurück vom körper, von dem, was
er war, bevor er schrieb, denn er spricht seinen text auswendig, entfernt ihn
wieder vom papier. er IST seine vorlage.
ich sehe hinein, also in körper, striche, haut, bewegung, verfolge übersetzungen von bildern in weitere bilder, mithilfe von zeichenzeichen, also zacken,
schleifen, spiralen, kreise, kürzel von sprachzeichen. gelesenes wird umgelegt,
geprüft und neu verschoben. die kürzel finden ihre entsprechung auf sprachebene in auslassungen, verkürzter wiedergabe anderer bücher, der haltlosigkeit
eines rhythmus, der nur punkte kennt, kaum beistriche, und und und. aus vielen strichen formt sich vielleicht ein bild, aus mehreren einzelzeilen vielleicht
ein gedanke, verstärkt durch wiederholung.

ich lese durch die schichten von bereits gelesenem, lebe mich ein in verschiedene spiele, rollen, schlage mich damit herum, zu wissen, wie das leben geht, vor, während und nach dem schreiben. also jetzt. immer jetzt. auch.

ich mache einen schnitt, einen schritt ins buch, zum beispiel – so war es ausgemacht – in: die eingeborenen sind ausgestorben – und lese, um zu verstehen: »in den strahlenden morgen schob sich ein grauer tag der unter blitzen in eine nacht einging die sich hinten schon wieder einer neuen sonne zu aufriss

tagnacht

es war zum wahnsinnigwerden (1)«
da ist der anfang, das RUNDE, die erdkugel, der wechsel, die wiederholung von hell und dunkel im ablauf von 24 stunden. danach der KÖRPER, das SEHEN, das LICHT als gestaltende kraft.
»und im blickfeld erscheint die wirklichkeit, in der man seinen körper (immer inmitten der gegenwart) als muskel benutzt. (2)«
»und das licht über der wildnis brütete farben zu körpern und der boden war weiterhin mit hügeln und wäldern bedeckt und das land als gestalt mit gesichtern duldete keinen eindringling. viele tiere behausten den umkreis. manches leben wurde eingebüßt. (3)«
bis hierher scheint es einfach. doch dann, im miteinander von körpern und natur taucht die notwendigkeit auf, die menschen durch REGELN zu verbinden. plötzlich gibt es die mehrzahl, zuordnungen, wirklichkeiten als hilfskonstrukte und überlebensmittel. sofort ist die erfahrung des wahrnehmens selbst in frage gestellt.
wie geschieht das? ein rahmen erscheint, ein wechselspiel von schwarz und weiß, die einzelnen teile schaffen sich raum. wie?

»die flecken pulsierten. sie dehnten sich und zogen sich wieder ein. eingezogen stockten sie für einen augenblick und dehnten sich wieder und kamen so, wieder hergedehnt, für einen moment wieder zum stehen. hinher.«
»und in der sprache ist die sonne im all und aber selbst ein himmel verspricht keinen kontakt und genau wie sichtbare teile bewegt sich alles um sich selbst. die lichter bestrahlen seit jahren jede drehung. (5)«
die SPRACHE ist die mitte, um die sich alles dreht, sie versichert aber verständigung nicht, denn sie funktioniert konzentrisch (allgemein) und egozentrisch zu gleicher zeit.
und schon geht es tiefer hinein in den ZWEIFEL, von nun an wird kaum mehr irgendein geschehen vorgestellt, das für sich bestehen bleiben kann. das beobachten dessen, was geschieht, wird zum thema, und dieser vorgang wird wiederum erklärt: mehrfache sichtweisen, ein hin und her von behauptungen, ein

ineinanderstellen verschiedener standpunkte, die sich gegenseitig stören und den lesenden sowieso.

geschichten von begegnungen werden als wortschatzübungen vorgeführt, sie enthüllen die gängigen regeln:

»hans und gerti erinnern sich in derselben stadt. hans ruft an. hans bringt blumen mit und verbringt die ersten worte im angesicht von zwei schönen plauderstunden. beim aufbruch erfolgt die bekanntschaft. derart gefestigt ist ein anschluss vorhanden. die verständigung hält. besuche ereignen sich. überall finden sie aneinander gefallen. jedes beisammensein erfolgt schon in einer stimmung. (8)«

die NATUR mit ihren phänomenen kehrt in beschreibungen wieder, die wahrgenommenen elemente scheinen einander untrennbar verbunden, sodass eine isolierte betrachtung verunmöglicht wird. es sind geschehenszusammenhänge, natürliche maschinen, die ihren lauf nehmen, ohne dass der mensch in diese mechanik eingreifen könnte.

eine andere starke bewegung ist der trieb, das aufeinandertreffen der GESCHLECHTER, welche in sich steigernder erregung die unordnung der dinge und der verhältnisse bewirken. nach dem sturm wird das bild meist wiederhergestellt, vorübergehend tritt ruhe ein. die körper haben eine geschichte, die sich in schichten von instinkt, erziehung, gesellschaftlichen regeln und projektionen um ihre nacktheit legt. immer wieder wird auf diese ENTWICKLUNG hingewiesen, immer wieder wird versucht, diese häute vom körper zu ziehen und ihn frei von allgemeinen prägungen zu zeigen. die auflösung der alten umgangsformen könnte vollzogen werden, doch kann das einzelwesen ohne regeln mit den anderen dann nicht mehr verkehren. wo soll man neue formen finden? wie verhält man sich?

die formalen irritationen auf der sprachebene dienen dazu, halt zu machen im denken, den fluss zu verhindern, in dem das gesagte viel zu leicht unterginge. mit dem bruch beim lesen muss der lesende sich nochmal zusammendenken, was gemeint war, und vor allem: zusammenreimen, also nachvollziehen, wie sich der gedanke in sprache formt, und wie der gedanke zusammen mit sprache dann springt, gedankensprünge erzeugt. auch das ist mechanik, aber eine ungewohnte art.

es handelt sich – wie durch die numerierung angedeutet wird – um regeln, ihre verletzung und die bildung neuer, geänderter regeln. der unsicherheit beim verlassen eines standpunktes wird oft abgeholfen, indem in der mehrzahl »wir« eine regel ausgesprochen wird, um sich und die phänomene zu beruhigen. gleichzeitig wird auf die unmöglichkeit einer allgemeinen gültigkeit des behaupteten hingewiesen. denn es ist immer nur dieses vereinzelte ICH, das die welt zu begreifen versuchen muss. die anderen nehmen aktiv daran nicht teil. jedes muster löst sich immer wieder auf, jedes teil wird seinem zufall übergeben, die auseinandersetzung findet kein ende, klingt bloß aus in diesem buch mit einer zusammenfassung der sinne, der körperlichkeit, einer hoffnung auf schönheit durch verstand, und damit vielleicht verstehen und verstandensein. »unser antlitz hat ab und zu an verschiedenen stellen verstand. dahinter blüht unsere schönheit. und leicht legt sich ein kleines stück quer und die wiese rauscht im zickzack unter der falterschar weg und das empfindliche objekt verschmilzt mit seiner kontur. die zeit benötigt die ereignisse. unter dem einfluß eines blutdrucks werden adern bepumpt. ein vorgang, der dauert« (330)

mit diesem schluss ist kein endpunkt erreicht, der satz mündet ins weiße der seite, und der kampf setzt sich fort. immer geht es um die unterordnung des einen unter das andere, der gegenstand stellt sich gegen den menschen, steht gegen seinen blick, oder der mensch unterwirft den gegenstand oder die natur, oder der mensch wird objekt der natur, oder einer maschine, oder die wohnung, die zimmerwand unterwirft den menschen oder die farbe bezwingt die wand oder das bild den raum, und so fort. alles kann sich mit allem hierarchisch verbinden, unter dem druck einer macht, die diese endlos umkehrbaren prozesse in gang hält. man überlebt mehr durch glück als mithilfe des verstands.
oder eine chance wäre auch das ständige wechselns des blickpunkts. wenn es eine absicht gibt für diese bücher, dann heißt sie: sehen lernen, immer wieder den aufbau, die schichtung der bilder zu verfolgen, sie abzubauen, ihren ursprung zu enthüllen, sie damit zum verschwinden zu bringen, die augen in bewegung zu halten, sie frei zu machen für die veränderungen der sichtfelder.

die kästchen, die sich durch das eine buch ziehen, variationen von schwarz und weiß, führen zurück zu den grundbedingungen des sehens und zur grundfrage, meinem ausgangspunkt:
»wie sehe ich?« und »wie kann ich hinaussehen?«
»geht das überhaupt, aus sich herausschauen?«
die sichtfelder sind fenster, bilder, öffnungen nach draußen, die bewegung innerhalb des rahmens ist ein wechsel, ein kampf der elemente und das dunkle gewinnt raum, das sichtfenster wird finster. das gewaltsame dieser übernahme wird nochmal kurz in frage gestellt:
»vielleicht hatten die schwarzen die weißen garnicht gefressen oder vertrieben vielleicht hatten sie sie überredet (146)«
doch das dunkle überwiegt in der summe dieses kleinen films, der sich durch das buch zieht. vielleicht deutet das auf eine schwärzere sicht der dinge, vielleicht ist es bloß das gegenteil der weißen seite eines buchs, vielleicht auch eine ruhelage wie die nacht oder die flache scheibe des fernsehers, wenn er ausgeschaltet ist.

das machen der bilder wird als prozess von fressen und gefressenwerden, ein ineinander von machen und geschehenlassen, beschrieben. ein kampf mit ungewissem ausgang, denn jeder teil schafft sich raum innerhalb seines rahmens, ordnet sich den anderen unter, und das licht bestimmt. vom licht geht alles aus. gegenstände treten so in erscheinung. der ablauf von dunkel und hell erbringt keine auflösung, sondern ihr gegensatz bleibt unendlich, stellt die wechselseitige bedingtheit von schwarz und weiß als bewegendes und gestaltendes prinzip vor, wobei die übermacht der finsternis droht. oder expressionistisch ausgedrückt: das materielle und das geistige können nicht mehr vereint werden; das schwinden des lichts meint auch das schwinden des subjekts, das von einem schwarzen loch fast verschluckt wird und nicht mehr weiter sehen kann. es wird stumm.

und da sind dann noch die bilder, kritzeleien und die objekte, spiegelungen des menschen, seine verkörperungen im raum.
da ist das schwein in der schachtel, eine andere welt, tierwelt, gleichzeitig nahe und entfernt. das schwein steckt doppelt im raum, ist mit der schachtel in der wohnung aufgestellt. der stall wäre die wohnung für die vom menschen gehaltenen tiere, die ihrer wildheit und urform entwöhnt wurden. die schachtel des schweins nun ist seine zweite haut, zivilisationshaut, regelverhalten, transportbehälter für maschinen; und in die wohnung verfrachtet, hebt man die trennung vom tier scheinbar auf, rückt das gemeinsame ins licht. doch eigentlich ist die natur so nicht wieder holbar, denn das tier ist objekt geworden, tote materie, eingeschlossen in haut; die abgrenzungen der räume werden nicht wirklich aufgehoben. das objekt, aus der nähe gesehen, zeigt dem betrachter aber, was er ist: genauso unterworfen, mit dem einzigen unterschied, dass der mensch noch lebendig in seiner haut steckt. er hat noch ein inneres, er kann seinen blick wenden, hat die chance, sich damit zu verändern, und das tier-objekt ist erinnerung, anwesenheit der verlorenen urform im vertrauten raum. es ist lieb.

lieb ist auch der hase und sind die blumen und ist das lamm. andere objekte.
ein stofflamm steht vor einer mit plastikblumen gefüllten holzkiste. wieder ein behälter, der aufgeklappt seinem inhalt raum gibt. diesmal blumen, nachbildungen der natur, herausgerissene teile, kunststoffformen zu einem haufen vereint. das plastik ist haltbar, bringt die natur ins haus, wie die kunst, ersatz des echten, eines blicks aus dem inneren in die äußere welt.
praktisch und haltbar sind diese blumen auch von den naturgesetzen ausgenommen, sie brauchen niemanden, stehen neben der welt des tauschs, außerhalb der regeln, der wechselseitigen bedingtheit. in ihrer künstlichkeit stellen sie ein ideal vor. aber sie sind tot.
wieder ist es der blick des betrachters, der sie mit seinen sehnsüchten, seiner erinnerung zum leben erwecken kann. das stofftier vermittelt vielleicht zwi-

schen der unangreifbaren schönheit, dem kitsch also, und dem betrachter. ein stofftier wird an den körper gedrückt, schmiegt sich an die haut, schützt und begleitet das kind durch die nacht und andere gefährliche situationen. es ist ein völlig vom menschen und für ihn gemachtes tier, das mit dem unrsprünglichen meist nicht einmal mehr größe und form gemeinsam hat. es befindet sich mit dem menschen in seinem raum, ist ein weiterer teil seines körpers, seine fortsetzung und eine verbindung des inneren und äußeren raums. ist heimkunst.

schließlich die plastikfigur und der ball.
kinderspielzeug. wie überwindet man die starre? das eine ding kann mit dem anderen nicht spielen. es braucht das kind, die hand, die es bewegt. die gummiform, der runde ball, ausgesetzt dem schatten und dem licht, sind erinnerungen an die kindheit, wo alles begann, behauptungen, eroberung von räumen, dort wo gefühle entstehen und später das verstehen und damit der verstand.

der verstand hilft, ist, wie das haus oder das zimmer, ein schutz vor der welt, wo kampf herrscht, hindernisse, trennungen, wo die zerrissenheit des einzelwesens begründet wird.
im nachdenken über den hausverstand, zum beispiel, wird das entstehen des verstehens befragt, die bildung der bilder.
die inhaltliche ebene entspricht dabei der formalen ziemlich genau. der text ist eine montage aus verschiedensten inkongruenten teilen. aus dem vermeintlichen chaos der meinungen bilden sich nach und nach im ablauf des lesens muster und formen aus, wird das gesamtkonzept erkennbar. verfolgen wir also, diese bewegung in der geschichte: »ich muß immer daran denken«.

»1)das zimmer war kleiner als der tisch. die bilder hielten die rahmen und das boot schlug als foto mit seiner farbe gegen die wasseroberfläche der wand. durchs fenster kam der hof herein

auch am hof hingen, wie überall an der welt, behauptungen. sie drangen gut in ihn ein und ergaben ein genanntes wissen, von dem er sich nach und nach ratschläge rief

weil: in seinem körper lagen obenauf worte. sie wußten noch nicht, worüber sie gleich zu reden haben würden, aber immer wenn ihm was einfiel, orteten sie sich. so verging zeit«

das ich befindet sich in einem raum, (fast ein gefängnis) in dem surreale verhältnisse herrschen. draußen im hof ist die welt, beginnen die regeln. sein körper ist passiviert, die worte geschehen ihm, es steht der welt, den phänomenen hilflos gegenüber.

dann aber werden in der mehrzahl, »wir«, behauptungen in den raum gestellt, bedingungen beschrieben. der hausverstand erscheint als ein hilfsmittel um zu überleben.

(ich erinnere mich an die empörung meiner großmutter, wenn jemand »nicht einmal hausverstand« hatte. so als wäre er das einfachste, aber auch notwendigste auf der welt. der hausverstand ist das, was man »von haus aus«, automatisch also weiß. als kind habe ich immer geglaubt, es wäre eine weibliche eigenschaft. männer hätten verstand und zu den hausfrauen, wie mutter, tanten, großmutter gehörte der hausverstand.)

im text wird der hausverstand in zum teil grammatikalisch richtigen sätzen vorgestellt. manche nebensätze aber stehen unverbunden, transitiven verben fehlt die ergänzung, subjekt und objekt scheinen vertauscht. in dieser verkürzten sprechweise zeichnet sich die deformation der körper und der welt ab, ihre unordnung. (lesen und schauen und schreiben wird ein und derselbe vorgang) und durch die sprache wird auch der sehvorgang gekürzt:

»3) er ging ans fenster und zog den himmel auf.«

ein bild öffnet sich, erfährt eine störung, in der das gesehene sofort wieder verschwindet. die geschichte wird – noch bevor sie beginnt – abgebrochen und das ich verschmilzt mit den anderen, der welt in rauschhafter erinnerung an einen einzigartigen augenblick.

ODER: mit dieser konjunktion erscheint eine andere version desselben geschehens: bewegte elemente, bilder, ein kampf im traum, danach eine reihe von eindrücken, sehteilen, beschwerte aussicht.

und wieder soll der hausverstand die bedrückte stimmung in ordnung bringen. doch eine häufung von banalitäten allein reicht nicht aus, um die unordnung zu beseitigen.

zwei unbekannte, SIE, die frau, und ES, ein unklares, unpersönliches subjekt, versetzen das einzelwesen immer wieder in bewegung, bringen es dazu, sich zu entäußern, sich gefühlen und stimmungen hinzugeben. diese aussicht in die welt wird aber ständig gestört und wieder verdunkelt.

die begegnung mit dem mädchen verändert die welt. das menschliche wagnis wird in die natur hineingelesen, denn die elemente entsprechen der emotionalen bewegtheit des ich. sie verwandeln sich, kehren sich um, stehen in einem beschleunigten kreislauf von wachstum und veränderung. sogar das menschengemachte erscheint als natürliche schöpfung:

»8) . . . und in den bergen hatte der schnee das ganze jahr den kommenden winter und ein vogel steckte im wind und wechselte das licht und an den wänden gingen bilder auf. die bäume arbeiteten sich in die welt.«

nach der erregung durch die begegnung tritt wieder ruhe ein, und der hausverstand. aber nun ist er ebenfalls subjektiv gerichtete auslegung und also zu bezweifeln. nichts ist mehr sicher, der weg zur zerstörung der welt ist frei:

»10) die erde bebt, das wasser bauscht die boote und häuser schlagen ein. die menschen wüten fort. schneller als die nachricht hat sich der vorfall selbst verbreitet«

auch die sprache, letzter halt, stürzt ein. durch das vertauschen von substantiva werden absurde raumbezüge geschaffen, die grammatikalischen und damit logisch-weltbeschreibenden normen werden überschritten. das ich steckt verstrickt in der verschobenen welt. es hat sich mit dem aufgeben der regeln in eine andere hilflosigkeit begeben. ohne den anderen kann der einzelne sich nicht erkennen und damit zerbricht der raum rund um ihn herum. eine hilfe wäre die aussicht, also die sicht nach draußen oder die brücke, die verbindung zum anderen, eine form der verständigung zu finden.

doch es gibt störfaktoren, krankheit, die wand zwischen dem ich und dem außen richtet sich stärker auf, der zweifel stimmt in die verwirrung mit ein, das bild wird aufgelöst. die wortverdrehungen des textes veranlassen unser gehirn zu akrobatischen windungen, damit wir begreifen, wie was geschieht, damit wir verfolgen, wie das ungewohnte geschieht.

das prinzip von ursache und wirkung gilt nämlich nicht mehr, herkunft und zukunft sind nicht mehr unterschieden. alles ist unsicher geworden und zuletzt ist alles zerstreut, nichts mehr bleibt ganz:

»18) ... und das wasser zog sich den blättern zu und tag und nacht kamen durcheinander und die berge sprengten die felsen. der sturm blies dem beben ein feuer ein und die gegenwart empfand das lauern des verstandes. auf den wiesen hingen die bäume aus ihren wurzeln und in der maschine schlug etwas auf«

hier ist die sinnvolle beziehung zwischen zeichen und bezeichnetem aufgelöst, die differenz unendlich geworden.

(der baum saussures ist umgedreht)

im versuch, ordnung zu machen, meldet sich der instinkt, der mensch als tier. da er aufgegeben hat, mit den anderen zu sprechen, nähert sich der einzelne ihnen schließlich nur, um sie zu töten. sie haben ihr leben verspielt, da sie die ordnung unter allgemeine regeln, nie in frage gestellt haben. ihr tod wird als erlösung verstanden, obwohl das ich mit dem mord auch seine eigene erlösung ausschließt.

nach der tat sucht der hausverstand nach einem allgemeinen konsens, einem lebensmuster, das für alle gelten soll. aus ihm spricht die willkür einer höheren macht, die aber keiner kennt. das wäre das eine ende der geschichte.

die andere version lautet:

»21) oder: mitten im zimmer steht er auf beinen und ahmt nach. jeder tag bringt ein betrachten, aber die stimmung wird nicht besser

vor dem haus standen im frühling blumen. sie hielten einige zeit und welkten geschickt. an der wand bewegten sich die bilder. er schenkte sie ihr. und der

fluß fuhr auf grund und aber die kiesel zogen ihn weiter und die fische standen
wie ins wasser gelegt

er hörte im zimmer ein quälen

der fluß näherte sich und in den bergen sprangen die felsen von zeit zu zeit auf
der vogel sang über der brücke und wurde als bild von den wolken verschluckt«

oder vielleicht ist das die andere geschichte, ein anderer anfang: das subjekt
stellt sich in die welt, lernt brav die regeln des daseins. es gibt das haus, die jah-
reszeiten, wachstum. alles IN ORDNUNG. die bilder an der wand sind eine gabe
des einen an den anderen, mann und frau sind vereint, die elemente zusammengefasst, die stimmung ist aufgeräumt. aber: der vogel fliegt nicht mehr.
diese andere seite blatts zeigt eine versöhnlichere lösung. vielleicht gibt gerade
der hausverstand dem einzelnen diese möglichkeit von zeit zu zeit ein, immer
dann, wenn er schon daran ist, alles und sich selbst zu zerstören. der hausverstand, der alles und alle über einen kamm schert, wie die sprache auch, ist das,
wogegen das ich sich stellt. gleichzeitig steht es auch unter seinem schutz.
die zusammenfassung ist feindbild und letzter halt zugleich, denn durch die
sprache der körper, der zeichen und der worte wird die verbindung zu den anderen hergestellt, denen immer wieder auch die sehnsucht gilt; besonders den
frauen, die die häuser und körper bewohnen.
das ICH kann auf dauer in seinem zimmer allein nicht bestehen, es wird sonst
in seine bilder aufgelöst, bringt sich um, oder verliert den verstand. es muss ins
außen, um anstoß und antrieb zu bekommen, muss sich brechen, wie das licht
an dunkler fläche, muss sich verstreuen, um eine ordnung zu finden, die es
dann wieder stört.
das ICH kommt nicht los von seiner bedingtheit durch den anderen, so wie die
schwarzen und weißen sichtflächen einander bedingen.

die geschichte über den hausverstand – und auch die anderen – beschreiben den
rhythmus eines denkens, das sich von innen nach außen bewegt, von der leere ausgehend, sich dem vollen nähernd und wieder zurückfallend in den leeren raum. mit dieser bewegung formt und begründet sich das ich und löst sich
wieder auf. es ist die bewegung der poetischen erkenntnis, der das ich verbunden ist und in dieser änderung ein anderes bleiben begründet. das ich IST die
poetische erkenntnis:
ich muss immer daran denken, heißt auch, es lässt mich nicht los. und vom ICH
GEHT ES aus, ständig bewegt, das ist der sinn der GESCHICHTE und ein anagramm.
(bleibt C)

Schmerz sucht Frau (in neun Punkten)

0. Etymologie

der Schmerz (dt.), männl., *la* douleur (frz.), weibl.
el dolor (span.), männl., *a* dor (port.), weibl.

Der Schmerz wird dem ›Weiblichen‹ (hin)zugefügt, als gehörte er sich dort (hin).

(Siehe auch: Zu Unica Zürn, *Fehler Fallen Kunst,* Frankfurt 1990)

I. Trivial

Frau: Ich will leiden, damit man mit-leiden kann. Leiden setzt sich anstelle des Nichts, dort ist mein angestammter Ort. Nur im Leiden komme ich etwas fort.
Mann: Und ich darf nicht, obwohl ich es tu. Ich muss sein. Hier und da.
Frau: Ich will dich gut leiden.
Mann: Leider kenne ich nicht den Schmerz.

II. Natur Zeug

Die Natur will, dass der Schmerz zu ihr gehört. Die Frau will, dass der Schmerz Natur ist, um nichts zu bleiben. Sie will vor Schmerz schreien, um nicht Lärm zu sein. Sie ersehnt die Geburt, um etwas zu verlieren, das nicht ihr gehört. Sie stöhnt und weiß, wie ihr geschieht. Sie sagt: Ich bin nicht sinn-los. Ich habe Außen, Innen und nicht für jedermann. Ich habe ein Gesicht. Ich bin kein Schneider. Ich bin wer, nicht was. In mir schwillt, fehlt, drückt, beißt und würgt es. Es gibt Dinge.
Nicht das Weibliche sucht den Schmerz.
Der Schmerz sucht die Frau.

III. Angst

Einer von vier leidet unnötigen Schmerz. Man könnte ihn verringern, wenn man ihn besser studieren würde. In fünf Jahren Ausbildung widmet der Arzt sich nur zehn Stunden dem Schmerz. Wenn man von Opiaten spricht, so immer mehr von den Gefahren als von den Wohltaten, sodass die Ärzte sich meist davor hüten.
Auch Schwangere sind Opfer der Vorurteile.

IV. Sucht

Eine blaue ununterbrochene Linie ist die Ader zur Nadel zum Pulver, das sie bringt. Die Nadel arbeitet. Emsiges Vernähen, wo die Öffnung immer wieder vordringt. Eine neue Haut würde glatt so entstehen, wäre nicht der Tod, der sich querlegt und dann doch eigentlich das Gewünschte bringt: Ein Niemalshiergewesensein, geschlossener Kreis von Vorherbestimmt und Erfüllt, kein störendes Bewegen.

V. Torero

Das Begehren Einer zu sein, ist so groß, dass er das Risiko auf sich nimmt, Nichts und Niemand zu werden.

VI. Schreie

Au! (dt.), Ah! (frz.), Ay! (span.), Ai! (port.) Ouch! (engl.)

VII. Tattoo

Frau und Mann: Ich lasse auf den Körper zeichnen. Ich werde mehr, wo ich verliere. Ich lasse graben, um dem Verschwinden nein zu sagen. So rette ich meine Haut.
Ich will kein Bild sein und steche heraus. Um Ich zu werden, mein Körper, gehört Mut, dazu, der Schmerz ist mir gültig. Die Zeichen zeigen, wo ich nicht bin, aus Werken mehrerer Meister, die zusammensetzen, was ich sein soll.
Und der Schmerz beweist die Grenzen, welche ich nicht will.
Durchgehen heißt noch nicht das andere, durchgehen heißt, das eine stärken.
Ich lasse an der Grenze graben und die Grenze färbt sich, sie wächst, noch ohne

Aufenthalt, schneidet sie sich ein. Ich zeige drauf. Was ich weghaben will, kommt so heran. Ich grabe die Linien heraus. Dort wo ich bin, haut nicht mehr hin.

Also will ich auch einen Ring, einen Kreis von Haut zu Haut, mich rühren. Piercing = piec-ring. Ich stelle die Verbindung von mir zu mir her über ein Loch. Ich denke meine Nase, drei-, viermal. Ich lasse meine Lippen sehen. Meine Zunge reicht, die Ränder meiner Ohren klingen: Ich bin und das Tabu zieht mich an. Hauptsache, es piekt. Hauptsache, ich hänge daran. Hauptsache, ich bin, zur Sache gekommen. Hauptsache, man hängt mich an. So laufe ich über den Schmerz.

VIII. Grausamkeit

»Sie ist die Bewegung der Kultur selbst, die an den Körpern sich vollzieht, sich in sie einschreibt und sie bearbeitet.« (Deleuze/Guattari: *Anti-Ödipus*, Frankfurt 1981)

IX. Schmerz

»Es sind vorwiegend ehemalige Beweggründe, aus denen das Innenleben besteht, welche aber, ganz im Gegenteil, jetzt andauernde Ruhigstellung verlangen, damit das unablässige Treten auf derselben Stelle mit gut geordnetem Äußeren die Oberhand behalten kann. Die bei dieser disziplinierten, nicht enden wollenden Beschwichtigungsarbeit bisweilen auftretende Starrsucht ist nur natürlich; sie wird verursacht durch den unerträglichen Begleitschmerz und gewährt in unregelmäßigen Abständen eine ohnmächtige Freizeit, kurze zwangsläufige Atempausen.«
Eine Grenz-, eine Überschreitungs-, eine Entäußerungserfahrung, hervorgerufen durch Krankheit, beschreibt in Variationen die erzählende Person in Anne Dudens Prosasammlung »Judasschaf«.
Die Schmerzen befördern den Körper aus dem Alltag in einen Bereich, wo das gängige und zulässige Körperbild nicht mehr gültig ist. Dort, wo die soziale und historische Prägung seiner Wahrnehmung im Verschwinden sichtbar wird. Der Körper tritt als partialisierter, entfremdeter, verwandelter in Erscheinung. Mit dem Zerfallen des Selbst-Bildes werden auch die als selbstverständlich angenommenen Vorgaben des allgemeinen Gedächtnisses gestört. In den Falten und Rissen wird das Verdrängte sichtbar und am Versuchskörper schmerzhaft erspürt. Der Körper spielt, was ihm vorgegeben war, in entsprechenden Rollen, z. B. die Märtyrerrolle des Heiligen Sebastian oder er wird z.B. Gegenstand medizinischer Experimente der Nazi-Ärzte. Die (Zer)Störung des Gewohnten, das Sich-Hineinversetzen in andere ist daher eine Möglichkeit sich mit der Ver-

schränkung von persönlicher und allgemeiner Geschichte auseinanderzusetzen, um sich vielleicht einmal wieder anders zusammensetzen zu können. »Sie
macht sich ihren Körper« und löst sich vom BESETZTsein der allgemeinen Geschichte. Vergangenes und Vergehen werden im Schmerz, im Gleichsetzen und
Nebeneinanderstellen des am ›eigenen‹ Körper Erlittenen und der Text- und
Bildzeugen anderer Opfer wiederholt und damit erinnert. Das Aufsichnehmen
der Schuld spielt mit dem Gedanken an eine Abarbeitung der belasteten Vergangenheit. Die Verkörperung verwirklicht jedoch nichts Eigenes, denn Ich ist
alle Schuldigen aller Zeit, das Vorausgegangene ist das Immergleiche, nicht loszuwerden.

Der Ort der Literatur befindet sich an jener »Schnittstelle zwischen Gewaltge-
schehen und Verschwinden«. Auch die Übergänge zwischen Erzählperspekti-
ven, Schauplätzen, Personen und Textsorten bezeugen das eigentliche Erfah-
rungs- und Handlungsfeld des / der Schreibenden.

Was also ist zu tun?
Auf die Katastrophe starren, sie fest-halten, sich nicht abwenden.
Schmerz hat kein Geschlecht.

Erinnern Vergessen.
Zu Leo Perutz

»Die wirklich maßgebenden Faktoren, die Zeitungen, die Kritik, die Verleger und die Literaturgeschichte, registrieren mich als nicht mehr vorhanden, wenn nicht gar als nie vorhanden gewesen. Umso sicherer ist meine Auferstehung in 40 Jahren, wenn mich irgendein Literaturhistoriker wiederentdeckt und ein großes Geschrei darüber erhebt, daß meine Romane zu Unrecht vergessen sind«, schreibt Leo Perutz 1947.

Die Entdeckung des Autors für Leser und Wissenschaftler ist mittlerweile tatsächlich im Gange: Wiederauflage seiner Romane, Taschenbuchausgaben, die an jedem Bahnhofskiosk erhältlich sind, verschiedene Dissertationen und Publikationen zu seinem Werk, vor allem im Bereich der Auseinandersetzung mit fantastischer Literatur, eine Monografie, die ihm einen Platz endlich auch in den Rängen der hohen Literatur sichert. Der Ruf des bis 1933 erfolgreichen und bekannten Schriftstellers scheint also wiederhergestellt. Das Vergessen, das den Nachrufen zu seinem Tode folgte, aufgehoben. Während der letzten Jahre seines Lebens verbrachte Perutz – obwohl weiterhin im Tel Aviver Exil – jeweils vier Sommerwochen am Wolfgangsee. Und weil er im Sommer 1957 dort starb, befindet sich sein Grab in Bad Ischl. Solange er lebte jedoch, fühlte Perutz sich mehreren »Vaterländern« zugehörig, die ihm aber, dem ausgewanderten Juden, alle drei »wegeskamotiert« worden waren, wie er schreibt. Mit der Gründung Israels sah er sich nationalstaatlich eingeengt. Eine Rückkehr nach Österreich, das sich in selbstgefälliger Eigenart mit dem Verlust vieler seiner wichtigsten Schriftsteller abgefunden zu haben schien, kam nicht mehr in Frage. Er sei aus der deutschen Literatur »entfernt worden«, schrieb Perutz einmal. Und so blieb er bis zu seinem Ende dazwischen, jede Festlegung auf Nationalität oder jüdische Zugehörigkeit zurückweisend: »Die Wahrheit ist, daß ich bei jedem Eintritt in eine mir fremde Welt in die Haut eines mir fremden Menschen krieche und mirs dort wohlsein lasse. Einmal war es ein deutscher Landsknecht, einmal ein sizilianischer Schuster, einmal ein Dieb, einmal ein spanischer Aristokrat und diesmal war es eben ein Prager Bänkeljud, in den ich mich einfühlte.« (Zit. nach Hans-Harald Müller, S. 110)

Damit ist auch das Problem der Rezeption bezeichnet: Es lässt sich nicht festlegen, wohin sein Werk gehört. Zuordnungen schwanken zwischen Prager Okkultismus und Wiener Kaffeehausliteratur, zwischen fantastischem, trivialem, historischem, modernem, Detektiv- oder Kriminalroman. So verbrachte die Literaturwissenschaft fast zwanzig Jahre ohne sich ernsthaft mit Perutz beschäftigen zu können, manchmal unterbrochen von Artikeln, die auf den Vergessenen hinwiesen, um ihn sodann wieder fallen zu lassen. Das Etikett ist Perutz bis heute nicht losgeworden. Eine systematische Untersuchung der sogenannten Literatur des Fantastischen im 20. Jahrhundert wurde nicht vorgenommen. Tzvetan Todorov spricht sogar von einer Auflösung der Fantastik in die Psychoanalyse und setzt so den Endpunkt einer möglichen Auseinandersetzung. Und immer noch beanstanden die Verwalter hoher Literatur seine Kunst der unterhaltsamen und spannenden Erzählung, während die Liebhaber des Trivialen die Sprache der Romane von Leo Perutz zu kunstvoll finden und den Anhängern der Fantasy-Literatur sind seine Themen zu intellektuell oder die Konstruktion der Texte zu kompliziert.

Wie also Leo Perutz erinnern?

In seiner Studie »Schlimme Zeiten, böse Räume« schlägt Stephan Berg vor, die Werke von Leo Perutz ausgehend von einer neuen Begriffsbestimmung des Fantastischen zu betrachten. Berg enthebt die fantastische Literatur des Vorwurfs der Trivialität, indem er sie in den Rahmen der Auseinandersetzung mit zersplitterter Welterfahrung und fragmentarischer Weltabbildung stellt. Die Grundsituation des fantastischen Textes, das Zusammentreffen zweier unvereinbarer Wirklichkeitsebenen, scheint ihm die Position des Subjekts am Beginn der Moderne treffend zu bezeichnen. Fantastisches Erzählen gehe, so Berg, von einer Ambivalenz zwischen dem Realen und dem Möglichen aus. Die Auswirkungen des Aufeinandertreffens der Gegensätze könnten verschieden, als Konflikt, Riss, Unschlüssigkeit, Berührung etc., gefasst werden. Die klassischen Vorgaben von Raum und Zeit sind im fantastischen Text in Auflösung begriffen. Bedeutungtragende Raumstrukturen, wie die Architekturen alter Häuser, Städte und Ruinen, bestimmen die Handlung wesentlich mit. Sie sind Behälter für Geschichten, die den Spielraum der Figuren des fantastischen Textes vorgeben und bestimmen. Dieser »Bewegungsraum«, wie Berg ihn nennt, »erweist sich als das strukturell Unverfügbare, an dem die geplante Souveränitätsgeste des historischen Subjekts nachhaltig scheitert. Zeit und Raum haben sich in ihr diskontinuierliches, bedrohliches Gegenteil verwandelt.« (Berg, S. 35)

In diesem Sinne kann man auch Perutz Verwendung »historischer« Stoffe – nämlich als Darstellung zeitlicher Abläufe, die linear nicht wahrzunehmen und vollständig nicht zu rekonstruieren sind – verstehen. Gerade am angeblich »Gesicherten« erweist sich die Täuschung. Obwohl Perutz die Quellen studierte, wählte er bewusst unklare oder sich widersprechende Stellen historischer Überlieferung, um an Schauplätzen und Abläufen eine Umwertung vornehmen zu können.

Als Auswirkung des verlorenen kollektiven Gedächtnisses sind auch die Individuen vom Verlust der Erinnerung ihrer persönlichen Geschichte gekennzeichnet. Im Roman *Sankt Petri-Schnee* stellt sich das Verfließen der Identität nach einem Unfall ein: »Als die Nacht mich freigab, war ich ein namenloses Etwas, ein unpersönliches Wesen, das die Begriffe ›Vergangenheit‹ und ›Zukunft‹ nicht kannte. Ich lag, vielleicht viele Stunden lang, vielleicht auch nur den Bruchteil einer Sekunde hindurch, in einer Art Starrheit, und sie ging dann in einen Zustand über, den ich jetzt nicht mehr beschreiben kann. Wenn ich ihn ein schattenhaftes, mit dem Gefühl einer völligen Bestimmungslosigkeit gepaartes Bewußtsein meiner selbst nenne, so habe ich das Besondere und Eigenartige an ihm nur unzureichend wiedergegeben. Es wäre leicht zu sagen: Ich schwebte im Leeren, – aber diese Worte besagen nichts. Ich wußte nur, daß irgend etwas existierte, aber daß dieses ›Irgendetwas‹ ich selbst war, das wußte ich nicht. Ich kann nicht sagen, wie lange dieses Zustand währte und wann die ersten Erinnerungen kamen. Sie tauchten in mir auf und zerflossen sogleich wieder, ich konnte sie nicht halten. Eine von ihnen bereitete mir, so gestaltlos sie auch war, dennoch Schmerz oder sie machte mir Angst – ich hörte mich tief Atem holen, wie unter einem Alpdruck.« (SPS S. 7)

Im historischen Roman *Die dritte Kugel* hat Hauptmann Glasäpflein sein Gedächtnis und damit die Geschichte der Eroberung Mexikos verloren. Fragmente, Oberflächen, bloße Namen fügen sich zu keiner Kontinuität mehr. Das Ich steht neben sich und betrachtete die Reste seiner Erinnerung, als wäre es ein anderer gewesen, der die Vergangenheit erlebt hat: »Und mein Leben selbst ist blaß geworden und ich finde mein eigenes Bild nicht mehr darin. Jahre sind da, die sind mit einem Male so leer, als hätt' ich sie nie gelebt und waren doch angefüllt bis an den Rand mit hundertfältigem Geschehen. Und andre Jahre sind da, in denen ist solch eine Verwirrtheit aller Dinge, daß das Gestern auf das Heute folgt und Pfingsten liegt vor Ostern, als wäre der goldene Faden zerrissen, an dem die Stunden meines Lebens aneinandergereiht sind. Und wenn meine Gedanken durch mein vergangenes Leben ziehen, so ist es, als ginge einer durch ein unbewohntes Haus, da sind viele Zimmer leer, andre wieder angefüllt mit törichtem Plunder, wurmstichigem Hausrat und verstaubtem Gerät, das wirr und sinnlos durcheinandersteht.« (DK S. 9)

Die Unfähigkeit zur Erinnerung ist am Beginn des Romans als Rahmenerzählung eingeführt. Das zu Erinnernde folgt dann dem Bericht einer weiteren Person, die dem Leser die Geschichte des Wildgraf Grumbach näherbringen soll. Als Perutz die Erzählung aber bis zum Punkt einer möglichen Auflösung gebracht hat, setzt er eine Leerstelle, die das Zusammenführen der Erzählstränge verweigert und die Identität des Erinnerungslosen nicht wiederherstellen kann. Der Berichtende wird erschossen, bevor er die Geschichte beenden kann. Die Ungewissheit bleibt, die Erinnerung »wird damit selbst zum Zentrum der phantastischen Unschlüssigkeit« (Berg, S. 137).

Die Lebensgeschichte des Deutschen Grumbach, der die endgültige Inbesitznahme des Aztekenreichs verhindern will, beschreibt die Eroberung aus der

Sicht der Besiegten. Er, der Freund Montezumas, hat drei Kugeln zur Verfügung, die – falls richtig eingesetzt – den Vormarsch der Conquistadores aufhalten könnten. Ein Fluch sieht den Lauf des Geschehens jedoch anders vor. Zwei Kugeln treffen Unschuldige und die letzte Grumbach selbst. Mit der Ersten tötet der Wildgraf in einer plötzlichen Eingebung Montezuma, da er glaubt, dass die Azteken nur durch den Mord an ihrem König gegen die Spanier aufbegehren würden. Die zweite Kugel ist für seinen Rivalen Mendoza bestimmt, der ihm die Indio-Frau Dalila weggenommen hat. Mendoza aber, um sich zu retten, verführt den Wildgraf zu einem Tagtraum, in dem er sich wieder in Deutschland wähnt und damit die Kontrolle über das gegenwärtige Geschehen verliert: »Und so stark war der Zauber und der Bann des winterlichen Gesichtes, das ihm der Herzog mit seinen Worten so vor die Augen gegaukelt hatte, daß der Grumbach selbst den Frost und den Schneewind zu verspüren meinte. Er sah die zitternde Dalila vor sich stehen und bückte sich und hob seinen Mantel vom Boden auf, den legte er der Dalila um die Schulter, als wollt' er sie schützen vor der Kälte und dem Schneegestöber. Als er den Mantel hielt, da zuckte plötzlich ein fernes Erinnern in ihm auf, halb Schmerz, halb Schreck; aber er konnt' es nicht halten, was ihn durchfuhr, schüttelte den Kopf und hatte vergessen auf den Melchior Jäcklein und auf die Arkebuse, auf den Cortez und auf das große Strafgericht, hatte vergessen, warum er in das Zelt des Herzogs von Mendoza gekommen war. Er stand in Deutschland und liebkoste den Leib der Dalila mit seinem Auge.« (DK, S. 297) Aufgrund eines vereinbarten Zeichens schießt Grumbachs Gehilfe auf das Schattenbild, das seinen Mantel trägt: Dalila.

Die Geschichte, die Perutz dem Leser vorführt, spricht von der Möglichkeit einer Änderung der Historie, die schließlich doch unmöglich gewesen ist. »Perutz zeigt also in der ›dritten Kugel‹ einen pessimistischen Zusammenhang zwischen dem neuzeitlichen Blick auf die fremden Erlebnisse in der Neuen Welt einerseits und dem Verlust an individueller Erinnerungsfähigkeit auf der anderen Seite. Die neuzeitliche Wahrnehmungsstruktur bewahrt nicht – was strukturell Erinnern bedeuten würde –, sondern sie vernichtet (die Azteken, also das Nicht-Erfahrbare, Fremde) und vergisst (die eigene Identität).« (Berg, S. 138)

Wo individuelles und kollektives Gedächtnis versagen, wird der Augenblick zum zentralen Gelenk, an dem sich die Handlungsunfähigkeit des Subjekts herausstellt.

Im Bild der Kugel verdichten sich die bedrohlichen Aspekte der Neuzeit, welche mit der Geschichte von Eroberung und Kolonisierung der Neuen Welt ihren Anfang nimmt. Die Geschwindigkeit der Kugel lässt sich nicht mehr fassen, ihre augenblicklich tödliche Wirkung nicht mehr verhindern. Der Blick des Subjekts folgt – wie gelähmt, das Leben zusammengezurrt auf die Zeitspanne seines Flugs – dem schicksalshaften Geschoß. In der Erzählung *Das Gast-*

haus zur Kartäsche ist die Kugel eines Selbstmörders mit übermächtiger Kraft ausgestattet: »Das Geschoß war aber nicht zugleich zur Ruhe gekommen, sondern hatte, sobald sein Werk getan war, noch allerlei Schaden und Unheil auf eigene Faust angerichtet, indem es das Zimmer durchquerte und vorerst das Kaiserbild an der Wand glatt durchschlug. Dann geriet es in den großen Schlafsaal der Baracke, wo es den ruthenischen Rekruten Hruska Michal aus Trembowla in Ostgalizien das Knie zerschmetterte. (...) Über den Hof flog das Geschoß sodann, seiner Kraft und seiner Freiheit froh (...). Nun durch das offene Fenster in das große Kasernengebäude, dort schlug es die Kolben zweier Gewehre (...) in Stücke. Jetzt begann es endlich müde zu werden, drang noch durch die dünne Wand in das Zimmer des Kadetten Sax und Withalm.« (Zit. nach Berg, GK, S. 150)

Der Verlust der Handlungsfähigkeit des Protagonisten wird auch im Roman *Zwischen Neun und Neun* Thema. Hier ist die Metapher von den gebundenen Händen in Form von Handschellen, die dem Studenten Demba wegen eines Diebstahls angelegt worden waren, materialisiert. Das Geschilderte ist die Geschichte, die der Student im Augenblick zwischen dem Sprung vom Dachboden bis zu seinem tödlichen Auftreffen, erinnert. Die 24 Stunden seines letzten Tages tauchen noch mal aus seinem Gedächtnis und bilden – im Gegensatz zur *Dritten Kugel* – eine Identität heraus, die sich aber gleichzeitig vernichtet. Die Tatsache des bevorstehenden Todes bildet die Ursache des Erinnerungsvorgangs.

Im Roman *Sankt Petri-Schnee* versucht der Ich-Erzähler Amberg seine Fassung des Geschehens vor dem Erinnerungsverlust zu rekonstruieren. Die Lesart der anderen steht zu Ambergs Selbst-Konstruktion im Widerspruch. Keine der beiden Versionen erhält aber den Vorzug. Entweder erträumt Amberg eine Geschichte, um sein Ich dem Außer-Sich-Sein entreißen zu können, oder aber die anderen verweigern ihm seine Wahrheit, weil sie sie in ihre Vorstellung von Wirklichkeit nicht aufnehmen können und wollen. Für den Leser ist keine eindeutige Erklärung des Geschehens möglich. Auch in *Sankt Petri-Schnee* ist die Erfahrung einer persönlichen Katastrophe mit einer geschichtlichen Krise verbunden. Es geht um den Versuch, den verlorenen Gottesglauben wieder in die Welt zu bringen und auf diese Weise ein kollektives Bewusstsein zu schaffen. Der Freiherr von Malchin glaubt eine Konstante in allen religiösen Bewegungen gefunden zu haben: Eine Droge, die – auch Sankt-Petri-Schnee genannt – sich aus einem Getreidepilz entwickelt: »Ich habe den Weg des Getreideparasiten durch die Jahrhunderte verfolgt – alle seine Wanderungen. Und ich habe festgestellt, daß alle die großen religiösen Bewegungen des Mittelalters und der Neuzeit – die Geißlerfahrten, die Tanzepidemien, die Ketzerverfolgung des Bischofs Konrad von Marburg, die Kirchenreform der Kluniazenser, der Kinderkreuzzug, das sogenannte ›heimliche Singen‹ am Oberrhein, die Vernichtung der Albigenser in der Provence, die Vernichtung der Waldenser im Piemont, die Entstehung des Ahnenkults, die Hussitenkriege, die Wieder-täuferbewegung –, daß alle Glaubenskämpfe, alle ekstatischen Erschütterun-gen ihren Ausgang von jenen Gegenden genommen haben, in denen unmit-telbar vorher der Sankt Petri-Schnee aufgetreten war.« (SPS, S. 123f.) Malchin will die Droge nun synthetisch herstellen und den Bauern ohne ihr Wissen verabreichen. Die Restauration ist also nur mehr möglich, wenn das Individu-um sich selbst nicht kennt, und wenn ihm von außen ein Programm eingege-ben wird, dem entsprechend es sich verhält. Die Sehnsucht nach einer positi-ven Veränderung der Gegenwart ist dadurch ad absurdum geführt. »Der Plan, die Zukunft durch eine wiederbelebte Vergangenheit zu besetzen, scheitert ge-nau daran, daß er das Heute als ›Leerstelle‹ behandelt.« (Berg, S. 164) Unter Ein-fluss der Droge wenden sich die Bauern gegen ihren Herrn. Statt der erhofften Marienlieder singen sie die Internationale und es kommt zum Aufstand. Am-berg kann das Ineinander von (Wunsch)Traum und Wirklichkeit letztlich nicht entmischen. Er weiß nicht, ob er unbequemer Zeuge eines Geschehens ist, das man vertuschen will, oder ob er, um seinem unerträglichen Alltag zu entflie-hen, alleiniger Autor einer fiktiven Revolutionsgeschichte ist. Sein einziger Vertrauter rät ihm, alles zu verschweigen: »Wenn ich dieses Haus verlassen habe, wird niemand mich gesehen haben wollen. Wenn ich fort bin, dann war ich nur ein Stück aus Ihrem Traum. Seien Sie klug, Doktor! Wenn Ihnen die Ärzte wieder sagen, Sie hätten im Dämmerzustand diesen Traum von Morwe-de geträumt, dann geben Sie nach, sagen Sie ja und amen dazu.« (SPS, S. 183) Amberg bleibt mit seiner Wahrheit allein.

Erinnerung und Vergessen, die Erfahrung einer Krise des Ich und der Ge-schichte aufgrund veränderter Wahrnehmungsvoraussetzungen zu Beginn der Moderne sind die Hauptthemen des Werks von Leo Perutz. Eine Untersuchung, auf welche Weise der Film seine Schreibweise beeinflusst haben könnte, steht noch aus. Interessant wäre andererseits auch seine geistige Verwandtschaft zum französischen Surrealismus zu beleuchten, der um dieselbe Zeit eine Beschäf-tigung mit dem Imaginären forderte. André Bretons Idee des psychischen Au-tomatismus suchte die »scheinbare Unvereinbarkeit von zwei gegebenen Wirk-lichkeiten« im Surrealismus aufzuheben. Nicht dass Perutz von der Bewegung in Frankreich gewusst haben muss ist entscheidend, aber in den Prämissen sei-nes Schreibens ließen sich durchaus Vergleiche ziehen. Formal unterscheiden sich seine Romane jedoch stark von den Texten des Surrealismus. Sein Werk steht heute in einer – allerdings gebrochenen – Linie, die über Borges bis zu Eco führt. Sowohl in Ecos *Im Namen der Rose* als auch im *Meister des jüngsten Ta-ges* von Perutz bilden rätselhafte Todesfälle, die durch ein Buch ausgelöst wer-den, den Mittelpunkt. Wieder setzt der Roman mit der authentischen Geste ei-nes Ich-Erzählers ein, die – wie sich im Laufe der Geschichte herausstellt – mehr der Selbstrechtfertigung als einer klaren Darlegung der Tatsachen dient. Die Fi-gur des Detektivs Solgrub, der einen logischen Zusammenhang zwischen ein-

zelnen Indizien der Todesfälle erkennen will, muss in der Konfrontation mit einem Subjekt, das im Ineinander von Fantasie und Fakten verloren ist, scheitern. Der Bericht wird in einem von Perutz als »Schlußbemerkungen des Herausgebers« nachgestellten Text entlarvt. Nichts ist, was es vorgibt zu sein. Weder die Historie noch das Subjekt noch der Text, der von ihnen Zeugnis ablegen soll, können als gesichert gelten. Warum, fragt der Herausgeber, wird dann noch geschrieben? Und gibt Antwort: Aus »Auflehnung gegen das Geschehene und nicht mehr zu Ändernde! – Aber ist dies nicht – von einem höheren Standpunkt aus gesehen – seit jeher der Ursprung der Kunst gewesen?«(MT, S. 206) Die Geschichte kann in den Romanen von Leo Perutz zu keiner objektiven Wahrheit zusammengefügt werden. Sie bildet kein Ganzes mehr, bleibt bruchstückhaft, unverbunden in Raum und Zeit. Davon ist auch das Ich des Autors betroffen, das im Text, über den es sich eigentlich festsetzen will, aufgehoben wird. »Wenn ich die Feder aus der Hand lege und aufstehe, wer hindert mich, zu glauben, daß die so eng beschriebenen Seiten nur ein Roman sind, die ein anderer geschrieben, die ein anderer erdacht oder erlebt hat, nicht ich.«
(Leo Perutz, zit. nach Hans-Harald Müller: *Nachwort* zu MT, S. 238)

Queer Proceedings – Geschichte/n herstellen
(Zu Herman Melville)

A. Hinter Gedanken

Die Wahrheit ist, dass ich bei jedem Eintritt in eine mir fremde Welt in die Haut eines mir fremden Menschen krieche und mir's dort wohl sein lasse.

(Leo Perutz)

Gefragt, wie man schreiben soll, wüsste ich keine andere Antwort als Fragen zu stellen, die für mich selbst vor dem Anfang stehen.

Warum? Und warum was?

Die Antwort könnte lauten, dass ich bearbeiten muss, was mich nicht loslässt, etwas, das ich erfahren will und das andere erfahren sollen, und dann möchte ich das in diesem Nachgehen Entstandene und Aufgefundene zeigen, geltend machen im Schreiben.

Vorher aber, vor dem Beginn, will ich etwas nehmen, etwas aus einem festgefügten und als endgültig vorgestellten Zusammenhang reißen. Aufgreifen, was eine Identität, ein System, eine Ordnung ausmacht und durcheinanderbringen. Vorgegebene Texte, zum Beispiel, ihres beabsichtigten und somit vermeintlichen Sinnes entkleiden, da sie nicht mehr als sie selbst stehen, sondern sich in Beziehung setzen müssen zu anderen Vorgaben. Starre Muster werden durchmischt und Material verschoben zusammengestellt. Bedeutung, Geschichte wird auf diese Weise fingiert, als meine Fassung, die sich dann aber wieder ändern lässt, je nach vorausgesetzter Einstellung.

Zum Beispiel scheint es gerade jetzt nötig, sich gegen die Vereinnahmung von Bereichen und Begriffen, wie »Natur«, »Kultur«, »Heimat«, »Identität«, zu wehren. Jetzt, wo Ausgrenzungen und Vereinheitlichungen das Geschehen bestimmen wollen, um Ängsten, Störendem aus Vergangenheit und Gegenwart zu begegnen. Unangenehme Flecken des kollektiven wie individuellen Gedächtnisses überdecken zu wollen läuft aber Gefahr, die Bedeutung von Vergangenheit und ihrer widersprüchlichen Hervorbringungen zu beseitigen. Auf der Suche nach Heimat und Identität wird eine Vergangenheit erfunden, die Maßgaben gehorcht, welche vor allem gegenwärtige Bedürfnisse befriedigen sollen.

Die Entfremdeten und Verunsicherten brauchen etwas, das sie tröstet, sicher macht und unterhält. Und damit das Gefühl der Einheit überhaupt funktioniert, wird das Negativ einer Bedrohung durch Doppeldeutigkeit, Mobilität und Mehrsprachigkeit heraufbeschworen, passend verkörpert im Phantom des Einwanderers und praktischerweise vom Eigenen entfernt, auf den Anderen verschoben. Genauso konnten sich in einem Gespenst des 19. Jahrhunderts, dem Vampir Bram Stokers, Ängste um den Verlust nationaler Identität konzentrieren. Vorbild für die Romanfigur soll ein weltgewandter, vielsprachiger, reisender, ungarischer Jude gewesen sein, kein Zufall sicherlich.

Es ist nötig, Metaphern, Bilder, Geschichten zu Erscheinungen, wie Identitätswechsel, Verdoppelungen und Vervielfachungen zu finden, für die Verkörperungen von und im anderen, für Begegnungen mit dem Fremden als Unterbrechung, Unruhe, Faszination, Schrecken, Nicht-Verstehen. Schreiben könnte so bedeuten, dem nachzugehen, was man nicht kennt, und es hervorbringen als mögliche Weisen einer Wahrnehmung.

Unheimliche Erinnerungen, verfließende Ich-Grenzen, beunruhigende Fremdheiten könnten so am Anfang eines Nachforschens über Konfrontationen mit dem Fremden stehen, der immer als Außenseiter, von außen her, einer anderen Rasse und Kultur zugehörig, bestimmt wird. Unterschiede werden dabei auch innerhalb der sogenannten europäischen Kultur gesetzt, der Einwanderer wird immer als »ein anderer« bezeichnet. Das geschieht sogar innerhalb von Nationen, wie die Konflikte zwischen West- und Ostdeutschen, in denen ihre ethnische Verschiedenheit vorausgesetzt wird, zeigen.

Dennoch ließen und lassen sich Wanderungsbewegungen nicht verhindern, wie Saskia Sassen in *Migranten, Siedler, Flüchtlinge* anhand einer Gegengeschichte Europas nachweist. Das Zusammentreffen von so unterschiedlichen Erscheinungen, wie dem Kreislauf des internationalen Kapitals und dem Kreislauf von Einwanderern, stellt Europa vor Probleme, denen mit altbekannten Spielregeln nicht begegnet werden kann.

Und wie die Fremden stört auch das internationale Kapital die nationale Identität. Wie die Fremden, wechselt Geld seinen Ort, überschreitet Grenzen, es ist mobil, nomadisch, polyphonisch, überall zuhause, wie Ken Gelder in einer Studie zum Phänomen des Vampirs aufdeckt, welcher oft mit denselben Ausdrücken wie der Fremde bedacht wird.

Die demografischen Fakten Europas und Österreichs werden sich nicht ändern, und wählen seine Eingeborenen die Isolation, entscheiden sie sich gleichzeitig fürs Absterben, ihr endgültiges Verkalken. Böse-Buben-Sprüche, Susiund-Strolchi-Logik der blauen Fraktion müssen daher als das benannt werden, was sie sind, infantile Regression.

B. Vom Umgang mit Vorlagen

The future is already set, only the past can be changed.
(Pat Cadigan)

Die Vorlage, das zu Lesende, verstreut Umherliegende, das aufgenommen, zusammengetragen, eingesammelt werden muss, kann als etwas, das vorher schon da ist, verstanden werden, eine Erleichterung genauso wie eine Last. Sie wird im Laufe des Lesens und Bearbeitens umgedeutet, bzw. scheint sie von selbst in diese oder jene Richtung zu deuten, welche dann in der Arbeit eingeschlagen wird. Eine Arbeit, die Knoten aufspürt, lockert, löst, Untrennbares auseinanderbringt und Unvereinbares plötzlich zusammen. Alles, um eine Bewegung in Gang zu halten, die Änderungen, Ausbesserungen erzeugt, ein Ab- und Anwenden des Alten also, je nachdem.

Es geht aber im Umgang mit Vorlagen auch um die Hervorbringung selbst. Eine, die nicht das Alte wiederbelebt und es als Neues setzen will. Der Rückgriff auf Geschichte, widersprüchliche Kapitel, Unerledigtes, ist ein Angriff auf den Kanon, das Festlegen und das Festgelegte, kein Ausstattungsstück, das das Vergangene vorführt in neu erstelltem Gewand. Dieser Rückgriff als Angriff ist nötig, um denen, die ihre Ansprüche auf Tradition bekanntmachen, auf eine, die das sogenannte Alte herüberretten will in diese Zeit, und dieses Alte ist natürlich Konstruktion, ein Potemkin'sches Dorf hinter dem rückschrittliche Belange gut zu verbergen sind. Denen soll entgegengewirkt und der Anspruch aus der Hand gerissen werden. Schleunigst. Und weil es das wirkliche Vergangene nicht gibt, ist im Feld des Herstellens von Geschichten und Geschichte endlos viel zu tun.

C. Zu Ishmael und Queequeg bei Melville

– you sabbee me, I sabbee you –

In *Moby Dick* ist Queequeg, der tätowierte, aus der Südsee stammende Harpunier, als Gegenpol zum Ich-Erzähler Ishmael gesetzt, eine durch und durch positive Figur, die Melville unter anderem dazu dient, die weiße, christliche Zivilisation zu ironisieren. Aber obwohl es den Anschein hat, dass Queequeg im Roman zu Ishmaels Retter wird – von der Überwindung seiner Einsamkeit zu Anfang, bis zur Tatsache, dass Ishmael schließlich auf dem leeren Sarg Queequegs schwimmend als einziger die Schiffskatastrophe überlebt – sind Zweifel über seine wahre Bestimmung angebracht.

Melville beschreibt Queequeg als von einem Ort kommend, den man auf der Landkarte nicht findet, während die Herkunft aller anderen Figuren geografisch genau bestimmt wird. Geoffrey Sanborn schlägt in seiner Untersuchung zu *Moby Dick* daher vor, Queequeg nicht als »wirkliche« Figur zu verstehen, sondern als wahrhaftig einzig in Bezug auf die Träume zivilisierter, sesshafter Menschen. Er sei weder nur eine Kuriosität, noch ein Sinnbild der Intersubjektivität.

> *»To see Queequeg correctly is to see his ideality in relation to his nonexistence, in the same way that we see a phantom – or, to use a more modern analogy, a hologram – in relation to the empty space it occupies.«*[1]

»Queer Proceedings« – oder seltsame Verrichtungen – stehen im Zentrum der ersten Begegnung Ishmaels mit Queequeg: Auf der Suche nach einer Schlafmöglichkeit erhält der Ich-Erzähler in einer überfüllten Herberge vom Wirt die Auskunft, dass er mit einem Harpunier das Bett teilen könnte. Der Wirt will Ishmael einen Streich spielen, indem er ihn über die Person des anderen vorerst im Unklaren lässt, um seine Neugier bis zum Schrecken zu steigern und ihm so seine Unerfahrenheit vorzuführen. Die Begegnung mit dem Fremden an einem fremden Ort ist hier verstärkt durch die Aufforderung mit dem anderen das Bett, den Schlaf zu teilen, sich ihm im Zustand körperlicher Hilflosigkeit und Schutzbedürftigkeit anzuvertrauen, Körper an Körper, eine Position, die ansonsten nur Nahestehenden, Familienmitgliedern oder Geliebten, erlaubt wird. Die Reaktionen Ishmaels auf diesen Vorschlag sind daher Ablehnung, Misstrauen, Angst. Sein Bedürfnis nach Schlaf und Bequemlichkeit überwindet dann aber die Bedenken. Es muss sein, er braucht den Fremden, bzw. dessen Bett.

Im Halbschlaf und im Dunkeln hört er ihn schließlich kommen. Ishmael stellt sich schlafend, um ihn beobachten zu können und beschreibt diese Entzifferung des Fremden als dauernde Abfolge von Schrecken und versuchter Rückversicherung.

Auch als Ishmael entdeckt, dass Queequegs GESICHT voller Tätowierungen ist, meint er noch einen weißen Matrosen, der auf Reisen atavistischen Ritualen unterzogen wurde, vor sich zu haben; erst als genug Licht auf die HAUT des Harpuniers fällt, erkennt er, dass Queequeg nicht Opfer wilder Bräuche, sondern die Verkörperung des Wilden selbst ist. Dennoch gelingt ihm in diesem Moment noch einmal die Relativierung von äußerer Erscheinung und inneren menschlichen Werten:

> *A man can be honest in any sort of skin.*

Als Ishmael dann bemerkt, dass der KOPF des Fremden ohne Haare ist und wieder Angst aufsteigt, versucht er sich seine Reaktion als eine Folge von Nichtwissen zu erklären:

Ignorance is the parent of fear . . .

Doch diesmal ist die Angst größer, sie lähmt, und versetzt Ishmael in einen Zustand der Sprachlosigkeit, die seine Hilflosigkeit verstärkt. Seine private Neurose ist aber Zeichen einer sehr öffentlichen, sozialen Fantasie vom Kannibalen, die ein Selbst, wie eine Gesellschaft benötigt, um sich zu definieren. Jetzt, wo es anscheinend um seinen Körper als Objekt geht, getraut Ishmael sich sein Gegenüber nicht mehr anzusprechen und dadurch die Situation zu ändern. In der Angst ist das Zimmer sogar zu »seinem« geworden, obwohl es eigentlich das des Harpuniers war.

. . . I was now as much afraid of him as if it was the devil himself who had thus broken into my room . . .

Als Ishmael schließlich den entkleideten, volltätowierten KÖRPER des Fremden erkennt, macht er ihn nach all den sich steigernden unheimlichen Phänomenen endgültig zum Wilden.

It was now quite plain that he must be some abominable savage.

Die vom ängstlichen Ich-Erzähler aufgebaute Opposition christlich / vertraut / gut und heidnisch / wild / gefährlich wird bestätigt durch ein RITUAL, das der Harpunier vorm Zubettgehen vollzieht. Das unvertraute Aussehen, das unerklärliche Tun, die unverständlichen menschlichen Geräusche werden als Beweis für die Un-Natur des Fremden genommen.

His face twitched about in the most unnatural manner.

Als dann die Distanz zwischen dem Zuseher Ishmael und der theaterhaften Vorstellung Queequegs, in einer Verbindung von Messer / Zähne / Sprung, fällt, alles Elemente eines aggressiven Sich-Näherns, reagiert zuerst der Körper Ishmaels, er schreit. Die Kommunikation beschränkt sich auf Vorsprachliches. Ishmael stammelt, Queequeg stößt gutturale Urlaute aus. In der Unausweichlichkeit einer Begegnung mit dem anderen gibt es aber nur zwei Möglichkeiten. Entweder sprechen oder töten. Als der Fremde schließlich das Wort an Ishmael richtet, ist seine SPRACHE primitiv, mit Akzent.

You no speak-e, dam-me, I kill-e! And so saying the lighted tomahawk began flourishing about me in the dark.

In diesem ärgsten Augenblick der Konfrontation wird daher eine dritte Person, ein Übersetzer zwischen beiden Welten nötig. Durch die Vermittlung des Gast-

wirtes erst kommt eine Kommunikation in Gang, die Ishmael Queequeg plötzlich verstehen lässt. Der Harpunier erscheint dem Matrosen danach zivilisiert,
freundlich, sauber; so wie er sich selbst und seinesgleichen vorstellt. In jeder
Hinsicht:

> *The man's a human being just as I am: he has just as much reason to fear me,*
> *as I have to be afraid of him.*

Und nachdem er den Spaß verstanden, seine Angst überwunden hat, schläft
der Ich-Erzähler so gut, wie nie in seinem Leben. Und wir sind der Gastwirt,
der Übersetzer, stelle ich mir vor, Schreibende, um Situationen hervorzurufen,
die anderen vorführen, was sie sind und die glauben, dass die Sprache hilft.

vom vermehren des babels der bibel.
zu ferdinand schmatz

Weil ich angestoßen bin beim Lesen, schreibe ich über Ferdinand Schmatz'
Texte in Begriffen der Übertragung und Anregung eher als in Begriffen der
Überlegung. Und wahrscheinlich bin ich mehr anmaßend als entsprechend;
ohne Berechtigung selbst, bewusst und doch daneben, setze ich an und fort,
im Lesen, Zerlegen, Herstellen. Aber die Anmaßung gehört wohl dazu, von
Anfang an.

Als Voraussetzung braucht der Autor Ferdinand Schmatz sie auch, um die
Macht der Originale anzugehen, sie zu stören in ihrem Anspruch auf Autorität. Und er greift damit gleich in eine offene Wunde, weil es die einzige wahre
Schrift nicht gibt, nie gegeben hat. Denn das Buch der Bücher wurde seit seinem Entstehen aus- und festgelegt. Es ist mehrere, es ist Wiederholung, Über-
schneidung, Abweichung, Lücken zwischen Lesarten.

Nicht einmal über die Anzahl der Bücher des Alten Testaments ist man sich
zwischen deutscher, hebräischer, griechischer und lateinischer Fassung einig.

Sind es 39, 24, 46? Die Einteilung in Kapitel wurde vor rund 800 Jahren eingeführt, in Verse gar erst vor 400 Jahren. Genug Eingriffe also, bis hierher. Die
Überlagerung von Erzählungen, einer Sammlung unterschiedlicher Textsorten, die überdies verschiedenen Zeiten zu entstammen scheinen, wird von Bi-
belkundigen denn auch als Zeugnis der Menschwerdung des göttlichen Wortes gedeutet. Das Durcheinander der Auslegungen sei eben die Vermischung
des Menschlichen mit dem Gottgegebenen. Und zur besseren Navigation durch
die Vielfalt von Schriften versorgt die Bibelkunde den Leser mit Hilfsmitteln
wie *Synopsen*, zusammenschauenden Textausgaben in parallelen Spalten, was
für die äußere Erscheinung der verschiedenen Umschreibungen von Ferdinand
Schmatz nicht unwichtig ist.

Zu einem weiterführenden Umgang mit den Schriften soll der sogenannte
Kanon dienen, eine gerade Stange (wörtlich aus dem Griechischen), an der sich
etwas aus- und aufrichten, aber auch messen lassen kann. Die Heilige Schrift
soll Maßstäbe setzen, Halt bieten und in wiederholtem Lesen sogar neue Deu-
tungselemente hereinbringen. Auch dieser Antrieb scheint für Ferdinand
Schmatz' Tun nicht unwesentlich. Und möglicherweise ist er als Prinzip in den
Vorlagen angelegt?

Damit bin ich aber immer noch nicht in der Genesis angelangt und dem kurzen Stück über Babel. Vorerst sind noch ein paar Worte zu klären.

BIBEL, sagt das Lexikon, kommt von Papyrus, das heißt Pflanzen-Gewebe, also eigentlich Untergrund der Schrift, aus *Byblos*, Ortsname, der zu *Biblíon* wird, also Rolle, also Buch in weiterem Sinn, und übersetzt aus dem Griechischen ins Kirchenlatein wird mithilfe des Plurals *Biblia*, die Bibel als Buch der Bücher eingeführt.

BABEL, sagt mein Gedächtnis, ist Vervielfachung, Zerstreuung, Zusammenbruch, ein Strafgericht. Die Übersetzungsgeschichte aber zeigt, dass die Verwechslung des Ortsnamens mit dem vor Ort Geschehenen schon im Wort beginnt. Angeblich hat Babel mit der hebräischen Wurzel *balal*, was »verwirren« oder »mischen« bedeutet, nichts zu tun, sondern rührt vom akkadischen *bab-ilu* her, was heißen soll, »Gottes Tor«.

Das sei jetzt mal so hingestellt und bietet in aller Diskordanz schon Raum genug für Auslegungen der Bedeutung des Turms. Denn dass es hier nicht um eine einzige, richtige Fassung gehen kann, ist mittlerweile klar.

Schließlich ist der im Titel des Gedichtes »das grosse babel,n« enthaltene Buchstabe *n* in der Mathematik das Zeichen für ungezählte Male, unbestimmte Zahl. Vielleicht ist mit *n* auch ein fiktiver Plural gemeint (vgl. Bibel*n*), was wiederum auf eine Mehrzahl von Lesarten verweist. Oder der Autor bildet mithilfe des *n* ein Verb, was uns in die Nähe von BABBELN führte, ein Schwatzen, Stammeln, Schnattern, Lallen. Seine Bedeutung umgreift sogar Ausländisches, Rohes, Unverständliches, Barbarisches, das ich brauche, um mir »das grosse babel,n« zu erklären. Es ist an diesem Ort, dass mein Denken darüber an etwas stößt, das ich jetzt und vorher öfter schon gewesen bin. Zwischen und mit mehreren Sprachen, manches radebrechend, manches passend ausgesprochen, manches verwechselnd, springend zwischen den verschiedenen Spuren. Ich lebe in ziemlichem Durcheinander von mindestens eins, zwei, drei, vier Sprachrollen und gemischten Sätzen. »das grosse babel,n« kann ich nur im Beziehen, im Aufnehmen und Aneignen verstehen, so dass es weitergeht an einem anderen Ort zu einer anderen Zeit. Wie hier.

Zu Beginn aber, und ich überlege mir jetzt passendes Werkzeug, scheint es unmöglich, das zu besprechende Gedicht, seine Mehrzahl und den Text »Zu meiner Arbeit das grosse babel,n« von Ferdinand Schmatz in handliche Begriffe wie Primär- und Sekundärtext zu zerteilen.

Weil nämlich der Text vor dem Text, die Vorlage des Autors, diese Bibelbücher schon höchst vermittelt sind, eine Konzentration von Erzählungen, ein Netz also, ein Gewebe, dessen Daten nach links, rechts, oben oder unten verlaufen, die überdies in einem System von Bezügen zu anderen Büchern, Texten, Sätzen, Worten sich befinden, verschiedene Autoren als Schreiber, Ausleger und Ableger des Einen, Wortes, Gottes.

Das Stück Babel aus der Bibel nenne ich daher jetzt »Ferdinand Schmatz' Vorlage«, aus dem er seinen Text entwickelt. Dann schreibt er noch »Zu meiner Arbeit das grosse babel,n«, in dem er mehr beschreibt, was mit ihm und seinem Gegenstand im Prozess geschieht oder was er geschehen lässt. Er schreibt nicht so sehr über das, was er denkt, dass geschehen soll oder muss im Schreiben, also eine Sache, die man sich vorher überlegt (zumindest lässt er es so aussehen). Er schreibt über das Nachher, die Nachwirkung seines Geschriebenen und Schreibens. Wie dieses Vorgehen eigentlich auch Gegenstand des Gedichtes sein kann, der Text als Vollzug seiner Theorie, als Zeigen des Prozesses des Machens, Bauens, Schreibens, wird später noch erwähnt.

Vorgänge also, die wiederholen, zerlegen, zusammenstellen. Spiegeln hat Thomas Eder es einmal genannt. Was mir gut gefällt, die Vorstellung, dass ein Text den anderen zurückwerfen und zum Weiterklingen bringen kann, oder zwei Texte prüfen einander und aus der Tiefe des einen wie des anderen Textspiegels entstehen zwei unendliche Räume, die die Grenzen einer Spiegelglasfläche durcheinanderbringen. Der Raum zwischen zwei Texten, die miteinander kommunizieren, vervielfacht, wandelt ab und auch in der Zeit, die zwischen dem vorher Gesetzten und der Umschreibearbeit von Ferdinand Schmatz vergeht, werden die Vorlagen immer mehr, wird das Umgeschriebene zur Vorlage des nächsten Textes und so fort. Und das Nächste kann immer wieder auch Infragestellung und Widerlegung des Vorherigen bedeuten, Abweichung, die in Kontakt bleibt, weiterspricht, nicht stehenbleibt. Und so geht es vor allem darum, den richtigen Ablauf zu finden, damit dieses System sich weiter erhält.

Und es handelt sich in diesem Vorgehen auch um eine Abkehr vom Grundsatz des Einen als Einzigen, um ein Weggehen vom EINS / SEIN, dem mit sich Übereinstimmenden, fort von der Eins als Zeichen für Dasein, Identität und Wahrheit. In der Auflösung, im Vielfachen und Nebeneinanderstellen arbeitet etwas, das die Grenzen verwischt, eine Versuchung der Schöpfung, und das ist auch Gegenstand der Vorlage Babel. Ein Bau, mit dem der Mensch sich über die göttlichen Regeln erhebt. Die gebräuchliche Auslegung spricht vom Nebeneinander verschiedener Völker und Sprachen als einem Gegeneinander, worauf es in der Folge mittels göttlichen Eingriffs zu einer auch räumlichen Zerstreuung kommt. Und das ist als abschreckendes Beispiel gemeint.

Ferdinand Schmatz' Gedicht aber ist verdichtete Zerstreuung. Oder wird Zerstreuung als Grundsatz des Dichtens überhaupt vorgestellt?

Hier möchte ich kurz die Spekulationen eines französischen Archäologen einführen, André Parrot, der den Turm zu Babel mit Definitionen und Bauplänen von sogenannten Ziggurats, also mesopotamischen Tempeln in Zusammenhang bringt. Der in Berichten von Geschichtsschreibern verbürgte und durch

Ausgrabungen bestätigte spiralen- oder pyramidenförmige Aufbau der Tempel verweise eher auf die positive Suche der Menschen nach einer Verbindung zu Gott, meint Parrot. Der Turm von Babel sei also eine Art Gelenk zwischen Himmel und Erde, in zwei Richtungen benützbar, Gott kann so den Menschen näherkommen, wird zu seinem Nachbarn, und die Menschen nützen den Turm als Leiter, um Gott besser aufsuchen zu können. Parrot bringt die Geschichte der Jakobsleiter als Beispiel. So gesehen wäre der Turm ein frühes Kommunikationsinstrument, eine Übersetzung des Göttlichen ins Menschliche, des Menschlichen zum Göttlichen hin.

Und ich frage mich, ob das wirklich so schlimm gewesen sein kann mit den verschiedenen Sprachen und dem sich gegenseitig nicht weiter Verstehen. Vielleicht ist auch das bloße Interpretation des Einen, der das, der Sich zum Prinzip erhebt. Vielleicht hat die Verwirrung der Sprachen nicht einmal Gott, sondern ein ungestümer Vertreter der Einsprachigkeit in den Text gebracht? Denn noch in Kapitel Zehn der Genesis können die Völker miteinander gut und plötzlich im elften wird Verschiedenheit gleich zum Problem?

Wie auch immer, in dieser Widersprüchlichkeit war der Turmbau von Babel ein Sinnbild für Schöpfung, Zerstörung. Und die Mehrzahl von Sprachen, die im Durcheinander ihre eigentliche, kommunikative Funktion verlieren, waren daher reizvoll für Experimente mit und über die Sprache, für Sprach- und Welterfinder, -mystiker, -mechaniker. (Und es gibt ja nur ein Gegenbild und einen Tag, an dem Gott die Sprache entwirrt. Zu Pfingsten, an dem jeder die Worte des anderen verstand, egal in welcher Sprache, woher seltsamerweise das Pfingstreden rührt, das in unverständlichem, babbelhaft künstlichem Reden, ein Allverstehen, das Gott ähneln soll, hervorrufen will.)

Die Erzählung des Turmbaus zu Babel und seine Auslegung durch Ferdinand Schmatz verfährt mit Schöpfung, Zerstörung oder, zeitgemäßer, Zusammenfügung, Zerlegung auf semantischer und formaler Ebene, und damit gehe ich nun in zwei Texte hinein, und zwar »das grosse babel,n jetzt« sowie »das grosse babel,n danach« aus *podium* 107/1998, an deren Strickmustern ich versuche einigen Fäden nachzugehen, indem ich sie grob aufteile, z. B. bei »das grosse babel,n jetzt« in Worte, die von BAU handeln, in SPRACH-, in GEFÜHLS-Worte, in KÖRPER-Worte und erhalte:

BAU: eingruben, rammlücken, stoßen, bäumen, zirkel-wurf, zu-stich, spatenzunge, turf, dreck, stochern.

SPRACHE: stimmwogen, bänderlos, zeichen, name, wortet, ablass, wortgezitter, atem, begriff.

GEFÜHL: wehdrang, klagbar, jammergestockt, verkorkst, sonnenwonne

KÖRPER: eingelippt, brauen, gesichter, achselschmalz, armklatsche, hörfang, ohr, felle, bänder, atem, bein, geh-hirn.

Für »das grosse babel,n danach« komme ich zu folgender Liste:

BAU: achse, brenner, stein, backstein, pech, mörtel, baut, gruben, spaten, glut, wasser, stamm, stoßen, stechen, zirkeln, ecken, dreck.

SPRACHE: rede, wortgewandt, stimmen, namen, werk, wörter, sagen, denken, klingt, benannt, ersonnen, erdacht, weiß.

KÖRPER: münder, munden, brand / wein, zahn, backe, körper, lippe, blick, hand, stirn, zahnlos.

Gleichlautende Ausdrücke laufen nur in den ersten vier Zeilen der zwei Texte parallel:

»das grosse babel,n jetzt«: »nichts, / dass alles / ringt sich, / achsengebeugt«
»das grosse babel,n danach«: »nicht, dass da nichts wäre – / münder genug sperren die achse – auf. / die sich um die rede ringt, / und, gebeugt, nur eine art zeugt, /«.

Danach driftet es auseinander und ich muss schon ein wenig schwindeln, um überhaupt noch gemeinsame Worte feststellen zu können. Es sind im Grunde nur fünf: dreck / lippen / brösel / name / gruben.

(»das grosse babel,n jetzt«: dreck / eingelippte / bröselt / name / eingruben
»das grosse babel,n danach«: dreck / lippe / bröseln / namen / gruben.)

Streng genommen bleibt nur DRECK beiden Texten gleich, einzige Invariante, die mir natürlich gefällt, als Angriff gegen das Reine, Bekenntnis zum Schmutzigen, Rohen, Minderwertigen, Hässlichen, zu dem, was hinunterzieht, und in »das grosse babel,n jetzt« heißt es zum Trotz: »dreck hebt's«.
Dreck, Brösel und Lippen stehen sich recht nahe in Schmatz' Beschreibung der Bauarbeit. In »das grosse babel,n danach« heißt es zum Beispiel nach der »Lippe«:
»laut stößt nach, blick sticht zu, hand zirkelt ab« – was ich als gute Beschreibung des Wahrnehmens und Schreibens, körperlichen Schreibens gelten lassen würde –, und Schmatz setzt fort:

»das ganze als werk ohne ecken, die bröseln auf,
dass der dreck daraus genauso pech gibt anstatt mörtel
und wörter auch: und so weiter«.

Die Nähe von BAU-, SPRACH-, KÖRPER-Worten, die ich in einem vorherigen
Schritt willkürlich voneinander getrennt hatte, wird im Laufe der Texte sogar
oft zu einem Ineinander, zum Beispiel, »backe« und »backstein« oder »spatenzunge«. Es lässt sich vermuten, dass in »das grosse babel,n« Überlegungen zu
KÖRPER-BAU, SPRACH-BAU, zu KÖRPER-SPRACHE und BAU-KÖRPER etc. zusammenkommen, dass die Wort- und Gegenstandsfelder gespiegelt werden,
dass das Schreiben auch Bauen sein kann, dass das Sprechen, die Sprechwerk-
zeuge, Lust und Lustinstrumente sein können, dass der Turm ein Körperteil
sein kann, das Sprechen ein Türmen von Worten, das Gedicht der Turm, usw.
usf.

Natürlich bleiben da noch viele Fragen im Vergleich zwischen »jetzt« und »danach«. Zum Beispiel die Frage nach dem menschlichen Subjekt, das sich nur
mehr als Teile von KÖRPER, SPRACHE, BAU darstellt, bis auf eine Szene in »das
grosse babel,n danach«, wo Menschen sich zusammenstellen zu einer Art Fa-
milienfoto, eingeführt als Zitat, als direkte Rede, wo was Vertrautes lebendig
wird:

»... los es legt vom schwindelturm herab: / hurra, hallo, du ilse, fredi, ein
fleisch, ein bier, mal das bild anders, / wir, drück dich, ich nicht davor, lisi,
schwester, vater«

Diese Aufzählung, eigentlich Wortreihe, endet dann in einem Verstummen,
ist ein Ende dieses Turms, der Turmbesteigung, wie des Turmgedichts. In der
nächsten Zeile bloß drei Punkte. Es gibt einen Nachsatz, der von Negationen
spricht, von »schluss«, »verstimmen«, »knicken« und »lücken«.
   Nun muss man Lücken aber nicht nur als Abwesenheiten verstehen, Räume, in die etwas hinein soll. In elektronischen Systemen und in den Lochkar-
ten der Webmaschinen zum Beispiel ist die Lücke ein Zeichen und die Nicht-
lücke ein Nullzeichen. Vielleicht geben die Lücken aber auch den Blick frei auf
Dahinterliegendes, etwas, was ungesagt blieb, und daher aufgenommen werden muss in einem nächsten Durchgang, ein Grund, aus dem die Notwendigkeit eines nächsten Baus ersteht?

Und in diesem Nachsatz könnte anklingen, wenn auch in völlig verändertem
Ton, was die traditionelle Auslegung des Turmbaus beschäftigt, die Verstim-
mung des Einen; Menschen, die nicht mehr auf Ihn hören; die Anspannung
des Verhältnisses von Gott, Mensch, weil die Menschen selbst schöpfen wol-

len, hoch hinauf, Seine Größe ersetzen durch Vielfalt, worauf der Vergleich in sich zusammenfällt.

Manchmal während des Lesens habe ich mich daher gefragt, wo Er ist? Kommt Gott überhaupt vor? Taucht Er nur auf, indem Ferdinand Schmatz, der Autor, Ihn fallen lässt? Ist Gott die Lücke? Ist die Eins ersetzt durch Null? Ist es Ferdinand Schmatz, der auf die leere Stelle will? Rückt der Autor tatsächlich in die Lücken, die sich immer wieder auftun, Maschen, die fallengelassen sind?

Um mehr darüber zu erfahren, ist es hilfreich in einen anderen Text von Ferdinand Schmatz zu gehen, seine Umschreibung der Schöpfungsgeschichte mit dem Titel »bibel, übel I–III« aus *akzente* 5 / 1996.

In diesem Text, wo es im Original um nichts als Gott und seine Arbeit geht, wird Er mit keinem Wort erwähnt. Vielmehr schreibt Ferdinand Schmatz um Ihn herum. Nur im ersten Absatz, sozusagen noch vor dem Schöpfungsbeginn sind das Nichts, also Finsternis, und der, »der spricht« einander gegenübergestellt. In weiterer Folge gebraucht Ferdinand Schmatz Konstruktionen, wie Verben in der dritten Person ohne Subjekt, selbsttätige Elemente, Gegenstände, Körperteile, unpersönliche Subjekte, Positionsbeschreibungen und immer wieder das verselbständigte Tun des Schöpfens als Sprechen, zum Beispiel, »endlich spricht's«, »so spricht's mehr«, »geht auf / wie es spricht« oder »von obiger sicht aber, ist dies, erstes gericht«, um der Benennung Gottes zu entgehen. Ob Er damit abgeschafft ist, sei vorläufig dahingestellt.

Das Sprechen wird somit als eigentlicher Schöpfungsakt gesetzt, die häufige Annäherung von Sprechen und Brechen, aus dem etwas, die Welt erstehen kann, weist nochmal auf das Ineinander von Schöpfen, Zerstören. Der Mund wird zum Anzeichen sich erweiternder Möglichkeiten der Rede und mithin des auf der Erde Seins. (Die Buchstabenähnlichkeit von Rede und Erde spielt in diesen Überlegungen keine unwesentliche Rolle).

Als Material wiederum stellt Erde die Verbindung des Göttlichen und Menschlichen, bzw. des Machens, Gemachtwerdens und Gemachten her. (vgl. auch den Dreck in »babel,n«). Der erste Mensch hat »die erde / (...) noch im mund«, heißt es einmal, und Adam bedeutet auch nichts anderes als aus Erde gemacht. Das Verhältnis des Machers zu seinem Gegenstand wird in der Folge verdichtet:

»den mund zu sperren, besser auf als zu,
denn das sprechen, auch vom menschen,
und, diesen sprechen,
ihn nicht und keines wegs zu brechen,
sondern gleichen lassen, heisst (auch) machen,
wenn möglich: herrschen lassen«

Im Reden wie im Herrschen gleicht der erste Mensch seinem Erzeuger. Er hat eben auch sofort zu tun:

»der herr oder mann, dieser, immer noch leib und mund,
tut wie gesagt kund, und gibt den tieren,
die um ihn sind und stieren, das,
womit er sie bemundet, vor,
das ist, was genannt, der name,«

Die Benennung der Tiere in der Nachfolge der Schöpfung weist schon auf die Sprache, um die es seither geht. Dieses Namengeben aber war von Gott noch sanktioniert, während, wegen des Bestrebens der Menschen in Babel, sich selbst einen Namen zu machen, der über das von Gott Gegebene hinausreichen soll, eine erste Spiegelung des Mensch-Seins über das bisherige Gott / Mensch-Verhältnis hinaus, wenn man so will, ein weiteres Gericht erfolgt.

Wenn Ferdinand Schmatz also in der Vorlage wühlt, wühlt er gleichzeitig auch an den Grundlagen seines Tuns, den Anfängen des Sprechens, Benennens und aller von daher rührenden Kultur. Und die Bibel ist schließlich DER Text westlicher, christlicher Tradition, ein Verweissystem lange unantastbar, auf das Geschichte und Herkommen zurückgeführt worden sind.

Hier und heute aber ist der Autor kein Schöpfer mehr, so wie der Ursprung des Wortes es noch glauben machen will; der Autor, vom lat. *Auctor,* als Mehrer des Einen, scheint nun eher zu beobachten, wie das Wachsen geschieht, als dass er wachsen lässt. Er nimmt sich zurück und kommt im Vorhergegangenen an. Warum dieser Rückgriff auf das Herkommen nötig ist, möchte ich später kurz ausführen.

Um nämlich die Weiterführung des schöpferischen Er und die Auflösung des Ich zum Es zu verfolgen, ist nun vielleicht angemessen, sich im Text Ferdinand Schmatz' »Zu meiner Arbeit das grosse babel,n« genauer anzusehen, was er über seine Vorlage, seine Bezüge und Methode schreibt.

Das Vorliegende, eigentlich das zu Lesende, das verstreut Umherliegende, das aufgenommen, zusammengetragen, eingesammelt werden muss, wird als etwas, das vorher schon da ist, verstanden, eine Erleichterung genauso wie eine Last. Denn das »Reservoir an Sinn«, wie Ferdinand Schmatz seine Vorlage auch bezeichnet, wird im Laufe des Lesens und Bearbeitens umgedeutet, bzw. scheint es von selbst in diese oder jene Richtung zu deuten, die dann in der Arbeit eingeschlagen wird. Der schon früher bemühte Vergleich des Webens oder Verknüpfens, mit seiner Nähe zum Hin- und Durcheinanderbewegen, sogar zum Wimmeln, könnte den Vorgang des Findens und sich Zurechtfindenwollens gut verdeutlichen. Ferdinand Schmatz spricht sogar von einem Umlenken und Umstricken der vorgegebenen Möglichkeiten der Verknüpfung, also eine Arbeit, die Knoten aufspürt, lockert, löst, Untrennbares auseinanderbringt und Unvereinbares plötzlich zusammen. Alles um eine Bewegung in Gang zu halten, die Änderungen, Ausbesserungen erzeugt. Aber nicht im Sinne eines folgenden abgeschlossenen Ganzen, was wiederum der Rückgriff auf dieses traditionelle göttliche Schöpfen wäre, sondern Ferdinand Schmatz nennt es »unreine Erfindung«, wobei sogar das Er- wegfallen kann, meine ich, also unreine Findung, die sich auf Vorhandenes beruft, aber dieses Rufen im Vor- und Rückgriff ändert bzw. ändern lässt. Wenn Ferdinand Schmatz also über das Erzeugen von »das grosse babel,n« spricht, spricht er über seinen Umgang mit Zeugen allgemein, das heißt darüber, wie das Schreiben, Umsetzen geht.

Was aber soll ich anfangen mit dem »Bezüglichen«? Ist das die Arbeit an einer Verbindung des im Schreibenden Vorhandenen mit dem vor ihm Liegenden? Der Ort der Überschneidungen, an dem »es feuert«? Sind es die Synapsen, die aus den Synopsen erstehen? Wenn das Babbeln Sinn annimmt? Und wie stark steht das »Bezügliche« unter Einfluss des in der Kindheit an Katholischem Erworbenen? Ich erinnere mich an das Religionsbuch, mit in fremdartigen Farben kolorierten Bildern von langhaarigen bärtigen Männern in langen Kleidern, und die zum Raunen ansetzende Stimme der Religionslehrerin, wenn sie vom Alten Testament erzählte, versuchte das in der Schrift Festgelegte Kindern verständlich und spannend zu machen. Die einfache Auslegung, unterste Stufe. Vieles, woran ich mich heute erinnere, ist von diesen Kinderbildern geprägt, von meinen Versuchen, diesem Erzählten einen Sinn zu geben, etwas damit anzufangen. Und manchmal, beim Lesen der Umschreibungen von Ferdinand Schmatz, in ihrem Beharren auf einzelnen Worten und diesem Bewegen der Worte selbst ihren Gang zu erlauben, um seine Fassung zu erkunden, hat mich der frische Blick, der sich so darauf ergibt, an die oft auch spaßige kindliche Umgestaltung denken lassen. Oder mir die Lust daran wieder eingebracht. Vielleicht weil die Moral fehlt, die man uns damals noch nicht so dringend einbläute, um uns die Freude an den Geschichten nicht zu verderben.

Könnten also das »Bezügliche« die eigenen und fremden Anlagen als Antrieb und Stoff sein, die ins Vorliegende gesteckt werden und beginnen, die Vorlage zu belagern, zu überlagern usf.?

Ist es das vom Autor Erfahrene, das er einbinden kann? Und ich muss damit an den Einwand eines Kollegen denken, der meinte, in sprachkonzentrierte Formen könne Erfahrung nicht mehr dringen und das poetische Gebilde wäre bloß selbsttätig. Ich glaube nicht, dass er recht hat. Gerade die Entwicklung von Ferdinand Schmatz' Dichtung hat das widerlegt, und zwar indem er zeigt, dass in der kleinsten poetischen Einheit des Phonems und seiner Verschiebung eine Möglichkeit Sinn zu setzen und damit zu verändern liegt. Und seine Umschreibungen der Bibeltexte, die ich auch Belebungen nennen könnte, sind ein weiterer Beweis. Das bringt uns zurück zur Methode.

So wie der Autor sie beschreibt, könnte die Methode heißen, dass er seinen Blick in das eigene vorhergegangene poetische Entwickeln wirft, dass er sein Vorausgesetztes umwirft, um neu anzusetzen und sich in dieser Bewegung zu wenden, also ein Ab- oder Anwenden des Alten, je nachdem, um Vorliegendes zu ändern oder sich verbinden, löchern zu lassen oder in den Lücken nach Resten zu suchen, die weitere Feuer zünden.

Seltsamerweise ist das Passive wichtig dabei, das Passieren, ein vom Geschehen des Findens und Schreibens gefunden Werden, ein Sich-Aussetzen im Gewimmel von Worten, die Kontrolle verlieren, in Irrelevanzen verschwimmen, mehrdeutigen Knoten zu verhängen. Weil sonst das Geschehen nicht geschieht.

Und hier fällt auf, wie wichtig auch im Laufe des Erklärens, neben dem Passiv, das ES, unpersönliches Subjekt, Gegenpol des aktiven Er geworden ist im Sprechen ums Schreiben. ES hat Er, das göttliche und menschlich / männliche Aktive ersetzt, das bloße Wiederholung des Alten ist. Dieses Bedürfnis nach einem Aufgeben der Autorschaft weist nun nochmal zurück ins Gedicht. Der Autor stellt seinen, seine -schaft vor sich hin, ein Turm, der zerbröselt. Nochmal ein Zitat aus »das grosse babel,n danach«:

»hoch himmelt sie so die, wie sie in ästen treibt
aus stämmen, nämlich nichts als einen stamm,
und einzig, nur diesen, hineingerammt, hochschnellen lässt,
zum turm, der sich bäumt,
jede lippe dabei längst gesprengt hat,
laut stösst nach, blick sticht zu, hand zirkelt ab –
das ganze als werk ohne ecken, die bröseln auf, ...«

Und alle Versuche die Methode als Methode einzugrenzen und zu benennen, schlagen fehl, setzen sich entweder zu sehr fest als mechanisches, berechenbares Vorgehen oder als diffuses Inspirationsgewusel. Also auch der Vergleich mit Musik und Arithmetik führt nicht allzu weit, führt glücklicherweise über den Bereich der Sprache hinaus und in andere hinein, bleibt aber, meine ich, dort auch wieder stehen. Formel, Partitur, Tastatur, selbstregulierendes System, naja, ein schönes Spiel.

Jetzt aber muss ich kurz davon sprechen, wie sich mein Tun hier zu dem des Autors verhält. Ich merke schon, dass meine Auslegung nichts als eine weitere Umschreibung der Auslegung Ferdinand Schmatz', seiner Auslegung des Ausgelegten und Auszulegenden sein kann. Es wuchert! Ziemlich unorganisiert!

Ich zerlege nicht richtig, denn ich lasse das Zerlegte nicht so stehen, sondern beginne es meinen eigenen gegenwärtigen Anlagen, den Überlegungen zu Bewusstsein, Technologie, Gewebe zu verbinden, lege also meins an das, was Ferdinand Schmatz vorher dachte, sagte, schrieb.

Verletze, störe ich »das grosse babel;n« im Übernehmen? Ich setze eine Kette fort, türme Neues auf Vorhergegebenes, babele selbst. Ich bin verstrickt, nicht geschickt. Aber es macht Spaß.

Denn da gibt es in Ferdinand Schmatz' Erklären ein PS, wieder einen Nachsatz, in dem wahrscheinlich alles steht, was man wissen soll.

Im letzten Verweis also ist vom Text als Rolle die Rede auf einer Bühne des Verstehens, Vorstellung der Texte, sagen wir von »das grosse babel,n jetzt«, »das grosse babel,n danach« und »Zu meiner Arbeit das grosse babel,n« als Gespräch, als Vorführen von Standpunkten. Als unsichtbaren Hintergrund können wir die Bibeln annehmen. Natürlich hat auch Ferdinand Schmatz' Nachsatz einen weiteren Nachsatz, in eine eckige Klammer gestellt, die er offen lässt.

Ich denke, dass an diesem offenen Ende der Beginn zu weiteren Vorgängen liegen kann, Weiterführungen, die nun nicht mehr ich bestreite.

Ich lege somit, eine -schaft habe ich nie besessen, also lege ich den Stift aus der Hand und gebe das Wort weiter.

Heimat haben. Oder nicht.
Zu Margit Schreiner

Gefragt nach Unterschieden zwischen Margit Schreiners Werk und meinem, fallen mir vor allem die Gemeinsamkeiten unserer Lebensläufe ein: Oberösterreich, katholische Herkunft, Japan, Berlin, Kinder, Muttersein, die Publikation des ersten wichtigen Werks, Schreiners *Mein erster Neger (MeN)* und mein *Fette Rosen (FR),* fast im gleichen Jahr.

I.

In MeN steht Afrika für die Fremde, das Andere des Einheimischen, für Lust und Sex, paradiesische Vorstellungen von Genuss, Natur und Zivilisationsferne.

Heimat und Afrika werden in diesen Erzählungen bis zur Absurdität gegeneinander ausgespielt. Im Gegensatz zu FR, wo Heimat abstrakt und namenlos bleibt, benennt Schreiner die geografischen Orte ihrer Geschichte.

In FR ist die Heimat ein Schrecken. In MeN gibt es bereits ein Mittel gegen den Schrecken: Afrika, der Sehnsuchtsort, der es vermag, die Eintönigkeit des oberösterreichischen Aufwachsens in Turbulenzen zu versetzen, indem dieses Fremde Schritt für Schritt in das Einheimische dringt und so die Entwicklung des Mädchens, die Herausbildung seiner Identität ermöglicht.

In einer Schreiner-Geschichte sucht eines Tages ein Mensch schwarzer Hautfarbe die Familie heim wie ein Gespenst. Das Kind will in ihm den verkleideten Einheimischen sehen, um die Angst vor der ungewohnten Erscheinung zu mindern. Der unheimliche Gast macht die Familie vorerst »sprachlos«, dann versucht sie mit ihm zu kommunizieren, ohne Erfolg, schließlich ignoriert sie ihn, wird aggressiv oder bricht in Heiterkeit aus. Diese Reaktionen, verursacht durch Unsicherheit und Angst, stellen ein Beispiel für den frühen Umgang unserer Gesellschaft mit Menschen fremder Herkunft und sichtbarer Andersheit dar. Denn der Eindringling in den geschlossenen Kreis der Familie war ein »echter« Schwarzer gewesen, ein ghanaischer Kollege des Cousins, der am bischöflichen Rupertinum studierte.

Und tatsächlich waren es in den 1960er-Jahren katholische Priester, die aus erster Hand von Afrika zu erzählen wussten und ihrer Gemeinde zuweilen sogar einen afrikanischen Kollegen vorstellen konnten. Es war nicht unüblich, dass man von weitschichtig Verwandten oder Bekannten hörte, die auf Mission nach Afrika gingen. Missionieren schien eine Möglichkeit zu sein, dem Heimischen zu entfliehen.

Und wie aufregend, wenn diese Pioniere auf Kurzbesuch zurück in die Heimat kamen und erzählten. Auch meine erste Vorstellung Afrikas war aus Bruchstücken zusammengesetzt, die ich von Missionaren erfuhr. Und meinen ersten Afrikaner habe ich entweder in der Kirche oder im Pfarrhaus gesehen, wie überhaupt meine ganze kindliche Bildung aus der katholischen Pfarrbücherei stammte.

Doch zurück zu den Variationen des Fremden in Schreiners MeN: Ein Ehepaar kehrt nach langem Afrika-Aufenthalt ins Mühlviertel zurück und stellt die klischeehaften Bilder des Kontinents in ihrem von außen normal aussehenden Haus innen nach. Hier hat das Fremde das Einheimische bereits durchsetzt, ist in österreichische Körper und Gehirne gedrungen, da das Paar, spärlich bekleidet, rohes Fleisch fressend, inmitten von angeblich afrikanischen Elementen lebt: »Überall war es das Gleiche: Festgestampfter Lehmboden, Strohverkleidung, Holzdecken, Heubündel. Die Küche im Parterre bestand im Wesentlichen aus einer offenen Feuerstelle« (91).

Eine andere Weise, den »afrikanischen Traum« zu verwirklichen, beschreibt Schreiner im letzten Teil von MeN. Die handelnden europäischen Personen befinden sich hier tatsächlich in Afrika, kommen aber in der Fremde mit sich selbst nicht zurecht: Sie leiden unter der Hitze, unter ihrer Richtungslosigkeit, sind entweder dem Wahnsinn nahe, der Trunksucht verfallen oder ihr Aufenthalt endet als Folge all dessen mit dem Tod. Halten sie sich also ungeschützt in Afrika auf, verwirrt sich ihr europäischer Geist.

Anders gestalten sich die Aufenthalte von Europäern in der inszenierten Wildnis einer Safari-Lodge. Dort laufen die Gäste nackt auf unberührtem Sand herum, schwimmen in glitzernden Pools, fangen Fische mit den Händen. In diesem paradiesischen Urzustand taucht die Sexualität auf und damit eine weitere Bedeutung Afrikas: Sinnlichkeit, Lust, das Animalische. Auch das ist eine Weise, dem Eintönigen und Einengenden der Heimat zu entfliehen.

Und es gibt nur eine Geschichte, in der all diese Stränge zusammenlaufen. Sie erzählt von einer Figur, die sowohl in die Fremde als auch in die Familie gehört. Schon allein der Titel, »Die Onkel-Story«, macht das klar: Dieser Mann »ist überhall schon einmal gewesen«, stellt das verlockend Exotische und das vertraut Einheimische in einem dar. Er ist alles, was die Erzählerin zuhause nicht findet: »die Welt, den Geist, die Kunst«. Daher fühlt sie sich von ihm angezogen. Ein Ausflug an den Hallstättersee, den sie mit ihm unternimmt, wird konterkariert mit Bildern der Zukunft, die eines Tages in Afrika spielen wird. Und je weiter sich die Erzählerin geografisch entfernen will – sie plant ein Feriencamp in Kenia – desto tiefer landet sie wieder in der Familie, in einer sexuellen Beziehung mit dem Onkel nämlich.

Ich könnte also sagen, dass Schreiner in MeN vom HEIMAT HABEN ausgeht. Und dass sich FR vor allem um das ODER NICHT drehen.

Während Schreiner in MeN mit unnachgiebiger Konsequenz den roten Faden Afrikas durch ihre oberösterreichischen Kindheitserinnerungen zieht, ist in FR das Unheimliche und das Fremde bereits innerhalb der Familie vorhanden.

In MeN gibt es eine scheinbare Geborgenheit, aus der die Erzählerin sich heraussehnt.

In FR ist diese Geborgenheit brüchig von Anfang an.

Für Schreiner bilden die einheimischen Ortsnamen ein Erinnerungsmuster, es sind Stationen ihres Absprungs. Die afrikanischen Orte werden geografisch nicht präzise benannt. Es sind reine Fantasien, um sich abzusetzen vom Vertrauten.

Die Orte in FR sind abstrakte Größen, unüberwindbare Hindernisse. Deswegen macht auch das Sich-Entfernen keinen Sinn, weil das Muster überall wieder, sogar in der Fremde, auftaucht.

II.

Denn irgendwann im Laufe eines Frauenlebens stellt sich heraus, dass es einfacher ist, geografische Grenzen zu überschreiten als Geschlechterrollen und soziale Vorbedingungen abzulegen. Das beginnt damit, dass man als Mädchen in eine Familie mit traditionellen Rollenbildern geboren wird, dass man sich als Schülerin niederer Herkunft am Gymnasium mit Arzttöchtern und Rechtsanwaltssöhnen herumstreiten muss, dass man während des Studiums jobbt und die wohlhabenden Sprösslinge aus gutem Hause einem vorwerfen, dass man sich vom Kapitalismus vereinnahmen lässt. Später begibt man sich als angehende Schriftstellerin mit Trinkgelagen und Drogenexzessen auf Augenhöhe mit männlichen Anwärtern um den Platz des besten Künstlers. Sexuell soll man einerseits frei sein, andererseits wird man gerne als übertrieben geil bezeichnet, während es den männlichen Poeten zu Reife und Erfahrung gereicht, möglichst viele Frauen rumzukriegen. Aber das ist alles noch nichts gegen die Anfeindungen und Hindernisse, vor denen man sich als Frau und Autorin gestellt sieht, sobald man Kinder hat.

Im einem kürzlich erschienenen Essay beschreibt sich Schreiner als bereits von Geburt an zweite Wahl, weil weiblich und gerade noch besser davon gekommen, als ihre tot geborene Schwester. Die existenzielle Belastung einer derartigen Vorgeschichte lässt sich an männlichen Größen, wie Van Gogh oder Artaud, ablesen. Schreiner aber kehrt die romantische Mär vom Künstler-Genie radikal um: »Wenn Sie ein Mädchen sind und trotzdem die Welt entdecken wollen, machen Sie naturgemäß eine Grenzerfahrung nach der anderen«.

Und so versucht die Autorin in all ihren Büchern verschiedene Stadien eines Frauenlebens literarisch nachzuzeichnen und sich aus den von außen herangetragenen Festschreibungen zu winden. Als Autorin mit Kind ist sie dabei Avantgarde, eine Vorhut, die sich auf traditionelle Zusammenlebensformen nicht verlassen kann und will. Sie muss das ihr Genehme erst erfinden. Das ist die Arbeit, die sie für uns vollbringt.

Das Schwierigste sind nämlich die alltäglichen Probleme, die sich daraus ergeben, eine intelligente Frau zu sein, die auch noch Kinder haben will. Für solche Ambitionen gibt es nirgends eine Heimat. Dieser Weg unterscheidet sich maßlos von dem männlicher Genies, die immer unsichtbare Helferinnen im Hintergrund haben, damit sie das von der Öffentlichkeit gewünschte Bild des außergewöhnlichen Künstlers erfüllen können.

(Alleinerziehende) Autorinnen mit Kindern sind die »jüdischen Neger« des Literaturbetriebs. Als ich schwanger wurde, war Schreiner mein einziges Vorbild. Sonst gab es niemanden, der mir versichern konnte, dass es durchaus möglich wäre, Mutter zu sein und zu schreiben. Weil Kinder unter anderem »unpraktisch, störend und zeitraubend« sind, platzen sie in die ichbesessene Beschaulichkeit der Genie-Darsteller. Nächte voll heißer Diskussionen, tagelanges Warten auf Inspiration, karriereförderliches Herumschlafen im Betrieb wird mit Kindern zur Unmöglichkeit. Der Alltag regiert und muss der mütterlichen Kreativität genügen. Darum wünsche ich mir mehr Schreiners und eine Literatur, die gesättigt ist von Erfahrung und Reflexion, eine, die immer weiter sucht und die Stationen einer Familie im Prozess mit ironischen Dreh serviert. Eine Literatur, die immun ist gegen Selbstverherrlichung, eine, die über sich lachen kann. Die Literatur und die Sicht auf das Leben selbst wären reicher, intensiver, wahrer.

III.

Für unsere Kinder sieht die Frage nach Heimat oder nicht völlig anders aus. Meine und Schreiners Kinder sind mehrsprachig, sie haben in verschiedenen Ländern gelebt, sind dort in die Schule gegangen, haben Freundschaften geschlossen. Sie haben die Enge einer so genannten Heimat, wie ihre Mütter sie hatten, nie kennen gelernt. Für sie gilt das Diktum einer neuen Generation, wie Ilija Trojanow formuliert: Jede Fremde kann zur Heimat werden und umgekehrt.

Für meine Kinder ist der Teppich, der seit ihren frühesten Lebensjahren immer im jeweiligen Wohnzimmer im jeweiligen Land, in dem sie sich befanden, aufgelegt war, die einzige Heimat. Er ist hässlich, ich kann ihn nicht mehr sehen, aber ich darf ihn nicht wegwerfen, sagen die Kinder.

Und ich bin stolz darauf, mit Margit Schreiner nackt in einem japanischen Dampfbad gesessen zu haben. In einem anderen Afrika. In dem wir uns beide schwitzend suhlten. Und dann rechtzeitig herausstiegen, um nicht zu kollabieren. Ohne Kinder. Unterm Mond. Vielleicht waren wir dort und in diesem Moment zuhause.

IV.

Das Foto auf Margit Schreiners Website zeigt sie mit Sonnenbrillen im Profil am rechten äußeren Rand. Den größten Raum nimmt die Linzer Industrielandschaft ein. Als wäre er der Hintergrund der Autorin.

Ich stehe auf meiner Website weiterhin in einer felsigen amerikanischen Wüstenlandschaft herum. Zeit, mich da herauszunehmen und anderswo zu platzieren. Auf dem Teppich?

Böhmen, Prozesse, Rentiere, große Mütter und Eis.
Zu Libuše Moníková

Es gibt viele Gründe, warum ich Libuše Moníkovás Werke immer wieder zur Hand nehme und Neues damit entdecke. Kaum zu glauben, dass 20 Jahre seit der Veröffentlichung ihres großen Romans *Die Fassade* vergangen sind. Kaum zu akzeptieren, dass diese wichtige Autorin nun schon vor zehn Jahren – erst 52-jährig – an den Folgen einer Kopfoperation gestorben ist.

Ich hätte gerne mehr von ihr gelesen. Mir fehlen ihr wilder Humor, ihre genaue Sprache, ihr eigenwilliges Denken, ihre unablässige Beschäftigung mit Themen wie Exil, Grenze, dem Fantasma Europa. Vor allem aber vermisse ich Moníkovás eindringliche Frauengestalten. Unvergessen bleibt, zum Beispiel, die sibirische Schamanin Elueuh, deren Spezialität es ist, faule sowjetische Funktionäre in Rentiere zu verwandeln, die sie für die tägliche Arbeit braucht und von denen sie meint: »*Sie sind faul, sie können nichts, haben keine Ausdauer, können nicht ziehen. Zum Schlachten sind sie zu alt, das Fleisch zu zäh.*« (379)

Denn wie viele weibliche Vorbilder in anspruchsvollen literarischen Texten gibt es, die sich jenseits des Opfers bewegen? Und wie viele Autorinnen und Künstlerinnen, die ihre Größe nicht nur im Scheitern beweisen konnten?

Die Texte Libuše Moníkovás bedeuten vor allem Ermutigung, eine Hoffnung jenseits der Verzweiflung, in die viele bedeutende Autorinnen in quälender Unnachgiebigkeit führen. Dieses Weiterführen einer Ausweglosigkeit, dieses Zuende-Gehen ist zwar ungemein tapfer, aber es lähmt die Tatkraft. Und die gilt es nicht zu verlieren!

Nicht, dass es Trost gäbe bei Moníková. Aber aus ihren Schriften blitzt eine Art Auftrag. Es gibt immer noch etwas, wofür es sich zu kämpfen lohnt, und sei es die unablässige Neubestimmung von ungenauen Begriffen, die die Autorin vor allem in den politischen Essays anmahnt.

Die 1945 in Prag Geborene studierte Germanistik, Anglistik und verließ nach der sowjetischen Okkupation ihrer Heimatstadt 1971 dauerhaft das Land, um fortan in Deutschland zu leben. Bis dahin hatte die Literaturbegeisterte die russischen Klassiker im Original gelesen. Nach dem Schock des Einmarsches habe sie ihr Russisch vergessen, wie eine Freundin erzählt. Umso verständlicher daher Moníkovás Erregung, als sie mit einer deutschen Schriftstellerdelegation später Prag besucht und feststellen muss, dass die Kollegen versuchen, sich auf Russisch zu verständigen und nicht merken, an welche Wunde sie damit bei den Tschechen rühren.

Moníková wendet sich in Deutschland dem Werk Franz Kafkas und später Arno Schmidts zu, die sie in ihrer Rede zur Verleihung des Kafka-Preises später als »Widersacher und Stützen« bezeichnen wird.

Das verlorene Land, die verlassene Stadt werden in ihren Texten von nun an zu symbolischen Orten umgewertet. In einer Interpretation von Ingeborg Bachmanns *Böhmen liegt am Meer* liest die Autorin das Gedicht als Hommage an das Vagantentum und das Exil. Böhmen symbolisiert das Losgelöste, Ungeschützte und Unverankerte, ein Reich der Imagination. Geografie und Grenzen werden für Moníková in der Folge zu veränderbaren Größen, die sie lustvoll nach ihren Wünschen verändert, immer davon überzeugt, dass die Vorstellungskraft der Künstler bessere Lösungen biete als das behäbige Instrument der Politik mit seinen verwaschenen Prinzipien: »*Bei meinem täglichen Blick auf die Karte verschiebe ich die Grenzen von Böhmen des Öfteren, mal nach der historischen Vorlage von Großmähren, mal nach Shakespeare, der wusste: Böhmen liegt am Meer. Es wäre allemal sinnvoll, die Vorschläge der Dichter zu bedenken, statt die Teilung der Welt Politikern zu überlassen, die nicht lesen*« (*Prager Fenster,* S. 9).

Verbunden damit taucht bei Moníková immer wieder das Motiv der unmöglichen Rückkehr an den Herkunftsort auf. Wer einmal aufgebrochen ist, dem Gewohnten entfremdet, für den gibt es keine Heimat mehr. Jede Rückkehr ist vergeblich. Reale Landschaften und Städte werden so aus dem Verlust heraus idealisiert, als unwiederbringliche Paradiese beschworen.

Nicht von ungefähr lautet der Titel von Moníkovás Heimkehrerromans *Verklärte Nacht,* obwohl er sich eigentlich auf das gleichnamige Musik-Stück des Komponisten Arnold Schönberg bezieht. Die Heldin kehrt nach Prag zurück und findet dort nichts so, wie sie es sich vorgestellt hat. Der unangenehmen Erinnerung an die politischen Ereignisse von und nach 1968 entspricht eine nunmehr unangenehme Gegenwart. Sie beobachtet die Menschen, fühlt sich als Einzelperson verloren gegenüber den familiär und sozial eingebundenen Tschechen. Sie gleitet in ein Verlangen nach kindlicher Wahrnehmung und Lebensform, beneidet die Kinder: »*Sie leben unmittelbar ins Reine, ohne zu probieren, während ich immer noch auf dem Schmierpapier das Konzept durchstreiche*« (S. 72). Die Verherrlichung der kindlichen Unschuld erklärt sich auch aus dem Fehlen des Nachhaltigen. Wo es keine Nachkommen gibt, wird das eigene Kindsein idealisiert, und in weiterer Folge die Figur der eigenen Mutter. Mythisch überhöht richtet sich in allen Romanen Moníkovás die Sehnsucht nach einer Matriarchin, der großen Mutter, wie sie die von ihr geschätzte, tschechische Autorin Božena Němcová in *Babička* entworfen hat.

Paradoxerweise ist in *Verklärte Nacht* der einzige Mensch, der der Heldin nahe kommt, ein Angehöriger der Minderheit von Sudetendeutschen. Zwei Heimatlose, aus ihrem ursprünglichen Leben Verstoßene, finden zueinander. Das Gedicht Richard Dehmels, das als Vorlage zum Schönberg-Stück diente, spricht dagegen von einer Frau, die von einem anderen Mann ein Kind erwartet und deshalb von der Gesellschaft geächtet ist. Schwangere Frauen jedoch kommen bei Moníková nicht vor, nur ihre Mutter wird als solche beschrieben. Im Essay *Zwetschken* schreibt sich Moníková sogar als Ungeborener politische Bedeutung ein. Ihr Vater hatte 1945, mit der schwangeren Mutter im Prager Biergarten sitzend, die vorbei getriebenen deutschen Kriegsgefangenen beobachtet und ihnen aus Mitleid zu trinken gegeben; eine Begebenheit, die Moníková als ihre erste Begegnung mit Deutschen vorführt.

In *Verklärte Nacht* wird sogar der Sudetendeutsche Thomas, der die erkrankte Rückkehrerin Leonora pflegt, mütterlich konnotiert. Eigentlich will sie ihn loswerden, weil es ihr mit ihm *»zu häuslich, zu wohlig, zu eng«* ist. Der *»zugelaufene«* Mann steht auch stellvertretend für ein unangenehmes, faschistisch geprägtes Deutschtum, ein Makel, den Leonora mit dem Akzeptieren seiner Sprache in ihrem Leben mit bedenken muss.

Klarerweise ist das Problem des Exils in großem Maße ein sprachliches. Eine Hürde, mit der vertriebene Autoren immer zu kämpfen hatten, die mit ihrem Land, die Möglichkeit publiziert und verstanden zu werden, verloren. Die wenigsten in der Nazizeit nach den USA verjagten Autoren schafften dort einen Neubeginn.

Moníková aber wagte den totalen Bruch. Der Sprachwechsel ins Deutsche war für sie nicht nur schmerzhaft, sondern sogar notwendig, wie sie behauptete, um zum literarischen Schreiben zu finden. Sie benötigte die zweite Sprache, um Distanz zur Vergangenheit, zur Vertrautheit der ersten Sprache zu gewinnen.

Die im Pariser Exil lebende, französisch schreibende Prager Autorin Věra Linhartová stellt in einer Betrachtung zur Mehrsprachigkeit die These auf, dass das Wegfallen des Diktums einer einzigartigen Sprache, die den Einzelnen mit einem Herkunftsland verbinden würde, eine Abwendung von romantischer Sprachauffassung nahe lege. Keine Sprache sei bedeutsamer oder magischer als eine andere. Keine Sprache sei unersetzbar.

Die Vorstellung einer unauflöslichen Bindung von Muttersprache und Vaterland entspräche nicht mehr den politischen Realitäten, meint Linhartová, und mahnt daher eine veränderte Betrachtungsweise an. Die vielen, nunmehr in der Sprache ihres Aufenthaltsortes schreibenden, aus einem anderen Land vertriebenen AutorInnen, wie es sie, angesichts geopolitischer Verschiebungen, immer häufiger gibt, ließen sich als Beweis für Linhartovás bahnbrechend notwendige Überlegungen anführen.

Auch Libuše Moníková arbeitete gegen falsche und veraltete Begriffe, schmuggelte tschechische Realitäten in die deutsche Sprache und schuf so eine

Wirklichkeit jenseits von Klischees und Vorurteilen. Ihren Roman, *Die Fassade,* mit dem es ihr gelang, den verdrängten Osten wieder ins Wahrnehmungsfeld des Westens zu rücken, möchte ich als machtvolles Beispiel herausheben.

Die Aufarbeitung tschechischer Geschichte und Kultur wird dort durch eine Fassade verdeutlicht, die von Bildhauern und Malern an den Außenwänden des Renaissance-Schlosses in einem nie endenden Prozess restauriert wird. Wo die teilweise zerstörten Wandzeichnungen und Stuckaturen nicht mehr zu rekonstruieren sind, füllen die Künstler diese Lücken mithilfe ihrer Imagination auf und werten damit Symbole und Mythen in ihrem Sinne um. Einzelne Bereiche der Fassade sind von unten, aus der Perspektive des flüchtigen Betrachters, kaum einzusehen. Daher lassen die Künstler an diesen Stellen ihrer Improvisationsgabe besonders freien Lauf. So wird unter anderem Kafkas *Prozeß* in Form von Comic-Strips auf die Fassade gezeichnet.

Dieser Arbeit entspricht Moníkovás Absicht, in ihren Werken Einzelheiten vergessener und verdrängter Geschichte herauszustellen. Die Teilung Europas in Ost und West hatte die Tschechoslowakei in den Augen des Westens zu Exoten gemacht, wie Moníková, seit sie in Deutschland lebte, bemerken musste. Junge tschechische Intellektuelle fühlten sich weiterhin Europa zugehörig, während sie auf der mentalen Landkarte des Westens hinter der Grenze, in einem leeren Raum platziert wurden. Von diesem Leerraum ausgehend und in der Überzeugung, dass die Herausbildung der Nationen Europas als Abfolge von Verletzungen gegenüber dem anderen zu verstehen sei, begann Moníková ihre Auslegung der geschichtlichen Ereignisse auf die zerstörte Fassade zu schreiben. Das kulturelle Phänomen des Nebeneinanders im böhmischen Raum, dem sie sich verbunden fühlte, sollte zumindest in ihren Büchern wieder hergestellt sein.

Eines der wenigen verbliebenen Kommunikationsmittel zwischen Ost und West bildete dabei Franz Kafka, auf den sich beide Seiten als gemeinsamen Nenner einigen konnten, er »*steht für das Beste, was aus der wundersamen Symbiose zwischen Tschechen, Juden und Deutschen hervorgegangen ist*«, schreibt Moníková. Die Parallele seines *Schloßes* zu dem der »*Fassade*« ist so keineswegs zufällig.

In Kafkas Nachfolge verstand sich Moníková als Mittlerin. Obwohl sie mit dem Verlassen der Tschechoslowakei ihren kulturellen Nährboden zurückgelassen hatte, bezeichnete die Autorin sich selbst keineswegs als Exilantin, die eine baldige Rückkehr wünschte, sondern als »*jemand, der in der Fremde lebt*«. Denn heimisch hat Moníková sich in Deutschland nie gefühlt. Sie spricht und schreibt vom Blickpunkt der Grenze und fasst ihre Position zusammen in dem Ausspruch: »*Wenn man kein Zentrum hat, hat man auch keine Ränder, d.h. dort, wo ich nicht zu Hause bin – Deutschland ist für mich kein Zuhause und kein Zentrum –, kann ich nicht behaupten, dass Grönland weiter weg wäre als Prag.* (*Rowohlt-Literaturmagazin* 44, 1999, S. 121)

So erklärt sich, dass in Moníkovás Romanen streunende Tschechen in allen möglichen Weltgegenden unterwegs sind und in dieser nie endenden und unendlich ausgebreiteten Fremde immer wieder auf ihre Herkunft und ihre Geschichte zurückkommen. Alle Welt ist ihnen Ausland, gleich ob Grönland, Sibirien, Japan oder Mexiko. Unter dem Gesichtspunkt des Verlusts einer einzigen Heimat sind diese Positionen so nahe und entfernt wie jeder andere Ort.

Neben dieser politischen Komponente wird Moníkovás Werk durch die Mystifizierung weiblichen Widerstands bedeutend. Immerhin trug die Autorin den Namen Libušes, der Gründerin Prags. Diese Herrscherin musste allerdings nach männlichen Protesten ihre Macht an einen Bauern abgeben. Der Verlust dieses Triumfeminats Libušes und ihrer zwei Schwestern wollte Moníková durch die Erschaffung weiblich orientierter Mythen entgegenwirken. In ihren Romanen begegnet man daher starken, fast ausschließlich positiv bestimmten Frauenfiguren mit Berufen und Berufung: Tänzerin, Stuntfrau, Schauspielerin, Wissenschaftlerin, Schamanin, Herrscherin. Leidensgeschichten und Opferrollen werden in Moníkovás Texten überwunden und in Triumphe verwandelt: Außenseiterinnen werden zu Auserwählten, Behinderte zu ihr Schicksal Regierenden, Kämpferinnen sind unbesiegbar, Königinnen unsterblich. Und wo das Fleisch dem Verfall preisgegeben ist, verwandelt Moníková ihre Figuren in Maschinenwesen, um Übermenschlichkeit zu statuieren. Dieses zähe Durchhalten wird nur erleichtert durch Visionen einer mythischen, matriarchisch bestimmten Landschaft: »*Die Frauen bewachen das Feuer in der Wüste, ziehen fort. Ihre Techniken sind ein Geheimnis. Sie leben ohne Männer als Künstlerinnen, Waffenschmiedinnen.*« (*Taumel*, S. 181)

Dass die Wunschbilder immer wieder durch die Gegebenheiten der harten Wirklichkeit bedroht sind, dass ihre Heranführung an tatsächliche Lebensmodelle weiterhin im Prozess ist, wird durch häufige Textpassagen deutlich, in denen Fieberträume, Halluzinationen einerseits eine Lösung erfinden, sie andererseits aber auch offen lassen müssen.

So mündet, zum Beispiel, der Roman *Treibeis* in einen Schwindel erregenden Traum. Sogar die Entwicklung der Titelsymbolik bei Moníková ist für diesen Zwischenzustand kennzeichnend: Von der immerhin festen Oberfläche der *Fassade*, über das Unsichere, Flüchtige des *Treibeises* zum haltlosen *Taumel*, dem die Fallsucht des Helden den Namen gibt.

Libuše Moníková beginnt mit der Niederschrift dieses letzten, Fragment gebliebenen Romans nach einer lebensgefährlichen Kopfoperation, bei der ein Tumor nahe dem Sprachzentrum entfernt wurde. *Der Taumel* war als Fortsetzung zur *Fassade* geplant, aber die körperliche Schwäche, das angegriffene Gedächtnis lassen die mächtige Dichte von *Fassade* nicht mehr zu. Moníkovás Sprache ist kurzatmiger, liest sich zuweilen wie Notizen oder Handlungsanweisungen. Man spürt das Drängen der Zeit, des schwindenden Körpers.

Doch sie bleibt ihren Themen treu. Schon der erste Satz beinhaltet »*die Schwelle*« und damit Prag. Das Grenzland bringt das Faszinierende, das eigentlich Wertvolle hervor: »*Die Mandschuren-Kraniche im Niemandsland zwischen Nord- und Südkorea, dort haben sie sich gehalten. Die Minen im toten Streifen sind ihre eigene Sicherheit.*« (S. 40)

Und dort befand sich Libuše Moníková auch. Im Niemandsland, an der Grenze, auf der Schwelle. Von dieser Zwischenposition aus konnte sie genauer auf die Verhältnisse dies- und jenseits der Grenze sehen und davon erzählen.

Am 12. Januar 1998 stirbt die Autorin in Berlin.

Mir bleiben ein paar Nahaufnahmen:

Moníková, die mir von einer Hard-Core-Feministin und fernsehsüchtigen Alkoholikerin nahe gebracht wird und der ich einen wesentlichen Teil meiner literarischen Bildung verdanke, sowie meine ersten Nächte in Berlin. Sie ruhe in Frieden!

Moníková, zehn Minuten vor dem vereinbarten Treffpunkt aufbruchsbereit, als gäbe es immer schon noch mehr zu tun als geplant.

Moníková, in Eile überquert sie den Zebrastreifen bei Rot in Wien, lässt mich, die Ortskundige, die sie eigentlich an ihren Bestimmungsort bringen sollte, zurück.

Moníková, wie sie mir die korrekte Aussprache ihres Namens beibringt. Ich muss ihn mehrmals wiederholen, bevor sie zufrieden ist.

Moníková, sie bestellt Innereien, die sie in Deutschland vermisst und stellt über das Essen die Verbindung unserer Kulturkreise her.

Moníková mahnt zur Aufmerksamkeit. Erkundigt sich detailliert nach unseren beruflichen Aufgaben und literarischen Absichten.

Moníková, die sich traut gegen den heiligen Wittgenstein zu schreiben, indem sie seine menschlichen Schwächen mit Humor aufdeckt.

Moníková, deren Foto ich mit Entsetzen auf dem Nachruf erblicke, als ich in Chicago im Sprachlabor meiner Uni die seltene deutsche Zeitung aufschlage.

Moníková in Hiroshima. Sie fällt im Friedenspark in den Brunnen und imaginiert sich im brackigen Wasser zwischen Leichenteilen, Opfern der Atombombenkatastrophe.

Sie begegnet mir auf vielen Wegen.

Außerdem bleibt noch zu tun: Die Erschaffung weiterer positiver Heldinnen, ohne Peinlichkeit und ohne Heimeligkeit.

SEX, GOTT UND ALKOHOL –
Hertha Kräftners *Pariser Tagebuch*

Das *Pariser Tagebuch* stellt, so wie andere Texte Kräftners, eine Zwischenform dar. Ihre *Notizen zu einem Roman in Ich-Form* erinnern an Tagebuchaufzeichnungen, privates Material wird in Gedichten und Geschichten literarisiert, während Briefe auch Zusammenfassungen oder Vorstufen von Texten bilden. Das *Pariser Tagebuch* ist – obwohl vorerst anscheinend nicht für eine Veröffentlichung gedacht – in hohem Maße literarisch geformt, nimmt Motive der Kräftner'schen Dichtung und Vorstellungswelt auf, variiert sie, scheint aber durch den Aufenthalt in der Fremde weniger kontrolliert und bietet daher Einblicke, die vielleicht über die Geschlossenheit des Wiener Textsystems hinausreichen. Als das Tagebuch schließlich in *Neue Wege* abgedruckt wird, gewinnt der Text den Leserpreis der Zeitschrift[1]. Das Prozesshafte des *Pariser Tagebuchs* legt nahe, in einer genaueren Betrachtung sowohl literarische als auch biografische Muster zu verfolgen und es nicht – im Sinne Altmanns[2] – als abgeschlossenes »Kunstwerk« zu verstehen. Für dieses Vorgehen sprechen die wechselnden Subjekte, die im Text eingesetzt werden, die Autorin gebraucht »ich«, »sie«, (»wir«) als bestimmte, sowie »du«, »man«, »wer« als unbestimmte Akteure. Bedenkt man überdies die in privaten Aufzeichnungen und Briefen zu Tage tretende Identifikation Kräftners mit literarischen Figuren, ihre Appelle an Harry R,. sich doch in den von ihr verfassten Gestalten wiederzuerkennen, so sind wechselseitige Wirkungen des Literarischen auf das Biografische, sowie des Biografischen auf das Literarische ebenso für das *Pariser Tagebuch* anzunehmen.

Im Folgenden sollen vor allem die Themenkreise Fremde, Wasser, Begehren und Religion untersucht werden, die im Werk Kräftners eine wichtige Rolle spielen und sich auch in der unvertrauten Umgebung auswirken, wobei Paris zur Projektionsfläche für die Befindlichkeit der Autorin wird, die ihr Begehren dort einerseits ausbreitet, es andererseits immer wieder flieht. Diese Abfolge von Lust, Schuld und Flucht in Kirchen bildet sich vielleicht klarer heraus, da die Schreibende sich nicht am vertrauten Ort befindet. Von Wien entfernt, löst sie sich von dort geltenden Beschränkungen, obwohl eingelernte Rollen und Verhaltensmuster sich immer wieder durchsetzen. Unbeständigkeit, Veränderlichkeit der Eindrücke und menschlichen Kontakte scheinen aber nicht nur unangenehm gewesen zu sein, wenngleich das Ausgelassensein fortwährend zurückgenommen und eine Teilnahme an der Umgebung verweigert wird. Den katholischen Prägungen einer Kindheit in der österreichischen Provinz kann die Verfasserin auch im Ausland nicht entkommen.

I. Paris ist nur eine Ausflucht

Die fremde Stadt wird im Tagebuch als bloße Formel der Sehnsucht bezeichnet, die sich von vornherein nie erfüllen kann: »es nützt nicht, in die Ferne zu gehen« (S. 195), da bereits die Wünsche vorgespiegelt sind, wie die Autorin einem Freund in Erinnerung an die Norwegenreise erklärt (S. 196). Einzig die katholische Religion vermag – wie der Himmel – nationale und sprachliche Grenzen zu überspannen, in den Pariser Kirchen fühlt die Schreibende sich demnach zuhause, und hier wird das Geistig-Spirituelle gegen das Sinnliche gesetzt.

Paris dient vor allem als Kulisse, wobei das Ich sich von den »Fremden«, wie andere Besucher bezeichnet werden, abgrenzen will. Andererseits sind auch die Einheimischen Fremde mit seltsamen Gebräuchen und Glaubensvorstellungen, denen es sich nicht anschließen kann, wie aus einer abschätzigen Beschreibung der Bohème-Mädchen hervorgeht, die mit der Frage der Zugehörigkeit beginnt: »Zu St. Germain-des-Près gehört, wer ...« (S. 197). Die Charakterisierungen setzen dabei eine Nichtzugehörigkeit der Beobachterin voraus. Da die Sehnsucht aber nicht aufhört, richtet sie sich nun nach einer noch ferneren Ferne, die Autorin beginnt daher das Tagebuch mit einer Vergegenwärtigung des ägyptischen Gottkönigs Amenophis und träumt dazwischen von Marokkanern, Chinesen und Negern, die ein Jenseits von Paris andeuten.

Der Glaube an Sartre, den Philosophen des Existenzialismus, dessen Echo sich laut Okopenko[3] in Kräftners Schriften wiederfindet, erscheint der Beobachterin lächerlich, zumindest die Art der Anbetung, »wie ein Gott aus fremden Ländern« (S. 198). Der Philosoph wird damit in unerreichbare Ferne gerückt, möglicherweise ist aber auch nur die geistige Beschränktheit der Bohème-Mädchen gemeint, die einem Gott folgen, ohne ihn zu verstehen.

Auffallend oft werden Frauen als unangenehme Triebwesen geschildert. Zum Höhepunkt gebracht wird dies in der Beschreibung eines lesbischen Paares, die eine Fortsetzung der Sentenz über die Bohème-Mädchen ist, bis zur Wiederaufnahme des Satzes »sie haben nichts zu tun«, die hier gesteigert wird zu »sie hatten nichts zu tun, nichts zu denken« (und unausgesprochen bleibt der Verweis, dass die Beobachterin sehr wohl etwas zu denken hätte). Die Darstellung des weißen Fleisches der Sängerin Colette, zufällig oder nicht zufällig namensgleich mit der berühmten französischen Autorin, die sich in Leben und Werk offen zur Bisexualität bekannte, zeigt den Ekel deutlich. Das Aufeinandertreffen der Liebhaberinnen im Krankenhaus prädestiniert sie zur Krankheit dieser Beziehungen, die Freundin Colettes hat weder einen Namen noch kann sie sich normal bewegen, sondern sie »zuckt nach Verzückungen« (S. 200). Nicht einmal eine eigene Wohnung haben sie, geschweige denn Arbeit oder Geld. Diese Freiheit wirkt einerseits faszinierend, andererseits bleiben die Frauen auf das »Bett« beschränkt, ein Einrichtungsgegenstand, der im *Pariser Tagebuch* oft, auch in der Beschreibung des Zimmers der Verfasserin, erwähnt wird und auf das Bedürfnis nach Libertinage verweist.

Das Urteil über die lesbischen Frauen folgt auf dem Fuße, denn schlimmer als dass sie nicht denken, ist, dass sie blind sind (für ihre Außenwelt), »das Geschlecht, hat sie verwirrt« (S. 200). Die Verachtung entsteht auch aus Abwehr, denn das Ich folgt in Paris ebenso verstärkt seinem Trieb, wie die drastische Eingangspassage einer Schilderung des sexuellen Lebens von Amenophis einerseits deutlich macht, andererseits projiziert es das Begehren in die Vergangenheit eines längst nicht mehr erlebbaren Geschehens. (In einer späteren Gedichtfassung dieser Begegnung ist der Name Colette durch Anna ersetzt. Anna ist auch der Name der Frau in einem Gedicht, deren Ehemann im Schlafwagen in den Tod fährt (S. 234f.). Nach einem Hinweis Altmanns[4] verarbeitet Kräftner in diesem Gedicht den Tod ihres Vaters. Die Abscheu vor dem Weiblichen und Mütterlichen, zu der sich weitere Beispiele finden ließen, fiele damit also in eins.)

Die Fremdheit, die die Beobachterin gegenüber der Lebensform der Lesbierinnen verspürt, wird verstärkt durch das fremdsprachige Lied Billie Holidays, das Colette singt und das die Beschreibung mit einer erneuten Distanzierung abschließt »it's me alone« – also Vereinzelung, die auf Englisch zu einer Deutlichkeit kommt, welche in der eigenen Sprache so nicht möglich wäre, denn das Ende des Refrains lautet: »standing in the need of pray'r«. Die Notwendigkeit eines Gebets, ob ausgesprochen oder nicht, führt das Ich daher auch immer wieder in die Kirchen von Paris. Hier reinigt es sich von den Verlockungen des Tages und der Nacht, die wie schon im Norwegen-Tagebuch, zur Formel »mit fremden Männern tanzen«, gerinnen.

Die fremde Stadt wird herbeizitiert und die unvertraute Außenwelt nach den Regeln des Subjekts interpretiert und umgeschrieben, wie sich an der Passage über ein Essen in Paris zeigen lässt. Schon der Name der Wirtin, der mit Solonge angegeben wird, und dadurch eher ans englische »so long« erinnert, ein Abschiedswort, und der im Französischen so nicht existiert, wird verändert. Richtig wäre »Solange«, man weiß nicht, warum er falsch geschrieben wurde, aber der Name, wäre er korrekt, ist bemerkenswert. Einerseits lässt er sich auf deutsch als »so lange« lesen, temporale Konjunktion, andererseits bedeutet er auf französisch, »vereinzelt, abgeschieden«, was aber gegen die soziale Situation des Essens in einem Bistro stünde und mehr auf den üblichen Zustand des Subjekts zuträfe.

Außerdem enthält »Solange« das französische Wort *l'ange,* also Engel, das die Autorin entweder durch ihre Freundin Marguerite oder als Betrachterin religiöser Bilder in Museen gekannt haben muss. *L'ange* wird aber hier von Kräftner vorläufig ausgespart und bleibt als Rückzugsmetapher für das Ich reserviert, das sich in dieser Szene einmal bereitwillig in Gesellschaft begibt, was nicht oft vorkommt im *Pariser Tagebuch*. Anzeichen dieses sozialen Verhaltens könnte auch der Gebrauch der Du-Form sein, der eine exemplarische Situation wie ein Rezept oder eine Anweisung suggeriert, gleichzeitig aber die Identität des Subjekts dieser Erfahrung verwischt, da das Du kombiniert wird mit dem unbestimmten »man« und »wer«. Obwohl von Gerhard Altmann als Beispiel für »Paris als einen Ort der Idylle«[5] herangezogen und zum Beweis einer bei Kräftner unüblichen Weltzugewandtheit und Fröhlichkeit beschrieben, gibt es in diesem Bistro für die Schreibende viel Unangenehmes zu ertragen: Geruch von Moder, unbequeme Sitzgelegenheit, Schmutz, ein »Fremder«, der ihr zu nahe sitzt, sie berührt, noch dazu an der Hüfte, wo sie besonders empfindlich ist – Hüfte ist immer Vorstufe eines Begehrens –, die Haare eines Mädchens streichen ihr über die Stirne, den Sitz ihres Denkens, das sie besitzt, die Pariser Bohème-Frauen aber nicht.

Solonge ist die Verkörperung der Mütterlichkeit, sie ist mächtig, sie bestimmt, was und wie gespeist wird. Das Subjekt erinnert sich an seine Kindheit, wo es Kalbfleisch nicht leiden konnte und wird dennoch von der französischen Wirtin dazu gebracht, es zu essen. Solonge bricht das Brot, den Gästen wird nicht erlaubt, es selbst und auf österreichische Art zu schneiden. Solonge geizt mit Messern; die französische Sitte, das Käsemesser auch für den Nachtisch zu behalten, erregt Anstoß und führt die Beobachterin dazu in der Folge die von Rauch vergilbten Wanddekorationen zu erwähnen, schmutzig und heruntergekommen. Die *patronne* wird schließlich, nachdem die Fröhlichkeit des Mahls verklungen ist, in einer Sentenz, die ihren Wert als Frau schmäht, den sie vorerst mit unanständigen Geschichten vor jungen Männern noch geltend machen konnte, abgeurteilt: »Sie ist klein und schwarz und schmutzig und wird alt« (S. 204).

Die Tagebuchschreiberin allerdings kann sich der Wirkung ihres jungen und sauberen Körpers sicher sein, wie sie dem in Wien gebliebenen Harry im Brief ausführt, nicht ohne sich darüber zu mokieren. »Aber bevor er ging, sagte er, ich habe eine ›vollendete Figur‹ und meine Ideen gefielen ihm. Man nennt das also ›Ideen‹...« (S. 213). Der Verehrer ihres Geistes und Körpers ist ein Österreicher in Paris, den die Autorin nachts ansprach, als sie sich verirrt hatte, und der ihr den Weg nachhause zeigte. Auch diese Begegnung wird im Tagebuch mit dem weiblichen Subjekt »sie« wiedergegeben. Bei einem weiteren Treffen allerdings ist es eine Ich-Erzählerin, die den »Ausländer« beschreibt und, da der Mann im Pasteur-Institut arbeitet, zu Ausführungen über den französischen Chauvinismus – anscheinend die Wiedergabe von Gesprächen mit jenem Wiener Bakteriologen – nützt. Kritisiert wird die Manifestation des Patriotismus in Form von Denkmälern, die nur an »Kriege und Besiegungen« erinnern, wie viele Wahrzeichen von Paris, z. B. die Flamme für den unbekannten Soldaten an der Place de l'Étoile.

Andererseits thematisiert die verständliche Empörung auch eine geringschätzige Betrachtung des Deutschen von französischer Seite, da die Autorin erwähnt, dass Pasteur »ein deutsches Ehrendoktorat zurücklegte« und damit endet, dass »sie«, die Franzosen also, nicht Deutsch könnten, und dass die Besucherin daher englisch sprechen müsse. Die englische Sprache dient ihr dann aber erneut als Rückzugsgebiet während einer nächtlichen Verabredung mit dem Wiener Bakteriologen, von dem sie sich geistig entfernt, indem sie den »Chor der Frauen von Canterbury« erinnert, der von Gefahr, Bitterkeit und Trauer singt.

Diesen Anflügen von Verzweiflung versucht Ich / Sie / Du immer wieder in nächtlichen Ausflügen zu entfliehen, Ausschweifungen, die sie aber wegen der Schuld, die dadurch angehäuft wird, weiter vom Reinen entfernen, das von vornherein nicht erreichbar ist. Aus dem Kreislauf der Enttäuschung gibt es daher kein Entkommen, sondern die Ausbruchsversuche enden in Wiederholungen, welche bereits eingefahrene Wege verstärken.

So gehorchen sogar die Reize der Außenwelt festgelegten Mustern. Die Schwarz-Weiß-Metaphorik, mit der Engel, Bakteriologe, Katze etc. bedacht werden, sind als semantische Reihungen mit zeichenhafter Wirkung zu verstehen, die aufeinander verweisen und nur ihre Bestätigung suchen. Die Wirklichkeit tritt hinter dieser Wirkung der persönlich eingerichteten Zeichen zurück: »Paris fährt an mir vorbei«, wird zum beweglichen (»Paris ist nur eine Ausflucht«), dadurch austauschbaren (»Paris ist eine Stadt wie viele«) und nicht als sich selbst bedeutenden Hintergrund. Nur die Wahrnehmende verleiht diesem Hintergrund punktuell Bedeutung, indem sie ihr System (wieder)erkennt. Aus dem fahrenden Auto liest sie, zum Beispiel, an einer Bar die Aufschrift »White and black« und will genau dort hin. Dabei bleibt wie die Außenwelt auch die Anzahl und Identität der Begleiter des Subjekts oft unbestimmt.

Erst nachdem in der geschilderten Autoszene siebenmal auf ein Ich verwiesen wird, taucht ein Er auf und wird sofort mit fremden Männern konfrontiert, mit denen das Ich tanzt. »Er« bleibt unbewegt, inaktiv, reiner Beobachter. In einer Beschreibung des Aufbruchs aus der Bar, die eine vergangene Liebesbegegnung des Ich erinnert, erscheinen schließlich zwei weitere Personen, einer davon »der schwarze Pierre«. Er wird dadurch charakterisiert, dass er »erst nicht englisch sprach« und mithilfe des Alkohols seine Zunge gelöst hat, während das Subjekt sich auf Französisch nicht äußern kann und die durch die Fremdsprache vermittelte Außenwelt von ihm abprallt. Dies wird hier als angenehm empfunden, ein kindlicher Zustand des Nichtwissenmüssens, der Passivität und Hingabe: »Irgendetwas wird mit Heftigkeit beschlossen; man teilt es mir auf englisch mit; ich sehe, es ist zu logisch für mich, und sage nur: ›o.k.‹« (S. 202).

(Das Erstaunlichste des *Pariser Tagebuches* ist wohl die Abwesenheit von Kräftners Freundin Marguerite, die ihr wahrscheinlich einige der auftretenden Personen vorgestellt hat und die insgesamt eine wichtige Vermittlerin zwischen Paris und Kräftner gewesen sein muss. Dass ihre Person dennoch ausgespart bleibt, deutet auf einen erhöhten Stilisierungswillen der Autorin hin und auch auf ein starkes Vertrauen in die Autonomie ihrer Wahrnehmung des Fremden, die keiner Vermittlung bedarf.)

Der schwarze Pierre, in dem man den Musiker einer ausführlicheren Beschreibung (S. 206) vermuten kann, wird bald darauf im Zuge eines weiteren Barbesuches erwähnt, bei dem heftig getrunken wird. Im Rausch wird das Ich zum Mittelpunkt des Geschehens, die Grenzen zwischen Wahrgenommenem und seiner Interpretation verschwimmen. Die Innen-Außengrenzen werden durchlässig: »die Spiegel kommen näher, ich sehe meine Haare darin brennen, aber es war nur ein rotes Licht, das vorüberzuckte. Jemand singt, und ich spüre, wie seine Stimme in meine Adern eingeht.« (S. 204) Die Metaphern des Feuers und des Lichtes wirken im Rauschzustand nicht gefährlich, das Rot, für Kräftner ein Synonym für Blut und Vitalität, ja Sexualität, wird akzeptiert, die Lust überlässt sie zwei Homosexuellen und einem »Neger«, der seine Augen verdreht – ein Zeichen der Ekstase?

In der Folge aber, als das durch den Rausch freigesetzte Begehren auch das Subjekt erreicht, wird das rote Licht »böse«. Vorsichtsmaßnahmen setzen ein, Amenophis in seiner Unnahbarkeit wird hervorgeholt, während in einer Beschreibung des Brunnens in den Tuilerien sexuelle Symbole aufscheinen: »das Becken wartet auf die Fontäne« (S. 204). Die Lichter der Nacht werden bedrohlich, verschmelzen zu einem gelben Punkt, der ins Gehirn dringt und das Subjekt ausnüchtert. Wieder wird der Engel angerufen, dem das Ich in einer Geste der Unterwerfung seinen Kopf als Trittbrett anbietet.

In einem nächsten Abschnitt wird mit der Beschreibung des Trocadéro das Bild der Fontänen bei Tage wieder aufgenommen, diesmal sind die künstlich geleiteten Wasserströme ein »leuchtender Schleier«, in dem Wasser und Licht zusammenkommen, dann werden sie zu »stürzende[m] Regen«, der vom Himmel fällt. Das erinnert an den Engel, gleichzeitig aber an seinen Fall, schließlich kommt der Moment, an dem die Wasserströme abends abgeschaltet werden wie die Lichter: »die Fontänen fallen zusammen« (S. 205). Damit wird das Bild zu einer Manifestation des Endes und der Entfernung des Subjekts von dieser einmal und eigentlich freundlich gesinnten Umgebung: »Paris ist eine offene, großzügige Hand« (S. 205). Hände haben Hand im Werk der Autorin eine positive Bedeutung, sie bilden eine Kontaktstelle zur Außenwelt. Auch im *Pariser Tagebuch* sind Hände und Haare, die am häufigsten verwendeten Körperworte, wobei auch dem Haar die Bedeutung einer Übergangszone zwischen Innen und Außen, oft verbunden mit dem Versprechen der Sexualität, zukommt.

In Bezug auf Paris bedeutet die »offene, großzügige Hand« ein Angebot der Stadt an das Subjekt, das aber von ihm nicht wahrgenommen wird, weil es sich nicht angesprochen fühlt, weil es sich einem anderen System zugehörig fühlt oder eben gar keinem, auch nicht diesem fremden. Die Erfahrung des Fremden, die nicht möglich ist, die ein »Mysterienspiel« bleibt, also ein Schauspiel von Praktiken, deren Bedeutung das Subjekt nicht erkennen kann, weil es die Sprache nicht spricht, in der Rolle des Besuchers bleibt, oder weil es sich verweigert, wird einem Religionsverlust gleichgesetzt. Es sind die anderen, die glauben (können), sie glauben aber an »fremde Religionen«, also solche über die das Subjekt kein Urteil fällen kann, da es nicht Bescheid weiß, aber doch von vornherein meint, dass diese »fremden Religionen« genauso nicht funktionieren wie die eigene Religion, deren materielle Reste es aber immer wieder zu seiner Rettung aufrufen will. Hier sei noch einmal an die Verehrung Sartres – wie ein »Gott aus fremden Ländern« – erinnert, eine ähnliche Formulierung, die die Abkehr der Autorin von der Ersatzreligion der Bohème begründet, der sie nicht glaubt. Weder die Maler am Montmartre, noch die Mädchen von Saint-Germain-de-Près, noch die Studenten bei Solange bieten brauchbare Modelle eines Lebens in Paris.

II. Heimliche Begierden

In der vom übrigen Tagebuch durch den Titel »Dem Musiker« deutlich abgesetzten Textstelle über die Begegnung mit einem Schwarzen wird die Affinität von Flüssigkeiten und Lust als Fortsetzung des Springbrunnenbildes besonders deutlich.

Vorangestellt ist diesem Abschnitt eine Beschreibung der Pariser Métro, die ebenfalls durch die Verknüpfung von Wasser und Begehren bestimmt ist. Diese Passage präludiert die Begegnung mit dem Musiker und erlaubt einen Exkurs zur Beschäftigung der Autorin mit dem Surrealismus erlaubt, für den der »Untergrund« immer auch eine Auseinandersetzung mit dem Verdrängten bedeutete. Altmann[6] erwähnt in seiner Studie die Hinwendung der Autorin zum »Minderbewußten«, ihre Beschäftigung mit Expressionismus, Dadaismus und Surrealismus. Eine geplante Dissertation zu Kafka und Surrealismus wurde jedoch nie geschrieben, was Kräftner genau las, bzw. lesen konnte, bleibt bisher weitgehend unklar. Die von Max Hölzer und Edgar Jené herausgegebenen surrealistischen Publikationen, in denen u. a. Übersetzungen von Texten André Bretons abgedruckt sind, erschienen erstmals 1950. Wahrscheinlich hat Kräftner die surrealistischen Autoren so kennen gelernt, da sie kein Französisch verstand und die Originaltexte im Nachkriegswien auch schwierig erhältlich waren, wie Gerhard Rühm berichtet: »wir waren auf verstreute, dürftige privatbestände angewiesen.«[7] Rühm nennt diese spärlichen Materialien, die man in

Kreisen des gerade entstehenden »art-clubs« herumreichte, sowie eine von Alain Bosquet 1950 herausgegebene Anthologie »Surrealismus« als Hauptquellen für Interessierte.

Es ist möglich, aber ungewiss, ob Kräftner Einblick in diese Texte hatte, bevor sie nach Paris ging. Da sie den Begriff Surrealismus im *Pariser Tagebuch* kein einziges Mal verwendet, nie den Namen eines surrealistischen Autors erwähnt, ist zu vermuten, dass ihr Augenmerk sich vor allem auf die bildende Kunst richtete, wozu keine Sprachkenntnisse nötig waren. Dalí wird denn von Kräftner im Brief an Harry auch namentlich genannt. Seltsamerweise aber wird der Maler in Verbindung zu einem Maler gebracht, dessen Bilder, »vielleicht vorgotisch« (S. 221), Kräftner im Louvre gesehen haben will und den sie als »Vorfahre von Dalí« bezeichnet. Es gibt aber keinen Maler namens »Catalan«, auch ihre Einschätzung, dass jener »technisch noch nicht so gut« wie Dalí sei, hat einen eigenartigen Ton. Warum sollte sich gotische mit surrealistischer Maltechnik vergleichen lassen und ist nicht Dalí Katalane?

Falls Kräftner sich also mit Surrealismus beschäftigt hat, konnte es zu diesem Zeitpunkt nur ein Surrealismus aus zweiter und dritter Hand sein, eine Folge der »Vertreibung der Intelligenz«, des Kampfes gegen »Entartete Kunst« und dem Arisierungsbestreben österreichischer Bibliotheken und Museen während des Nationalsozialismus. Genauer scheint ihr Wissen um »klinische Tiefenpsychologie«[8] gewesen zu sein. Freud wird im *Pariser Tagebuch* in Kombination mit einem Volkssänger erwähnt: »Aristide Bruant singt von Montmartre und Freud sagt von unseren heimlichen Begierden« (S. 208). Die Verwendung des Pronomens »unseren« legt nahe, dass die Verfasserin sich davon betroffen fühlte, während sie mit den Liedern des Chansonniers Bruant den romantisch-grausamen Liebesgeschichten folgt, die das Klischee mit Paris verbindet. Die Strophe eines seiner Chansons schreibt sie in fehlerhaftem Französisch sogar nieder. Da sie das Schicksal der kleinen Rose auch andernorts nacherzählt, scheint die Figur wegen ihrer Verquickung von Unschuld, Liebe und Tod von Wichtigkeit für die Autorin gewesen zu sein.

In der Pariser Métro werden die unterdrückten Triebe des Untergrunds spürbar. Deutlich ist die Metaphorik von den »schwarzen eisernen Stangen der Barrieren«, an die sich die Mädchen drängen, die »Röhren«, die von schwarzem Lärm erfüllt sind. Die Atmosphäre unter der Oberfläche der Stadt wirkt aufgeladen, was mit Adjektiven wie seltsam, fiebrig, schwarz, heiß, eisern, verirrt, dunkel, rot, aufregend, warm unterstrichen wird. Feuer- und Wasserworte – Hitze, Dunst, glühen, nasse Münder, fließen, zerrinnen – beschreiben die Dichte der Fahrgäste in dieser technisierten Halbhölle.

Aus der langweiligen Melancholie, die durch die Geschwindigkeit der Fortbewegung verursacht wird, und der erotischen Grundierung der Szene erwächst die Anrufung des schwarzen Musikers, die zur Einladung wird, das Subjekt in seine Hände zu nehmen.

Die Begegnung findet am Ufer der Seine statt – Wasser begleitet das Auf und Ab des Begehrens der Schreibenden. Der schwarze Musiker wird mit vegetativen Metaphern bedacht: Muschelhände, Gladiole, Elfenbein, und als Träger und Erzeuger von Klängen vorgeführt, der weibliche Körper des Subjekts ist sein Instrument. Der Fetischismus der Fingernägel, hell glänzend, im Kontrast zu dunkler Haut, wird im Wort Perlmutter wörtlich genommen und mit der Aufforderung zu mütterlich-fürsorglichem Verhalten verbunden: »Singe, singe und wiege mich in deinen Muschelhänden und wärme mich.« Nur wenn ein Mann umsorgende Funktionen übernimmt, kann das Ich Mütterlichkeit ohne Ekel akzeptieren. (Die Problematik des verlorenen Vaters, das Verhältnis Kräftners zur Mutter spielen hier wohl eine Rolle).

Die Berührungen werden von Bewegungen des Flusses begleitet, die kleinen Wellen verursachen ein stöhnendes Geräusch, schließlich legt der Mann seinen Kopf in den Schoß der Frau, der zum Fluss wird, in dem der Mann ertrinken kann. Hier ist die fließende Bewegung ein Synonym der Lust, wenn sie auch aus Traurigkeit entsteht. Dann aber wird das positive Gefühl sofort von Ekel und Gestank abgelöst, den das Wasser mit einem Mal verströmt, , der Tod zeigt sich, die Vergänglichkeit der Schönheit. In dem Gedicht »An einen Musikanten« wird die Begegnung ein paar Monate später fast wortwörtlich aus dem *Pariser Tagebuch* übernommen, allerdings bloß als Aufforderung, als Ausdruck eines Wunsches nach mütterlicher Behandlung und um die im Tagebuch folgende Lust- und Ekelpassage bereinigt. Erwähnt wird allerdings sein Haar, das »die Farbe böser Klänge« (S. 283) hat und auf die Gefahr einer Verführung zur Sexualität verweist. Aber in den »Notizen zu einem Roman in Ich-Form« heißt es später: »Der Mann mit den Muschelhänden hat mich niemals berührt« (S. 237).

Danach steigt das Subjekt wieder an die Oberfläche der Vernunft, am Kai befinden sich Bücherstände, die das enthalten, woran es sich normalerweise hält. Doch diesmal scheinen sich die Autoren direkt an das Ich zu wenden und nicht vermittelt durch papierene Werke: »Aristide Bruant singt (…), Freud sagt (…),Voltaire lächelt (…)« (S. 208).

Zurückgeblieben am Wasser ist die Sinnlichkeit, die anscheinend von Schwarzen verkörpert wird, die sich aber schon in Konflikt verwandelt hat: »Unten am Wasser streiten zwei Neger«. Auf das Liebeserlebnis und sein Ausklingen in Todesgedanken folgt wie gewohnt der Besuch in einer Kirche. Als die Trauer des Paris-Aufenthalts noch stärker wird, erwähnt die Verfasserin erneut einen Springbrunnen, diesmal im Park des Palais Royal, in äußerst freudianischer Formulierung: »Das runde Becken sehnt sich, aber es hält an sich und der Wunsch verschwimmt.« Das Begehren wird zurückgenommen und nicht einmal sein Ziel ist mehr klar ausgeformt. Der Fluss unten ist verschwunden, das Becken ist trocken, nur mehr vom Himmel kommt Wasser, das weder schmutzig noch stinkend noch künstlich ist, sondern »süß und klar« (S. 209).

Auch im Schlussbild, nach der Rückkehr aus Paris, spielt die Metapher des Wassers eine wesentliche Rolle, deren Bedeutung jedoch nicht eindeutig festzulegen ist. Interessant aber die Zusammenfassung: »Paris war ein Rausch« (S. 220). Die Anspielung auf Alkohol, bzw. auf einen entäußerten Bewusstseinszustand, der üblicherweise durch Alkohol hervorgerufen wird, legt eine Verbindung von Trinken und (den dadurch freigelegten Trieb) im positiven wie auch im negativen Sinne von Ertrinken, d. h. ein lebensbedrohliches Zuviel an Flüssigkeit, nahe. Auch im Gedicht »Betrunkene Nacht« wird ein verlassenes weibliches Ich in Alkohol »ertränkt« (S. 302).

Nach der Rückkehr ist das Wasser vor allem wieder mit Todesvorstellungen verbunden, »Ich treibe mit offenen Augen, neben mir die Leiche meines kleinen, weißen Vogels, der ertrank« (S. 210). Der weiße Vogel ist ein Derivat des Engels bzw. der mit dem Engel verbundenen Heilsvorstellungen, die auch im Bild des »Fundevogels« beschworen werden. Bei dem einem Grimm'schen Märchen entnommenen Motiv handelt es sich aber nicht um einen tatsächlichen Vogel, sondern um ein Findelkind, das in einem Nest gefunden wird und gemeinsam mit dem natürlichen Kind des Finders aufwächst. In den Bedrohungen durch eine böse Hexe muss die innige Beziehung der beiden Kindern drei Proben bestehen und mehrere Verwandlungen durchmachen. Am Schluss ertrinkt die Hexe im Teich, dessen Form das Kind angenommen hat, um die darauf schwimmende Ente, die das Findelkind ist, zu schützen. Das Böse findet im Wasser seinen Tod, so hat das Wasser, neben einer bedrohlichen und einer triebanzeigenden Funktion, auch eine reinigende Wirkung. (Das Bild des »Fundevogels« wird überdies in einem Brief Kräftners an den Verlobten erwähnt und diente wohl einer Symbolisierung ihrer Beziehung. Max Blaeulich meint, dass der Refrain »Verlässt du mich nicht, so verlasse ich dich nicht« einen Pakt zwischen den Verlobten widerspiegele, sich trotz beiderseitiger Entfremdung nicht zu trennen[9].)

Der weiße Vogel ist aber nicht so mächtig wie der Engel, der allein mit seiner Arche – hier wird über das Himmelswesen eine direkte Verbindung zur biblischen Geschichte der Arche Noah aufgetan –, das Subjekt, das in der Flut zu ertrinken droht, retten könnte. Sogar auf die biblische Formel, dass von jeder Art ein weibliches und ein männliches Wesen die Arche betreten sollte, wird angespielt: »ich werde ertrinken und vielleicht wirst du trauern, wenn mein Platz in Deinem schwimmenden Haus leer bleibt« (S. 201). Das Subjekt kann sein männliches Pendant nicht mehr erreichen, weil es – in Paris – ertrinkt. Die im Tagebuch auf diese Beschwörung folgende Passage ist die Beschreibung eines Alkoholexzesses samt »fremden Männern«, so dass eine Verbindung zur biblischen Sintflut, die im österreichischen Religionsunterricht oft als Sündenflut bezeichnet wird, nahe liegt. Die Versuche der Autorin, sich den katholischen Prägungen ihrer Kindheit zu entziehen, führen gerade im Zustand der Entäußerung immer wieder auf christliche Symbole zurück, bzw. werden diese Bilder dann von ihr zu Hilfe gerufen, wenn sie sich am weitesten von ihnen entfernt. Paris versprach ein Entkommen aus der Flut, die ihr im Osten, wie die Schreibende Wien nennt, bis zum Halse steht. Der weiße Vogel des Verlobten ist daher auch tot, als die Autorin aus Paris zurückkommt, während sie mit offenen Augen neben ihm »treibt« und das Ende noch bewusst wahrnehmen kann.

III. Sünder in Ekstasen

Paris steht generell unter dem starken Vorzeichen der Sexualität, wie das Anfangsbild des Tagebuches deutlich macht. Das Objekt ihrer Verehrung findet die Autorin im Museum, es ist aus Stein und schon jahrtausendelang tot. Amenophis dient als Projektionsfläche für sexuelle Fantasien und wird den Verlockungen an der Oberfläche der Gegenwart entgegengesetzt, wie Kräftner in ihrem Brief aus Paris, den sie an den Geliebten Harry sendet, zeigt. Von einem österreichischen Verehrer, den sie der »verdrängten Sexualität« bezichtigt, distanziert sie sich folgendermaßen: »Ich bin so in Liebe zu Amenophis und ein Kleinbürger wagt es, mich heiraten zu wollen!« (S. 212) Im selben Brief bezeichnet sie ihre Verehrung für die schwarze Steinbüste des Amenophis als »ruhigen Punkt«, an dem sie sich sammeln kann, der ihre Verwirrung angesichts fremder Eindrücke und Verlockungen ordnen könne. Nur, weil es sich um einen Toten handelt, kann sie sich die ausschweifenden Gedanken erlauben, weil ihre Gegenwart dadurch anscheinend nicht beeinträchtigt wird, sie also – gegenüber dem Verlobten und dem Geliebten – rein bleiben kann.

Denn Paris ist ein Ort der Sinnlichkeit, nahezu jede Schilderung der Außenwelt im *Pariser Tagebuch* deutet auf mögliche sexuelle Verrichtungen: »Hinter den eisernen Fenstergittern – ach, ich weiß nicht, was sie dort tun«, es ist die Rede von »Verrufungen«, »Getriebenheit«, von Lust- und Eifersuchtsmorden, von »Sündenlitaneien« usf. Kräftner lässt diese ständigen Verlockungen und Gelegenheiten, »fremdzugehen« in ihrem Brief an Harry nicht unerwähnt. Auf ihre Bemerkung, dass sie nicht vor zwei Uhr früh schlafen gehe, folgt eine Liste der Männer, die sie getroffen hat, seit sie nach Paris aufgebrochen war. Schon der Franzose im Zug lehrt sie »die ersten drei Worte Französisch«, von denen man aber außer drei Punkten nichts erfährt und die kokett geheimnisvoll die Frage offen lassen, um welche Worte es sich gehandelt haben könnte, vielleicht gar »je t'aime«? Sie vermittelt damit dem Geliebten, von dem sie weiß, dass er nicht verfügbar ist, da er auswandern wird, den Eindruck möglicher Libertinage.

Das Interessante an diesen Schilderungen ist allerdings weniger die Spekulation darüber, ob nun der jeweilige Akt stattgefunden hat, sondern die Strategie Kräftners, diese Anflüge des Triebs und Getriebenseins ins Abstrakte abzubiegen, das dabei wiederholt an katholische Vorstellungsmuster gehalten bleibt. Wann immer Lust signalisiert wird, ist das »Böse«, manchmal auch der Ekel, nicht weit, wird der »Engel« angerufen und wird in die Kirche gegangen, wo aber sogar der Priester lüstern ist, der doch eigentlich lossprechen sollten von Sünde: »Seine Finger halten hart an meinen Arm und seine Augen sprechen zu meinem Hals.« (S. 194)

Eines Nachmittags, als die Verfasserin des *Pariser Tagebuchs* an einer Bar vorübergeht, spürt sie »Rausch, Hitze, Haut« und landet daraufhin in der Kirche St. Séverin, wo die Versuchung sexuellen Verlangens in mystische Verzückung aufgelöst wird: »Hier fallen Sünder in Ekstasen. Purpurner Engel, falle in mich.« Die fleischlose Verehrung garantiert gleichzeitig Lust und Reinheit, ist schuldhafter Akt und Entschuldung in einem: »wir werden sein wie Heilige, die erschrecken, wenn sie fühlen, dass sie nichts befleckt.« (S. 199)

Auch vor der schnellen Gelegenheit mit dem österreichischen Bakteriologen rettet die Tatsache, dass er in einem Hotel, benannt nach der heiligen Johanna von Orléans, wohnt: »Hotel Jeanne d'Arc. Sie ging nicht mit, sie fand es zu absurd.« (S. 197) In dem Gedicht »Ereignis am frühen Morgen«, entstanden mehrere Monate später, beschreibt die Dichterin allerdings ein Mädchen, das ihre Strümpfe im Zimmer des Hotel Jeanne d'Arc vergessen hat[.

Im *Pariser Tagebuch* ruft die Konzentration, sich nicht in einen nächsten Mann zu verlieren, schließlich erneut die Sintflut auf den Plan und den in Wien verbliebenen Engel zu Hilfe, geht über in den Bericht des alkoholisierten Ausflugs, der in einer Kirche endet. Der imaginierte Selbstmord eines »Madonnengesichts« gibt Gelegenheit eine Opferung des weiblichen Elements zu vollziehen. Die »süßen Augenhöhlen« im Bild des Totenschädels, in denen sich der Wein der anderen sammelt, bedienen sich des Körpers als Behälter und erinnern an das dem *Pariser Tagebuch* chronologisch vorangehende Gedicht »An den gefallenen Engel«, in dem das Subjekt den Geliebten auffordert, seinen weiblichen Körper zu zerlegen und zu foltern, ein Vorgang aus dem Lust bezogen wird. Die völlige Auflösung des Subjekts wird in einem letzten Wunsch begründet, der Geliebte soll in ihrem Blut baden, denn nur damit könnte sie ihn ganz umschließen. Erst durch diesen Liebestod wären die Aufhebung der Lust und damit die Reinigung des Subjekts möglich. Hier ließen sich sogar Erlösungsmotive der Wundmale von Jesus Christus hineinlesen oder auf die Liebeswunden der Mystikerinnen verweisen.

Der Engel der in Wien geschriebenen Litaneien dient auch in Paris als ungreifbarer Bezugspunkt, der es dem Subjekt erlaubt, sich dem Realen, der Bedrohung durch die Außenwelt zu entziehen, ist Ent-schuldigung und Rechtfertigung seines Verhaltens. Die Unschuldsbehauptung wird nach der Begegnung mit dem schwarzen Musiker in der Beschreibung eines Besuchs von Sainte-Chapelle besonders dringend. Nach dem dreckigen Flussufer werden Lilien, Rosen, Glas und Stein mithilfe einer Bewunderung der Gotik zu Ausformung des Bedürfnisses nach Reinigung. In einer fiktiven Vergangenheit gäbe es noch einen Bezug zur Religion, »Ein klarer Glaube und ein demütiges Gebet« (S. 208), die dem Subjekt verloren gegangen sind. Hier und heute sind die Heiligen, die christlichen Märtyrer nur mehr Farben, in denen das Subjekt weder tiefere Bedeutung noch eine Lösung für seine Konflikte finden kann, obwohl der Wunsch danach immer wieder auftaucht. Sogar die Sehnsucht nach einer Erlösung im Göttlichen bleibt unerfüllt. Die prachtvollen Glasfenster sind »dem Gott der bunten Glasperlen« gewidmet, einem minderwertigen, vielleicht weit entfernten Gott, wenn man die Glasperlen als Tauschobjekte der frühen Eroberer fremder Welten bedenkt. Eine Assoziation, die in eine Beschreibung von Luxus an der Place Vendôme übergeht, wo Edelsteine ein Eigenleben annehmen und eine Inderin als Farbenträgerin beschrieben wird. Exotische Haut, exotische Materialien und exotische Tiere, »Neger in kostspieligen Anzügen« – so als seien in Paris sogar die Fremden vom Profanen, von der Sucht nach Luxus angesteckt, in einer Stadt, die sich selbst zelebriert, denn selbst »Die Cafes tragen hochtrabende Namen« (S. 209).

Dieser Pejorativ, der vielleicht auch aus Kräftners Unkenntnis der französischen Sprache entsteht, wird im Brief an Harry abgeschwächt zu »großartig«. Denn gerade im *Pariser Tagebuch* wird mit Namen nicht gegeizt, während sie in anderen Texten Kräftners sparsam eingesetzt werden. Die häufige Nennung von Pariser Straßen, Sehenswürdigkeiten, Bars und Künstlern versieht den Text mit Orientierungsmarken für die Streifzüge des Subjekts durch die Stadt und scheint dem Leser versichern zu müssen, dass man sich tatsächlich in der Fremde befindet.

Die Abweichungen des Briefes an Harry zum Tagebuchtext sind aufschlussreich, da die Motive in »privaten« Texten Kräftners manchmal offener gearbeitet sind und die verdichteten Texte lesen helfen. Die Einschätzung des Paris-Aufenthaltes gegenüber dem Geliebten beginnt mit einem positiven Auftakt, der aber andererseits die Erwartungshaltung durcheinander bringt. Die befürchtete Sintflut hat Paris »nicht berührt«, setzt man Sünde für Sint, ergibt sich eine doppelte Reinheit: Keine Sünden in Paris, (klingt hier der Spruch »Paris ist eine Sünde wert« durch?) die Stadt ist unberührt, also unschuldig. Das Wasser im Osten könnte auch Alltag, Langeweile und Schuldgefühl gegenüber dem Verlobten bedeuten und nicht nur Depression, die sich als deren Folge verstärkt.

Die fremde Stadt wäre offen für andere Möglichkeiten als die gewohnten, doch das Subjekt zieht sich sogleich zurück, verschwindet im unpersönlichen Ausdruck des »man«: »Es offenbart sich, aber man weiß nicht, für wen.« (S. 210) Das Subjekt situiert sich von vornherein außerhalb des Geschehens, wobei ihm die Figur des toten ägyptischen Gottkönigs hilft. Die Geliebten des Amenophis werden im Brief deutlich als Märtyrerinnen bezeichnet, damit lässt sich eine Linie zur Autorin ziehen, die sich im selben Brief als eine den Amenophis

Liebende stilisiert, allerdings vor allem darunter leidend, dass sie ihn nie körperlich erfahren kann, da sie »Jahrtausende zu spät geboren« ist. (S. 211) Daran anschließend empfiehlt Kräftner ihrem Geliebten die Gemälde des (nicht existierenden) Malers Catalan zu besichtigen, welche sie mit den Worten »verzerrte, dünne Leiber, schreckliche Marterszenen und eine grauenhafte Phantasie« (ebd.) beschreibt. Indem sie sich als Kennerin von Malerei ausgibt, wird ihre Verfasstheit in der Projektion auf die Bilder veräußerlicht.

Paris wird im Brief als Reihung von Nominalausdrücken und Liste der Begegnungen mit Männern zusammengefasst. In die Kulisse, als die die Stadt in Distanz zur Autorin vorgestellt wird – »Anfangs zog alles vorbei wie ein rollender Teppich« (S. 210) –, werden Beobachtungen und Erfahrungen eingeschrieben, die vor allem die Seelenlage des Subjekts widerspiegeln. Kräftner zeigt Paris als elegant, schmutzig, eng, dunkel, schwarz, großzügig, fremdartig (riechend), unbeschreiblich, alt.

Nach der ausführlichen Schilderung fremder Männer kommt die Autorin schließlich auf die gemeinsame Geschichte mit Harry zurück, welche ebenfalls von christlicher Symbolik gefärbt ist: »Abgebrochener Flügel von einem Engelleib« (S. 213). Dieser nichtintakte Körper erinnert an das Bild und Gedicht vom »gefallenen Engel«, der überdies die Gegensätze von himmlisch und höllisch in sich vereint, welche im darauf folgenden Satz wieder aufgenommen werden: »Ich tue Dir Böses, wenn ich Dich liebe«. Im nächsten Brief an Harry verwendet Kräftner den gleichen Ausdruck, um sich des Gegenteils zu beschuldigen: »dazwischen habe ich Dir nur Böses getan; ich habe Dich viel zu wenig geliebt« (S. 214). Der Geliebte wird als »junger Heiliger« bezeichnet, der Kräftner für ihre Schuld hassen und quälen sollte.

In diesem Brief, geschrieben nach der Abreise Harrys aus Wien, nachdem die Verfasserin zur Zurückgebliebenen geworden ist, gibt es ein bemerkenswertes Bild, das den Unterschied zwischen Reisen und Bleiben verdeutlicht. In Paris waren die Vorstellungen Kräftners ins Fließen, in Bewegung geraten. Nun gibt sie im Brief Harry, der sich mittlerweile in Paris befindet, den Rat, seine »Gedanken an die Steine« zu hängen, da sie selbst darin zu finden wäre. Und schließt an: »Ich wurde starr, wenn ich dachte, Du würdest fahren« (S. 216). Sie wurde wie Stein, als ihr klar wurde, dass sie diejenige sein würde, die in Wien zurückbleiben und dass die Bewegung ihrem Geliebten zukommen wird. Sich selbst als Stein zu sehen, erklärt vielleicht noch einmal die überschwänglich beschworene Liebe zur unerreichbaren Statue des Amenophis in Paris. Der Autorin bleibt nach Harrys Abreise nur mehr der Alltag, »no adventures, no special desires«, wie sie in einem Brief an die Freundin Marguerite im November 1950 erwähnt (S. 226).

Diese in einfachem Englisch mit zahlreichen Germanismen verfassten Briefe geben ein direkteres Bild der Verfasstheit Kräftners als in Texten und Tagebuchaufzeichnungen, da sie durch das Schreiben in der Fremdsprache in ihrem

Ausdruck beschränkt ist und Aussagen auf das Wesentliche reduzieren muss. Sie berichtet von ihrer Lektüre einer deutschen Übersetzung Rimbauds, in der sie Motive der Trunkenheit, des Wahnsinns, des Wassers wahrscheinlich angesprochen haben, obwohl sie über die schlechte Übersetzung klagt. Sie liest nun auch Sartre, obwohl sie im *Pariser Tagebuch* gespottet hatte über die Verehrung für den Philosophen und erwähnt ihre »beloved Surrealists«, möglicherweise die »Surrealistischen Publikationen«. Die Autorin hofft, das *Pariser Tagebuch* übersetzen zu lassen, wie sie an die Freundin schreibt, und erwähnt Reaktionen auf den Text: »Some people say I give a picture of Paris which is more beautiful than the reality. But I think I saw with my eyes another reality than those people.« (S. 226)

Die Dichterin erzeugt demnach ein Bild von Paris, das schöner ist als die wirkliche Stadt, wie andere, die die Stadt so nicht erlebt haben, behaupten. Sie selbst nimmt dieses andere Bild der Stadt aber nicht als erfundenes wahr, sondern als etwas, das sie »with my eyes« tatsächlich so gesehen hat, bzw. etwas, das in ihren Augen tatsächlich so entstanden ist. Für diese Interpretation der Außenwelt konnte sie in positivem Sinne die Devise der Surrealisten in Anspruch nehmen, welche die Gegensätze von Traum und Wirklichkeit aufheben und zu einer »Art absoluten Realität« zusammenführen wollten. In negativem Sinne musste sie unter der zwanghaften Ausschließung des Realen leiden, wie sie in einem Brief an Otto H. einmal erwähnt: »Ich versuche die Außenwelt in meine Ordnung zu zwingen und scheue dabei kein Mittel. Gelingt es mir nicht, so zerschlage ich lieber das betreffende Ding der Welt, das sich wehrt.« (S. 229) Kräftner bringt dies in Zusammenhang mit einer Zwangsneurose, die sie dem Verlobten schildert.

In einem Aufsatz des vom Dadaismus zum Katholizismus konvertierten Hugo Ball, »Der Künstler und die Zeitkrankheit«[10], beschreibt der Autor die Affinität des Künstlers der Moderne zu Wahnsinn und Krankheit als Folge des Bruches mit der Repräsentation. So versucht Ball, den Künstler der Moderne als gefallenen Engel zu bezeichnen, nicht mehr als Genius, der vom göttlichen Plan zu künden hätte, sondern als denjenigen, der im Austausch mit den dämonischen Prinzipien der Zeit stehe, der fähig wäre, an sich selbst die Beeinträchtigung wahrzunehmen, ins Werk zu bannen und damit zu überwinden. Nach dem Verblassen des göttlichen Bildes aber kann den Dämonen, siehe Kräftners häufige Erwähnung des »Bösen«, keine positive Kraft mehr entgegengesetzt werden: Dies verursacht die Freisetzung der Libido, d. h. des Verteufelten; die Triebe aber zeigen die Sehnsucht nach materiell-sinnlichem Zugang zum ehemals Heiligen an, nähern sich dem Bereich, den die Suche nach dem Göttlichen einstmals noch zu sublimieren garantierte.

Das Dilemma, einerseits ihre dichterische Bestimmung leben zu müssen, die sie nahe an persönliche Traumata herantrug, gefährlich einer Auflösung von gesicherten Grenzen der Identität näherte und sie zur Verhaltensweisen veranlasste, die auf der Oberfläche und kontrollierten Ebene nicht lebbar waren, können als Ursache für Kräftners Flucht zurück in christliche Symbolik und Opfermetaphorik angenommen werden. Da aber Gott, an dieser Leerstelle, auf die sich alles konzentriert, und von dem die Gedankengebäude sich herleiten, nicht mehr vorhanden ist, sind Verzweiflung und Verwirrung garantiert. Die Liebe zum Tod wird zum einzigen heroischen Ausweg. Das Klima der Wiener Nachkriegsbohème kann solcher Gefährdung wenig entgegensetzen. Bis heute gilt es in der narzisstischen Stilisierung romantischer Künstlervorstellungen als Zeichen von »Konsequenz«, einer ernsthaften Determination in der Ausübung seiner Kunst Wahnsinn und Tod nicht auszuschließen. In diesem Sinne könnte sogar Kräftners zum Tod Hinleben als Suche nach Anerkennung und Identität interpretiert werden. Die Märtyrerinnenmetapher wäre dahingehend zu verstehen, wenn auch das Sterben für Gott und den Glauben inhaltslos geworden ist. In Kräftners Ausdruck »Märtyrerinnen, die für etwas starben, das sie nicht kannten« (S. 210) wäre diese Verschränkung festgestellt.

In Zukunft müsste ihr Werk auch in einem zeitgeschichtlichen Kontext, zum Beispiel im Hinblick auf Auswirkungen von Kriegstraumata untersucht werden. Die Identifikation mit dem Surrealismus, ob weitgehend oder nicht, muss die Autorin zudem in Konflikt mit dem Frauenbild des Männerbundes der Surrealisten gebracht haben, das kein selbstbestimmtes Handeln vorsah. In einer präfeministischen Ära, in der die Autorin sich im Leerraum zwischen traditioneller Frauenrolle und Befreiung über das Werk situiert fand, konnte Hertha Kräftner, ähnlich wie Sylvia Plath, keine für sie lebbare Lösung entwerfen.

Der befreiende Gegenschlag der Kunst gegen das katholische Pathos der Schuld konnte erst mehr als ein Jahrzehnt nach Kräftners Selbstmord mit dem Aktionismus einsetzen, in dem die Motive des Opfers, des Blutes, der Zerstückelung, Selbstverstümmelung und Reinigung körperlich vollzogen wurden. Betrachtet man Werk und Leben Kräftners als Einheit, wie die Zusammenstellung der Textsammlung *Kühle Sterne* vorschlägt, so war sie weniger eine Surrealistin, Dadaistin oder Existenzialistin, denn eine frühe Aktionistin auf dem Papier.

Wien Berlin retour: Im Schreiben unterwegs.
Zu Elfriede Gerstl

Während ich als Teenager täglich mit der Bahn in die öde Kleinstadt Wels zur Schule gefahren war, erschien mir Elfriede Gerstl im fernen Wien als idealtypische Schriftstellerinnenfigur. Damals ahnte ich nichts von dem komplizierten Weg, den Gerstl zurückgelegt hatte, bis sie zu einem Wahrzeichen der Wiener Sprachlandschaft geworden war. Zwar hatte sie die wichtigen literarischen Strömungen der Nachkriegszeit miterlebt, musste sich jedoch als Autorin einen Einzelpfad bahnen.

Betrachtet man Fotos von Zusammenkünften und Aufführungen der inzwischen hoch mythisierten Wiener Gruppe, fällt auf, dass Frauen meist nur als Ausführende männlicher Konzepte oder als Zuseherinnen im Publikum auftauchen. Freundinnen, Ehefrauen und weibliche Bekannte blieben im Hintergrund, waren »*Staffage*«, wie Gerstl sie bezeichnete.

Auch die Dichterin war im Publikum oder neben den männlichen Kollegen im Kaffeehaus gesessen, schweigend, aber als ausgezeichnete Zuhörerin und Lernende; eine Nicht-Teilnehmende mit Distanz und geschärftem Blick:

»*Damals, in der Gruppenformation, umgeben von versierten und unbedarften Bewunderern und Mitläufern, war es gescheiter, den Mund zu halten, zuzuhören und sich ihre Selbstdarstellungen anzuschauen wie eine Performance. Denn die vom Kulturbetrieb Ausgegrenzten waren nicht nur tatsächlich grandios, sondern auch Grandiositätsdarsteller.*« (Gerstl, Konrad-Bayer-Aufsatz, S. 47)

Ähnliche Situationen kannte ich aus meiner Wiener Studienzeit. Ich hatte es nicht geschafft, mich an den Wiener Kaffeehaustischen als eigene Stimme zu behaupten und war nach Portugal aufgebrochen. Gerstl war 1963–1968 in Berlin gelandet, wo sie mit den sich dort versammelnden Mitgliedern der ehemaligen Wiener Gruppe nun sogar ins Gespräch kam. Im Literarischen Colloquium Berlin, einer Art Schreibwerkstatt, wo Gerstl einige Monate verbrachte, traf sie auf eine – den traditionellen Erzählformen verpflichtete – Gruppe von deutschsprachigen Schriftstellern, die Gerstls Arbeit in einer öffentlichen Diskussion zurückwiesen. Einfacher war es in der anderen Stadt also nicht.

Die Autorin musste feststellen, dass das Nicht-Grandiose und die kleine Form im Kanon des Berliner Literaturbetriebs der 1960er-Jahre genauso wenig erlaubt waren, wie im traditionellen Wien. Das Ausgeschlossensein blieb ihr, wie Gerstl im Text »Transportables Unglück« beschreibt: »*Im Literarischen Colloquium Berlin (= LCB) war ich am eindeutigsten Aussenseiterin: unter den Buben, die sich leicht befreundeten, in wechselnden Gruppierungen miteinander trinken, lachen, abends ausgehen konnten, war ich die einzige verheiratete Frau mit Kind, etwas älter als die meisten anderen, hatte schon publiziert, eine ungewöhnliche Kindheit als Jüdin, in der Nazizeit verfolgt, und dennoch nicht über ihr Jüdischsein und Verfolgtwordensein schreibend, aus Wien kommend, wo in der Literaturszene andere Scherze und Redefiguren üblich waren und – das am schwersten wiegende Anderssein, mit einer erst neugewonnenen Literaturauffassung.*«

Noch vom Umgang mit der Wiener Avantgarde beeinflusst, hatte Gerstl in Berlin begonnen, ihren Montage-Roman *spielräume* zu verfassen und auf Zugfahrten nach Wien und zurück weiterzuschreiben. Besonders zu Konrad Bayers *der sechste sinn* lassen sich Parallelen aufzeigen. Auffällig ist in Gerstls Roman – im Gegensatz zu Bayer – das Fehlen jeglicher Selbstästhetisierung und -verherrlichung, »*diese männlichen Macht- und Allmachtsphantasien*«, so Gerstl, sowie ein Witz, der es wagt, sich an philosophischen Göttern à la Ludwig Wittgenstein, kalauernd zu vergreifen, wie: »*Alles was man sagen kann, kann man auch beiläufig sagen.*« Oder: »*Worüber man nicht reden kann, ist vielleicht der einzige Besitz, der mir nicht abgeschwatzt werden kann.*«

Für solche Respektlosigkeiten bin ich der Autorin bis heute dankbar.

Gerstls Textarbeit unterscheidet sich außerdem wesentlich von Oswald Wieners *verbesserung von mitteleuropa, roman,* auf den sie in ihrem Text zuweilen anspielt, seine Thesen aber immer wieder beiseitelegend, wie Herbert J. Wimmer in seiner Dissertation zur Autorin bemerkt: »*Gerstls Utopie ist eben nicht die Auflösung von Staat/Gesellschaft und der ihn/sie konstituierenden Sprache, sondern die Arbeit an der Harmonisierung von Staat und Gesellschaft, auch – aber nicht nur – mittels Sprachhandlungen für alle die Möglichkeiten zur Entwicklung eines besseren Lebens zu nutzen (. . .)*« (Wimmer, S. 62)

Im Gegensatz zur den Aktivitäten der Wiener Gruppe unterlässt Gerstl auch die Auflösung von Literatur in Aktion, sondern führt den Impuls zurück in Sprache bzw. zieht das Unausgesprochene dem Sensationellen vor: »*Wozu ist das Happening gut / man kann es sich einfallen lassen und als Schnurre im Verein erzählen; der Edlere behälts freilich im Hirnkastl (. . .)*« (*spielräume,* S. 64)

Der von Oswald Wiener im Rahmen der Wiener Gruppe postulierten Destruktion im Sinne einer De-Identifikation, d. h. eines Abbaus von »*staatlich-sprachlicher Adjustierung des Bewusstseins*«, setzt Elfriede Gerstl in ihren späteren Konzepten verstärkt das Prozessuale, das Verwandlungsspiel von Kleidern, Orten, Wohnungen, Identitäten entgegen, mithilfe dessen sie den einschränkenden Verhältnissen zu entkommen versucht.

Bereits das ständige Pendeln zwischen Wien und Berlin, das Untergebracht-sein in Miets- und Gästezimmern, in denen sich die Schreibende nicht wirk-lich ausbreiten konnte, diese biographische Prägung des Vorläufiglebens wirk-te sich auf die Schreibsituation und damit auf die Schreibweise der Autorin aus. Herbert J. Wimmer hat Elfriede Gerstls Werk als ein »*in Schwebe halten, das Erreichen von Zuständen des Schwebens*« bezeichnet. Ein Schweben sowohl zwischen den Städten Wien und Berlin, samt den zugehörigen Freundes- und Literaturkreisen, als auch ein Schweben zwischen Emanzipation und Anpas-sung, zwischen Männergesellschaft und damals noch nicht vollzogener Frau-enbewegung, zwischen Wahrnehmungsweisen, Wohnmöglichkeiten.

Diese Zwischenzustände finden sich in einer Auflösung der Gattungen wie-der. Die Bewegung der Texte, die scheinbar beliebige Zusammenfügung von Wahrnehmungsbruchstücken und verunglimpften oder erweiterten Zitaten spiegeln die biografische Voraussetzungsbedingung. Sogar die Titel von Gerstls Büchern, wie *Wiener Mischung, Vor der Ankunft, Unter einem Hut,* oder *Klei-derflug* weisen darauf hin.

Besonders das lange Gedicht *Kleiderflug* verschränkt Texte, Textilien und Wohngelegenheiten in treffenden Metaphern. Das Leben wird anhand wech-selnder Kleidermoden erinnert, das Sammeln alter Kleider, das der Autorin zur Leidenschaft geworden war, wird dem Sammeln von Erfahrungen, Wahrneh-mungen, Texten anverwandt. Geschichte wird nicht über historische Ereignis-se oder Persönlichkeiten vorgestellt, sondern vermittelt über die Oberfläche der Damenmoden. Ohne Larmoyanz und Selbststilisierung handelt Gerstl auch das Versteckenmüssen vor den Nazis ab. Die Verfolgung und daraus folgende Verengung der Wohnumstände zeigt die Autorin schlicht anhand der Ein-schränkung von Kleidermengen: »*1942 packte mutter den kleinen fluchtkoffer / schwarze tuchmäntel aus den 30er jahren zurücklassend / wir werden nicht mehr soviel brauchen / sagt sie für mich merkwürdig rätselhaft.*«

Kleider verorten in Zeit und Raum, Kleider stiften Identität, welche schließ-lich wieder abgebaut wird, je nachdem, was das Modemagazin vorschreibt. El-friede Gerstl wurde Archivarin der verschiedenen Weiblichkeitskonzepte, ver-mittelt über Schuhe, Kleider, Accessoires.

Die Technik von Kombination, Anspielung, Zerlegung und Montage galt ihr dabei für die Inszenierung des Selbst genauso wie für die Konstruktion eines Textes, scheint es: »*sich ein bekleidungsmenü komponieren oder mixen / aus er-innertem und gegenwärtigem – schranken verwischend / smokingjacke zu jeans – spiel mit bedeutungen / despektierlich durch zitieren aus heterogenen systemen*«.

In *Kleiderflug* reflektiert Gerstl wechselnde Konzepte der Mode, kommen-tiert den Zynismus der Modeindustrie, die den Ärmsten noch ihr Letztes weg-nimmt, indem sie ihre aus der Not geborenen Kleidungskombinationen ver-marktet: Individualität ist »*oben noch ausbeutbar*« schreibt Gerstl. Und hat da-mit recht bis heute.

Das Unterwegssein wurde ihr Markenzeichen. Ich traf sie auf Lesungen, in Kaffeehäusern, Restaurants. Sie habe verlernt zuhause zu bleiben, sagte Elfriede Gerstl, und so gehörte sie zu Wien wie Wien zu ihr gehörte, eine sich wandelnde Größe, mithilfe derer ich mich vergewissern konnte, am richtigen Weg zu sein, solange ich mich bewegte.

Autorin, Tochter, Gefährtin und Mutter.
Zu Sylvia Plath

Brauchen wir eigentlich noch weitere Informationen über Sylvia Plath? Ohnehin mischen seit einem halben Jahrhundert verschiedene Stimmen an der Erzählung über die Dichterin mit: Mutter, Ehemann, Tochter, Literaturwissenschaftler, ja sogar Psychologen, die einen Zusammenhang von Depression und Lyrik besonders bei Autorinnen auszumachen glaubten und ihr Forschungsergebnis »Sylvia-Plath-Effekt« tauften. Oft wird dabei weniger Plaths Werk als ihr Selbstmord thematisiert: Suizid als logische Folge eines genialischen Geistes, als künstlerischer Akt, als Opferung. Die Frauenbewegung der 1970er-Jahre stilisierte die mit dem Lyriker Ted Hughes Verheiratete zur Leidtragenden einer rücksichtslosen Männergesellschaft; Anhängerinnen kratzten wiederholt den Namen des Mannes von Plaths Grabstein. Ihr Roman *Die Glasglocke* liefert ein sprichwörtliches Bild für bedrückende Seelenzustände. Nun gibt es mit der umfangreichen Publikation von Plaths Briefen ein zusätzliches Kapitel der Erzählung über die zur Ikone erklärte Autorin.

Der erste Band folgt dem Weg der begabten Schülerin bis zur Zäsur durch den frühen Tod des Vaters. Wir lesen über ihr Studium in Cambridge bis zu den Flitterwochen. Die Liebesbriefe an Ted Hughes zeigen, wie sehr Plath von seinem Genie überzeugt war und wie willig, alles zu tun, dies auch anderen zu beweisen. Gemeinsam werden sie unschlagbar sein. Wir lernen Plath als Autorin, Tochter, Gefährtin kennen. Sie wirkt euphorisch, witzig, ehrgeizig. Der optimistische Ton wird auch im zweiten Band noch 800 Seiten lang gehalten. Dann endet die Hochstimmung, als Hughes die Familie verlässt. Die sorgsam aufrechterhaltene Welt zerfällt. Und man begreift, dass die unzähligen Briefe auch ihrer Selbstvergewisserung dienen. In Berichten an andere formuliert Plath eine erstrebenswerte Existenz, und die Adressaten sollen anerkennen, dass dieses Leben tatsächlich so wunderbar ist, wie sie es ihnen beschreibt.

So erfährt die Mutter Aurelia Schober Plath, Lehrerin mit österreichischen Wurzeln, vor allem von Erfolgen. Nahezu ein Drittel der Briefe sind an sie gerichtet. Sie muss bekräftigen, wie toll es ist, dass Teds Gedichte in einem namhaften Verlag herauskommen, erfährt Details über Stoffe, die Plath gekauft hat, um Kostüme schneidern zu lassen, wozu die Seidenblusen passen, dass sie gut waschbar sind, in welchem Versmaß ihr Gedicht verfasst ist. Der Mutter werden Rezepte mitgeteilt, Unterrichtsvorbereitungen berichtet, Begegnungen mit Berühmten nacherzählt. Sie erfährt von jedem Text, den Sylvia oder Ted veröffentlichen und wieviel Geld sie dafür bekommen. Als wäre die Mutter ein Spiegel, dem die Tochter sich unablässig zeigen muss, um zu begreifen, was sie ist. Und weil neben dem Literarischen auch Plaths Ehe ein Erfolg sein muss, hilft die Mutter beim Gelingen, besorgt Sommeranzüge und Hemden für Ted, damit er gute Figur machen kann. Schickt Kuchenmischungen über den Atlantik und erfährt zum Dank, wie es dem Gatten schmeckt. Hughes wird bald der beste Dichter Amerikas sein, prophezeit Plath. Sogar Schwangerschaft und Hausgeburt des ersten Kindes verlaufen problemlos. Bereits am Tag danach tippt Plath neben dem Baby in ihre Olivetti, stolz auf das nächste erreichte Ziel einer ewigen Bindung an Ted, einer Symbiose, in der sie nicht mehr nur sie selbst sein muss. Wichtiger als Religion und Karriere sei ihr die Ehe, bekennt sie einmal.

So lesen wir in ihren Briefen ständig vom Glück der Überfliegerin in allen Bereichen, die eine Frau je ausfüllen kann. Beide Dichter können in den angesehensten Magazinen veröffentlichen. Sie ziehen aufs Land. Plath gärtnert, kocht, näht, streicht, mäht den Rasen, tippt ihre Texte und seine, managt die Finanzen, stillt und versorgt die Kinder. Sie will alles, sie kriegt alles. Vergessen sind die Zeiten der Unsicherheit, des Zusammenbruchs nach ihrem Aufenthalt in New York, wo die Studentin ein Volontariat für die Zeitschrift *Mademoiselle* absolviert hatte, wie Plath in ihrem halb autobiografischen Roman *Die Glasglocke* beschreibt, welcher kurz vor ihrem Tod unter Pseudonym erscheint. Die Vorgaben waren streng, nicht nur ihre Texte wurden beschnitten, auch Kleidervorschriften und soziale Codes schränkten sie ein. Belastend wirkte zudem ein sexueller Übergriff, sodass die Autorin kurz nach ihrer Abreise aus New York einen Selbstmordversuch unternahm. Betreut wurde sie damals von der Therapeutin Ruth Beuscher, deren erste Patientin Plath gewesen sein soll. Als das junge Ehepaar in den USA lebt, sucht Plath Beuscher neuerlich auf. Die Therapeutin bleibt eine wichtige Bezugsperson, wann immer es kriselt.

Bis zum Sommer 1962 schafft Plath es noch, Karriere, Ehe, Haushalt und Kinder in Personalunion zu vereinen. (Außergewöhnlich für diese Zeit, denken wir an andere Autorinnen, z. B. Ingeborg Bachmann, die kinderlos blieb.) Dann wird nicht Plath, sondern Ted alles zu viel. Das Genie beginnt eine Affäre, will sich befreien, nicht mehr verheiratet, nicht mehr Vater sein. Das altbekannte Lied, es klingt bis heute: Frau arbeitet sich ab, Mann fühlt sich nicht genug beachtet, beginnt neues Leben, Frau bleibt mit dem Nachwuchs allein. Als Plath von Teds Betrug erfährt, ist ihre Mutter aus den USA zu Besuch, und sie wagt es nicht, der angeblich so Vertrauten, ihre Erschütterung mitzuteilen. Die Mutter darf nur die schönen Seiten der musterhaften Tochter kennen; den Misserfolg als Ehefrau verheimlicht sie. Das erfahren Leserinnen aber nur, weil zur Briefsammlung – durch einen Zufall – auch Plaths an Dr. Beuscher gerichtete Schreiben eingefügt wurden, in denen sie Klartext spricht.

Aufgetaucht waren sie in den Unterlagen einer feministischen Forscherin, landeten dann bei einem Händler, der sie zum Kauf anbot und für seine Ware warb, indem er gut lesbare Ansichten besonders brisanter Zeilen ins Netz stellte. Als Spekulationen aufflammten, erwarb das College, an dem Plath studiert und gelehrt hatte, die Briefe und übergab sie der Tochter des Dichterpaars, Frieda Hughes. Im Vorwort des zweiten Bands schreibt diese über ihre Einschätzung des Materials und versucht nachträglich zwischen den Eltern zu vermitteln. Es gebe weder Heilige noch Opfer in der komplizierten Ehe der beiden. Die Tochter war drei Jahre alt, als ihre Mutter den Kopf ins Backrohr steckte, das Gas aufdrehte, nicht ohne vorher die Türritzen sorgfältig abgedichtet und das Frühstück für ihre schlafenden Kinder bereitet zu haben. Dichterin wie ihre Eltern, musste Frieda Hughes verschiedene Versionen über Leben und Tod ihrer Mutter ertragen, welche meist dem Vater die Schuld am Suizid zuschoben. Im Vorwort relativiert sie Plaths drastische Schilderung eines in Gewalt ausgearteten Streits mit Hughes, indem sie den Vater verteidigt. Plath hatte kurz nach diesem Vorfall eine Fehlgeburt, wie sie Dr. Beuscher in einem Brief gestand. Ob nun Plath in ihrem Furor übertrieb oder Hughes ein Geheimnis wahrte, indem er ihr letztes Tagebuch mit dem Argument, man müsse die Kinder schützen, zerstörte, kann heute keiner mehr nachprüfen.

In Plaths Briefen an Dr. Beuscher jedenfalls wird das Ausmaß ihrer Zerrüttung nach dem Scheitern der Ehe spürbar. Sie erzählt von Unsicherheit und Ängsten, sucht die Schuld auch bei sich selbst, will Ted nicht freigeben, bittet um konkrete Ratschläge, etwa, wie sie sich angesichts der zahllosen Geliebten ihres Ehemanns verhalten soll. Die Situation setzt ihr körperlich zu. Sie verliert Gewicht, beginnt zu rauchen, wird abhängig von Schlaftabletten, wechselt zwischen Aufbruchsstimmung, Schmerz und finanziellen Sorgen. Die Briefe an die Therapeutin sind ihr auch Hilfe, ihre schwierige Lage zu analysieren und Auswege zumindest auf schriftlichem Wege zu finden. Plath schwankt zwischen Hass auf Ted und Versuchen, die Krise als Chance zu sehen. Sie benennt ihre Schwächen, ihren Zwang, ständig den früh verstorbenen Vater wiederfinden zu wollen, die panische Angst, wie ihre Mutter als Alleinerzieherin zu enden. In einem Anfall verbrennt sie sogar alle Briefe Aurelias. Nun ist sie zu erschreckender Klarsicht fähig, scheint aber zu hoffen, dass mit der Analyse die Gefühlsstürme sofort zur Ruhe kommen. Fast hat man den Eindruck, dass sie die existenzielle Krise genauso überfliegerisch erledigen will, wie so vieles, was ihr im Leben bereits gelungen ist. Die Verarbeitung eines derartigen Einbruchs braucht jedoch Zeit und vor allem Energie. Die hatte Plath wohl irgendwann nicht mehr. Nachdem es ihr noch geglückt war, nach London zu ziehen, Geld zu verdienen, sich um die mittlerweile zwei Kinder zu kümmern, blieb wenig Sorge für sich selbst. Nach der Euphorie über ihre Unabhängigkeit beginnt Plath darunter zu leiden, nicht mehr Teil des ehrgeizigen Dichterpaar-Projekts zu sein. Dennoch verlangt sie sich alles ab, steht um vier Uhr früh im Dunkeln auf, um zu dichten, bis die Kinder erwachen. Das wäre so wie in einem Tunnel zu arbeiten oder in den Eingeweiden Gottes, schreibt sie einmal. Sie hält sich an die Sprache. Weiterhin gelingt es ihr, die Essenz persönlicher Erfahrungen in Kunstwerken zu verdichten. Brief, Tagebuch und Gedicht stellen verschiedene Phasen dieser Selbstbehauptung dar. In einem Brief an Dr. Beuscher meint sie, z. B., sie sei gezeichnet von Teds Verrat, wie von einer KZ-Nummer auf der Haut. Drei Tage später arbeitet sie am Gedicht *Daddy*, in dem sie Dachau, Auschwitz und Belsen erwähnt, sich mit der deutschen Abstammung ihres Vaters Otto auseinandersetzt. Die private Beziehung bildet den Anlass, sich den Nazi-Verbrechen auch auf emotionaler Ebene zu nähern. Bereits in *The Colossus* findet Plath mit einer kolossalen Statue, in der sie haust und gefangen bleibt, ein gruseliges Bild für den Vater. Dagegen versucht das weibliche Ich in *Daddy* nun einen Mord: *Daddy, ich mußte dich töten. / Doch bevor ich dazu kam, starbst du.* Die Tochter rammt ihm einen Pflock durchs Herz, um die Vergangenheit endlich loszuwerden: *Daddy, du Drecksack, jetzt hab ich genug.* Das ist drastisch, hart, mitreißend, wie auch Plaths Stimme, wenn sie rezitiert. In einem Interview bezeichnet Plath sich übrigens als First- und Second-Generation Amerikanerin gleichzeitig, stellt sich als politisch interessierte Autorin vor, welche Erfahrungen des Herzens mit Hiroshima und Dachau verbinde, was so gar nicht zum romantisierten Bild der schönen blonden Selbstmörderin passt.

Schlussendlich ist es ihre große Liebe Hughes, der die Gedichte, die sie in diesen schwierigen Monaten verfasste, herausgibt. Abgesehen von ihrem literarischen Werk scheint uns das Dilemma der Autorin bis heute zu beschäftigen, weil wir weiterhin keine Lösungen für die Vereinbarkeit von Karriere und Kindern, und keine für Künstlerpaare mit Nachwuchs jenseits tradierter Geschlechterrollen gefunden haben. Wahrscheinlich wäre im Gegensatz zu Plaths Bemühen, alle ihr zugewiesenen Aufgaben perfekt zu erfüllen, mehr Wut nötig oder mehr Bequemlichkeit, um sich nicht andauernd für alles und alle verantwortlich zu fühlen. Auch garantierte Krippen- und Kindergartenplätze würden helfen, sowie therapeutische Betreuung auf Krankenkasse in Krisenzeiten. Plaths Behandlung bezahlte eine wohlhabende Mäzenin. Ohne deren Hilfe hätte die Autorin ihre Therapeutin nie kennengelernt und wären die beiden gewaltigen Briefbände nur halb so interessant.

Und wir.

Gewiss

Delivered-To: thom@xsite.net
Mime-Version: 1.0
Date: Thu, 19 Nov 1998 17:46:02 -0500
To: Sabine Scholl <thom@xsite.net>
From: Elfriede Czurda <czurda@bgnet.bgsu.edu>
Subject: Re: text

E   UND AUS DER MILCHWEISSEN BUCHT STEIGEN DIE

S   HAEUSER, BEISSEN SICH WIE ZAEHNE IN DEN HORIZONT, HAETTE ICH
FRUEHER GESAGT, ALS

E   DIE TAGE IM SMOG UNSICHTBAR WURDEN UND DER LAERM SICH AN
DEN WAENDEN BRACH. ABER JETZT. ABER JETZT RAGEN DIE HAEUTE, DIE GLIT-
ZERNDEN HAEUTE

S   DER FANGBOOTE AUS DEM GRAUGRUENEN BRACKWASSER UND WIE-
DER VERSCHWIMMT MIR DAS BILD, WIRD MIT EINEM MAL DURCHZOGEN

E   VON REGENSTRAEHNEN UND AUSPUFFEXPLOSIONEN. ICH STEHE AN EI-
NER STRASSENECKE. AUF DER ANDERN SEITE AM TRINKWASSERBRUNNEN
STEHT EINE FRAU IN LUMPEN UND PUTZT SICH DIE ZAEHNE. WAS WILL SIE
BEISSEN MIT DIESEM GEPFLEGTEN GEHEGE IN DER OHNMAECHTIGEN

S WEITE DES FRISCHEN MORGENS. ICH WENDE DEN BLICK AB UND ER LAESST
SICH NACH OBEN REISSEN, STREIFT ÜBER TRUEBGLAENZENDE GLASFASSADEN,
AN DENEN DER REGEN VERRINNT, ALS MICH PLOETZLICH EIN HEFTIGER STOSS
FAST

E   UMWIRFT. EIN MENSCH. EIN MENSCH MUSS INS BILD! EINEN SCHRITT
WEITER, ICH HALTE NICHT FEST AN FASSADEN UND WETTER. DER STOSS, DER
MICH FAST AUS DEM BILD WIRFT, BRINGT MICH WIEDER HEREIN IN DIE MEN-
SCHENLEERE STADT, DIE

S   UM DEN MANN, DER VOR MIR STEHT, VERSCHWINDET, AUSGEBLENDET WIRD. ER TIPPT LEICHT AN DIE CREMEFARBENE KREMPE SEINES HUTS UND STRECKT LAECHELND DIE DAZUPASSENDE BRAUNE HAND, WIE UM SEIN EINDRINGEN IN MEINEN GESICHTSKREIS ZU

E   ERLAEUTERN? ZU BEGRENZEN? DER CREMEFARBENE HANDSCHUH WIPPT UND VERSCHWINDET WIE EIN WEGWEISER IN DER TASCHE DES TRENCHCOATS. HI, SAGT DER MANN, ICH BIN ANDY – SAGE ICH MIR UND REISSE DIE AUGEN AUF, UM ZUSEHEN, OB DIESES BILD AUCH AUSSERHALB MEINER NETZHAUT EXISTIERT. ODER

S   OB ES MEIN WUNSCH IST, MEIN BEDUERFNIS EINFACH ANDERS DAZUSTEHEN IN DEN PUPILLEN ANDYS, ABER DA TAUCHT SCHON WAS NEUES AUF VOR MEINEN SEHWERKZEUGEN, EIN STUECK PAPIER, ZAHLEN, EIN PFEIL UND ANDY FRAGT: BRAUCHST DU DIE FAHRKARTE, UND ICH BIN SCHON UNTERWEGS, NICHT OHNE

E   EINEN SPIONIERENDEN BLICK AUF DAS FAHRZIEL ZU WERFEN, EINEN BLICK IN DIE ZUKUNFT, DIE ANDY FUER MICH VORGESEHEN HAT, EINEN ORANGEFARBENEN ZETTEL MIT GRAU AUFGEDRUCKTEN BUCHSTABEN. ABER WIE SEHR ICH SPAEHE UND DIE AUGEN KNEIFE, DIE GRAUEN LETTERN VERSCHMELZEN MIT IHREM FEURIGEN HINTERGRUND, UND ICH WERDE DEN MUND OEFFNEN MUESSEN, WENN ICH ERFAHREN WILL, WOHIN ANDY MICH STEUERT. NUR, DIE

S   ZAHLEN LASSEN ERRATEN, WELCHER ORT ANGESTEUERT WIRD, SAGT ANDY UND GRINST WIEDER EINMAL FREUNDLICHST, SODASS ICH BERUHIGT DIE ESSENSPAPIERUEBERSAETEN STUFEN HINUNTERSTEIGE INS DUNKLE UND GLEICH ERSCHEINT DER FAHRSCHEINAUTOMAT VOR MIR, WIE ANDY CREMEFARBEN UND BRAUN. MIT DEM ZEIGEFINGER FAHRE ICH DIE ZAHLENREIHEN HINUNTER UND HINAUF UND SCHON KOMMT MIR VOR, DASS DIES FUER SICH EINE REISE SEI, DAS ANTIPPEN DER ZIELE UND ANGESPANNTE ERWARTEN, WO MICH MEIN GUTER GEIST DENN HINSCHICKEN WILL. DOCH DANN

E   LEUCHTET IM DISPLAY EINE BOTSCHAFT AUF, DIE NICHTS MIT FAHRKARTEN ZU TUN HAT. »VERGEWISSERN SIE SICH, EHE SIE SICH ENTSCHEIDEN!« STEHT DA UND BLINKT UND BLINKT. ODER HAT DIE NACHRICHT DOCH MIT DEM FAHRZIEL ZU TUN? ODER MIT DEM STANDORT DES AUTOMATEN? SEINER FUNKTION?
ICH BIN VERWIRRT. RATLOS VERSUCHE ICH DEN SINN DER ANWEISUNG ZU VERSTEHEN, ABER DAS

S   DISPLAY BLENDET ZURUECK INS DUNKEL, DIE MASCHINE STOCKT UND
DA FAELLT MIR EIN, DASS VERGEWISSERN MOEGLICH IST: ICH DREHE MICH UM,
STECKE ANDYS KARTE GESPANNT IN DEN EINGANGSSPERRENSCHLITZ UND
DER BALKEN OEFFNET SICH SOGLEICH. ENTSCHEIDUNG AUFGESCHOBEN, DEN-
KE ICH MIR, UND RENNE TREPPEN TIEFER UND TIEFER IN RICHTUNG DES GE-
TOESES, AUS DEM DIE UNTERIRDISCHE BAHN ERSCHEINT UND SPRINGE

E   DIE LETZTEN DREI STUFEN HINUNTER ZUM BAHNSTEIG, AUF DEM EBEN
QIETSCHEND UND KREISCHEND DIE ALTEN U-BAHN-WAGEN ZUM STILLSTAND
KOMMEN. MENSCHEN QUELLEN HERAUS, HINEIN, UND ICH BIN PLOETZLICH
WIEDER UNENTSCHLOSSEN, OB ICH SO KOPFLOS HINEINSTUERZEN SOLL INS
VIELVERSPRECHENDE UNGEWISSE. IM BRUCHTEIL EINER SEKUNDE, DEN AN-
FLUG EINES NACHDENKENS, SPRINGE ICH ZWISCHEN DIE SICH SCHLIESSEN-
DEN TUEREN IN DEN ANFAHRENDEN ZUG. MEIN HERZ KLOPFT JETZT WILD. ICH
BIN IM WORTSINN AUF EINEN FAHRENDEN ZUG AUFGESPRUNGEN, OHNE MEHR
ALS EIN ABER ZU DENKEN, OHNE

S   »JA GEWISS« ZU DENKEN. UND DAS ABER BLEIBT MIR ERHALTEN, ALS ICH
GEPRESST UNTER IN MAENTEL, SCHALS, JACKEN, HAUBEN AUSREICHEND VER-
PACKTEN PENDLERN STEHE UND DEN IMMER WIEDER AUS- UND ZUSTEIGEN-
DEN IM WEG. DENN ES ZÄHLT HIER WEDER MEIN WILLE NOCH MEIN ZOEGERN.
ICH WERDE BEWEGT, WERDE BEREITS ZUM VIERTEN MAL UM DIE EIGENE ACHSE
GEDREHT IM VOLLGESTOPFTEN ZUG, ALS ICH MICH ENDLICH ENTSCHEIDE DAS
ABER AUSZUSPUCKEN DURCH DIE KURZ GEOEFFNETE TÜRE, ICH WEISS NICHT
MEHR AN WELCHER STATION. ICH HABE AUFGEGEBEN, DIE SCHILDER ZU
SUCHEN, AUF DENEN GESCHRIEBEN STEHEN KOENNTE, WO ICH MICH BEFINDE.
ICH KENNE NUR MEHR

E   DEN DRANG, DIESEM ABENTEUER, WENN ES EINES IST, BIS ANS ENDE ZU
FOLGEN, WEITER JEDENFALLS, ALS DIESER ZUG MICH TRANSPORTIEREN WIRD,
UND WEITER, ALS ICH IM AUGENBLICK DENKEN KANN. ICH BIN BENOMMEN
VON DEN DUENSTEN, DIE AUS DEN FEUCHTEN KLEIDERN RUND UM MICH AUF-
STEIGEN. ABER VIELLEICHT BIN ICH BENOMMEN NUR VON MEINEM ANFALL VON
MUT, VON MEINER AUFSTEIGENDEN NEUGIER, VON MEINER UNGEDULD,
SCHON WEITER ZU SEIN: ZU WISSEN, WIE ES WEITERGEHT. IM GLEICHMAES-
SIGEN RUETTELN UND RATTERN SCHWANKEN ALLE MIT MIR IM GLEICHEN
SCHLAEFRIGEN TAKT. DER ZUG FAEHRT WIEDER IN EINE HALTESTELLE, BREMST
PLOETZLICH RUCKEND, DA FAELLT AUS DER TASCHE EINES BUEROANGESTELL-
TEN, DER MIR SCHRAEG GEGENUEBER SITZT, EIN

S   SELTSAMES HAARIGES OBJEKT MIT RIESENGROSSEN SCHWARZEN AUGEN,
DAS KEINEM TIER AEHNELT, DAS ICH JE GESEHEN UND IN ZOOS ODER ZEIT-

SCHRIFTEN BETRACHTET HABE. ES KULLERT ÜBER DIE KNIE DES MANNES, DER NICHT BEMERKT HAT, DASS ES IHN VERLAESST, SO TIEF STECKT ER IN SEINER ZEITUNG, MIT DEREN AUFGEFALTETEN SEITEN ER SEINEN KOPF UND OBERKO-ERPER VERDECKT. DIE TELLERAUGEN DES HAARIGEN TIERES MIMEN NUN EI-NEN VORWURFSVOLLEN AUSDRUCK, KOMMT MIR VOR, EINEN AUSDRUCK, DEN ICH NUR VON MENSCHEN KENNE UND DA MEINE KNIE DIE NATUERLICHE VER-LAENGERUNG DER BUEROANGESTELLTENKNIE BILDEN, KOMMT MIR VOR, DENN ICH SITZE MIT DAMENHAFT ZUR SEITE GELEHNTEN BEINEN, BESINNT SICH DAS DING NICHT LANG UND ROLLT WEITER, FORT VON SEINER TASCHENHEIMAT, DIREKT AUF MICH ZU UND ICH WILL MICH NOCH DUCKEN, DEN MANN AUF-MERKSAM MACHEN AUF SEINEN VERLUST, ALS DAS TIERCHEN MIR SCHON AUF DER SCHULTER SITZT, ZWISCHEN MEINEM MANTELKRAGEN UND MEINEM HAAR KRATZT ES AN MEINEM OHR UND SAGT: »GUTEN MORGEN, HAST DU SCHON

E   KAPIERT, DASS WIR BEIDE, DU UND ICH, AB JETZT DEN WEG GEMEINSAM ZURUECKLEGEN? DU WIRST ALSO ERSTENS KEIN VERRAETERISCHES GERA-EUSCH VON DIR GEBEN. UND ZWEITENS WIRST DU TUN ALS WENN NICHTS WAERE, WENN ICH MICH JETZT IN DIE INNENSEITE DEINES WINTERMANTELS VERKRIECHE, DAMIT MEIN SEITENWECHSEL VON NIEMANDEM BEMERKT WIRD. MACH ALSO DIE ZWEI KNOEPFE UNTERHALB DES OBERSTEN AUF, DAMIT ICH BEQUEM EINSTEIGEN KANN. UND SEI STILL, WIR HABEN NOCH EIN GANZES STUECK ZU FAHREN. WENN ER« – UND DAS HAARAUGENTIER, ODER WIE SOLL ICH ES NENNEN?, NICKT HINUEBER ZU SEINEM VERLASSENEN HERRN – »NICHT MEIN HERR«, SAGT ES, MEINE GEDANKEN LESEND, »MEIN VEHIKEL – MEIN VER-SCHWINDEN BEMERKT, MACHT ER EIN ENTSETZLICHES GESCHREI, DENN ICH BIN AEUSSERST WERTVOLL, DU WIRST SCHNELL BEMERKEN WIE.« UND WEIL IN DIESEM MOMENT SEIN »VEHIKEL« DIE AUGEN UEBER DEN RAND DER ZEI-TUNG HEBT, HUSCHT DAS HAARAUGENTIER IN MEINEN MANTEL HINEIN UND BLEIBT REGLOS. ICH SCHAUE DESINTERESSIERT AUS DEM FENSTER, NACHDEM ICH MICH VERGEWISSERT HABE, DASS NIEMAND DAS GERINGSTE BEMERKT HAT. ICH BIN STOLZ AUF MEIN POKERFACE, ABER AUCH AUF MEINE VOELLIGE GELASSENHEIT, MIT DER ICH

S   DIESEN GEFAEHRTEN IN MEINE HUELLEN UND DAMIT IN MEIN LEBEN LASSE. ES MUSS SICH WOHL UM GEWISSHEIT HANDELN, WAS MIR JETZT UN-TERM KRAGEN SITZT UND NACH EINEM KURZAUFENTHALT UNTER MEINER ARMBEUGE IN RICHTUNG BRUST RUTSCHT. »GEWISS, GEWISS«, MURMLE ICH VOR MICH HIN UND AUS DER HERZGEGEND TOENT DAS ECHO, »JA GEWISS, WAS HAST DU GEGLAUBT? GEWISS IST MEIN NAME UND WAS IMMER DU WILLST.« ABER DA FAEHRT DER ZUG IN EINE STATION UND DAS TIER IN MIR ZWICKT, BEISST ODER ZERRT PLOETZLICH DERART, DASS ICH UM NICHT LOSZUSCHREIEN UND MICH DAMIT ZU VERRATEN AUFSPRINGEN MUSS UND

E   MICH SCHUETTELN UND EIN PAAR SCHRITTE VORWAERTS HUEPFEN UND EIN PAAR ZURUECK. IM GEDRAENGE DES EIN- UND AUSSTEIGENS FAELLT DAS NIEMANDEM WEITER AUF. SCHLIESSLICH SETZE ICH MICH WIEDER HIN, ALS WAERE NICHTS GEWESEN. UND DAS HAARAUGENTIER? IST ES WEG? ES HOCKT GEWISS

S   NOCH UNTER MEINEM KRAGEN UND GLEICH SPUERE ICH ES AN MEIN OHR KRIECHEN, IN DAS ES WUETEND PFAUCHT: »DU HAST NICHTS BEGRIFFEN, DUMBES TRAEGERTIER, ICH HABE GEGLAUBT, WIR SIND PARTNER. GERADE HAETTE ICH DIR GEGELEGENHEIT GEGEBEN, DICH FUER EIN ZIEL ZU ENTSCHEIDEN, ABER DU HAST NICHTS BESSERES ZU TUN ALS ZU SITZEN UND ZU WARTEN, BIS ETWAS GESCHIEHT.
ICH WERDE DIR GLEICH ZEIGEN, WAS PASSIEREN WIRD!« UND MIT EINEM SATZ SPRINGT DAS HAARAUGENTIER MIT DEM NAMEN GEWISS VOM ABSATZ MEINES KRAGENS DIREKT IN MEINEM SCHOSS. SICHTBAR FUER JEDEN. SCHNELL VERSUCHE ICH ES AUFZUFANGEN, DOCH SEIN BLICK GEBIETET MIR RUHIG ZU BLEIBEN. GEWISS KANN BEFEHLEN, DAS IST KLAR, ABER ICH WILL UEBERHAUPT

E   NICHTS VON BEFEHLEN HOEREN. »BEFIEHL MIR NICHT!« SAGE ICH LAUT, UND GEWISS KONTERT, EBENSO LAUT: »WER SO BLOED IST, EINE SOLCHE GELEGENHEIT NICHT ZU ERGREIFEN, DEM IST NICHT ZU HELFEN. GEWISSHEIT WIRD JEMAND SO LAHMER UND UNENTSCHLOSSENER WIE DU NIE ERREICHEN! EINE SO ENTSETZLICH LAHME ENTE« – GEHT DAS GESCHNATTER WEITER, UND ALLE LEUTE SCHAUEN SCHON. DA SCHAUE AUCH ICH UND SEHE, DASS ICH ALLEIN LAUT SPRECHE, WAEHREND DIE SCHNATTERNDE STIMME LEISER WIRD UND IN DEN NAECHSTEN WAGGON VERSCHWINDET, ABER ICH SEHE NIRGENDS HAAR ODER AUGEN. »GEWISS!« RUFE ICH. »GEWISS DOCH!« UND DER

S   GRIFF IN MEINEN MANTEL GIBT MIR DIE LETZTE GEWISSHEIT, DIE ES NOCH GIBT, DASS SIE MICH NAEMLICH VERLASSEN HAT, DASS MEINE CHANCE WEGGELAUFEN UND WAHRSCHEINLICH AUF DER SUCHE NACH EINEM NEUEN TRAEGER IST.
NUN GUT. ICH BESCHLIESSE ERST MAL NACHDENKEN ZU WOLLEN UND MICH VOR ALLEM DEN BLICKEN DER MITREISENDEN ZU ENTZIEHEN, DIE MEINEN MONOLOG WOHL IN DIE KATEGORIE VERRUECKT, VERWORREN, VERSCHLAFEN, GEORDNET HABEN UND NUN NOCH AUF DEN BEWEIS IHRER VERMUTUNGEN WARTEN. ICH STEIGE NAECHSTE STATION AUS, ZIEHE MIR EINE DOSE FRUCHTSAFT AUS DEM AUTOMATEN UND UEBERLEGE IN RUHE. ICH STEHE AUF, NICHT OHNE EINEN BLICK ZURUECK AUF MEINE SITZSTELLE ZU WERFEN, NUR UM SICHER ZU SEIN, DASS MEIN RATGEBER NICHT DORT VERBLIEBEN IST UND ALS DER ZUG STOPPT, DIE TUEREN AUTOMATISCH SICH OEFFNEN,

E ICH ALSO AUSZUSTEIGEN BEREIT BIN UND BEREITS EINEN SCHRITT VOR DIE TUER SETZE, DA BEGINNT DER BUEROANGESTELLTE, DAS »VEHIKEL«, LAUTHAUS ZU KREISCHEN. »HALTET SIE!« SCHREIT ER. »HALTET SIE ZURUECK!« UND SEINE STIMME UEBERSCHLAEGT SICH, UND SCHON PACKEN MICH ARME. »DIEBIN«, KREISCHT ER FORT, »ELENDE HINTERLISTIGE DIEBIN MEINER GEWISS-«. UND ER VERSCHLUCKT SICH, »GEWISS-!!« ROEHRT ER. »GEWISSHEIT!« ICH STEHE WIE GEBANNT, EINEN FUSS VOR DEM ZUG, EINEN NOCH DRINNEN. HAETTE MICH NIEMAND GEPACKT, SEINE STIMME HAETTE ES GETAN UND MICH ARRETIERT. NIE HABE ICH EINEN SO KREISCHENDEN JAMMER GEHOERT. »GEWISS!« RUFE ICH, NUR UM MEINER LAEHMUNG UND SEINEM GEPLAERR ETWAS ENTGEGENZUSETZEN, »GEWISS«

S UND MIR SCHEINT, ES ZWICKT MICH WAS INS HINTERTEIL, ICH KANN MICH NICHT HALTEN, STUERZE AUS DEM ZUG, DIE TUEREN SCHLIESSEN SICH UND »VEHIKEL« VERBLEIBT IN SEINEM UNTERGRUNDGEFAEHRT, WAEHREND ICH MIR AN DEN VERLAENGERTEN RUECKEN GREIFE UND »AU« BEISST MICH WAS IN DEN FINGER, ICH REISSE MEINE HAND AN MICH UND DARAN HAENGT GEWISS!!!
»WIE DAS?« SCHREIE ICH. »WIE NICHT?« SCHREIT ES, ER ODER SIE. KURZENTSCHLOSSEN, NOCH HABE ICH DIE SCHREIE DES BUEROMANNES IM OHR, STOPFE ICH DAS LAESTIGE NICHT LOSZUWERDENDE UND HEFTIG PROTESTIERENDE TIER IN MEINEN LEDERRUCKSACK UND STAPFE DIE TREPPEN HINAUF, WIE ICH ES IN DEN VIELEN FORTSETZUNGSFERNSEHSERIEN GESEHEN HABE, UM MEINEM VERFOLGER ZU ENTKOMMEN. DIE FEUCHTEN STEINSTUFEN HINAUF, DURCHS DREHKREUZ GEZWAENGT, IMMER BRAV HINTEREINANDER UND DA LEUCHTET MIR SCHON DAS HELLE VIERECK DER OBERWELT, FEUERWEHRSIRENEN ÜBERDROEHNEN JETZT DAS INNERE GETOESE UND ALS

E WAERE ES NICHT PURE EINBILDUNG, DASS MICH JEMAND VERFOLGT, SPRINGE ICH DIE LETZTEN STUFEN ZUM AUSGANG HINAUF UND WIESLE HINEIN INS MENSCHENGEWUEHL, NUR WEITER, DENKE ICH. WEITER. DER ALLGEMEINE STADTLAERM UEBERTOENT DAS GEPLAERR, DAS AUS MEINEM RUCKSACK OHNE UNTERLASS DROEHNT, HERAUS, SCHREIT. »GEWISS, SEI BLOSS STILL!«, DROHE ICH, ABER GEWISS FUEHRT SICH, AUCH WENN ER SIE ES NICHTS IST ALS EINE STIMME, AUF WIE DER GROSSE TYCOON, WIE EIN FREUND, DEN ICH EINMAL HATTE UND WEGEN DES TERRORS, DEN ER STAENDIG WEGEN ALLEM MACHTE, ZURUECKLIESS. ES WAR NICHT ANDY, ODER? ICH WEISS ES NICHT MEHR. ICH SEH ZURUECK UEBER DIE SCHULTER, OB NIEMAND HINTER MIR HER IST, ICH SCHMETTERE LAUT EINEN SCHLAGER, DAMIT MEINE ZWEITSTIMME IM RUCKSACK NICHT AUFFAELLT, UND RUTSCHE, ALS ICH NIEMAND BEMERKE, FLINK IN EIN RESTAURANT, DAS NACH PIZZA RIECHT UND NACH THYMIAN. ICH BIN HUNGRIG, FURCHTBAR HUNGRIG, UND GEWISS SCHREIT: »BAEHHH!

WAEHHH!!! ESSEN!« DA SEHE ICH »VEHIKEL« AM TISCH DIREKT NEBEN DEM EIN-
GANG SITZEN. ER HAT MICH NOCH NICHT GESEHEN, UND ICH SCHAUE

S   SCHNELL UEBER MEINE SCHULTERN, UM MICH ZU VERGEWISSERN, DASS
DAS DING IN MEINEM RUECKEN SCHWEIGT, ALS ICH SEIN, IHR FLUESTERN VER-
NEHME. »NEIN, NICHT, SETZ DICH NICHT ZU DEINEM VERFOLGER. ER WILL MICH
SICHER WIEDER ZURUECKHABEN, DAS MOECHTEST DU DOCH AUF GAR KEI-
NEN FALL ODER?« DIESEN INSTAENDIGEN TON, DER MIR NEU IST AN GEWISS,
DEN DIE ICH AB NUN BESCHLOSSEN HABE, LUDWIGE ZU NENNEN, ALSO EIN-
DEUTIG ZU WEIBLICHEN, DIESER NEUE TON GIBT MIR DIE IDEE, ES DOCH GE-
RADEWEGS HERAUSZUFORDERN, LUDWIGE WIEDER LOSZUWERDEN UND
DASS ES MIR DOCH EIGENTLICH BESSER GEFIELE UNENTSCHLOSSEN, ABER AL-
LEIN ZU SEIN. ALSO BESTELLE ICH KUEHN DAS PIZZASTUECK UND WENDE MICH
DEM TISCH DES »VEHIKELS« ZU. »IST NOCH FREI?« FRAGE ICH UND »VEHIKEL«
SIEHT NICHT AUF VON SEINER KAESETRIEFENDEN JAUSE, MURMELT, UND ICH
SETZE MICH HIN. VERWUNDERT ERSTENS, DASS ER MICH NICHT ERKENNT
ODER SICH NICHT AN MICH ERINNERN WILL UND NOCH MEHR ERSTAUNT UE-
BER DIE TATSACHE, DASS LUDWIGE SCHWEIGT. DAFÜR HOERE ICH NUN DIE
STIMME DES ESSENSVERTEILERS DURCHS MIKROPHON: »PIZZA, EXTRASCHARF,
DUENNE KRUSTE, KEINEN SCHINKEN«. DAS IST, MEINE UND ICH STEHE WIEDER
AUF, LASSE SOGAR MUTIG UND LEICHTSINNIG MEINEN RUCKSACK AUF DEM
PLASTIKSTUHL ZURÜCK, WAEHREND ICH DIE PAAR SCHRITTE ZUR THEKE LAU-
FE, DOCH

E   »VEHIKEL« SCHERT SICH NICHT UM MEINE AN- ODER ABWESENHEIT. IN
SICH VERSUNKEN STOCHERT ER IN SEINEM ESSEN HERUM, ALS WAERE ES EINE
LEBENSWICHTIGE ENTSCHEIDUNG, WELCHES DER BROECKCHEN ER ALS NA-
ECHSTES AUF SEINE GABEL LAEDT. AUS DEM RUCKSACK KEIN TON. KEIN WORT
VON HUNGER. KEIN BAEEHH UND WAEHHH. IRRITIERT SETZE ICH MICH MIT
MEINER EXTRASCHARFEN PIZZA UND KAUE UND WARTE. STIMMENGEMUR-
MEL VON DEN TISCHEN RUNDHERUM. BESTECKKLAPPERN. WIR EINE LAUTLO-
SE INSEL IM GETRIEBE. PLOETZLICH FAENGT SICH DER RUCKSACK AN ZU BEU-
LEN. HIER. DA. LUDWIGE TOBT DRIN HERUM. ICH TUE NICHTS. ICH KAUE. »VE-
HIKEL« STELLT SICH BLIND, OBWOHL DIE AUSBUCHTUNGEN IMMER EINMAL
WIEDER UEBER SEINEN TELLERRAND RAGEN. IHR BLOEDEN MENSCHEN, FA-
ENGT LUDWIGE ENDLICH ZU ZETERN AN. »IHR BLOEDEN BLOEDEN –« SIE VER-
SCHLUCKT SICH VOR WUT. »LASST MICH SOFORT HIER RAUS UND IN DIE FREI-
HEIT! ICH WILL ZU INTELLIGENTEN LEUTEN GEHEN! ZU LEUTEN DIE WAS AN-
ZUFANGEN WISSEN MIT MIR, IHRER GEWISSHEIT! IST JA SCHLIESSLICH DAS
WICHTIGSTE WAS LEUTE IMMER HABEN WOLLEN, GEWISSHEIT! NUR ICH
MUSS DIE ZWEI IDIOTISCHESTEN LEUTE UNTER DEM MOND ERWISCHEN, DIE
NICHTS KAPIEREN! KEINE AHNUNG WIE KOSTBAR GEWISSHEIT IST! KEINE AH-

NUNG VON SICHERHEIT! KEINE AHNUNG VON GARNICHTS.« ICH WILL MICH
VERDRÜCKEN, DA KOMMT

S   SCHON DER MANN HINTER SEINER THEKE HERVOR. »MEINE DAME, ICH
HÖRE SIE SIND UNZUFRIEDEN MIT UNSERER BEDIENUNG. MOECHTEN SIE DEN
GESCHAEFTSFUEHRER SPRECHEN? ICH BIN ES SELBST.«
ICH SCHLUCKE UND AUS DEM RUCKSACK TOENT ES WEITERHIN: »IHR IGNO-
RANTEN, IHR NICHTSWISSER, IHR ALLESFRESSER« UND ICH BIN SCHON BEMU-
EHT, MEINE LIPPEN DEN WORTEN NACH ZU FORMEN, DAMIT ICH NICHT GANZ
BLOED DASITZE, ABER DIESE AUSDRUECKE SIND NICHT FUER EINEN PIZZA-
MACHER BESTIMMT. ER VERSTEHT SIE AUCH ERST GARNICHT, BLICKT NACH
LINKS UND RECHTS, DAS IST FREMDSPRACHE FÜR IHN, ER ZUCKT SCHLIESS-
LICH MIT DEN SCHULTERN UND ZIEHT SICH SCHNELL HINTER SEINEN OFEN ZU-
RUECK. UND ICH KANN NICHTS ANDERES MEHR DENKEN, ALS RAUS HIER, SO
SCHNELL ES GEHT, WILLIG MEINEN RUCKSACK MIT ALLEM HINTER MIR ZU LAS-
SEN, ICH WILL LUDWIGE UND IHRE LAESTIGEN EINWUERFE, IHR EINDRINGLI-
CHES VERHALTEN ENDLICH LOSWERDEN, ICH WILL NICHT DOPPELT UND GE-
BROCHEN REDEN MUESSEN, ALSO DREHE ICH MICH UM UND GEHE UND NA-
TUERLICH HAT ES DER GESCHAEFTSFUEHRER GESEHEN UND ALLE ANDEREN
GAESTE, SOGAR »VEHIKEL« ERHEBT SICH, BLICKT MICH AN UND BRINGT MIR
DEN RUCKSACK, DESSEN BEWEGUNGEN AUFWALLEN UND VEREBBEN, WIE DER
LAERM, DER AUS IHM QUILLT. »BITTE SEHR« GRINST »VEHIKEL«, »UEBERGABE
GELUNGEN. GEBEN SIE NICHT ZU FRUEH AUF. ES WIRD SICH NOCH LOHNEN,
VIEL GLUECK.«
ICH REISSE DAS DING AN MICH UND VERWECHSLE DIE GLASFRONT MIT DER
TÜRE, STOSSE DAGEGEN, FANGE MICH UND »VEHIKEL« HAELT MIR SOGAR DIE
RICHTIGE AUF. »SCHOENEN TAG NOCH« UND DA DRAUSSEN QUAKT ES MICH
WIEDER AN. »LASS MICH RAUS« »LASS MICH RAUS«, »DU HAST MICH NOCH
NICHT EINMAL GEFRAGT, WAS ICH FÜR DICH TUN KANN, ICH KOENNTE DIR

E   EINE FABRIK VERSCHAFFEN, EINE CHEMIEFABRIK, WILLST DU? ODER EIN
KLON-UNTERNEHMEN, DU KOENNTEST MICH DANN VERVIELFAELTIGEN UND
DIE KOPIEN TEUER AN SICHERHEITSFANATIKER VERKAUFEN. MAGST DU? ODER
EINE KOSMETIKFIRMA MIT PRODUKTEN FUER DEN SELBSTBEWUSSTEN MANN?
WAERS DAS? WAS WILLST DU HABEN? EINE PERLENFISCHEREI AM PAZIFIK? AL-
LERDINGS GIBT ES EINEN HAKEN. DU KANNST DAS ALLES NUR SEKUNDAER HA-
BEN. DU BEKOMMST EINEN EHEMANN. GUT? DER IST SO GUT WIE ICH.« »VER-
SCHWINDE! ZISCHE ICH. VERTROLL DICH BLOSS SAMT CHEMIEFABRIKEN UND
EHEMANNERN! LASS DICH NIE MEHR

S   IN MEINER NAEHE BLICKEN!« UND ICH STELLE LUDWIGE AUF DIE STRAS-
SE NEBEN MIR, SCHICKE MICH GERADE AN ZU GEHEN, ALS SIE NOCHMAL AN-

HEBT: »NEIN, NEIN, NICHT ALLEIN, ICH KANN NICHT ALLEIN, HAST DU NICHT
VERSTANDEN, DASS ICH NUR EXISTIEREN KANN MIT EINEM MENSCHLICHEN
VEHIKEL? OHNE GEGENPART BIN ICH VERLOREN. NICHT EINMAL SPRECHEN
KANN ICH«, UND WIRKLICH, JE WEITER ICH MICH ENTFERNE, DESTO SCHWAE-
CHER WIRD DIE LAESTIGE STIMME, SOGAR ARTIKULATIONEN LOESEN SICH
AUF, ICH VERMEINE NOCH »INTERAGTUEV« ZU HOEREN, ALS ICH PLOETZLICH
VON DER ANDEREN STRASSENSEITE LAUTE RUFE HOERE. »HEY SIE, FRAU, SIE
HABEN IHRE POLLYPUPPE VERLOREN! HALLO, IHRE POLLYPUPPE!« UND EINE
MUTTER MIT ZWEI KLEINEN KINDERN DEUTET AUFGEREGT IMMER WIEDER
AUF GEWISS, DIE NUN SCHON ZIEMLICH ZERKNIRSCHT AN DER STRASSENECKE
VERBLIEBEN IST.
»IHRE POLLYPUPPE!«, WAEHREND DIE ZWEI KINDER, ZWEI MAEDCHEN GLAU-
BE ICH, SIE IMMER WIEDER UNTERBRECHEN: »MAMMA, ICH WILL AUCH SO

E   EINE DOLL HABEN! GENAU SO EINE DOLLYPOLLY WILL ICH, MAMMA!«,
RUFT DIE EINE, ABER DIE ANDERE HOERE ICH DANN FORDERN: »MAMMA, ICH
WILL AUCH SO SCHNELL LAUFEN WIE DIE FRAU DORT! ICH WILL AUCH SO LAN-
GE BEINE HABEN, WENN ICH GROSS BIN!« DIE RUFE DER MUTTER VEREBBEN,
ALS ICH IN DEN U-BAHN-SCHACHT EINTAUCHE, UM MICH ENDGUELTIG AUS
DEM STAUB ZU MACHEN UND GEWISS ANDERN LEUTEN UND ANDERN GEWISS-
HEITEN ZU HINTERLASSEN. ERLEICHTERT WARTE ICH AUF DIE U-BAHN. DA
TAUCHEN AM BAHNSTEIG GEGENUEBER MUTTER UND MAEDCHEN AUF, AUF-
GEREGT REDEND UND ARGUMENTIEREND. EINS DER BEIDEN MAEDCHEN HA-
ELT DIE SICH STRAEUBENDE GEWISS FEST AM HAARSCHOPF, UND ICH HOERE
GEWISS' QUAEKENDE STIMME: AU! AU BLOEDE GANS! DU TUST MIR WEH! UND
GEWISS ZAPPELT UND TOBT UND WEHRT SICH FUERCHTERLICH. ABER PLO-
ETZLICH BEMERKT SIE MICH, UND SIE SCHREIT SO GEQUAELT AUF, DASS ES MIR
FAST DAS HERZ ZERREISST. SIE RUFT NICHT MEINEN NAMEN, SIE RUFT NICHT
NACH MIR, SIE SCHREIT NUR DIE QUAL IHRER TRENNUNG VON MIR HINAUS,
UND IHRE SCHREIE HALLEN DURCH DIE TUNNELS UND SCHAECHTE, ES IST, ALS
WAERE DIE GANZE WELT NUR NOCH IHR SCHREI. DIE MAEDCHEN SIND GANZ
ERSCHROCKEN, LASSEN SIE LOS. DA FAEHRT GEGENUEBER DER ZUG EIN, UND
ICH SEHE, WIE GEWISS SICH AUF DIE GLEISE STUERZT. NEIN, GEWISS, SCHREIE
ICH, NEIN, NICHT! UND ICH DENKE, IST GEWISSHEIT WIRKLICH ETWAS SO
SCHLIMMES, DASS SIE DEN TOD VERDIENT? DASS SIE

S   DIE MENSCHEN BRAUCHT, UM ZU UEBERLEBEN UND ZWAR ERWACHSE-
NE, DASS ES VIELLEICHT VIELMEHR SO IST, DASS SIE UNS SUCHT UND WIR
NICHT ANDERS KOENNEN ALS SIE VON IHRER QUAL ZU ERLOESEN? BRRRHHHH!
ICH SCHUETTELE MICH VOR ABSCHEU, IRGENDWIE ZURECHTGERUECKT FUER
EIN PAAR SEKUNDEN, WÄHREND NUR DER LAERM DES EINFAHRENDEN ZUGES
ZU VERNEHMEN IST UND GEWISS NICHT ZU SEHEN. WO ALSO? DER GEGEN-

ZUG SETZT SICH KREISCHEND WIEDER IN BEWEGUNG UND ICH BLICKE ER-
SCHROCKEN AUF DIE LEEREN GELEISE, EIN GEMISCH AUS FELLFETZEN UND
PLASTIK- ODER GAR FLEISCHIMITATSRESTEN ERWARTEND ZU SEHEN, ABER
DA IST NICHTS. KEINE SPUR, KEIN REST, KEIN ZEICHEN, KEIN GERAEUSCH, NUR
PLOETZLICH EIGENARTIG EIN SCHABEN AN MEINEM SCHUH, EIN LEICHTER
ZITTRIGES ZERREN. ICH BLICKE AN MIR HINUNTER UND BLICKE IN DIE KUGEL-
RUNDEN SCHWARZEN AUGEN UND DIESES MAL KANN ICH NICHT ANDERS ALS

E   ZU SEUFZEN, DURCHAUS ERLEICHTERT, UND ZU SAGEN: »GUT. BLEIB.«
GEWISS SEUFZT AUCH, TIEF, FROH, UND SO GERUEHRT, DASS IHR DIE TRAE-
NEN AUS DEN AUGEN ZU ROLLEN BEGINNEN. SIE SCHLUCHZT. ICH FANGE AUCH
AN ZU WEINEN. WIR SEHEN UNS AN WIE ZWEI LIEBENDE. DAS RUEHRT UNS
BEIDE NOCH MEHR ZU TRAENEN.
WIR SCHLUCHZEN UND HEULEN, ES SCHUETTELT UNS NUR SO. ICH KANN VOR
LAUTER TRAENEN NICHTS MEHR SEHEN, ICH BIN NICHT SICHER, OB ES NUR
DIE RUEHRUNG IST ODER AUCH DAS SELBSTMITLEID, DASS ICH MICH NICHT
RETTEN KONNTE VOR GEWISS. ALS ICH MIR NACH EINER GANZEN ZEIT END-
LICH DIE AUGEN TROCKNE UND NACH UNTEN SCHAUE, SEHE ICH GEWISS
NICHT. DORT WO SIE WAR, IST EINE GROSSE RUNDE PFUETZE, AN DEREN RAND
SICH EINE KLEINE SALZKRUSTE BILDET. JETZT HAT SICH GEWISS VOR RUEH-
RUNG ZUTODE GEWEINT UND SICH IN EINER TRAENENLACKE AUFGELOEST.
DAS, FINDE ICH, IST DIE BESTE LOESUNG FUER UNS BEIDE, UND ICH SPRINGE
BESCHWINGT IN DEN EINFAHRENDEN ZUG, DER RICHTUNG OSTEN AUF DEN
SEE ZUFAEHRT. ALS ER AUS DEM TUNNEL AN DIE OBERFLAECHE KOMMT, SEHE
ICH

S   PLAKATE NEBEN DER BAHNTRASSE, DIE FUER ZIGARETTEN, ALKOHOL
UND RADIOS WERBEN. ICH BEACHTE SIE KAUM. UND ALS DER ZUG ANHAELT
UND ICH AUF DIE SEEPROMENADE HINAUSSCHLENDERN WILL, DIE GUT VER-
SORGT MIT KLEINEN RESTAURANTS UND SOGAR GESCHAEFTEN IST, FAELLT
MIR VON WEITEM EINE LANGE MENSCHENSCHLANGE AUF, DIE VOR EINEM EIN-
GANG ZU WARTEN SCHEINT UND DAVOR, UEBER DIE GANZE FASSADE DES GE-
SCHAEFTES GESPANNT, ICH GLAUBE MEINEN AUGEN NICHT ZU TRAUEN, EINE
FOTOREPRODUKTION, PORTRAET VON GEWISS, UEBERLEBENS-, JA DINOSAU-
RIERGROSS, MIT ETWAS GEFAERBTEM HAAR, EIN LEICHTER ROSATON, UND
AUCH DIE WEICHE OHRENINNENSEITE ANDERSFAERBIG, KANARIENGELB, ABER
SONST IST ALLES GLEICH, ICH BIN SICHER, DASS SIE ES IST, GEWISS UND ICH
STEUERE AUF DIE WARTENDEN ZU, TUE SO, ALS OB ICH NUR VORBEIGEHEN
WOLLTE UND FRAGE BEILAEUFIG: »WAS GIBT'S DENN HIER ZU HOLEN? ZAHLT
ES SICH AUS, DAS ANSTEHEN?«
UND EINE AELTERE FRAU ANTWORTET MIR: »OH JA, DOCH, IN EINER STUNDE
KOMMT DIE NEUE LIEFERUNG. MEINE ZWEI ENKELKINDER, NICHTS WUEN-

SCHEN SIE SICH MEHR. ABER SIE SIND AUSVERKAUFT, ÜBERALL, NUR GESTERN
HABE ICH DANN ERFAHREN, WISSEN SIE, ES GIBT ZAEHLKARTEN, ES IST JETZT
SCHON KLAR, WER VON ALL DIESEN EINS BEKOMMEN WIRD.«

»JA WAS«, FRAGE ICH, UNGEDULDIG GEWORDEN. »WAS KRIEGEN SIE?«

»IST ES MOEGLICH?« WUNDERT SICH DIE FRAU. »HABEN SIE KEINE KINDER?«
ICH SCHUETTLE DEN KOPF.

»NA JA, DANN.« UND SIE FAEHRT FORT, »FURBY, MAN NENNT SIE FURBY UND
ALLE WOLLEN EINS, ZWOELFTAUSEND ANRUFE GEHEN EIN PRO TAG, ANFRA-
GEN, WEIL JEDER ES VOR WEIHNACHTEN NOCH SCHAFFEN WILL.«

»ABER«, SAGT SIE DANN, ALS ICH MICH WUNDERN WILL. »ES GIBT NOCH EINEN
WEG. EINEN ALLERLETZTEN, EINEN TEUREN.«

»JA?«

»WER FURBY HABEN WILL, GEHT ZU EINER AUKTION.«

UND JETZT FLUESTERT DIE FRAU: »WENN SIE UNBEDINGT WOLLEN, ICH
KOENNTE IHNEN VERRATEN …«

UND PLOETZLICH WILL ICH WISSEN, WAS DIESER ZIRKUS UM GEWISS IST, DASS
MIT EINEM MAL ALLE, KINDER, GROSSE LEUTE WIE VERRUECKT GEWORDEN
SIND ODER HABE ICH DIE GANZE SACHE NICHT RICHTIG VERSTANDEN?

ICH BESCHLIESSE MICH ZUALLERLETZTENDLICH ZU VERGEWISSERN UND MIT
DIESEM WISSEN UM DIE ANDEREN MEINE UNANGENEHME GESCHICHTE LOS-
ZUWERDEN …

»OH JA.« SAGE ICH. »ICH HABE DA EINE NICHTE. DIE KOENNTE VIELLEICHT.«

»SEHEN SIE«, MEINT DIE FRAU.

»DIE ADRESSE IST: HTTP://AUCTIONS. COM/25897-CATEGORY-LEAF.HTML«
ICH VERABSCHIEDE MICH HASTIG UND GEHE NACH HAUSE. SCHALTE DEN COM-
PUTER EIN, STARRE AUF DEN BILDSCHIRM.

Briefwechsel mit Elfriede Czurda

Liebe Sabine,

als wir beide in den USA. waren, haben wir doppelt profitiert von den Errungenschaften der elektronischen Streckenverkürzung: Wir hielten engeren Kontakt als früher, wo wir oft viel ortsnäher waren, und wir konnten schließlich sogar per E-Mail einen Text entwickeln, der immer mehr an spielerischer Verve gewann. Ich habe im Lauf der Zeit immer wieder den Wunsch gehabt, mit anderen zusammen etwas zu schreiben.

Es ist manchmal geglückt – z. B. mit Jochen Schütze in dem kleinen Text »List. Eine Leistung«, in dem prozessual sowohl das Konzept wie auch jeder einzelne Schritt, d. h. Satz für Satz, Wort für Wort einem vorangehenden Diskurs kompromisslos abgerungen sind.

Wir beide haben gemeinsam an »Absolut Homer« mitgearbeitet, dessen Realisierung als Buch für mich immer noch einem kleinen Mirakel gleichkommt, obwohl sich doch einige Texte nicht an die Rahmenbedingungen gehalten haben. Dabei war die theoretische Durchdringung des Texts, für die Walter Grond anregend gesorgt und mit der er versucht hat, so etwas wie einen gemeinsamen Denkraum zu bauen, für mich ein außerordentlich interessantes Experimentierfeld – und es war mir ziemlich unbegreiflich, warum sich einige – vorwiegend männliche – Autoren solche unproduktive Mühe machten, sich ausdrücklich »dagegen« zu stellen (»Originalität«). Es hätte doch der Versuch sein können, innerhalb des theoretischen Raums die ganz verschiedenen Stimmen zu hören, also hierarchische Ordnungen außen vor zu lassen.

Mit unserem kleinen Text »Gewiss« haben wir eine für mich (ich glaube, auch für Dich) neue Produktionsstrecke, die E-Mail, benutzt, die die spontane Äußerung begünstigt. Dass wir von vornherein verzichtet haben, irgendeinen Rahmen zu setzen, war eine prekäre Anfangsbedingung. Die Übergabe des Texts an die andere mit einem unfertigen Satz bildete das durchaus raffinierte Scharnier.

Liebe Elfriede,

jetzt sind es zwar nur mehr fünf S-Bahn-Stationen, dennoch fühle ich mich getrennt von dem, was mich hier umgibt, während in Chicago das Gefühl, vom Deutschsprachigen getrennt zu sein, eine interessante Distanz herstellte, in der eine Bearbeitung amerikanischer Kulturbruchstücke, wie es unser Text »Gewiss« war, tatsächlich Sinn machte. Und meine räumliche Trennung von der Muttersprache war mit ein Grund, warum E-Mail und das Netz damals, vor vielen Jahren also schon, ins Schreiben oder in den Umgang mit dem Geschriebenen Eingang gefunden hat. Und unser erstes Hin und Her zwischen Illinois und Ohio hatte mir das Fetzige am Textschreiben über E-Mails erst sichtbar gemacht. Dieser Unterschied zum »normalen« Schreiben hat auch mit dem anderen Zeitmaß zu tun. Man empfängt die Mails eher wie Telefonate, also nicht abgehoben vom Schreiballtag, oder hebt man sich Mails jemals auf wie Briefe? Also reagiert man schneller, vielleicht beiläufiger, aber das ist eine Qualität oder eben keine, die mir daran gefällt. Später, als ich nach der Geburt meines Sohnes ganz wenig Zeit zum Schreiben hatte und ich aber an meinem Roman *Biss und Holler* weiterarbeiten wollte, habe ich diese Idee wieder aufgenommen und einen E-Mail-Briefwechsel der zwei Hauptpersonen fingiert. Ich habe mir immer wieder eine Mail ausgedacht, während ich mit dem Baby beschäftigt war und sie dann schnell »abgeschickt«, als es wieder schlief. Wenn man sich die Partner erfindet, funktioniert so ein Zusammenspiel natürlich einfacher, es stimmt schon, dass jemand die Struktur stellen muss, bzw. dass man die Struktur einander abringen muss. Aber dazu gehört auch, dass einer ein gewisses Maß an Autor-ität abgibt, das war das Problem beim Projekt Grond. Manche wollten sie ihm nicht geben.

Liebe Sabine,
»... die E-Mail benutzt, die wie ein unmittelbares Gespräch wirkt, das über ganz andere Vektoren verläuft« – hätte der Satz gelautet, hätte ich nicht unter dem Zeitdruck doch noch vergessen ihn fertigzuschreiben – die E-Mail, die das Reden verlangsamt, das Schreiben beschleunigt. Außerdem schreibe ich an ein präsentes Gegenüber, das jedenfalls einen Fokus bildet, der den zu schreibenden Text beeinflusst – man redet ja mit jedem Menschen anders, redet über anderes. Wenn ich an einem Buchtext arbeite, bin *ich* (nicht ein fiktives Publikum) der erste Adressat. Mich – niemanden sonst – muss der entstehende Text überzeugen. Wenn der Text sich an eine konkrete Zielperson richtet, die nicht ich bin, wird er sich von vornherein offener artikulieren, wird auf keinen Fall hermetisch sein. Die formale oder semantische Abweichung, die Besonderheit des Texts, fällt der Geläufigkeit zum Opfer, der Eile des Mediums und der Erwartung der E-Mail-Adressatin auf umgehende Antwort. Eigentlich ein Medium für *Best*-Seller, jene perfekt mittelwertige Textsorte, die zugunsten einer Art minimaleren Konsenses auf die differentielleren Bereiche der Wissens- und der Bewusstseins-Pyramide verzichtet. (→ Du erinnerst Dich an die aus der Überlagerung von möglichst vielen Porträtfotos gewonnenen *schönsten* Menschenbilder.)

Das Netz ist jedenfalls keine neue Enzyklopädie, kein neues Lexikon, in dem meine auf andere durchgearbeitete, zuverlässige Information stößt; es transportiert gleich gültig alles. Dieses Alles prägt vielleicht die netzspezifische Kommunikation. Ich fetze etwas hin, das eine Viertelstunde später für immer in den Infinitesimalen des Netzes verschollen ist. Die Spuren, die es hinterlässt, bleiben, wenn schon, in der Maschine. In mein Gedächtnis treten sie erst gar nicht ein. Die Flüchtigkeit des Mediums lockt mich, sie will mich zur Flüchtigkeit des Texts verführen. Ich soll mich aus der faden Sequenz Subjekt-Prädikat-Objekt lösen und endlich, wie das Netz, in einem Augenblick alles auf einmal sagen.

Liebe Elfriede,
Wow! Besser lässt es sich kaum formulieren. Thema E-Mail erledigt, tot. Aus dieser Negativabfertigung schälst Du aber so etwas wie eine Beschreibung des »richtigen«, hermetischen Textes, wo ich mir selbst mein Gegenüber bin.

Ich und mein Text, wir sind nicht flüchtig, dachte ich, während ich schon die Treppe hinunter in Richtung S-Bahn lief. Dann aber im Begegnen und Erspüren von Menschen, Blättern, Gerüchen, Lichteinbrüchen usf. zerfiel das Konzentrat. Draußen ging es weder langsam noch schnell zu, aber alles war bewegt und ich überlegte, wie man mit so einem »guten« Text schließlich weiterverfährt, nachdem die Wahrnehmungsstücke gefiltert, durchs Bewusstsein geschleust, in Form gebracht wurden. Irgendwo muss doch die Kommunikation wieder einsetzen, Lektoren, Verlage, Leser, mit einem Wort, der ganze schwerfällige Veröffentlichungsapparat, den der Text dann durchlaufen muss, bis er eventuell jemanden erreicht, der bereit ist, sich mit ihm zu beschäftigen. Und angesichts dieses langwierigen Prozessierens kam mir auf dem Weg zur S-Bahn unsere Arbeit so entsetzlich unzeitgemäß vor, wie die eines Köhlers oder Biobauers, der seine Kartoffeln mit den Pferden vom Acker holt und ja, sicher, unsere Kohlen und Kartoffeln sind die besten, aber erstens, wer weiß das schon, und zweitens, warum diese kaufen und essen, wenn man es billiger, schneller, leichter zugänglich haben kann?

So war ich also, bis ich bei der S-Bahn anlangte, vom Ernsthaften im Unseriösen angekommen, von der Produktion zum Problem der Öffentlichmachung, und muss zugeben, dass ich von diesem Thema gerade wie besessen bin, nicht zuletzt auch, weil ich im New York-Führer unterbrochen nichts anderes tue als die Arbeitsleben der Schriftsteller auf Orte, Erfolge und Todesursachen festzulegen. Das ernüchtert.

Liebe Sabine,

ein Glück, dass Du das »Prozessieren« einer Antwort im Gang zur S-Bahn bewerkstelligst! Denn da landest Du am Ende nicht wie ich im dichtesten Schweigen, das dem letzten Satz meines vorigen Briefs folgt; dem Schluss; Schließung der Larynx und des Neuronenkreises, der irgendwie an ihrer Öffnung beteiligt war – sondern glücklicherweise »mitten im Leben«. Mein Sprachzentrum prozessiert am intensivsten, wenn ich im Schlafwagen nach Wien liege. Die unterschwellige Bewegung des Zugs wirkt wie ein Impuls, der verlangt, dass die Bewegung sich sofort in Wörter umsetzt. Aber komischerweise schreiben sich in meinem Kopf auch die exaktesten und poetischsten Texte, wenn ich mich schon aus all den tausend Alltagskleinigkeiten vor dem Einschlafen herausgelöst habe. Nie sind dann Papier und Bleistift zur Hand, und die Angst, aus dem Halbwach- in den Hellwachzustand zurückzukommen, setzt mich dem entsetzlichen Konflikt aus, ob ich so etwas Kostbares einfach dem Verschwinden preisgeben darf – was ich aus Faulheit doch meistens tue. Und wenn nicht – eine Zeitlang hat ein Bleistift an einem Stück Schnur gewartet, mit dem im Dunkeln die Wand mit den genialen Sätzen bekritzelt werden konnte. Am nächsten Morgen waren sie leider meist unbegreiflich banal, ihren poetischen Kontext hatte die Nacht mit sich in die Vergangenheit genommen.

Aber Deinem Vergleich mit dem Biobauer oder dem Köhler muss ich heftigst widersprechen. Mir scheint, als verglichest Du eine dem Bauer äußere Technik mit seinem Produkt: Ob die Kartoffel von Hand mit der Gabel aus dem Boden gestochen wird oder mit einer Maschine geerntet, die sie in einem einzigen Arbeitsgang von der Rebe befreit, wäscht und nach Größe sortiert, hat nichts mit ihrer Qualität zu tun. Das erinnert mich an die Diskussionen, die zu Anfang des vorigen Jahrhunderts über die Nutzung der Schreibmaschine, und zu Ende über den PC als Arbeitsgerät geführt worden ist. Welche Dämonisierungen der Maschine da jeweils im Schwang waren! Literatur ist etwas, was das Hirn produziert, nicht die Maschine, die die Hand benutzt (oder nicht), um es niederzuschreiben. Ich sage einmal: Literatur ist etwas Menschengemäßes – nur so, um den Menschen als Maß ins Gespräch zu bringen. Und seine meist unspektakuläre Existenz: Glamour ist etwas durchaus Außerliterarisches.

Liebe Elfriede,

mag schon sein, dass die Erfahrung der Flüchtigkeit nichts mit dem Biobauerntum zu schaffen hat. Auf jeden Fall aber ging es mir nicht um die Dämonisierung des Rechners, des Netzes, denn ich liebe sie und ich liebe auch Glamour, sicher, man muss raus, auch wenn man oft nicht wollte, aus dem Literarischen. Daher sitze ich vor dem Ausdruck Deines Briefes, der mir zerrissen wurde, ganz selbstverständlich von meiner Tochter, als sei alles herumliegende Papier auch zu ihrer Verfügung und genauso geschieht das ununterbrochen, dass mir was weggerissen wird, wo ich gerade im Prozess war, was anzustellen mit den Worten. Die Bearbeitung im Traum- oder Halbwachzustand geht wohl in mehreren Schichten vor sich, die dann gleichzeitig und körperlich spürbar werden und man wird es niemals schaffen, dieses Filigrane, Komplexe, Augenblickliche jemals auf der Tagesebene wiederherzustellen. Ich hatte vor langer Zeit mal an Theorien über die Simulation von Bewusstseinszuständen mittels Wortmustern und -kombinationen gebastelt, beeinflusst sicher von Zürns Anagrammen und Ujvarys Programmen und vom Surrealismus.

Das war lange vor Chicago, lange sogar vor Portugal, das war Wien und jetzt kommt noch so ein Punkt; dass nämlich die Orte, ich meine damit, die kulturellen Kontexte und vielleicht viel mehr, starken Einfluss nehmen auf das Prozessieren, das Leben in anderen Sprachen sowieso. Auch das zerreisst und fügt schon Gefundenes andersherum zusammen. Vielleicht ist es daher gar nicht Faulheit, sondern Klugheit, die davon abhält, jede poetische Regung sofort ins Wort zu kriegen. Wahrscheinlich tut sich in der Arbeit des Wiederhervorkramens, des Rekonstruierens genauso Interessantes, im Ineinander von Auflösung und Beherrschung ...

Liebe Sabine,
das sind wirklich die ganz spannenden Bereiche, wo es um das Fragmentieren geht, der eigenen und der fremden Sprachen, in denen man sich bewegt. Nichts erhellt die eigene Sphäre so sehr wie der Blick auf sie aus einer fremden Kultur. Erst das legt viele ihrer Strukturen offen. Was mich am meisten verblüfft hat, war, dass ich auch, als ich nach Berlin gegangen bin, dort einer Fremdsprache begegnet bin, die vieles ganz anders codiert als mein herkömmliches Deutsch. Es war anfangs ganz irritierend zu merken, dass ich »Übersetzungsschwierigkeiten« hatte. Erst nach Jahren hab ich verstanden, dass z. B. 400 Jahre Protestantismus den kulturellen Kontext ganz schön verändern. Diese »Befremdung« hat dazu geführt, dass meine eigene Sprache ohne ihren Boden immer artifizieller geworden ist. Der Ortswechsel hat ihr einen Differenzierungsprozess aufgezwungen.

Meine Prosatexte, hab ich neulich selbstauskünftelnd behauptet, seien entstanden »in deutlicher Distanz vom Wohnort (und vom Tatort des Geschehens), so als bräuchten sie die örtliche Ferne (ca. 1000 km!), um ihre innere Distanz zum Thema zu wahren.« Anderseits hab ich sehr lange die Umgebung der deutschen Sprache benötigt, um all die Bruchstücke aufzusammeln, die das Prozessieren vorangetrieben haben. (»In großer Ferne, ganz nah.«) Du kennst ja diese selektive Wahrnehmung, in der alles Gedruckte oder Gesprochene sich plötzlich auf das eigene Thema bezieht.

Diese Akzentuierung der Herkunftssprache hat vielleicht mit dem Fremdsein in der eigenen Kultur zu tun, ein gewisses Maß an Beheimatung ist mir erst gelungen, als ich in andern Sprachen halbwegs zuhause war.

Du hast ja bereits als definierte Autorin so lang in fremden Sprachen/Kulturen gelebt und geschrieben, wie ist es denn da bei Dir mit dem Verhältnis von eigener und fremder Sprache, ihrer »Auflösung und Beherrschung«? Bitte noch ein paar so glänzend formulierte Aussagen über die Arbeit an der textuellen und kontextuellen Zerrissenheit allen Sprechens / Schreibens – für Glamour bist schließlich jetzt Du zuständig!

Liebe Elfriede,
jetzt muss ich wohl bekennen, dass meine erste Fremdsprache das Grieskirchner Volksschul-Hochdeutsch war, in das ich mich bemühte, ein Dialektgedicht, das ich vor der Klasse aufsagen wollte, live zu übersetzen, da mir plötzlich klar geworden war, dass ich an diesem offiziellen Ort nicht Dialekt sprechen dürfte. Welche Peinlichkeit!

Und in solchen Missgeschicken bin ich seitdem sowieso zuhause, das heißt, auch bei mir zuhause finden diese Übergänge ununterbrochen und nebeneinander statt, nur dass sie hier nicht so streng geahndet werden wie in der Kontrollinstanz Schule. Mit einem Wort; es ist ein Riesenunterschied, ob man nacheinander mit Fremdsprachen in Berührung kommt oder ob sie gleichzeitig täglich stattfinden.

Allerdings, und jetzt muss ich doch vorerst chronologisch vorgehen, war der nächste Riesenschock, welcher zwei Jahre andauerte, der portugiesische Sprachraum, in dem ich mich – zurückversetzt samt Autonomieverlust – nach und nach erst wieder neu aufbauen konnte, das heißt, mich, als kommunikatives Wesen. Als Schreibende hat mich die Regression von der Kontrolle des Wiener Uni- und Literaturbetriebs eigentlich befreit. Ich konnte endlich Sachen ausprobieren, herumspielen, ja die strengen Regeln der Avantgarde überspringen, und machen, was ich wollte. War keiner da, der es verstanden, geschweige denn nach seiner literarischen Relevanz gefragt hätte. Super! Und als ich dann nach Berlin zurückging, sprang mich die deutsche Sprache richtig aggressiv an, ich hatte mich so daran gewöhnt, dass ich bei geringer Konzentration nichts von den Gesprächen in meiner Umgebung wahrnehmen musste. Hier aber trieben sich die Sprachfetzen von der Straße und unter Freunden aufgeschnappt so tief rein, wie ich sie gar nicht wollte: *Fortsetzung* (meines Lieblingsthemas) *folgt* . . .

Liebe Sabine,
da hast Du ja tief Atem geholt – und wie kriegst Du jetzt den Bogen vom Grieskirchner Schulhochdeutsch (klingt nach vergeblicher Minne!) zu so etwas wie Literatursprache, ohne dass die Seite schon wieder zuende ist? Aber in der Tat, jeder Österreicher wächst mit der ersten Fremdsprache Hochdeutsch auf, da

hat sich nicht viel verändert. Doch Fremdsprachen sind Anbauten, man gewinnt Raum dazu.

Ich erinnere mich an die Ungeduld, mit der ich als Zehnjährige der nächsten Englischstunde entgegenfieberte. Ich war gierig nach einer Welt, die mich vor der Dorfwelt schützte. So wie die Welt der Dichter, von denen die Dorflehrerin in einer Weise sprach, die mir deutlich machte, dass Dichter jedem hier unerreichbar waren, dass sie in einer Welt lebten, in die die zudringlichen Finger hiesiger Obrigkeit nicht reichten. (Was für eine schöne Illusion!) Das Mittel der englischen Sprache erlaubte mir eine erste Autonomie jenseits der Welt, in der jeder das Sagen hatte, nur ich nie. Mein Eigensinn hatte einen Zufluchts- und Schutzraum, seinen U-Topos gefunden. Fremdsprachen sind seither erotische Objekte meines Begehrens; mich ihnen, wie rudimentär auch immer, zu nähern, ist ein bleibendes Verlangen. – In Tokio, in der U-Bahn, wurde mir einmal furchtbar schlecht. Mit Mühe schleppte ich mich an die Luft. Und stand vor einem Antiquariat, das auf Sprachlexika spezialisiert war. Ich ging hinein und fing an zu blättern. Mehr deutsche Lexika als ich je in einem Antiquariat hier gesehen habe! Wörterbücher in exotischsten Schriften, teilweise Typoskripte von Sprachen, die zu klein, zu entlegen waren, als dass sich dafür ein Verlag gefunden hätte. So stell ich mir das Schlaraffenland vor. Hier in diesem kleinen, vollgestopften Raum war die ganze Welt versammelt! Ich vergaß, dass mir schlecht war, dass ich eine Verabredung hatte; heldenhaft, wenn auch mit größter Mühe, widerstand ich dem Impuls, tonnenweise Lexika zu kaufen. Nichts lese ich lieber!

Dass im Chinesischen die große und die kleine Schwester eine eigene Vokabel hat, erschließt einen Einblick in die Konstruktion sozialer Hierarchien. Dass im Arabischen die »Namen der Weiber, Länder, Städte, Völkerstämme, Winde und der doppelt vorhandenen Gliedmaßen am menschlichen und thierischen Körper« *feminini generis* sind, eröffnet einen winzigen, aber durchaus spezifischen Blick auf die Gender-Konstruktionen dieser Kultur. Erst der Vergleich der eigenen Ordnung im Spiegel der fremden schärft den Blick.

Liebe Elfriede,
mehr Sprache, mehr Raum. So gesehen hatten wir in unserer New Yorker Miniwohnung recht viele Zimmer, durch die man innerhalb eines Satzes in Englisch, Französisch, Deutsch und Spanisch spazierengehen konnte. Das war sicher meine amerikanische Erfahrung, dass man in einem Land auch mehrere Nationen oder Kontinente gleichzeitig und andauernd betreten kann, bzw. dass sie in dich eintreten, je mehr du dich hineinbegibst. Nur war da dieses kleine Problem, dass Deutsch immer noch meine Schreibsprache war und Deutschsprachige meine Leser sein sollten, während ich mich nicht mehr deutsch genug verhielt. Es ist ja nicht die Sprache allein, die du benützt, sondern die da-

zugehörige Kultur, Lebensweise, sogar Politik, je besser du die Sprache sprichst, desto eher tendierst du dazu, dich mit den dich umgebenden Denk- und Verhaltsmustern genauestens auseinanderzusetzen und teilweise auch zu identifizieren.

Der mehrfache Sprachgebrauch schließlich erzeugt noch etwas anderes, so etwas wie Luftwurzeln, ein seltsames Schweben, man fühlt sich weder hier noch da zugehörig und will es auch nicht sein. Bemerkenswert ist aber, und damit kehre ich fast zum Grieskirchnerischen zurück, dass meine Tochter, die zweisprachig aufwuchs, österreichisches Deutsch und Französisch, schließlich amerikanisches Englisch lernte und nun mit Berliner Deutsch konfrontiert wird, sich eindeutig im Wienerischen heimisch fühlt, zumindest behauptet sie das, vielleicht aber nur, damit sich ihre Eltern ein wenig weniger schuldig fühlen wegen der vielen Veränderungen, die sie mitmachen musste.

Über dieses kleine Antiquariat in Tokio müsste man eigentlich einen Text schreiben. Diese Verdichtung klingt fantastisch. Die eklige Großstadtluft kann doch auch Gutes anrichten!

Liebe Sabine,
Grad komm ich von einer Lesung, die mir wieder einmal deutlich gemacht hat, dass fremde Sprachgeografien Labyrinthe sind, in denen sich der Eindringling allzuleicht verirrt. Was, wenn er dann keine Ariadne, oder eine Malinche zur Hand hat, die die interkulturelle Arbeit des Übersetzens leistet – der arme fremdländische Heros oder Konquistador stirbt den Tod des Kulturbanausen!

In der Literatur gibt es viele Beispiele dafür, wie sehr ein Text auf seinen kulturellen Nährboden angewiesen ist (weshalb sich vermutlich Volapük oder Esperanto nicht durchsetzen konnten). Wenn Isherwood über sein Berlin schreibt, so ist das ein virtuelles Berlin, das mit meinem Berlin zwar topografisch übereinstimmt, sozial aber eine ganz eigene geschlossene Subkultur bildet: Fremde unter Fremden, die auf einer einzigen urbanen Schnittebene zirkulieren; Berlin mit seinen Einheimischen bleibt ein hermetisch abgeschlossener Kontinent, in den der Fremde wie durch eine Glasscheibe hineinsieht. Vielleicht nimmt er dadurch eine Differenz zum Eigenen wahr, schärft sich sein Blick. Im Fall Isherwoods erkenne ich mich als die mir selbst Fremde. Grad diese Entstellung ist die Attraktion des Texts.

Auch diese Autoren von einem sehr fernen Kontinent sprachen in ihren Texten von Berlin. Sie sprachen von den Deutschen – aus einem bei ihnen zuhause eingebürgerten Ressentiment, das sie mit gesichertem Wissen verwechselten – als Nazis, die sie insgesamt, ein- für allemal, unveränderbar, sind. Sie hatten nicht die entfernteste Ahnung von deutscher Geschichte. Ihre Ignoranz setzte sich mühelos gegen jeden Zweifel durch. Dieser Fall ist, weil so krass, allzu offensichtlich.

Aber wann ist ein Text über den Gegenstand aus einer fremden Kultur eine »wahre Geschichte«? Ist es möglich, die kulturelle Codierung einer fremden Kultur in der fremden Sprache so zu recherchieren, dass man aus ihr ohne Verlust einen Gegenstand in die eigene Sprache transportieren kann? Taugt der Text als Vehikel für einen derartigen Kulturtransfer? Oder wie muss so ein Text beschaffen sein, damit er sich dafür eignet?

Das Prekärste daran ist, glaube ich, wie eine Kultur ihre Emotionen codiert, also deren Ausdruck sozial konstruiert. Literatur ist so etwas wie die Transmission emotionaler Codes, wenn ich es recht verstehe. Körpersprache als Stichwort ...

Liebe Elfriede,

Tja, Kurzzeitstipendiaten, die ohne kulturellen Übersetzer und ohne Kreuzungspunkte mit der Bewältigung des anderen Alltags sich bemüßigt sehen, über die Stadt, in der sie sich befinden, zu schreiben! Vicki Baum sagte einmal, man könne sich zu einem Land nur äußern, wenn man sich entweder fünf Tage oder mehr als 50 Jahre dort aufhalte. Ich darf daher zu Berlin nicht viel sagen, außer dass ich das Wort kross nicht mag, wenn man von knusprig spricht, und dass ich seit meinem zweiten Anlauf hier vor allem über die deutsche Selbstbezogenheit verwundert bin, die ich nun mit einem noch amerikanischen Großstadtblick zu bemerken glaube, was absurd klingt, weil es genau das ist, was die Deutschen den Amerikanern vorwerfen. Vielleicht aber ist dies auch eine allgemeine Stimmung der Post-9/11-Rezession? Stillhalten, abwarten, sich zusammenziehen, beharren auf dem, was man gerade noch hat?

Und Deine Frage nach der Möglichkeit des Kulturtransfers von einer Sprache in die nächste ist genau das, was mich hier existenziell beschäftigt, da ich nun meine, amerikanischer zu denken und zu schreiben als jemals vorher, das aber in deutscher Sprache. Anderseits wird das Amerikanische der Amerikaner in Deutschland nur mit einer Verschiebung durch Übersetzung und Nichtwissen gefiltert erträglich und konsumierbar gemacht, eine Art Deutschisierung des anderen, ganz gleich, ob dies unter positivem oder negativem Vorzeichen geschieht. Ich denke also, dass die einzig »wahre Geschichte« eine Geschichte im Übergang ist, eine die den Transfer noch deutlich macht und eine, die den Zweifel offen lässt und nicht eine, die Bescheid weiß und klarkommt. Eine wunderbare Bestätigung fand ich kürzlich in einem Lore-Segal-Roman, wo sie, die österreichische Emigrantin, von einer Deutschen in der New Yorker U-Bahn nach dem Weg gefragt wird und die Touristin sich schließlich unverbesserlich für die falsche, von der einheimischen Auskunftsperson nicht empfohlene Richtung entscheidet. Und genauso kommt es mir hier manchmal vor.

Liebe Sabine,

da sind wir wieder zurück im Labyrinth, wir armen touristischen Irrfahrer der Gegenwart, die wir keinen Umweg scheuen, um unser Ziel zu vermeiden. Nur in den Relais-Stationen, in denen sich die Wege all der über den Globus irrenden Vielflieger oder U-Bahn-Reisenden kreuzen, vermischen sich Sprachen und Kulturen für einen Augenblick, um affiziert von den andern zurückzukehren und mit der grassierenden Epidemie fremder Wörter das scheinbar eingeschlossene Eigene zu verseuchen. Nur die EU-Bürokratie glaubt an Reinheitsgebote! In den Sprachen sind grad die Verunreinigungen, die Kontaminationen das Ferment, das sie – samt ihren literarischen Hervorbringungen – zum Leben und Leuchten bringt.

Mit diesen angewandten Reinheitsvorstellungen – christlicher Herkunft! –, die auch die literarischen Ideologeme (oder Ideologen) umtreibt, ihr jeweiliges Prokrustesbett eines Kanons durchzusetzen (denk nur an unsre selbsternannten Literaturpäpste!), wird der Sprachkörper als *gen.fem.* konstruiert; die Herrschaften geben niemandem als sich selbst eine Lizenz auf den Gebrauch ihrer »Heiligen«. Sprache aber überschreitet, so oder so, ständig die Grenzen zwischen sich und der andern, und das umso einfacher, je polyglotter – oder entzündeter – sie bereits ist.

Das übrigens ist nach meiner Meinung eine Differenz, die das österreichische und schweizerische vom deutschen Deutsch unterscheidet, dass jene beiden über lange Zeit hin aufgrund ihrer historischen Situation Fremdsprachen-Einflüsse integrieren *mussten,* weil sie mit ihnen in einem Staatsverband lebten, während das deutsche Deutsch so lange unangetastet, integer existierte. Man ist hier vermutlich deutlich weniger geübt, das Andere als gleichberechtigte Erscheinungsform wahrzunehmen als in andern europäischen Ländern, die sich jetzt mit den Folgen ihrer Kolonialzeiten herumschlagen, oder gar Amerika, das sich tagtäglich mit Integrationsfragen abmüht. – Der Transfer, die Geschichte im Übergang, ist durchaus zeitgenössisch, wird sich aber auch abzumühen haben damit, dass das globale Zirkulieren zwar mit Geld und Ware perfekt klappt, der Wissenstransfer zwischen Ziel- und Herkunftsort insgesamt meist höchst oberflächlich ist.

Liebe Elfriede,

das deutsche Nachhinken als Folge von Kaum-Kolonisation und Nicht-Sprachengemisch zu erwähnen, war sich im letzten Brief tatsächlich nicht mehr ausgegangen. Und zum Transfer waren mir noch die Schwierigkeiten von Exilanten in anderssprachiger Umgebung eingefallen: Je enger ihre Texte in der Kultur des Herkunftslandes verankert waren, desto weniger hatten sie Chancen Verleger im Aufenthaltsland zu finden. Und die Veränderung, die nötig gewesen wäre, um nicht nur als überlebender Körper, sondern auch als Schriftsteller neu zu beginnen, war wegen des fortgeschrittenen Alters der Exilanten oft weder möglich, noch von ihnen wirklich gewünscht. Das funktionierte, außer in Ausnahmefällen, nur bei den sehr viel Jüngeren, die in der neuen Sprache zu schreiben begannen, die Erinnerung und das Wissen um die andere Kultur und Sprache im Hintergrund dabei oder sie in das neu Gefundene einfließen lassend. Darum gibt es in der Literatur von Zweitgeneration-Eingewanderten, zum Beispiel in Kanada, USA, Frankreich, Großbritannien, so viele interessante Bilder und sprachliche Überschneidungen, während wenn einer in Deutschland mal selbstbewusster als Ausländer auftritt, ohne sich sofort 150prozentig anpassen zu wollen, das oft seltsam geahndet wird. Andererseits schreibt man die grobe Verunreinigung tatsächlich nur im fiktionalen oder poetischen Raum fest und lässt sie nicht andauernd in den Alltag. Und klappt das Zirkulieren der Waren und des Geldes denn tatsächlich perfekt? Ich glaube es nicht.

Liebe Sabine,
also ich bin heute ganz einfallslos, weil sehr unter Zeitdruck – ich habe nämlich die große (und wie immer äußerst schlecht bezahlte) Ehre, mit noch einer Autorin, Michèle Métail, ein kleines gemeinsames Projekt termingerecht (!) fertigzustellen. Ich bin natürlich nicht fertig. Die Bedingungen, unter denen wir arbeiten müssen, sind vielleicht auch einmal ein deutliches Wort, ein, zwei Briefe lang, wert! Ich bin es ziemlich leid zu sehen, wie unsere Arbeit mit Almosen abgespeist wird, die nicht nur kein Honorar, sondern immer öfter einfach der blanke Hohn sind – und das vielleicht auch noch mit Hinweis darauf, dass wir ja von einer gewissen Leidenschaft (so als wäre das ein strafbedürftiger Tatbestand) zu unserm Tun getrieben werden.

Das heißt, es wird einerseits ein ideeller Mehrwert unterstellt, den das Ummünzen in eine Geldsumme gewissermaßen schändet. Anderseits müssen sich Dichter (= Produzenten fiktionaler Literatur, Poesie, die, mit welchen Mitteln auch immer, sprachlich verdichtet) am Wertmaßstab des ökonomischen Erfolgs messen lassen. Wir zerschnippeln uns am besten erstmal die Visage oder die Klitoris mit Rasierklingen. Das zieht die maßlos gelangweilten Medien an, die ab jetzt in Pawlow'scher Erwartung hinter uns solchermaßen medial Selbstzugerichteten herchecheln. So steigt endlich unsere Auflage. Womit wir zuletzt schließlich angemessen bezahlt sind.

Das Thema ist heikel. Der Schritt zum Ressentiment fast unvermeidlich. Es unerwähnt zu lassen, hieße nicht von der Rolle zu sprechen, die die Öffentlichkeit unserer Produktion zubilligt – mit anderen Worten: Ist unsere Form von Existenz überhaupt in der gegenwärtigen Struktur von Gesellschaft noch vorgesehen? Schließlich ist es die Ökonomie, die global die Bedürfnisse lenkt. Und neoliberale Menschen – d. h. die aus unserem westlichen Kulturkreis –

brauchen schicke Autos, teure Schuhe, Immobilien und feine Restaurants. Aber Altersrenten, kranke Leute und Literatur brauchen sie so dringend wie einen Kropf. Wenn Literatur *lifestyle* anbietet, bitte. Wenn sie ein *event* ist, bitte.

Jedem scheint einzuleuchten, dass ein Komponist mehr kann als Hänschenklein singen, dass es für einen Maler mehr braucht als den Pinsel in gelbe Farbe zu tauchen. Schreiben glaubt jeder zu können, der's in der Volksschule gelernt hat. Ein leeres Schulheft. Ein Bleistift. Keine zeitraubende Lehre. Kein kostspieliger Materialaufwand wie Pigmente oder ein Klavier.

Liebe Elfriede,
das Thema des Hohnorars zu diskutieren scheint mir aussichtslos. Geld kriegt man ja nur, wenn man Erfolg hat und das war immer schon so. Ich könnte Dir hier dutzende im Laufe meines New York-Buches gefallene Dichter aufzählen und das sind sogar die, die irgendwann mal Erfolg hatten, aber trotzdem nicht durchhielten oder nicht aufrecht-erhalten wurden von Verlegern, Geldgebern, Lesern.

Bleibt also noch die Frage des Erfolgs. Wie man dazu kommt etc. In unserem vorgestrigen Gespräch fielen Stichworte wie Ellenbogen, Monopolisierung, ansonsten hört man, dass Beziehungen, möglichst amouröser Art, zu Literaturredakteuren oder anderen Entscheidungsträgern des Business hilfreich sind. Nach einer amerikanischen Quelle braucht man vor allem Hartnäckigkeit und Liebenswürdigkeit und erst dann Talent.

Ressentiment ist so gesehen die beste Möglichkeit Erfolg zu verhindern. Andererseits freuen sich die Erfolgreichen auch an den Erfolglosen und stärken so ihre Position. Saul Bellow schreibt in einem Roman als Reaktion auf den Tod eines Poeten, dass sein Scheitern den Zynismus derer bestätigt, die sich sagen: Wenn ich nicht so ein korrupter, gefühlloser Bastard, Dieb und Geier wäre, wie ich es bin, würde es mir auch so wie dem armen Teufel ergehen.
Womit wir bei den neoliberalen Menschen angelangt sind. Denn die brauchen schon Bücher. Altersrenten haben sie sowieso längst geplant und alt scheinen sie ja nie zu werden, weil sie jetzt noch jung sind. Sie wollen nur andere Bücher als du ihnen geben willst. Ihre Bücher müssen von Dingen handeln, die sie interessieren, aber immer ein wenig weiter voraus sein als sie. Oder das, was sie als Einzelheiten wahrgenommen haben, gut zusammenfassen, damit man einen Überblick bekommt. Die Inhalte sollen eher in Richtung Psychoratgeber, Persönlichkeitstraining, Sexspiele, sowie Schmink- und Gesundheitstipps gehen, das kann alles gern in einen erzählerischen Ablauf eingebettet sein.

Liebe Sabine,

mit *meinen* Büchern meinst Du (im Sinne einer literarischen Konzeption) *unsere*? Oder worin läge die Differenz?

Die Nettigkeit inklusive amouröser ließe sich unter einen Nepotismus subsumieren, der sich bei sozialer und strategischer Begabung um den Kreis der Lobbyisten erweitert. Solche Begabungen, wie auch mediale, sind durchaus eine Kunst, die dem Literaten heute abverlangt wird. Sie sind denen, die sie beherrschen, nicht vorzuwerfen.

Ein Text, der sich am Markt orientiert, ist meistens einfach fad. Neulich bin ich in eine Veranstaltung unter dem Titel »Ich habe einen Erfolgsroman geschrieben« geraten, die platzte aus allen Nähten. Das junge Publikum wollte, bitte ohne Umwege über einen Text!, die Mittel erfahren, mit denen der Erfolg produziert wird. Und bestimmt sitzt jetzt jeder Einzelne zuhause und verzweifelt dran, dem Markt abzulauschen, welcher Art Roman der mit Erfolg belohnt. Diese Art von Lohnschreiberei war immer recht verbreitet.

Mich interessiert eigentlich auch weniger diese äußere, soziale Ökonomie. Ich halte Texte für erfolgreich, die jenseits der Zeitgeistberge und -täler nichts als ihren Eigensinn produzieren.

Dieser »böse« Eigennutz – den Sloterdijk beschreibt als eine die Botschaft der »Zentralmacht« (ob Gottes oder der globalen »New Economy«) störende, sie konkurrierende Äußerung – ist es im Kern, was diese »Zentralmacht« ahndet, mittels ihrer Manager und sonstiger Medienboten/-büttel. Das Buch gegen oder neben dem Trend wird es nicht leichthaben, es wird aber, einmal gedruckt, die größere Chance haben, längere Publikationsperioden zu überdauern.

Gertrude Steins oder Robert Walsers Texte tragen sich ihren »Auflagenerfolg« mit kleiner Münze zusammen, und nicht unwesentlich erst, wenn sie aus der Tagesökonomie ihrer Epoche heraus sind. Ich glaube, grad an solchen Texten sieht man, wie prekär es ist, Erfolg einfach als ökonomischen Erfolg zu definieren – wie man das in der gegenwärtigen Phase ausschließlich tut. Wessen Schreiben hauptsächlich davon motiviert ist, soll es lieber bleibenlassen.

Und die Gegenfrage ist dann aber gleich: Was sonst motiviert dich, mich, trotzdem, unter solchen Bedingungen, weiterzuschreiben.

Liebe Elfriede,

vorerst Entschuldigung: mit *Deinen* meinte ich tatsächlich *unseren* Büchern, um den Gegensatz hervorzuheben, nichts sonst.

Mit der Erfolgsstory hast Du mich aber nun tatsächlich an einem wunden Punkt erreicht: Ich scheine nämlich ununterbrochen von Menschen umgeben zu sein, die anmerken wollen, dass mir der »Erfolg« – und damit meinen sie sowohl Anerkennung als auch Geld – nicht gelingt. Eltern, Liebhaber, Ehemann, natürlich auch Kinder, alle finden immer wieder Argumente gegen das Verfassen von Literatur, das ich nicht lassen will und das anderen Tätigkeiten und möglichen Existenzen Energie und Zeit wegnimmt.

Wahrscheinlich sollte ich nun das Seminar »Ich habe keinen Erfolgsroman geschrieben« anmelden, um klarmachen zu können, worum es mir beim Schreiben eigentlich geht. Ohne zu überlegen fielen mir da ein: Lust, Freude an der Widerrede, Gefundenes oder für wichtig Erachtetes loswerden, Begeisterung. Das Problem mit dem Eigensinn und Eigennutz ist aber trotzdem, dass es meist im »Verborgenen« stattfindet, dass es besessener Begeisterter bedarf, dieses Werken im Untergrund zu bemerken und sichtbar zu machen. Und jetzt bin ich schon wieder beim Verlagsproblem, brumm brumm brumm, alles rundherum. Denn irgendwer gräbt dann das eigenartige Werk von irgendwem aus und begeistert irgendeinen Verleger und der zaubert dann die »Entdeckung« aus dem Hut und plötzlich finden's viele toll? Oder?

Vielleicht reite ich aber auch deshalb so darauf herum, weil ich mich jenseits der möglichen Verbreitung von Eigensinn befinde, während du vielleicht noch eine kurze Atempause bei einem Verlag haben konntest, der dir dies »erlaubte«. Ich wurde immer wieder gleich rauskatapultiert oder schaffte es erst gar nicht in die Umlaufbahn.

Natürlich ist zu hoffen, dass es sich um eine utilitaristische »Phase« handelt, wie Du andeutest, und dass es auch wieder andere Zeiten geben kann.

Liebe Sabine,
nieder mit Eltern und Kindern, Ehemännern, Lieberhaberinnen und Liebhabern und der restlichen Entourage! Inklusive Verlagen und Literaturbetrieb.

Was Erfolg ist, bestimme ICH! Auch wenn ich von dieser Überanstrengung immer wieder in die tiefe Depression abstürze. Ich betrachte mich selbst als erfolgreich, solange es mir möglich ist, meine Themen selbst zu bestimmen und meine Texte nicht jener Zensur zu unterwerfen, die gegen sie mit Verkaufszahlen argumentiert. Ich glaube nämlich nicht (wie es in literarischen Seminaren über tote Autorinnen und Autoren heißt), dass wir Schreibende unserer Zeit voraus sind. Bestenfalls sind wir ganz und gar in ihr. Wir riechen sie, wir schmecken sie, wir hören sie als Gras wachsen. Zu dieser Aufmerksamkeit sind wir gezwungen, weil sie uns erst in die Lage versetzt zu artikulieren.

Wenn der antike Seher blind ist, so ist er das für das Treiben rings um ihn – damit er das sieht, was vor aller Augen klar zutage liegt: Die Psychoanalyse nennt es das Verdrängte, individualisiert es aber fälschlicherweise. Das Tabu ist das kollektiv Verdrängte, unter dessen Imperativ der Einzelne lebt. Zur Zeit verbietet das Tabu, »Erfolg« zu hinterfragen, setzt ihn biologistisch-evolutionär absolut. »Erfolg« hat das Krokodil. Drum kommt es auf das Hemd und so in alle Welt, wird zur Instanz für die Gebote und Gesetze der Warendiktatur.

Aber – sorry!, ich muss doch noch einmal auf die von Dir nicht gerne geführte Gender-Debatte zurückgreifen. Der Markt schreibt den Verlagen vor, keine kritischen Debatten unters Volk zu bringen. Kritik stört Konsum. Also zieht der Markt es vor, gleichberechtigt konsumierende Geschlechter vorauszusetzen, um damit umso geschickter die extrem ungleichen Wertschöpfungsmöglichkeiten (= Einkommen, Honorare, Bedeutungen) ebenderselben Geschlechter zu verschleiern, indem er notfalls (und notfalls ist häufiger als jeder Autorin lieb sein kann) Autorinnen und ihre Texte einer abstrusen Minderheit zurechnet und nicht der etwas größeren Hälfte der Menschheit. Öffentlich-konstruiertes Frauenbild und Frauenselbstbild erleben ein kräftiges, konservatives, konsumaffirmatives Rollback. Natürlich muss ständig alles neu justiert werden, es bewegt sich ja hoffentlich! Aber wenn Justieren »anpassen« meint, bleibt uns doch nichts als dagegenzuhalten.

Es lebe der Eigensinn! Deiner erst recht.

Liebe Elfriede
Also gut – vor dem Abflug – ein letztes Wort zur Genderdebatte. Warum ich nicht darüber sprechen will, ist: Ich habe es oft getan. Und ich koche immer noch. Deshalb habe ich auch ständig Rückenweh vom Verbiegen.

Mit einem Wort: It didn't help me a bit. It is making me sick.

Dennoch sind die Themen und Figuren meiner Texte natürlich davon geprägt. Aber nicht theoretisch.

Meine Freundin Mathilde, die schon seit 15 Jahren bei Verlagen arbeitet, sagt mir wiederholt, dass die meisten Leser und Käufer von Büchern Frauen sind und dass dies von den Verlagen aktiv wahrgenommen wird, siehe die hundertste Ausgabe des Lebens einer Äbtissin, einer Gräfin, einer Tänzerin, ägyptischen Herrscherin plus Krimis und Liebesquatsch. Die haben schon an alles gedacht. Was bleibt mir nun anderes übrig, als eine andere Abtissin, eine andere Übersetzerin, eine andere ägyptische etc. Geschichte zu entwerfen. Das mache ich bewusst als gegenläufiges Projekt, um diese vorgeblichen Notwendigkeiten und anscheinend unumgänglichen Vorgaben umzuschreiben.

Und das ist es auch schon. Das ist meine Weiterentwicklung des Anagrammierens. Ich nehme vorgegebenes Material, vorgegebene Strukturen und stelle sie um und anders zusammen. Ja?

Das, liebe Sabine, möchte ich nicht als das letzte Wort stehen lassen, das Du ja unbedingt haben sollst. Allein der Satz »Sie haben schon an alles gedacht« klatscht mir eine anonyme Autorität um die Ohren, die dir per Hörensagen (Mathilde!) ihre Parolen eingeflüstert hat. Ich halte mich in diesem Fall lieber an die ebenso bekannten Fakten, dass zwar die meisten Käufer, aber nicht die meisten Produzenten von Büchern Frauen sind, erstens. Das macht für mich durchaus einen qualitativen Unterschied. Und wenn Du Dich, zweitens, als »bender vom gender« der Debatte entziehst, die nun einmal, unter diesem oder jenem Namen, eine andauernde bleibt, weil Geschlechterkonstruktion ein fortwährender gesellschaftlicher Neudefinitionsprozess, ein work in progress, ist und nicht ein ein- für-allemal entschiedener Richterspruch – so ist das außer-ordentlich schade, aber natürlich Dein gutes Recht. »Mode« ist es insofern, als es (nachzulesen bei Elisabeth Badinter) z. B. anstelle von physischer Kraft und Ehre dem andern Geschlecht heute Geld, Erfolg, einen interessanten Beruf als Identitätsnachweis abverlangt und wir Weiber uns diesem Paradigma (siehe unsere Debatte oben) anscheinend ebenso kritiklos unterwerfen – ohne es mit der Rede davon in Zusammenhang zu bringen?

Liebe Elfriede,
Natürlich bedeutet sich aus der Rede fortzustehlen noch lange nicht, die Sache gelöst zu haben. Andererseits mag ich nicht von vornherein bedenken, dass sich mein Schreiben innerhalb der Gender-Debatte bewegt.

Womit wir beim Thema Ablenkung sind, die ich diese Folge von Briefen hindurch praktiziere. Wo Du zum Punkt kommst, lauf ich ihm davon, sobald er sich zeigt. Anscheinend muss ich mit dem Unausweichlichen anders umgehen, um mir meine Lust am Produzieren bewahren zu können. Ich brauche dieses Cowgirl-Gefühl, dass sich alles neu und unbezeichnet vor mir erstreckt und darauf wartet, entdeckt und bearbeitet zu sein. Wenn ich dann gewahr werde, dass die Claims schon abgesteckt sind, lasse ich mir was einfallen. Ich bin eine Blindlingsschreiber- und -denkerin, mache die Augen erst danach auf.

Deswegen biege ich so gerne ab ins Praktische, siehe Beispiele aus dem Alltagsleben, im speziellen zu Kindern, die mich sprachlich mit Firsthand-Experiences für meine Schreibarbeit versorgen, diese eher befeuern als davon abbringen.

Und die »Mode«-Rede kam mir in den Sinn, weil nach dem Erscheinen des Butler-Buches mit einem Mal jeder Gender Trouble zu haben schien und rasch bisher gebräuchliche Diskurse daraufhin umgeschrieben wurden, größtes Verständnis wurde uns beschieden, ach ja, danke schön, und was ist geblieben? Alles gleich. Wie Du schon sagtest: Ich habe Geld, ich habe Erfolg, ich bin schön, interessant und klug. Man kann es nicht oft genug wiederholen. »Mathilde« verlegt inzwischen Bücher über Psychologie. Uns bleiben die Planeten.

Zwischen Kulturen, Sprachen, Menschen.
Gespräch mit Annegret Pelz

Annegret Pelz: Zum Ausgangspunkt für dieses Gespräch wurde die Lesung von Sabine Scholl aus ihrem jüngsten, noch unveröffentlichten Roman (Erscheinungstermin Herbst 2000 im Berlin-Verlag) »Die geheimen Aufzeichnungen Marinas« genommen. Darin heißt es:

> »Zwei Welten begegneten sich, die Welt der Gegenwart und die Welt der Vergangenheit. Ich aber wollte in die Zukunft. Ich wollte auf jeden Fall den Gewinn. Von der Zunge zum Mund zum Körper werden. Vom Werkzeug zum Sprecher meiner selbst. Ich wollte die neue Welt sein, ohne dass eine alte sich ihrer bediente. Die Unzulänglichkeit und Schwäche der Sprache sollte dabei meine Waffe sein.«

Gespräch ist eine Bezeichnung für einen unmittelbaren sprachlichen Gedankenaustausch, für eine Grundform menschlicher Begegnung und eine Bezeichnung für einen wirklich stattfindenden Vorgang. Ein Gespräch bietet sich vor allem dann an, wenn man es mit jemandem zu tun hat, der, wie Sabine Scholl, sich mit dem Bereich des Zwischenseins auseinandersetzt. Dabei wird dieser Bereich nicht nur im Sinne der Beschreibung, sondern auch im Schreiben selbst aufgesucht. Ein Zwischensein auch zwischen Sprachen wirft Fragen und Probleme der Verständigung auf: Es erfordert eine Übersetzungtätigkeit. Das Zwischensein tritt auf als Bereich zwischen Ländern und Kulturen. Bei dem neuen Roman von Sabine Scholl sind dies Portugal und die USA, und zwischen den Kulturen innerhalb eines Landes. Die Sprache der Einwanderer, Probleme der Loslösung und des Ankommens kommen dabei zur Sprache. Das Zwischensein ist vor allem aber das Feld des Schreibens von Sabine Scholl, das sich zwischen literaturwissenschaftlichem Arbeiten, Essayistik und literarischem Schreiben bewegt.

»Die geheimen Aufzeichnungen Marinas«:

> »Über die Welt-Magie schlüpfte ich in mögliche Geschichten. Die Verbindungen ergaben sich schnell. Das Suchprogramm bestimmte meinen Weg. Und ich schreibe nur auf, wie mir geschah. Jemand spielte und bot ein paar Worte als Einsatz. Was wäre, hätte Cortés nicht gesiegt. Hätte seine Übersetzerin ihn ermordet. beseitigt. den Lauf der Eroberung umgekehrt? Wür-

den alle die Sprachen Malinches verstehen? Zum Beispiel könnte ich sagen: Ihcuac tialixpan tlaneci / in mtzli momiquilia. / citlalimeh ixmimiqueh! in ilhuicac moxotlaltia. / Ompa huehca itzintlan tepetll popocatoc hoxacaltzin. / ompa yetoc notlahzotzin, noyolotzin, nocihuatzin. Und jeder würde wissen. was ich meine, hätte Malinche gesiegt.«

Man muss wissen, dass auch in dem Essay von Sabine Scholl [. . . wenn in dieser Form über Dich gesprochen wird, ist es kein Gespräch. . .], »Wie komme ich dazu«, der 1994 erschienen ist, und in dem Textband »Die Welt als Ausland«, der 1999 erschienen ist, die Literatur zwischen den Kulturen einen thematischen Zusammenhang bildet.

»Borderlands, Ensaios de etnologia brasileira, Translated Woman. Trance-Atlantik, Radiografia de Terrorismo no Brasil, Geschichte von der Eroberung von Mexiko, Diana Cacadora, Favela Monte Azul, Endangered Species, Brasilianisches Abenteuer, Auf der Suche nach dem Land ohne Übel. Lilian Harvey, Children of Caliban, Afro-brasilianische Frauen in einem städtischen Viertel von Rio de Janeiro, Die Ausbreitung afrobrasilianischer Kulte als Herausforderung für die Evangelisation Brasiliens, The Aztec World, Between Worlds, Dangerous Encounters, Mein Herz gehört den Indianern. Bruder der Indianer, Loving in the Wartimes, Die letzte Jagd. Farbe bekennen, Always running, La vida loca: Gang days in L.A. Essai sur les avatars de la personne du possedé, du magicien, du sorcier, du cineaste et de l'Ethnographe, Life during Wartime, Der Tod der fünften Sonne. Escravos e Mestiços em um País Tropical, und viele andere mehr.«

Ein Buch mit dem Titel »Geheime Aufzeichnungen« lässt ein ganz bestimmtes Genre erwarten, nämlich den erotischen Roman. »Die geheime Geschichte eines Romans« von Vargas Llosa, oder Puschkins »Geheime Aufzeichnungen. Tagebuchnotizen von 1836–37« (verschlüsselt geschriebene Texte, vor der Zensur in Sicherheit gebracht und unter widrigen Umständen publiziert). Die Frage zum Titel muss als erstes also lauten, gibt es in den »geheimen Aufzeichnungen Marinas« etwas, das vor einer Entdeckung bewahrt werden muss oder etwas, das zwar gelesen werden soll, aber ›nicht in falsche Hände geraten‹ soll.

Sabine Scholl: Das »Geheime« bezieht sich eher auf den Prozess des Schreibens dieser Aufzeichnungen. Einmal, weil die Figur Marina unter einem bestimmten Auftrag, aber auch verdeckt reist, ihre Karten also nicht zeigen möchte. Also muss sie heimlich schreiben. So wird es auch gleich *auf* der ersten Seite erwähnt, sie will sich nicht zu erkennen geben als das, was sie ist, und somit müssen ihre Reflexionen heimlich nachts geschehen. Die Interpretation, was sie eigentlich die ganze Zeit erlebt und worüber sie schreibt, behält sie sich auch

vor. Sie will noch nicht wissen, was sie macht. Erst zuhause will sie ihre Nie-
derschriften auswerten und zu einem Ergebnis kommen.

»Die geheimen Aufzeichnungen Marinas«:

> »Nach einiger Zeit gaben sie mir Dokumente, Berichte zum Übersetzen. da
> ich spanisch und portugiesisch fliessend sprach. Ich wurde zur selbstge-
> machten Frau. Ich betreute die Dokumentation über Südamerika. Ich wur-
> de spezialisiert. Ich konnte Entscheidungen fällen, aber es wurde trockener,
> je höher ich kam in der Organisation. Ich wollte filmen, wurde aber immer
> weiter vom Geschehen entfernt. Von der Grundlage. Nicht von der Grund-
> lage des Glaubens. Das war nicht mein Problem. Aber ich wollte wissen, wo-
> her ich kam. Ich wollte im Süden etwas wiederfinden, was sich hier nur in
> meinen Sprachen befand und in hunderten von Berichten, in Verschiebun-
> gen von Geschichten im Norden bloss zu erahnen war. Und natürlich muss-
> te ich es für die Mission anders hindrehen, ich manipulierte daher am Grund.
> Sie sollten mich versenden. Mit ihrem Geld.«

*Erotische Romane und Reiseberichte (ob man von einem Reisebericht sprechen
kann, wird man noch sehen) haben eines gemeinsam: Beide arbeiten gerne mit
Herausgeberfiktionen. Aus diesen geht hervor, wie die Texte letztlich zur Publikation gelangt sind. Bei Puschkin wird dem Herausgeber, kurz bevor er Russland
verlässt und ins Exil geht, ein Manuskript zugesteckt, das dieser dann außer Landes schmuggeln soll. In dem Reiseroman »Tropen« von Robert Müller findet ein
Redakteur einer internationalen Zeitschrift ein verwaistes, herrenloses Manuskript in einer Schreibtischschublade, längst vergessen und nun von ihm zur Publikation gegeben.*

> »Der Roman als Fundstück, die Frau als Geschenk, die Reise als Begegnung.
> ›Die Geheimen Aufzeichnungen Marinas‹«

*Immer handelt es sich bei diesen umständlichen Vorschaltungen vor die eigentli-
che Lektüre um so etwas wie das Aufzeigen oder das Verweisen darauf, dass die
Begegnung mit der Fremde schriftlich vermittelt ist, und das ist im Grunde das
Wichtigste, dass immer wieder darauf hingewiesen werden soll, dass diese geschriebenen Zeugnisse die unüberwindbare Schranke sind, die Leser vor der Erfahrung der Fremde oder der erotischen Erfahrung, was in gewisser Weise ähnlich ist, trennen soll. „Die geheimen Aufzeichnungen Marinas« sind ein Textfund
aus dem Netz. Das heißt, es gibt kein vollständiges Manuskript, das man plötzlich aus einer Schublade hervorzaubern kann, die Textfragmente werden herun-
tergeladen, beim Lesen kann man verfolgen, wie sie angeklickt werden, wie sie
Stück für Stück vor den Augen des Lesers zusammengesetzt werden.*

Dass gerade erotische oder Reiseliteratur als Fundstück präsentiert wird, hat auch damit zu tun, dass man die Autorschaft verdecken will und die Verantwortung ein wenig abgeben. Das hat natürlich mit Zensur zu tun, niemand will für die und die erotische Praktik verantwortlich sein. Und bei Reisen dient das vorgegebene Schreiben als Distanz, als Filter, der dann sagen will, gut ich war dort, ich habe das so und so gesehen, bzw. ich war nicht dort, aber derjenige, der ich sagt, war dort und hat es so gesehen, aber da gibt es noch den oder die, und die waren auch dort und haben wiederum das und das geschen. Das geschieht, um die Autorschaft dieser Perspektiven ein bisschen auszuhebeln. Im Grunde ist es mir in dem ganzen Versuch, die Reiseerlebnisse zu beschreiben, bzw. das Material zusammenzufassen, natürlich auch darum gegangen, wie ich das, was ich gefunden habe, organisiere. Je mehr ich gesammelt habe, Bücher, Filme zum Thema Dschungel, Expedition, wurde mir klar, dass diese Vorlagen immer bestimmt von den jeweiligen Absichten oder Vorstellungen waren, die man vorher schon gehabt hat und so ist die jeweilige Reise dann auch meist dargestellt worden. Ich habe viele verschiedene Reiseberichte gehabt und wollte nicht ebenfalls einen Reisebericht schreiben. Also wollte ich Texte nehmen, die sich sowieso schon damit beschäftigt haben, wollte mit diesen Texten arbeiten und dafür einen Rahmen finden. Da ich ja wirklich im Netz dazu recherchiert habe, hatte ich die Idee, meine Entdeckung dieser ganzen Vorgänge so zu simulieren, indem ich etwas ins Netz stelle und dann herausfische.

»Die geheimen Aufzeichnungen Marinas«:

> »Es ist schwierig, meine eigene Geschichte zu erfinden, damit sie für künftige Leser einleuchtend klingt. Ich denke daran, halb nördlich, halb südlich zu sein, Vater deutsch-amerikanisch und Mutter mexikanisch vielleicht, was die Ausrichtung der Schriftstücke erklärte, mein fließendes Deutsch, mein vollkommenes Spanisch. Und vielleicht sind meine Eltern viel gereist, vielleicht war mein Vater als Musikologe unterwegs und hat mir von Brasilien erzählt, vielleicht wusste meine Mutter als aktive Vertreterin der ökologischen Bewegung über den Regenwald Bescheid und könnte ja sein, dass ich in Chicago oder Kanada studierte.

Nur für meine Auftritte muss ich überlegen. ob ich nicht besser eine Impersonatorin statt mir selbst sprechen lassen will. Die Agentur ›Spiegel-Bilder‹ zum Beispiel verspricht, Personen mit hohem Ähnlichkeitsgrad für Parties, Wahlveranstaltungen und sogar für Sex zu vermitteln. Die Impersonatoren gleichen bekannten und berühmten Menschen und verdienen damit Geld, dass sie bei Leuten auftreten, die nichts geworden sind, aber durch die Begegnung mit einer Person, die aussieht wie eine andere, wie ein Idol, aus dem etwas geworden ist, scheinen wollen, als stellten sie selbst etwas vor. Wo aber kann ich jemand bestellen, der niemandem gleicht, den man kennt? Jemand, der sichtbar werden soll, statt mir, eine Stelle bekleiden. die noch nicht existiert?«

Es ist aufgrund dieser Herausgeberfiktion eigentlich nicht damit zu rechnen, dass es sich um eine modernistische Spielerei handelt in diesem Roman. Aber die Frage scheint angebracht: Was kann das Netz mehr oder besser, oder wo führt das hin, im Vergleich zu einem einfachen Schreibtisch?

Es gibt viele Elemente im Netz, die an avantgardistische Schreibweisen erinnern, die es seit Anfang des 20. Jahrhunderts gibt, und Diskussionen über Netzmöglichkeiten greifen selten auf, dass es auch ohne das Netz schon eine weitreichende Tradition von Hypertext gegeben hat. Die Diskussionen darüber verwenden ähnliche Argumente zum Zusammenhang von Netz und Literatur wie damals, als Autoren begannen mit dem Computer zu schreiben: Hier wie dort wird befürchtet, dass sich die Literatur durch Textverarbeitung bzw. neue Verbreitungsmöglichkeiten verändern wird.

Man kann ja vielleicht sagen, dass man als Leser, und das ist mit der Herausgeberfiktion ähnlich, plötzlich mit Texten zu tun hat, die geheimnisvoll aus der Fremde kommen. Man weiß nicht genau. Wo kommen die her, sie haben so ein Geheimnis um ihren Ursprung und dann gibt es natürlich die Vorstellung, dass es so etwas gibt, was das Schöne am Netz ist, dass man durch diese Flexibilität und Unendlichkeit eine Art Nullzustand erreicht, wo alles in Bewegung ist und wo man die ganzen erstarrten Darstellungsformen des Fremden immer wieder durchkreuzen kann durch eine fließende Textpassage. Das ist vielleicht der Punkt, der es interessant macht für die Frage, wie wird Fremde dargestellt.

»Es handelt sich nicht um Briefe, Durchschläge, Unterlagen, papierene Belege. Jemand hatte das von Marina gesammelte Material hastig und nachlässig ins Netz transferiert. Hatte alles zur Verfügung gestellt. Warum aber die Berichte so zerrissen sind und manchmal falsch verbunden, frage ich mich nun, da ich Stück für Stück heraushole, zurück aufs Papier, und versuche, den Gang der Geschichte wiederherzustellen.

Nicht dass mich stört, dass jeder was anderes erzählt, es scheint sogar, dass die einzelnen Personen verschiedene Zeiten bewohnen, die meisten sogar mehrere. Und selten befinden sich zwei Menschen in derselben Zeitzone am gleichen Ort.

Aber vielleicht ist es das, vielleicht kommen die Berichte zerstückelt heraus, weil beim Übersetzen, beim Übergang von einer in eine andere zeitliche Dimension des Sprechens, Erinnerns, Geschehens, soviel verlorengeht. Vielleicht, dass sich der Zusammenhang verhängt, dass die Folge stecken bleibt, ganz kurz nur, aber doch so, dass ein Bruch geschieht. wenn man nachschieben will, und in diesen Zwischenraum dringt der Bericht des nächsten, anderen herein?«

Es gibt in dem Text mehrere Modelle, die versuchen, so zu funktionieren, und insgesamt gibt es ein Problem: Es ist schön und gut, solange es im Netz ist, aber es gibt ja die Erzählerin, die will das herausholen, sie will ein Buch machen, sie will, dass sich das Ganze in irgendeiner Weise materialisiert. Und das heißt auch, das Darstellungsproblem liegt bei ihr. Sie will etwas herstellen. Man kann versuchen, diese beiden Modelle, die in dem Text nebeneinander existieren – die aufgefundenen Berichte der verschiedenen Figuren einerseits und die Position der Erzählerin andererseits – mit dem Modell der Tischgesellschaft zu fassen, wie es Eva Meyer beschrieben hat: Danach wären diejenigen, die sich im Netz selber darstellen, eine Gemeinschaft von Personen, die über den unsichtbar freigehaltenen Raum des Netzes von ihrer Position aus sprechen. Und die Erzählerin sitzt mit ihnen am imaginären Tisch. Auch sie ist Zuhörerin, auch sie möchte wissen. Das wäre ein neues Begegnungsmodell von Fremden. Die Frage ist, ob Du das so sehen möchtest, ob das mit ein Grund war, den Roman im Kern so als Netzroman zu konzipieren?

Sicher, das war ein Hauptantrieb, zuerst einmal diese verschiedenen Positionen in den Figuren darzulegen und sie damit auf die Reise zu schicken, sie aber auch als Verschiedene zu belassen und schließlich einen Rahmen zu finden bzw. einen Faden, der sie dann doch zusammennäht, der auch locker bleiben kann. Um die Idee der Heterogenität zu bewahren, habe ich das Netz eingeführt. Ich wollte die Geschichte des Dazwischenseins darstellen und ich wollte nicht noch einmal einen Marinaroman, wie es sie ja schon gibt, schreiben. Ich wollte die Materialien als Facettenspiel auffächern und sicher ist dann das Netz, worin sich diese Berichte befinden, so eine Art Tisch oder ein Tischtuch.

In einem Text über ihren Roman schreibt Sabine Scholl:

»Als ich in Chicago dann umgeben war vom Ergebnis der Vermischung von Sprachen und Kulturen, stellte ich mir vor, als Spiel, was dabei herauskäme, kehrte ich die Geschichte um. Die Überlieferung erzählt vom Sieg der Spanier über die Azteken. Was aber wäre geschehen, hätte Cortés Übersetzerin ihn ermordet, beseitigt? Würden nun alle die Sprachen Marinas verstehen?

Um es auszuprobieren, musste ich ihre Biographie vorerst in der Gegenwart wiederholen. Schliesslich benötigte ich weitere Figuren, deren monologische Stimmen Marinas Absicht begegnen, spiegeln, abwandeln. vorwärts-

und rückwärtsschieben konnten, so wie die Geschichte es verlangen und ihren Weg bis in die Zukunft des Jahres 2010 finden würde. Aber das habe ich viel später erst gewusst. Man folgt bloß der Notwendigkeit. Zunächst wurde die Begegnung als Reise und Aufenthalt in den Tropen vollzogen, von jeder der Figuren aus verschiedenem Grund. So wie ich es in Büchern, Filmen und Museen fand: Ethnologie. Flora, Fauna. Ökologie. Religion und Ressourcen, also Holz, Gummi, Gold, sind die häufigsten Ursachen für eine Verlagerung von Vertretern der westlichen ersten Welt in unterentwickeltes Gebiet. All das natürlich nach Jahrhunderten von Entdeckung, Landergreifung und Kolonisation.«

Die Tischgesellschaft als Modell, diese vielen Einzelpersonen unter einen Hut zu bringen ... Darüber hinaus die Frage, wie diese ihre außertextuellen Referenzen herstellen. Woraus sich das bunte Leben an diesem Tisch speist. Hinter der Tischgesellschaft die Vorstellung einer Sammeltätigkeit, mit der alle Figuren im Roman befasst sind. Nicht nur die Erzählerin, die das Textfeld organisiert, sondern auch die einzelnen Romanfiguren die Frage. Welche Motive bestimmen diese Sammlertätigkeit im einzelnen? Ist die Erzählerin eine, die melancholisch durch diese einzelnen Fragmente in die Ferne, in die Fremde blickt und möchte sie wieder etwas herstellen?

Sie möchte etwas herstellen, das greifbar ist, einen Roman, etwas, das legitimiert ist, eine Form des Sprechens oder Erzählens, von der jeder weiß, was es ist: Ein Buch, ein Roman mit einem Titel, das hat einen Autor mit einem Autorenfoto, Biographie und einem Klappentext usw. Alle diese außertextuellen Komponenten will die Erzählerin erzeugen, indem sie Texte sucht und sich aneignet. Das ist ein wichtiges Moment, andere Personen haben etwas geschrieben und sie eignet es sich an, will es als ihres vorstellen. Sie stiehlt und raubt und kopiert. Die Figur des Stehlens, Raubens, Betrügens und Verratens ist bei allen Figuren des Romans sehr wichtig im Verhältnis zu diesem fremden Land und zueinander. Die versuchen sich ja ununterbrochen gegenseitig reinzulegen, zu betrügen. Ich natürlich auch.

»Die geheimen Aufzeichnungen Marinas«

»Leni breitet aber nicht alles aus vor Marina, wie ich weiss. Und Zés Kassetten von Lilians Geschichte waren nicht viel wert. Leni hütet die Notizen von Eugénio, die sie Marina nicht zeigt. Warum?
Weil sie noch nichts sagen kann über Ähnlichkeit? Über Doppeltsein und Zwischen-allem-Stehen?
Weil sie Marina testen will?
Was die Fremde wirklich hier soll?

Marina erzählt Leni, dass sie Journalistin sei, Filme von den Indios gemacht habe und nun ihre Zeit nützen will, um das Leben der Frauen am Hügel zu studieren.

Als Leni zum ersten Mal von Eugénio spricht, scheint Marina interessiert. Seinen Namen hat sie schon gehört. Sein Onkel, de Andrade, soll eine Sprache gefunden haben, zusammengesetzt aus verschiedenen Stufen und Kulturen, erwähnt Marina vor Leni und will Eugénio sehen.

Daran hatte Leni nie gedacht, aber es ist für sie ein weiterer Beweis. nehme ich an, dass etwas die beiden verbindet, das sie selbst nicht kennt.

Und schließlich spricht Marina die Sprache, in der die Notizen geschrieben sind, die Leni bei Eugénio geborgen hatte aus dem Müll. Sie wird Marina seine Schriften vorlegen müssen einmal. Doch vorerst vermittelt sie Gespräche mit den Frauen für Geld.

Und berichtet selbst, abgehackt, in kurzen Sätzen, weil sie während ihrer Arbeit spricht, unterbrochen vom Hantieren mit Töpfen. Wassereimer. Lappen. Mehl.

Und Marinas Rekorder läuft.«

Zu den anderen Figuren des Romans ... Die Frage ist nicht nur, diese Erzählungen zu sammeln, sondern es wird auch innerhalb des Romans pausenlos gesammelt: die eigene Geschichte. Spuren, das Bild vom Urwald ... Die einzelnen Figuren sind auch wiederum als Sammler unterwegs, die etwas zusammentragen und in ihren Aufnahmegeräten zusammenenbringen.

Es gibt z. B. die Opposition Curt, der alte Ethnologe, und Marina. Curt hat sein ganzes Leben Sachen von den Indianern gekauft und weitergegeben nach Deutschland und dort die Museen aufgefüllt. Curt habe ich auch im Unterschied zu Marina gesehen, diese männliche Figur repräsentiert ein zusammenfassendes Sammeln, ein dominierendes, das mit einer bestimmten Vorstellung und Ausrichtung an die Sachen herangeht, sie mit bestimmten Verhandlungsmethoden bekommt. Auch sein Verhältnis zu den Indigenen ist genau definiert. Er weiß, was richtig ist, wie die Gegenstände einzuordnen sind, er kennt den Zusammenhang. Er ist ein klassischer Sammler. Während Marina zwar sammelt, aber auch immer wieder auflöst und zerstreut. Bei ihr ist es ein Prozess des Ansichnehmens, Vereinnahmens und Wegwerfens, Verlierens. Sie ist immer auf der Suche nach einer Fassung, die sich aber immer wieder ändern kann. Curt hingegen stellt seine Version der Geschichte immer als die richtige vor. Marina ist die ganze Zeit damit beschäftigt, immer wieder ihre Fassung zu finden in den verschiedenen Positionen.

»Die geheimen Aufzeichnungen Marinas«:

»Als Lucia wiederholt hat, wie sie in die Stadt gekommen ist und ich sie aufgenommen habe, fragt sie: Und ist das für dich interessant?
Sicher, sage ich.
Und schreibst du alles auf und machst es dann zu einem Buch? Ja. Nicht alles wahrscheinlich. Teile davon, antworte ich.
Und werden die Leute hier es auch lesen können? Fragt Lucia.
Ich weiß noch nicht. Zuerst muss es in meinem Land gedruckt werden und dann kann man erst sehen, ob man es auch hier lesen will. Ich hoffe schon, antworte ich.
Also musst du meine Geschichte in dein Land transportieren und in die Sprache deiner Leute und dann erst kommt es wieder hierher zurück? Fragt Lucia.
Ja, in die Sprache, die du jetzt sprichst.
Lucia findet das lustig, welchen Weg ihr Erzählen nehmen wird, sie fängt zu lachen an.
Sie hat recht. Es ist unsinnig. Und es kann keine richtige Version der Geschichten geben, in keiner Sprache, weil sie sich verändern ab dem Moment, an dem man anfängt sie zu erzählen, niederzuschreiben, übersetzen und damit als anderes zu erklären.«

Neben der Ebene der Figuren und der Erzählerin gibt es noch eine dritte Figur, die in das ganze Geschehen verstrickt ist, und das ist die Autorin Sabine Scholl. Interessant wäre die Frage nach ihrem Platz. Was für einen Platz hat die Autorin in dieser Konstellation? Als Erstes kann man natürlich sagen, dass sie als wahre Dichterin agiert hat, denn sie hat im Endeffekt viel dafür getan, dass der Platz der Autorin aufgegeben und dass Raum für das Textgeschehen geschaffen wird. Dennoch kann man eigentlich nicht sagen, dass die Haltung der unbeteiligten Zuschauerin eingenommen wird, denn es gibt ein biografisches Moment. Geradezu klassisch gibt es den Zugang zur Lateinamerika-Literatur über die iberische Halbinsel. Zwei Jahre Leben in Portugal, heute in Chicago. Das heißt, es gibt über dieses biografische Element ein Interesse an auseinanderfallenden Bildern.

Natürlich ist die Beschäftigung mit solchen Themen davon beeinflusst, wo ich lebe oder gelebt habe bzw. die Erfahrung z. B. in Portugal: dieses übergangslose Nebeneinander von Erster Welt und Dritter Welt. Genauso auch in Chicago, wo ich nicht in einem weißen Chicago lebe, sondern in einem schwarzen und mexikanischen Chicago.

Im Text »Die Welt als Ausland« schreibt Sabine Scholl:

»Für den Mexikaner stellt sie (die mexikanisch-amerikanische Grenze) eine unüberwindbare Mauer dar, für den Chicano, also den bereits in den USA lebenden Mexikaner, ist die Grenze die Nabelschnur, die ihn mit Mexiko verbindet, für den Nordamerikaner ist sie ein Symbol für nationale Sicherheit und gleichzeitig die Grenze zur Dritten Welt.«

In dieser explosiven Mischung ergaben sich Phänomene, insbesondere in der Chicana-Literatur, die ich als sehr offen oder auch selbstbewusst erlebt habe. Und ich wollte von Anfang an mehr wissen, wie sich so ein Zwischensein von mexikanischen ImmigrantInnen darstellt und habe geforscht, welche Literaturen und Phänomene, welche Figuren und Mythen es gibt und wie sie mit ihrer kulturellen Identität umgehen, wie sie sich dadurch verändern, wenn sie in das neue Land kommen, wie es sich von Generation zu Generation verschiebt, wo die Großmutter z.B. noch die Bewahrerin dieser ursprünglichen Herkunftskultur ist und die Generation der Mütter sich bemüht, sich stark anzupassen und schnell zu amerikanisieren. Dann die Enkelin, die zwischen den beiden Positionen lebt und einerseits nach dieser Vergangenheit sucht, um eine Identität zu finden, die sich absetzen kann gegen die weiße Umgebung. Und gleichzeitig aber auch diese selbstverständliche Nutzung der amerikanischen Elemente. Das Dazwischensein habe ich als sehr spannend und interessant empfunden, auch in den Formen, die sich für die Literatur daraus ergeben. Diese Wahrnehmung, die in Chicago stattgefunden hat, ist komischerweise aber erst nachher gekommen, als ich den Roman schon zu sechzig Prozent geschrieben hatte. Denn ich war in Wien, als ich angefangen habe, diese Übersetzerin zu entdecken.

Im Text »Die Welt als Ausland« schreibt Sabine Scholl:

»Das erste Haus meiner Kindheit war als ehemaliges Armenhaus des Dorfes schon immer verrufen. (...) Das Haus war weiträumig, stellte Zimmer für andere bereit, für die immer schon Vertriebenen. Als Kind schon übte ich mich ein, ging hinüber. Ein dunkler Fleck in sauberer Umgebung, eine Lücke, dort, wo das Wirkliche fehlte.« Und: »In die erlaubte, wie in die andre, verbotene Welt sehen können, war eine Haltung, die ich im Haus meiner Kindheit lernte. Mit dem Aufbruch in andere Städte und schließlich in der Berührung mit anderen Sprachen und Kulturen wurde das Interesse an Schriftstellerinnen und Schriftstellern, die sich in mehreren Welten bewegen, verstärkt – zum Beispiel an einer Tschechin, die als Sinologin und Japanologin in Paris lebt, einer Kroatin, die als Exilierte in den USA lebte, einem Polen in Argentinien, einer Ukrainerin, die portugiesisch schrieb, in allen möglichen Ländern der Erde lebte und in Brasilien starb, einer Bulgarin in Paris, einem Prager Juden in Brasilien und Südfrankreich, einer Deutschen in London, einer Japanerin, die in Deutschland deutsch schreibt, sowie an einer Tschechin, die kein einziges Buch in ihrer Muttersprache veröffentlichte und erst auf Deutsch begann, Literatur zu schreiben ...«

Die Figuren, mit denen sich Sabine Scholl literarisch beschäftigt hat, wissen, dass das, worauf sie sich beziehen, Texte sind, das heißt, sie bewegen sich zwischen den Texten, so wie Yoko Tawada, die mit der Transsibirischen Eisenbahn von Japan nach Europa gefahren ist und gesagt hat, sie schreibt vor der Reise immer ein Tagebuch, damit sie während der Reise daraus zitieren kann. Diese Schleife ist das, womit Sabine Scholl auch immer wieder in ihren Texten arbeitet oder was sie gerne liest oder worüber sie gerne schreibt. Dazu gibt es einen wunderschönen Spruch, der heißt: Sage mir, was du von der Übersetzung hältst und ich sage dir, wer du bist. Und ich glaube, dass man sich noch einmal genau diese Marina-Figur anschauen könnte aus dem Text als eine Übersetzungsfigur und fragen könnte, um genauer zu erfahren, was interessiert dich an dieser Figur? Was hat dazu geführt, dass diese Zwischenform zur exemplarischen Figur eines Romans geworden ist?

Marina ist eine ganz wichtige Identifikationsfigur für Schriftstellerinnen, die zweisprachig sind und zwischen den Sprachen schreiben. Sie haben diese Übersetzerfigur als ihr Reizbild entdeckt. In den USA wurde Marina in vielfacher Weise literarisch behandelt. Das war natürlich auch ein Problem für mich als Autorin, da ich mir dachte, ich könne dies doch eigentlich nicht machen, denn ich bin weder Mexikanerin noch Amerikanerin. Das ist auch mit ein Grund, warum ich die vorgeschobenen Autoren, das Netz, das Stehlen und Rauben thematisieren musste.

»Die geheimen Aufzeichnungen Marinas«:

»Ich nenne sie nicht gern Marina. Für mich heißt sie Malinche. La Malinche. Manche meinen auch, sie wurde Malinal oder Malintzin genannt. Malinal ist ihr Geburtsname und den Namen Marina hat sie von den Spaniern bekommen, nach der Taufe. Darum verstehe ich nicht, warum sie freiwillig diesen Namen behält. Sie ist La Malinche, die Zwischenform. Ich ziehe ihren Mischlingsnamen vor, auch wenn viele dabei sofort an eine Hure, eine Verräterin denken. Die Männer vielleicht. Aber sie war die einzig wichtige Frau in dieser Geschichte des Eroberns. Deshalb ziehe ich Malinche vor. Doch für diese Geschichte hat sie ihren Namen selbst gewählt. Sie nennt sich: Marina.«

Politisch Schreiben im Gespräch mit Sabine Scholl

Angedachtes Thema des Gesprächs war das digitale Verlagsprojekt FIKTION.
Letztlich ging das Gespräch weit über Fiktion hinaus.

PS Ich hab mir gedacht, dass wir ein bisschen vor »Fiktion« anfangen, mit Grundsätzlicherem. Bei »Fiktion« geht es ja auch darum, eine Alternative zur gängigen Verlagswelt, Verlagspraxis auf die Beine zu stellen.

SS Genau.

PS Warum würden Sie sagen, braucht es diese Alternative?

SS Vorangegangen ist dem Ganzen die Erkenntnis, dass es in der Verlagslandschaft in den letzten 10–15 Jahren mit anspruchsvoller Literatur immer schwieriger wurde ...

PS Anspruchsvoller Literatur?

SS Literatur, die keine Trendthemen behandelt und die sprachlich und erzählerisch avanciert arbeitet. Damit wurde es zunehmend schwieriger, überhaupt einen Verlag zu finden, bzw. einen, der auch das zweite Buch macht, das heißt bei einem Verlag bleiben zu können. Weil Verlage schneller in Konkurs gehen, weil die Konkurrenz durch die großen Konglomerate heftiger wurde. Und auch – das bestätigen die Agenten, Verleger sagen das nicht gerne öffentlich – dass bei gleich bleibendem Werbeaufwand und Öffentlichkeitsarbeit letztlich von einem sogar gut besprochenem Buch heutzutage weniger Exemplare verkauft werden. Also ein Autor muss relativ viele Preise gewonnen haben und irgendwie anderswo verankert sein – zum Beispiel im Feuilleton der ZEIT schreiben –, damit der Verlag ihn behält.

PS Ja? (*lacht*)

SS Das hat sich massiv verändert in den letzten 10–15 Jahren – ich bin jetzt ungefähr 25 Jahre dabei. Die Idee für »Fiktion« kam vom ehemaligen Verleger Gatza, der im Wagenbach Verlag gelernt hat und nach dem Konkurs des eigenen Verlages in verschiedenen Häusern wie Eichborn Verlag, Berlin Verlag,

Suhrkamp Verlag unterkam. So konnte er beobachten, wie das Verlagswesen sich entwickelte und um wie viel härter es geworden ist.

PS   Also jetzt durch die Konkurrenz und durch die Monopolbildung...?

SS   Durch die Agglomeration in Konzernen, genau. Und...

PS   Kann ich da eine Zwischenfrage stellen?

SS   Ja klar, natürlich.

PS   Würden Sie sagen, dass die Konkurrenz unter den Verlagen auch die Konkurrenz unter Schreibenden verstärkt hat?

SS   Die Konkurrenz unter Schreibenden hat es immer gegeben. Nur dass es jetzt viel mehr Schreibende auf dem Markt gibt.

PS   Das heißt?

SS   Es ist sehr schwierig – außer man hat wirklich ein gemeinsames ästhetisches Programm – auf längere Zeit hin zusammen zu arbeiten, gemeinsame Interessen zu vertreten oder ein permanent gut funktionierendes Netzwerk aufzubauen. Das funktioniert immer nur für einen begrenzten Zeitraum.

PS   Warum?

SS   Wegen der Konkurrenz. Ich würde schon behaupten, dass im Zweifelsfall jeder doch nicht stets für den anderen mitdenkt, sondern auf seinen eigenen Vorteil schaut. Was sich als Gegenbewegung formiert hat, war die Lyrik. Weil dieses Genre als zu wenig verkaufsträchtig marginalisiert wurde, haben die Dichter viel eher begriffen, dass sie gemeinschaftlich eine Gegenöffentlichkeit aufbauen könnten, haben begonnen, sich auf Internetplattformen zu vernetzen.

PS   Das würde bedeuten, nachdem diese Unmöglichkeit sich jetzt ausbreitet, wäre das eine potenzielle Perspektive.

SS   Genau. Es gibt im Netz Tools, um an die Öffentlichkeit zu gelangen. Verschiedene Publikationsplattformen existieren bereits, die vor allem von Autoren genutzt werden, die – wie ein Medientheoretiker sagte – unter dem Radar der Verlage ansonsten durchgeflogen sind. Weil sie thematisch oder sprachlich nicht so ausgeformt waren. Oder diese Softporno-Geschichten, wie *Fifty Sha-*

des Of Grey, die von der Möglichkeiten des Self-Publishing massiv profitierten und dann aufgrund ihrer Erfolges und ihrer bereits im Netz gefundenen Leserschaft zum Teil von renommierten Verlagen wieder in Buchform zurück geholt wurden.

PS   Quasi die so genannte »Unterhaltungsliteratur«.

SS   Ja, man kann das vielleicht so nennen. Aber die so genannte, »gut geschriebene«, »gut erzählte« oder »seriös recherchierte« oder wie auch immer ...

PS   Ist schon schwierig.

SS   Sehr schwierig, das in kürzester Form zu fassen. Ich habe tatsächlich bereits den Ausdruck »Literatur-Literatur« gehört. Literatur also, der das Ästhetische wichtig ist, die avancierte Themen und Absichten verfolgt. Davon gab's im Netz bis vor kurzem wenig. Die Idee zu Fiktion war: Warum nicht dieses Medium nutzen? Warum komplizierte Texte nicht zugänglich machen? Sogar kostenlos. Wenn wir einen Sponsor finden, oder andere Formen der Finanzierung, wie Genossenschaften? Jetzt ist es mal nur ein Versuch, das aufzuziehen, um zu sehen: Was sind die Minimalanforderungen?

PS   Und wie hat sich dieser Versuch jetzt finanziert?

SS   Das Projekt wird von der Bundeskulturstiftung finanziert.

PS   In welchen Ausmaßen? Wer ist bezahlt worden?

SS   Die beiden Projektleiter Ingo Niermann und Mathias Gatza und die Kulturmanagerin Henriette Gallus.

PS   Nur die drei sind bezahlt worden?

SS   Die Programmierer und die Übersetzer wurden für ihre Arbeit auch bezahlt.

PS   Das heißt, alle anderen haben das ehrenamtlich gemacht?

SS   Ja.

PS   Die Autor_innen auch?

SS   Ja.

PS   Also es kriegt niemand was dafür?

SS   Nein. Das ist jetzt die Testphase. Noch keine Phase, in der sich das Projekt selbst trägt.

PS   Auf der Website steht Englisch-Deutsch-Englisch.

SS   Die Absicht war auch, die Internationalität des Netzes zu nutzen, indem Texte in Englisch verfügbar sind, bzw. englische Texte im Deutschen.

PS   Diese internationale Ebene und, dass es keinen gängigen Marktkriterien entsprechen soll.

SS   Ja.

PS   Und wie äußert sich das?

SS   Fiktion will nicht Außenseitertexte suchen, sondern es gibt im Gegenteil viele interessante Texte, die – sagen wir einmal so – sich ein renommierter Verlag nicht zu veröffentlichen traut. Also Literatur, die noch nicht gelabelt ist oder negativ gelabelt und keinem Trend entspricht, den man zu erkennen glaubt. Wenn man überhaupt von so etwas wie Trend sprechen kann, aber ich denke, es bilden sich Übereinkünfte heraus, was »geht« und was nicht. Und Zahlen, Verkäufe, Auflagen sind heute wichtiger denn je.

PS   Okay.

SS   Solche Literatur wird bei Fiktion veröffentlicht und in einer zweiten Sprache zugänglich gemacht. Weil auch ein Autor, der es geschafft hat, im deutschsprachigen Raum zu veröffentlichen, sich verglichen zum englischsprachigen Markt in einem beschränkten Raum bewegt. Der Prozentsatz der Übersetzungen vom Deutschen ins Englische ist minimal – ich glaube 2–3 % – während umgekehrt bis zu 80 % aus dem Englischen übersetzt werden. Und oft funktioniert ein deutschsprachiges Buch dort nur, wenn eine Übersetzerin sich dafür einsetzt, gut vernetzt ist, dauernd dafür trommelt. So ist zum Beispiel jetzt Jenny Erpenbeck auf einer Liste der wichtigsten übersetzten Werke und wird als prominente deutsche Autorin in den USA wahrgenommen, von Literaturwissenschaftlern rezipiert, das ist vor allem ein Verdienst ihrer Übersetzerin Susan Bernofsky.

PS   Das wäre quasi das Interesse für eine Autorin oder einen Autor, bei Fiktion zu veröffentlichen.

SS   Jaja, absolut.

PS   Es würde kein Geld rausspringen bei der Veröffentlichung.

SS   Nein.

PS   Sondern, eigentlich ist das Interesse – wenn ich es in meinem Verständnis runter breche – über diese Veröffentlichung wieder zu einem Verlag zu kommen, bei dem man dann doch Geld verdienen könnte?

SS   Das könnte sich vielleicht ergeben.

PS   Naja, weil der Anreiz, also was wäre denn sonst der Anreiz?

SS   Der Anreiz wäre das Teilen der Inhalte. Es wäre diese ursprüngliche Netzidee, dass man Wissen und Texte nicht verkauft, sondern teilt.

PS   Ich finde das eine sehr schöne Idee. Aber ich versuche auch noch rauszufinden, wenn man jetzt wieder auf das Ökonomische, also die Grundbedürfnisse der materiellen Existenz, die ja Autorinnen und Autoren – das wissen sie ja auch – auch haben ...

SS   Mhm, ja.

PS   ... wie rechnet sich das dann runter? Jenseits des Teilens. Wenn man das Bedürfnis hat, von der Arbeit, die man da reingesteckt hat, vielleicht irgendwie auch leben zu können?

SS   Dazu muss gesagt werden, dass ohnehin fast niemand davon leben kann. Auch wenn ein Autor in Buchform veröffentlicht, wird allein darüber relativ wenig Geld verdient. Autoren kommen zu Geld über Stipendien, wenige durch Preise, sie werden für Lesungen und Präsentationen bezahlt, für das Schreiben von Zeitungsartikeln – wobei das nicht bedeuten muss, dass ein Autor auf diese Weise schon überleben kann – oder Autoren unterrichten, wobei Lehraufträge an Unis so gering bezahlt werden, dass sie eher unter karitative Akte fallen. Viele Autoren werden von den Eltern unterstützt, haben geerbt oder einen Partner, der verdient, oder sie haben einen Brotberuf. Deshalb ist das Finanzielle nicht unbedingt ein Argument, das gegen eine Veröffentlichung bei Fiktion spricht. Du könntest z. B. mit dem Frühjahrsprogramm von FIKTION eine Tour zu verschiedenen Goethe-Instituten machen, weil die Bücher eben auch in Englisch übersetzt sind und dafür gibt es Honorar. Zu vielen Veranstaltungen weltweit wird ja von Institutionen oder Universitäten oft nur eingeladen, wer eine englischsprachige Übersetzung vorweisen kann.

PS   Das wär die Werbung für »Fiktion«.

SS   Ja.

PS   Auf der Website steht auch, dass man nach Manuskripten sucht.

SS   Mhm.

PS   Wie denn das?

SS   Man schickt den Text an die angegebene Mailadresse.

PS   Und da wird jedes Manuskript angeschaut?

SS   Anscheinend, ja. Mhm.

PS   … während einer oder einem immer wieder gesagt wird, dass das Schicken des eigenen Manuskriptes an einen Verlag eher …

SS   Genau, mittlerweile gibt es Agenturen. Aber sogar diese vertreten jetzt E-Books und handeln Verträge mit E-Book-Verlagen aus.

PS   Okay. Es sind ja jetzt irgendwie die ersten drei Bücher bei Fiktion raus. Das sind drei männliche Autoren. Das fällt sofort auf.

SS   Ja, natürlich.

PS   (*lacht*) Wie kommt das?

SS   Ja, weil zwei Männer den Betrieb leiten. (*lacht*)

PS   Okay. So, der emanzipatorische Anspruch endet irgendwie …

SS   Ja, endet dann sozusagen in der Praxis.

PS   Aja.

SS   Wie so oft, ja.

PS   Aber andererseits, also auf dieser ganzen Liste, ich weiß nicht ob das jetzt Unterstützer*innen oder …

SS   … Beirat heißt das.

PS   Der Beirat, genau. Der ist ja wiederum recht Frauen-dominiert. Mit Elfriede Jelinek besetzt, wo ich mir denke, dass das wahrscheinlich auch ein bisschen wichtig ist, solche Namen zu haben. Nicht wahr?

SS   Absolut, na klar, ja.

PS   Ja, wir haben ja auch nicht umsonst den Herrn Krüger um ein Interview gebeten. Also dieser doch sehr Frauen-dominierte Beirat, dem stößt das nicht auf, dass in diesem Projekt, das ja irgendwie versucht was anders zu machen oder versucht dem Gängigen eine Alternative entgegen zu setzen, dass dann ein recht junger, weißer Deutscher, den ich irgendwie wiedererkannt hab aus einer Ausgabe des *poeten*.

SS   Ja.

PS   Und okay, man könnte sagen, der eine, also ich hab jetzt … also … *(lacht)* Also es tut mir Leid, aber ich kann da nicht …

SS   Nein. Das können wir gerne abkürzen. Darauf gibt's eine ganz einfache Antwort: Leider hat es sich so entwickelt, dass wir als Beirat kaum informiert werden.

PS   Aja.

SS   Ja, so ist das. Das ist die Wahrheit.

PS   Okay. Erzählen sie mal.

SS   That's it.

PS   That's it!?

SS   Wir haben gemeinsam angefangen, Workshops gemacht – mehrere Schriftsteller, die Ideen sammelten und dann irgendwann ist das so – oops! – in die Hände dieser drei Menschen übergegangen und ich habe keine Infos mehr gekriegt. Gar nichts.

PS   Sie hatten auch überhaupt keine Entscheidungsgewalt darüber, wer verlegt wird?

SS   Nein.

PS   … Nichts?

SS   Nein. Wir sind eigentlich nur Staffage. So hab ich's letztlich empfunden. Nur um zu sagen: »Seht mal was für interessante Leute unser Projekt unterstützen«. Es war schon sehr enttäuschend für mich, ja.

PS   Ja, ich hab mich wirklich sehr gewundert, als ich das auf der Website gesehen hab und hab mir gedacht so …

SS   *(lacht)*

PS   *(lacht)* … Ich glaub ja nicht an diese Zufälle.

SS   Na, und ich hab mich gewundert, jetzt während unseres Gesprächs, wie lange es dauert, bis wir an diesen Punkt kommen. *(lacht)* Dass ich das zugeben muss, dass das irgendwie … dass ich Fiktion als Projekt natürlich interessant finde und auch diesen ganzen Prozess unterstütze, aber dass diese Taktik der Nicht-Information mir einfach ungeheuer auf den Geist geht.

PS   Ok. Frau Scholl, reden wir einfach über was anderes, was wirklich interessanter ist anscheinend …

SS   *(lacht)* Okay.

PS   … Schade, es war eine kurze Hoffnung, die aufgeflackert ist, die gleich wieder erloschen war, als ich auf die Autorenliste geklickt hab und mir dachte: WARUM? Warum ist das so? Und natürlich ist mir auch aufgefallen, wer die zwei obersten Namen waren.

SS   Ja.

PS   Aber egal. Also in diesem Literatursystem – warum ist das so? Nein. Reden wir nicht darüber, warum das so ist, weil wir uns wahrscheinlich eh zu einig sind. Was wären die Möglichkeiten, real, praktisch, pragmatisch, daran zu rütteln?

SS   Also jetzt im großen Stil?

PS   Auf den verschiedensten Ebenen. Wir können uns eine herauspicken.

SS   Ja.

PS   Wir können z. B. wirklich auf dieser Schriftsteller*innen-Ebene schauen. Diese Konkurrenz, die irgendwie an den Roots beginnt und sich ja einfach fortpflanzt und interagiert miteinander, ist einer der Kernpunkte, warum ständig dasselbe reproduziert werden kann, auch wenn Neues versucht wird.

SS   Mhm. Ja, also auf Schriftstellerinnen-Ebene kann ich nur aus meiner Erfahrung berichten. Als ich in diesen Betrieb kam, wurde ich doch stark als Frau wahrgenommen. Eben als Frau-Frau und nicht nur als Schriftstellerin. *(lacht)* Also wie man so aussieht und wie man wirkt und ob man fuckable ist. Das war alles wichtig. Nicht, dass das jeder ausgesprochen hat. Aber das war einfach so. Und konsequenterweise habe ich Anregungen für mein Denken und Schreiben vor allem von SchriftstellerINNEN erfahren, mit denen ich befreundet oder bekannt war. Aber diese Beziehungen waren auch nie so, dass man sagt: Okay, man gründet jetzt eine Bande und wir helfen uns gegenseitig.

PS   Warum?

SS   Ja, das war einfach überhaupt … es gab nichts.

PS   Männer haben diese Netzwerke seit Hunderten von Jahren.

SS   Ich weiß.

PS   Warum ist das nicht passiert?

SS   Jede dieser Frauen – sie waren ja älter als ich – hatte eine Zeit lang versucht, sich zu organisieren, ist aber nicht weit damit gekommen. Viele sind in diesen Paar-Geschichten hängen geblieben. Also Er: Schriftsteller – Sie: Schriftstellerin. Dort hat man sich dann zumindest irgendwie psychologisch unterstützt. Aber die männlichen Künstler- oder Schriftstellergruppen, in denen ich mich bewegt habe, wären nie auf die Idee gekommen mich zu fördern. Überhaupt nicht. Es war eher umgekehrt, man durfte bewundern und zuhören und manchmal gab es auch ein kleines Kompliment »Ja, der war gut, der Text«. Und Frauen-Initiativen gab's immer wieder so spontan. Man sitzt im Hotel nach dem Symposium, zu fünft. Ein Typ kommt rein und sagt: »Ja, was ist denn da los? Was habt ihr für eine Verschwörung?« Und daraufhin die Idee: »Ja, okay, wir machen jetzt was zusammen.« Und dann veranstaltest du halt ein Symposium, gibst einen Sammelband heraus. Es war immer eher peripher. Du dockst irgendwie an mit jemand oder mit einigen und dann zerfleddert sich wieder alles, weil die jetzt das Stipendium dort hat, oder die den Auslandsaufenthalt soundso. Oder man zerstreitet sich, das gibt's auch. Dass man sich eine Zeit lang stützt und dann kommt irgendwas auf. Ich muss ehrlich sagen, oft sind es psychische Probleme, Paranoia, Borderline, Narzissmus. Und dazu sind viel Alkohol und Drogen im Spiel. Nicht gerade Faktoren für Beständigkeit.

PS   Der wäre jetzt geschlechtsunabhängig, dieser Faktor?

SS   Ja. Aber das erschwert unter Frauen anscheinend eine beständige Kommunikation. Ich weiß nicht. Mir ist das ja auch passiert und ich hab Geschichten von Kolleginnen erfahren, von intensivem Austausch, Briefwechsel, gegenseitigen Manuskript-Besprechungen, gemeinsamen Projekten, Reisen, und dann gibt's irgendwas – tschak! – und dann Distanz oder gar Feindschaft. Aber ich habe nicht aufgegeben – ich versuche es ja immer wieder.

PS   Es ist dann so ein Einzelkämpferinnen-Ding.

SS   Absolut. Andererseits existiert in Berlin jetzt eine »Frauengruppe«, die hauptsächlich aus Wissenschafterinnen besteht, die sich unterstützen, um sich besser zu positionieren. Dann gibt's den FAZ-Blog, der von Frauen geleitet wird. Da schreibe ich jetzt auch dafür. Der Kampf darum scheint ziemlich gewesen zu sein. Dazu brauchst du wirklich Frauen, die sich nichts sagen lassen und die auf die Pauke hauen. Zum Beispiel kam es mit dem Online-Chef zu einem Gespräch, in dem er meinte, sie könnten nicht mehr so viele Autorinnen aufnehmen und müssten Honorare reduzieren. Aber in der Redaktion sitzt auch eine Kulturmanagerin, die hat dann gesagt: »Ne. Sie sind Geschäftsmann, ich bin auch Geschäftsfrau. Ich weiß, dass Sie jetzt bluffen.« Die kannte die Spielregeln. Er musste das tatsächlich zugeben. Und sowas hast du als Autorin nicht selbstverständlich drauf. Da müsstest du die ganze Zeit dein eigener Agent sein. Daran scheitert es oft. Dass du diese ganze Businesstaktik nicht drauf hast.

PS   Man kann sagen, dass es heute anders ist, als noch vor 100 Jahren. Aber trotzdem ist es interessant zu beobachten: Es gibt nicht so etwas wie ein Gleichgewicht, oder einen Ausgleich.

SS   Hmhm.

PS   Oder würden Sie sagen, das ist heute ausgeglichen?

SS   Das ist sehr schwierig. Weil es unter den Büchern, die von Frauen veröffentlicht werden, eine starke Kategorisierung gibt, die von den Verlagen ausgeht.

PS   Und dann gibt es noch eine andere Ebene, auf der Literatur behandelt wird. Und das ist diese Kanon-Ebene.

SS   Kanon ist ja etwas, das total abgesichert ist und in die Vergangenheit zielt.

PS   Ist das so?

SS   Für mich ist Kanon eher etwas akademisch Abgesichertes. Weniger etwas, das im Feuilleton von der Literaturkritik, von den wichtigen Zeitungen wahrgenommen wird. Das würde ich nicht »Kanon« nennen. Ich weiß gar nicht, wie man das nennt. Trend? Etwas, worauf sich die Entscheidungsträger geeinigt haben. So wie man sich in den 90er-Jahren einig war, dass deutsche Autoren jetzt unbedingt so wie die Amerikaner erzählen müssen. Und alle haben wie wild wie die Amerikaner erzählt. Dann wurde das langweilig. Zurzeit darf man wieder mit interessanteren Formen arbeiten – weil in der ZEIT plötzlich stand: Schluss jetzt mit diesen perfekten Erzählungen und Roberto Bolaño ist ab nun der Allerbeste: Also ausprobieren, experimentieren und avantgardistischere Formen mitbedenken. Das Pendel schlägt mal so, mal so, mal so aus, je nachdem, wie die Kritiker befinden.

PS   Meinen Sie, dass die immer noch so bestimmend sind?

SS   Ja, total.

PS   Und haben Sie festgestellt, dass es zu einer Verschiebung kommt im Sinn von, dass es eigentlich immer zunehmend wichtiger ist, WER was schreibt, als WAS wer schreibt? Wann hat das so eingesetzt, ihrer Meinung nach?

SS   In den 90er-Jahren wurde viel aussortiert.

PS   Wie, aussortiert?

SS   Naja, der Verlag hat das nächste Buch nicht mehr produziert. Die Autoren hatten bereits vier, fünf Bücher z. B. bei Rowohlt veröffentlicht, denn als sie anfingen waren experimentellere Formen noch genehmer. Dann wurde beschlossen »Ne, da wird zu wenig verkauft« und die Autoren bekamen keine Verträge mehr.

PS   Ja, aber da sind wir jetzt wieder bei dem WAS wer schreibt.

SS   Das meine ich. Dass damit eine Konzentration auf einzelne Personen, die einen Stil repräsentierten, erfolgte.

PS   Okay. Aber was ich gemeint habe, waren die Autoren / Autorinnen im Hinblick auf ihre persönliche Geschichte.

SS   Achso.

PS   Also, dass es eine Tendenz gibt, dass es wichtig ist, was die Autorinnen oder Autoren als Personen repräsentieren und erst in zweiter Instanz, was sie schreiben. Und vielleicht hängt das ja auch mit einem zunehmenden Fokus auf Realismus und Authentizität zusammen –

SS   Mhm.

PS   – der irgendwie sehr gehypt wird. Der auch an diesem Institut sehr gehypt wird. Dieser Realismus und diese Authentizität verlinken sich nahezu automatisch mit der Lebensrealität oder der Geschichte der jeweiligen Person, die das schreibt.

SS   Mhm. Ich denke oft darüber nach, warum zurzeit das Memoir so eine große Sache ist. Das hat plötzlich angefangen, vor drei, vier Jahren, vorher gab es das gar kaum im deutschen Sprachraum.

PS   Das Memoir?

SS   Ja, der neue Hype.

PS   Was meinen Sie genau mit dem »Memoir«?

SS   Also du nimmst als Autor ein Stück oder einen Aspekt deiner Lebensgeschichte, der zwar mit dir zu tun hat, aber wo du auch einen allgemeinen Strang, eine Botschaft daraus destillieren kannst, und stellst dies in stilistisch interessanter Art und Weise dar, wie z. B. das Buch »Nüchtern«, in dem der Autor Daniel Schreiber seine Alkoholsucht schildert, und wie das Trinken ihn sozial verankert, wie es seine Identität begründete, wie er sich davon befreite. Ein Memoir hat etwas von einem Ratgeber, vermittelt durch eine echte Person, und wirkt daher stark identifikatorisch.

PS   Und würden Sie sagen, dass der Trend genau dahin geht?
SS   Ja.

PS   Warum?

SS   Eine Kollegin hat vor längeren Jahren einmal bemerkt: Der Literatur wurde so viel weggenommen: Politik wird längst in anderen Medien verhandelt. Psychologie wird mittlerweile Ratgebern überlassen. Die christliche Religion wird in Esoterik verwandelt, usw. Der pralle 19.-Jahrhundert-Roman hatte das alles noch drinnen und die Menschen haben ihn gelesen, weil er verschiedene Ebenen vermittelte. Und nun regieren Spezialisierungen. Am Buchmarkt und unter Schreibenden.

PS   Wir müssen jetzt aufhören, nicht? Sie müssen zum Bus.

SS   Ja. Leider. Wegen des Bahnstreiks.

PS   Das ist okay. Vielen Dank.

Fortschritt –
Gespräch mit Jan Kuhlbrodt

Jan Kuhlbrodt: In den letzten beiden Büchern, die ich von dir gelesen habe: *Wir sind die Früchte des Zorns* und *Die Füchsin spricht,* wird ein Emanzipationsprozess geschildert. Insofern können wir anhand dieser beiden Bücher über die Fortschrittsgeschichte als Emanzipationsgeschichte sprechen.

Sabine Scholl: Ich dachte, wir sprechen über globale Literatur.

K: Ich habe diese beiden Bücher gelesen und *Nicht ganz dicht,* deine Essays zur globalen Literatur, und du bist, neben Tanja Schwarz, die einzige deutschsprachige Autorin, die mir bekannt ist, die das global angeht. In *Wir sind die Früchte des Zorns* europäisch, in *Die Füchsin spricht* entspinnt sich das weltweit.

S: Das Globale ist eigentlich schon in *Die geheimen Aufzeichnungen Marinas* vorhanden. Dieser Roman ist 2000 herausgekommen, und behandelt Prozesse zwischen Nord- und Südamerika. Auch da arbeite ich bereits zusätzlich mit außereuropäischen Mythologien: Damals lebte ich in Chicago in einem mexikanischen Viertel und habe die Migration von den südlichen Kontinenten in die Industriestaaten fiktionalisiert.

K: Diese Bewegungen sind bis zur *Füchsin,* von der Auflösung des osteuropäischen Sozialismus bis hin zu Fukushima, als Hintergrund und Thema permanent präsent. Interessant an der *Füchsin* ist ja auch, dass über die Herkunft der Protagonisten, die Geschichte Ungarns mit hereinspielt. Über die Protagonisten Bela und Anniko, die aus der ungarischsprachigen Minderheit Rumäniens stammen und über Ungarn und Chicago in der Nähe von Berlin landen. Das zeigt eine gewisse Bewegung auf.

S: Absolut. Das hat, als ich in Chicago gewohnt habe, mein Leben bestimmt. Du lernst dauernd Leute kennen, die verschiedene Ortswechsel vollzogen haben, und das ganz selbstverständlich einbringen. Das sind Erfahrungswerte und faszinierende Geschichten, die man dann plötzlich am Esstisch, oder wenn man die Kinder abholt, erfährt.

K: Was hast du in Chicago gemacht?

S: Mein Mann hatte damals ein Stipendium als Künstler, aber nur für ein halbes Jahr. Währenddessen habe ich dort einen Job angeboten bekommen. Und so sind wir insgesamt fünf Jahre in den USA geblieben. Er als Künstler und ich habe an der Uni unterrichtet. Durch die Künstlercommunity, in die wir damit geraten sind, und durch die ganze Expatriate-Community, die sich rund um die Schule unserer Tochter gedreht hat, habe ich in kurzer Zeit wahnsinnig viele Leute aus allen möglichen Teilen der Welt kennengelernt.

K: Der Witz ist, dass meine Ururgroßeltern auch in Chicago geheiratet haben, aber sie hatten dann Heimweh bekommen und sind zurück ins Erzgebirge gegangen, und haben damit meinem Urgroßvater zwei Kriege beschert, die er vielleicht ausgelassen hätte, wenn sie in Chicago geblieben wären.

S: Na wer weiß, vielleicht wäre er für alles Mögliche noch eingezogen worden.

K: Das heißt aber auch, dass dieser Globalisierungsprozess schon viel länger im Gang ist, als wir ihn als solchen betrachten.

S: Aufgefallen ist mir das zum ersten Mal, als ich nach Portugal gegangen bin, um an der Uni zu lehren. Nach dem ersten Eingewöhnen habe ich begonnen, mich mit portugiesischer Geschichte zu beschäftigen, habe sehr viel über Kolonialismus, Brasilien und Sklaverei gelernt und die Auswirkungen, die diese Epoche auf Portugal hatte. Das sind globale Prozesse, die bereits vor Jahrhunderten stattgefunden haben. Und während ich in Portugal war, ist die Mauer gefallen, und der Osten hat sich geöffnet. Es war eine unglaublich bewegte Zeit. Da ist auch bei mir rundum alles aufgebrochen. Obwohl von Wien aus, haben wir bereits während des Studiums die Länder des Ostblocks bereist, Rumänien, Bulgarien, Polen, Jugoslawien, Tschechoslowakei, Ungarn, das war alles so nah.

K: Du hast in Wien studiert? Und bist von Wien nach Lissabon?

S: Genau. Dann war ich eine Zeitlang in Berlin und schließlich habe ich meinen Mann kennengelernt, der in Wien lebte, wo ich noch so zweieinhalb Jahre mit ihm verbrachte und das erste Kind bekommen habe. Dann sind wir schon weiter, nach Chicago und New York.

K: Japan kam später?

S: Ja. Da lebte ich bereits in Berlin. Ich bin von hier aus immer wieder dorthin aufgebrochen. Währenddessen habe ich aber die Kinder beim Vater gelassen, weil ein halbes Jahr für sie zu kurz gewesen wäre, um sie zu verpflanzen, und es wäre sehr kompliziert und vor allem sehr teuer gewesen, in Japan Betreuung und Schule zu organisieren. Da flog ich lieber mehrmals hin und her.

K: Eine zentrale Figur in *Die Füchsin spricht* ist Kiki, die Tochter der Protagonistin, und die ist in Japan geboren.

S: Es war mir wichtig, ein Kind zu zeigen, das zwischen den Kulturen lebt. Ein Kind in einer fremden Umgebung nimmt soziale und kulturelle Prozesse sehr viel leichter auf, aber es trennt sich dann auch schwerer davon. Diesen Konflikt wollte ich sichtbar machen.

K: Aber Kiki ist sehr souverän im Umgang mit Kommunikationstechnologie.

S: So habe ich das während meiner drei Japan-Aufenthalte erlebt. Der Erste war 2004, der Zweite 2006 und der Dritte 2013. Jedes Mal habe ich auf andere Art mit meinen Kindern in Berlin kommuniziert. Beim ersten Mal konnten wir nur telefonieren, da gab es noch nichts anderes, um die Stimme zu hören und Gespräche zu führen. Mit der Zeitverschiebung gestaltete sich das schwierig. Ich kam abends von der Arbeit und mein kleiner Sohn hat mich angerufen, bevor er zuhause gefrühstückt hat. Beide waren wir hungrig. Beim zweiten Mal gab es schon Skype, aber ohne Bild und in schlechter Tonqualität. Und beim dritten Mal konnte ich meine Kinder bereits am Bildschirm sehen, die Illusion eines Körpers haben, und daher im Roman beschreiben, wie sich dadurch die Vorstellung von Nähe und Distanz verändert.

K: Man sieht es in dem merkwürdigen Verhältnis von Kiki zu ihrem Vater.

S: Das ist aber auch ein typisches Trennungsphänomen: Wenn ein Elternteil unerreichbar weit weg ist, und meist ist es der Vater, weil das Kind doch bei der Mutter bleibt, wird der abwesende Elternteil idealisiert. Und in Krisenmomenten greifen die Kinder gerne auf das zurück, was vorher war, und finden diese Erinnerung wunderbar, und die Gegenwart, mit der sie nicht zu recht kommen, ist Scheiße.

K: Aber es verschieben sich die Möglichkeiten, aufgrund der technischen Entwicklung, wenn man früher noch Briefe schrieb, kann man jetzt skypen.

S: Ja, per E-Mail ist es inzwischen nicht mehr üblich, dass man lange Texte schreibt. Man ist schriftlich anders sozialisiert. Alles strebt nach Kürze und rascheren Reaktionen.

K: Und über die Veränderungen der Möglichkeiten der Kommunikation verschieben sich auch die Inhalte. Was man in einem Brief schreiben würde, sagt man nicht vor dem Bildschirm.

S: Schreiben ist bereits reflektierter, denk ich mal, man formt stärker eine Geschichte, einen Zusammenhang. Während sich die Gespräche Kikis mit ihrem Vater über Skype unmittelbarer gestalten. Die Kommunikation über die digitalen Medien ist eher oral als schriftlich.

K: Es gibt eine wundervolle Szene in dem Buch, in der Generationsverhalten und Technik auf den Punkt gebracht werden. Kiki ist bei den ungarischen Freunden der Mutter auf dem Land und findet kein Funknetz, klettert auf einen Baum, um ein Netz zu finden, und braucht die Hilfe der Mutter, um von diesem Baum wieder herunterzukommen. Die gegenseitige Verwiesenheit wird in diesem Bild auf den Punkt gebracht.

Trotzdem gewinnt Kiki im Verlauf des Buches an Souveränität. Das ist auch eine Emanzipationsgeschichte.

S: Absolut. Es geht ja darum, dass sie anfangs an diesem alten Vatermutterkind-Bild klebt und sich nicht rauswagt, aber irgendwann gelingt es ihr doch. Und das Zusammensein mit Bela hilft ihr.

K: Und das ist die andere Verschränkung. Wo eine Ost-West-Verschränkung eben stattfindet. Bela spielt da eine ganz wichtige Rolle, auch für den Vater.

S: Bela ist eine wichtige Bezugsperson, die Kikis Vater braucht, um sich mit seinen Ängsten aufgrund der Atomkatastrophe von Fukushima zu definieren. Er braucht den Freund auch als Rückversicherung für seine Gedanken und Befürchtungen.

K: Durch Kikis Vater kommt die Japankatastrophe sehr nah ran an Europa, oder an unsere Lebenswelt. Warst du da, als die Katastrophe passierte?

S: Eigentlich ist die Geschichte von Georg, Kikis Vater, meine Geschichte. Also abgesehen vom Vatersein. Die Widersprüche zwischen dem, was einem in Japan dazu gesagt wird, und dem, was man aus Deutschland und Österreich mitbekommt, habe ich selbst erfahren. Meine Generation hat Tschernobyl erlebt, beziehungsweise die Nachgeschichte. Dieses Wissen, diese Erfahrung fehlt der japanischen Bevölkerung, und da wird es manchmal schwierig, sich auszutauschen. Also wendet sich Georg wiederholt an seinen Freund.

K: Wie war das mit der Angst, als du dort warst. Du warst ja mit dem Hintergrundwissen Tschernobyl dort?

S: Eigentlich war, bevor ich 2013 neuerlich nach Japan ging, gar nicht vorgesehen, mich so stark mit der Dreifachkatastrophe auseinanderzusetzen. Ich habe halt den Unterricht vorbereitet, das Visum besorgt etc. Erst als ich vor Ort war und merkte, dass ich überhaupt keine Ahnung habe, was ich essen kann, und jeder eine andere Meinung dazu hatte, trat diese Problematik näher an mich heran. Für meine Studenten hatte ich einen Schreibworkshop geplant, Thema war japanisches Essen, weil ich das Machtverhältnis umdrehen wollte. Sie sollten die Wissenden sein und mir etwas von ihrem Wissen mitteilen, und Essen ist ja fast das Allerwichtigste im japanischen Alltag. Außerdem war das eine Möglichkeit auf indirekte Weise die Problematik um verstrahlte Lebensmittel zu behandeln. Und es war sehr interessant, wie sie darauf reagierten. Die Studenten bildeten einen Querschnitt durch die ganze Region. Etwa ein Drittel berichtete, ganz bewusst Produkte zu vermeiden, die aus der Fukushima-Region stammen, einem Drittel war es egal, und das andere Drittel war auf Regierungslinie und meinte, man müsse jetzt unbedingt die Bauern unterstützen, und umso mehr Gemüse, Obst und Fisch aus der Katastrophengegend konsumieren.

K: Das ist aber mutig!

S: Ja, das wurde als patriotische Pflicht ausgerufen. Alles, was über Fukushima und Japan im Roman vorkommt, habe ich recherchiert, nicht erfunden: Diese Aussagen, Statements, die Zeitungsartikel und Berichte aus dem Internet. Natürlich habe ich die *Japan Times* gelesen, die Nachrichten in englischer Sprache bringt, und deren Journalisten sind eher regierungskritische Geister mit einem Blick auch von außen.

K: Die japanische Bevölkerung hatte diese Informationen, soweit sie nicht Englisch sprach, nicht zur Verfügung.

S: Die Japaner hatten vor allem anfangs, kurz nach der Atomkatastrophe, keine Informationen darüber, was gefährlich ist. Nicht einmal was eigentlich passiert war haben sie sofort erfahren. So dass sie angewiesen waren auf ausländische Freunde und Quellen. Das war wie in China. Wie in einer Diktatur. Und die Richtung geht ja dahin. Das erste Gesetz, das Premierminister Abe verabschiedet hat, war ein Zensurgesetz. Demnach kann ein Journalist für alle Nachrichten, die gegen die Interessen des Staates sind, und was das ist, bestimmt natürlich der Staat, verurteilt werden.

K: Das kommt mir sehr bekannt vor. Als Tschernobyl hochging, haben wir im Osten auch nichts erfahren.

S: Aber Japan, da würdest du immer denken: Demokratie, Fortschritt. Das aber löst sich auf.

K: Meinst du, dass es zurzeit eine antidemokratische Tendenz gibt?

S: Ja, inzwischen glaube ich das. Als ich zurückkam, habe ich mich über den Nationalismus in Japan sehr aufgeregt, und dann hat ein Freund gesagt, bitte, schau dich mal um, was hier in Europa passiert, das ist doch ziemlich ähnlich.

K: Wir haben keine witzige Situation derzeit in Deutschland und Österreich.

S: Und in Frankreich und Ungarn und Polen. Die Menschen in Japan wurden an ihrem Patriotismus gepackt, um die Katastrophe durchzustehen. Um Patriot zu sein, musste man Äpfel aus Fukushima kaufen, den Apfelsaft von dort kaufen, sonst war man eben kein richtiger Japaner.

Das allergrößte Problem ist aber, dass man der Situation noch immer nicht Herr geworden ist. Die kontaminierten Erdschichten liegen in riesigen Müllsäcken immer noch herum, das kontaminierte Wasser lagert immer noch in den Tanks, man weiß nicht, wohin das alles einmal soll. Viele Leute, die damals evakuiert wurden, sind weiterhin in Containern untergebracht. Viele, die damals meinten, sie würden nur kurzfristig wegziehen, werden nicht zurückkehren können. Nur wird immer weniger darüber gesprochen. Und irgendwann fährt dann wieder ein Popsänger rauf, singt in einer Turnhalle oder ein Sportler spielt Fußball mit den Kindern. That's it!

K: Ähnlich wie in Tschernobyl. Da hat man auch gerade wieder eine neue Glocke darüber gebaut, aber das Problem wird wohl noch ein paar hundert Jahre bestehen. Und in Japan wohl auch.

S: In Japan kommen zu der ständigen Bedrohung durch die Erdbeben noch die vielen Atomkraftwerke dazu. In jeder Erdbebenregion stehen Atomkraftwerke. Genau das Gleiche kann jederzeit wieder passieren.

K: Das Komische ist, dass wir als Jugendliche immer geglaubt haben, Japan sei das Zentrum des technischen Fortschritts.

S: Das hat sich inzwischen geändert. Seit Ende der Achtzigerjahre hat sich dort nur mehr wenig bewegt. Es gibt kaum Innovationen und was mich letztes Mal wieder geflasht hat, war, wie altmodisch die öffentlichen Ämter, zum

Beispiel, sind. Das Meldeamt, wo ich mich immer registrieren und meine Aufenthaltsgenehmigung beantragen muss, da werden Stöße von Papier und Aktenordnern verschoben und so laminierte Dokumente und Merkblätter, und irrsinnig viel umständliches Herumgetue, Stempeleien, wie du es in keinem Amt in Berlin mehr hast. Das wirkt wie stehengeblieben.

K: Was meinst du, woran das liegt?

S: Weil die Wirtschaft nicht wächst, kann man auch nicht in die Verwaltung investieren. In den Topfirmen sieht es wahrscheinlich anders aus, aber dort, wo sozusagen die Bevölkerung verwaltet wird, nicht.

K: Kann man also sagen, dass die Fukushima-Katastrophe auch eine Metapher dafür ist, was passiert, wenn der Fortschritt plötzlich aufhört?

S: Einer der Hauptursachen für den GAU war, dass die Anlage veraltet und schlecht gewartet war. Dass getrickst wurde. Und im Allgemeinen macht die japanische Regierung aber auch alles, um irgendwelche Entwicklungen zu verhindern. Sie müssten sich endlich mit den asiatischen Ländern aussöhnen, die sie brutal attackierten und annektierten und ihre Kriegsverbrechen eingestehen, um neue Handelsbeziehungen aufzubauen. Aber nein, genau das Gegenteil geschieht, sie verstärken das Militär, senden aggressive Signale und entschuldigen sich bei niemandem. Frauen, die frische Impulse bringen könnten, werden höhere Positionen verweigert. Es handelt sich um eine Gerontokratie, Positionen in Politikerfamilien werden mehr oder weniger vererbt, die Alten in Entscheidungspositionen wollen nicht abtreten. Da regen sich 85-jährige Politiker öffentlich auf, wenn sie nicht mehr für Posten nominiert werden. Immigration ist unerwünscht. Lieber entwickelt man Roboter, die die vielen Alten versorgen sollen. Das sind alles Faktoren, die gerade nicht zu einer Fortentwicklung der Menschheit führen.

K: Aber das heißt auch, dass Fortschritt, und das ist kein japanisches Phänomen, nur als technischer konzipiert war.

S: Gesellschaftlich und soziologisch ist in Japan vieles beim Alten geblieben. All die rigiden Strukturen, dieser Supermachismo, das Misstrauen gegenüber Fremden und die sehr strenge Rollenzuweisung für die Frau, das ist alles geblieben.

K: In deinem Buch zeigst du die Parallelentwicklungen. Die japanischen Phänomene, die man in Europa sicher auch ausmachen kann. Gleichzeitig habe ich die Bewegung der Frauen, vor allem, die Kikis, als Hoffnungsmoment.

S: Es ist die Kikigeneration, der wir unsere Erfahrungen weitergeben, und es bleibt abzuwarten, was diese Generation daraus macht. Ich bin ein hoffnungsfroher Mensch. Die kommende Generation hat bereits ein globales Wissen und kann daher in größeren Zusammenhängen denken.

K: Liebe Sabine, vielen Dank für das Gespräch

Literatur, Fremderfahrungen, transnationale Hybride und Minderheitenliteratur.
Drei Gespräche zwischen Masahiko Tsuchiya und Sabine Scholl

1. Gespräch

MT   Kannst Du Deine Erfahrungen mit dem Literaturbetrieb beschreiben. Vielleicht im Vergleich von USA und Österreich.

SS   Ich habe in den USA gelebt, habe aber direkt mit dem Literaturbetrieb dort nichts zu tun gehabt. Natürlich erfährt man darüber von manchen Autoren, die man kennenlernt. Den Literaturbetrieb miterlebt habe ich nur in Österreich und in Deutschland. Als ich begonnen habe, zu veröffentlichen, Anfang der 90er-Jahre, hat die Situation gerade angefangen sich zu verschlechtern.

MT   Warum?

SS   Anfangs schien es noch einfach, beim kleinen Gatza-Verlag, wo alles überschaubar war, wo das Buch sozusagen in Koproduktion erstellt wurde, wo man beim Umschlag und bei der Auswahl der Schrift noch mitbestimmen konnte, das war eine angenehme Erfahrung. Aber er ist in Konkurs gegangen. Das zweite Buch hat darunter schon gelitten, das entstand in der Endphase, die Kommunikation hat nicht mehr funktioniert, denn das Hauptinteresse des Verlages ging natürlich dahin, noch mal Geldquellen aufzutun, um den Verlag zu retten.

Beim nächsten Verlag, auch ein kleiner, ein österreichischer, Ritterverlag, habe ich dann das folgende Manuskript untergebracht, obwohl es schon bei anderen Verlagen auch Interesse gegeben hatte, das sich aber zerschlug und ich war kurz vor der Abreise nach Chicago und wollte es unbedingt veröffentlichen, also habe ich mich für Ritter entschieden. Bevor das Buch fertig war, ging auch dieser Verlag in Konkurs, sie haben dann eine andere juristische Konstruktion gefunden, um doch weitermachen zu können, und davon ist diese Publikation überschattet geworden, so wie bei meinem zweiten Buch beim Gatza-Verlag, das in das Konkursloch gefallen war.

MT   Also gab es kaum Präsentationsgelegenheiten?

SS   Kaum. Die Bücher erschienen zwar noch, wurden auch ein wenig besprochen, aber alles blieb am Rande, weil der Verlag sich darum nicht mehr kümmern konnte. Ich war in Chicago, konnte selbst nichts machen. In Amerika wollte ich über Internet und E-Mail in Kontakt mit Verlagen bleiben, nur war 1996 der deutsche Literaturbetrieb noch nicht auf Internet umgestellt. Damals dachte ich, dass es besser wäre, sowieso nur mehr im Internet zu veröffentlichen, alles andere funktioniert nicht, oder zu langsam, man ist von zu vielen Faktoren abhängig, man ist als Autor immer der Letzte in der ganzen Kette von Notwendigkeiten, die zu einem Buch führen. Trotzdem habe ich auf Papier weitergeschrieben, den nächsten Roman, den ich wieder verschiedenen Verlagen angeboten habe, es kam zu einigen Treffen und Terminen mit Lektoren auf der Frankfurter Buchmesse, da bin ich immer hingefahren, um ein wenig auf dem Laufenden zu sein. Ich habe geglaubt, man muss sich in Erinnerung rufen, persönlich erscheinen und so weiter. Aber mit den Manuskripten hat es doch wieder nicht geklappt. Durch Zufall, als ich im Sommer einmal kurz in Deutschland war, habe ich im Fernsehen mitbekommen, dass mein früherer Berliner Verleger nun beim Berlin-Verlag als Lektor arbeitete. Ich habe versucht, mit ihm wieder in Kontakt zu treten, denn nach dem Konkurs haben wir uns nicht mehr gesehen, nicht mehr verstanden, es gab Reibereien. Aber da waren schon ein paar Jahre vergangen und ich hatte Lust nach Berlin zu fahren, habe ihn dort von einer Telefonzelle aus angerufen und am nächsten Tag sofort getroffen. Kurz darauf hatten wir beschlossen, das Buch gemeinsam zu machen, nur gab es dann Probleme im Berlin-Verlag. Finanzielle Probleme, Machtkämpfe, komplizierte psychische Konstellationen, von so etwas sind Produktionszyklen in starkem Maße abhängig. Das weiß man als Autor oft nicht so genau, und wenn, ist es schwierig damit umzugehen, denn die Lektoren und Verlagsangestellten sind empfindlich, haben das Bedürfnis gegenüber dem Autor, den sie gleichzeitig verachten und beneiden, ihre privaten Verhältnisse bloßzulegen oder zumindest darauf hinzuweisen, dass sie mindestens so sensibel und kreativ wie ein Künstler sind.

    Darüber könnte man ein ganzes Buch schreiben, wie ein Autor mit diesen komplexen Psychostrukturen innerhalb eines Verlages umgehen lernen muss, damit sein Werk verlegt wird. Ich hätte eigentlich gleich Psychotherapeut werden sollen, dann würde ich diesen Umweg über die Literatur nicht brauchen, sondern sofort und direkt Geld verdienen. Vielleicht mache ich das noch, ich biete meine Dienste als Verlagstherapeutin an, wenn ich keine Manuskripte mehr loswerden kann. *(beide lachen)*

    Auf jeden Fall hat es mindestens zwei Jahre gedauert, vom Zeitpunkt des Vertrages, bis das Buch dann tatsächlich erschienen ist. Ja, ich traf ihn 1997, das Buch kam erst 2000.

MT   Das hängt vom Markt ab?

SS   Das hängt von den Leuten im Verlag ab. Eine bekannte Literturkritikerin hat zum Beispiel einen Roman geschrieben, das wird vorgezogen, weil man es sicher gut verkaufen kann. Oder der bekannteste deutschsprachige Autor des Verlages kündigt seinen nächsten Roman für Herbst an und natürlich muss man ihm den Platz im Programm freihalten. Und ich stehe an letzter Stelle und muss noch froh sein, dass ich überhaupt drankomme.

MT   Das ist also Glückssache?

SS   Das ist eine Lotterie. Dazu kamen auch finanzielle Probleme des Verlages, deshalb wurde er von Bertelsmann übernommen und man hat versprochen, dass er sein Programm eigenständig weiterführen kann, das seriöse Profil erhalten bleibt, aber natürlich nicht lange. Nach einiger Zeit hat auch Bertelsmann begonnen, den Rechenstift anzusetzen, die Vertretersitzungen fanden nicht mehr in Berlin statt, sondern die Lektoren mussten nach München in die Zentrale fahren, um ihre Programme zu präsentieren. Leute wurden entlassen, mein Lektor ging, weil er nicht als freier Mitarbeiter herabgestuft werden wollte, mein nächstes Manuskript wurde nicht mehr genommen, weil es sich voraussichtlich nicht genug verkaufen würde. Das Manuskript ging mit dem Lektor in den nächsten Verlag, wo es wieder unlösbare Psycho- und Machtstrukturen gab, die wiederum zu seiner Kündigung führten. In der Zwischenzeit nahm ich eine Agentin, die versprach, das Manuskript in kurzer Zeit unterzubringen, aber dann ist auf allen Ebenen der Literaturbetrieb zusammengebrochen, der Markt, weniger Bücher wurden verkauft, nur mehr Bücher von Fußballern, Fernsehstars und Sängern mit Millionenauflagen, aber was Komplizierteres, Ambitioniertes, Literarischeres war nicht mehr interessant für den Markt. Viele Verlage sind von großen Konzernen geschluckt worden oder wurden aufgelöst, zusammengelegt. Die Riesen dominieren den Markt, verfügen vielleicht über ein paar Subverlage, die noch ein gewisses Maß an Seriösität wahren, und dann gibt es noch die kleinen Verlage, die mit privater Initiative und Finanzierung zu überleben versuchen, bei denen der Vertrieb halt nicht so gut funktioniert und die daher kaum wahrgenommen werden. Aber mittlere Verlage gibt es kaum mehr. Das ist die Tendenz, wie in USA, wo dieser Prozess schon seit zehn Jahren abgeschlossen ist. In Deutschland ist dies gerade in vollem Gange. Daher ist alles so unübersichtlich, man weiß nicht mehr, an wen man sich wenden kann, die Lektoren wechseln, der Verlag wird verkauft und die Lektoren sind entscheidungsunfähig, müssen warten, was die Führung entscheidet, die Fluktuation ist sehr hoch, wie z. B. gerade bei Suhrkamp, Lektor und Geschäftsführer sind gegangen. Und in diesem Chaos hat die Agentin dann für mein Manuskript auch nichts erreichen können. Sie hat mir gesagt, dass die Verlage lieber Texte von unbekannten Autoren nehmen, sie wollen entdecken, das verkauft sich besser, alles neu, das funktioniert von der Marketingschiene her, während eine Autorin, die schon mehrere Bücher bei verschiedenen Verlagen veröffentlich hat, einfach suspekt ist. Das ist ein Nachteil. Außer man hätte gerade einen renommierten Literaturpreis bekommen, dann vielleicht. Oder man muss Sachbücher schreiben, hat die Agentin gesagt.

MT   Also echte literarische Werke zu veröffentlichen ist schwierig?

SS   Sehr schwierig. Und viele Autoren werden wegrationalisiert, es wird gerechnet, wieviel hat er Vorschuss bekommen, was ist hereingekommen, wie viele Exemplare wurden verkauft. Wenn das zwei-, dreimal nicht genug war, kann man das nächste Buch nicht mehr veröffentlichen.

MT   Wieviele Exemplare werden gedruckt?

SS   Das ist von Verlag zu Verlag verschieden. Viele Autoren fallen also jetzt raus. Außer man hat einen sehr guten Ruf. Dann kann man im Programm bleiben, zum Beispiel Lyriker, wenn sie gute Rezensionen haben, aber sonst werden sie abgerechnet.

Ja, so ist das in Deutschland und in Österreich ist es noch gemildert, weil die kleinen Verlage Förderung bekommen, sie geraten nicht so leicht ins Schlingern, laufen aber Gefahr, sich zu wenig um den Vertrieb zu kümmern, also um den deutschen Markt, diese Bücher sind fast nur in Österreich erhältlich, das ist schade, denn es sind oft schöne Bücher und interessante Werke, die dann nur Insidern zugänglich sind.

In Amerika ist diese Entwicklung schon abgeschlossen, alles läuft über Agenten. Agenten verhandeln hohe Summen, die die Verlage zahlen müssen, um Manuskripte von vielversprechenden Autoren drucken zu können, zum Beispiel Jonathan Safran Foer hat eine Million Dollar für das unveröffentlichte Manuskript bekommen, sie waren sicher, dass das ein Bestseller wird, und das musste dann auch so sein, weil der Verlag hatte viel investiert, auch die deutschen Rechte waren teuer. Das wird gehypt, die Zusammenarbeit mit den Medien läuft da sehr gut, wenn man sich einmal darauf geeinigt hat, dass dieser Autor der nächste Superstar wird, da wird dann die ganze Maschinierie angeworfen, dass alle das Buch kaufen, ob sie es nun lesen oder nicht, aber Hauptsache man hat es verkauft.

Die Autoren, die da nicht reinkommen, sind auf kleine Verlage und University Presses beschränkt. Aber dadurch, dass sie so marginalisiert sind, müssen sie ihr eigenes Netzwerk aufbauen.

MT   Möchtest Du in eher in einem kleinen Verlag veröffentlichen oder in einem größeren?

SS   Ich bin mir nicht mehr sicher. Ich habe lange geglaubt, es wäre gut in einem größeren Verlag, zum Beispiel mit dem Berlin-Verlag, meinte ich der ganze Apparat, Vertrieb, Herstellung, Werbung funktioniere besser. Aber diese Mittel werden ja nur für die Stars des jeweiligen Programms eingesetzt, nicht für jeden. Auf den Star wird alles konzentriert, das ist die Karte, auf die man setzt und hinarbeitet, und die anderen Autoren sind mehr oder weniger Staffage. Bei einem größeren Verlag Staffage zu sein funktioniert genauso nicht, wie bei einem kleineren Verlag gleichberechtigt zu sein. Das ist eigentlich kein Unterschied.

Die Lesungen zum Roman des Berlin-Verlages habe ich selbst organisiert, der Verlag hatte aber nicht einmal geschafft, das Buch rechtzeitig fertigzustellen. Das war extrem peinlich.

MT   Das heißt, Autoren können dann eigentlich nur bei Lesungen was verdienen?

SS   Ja, das ist eine Chance, aber man wird nur eingeladen, wenn genügend Werbung vom Verlag gemacht wird. Sonst wissen die Institutionen gar nicht, dass du ein Buch veröffentlicht hast. Wenn das nicht passiert, laden sie dich nicht ein, also kannst du auch nichts verdienen. Das ist nicht selbstverständlich, dass du eingeladen wirst, wenn du ein Buch geschrieben hast. Wenn du in der Zeitung oder im Fernsehen erwähnt wirst, dann gibt es Einladungen, wenn nicht, dann nicht. Das folgt alles gewissen Mechanismen.

MT   Noch eine Frage zu deinen Themen. In deinen Büchern ist die Erfahrung der Fremde wichtig. Wie steht das in Zusammenhang zu Deinem Leben in verschiedenen Ländern?

SS   Das hat sich zu meinem Hauptthema entwickelt, aber erst, als ich Österreich richtig verlassen hatte. Nachdem ich nach Portugal gegangen bin. Ich hatte in Wien schon veröffentlicht, aber kleinere Sachen, theoretische, und eigentlich habe ich in Portugal noch einmal völlig neu angefangen zu schreiben. Weil die Umgebung anders war, ich war in einem Freiraum, kein Mensch hat verstanden, was ich sage oder schreibe in diesem anderen Sprachraum. Niemand war da, der mich stilistisch oder thematisch eingeschränkt hätte, ich konnte machen, was ich wollte. Das war eine große Befreiung, aus Österreich weg zu sein, nicht mehr unter der eigenen Zensur, der Wiener Zensur schreiben zu müssen.

MT   Was heißt Wiener Zensur?

SS   (lacht) Die Wiener Zensur. Ich meine ein gewisses intellektuelles Umfeld, ein Selbstverständnis von Literatur, eine Genealogie, die man sich selbst schafft, interne Regeln, die aus den Gruppen von Autoren erstehen, usw. Als ich mit diesem Wiener Selbstverständnis nach Portugal ging, hat das nicht mehr gestimmt, weil die Umgebung eine andere war, ich musste mich auf jeden Fall neu erfinden. Als Wiener Autorin habe ich nicht mehr existiert in Portugal. Einerseits war das beängstigend, andererseits auch befreiend, nachdem ich mich von dem Schock erholt hatte. Ich habe sehr viel geschrieben, mich mit der anderen Sprache, der anderen Kultur beschäftigt, das hat mich von dem Wienerischen entfernt, letztlich war ich froh darum, ich habe viel gewonnen.

MT   Das hat wahrscheinlich dein Wiener Selbstverständnis verändert?

SS   Ja, ich habe Wien mit Abstand gesehen, weil ich in Portugal mit diesem Selbstverständnis nichts anfangen konnte, das hat niemand verstanden dort und ich musste ja mit den Leuten in Portugal kommunizieren, da hat eine Referenz auf die Wiener Intellektualität und Literaturszene keine Funktion gehabt. Oder man hätte sich total auf sich selbst zurückgezogen und daran festgehalten, wie in einem Elfenbeinturm, das kann man ja nicht machen, das ist ja schrecklich so zu existieren, ich wollte vor allem in Portugal leben und sehen, was es dort gibt.

Meine Literatur wurde dann beeinflusst von der Umgebung und von den Büchern, die ich in Portugal gelesen habe, stilistisch und thematisch. Damals interessierte ich mich schon für Brasilien, die Mischkultur, Synkretismus, außerdem war ich eine Fremde, eine Ausländerin, ich wollte beobachten, was sich ändert, wenn man in einem anderen Land lebt und die Regeln nicht kennt, welche Probleme man dadurch hat. Aber ein literarisches Thema war es noch nicht damals, das ist mir erst in der Beschäftigung mit den brasilianischen Kulturen nähergekommen. Als ich dann von Portugal nach Berlin ging, wollte ich portugiesische Lyrik übersetzen, die andere Kultur vermitteln.

MT   Was hat sich aus dieser Rolle der Vermittlerin ergeben?

SS   Für mich war es eine Erweiterung. Ich habe mich mit Dingen beschäftigt, an die ich vorher nie gedacht hatte. In Wien hatte ich geglaubt, mein intellektuelles Weltbild ist voll entwickelt, aber das hat sich durch die Erfahrung der Fremde als Irrtum herausgestellt. Einfach war das aber nicht, sondern teilweise sogar schmerzhaft, weil ich Freunde und Bekannte verloren hatte, die wienerisch geblieben waren und mit denen ich mich daher nicht mehr verstanden habe. In Berlin wollte ich das Andere, das Portugiesische bekanntmachen, aber dort hat sich auch kaum jemand dafür interessiert. Also habe ich weiter nach Modellen gesucht, die mehrere kulturelle Einflüsse verarbeiten und aufnehmen können und nicht nur monokulturell funktionieren, zum Beispiel in Vorlesungen zur Literatur, eher theoretisch, wo ich brasilianische Musik, Architektur, Literatur zum Thema gemacht habe.

Das hat sich in Chicago dann fortgesetzt, als wir in einer mexikanisch-amerikanischen *neighbourhood* wohnten, auch Reste polnischer Einwandererkultur waren in diesem Stadtteil sichtbar. Das hat mich fasziniert, ich habe die Stadt erforscht, Leute kennengelernt, ich wollte sehen, wie die verschiedenen ethnischen Gruppen ihr Leben in Chicago organisieren, die Ukrainer, die Polen, die Rumänen oder die jüdische Bevölkerungsgruppe, was es bedeutet Jude in Amerika zu sein, dass das etwas anderes ist, als in Wien jüdisch zu sein. Die Rolle der Einwanderer im Laufe der amerikanischen Geschichte und die Ideologie, die dahintersteht. Wie verschiedene kulturelle Einflüsse zusammenkommen, mit allen positiven, aber auch negativen Implikationen.

MT   Welche negativen?

SS   Zum Beispiel die Schwarzen, Chicago hat einen 50prozentigen Anteil von Schwarzen, die alle einmal mit den großen Wanderungsbewegungen von Süden heraufgewandert waren, Nachkommen von Sklaven, ehemalige Farmpächter, von denen viele aber arm blieben und in gewisser Weise gettoisiert wurden. Es gibt eine ziemlich klare Grenze in Chicago zwischen North and South, South ist hauptsächlich schwarz. Große Teile davon sind verkommen.

MT   Aber trotzdem findest du positive Aspekte in Amerika?

SS   Ja, für mich als Weiße schon. Aber natürlich sieht man auch das Negative, je länger man sich dann im Land befindet. Andererseits beginnt man sich mit dem Land zu identifizieren, das ist nötig, denn man muss seinen Alltag dort organisieren, arbeiten und die Kinder gehen zur Schule und so weiter, man sieht seine Umwelt nicht mehr nur mit europäischen Blicken, sondern vermischt die Wahrnehmung mit amerikanischen Prägungen.

Die Gettoisierung der Schwarzen habe ich dann versucht zu erforschen, habe viel gelesen dazu, wollte wissen, wie sich das aus der Geschichte dieser Wanderungsbewegungen und Resten von Strukturen der Sklaverei ergeben hat, wenn ich es auch nicht akzeptieren konnte. Man muss auch lernen, mit den unangenehmen Aspekten zu leben, wenn es auch schwer fällt.

MT   Das heisst also, dass die amerikanische Ideologie der Demokratie und Gleichheit illusionär ist?

SS   Das Allheilmittel ist Geld. Mit Geld kann man eine gute Schulbildung haben und eine gute Universität besuchen. Mit einer guten Ausbildung bekommt man einen guten Job und damit Geld. Wenn man in einer schlechten Gegend wohnt, sind auch die Schulen schlecht, weil die Bezirke für die öffentlichen Schulen aufkommen müssen. In einer guten Gegend, wo man viel Miete bezahlen muss, sind auch die Schulen besser. Wenn man also als Armer, aus einer armen Gegend, sich keine Privatschule leisten kann, hat man wenig Chancen. Die öffentlichen Schulen sind dann nur mehr Aufbewahrungsorte für Kinder. Und Lehrersein hat kein Prestige, weil man zu wenig verdient. Niemand will Lehrer werden, deshalb machen sie jetzt Werbung dafür unter dem Slogan *Werde Lehrer, werde ein Held!* Heldsein als Entschädigung für den geringen Verdienst. Sonst hat der Beruf keinen Anreiz.

Viele Kinder von Einwanderern schaffen es aber trotzdem. Die Eltern arbeiten Tag und Nacht, um ihnen eine bessere Ausbildung zu ermöglichen, und damit kann die neue Generation in die Mittelschicht aufsteigen, falls es das in USA überhaupt noch gibt.

MT   Das sind die, die den amerikanischen Traum verwirklichen.

SS   Ja, aber diese Einwanderer kommen aus anderen Ländern in die USA. Doch die Schwarzen sind schon seit Generationen im Land und so lange in Abhängigkeit, entweder als Sklaven und später als Farmpächter. Das war eines der Hauptprobleme, als sie nach Norden wanderten, zu lernen, die Initiative zu ergreifen und das amerikanische System kennen und nutzen zu lernen. Es gibt auch viele, denen das gelungen ist, aber die Geschichte der Befreiung wiederum ist noch kurz, die Civil Rights Bewegung hat in den 60er-Jahren stattgefunden, so schnell kann man sich nicht völlig verändern. Und für die Gettos hat man noch keine Lösung gefunden.

MT   Hast du über diese Situation in einem deiner Romane geschrieben?

SS   Nein, das fällt mir gerade ein, dass ich das aufgeschoben habe, ich wollte damals unbedingt über ein *project* in Chicago schreiben, über heruntergekommene Sozialwohnbauten mitten in der reichen Innenstadt, die wie durch eine unsichtbare Mauer vom wohlhabenden Teil getrennt waren. Die Taxifahrer haben sich geweigert dort hinzufahren, weil es zu gefährlich war. Ich habe dann nur einen langen Artikel darüber geschrieben, aber das Material nicht literarisch verarbeitet.

MT   Wie schreibst du eigentlich? Du machst zunächst Recherchen?

SS   Ja, aber oft enden die Recherchen in anderen Projekten. Ich lese viel, und während dieser Lektüre ändert sich der Plan zu einem Buch wieder, aufgrund der Dinge, die ich in diesen Materialien finde. Mit der Lektüre ergibt sich ein zweiter Plan, danach entwerfe ich mögliche Personen, stelle mir mögliche

Schauplätze vor. Während des Schreibens entwickelt sich eine Eigendynamik der Figuren und der Handlung, die den vorher gefassten Plan wieder verändern. Unbewusste Strukturen stellen sich während des Schreibens heraus, die man auch berücksichtigen muss.

MT   Hast du die Erfahrung gemacht, dass die Personen schließlich andere Geschichten erzählen wollen?

SS   Vieles ergibt sich erst im Prozess. Wie Spielfiguren.

MT   Zuerst machst du Notizen und dann schreibst du in den Computer?

SS   Ich habe bis jetzt immer auf Papier geschrieben. Aber vielleicht werde ich das ändern, denn diese Methode ist sehr arbeitsaufwändig. Das sind unzählige Arbeitsgänge. Nach dem Computer drucke ich wieder aus, bearbeite am Papier, gebe die Änderungen ein und das mehrmals im Laufe von Monaten.

MT   Willst du weiterhin auch wissenschaftliche Arbeiten, Essays etc. Schreiben?

SS   Ja, unbedingt. Zurzeit verstärkt, weil ja die Literatur nicht funktioniert. Wenn ich sie nicht loswerden kann, warum soll ich sie schreiben? Natürlich würde ich gerne einen weiteren Roman schreiben, aber zurzeit geht die Nachfrage eher nach Artikeln und Sachbüchern.

MT   Glaubst du, dass die Literatur eine schwere Zeit hat, jetzt?

SS   Das Problem ist, dass der Literatur so viel an Bedeutung weggenommen wurde. Zum Beispiel, Literatur als Lebenshilfe. Man will nicht mehr einen Roman lesen und nachdenken, welchen Weg die Entwicklung des Protagonisten genommen hat und diese Vorgänge mit einem selbst in Beziehung setzen. Das ist zu langwierig. Da will man lieber sofort ein Buch haben, das das Problem direkt behandelt, zum Beispiel mit dem Titel »Ich kann mich durchsetzen«. Als Ratgeber funktioniert Literatur nicht mehr. Oder geschichtliche Vorgänge, da liest man lieber ein Sachbuch, da braucht man sich nicht bemühen, Bezüge rauszufiltern. Also bleibt der Literatur nur mehr wenig übrig. Die schnelle Unterhaltung, der Film, das Fernsehen, so vieles wird von den Medien erledigt, was früher noch Bücher leisten sollten. Da bleibt nur mehr Hardcore-Literatur oder Literatur, die genauso funktioniert wie ein Film. Michael Chrichton schreibt genauso wie man einen Film macht, und man liest seine Romane, so wie man einen Film ansieht, in einem durch, und dann geht man raus, denkt an was anderes. Gut gemacht, gut recherchiert, gut fantasiert, so was funktioniert. Es ist zwar keine interessante Literatur, aber ich kann verstehen, warum man das gerne liest.

Es wird immer wieder Rückbewegungen geben. Den Lesern bereitet es halt Vergnügen, ein Buch von einem Fußballer zu lesen, mit Sexszenen und privaten Bekenntnissen, das bietet ein Zusatzkribbeln, wenn man ihn wieder fußballspielen sieht, so etwas wurde durch das Buch erreicht. Oder im Urlaub lesen die Leute Krimis am Strand. Da brauchen sie Bücher. Die Grübler lesen dann vielleicht noch Literatur. Irgendjemand hat einmal festgestellt, dass es in dem ganzen deutschsprachigen Betrieb nur mehr ungefähr 60.000 Leser ernstzunehmender Literatur gibt. *(lacht)*

Und die anderen schreiben dann schon selbst. Es gibt wahrscheinlich mehr Leute, die schreiben, als solche, die lesen, hat mir einmal ein Verleger gesagt.

MT *(lacht)* Mehr Autoren als Leser!

MT Findest du neue Tendenzen in der neuen deutschsprachigen Literatur?

SS Das weiß ich überhaupt nicht. Denn ich lese fast nur Bücher, die ich für meine Projekte brauche. Zum Beispiel für das Lissabon-Buch lese ich jetzt wieder portugiesische Autoren. Denn eigentlich habe ich über Portugal nie geschrieben. Wie diesen New York-Führer mache ich einen literarischen Führer zu Lissabon.

MT Triffst du in Berlin deine Autorenkollegen? Sprecht ihr da über neue Tendenzen der Literatur?

SS Nein, wir sprechen über die Situation des Literaturbetriebs, denn das ist es, was uns zurzeit bedrängt. Außerdem habe ich das Problem, dass ich in Berlin ja Ausländerin bin. Die Deutschen schreiben meist über das Deutschsein und die deutsche Vereinigung und diese Probleme und die deutsche Geschichte, für mich ist das kein Thema. Die Wiedervereinigung interessiert mich schon, aber ich kann keinen Insiderblick bieten, weil ich dort nicht gelebt habe.

MT Du bist mehr ein interkultureller Autor?

SS Ja, mich nur auf nationale Themen zu konzentrieren, das könnte ich gar nicht. Weil ich die Welt nicht so sehe, sondern in völlig anderen Zusammenhängen, auch Deutschland steht für mich in einem Bezug zu anderen Ländern, es steht nicht einzeln da, und es würde nicht stimmen, wenn ich ein deutschdeutsches oder innerdeutsches Problem aufgreifen würde, um darüber zu schreiben. Obwohl das beliebt ist, viele erfolgreiche Autoren arbeiten am deutschen Selbstverständnis.

MT   Möchtest du die Poesie mit anderen Künsten in Zusammenhang bringen, zum Beispiel Malerei, Musik?

SS   Nein, das habe ich schon gemacht. Und es ist schwierig, weil man doch das andere Medium gut kennen sollte. Ich habe mit Bildenden Künstlern und Musikern zusammengearbeitet, wenn es sich ergibt, mache ich es jederzeit gerne wieder, Performances etc. Aber ich sehe es nicht mehr als Lösung, um Literatur besser zu verbreiten. Ich glaube nicht mehr an eine Erweiterung der Literatur in diesem Sinne, wie zum Beispiel beim Gesamtkunstwerk. Eher inspirieren mich andere Medien, um sie in die Literatur zurückzuführen. Ich bringe die Literatur nicht zur Musik, sondern füge die Musik in meine Texte. Experimentiert habe ich ganz am Anfang, mit Schriftzeichen, sehr visuell gearbeitet. Jetzt brauche ich das nicht mehr. Ich dachte damals, die Grenzen der Sprache mithilfe anderer Medien zu erweitern, das sehe ich nicht mehr so radikal. Ich glaube heute, dass sich die Funktionsweisen der anderen Medien sowieso in die Literatur einschleichen. Man muss das gar nicht erzwingen. Damals aber war das visuelle und musikalische Element wahrscheinlich wichtig für mich, um meine Sprache zu finden und mich von Konventionen zu entfernen.

MT   Was bedeutet Literatur eigentlich für dich? Wohin orientierst du dich in der Literatur? Worauf legst du literarischen Wert?

SS   Ja, sowohl in dem, was ich lese, als auch in dem, was ich schreibe, handelt es sich immer um eine Beschäftigung mit dem Transnationalen. Das hat mit der brasilianischen Literatur begonnen und wurde dann verstärkt in Chicago, wo ich auf die *hyphenated* Autoren gestoßen bin, also solche, deren Identität zusammengesetzt ist, wie z. B. Chinese-American oder Mexican-American, die sich nicht festlegen lassen auf eine Sprache, eine Kultur etc. Weiters habe ich mich mit dem Exil auseinandergesetzt, in vielfacher Weise mit Situationen, in denen Autoren ihr Ursprungsland verließen, in einem anderen zu schreiben begannen oder weiter schrieben, ihre Sprache wechselten oder auch nicht, also auch Existenzen, die mehr umgreifen als das Leben in einer Nation. Viele dieser Autoren verstehen sich als Übersetzer, Vermittler und mit Übersetzung und Vermittlung im weitesten Sinne beschäftige ich mich in meinen eigenen literarischen und theoretischen Texten. Das ist aber weniger ein politisches Anliegen, als ein sehr persönliches. Dass das Politische da mitbegründet liegt, ist eine Nebenerscheinung, die ich natürlich nicht außer Acht lassen will. Aber wenn mein Interesse daran nicht persönlich wäre, könnte ich mich dazu gar nicht äußern, glaube ich.

Ich habe eben nicht das Gefühl, dass ich spezifisch österreichisch bin und nur das, auch nicht deutsch, nicht amerikanisch oder französisch und so weiter. Aber alle diese Einflüsse bestimmen mein Arbeiten und Leben, vielleicht ist das nicht gut, weil es verwirrend wirkt auf Menschen, die es gewohnt sind, an einem Ort zu leben und sich verwurzelt zu fühlen. Aber denen will ich ja nichts ausreden, ich möchte nur klarmachen, dass das Beharren auf dem Feststehenden in Zeiten der Globalisierung genauso etwas Irreales an sich hat und vor allem künstlich ist. Die konservativsten Heimatbewegungen sind von irgendwelchen Ideologen zusammengestoppelt worden und das, was man als das Ureigenste eines Landes, einer Region begreift, ist oft von woanders gekommen und zumindest beeinflusst. Ich nenne hier nur Flamenco.

Daher möchte ich zeigen, dass das Fremde sich schon viel länger im Vertrauten befindet und miteinander in Austausch steht, in Österreich ist das ja schon durch den sogenannten Vielvölkerstaat der Monarchie klar, der verschiedene kulturelle und sprachliche Spuren hinterlassen hat, welche eine nationenbildende Kraft dann schließlich vereinnahmt hat und als urösterreichisch erklärt.

MT   Was möchtest du in deiner literarischen Tätigkeit sagen? Glaubst du, dass die Literatur die Weltanschauung der Menschen verändern könnte? Was bedeutet die Globalisierung für die Multi-Kulti-Literatur?

SS   Viele verschiedene Fragen. Ob die Literatur die Weltanschauung der Menschen ändert? Naja, vielleicht das Bild von der Welt. Also wenn nun zum Beispiel indische Literatur im Westen bekannt wird, oder wie früher, südamerikanische Literatur, dann erfährt der Leser mehr über die Ausgangssituation in diesen Ländern, und da heute viel gereist wird, ist das Interesse an Literatur aus den exotischen Ländern auch stärker geworden. Das könnte schon sein, dass man dann auch politisch mal aufmerksamer wird, aber andererseits wollen ja Kurzreisende sich meist den schönen Traum vom Paradies erhalten und nur über die angenehmen Seiten von Mahe, Havanna oder Kingston was lesen. Andererseits soll das unbekümmerte Herumfliegen ja seit dem 11.9. vorbei sein und so wäre es sicherer, sich zuhause mit Buch und Video in eine andere Welt zu träumen.

Diese Globalisierung also mit Vorbehalt. Ich mag das Wort nicht. Muss immer an den abwertenden Charakters des Verbs globalisieren denken, also verallgemeinern.

Es gibt auch gar keine Multi-Kulti-Literatur. Dieses Wort klingt so fröhlich, wie ein bunter Schal oder so ähnlich. Aber weil es keine wirkliche Multikulturalität gibt, kann es auch keine entsprechende Literatur geben. Denn Multikulturität würde ja bedeuten, dass alle Kulturen eines Landes gleich berechtigt nebeneinander existieren, was aber so nicht stimmt. Nicht einmal in den USA. Vielleicht könnte man es einfach Literatur verfasst von Minderheiten nennen. Denn auch das Transnationale stimmt nicht, weil es suggeriert, dass diese Autoren sich ungehindert von Nation zu Nation bewegen könnten. Das können sie aber nur im Rahmen der Literatur, nicht immer in der Realität, z.B, Autoren, die wegen politischer Verfolgung ihr Land verließen, leben dann vielleicht in Frankreich, aber sie können sich innerhalb Europas nicht frei bewegen, brauchen komplizierte Visa und so weiter.

Diese Autoren aber, und solche, die als Angehörige von Minderheiten aufwachsen und leben, bereichern und erzählen von einer Welt, die sich stark verändert hat und die in Bewegung ist und nicht so, wie konservative Kräfte uns versichern wollen, dass wir Grenzen und Mauern bauen müssen, um unser Eigenes zu schützen. Ich glaube, dass das schief gehen muss, wenn man sich nicht um Integration bemüht, wenn man es nicht tun will, wird man fast ausschließlich mit den schrecklichen Folgen der Globalisierung zu rechnen haben. Natürlich muss man das auch im Feeling haben, aber man muss bei den Kindern beginnen und die Erwachsenen sollen sich überlegen, ob sie sich nicht in ihrer engsten Umgebung auf Hilfe, Sympathie, Liebe verlassen, die von außen kommt und sollten lernen, dies wertzuschätzen. Ich muss wirklich immer staunen, wie sehr Ideologen sich zweiteilen können, die Geschichte dieses amerikanischen Anti-Schwarzen-Politikers fällt mir ein, der mit einer schwarzen Frau, einer Dienstbotin natürlich, eine Tochter hatte, auch für sie sorgte, aber an der Oberfläche mit seiner rassistischen Politik fortfuhr, bis sich nach seinem Tod die Tochter endlich zu Wort melden traute.

MT   Was interessiert dich zurzeit literarisch?

SS   Ich habe immer mehrere Projekte zugleich im Kopf und nicht alle kann ich dann realisieren, aber da ist zum Beispiel ein literarischer Führer über Lissabon, den ich schreiben werde. Dann wird ja bald mein Roman über die Exilantinnen in den USA erscheinen. Dazu ist mir viel Material geblieben und das Thema des Exils ist etwas, das ich weiterverfolgen will, vielleicht in Form einer exemplarischen Biographie einer Autorin, mal sehen. Ich müsste dazu noch mal in New York und Los Angeles recherchieren. Dann denke ich an eine Fortsetzung des Marina-Romans, die sich mit den unglücklichen Beziehungen zwischen Österreich und Mexiko beschäftigen könnte, schließlich war Maximilian ein von den Franzosen eingesetzter Habsburger, der dort versuchte Kaiser zu sein. Und natürlich möchte ich auch mal über den Einfluss des Westens auf Japan schreiben, oder umgekehrt über den Einfluss Japans auf den Westen. Diese Idee ist noch ganz vage, aber spannend. Und vielleicht schreibe ich irgendwann einmal das Buch meiner Familie, ich möchte dazu vor allem die »Fremden« in der Familie vorstellen, wie sie es geschafft haben, in Österreich zu leben, obwohl sie sich offensichtlich äußerlich von den Einheimischen unterschieden. Das wird aber auch viel Zeit erfordern.

2. Gespräch

SS Ich wollte mit einem Spracherkennungsprogramm arbeiten. Das war mein Traum. Aber ich habe es bisher technisch nicht geschafft, weil ich Apple habe und die Software von Apple ist nicht so gut wie die für PC. Ich habe sie zwar gekauft, aber ich konnte sie nie zum Laufen bringen. Ich habe auch gehört, dass sie sehr anfällig und kompliziert ist. Besonders, als ich unterrichtet habe, habe ich immer gedacht, ich wüsste gerne, was ich da erzähle, weil ich das vielleicht für einen Aufsatz verwenden könnte. Im spontanen Reden sagt man oft Dinge oder hat Erkenntnisse, die man im Schreiben nicht gewinnt. Also in der Auseinandersetzung mit den Studierenden zum Beispiel. Wenn ich ihnen erklären muss, welche Kritierien ein guter Roman braucht. Im Unterricht spreche ich aus der Situation heraus, weil gerade irgendeine Frage auftaucht. Und oft habe ich dann das Gefühl: »Ah, das war jetzt wirklich auf den Punkt getroffen.« Und natürlich kann ich das später schriftlich nicht genau so nachvollziehen. Deshalb dachte ich, eine Diktiersoftware wäre hilfreich. Aber ich habe das dann nicht realisiert. Ich habe meine Weisheiten also in die Luft gepulvert. Doch es gibt Schriftsteller, die tatsächlich ihre Romane im Sprechen schreiben. Und ich finde das toll. Weil ich glaube, dass mit dem mündlichen Erzählen eine gewisse Lebendigkeit mit reinkommt.

MT Das ist Authentizität eigentlich. Beim Sprechen zum Beispiel.

SS Beim Sprechen hast du ja die Fiktion, dass du ein Gegenüber ansprichst. Beim Schreiben weniger. So ist es ja auch, wenn du schreibst und dann den Text jemandem vorliest. Im Vorlesen verändert sich dein Gefühl zu dem, was du geschrieben hast, sofort. Plötzlich nimmst du den Text anders wahr. Und von diesem Effekt, dachte ich, könnte man profitieren, wenn man sozusagen Literatur im Sprechen machen würde. Oder man könnte zumindest eine Grundlage damit bilden und danach wieder ins Schreiben hineingehen.

MT Hätte das mit der mündlichen Dichtung zu tun? Früher war die Dichtung mündlich.

SS Ja. Das finde ich ganz wichtig, weil ich mich selbst oft beobachtete, wie gut ich Geschichten erzählen kann. Mit einem Freund oder in einer Gruppe merke ich immer wieder, dass ich Aufmerksamkeit bekomme, weil meine Geschichten lustig und lebendig sind. Aber wenn ich schreibe, ist eine völlig andere Qualität, die Geschichten zu erzählen, am Werk. Dann wird das eher durch ein rationales Muster gepresst. Und manchmal finde ich das schade, weil ich denke, ich habe so viele gute Geschichten und Anekdoten, aber im Geschriebenen werden sie behäbiger. Weil ich beim Schreiben über die Sprache nachdenke. Dadurch wird sie sperriger. Beim Sprechen, beim Erzählen ist vor allem der kommunikative Aspekt dieser Geschichte wichtig. Du erzählst es so, weil du die Reaktion schon vor Augen hast, und weil das in lockerer Atmosphäre geschieht. Da bin ich ganz auf den Moment und die Reaktionen konzentriert. Beim Schreiben hingegen habe ich sozusagen diesen Ewigkeitsanspruch, wie: »Ja, wenn ich diesen Satz jetzt so und so schreibe, dann wird das so und so wahrgenommen!« Du denkst die Rezeption schon mit. Unbewusst, nicht bewusst.

MT   Der Rhythmus ist auch wichtig.

SS   Ich habe ja experimentell begonnen, wo es vor allem darum geht, mit Strukturen zu arbeiten und die Sprache auch abstrakt zu gebrauchen. Das war mir sehr wichtig. Das Erzählen war sehr zweitrangig. Und komischerweise wurde ich dann durch die Kinder zum Erzählen gezwungen. Die Kinder wollten, dass ich ihnen etwas erzähle. Da konnte ich nicht die Sprache abstrakt verwenden. Vielleicht in lustigen Reimen und so, Unsinnsreimen, das schon. Aber ich sollte ja was erzählen! Das heißt, ich musste anfangen, diese Reserviertheit aufzugeben, und habe erst, als ich das erste Kind hatte, begonnen, längere Geschichten zu schreiben.

MT   Zuerst hast du also deinen Kindern selbst etwas erzählt.

SS   Ja. So habe ich eigentlich das Erzählen wieder gewonnen und die Lust am Erzählen. Und das Bewusstsein, dass es doch noch viele Sachen zu erzählen gibt.

MT   Waren da deine Geschichten schon fiktiv? Oder Märchen?

SS   Alles Mögliche, also irgendwelche Märchen, oder was wir viel gemacht haben, wir haben ja in Amerika gewohnt und ich wollte, dass meine Tochter nicht vergisst, dass wir in Deutschland und in Österreich waren, und dass sie die ganze Familie nicht vergisst und was wir dort erlebt haben. Also haben wir immer abends Erinnerungsspiele gemacht. »Erinnerst du dich, als wir ...« etc. Jeder hat versucht, was zu erzählen. Für mich war das sehr wichtig, dass sie dieses Bewusstsein hat, woher sie kommt. Weil wir wussten ja nicht, bleiben wir hier oder nicht. Und ich wollte nicht, dass sie das verliert und natürlich auch die deutsche Sprache nicht verliert. Ich war ja die einzige, die dort mit ihr Deutsch gesprochen hat. Und so hat sich mein Erzählen in einer Mischung aus fiktiver Geschichte, überlieferter Geschichte, oder auch erlebten Familiengeschichten, Anekdoten entwickelt.

MT   Du lebst längere Zeit in einer Vielsprachigkeit. In den USA, in Frankreich. Dabei hast du natürlich deine Muttersprache ausgewählt, ja? Aber bei dir klingt immer diese Vielsprachigkeit.

SS   Ja, klar, das setzt sich in Berlin fort. Ich bin ja hier mit den Kindern. Die sprechen weiterhin Französisch. Dadurch ist man mit Menschen zusammen, die Französisch oder Spanisch oder eine andere Sprache sprechen. Mein Freundeskreis ist multisprachlich. Das ist eigentlich etwas ganz Normales, dass jeder mal an anderen Orten gelebt hat. Das ist auch für meine Kinder etwas Selbstverständliches. Man versteht sich nicht als jemand, der an einem Ort geboren und aufgewachsen ist und diesen kulturellen Regeln folgt bis an sein Lebensende, sondern wir haben alle verschiedene Geschichten. Zum Beispiel, die Freundin aus New York, die hier schon zehn Jahre lebt und deren Kinder Englisch sprechen, auf eine amerikanische Schule gehen und so weiter und so weiter. Und dann bleiben mir auch die Bekanntschaften mit den Freunden, die wir in den anderen Ländern kennengelernt haben. Außerdem hat man kulturelle Einflüsse wie spanische Musik, die man eben dort bei den Freunden kennengelernt hat, die man weiterhin hört. Das ist alles weiterhin in Bewegung. Und durch Reisen kommen wieder neue Eindrücke dazu. Wir haben verschiedene kulturelle Hintergründe, die sich dauernd verändern. Und das ist natürlich auch ein wichtiger Punkt in meinem Schreiben.

MT   Interkulturelle Dimensionen in der Sprache auch.

SS   Ja, das ist eigentlich mein Hauptthema im Grunde, ja. Mhm.

MT   Aber andererseits willst du nicht, dass du selbst als Migrationsliteratur katalogisiert wirst.

SS   *(lacht)* Da muss ich was Lustiges erzählen. Ich habe mich ja jetzt arbeitslos gemeldet, bin zum Amt gegangen und habe dort dieses Formular gesehen. Da stand also »Migrationshintergrund ja nein« und ich dachte, »ah, das ist interessant, dass das jetzt schon in den offiziellen Bewerbungsblättern steht!« Und dann schau ich genauer, und da war bei mir das »Ja« angekreuzt. *(lacht)* Und so ist mir erst aufgegangen, dass ich tatsächlich für die deutschen Behörden Migrationshintergrund habe. *(lacht wieder)* Es ist ganz interessant, wie ich reagiert habe. Weil ich überhaupt nicht an mich dachte, ich dachte eher »ja, das ist tolerant und gut, dass auf den offiziellen Formularen vermerkt ist, woher man kommt«, und dachte dabei an die anderen. Aber dass ich selbst mit eingeschlossen bin, hat mich überrascht. Damit ist es offiziell. Ich habe Migrationshintergrund und ich bin »Grenzgängerin«, so heißt es auch. Arbeitsrechtlich bin ich Grenzgängerin. Das heißt, ich schreibe *(lacht),* oder kann behaupten, dass ich Migrationsliteratur schreibe, wenn man nach den Formularen geht.

MT   Jemand hat einmal gesagt, dass du vielleicht etwas auf Englisch schreiben könntest. Das habe ich gehört.

SS   Nein, jetzt nicht mehr. Es ist eher so, dass ich mich verschiedenen, amerikanischen Autoren nahe fühle. Da gibt es immer wieder Verbindungen, wo ich denke, ja, dass ist eigentlich auch meine Art zu denken. Weil ich so lange dort gelebt und mich mit der Kultur beschäftigt habe, ist es auch Teil von mir. Und ich bin sicher keine »deutsche Literatin«, weil ich noch andere Länder und Kulturen und Kultursysteme kennen gelernt habe, die für mich gleich wichtig sind. Ich kann nicht sagen, dass ich das, was jetzt in Deutschland über Literatur diskutiert wird, wichtiger fände, als was man in New York bespricht. Oft ist mir sogar eine New Yorker Diskussion wichtiger. Es gibt da diese tolle Literaturzeitschrift von jungen Intellektuellen, *N+1*. Und ich bin aufgefordert worden, einen Text von mir einzureichen, der übersetzt wird. Sie wurden durch einen Artikel aufmerksam, den ich in *lettre international* veröffentlichte. Da geht es um eine Mutter in verschiedenen kulturellen Kontexten und die Probleme damit. Und das passt natürlich da hinein, in ein deutsches Literaturmagazin passt es ja nicht so. Und das ist irgendwie auch mein Problem, dass ich nirgends richtig dazupasse. Ich bin sozusagen weder eine richtig deutsche Autorin, noch bin ich eine richtig österreichische Autorin, noch bin ich eine Autorin mit richtigem Migrationshintergrund. Ich bin ein Mensch mit verschiedenen kulturellen Erfahrungen, die er auch in seiner Literatur darzustellen versucht, weil es im Grunde genommen darum geht, wie man sich zwischen den verschiedenen Kulturen verständigen kann. Und damit meine ich nicht, einen Dialog zwischen einer Mehrheitskultur und einer Minderheitskultur, sondern halt mit verschiedenen Komponenten. Mich interessieren mehrfache kulturelle Migrationen, nicht nur eine. Und das ist, glaub ich, der große Unterschied. In einer Generation später wird das normal sein, aber jetzt höre ich oft:, »uff, das ist ja alles viel zu viel! Und dann gibt es noch diesen Schauplatz und dann Paris auch! Ich kenn mich ja gar nicht mehr aus!« Also so reagieren die Lektoren oder die Agenten. Und da passe ich viel besser zu diesen New Yorkern, wo es bereits um Generationen von Migration geht.

MT   Kann man da eine Lebendigkeit dieser Multikulturalität spüren?

SS   Ja, aber es verändert sich ständig. Also von der Kriegszeit, als die Deutschen in die USA ausgewandert sind und die kulturelle Szene mitbestimmt haben. Und natürlich der jüdische Einfluss. Und die Autoren aus osteuropäischen Ländern in New York. Und in den letzten zehn, zwanzig Jahren dringen auch viel mehr Autorinnen aus den afrikanischen und arabischen Ländern in die intellektuelle *community*. Das dauert ja immer mehrere Generationen, bis man so gut ausgebildet ist und in diese *elite* vordringen kann und von ihr akzeptiert wird. Das heißt, es verändert sich ständig und es gibt da auch nicht diese Definition von Migrationsliteratur, die wäre, dass jemand sein Land verlässt, und in einem anderen Land darüber schreibt, wie er vorher gelebt hat und wie es dort ist. Und das war's. Punkt. Aus. Das funktioniert immer nur temporär und das war auch immer nur temporär, zum Beispiel mit Latinas, Chicanas, das waren Auseinandersetzungen zwischen Nord- und Südamerika, oder Mittelamerikanern, bis diese nun auch im universitären Bereich oder in der Politik gelandet sind und ihre Positionen besetzen können. Oder wie man hier von »Gastarbeitern« gesprochen hat. Das gibt es ja nicht mehr so wie in den Siebzigerjahren. Es gibt eine Weiterentwicklung. Also als ich zurückkam aus Amerika, war das Bewusstsein für transnationale Literatur noch gar nicht vorhanden. Niemand hat davon gesprochen. Da ging es nur um die deutsche Einheit und um die DDR-Romantik. Die ganze Zeit nur Selbstbespiegelung.

MT   Ja, in der deutschen Literatur geht es darum, wie solche Migrationsliteratur sich entwickeln kann.

SS   Endlich! Das hängt auch mit der gesellschaftlichen und politischen Situation zusammen, dass man sich in Deutschland nicht als Einwanderungsland begreift. Und dass Europa überhaupt diese Probleme hat mit diesem Sich-Abschotten nach außen.

MT   Hast du auch ähnliche Autorinnen und Autoren, also Leipziger wahrscheinlich, zum Beispiel, als Nachwuchs?

SS   Ja. Du hast ja vielleicht schon von Olga Grjasnowa gehört. Die war eine Studentin dort. Während sie studiert hat, hat sie sehr viel gearbeitet und hat nicht wirklich so umfangreich geschrieben. Sie hat das gerade so hingekriegt, sie musste sich das Studium durch Jobs finanzieren und war auch so vielseitig interessiert, hat übersetzt, und dann erzählte sie, dass sie ihren Abschlussroman über einen Übersetzer schreibt. Da war ich schon gespannt darauf, weil sie immer so super interessante Geschichten erzählt hat.

MT   Die Sprache ist selbst mit Fremdheit verbunden.

SS   Nein, das ist jetzt nicht wirklich das Thema in Olgas Roman. Sie ist als Kontingent-Flüchtling, als Kind aus Aserbaidschan nach Deutschland gekommen. Und war aber aufgrund ihres Aussehens einfach nicht so benachteiligt. Weil sie blond und blauäugig ist. Äußerlich wurde sie nicht auf den ersten Blick als Fremde wahrgenommen und sie hat sich rasch integriert. Und ihr Buch ist mehr oder weniger über ihre Generation, die sich im Grunde als ganz normale Einwohner Deutschlands verstehen, die aber von den anderen immer als Andere dargestellt werden. Bei ihr zum Beispiel, weil sie eben Jüdin ist, wird sie oft aufgefordert, über das Judentum Auskunft zu geben, obwohl sie selbst nicht gläubig ist. Oder sie soll eine Meinung über Israel abgeben, obwohl sie keine Meinung dazu hat, außer dass Verwandte dort leben. Im Grunde geht es im Roman darum, dass diese jungen Menschen diese Zuordnungen nicht wollen. Weil sie ja keine Politiker sind, sondern Menschen, die auf Deutsch kulturalisiert wurden und die zu Hause in der Familie noch andere Einflüsse haben. Und die möglicherweise durch einen Berufswechsel der Eltern noch einmal ein anderes Land erfahren haben. Aber das bedeutet nicht, dass sie jetzt die globalen Auskunftspersonen für alle Araber sind oder für die sowjetischen Juden im allgemeinen etc. Im Grunde geht es darum, dass man ständig eingeordnet und kategorisiert wird als Migrant. Obwohl sie sich selbst nicht als Migranten verstehen, sondern als normale Menschen.

MT   Es gibt da den Begriff Weltbürger.

SS   Ja, aber das kann man leider nicht verwenden. Das ist ja auch belastet. Vielleicht könnte man Kosmopolit sagen. Eine kosmopolitische junge Generation.

MT   Früher war es so, dass es ein bisschen negativ war, entwurzelt. Jetzt aber ist es ein bisschen positiv.

SS   Ich würde sagen, der wichtigste Punkt ist nicht, welche Identität ich habe, sondern »wie kommen wir miteinander zurecht?«, mit unseren Verschiedenheiten. Wie können wir denn miteinander umgehen, dass es funktioniert und das es nicht dauernd zu Konflikten kommt. Nicht, »wie fühle ich mich?«, »als was fühle ich mich?«, als Türke oder als Libanese oder als Palästinenser.

MT   Ja, du hast heute vorher schon gesagt, dass du über die marokkanische Kultur schreibst. Willst du auch eine Erzählung dazu machen? Willst du da Multikulturalität finden in dieser marokkanischen Landschaft?

SS   Nein, es geht in dem Essay darum, wie man das Fremde wahrnehmen kann und welche verschiedenen Weisen es gibt, sich dem auszusetzen, und kann man das überhaupt? Was mich besonders interessiert, ist diese Wunschvorstellung vom Orient. Im Grunde genommen waren es ja doch Wünsche der westlichen Menschen, die dorthin projiziert wurden. Was sie glaubten, in ihren eigenen Kulturen nicht zu finden, haben sie sich eben dort vorgestellt. Zum Beispiel, absolut lustvolles Erleben mit mehreren Frauen und so weiter.

MT   Exotismus.

SS   Ja, dieser Exotismus, der in unseren Köpfen steckt. Und ich muss sagen, auch in meinen ersten beiden Reisen dorthin wurde der bedient, weil ich in die Königsstädte gefahren bin, die für Europäer wirklich beeindruckend sind, weil sie noch intakte mittelalterliche Strukturen, also die Baustrukturen, das sind ja uralte Städte, bieten. Und man bildet sich dann ein, oder ich habe mir das eingebildet, dass man sich so fühlen kann, wie so ein Typ im Mittelalter sich gefühlt hat, wenn er durch die engen labyrinthischen Gassen gelaufen ist. Also es ist ein sehr sinnliches Erlebnis. Du kannst dich körperlich und seelisch nicht entziehen. Es nimmt dich in Anspruch. Und du kannst nicht sagen, ich schalte jetzt das Programm um. Geht nicht. Du bist mittendrin, Menschen kommen an dich heran, sprechen mit dir und es riecht, stinkt, duftet und du hörst die Musik. Also man wird total gepackt.

Mittlerweile hat sich viel im Verhältnis des Westens zum sogenannten Orient verändert, weil der Islam jetzt das neue Feindbild ist. Seit 9 / 11. Und ich wollte sehen, wie reagieren die Menschen auf mich, wie wirke ich auf sie? Und dann hat mich persönlich interessiert, wie reagieren die Kinder auf das Fremde. Obwohl wir die Chance hatten durch eine einheimische Vermittlerin, etwas tiefer hineinzugehen. Zu sehen, wie die Dinge funktionieren, weil sie uns das zeigt und erklärt. Und weil wir nicht einfach durch eine Straße laufen und da sind Grills aufgestellt mit ganz vielen Sardinen und wir wissen nicht, warum. Fatima hat uns erklärt, dass da eine neue Lieferung von einem Sardinenschiff angekommen ist und die Leute gehen zum Hafen, kaufen sich dort Sardinen, bringen sie zu den Lokalen und bezahlen dafür, dass die Fische dort gegrillt werden. Und besonders viele Leute aus Marrakesch kommen um diese Zeit, weil sie unter der Hitze dort leiden, und Essaouira ist eine kühle Stadt mit viel Wind. Das Freizeit-Highlight für die Leute aus Marrakesch ist, dass sie dort Sardinen essen gehen. Das erfahre ich dann. Das kann ich nicht wissen, wenn ich einfach nur so durchgehe.

MT   Durch Bücher kann man so etwas nicht.

SS   Nein! Obwohl es schon wichtig ist, die Literatur kennenzulernen. Ich habe auch marokkanische Autoren gelesen. Trotzdem hatte ich den Eindruck, dass die intensivste Ebene des Erlebens doch die körperliche ist. Das Gehör, die Geräusche, die Gerüche. Du fängst an zu entschlüsseln.

MT   Da ist auch ein archaisches Spektrum eigentlich der Körperlichkeit oder so, der Persönlichkeit.

SS   Ja, mittlerweile denke ich sogar, dass sinnliche Erfahrung wichtig ist, um überhaupt verstehen zu können. Wenn du nur die Schriften liest oder im Fernsehen Filme siehst, dann läuft das immer über den Kopf ab. Du hast nicht das Gefühl und du kannst dich körperlich nicht verbinden, denn du bist ein Körper und die sind ein Körper. Und du stehst dann im selben Raum und durch die körperliche Nähe entsteht etwas. Und durch das Essen oder auch Berührungen, zum Beispiel, man geht in ein Dampfbad und Fatima schrubbt dir die Haut und ich mache das bei ihr. Das sind andere Formen von Nähe, die entstehen. Das ist nicht rational, aber es kann sehr helfen beim Verstehen. Oder auch das Riechen. Gerüchen kannst du nie entkommen. Bei Gerüchen kannst du nicht sagen »nein, ich schau nicht hin«. Und dann der Körper selbst, seine Anfälligkeit für Krankheiten und das Klima. Was wirklich am allerunausweichlichsten ist, ist die Reisekrankheit. *(lacht)* Wenn du Bauchschmerzen kriegst und du musst die ganze Zeit auf die Toilette oder du kotzt, dann bist du total im Land. Oder das Land ist in dir, ja. Ich habe das Land übers Essen in mich aufgenommen, und jetzt musst du schauen, kannst du es verdauen oder nicht. Und meistens kannst du es nicht.

MT   Die ganze Naivität oder Bildlichkeit im Körperlichen.

SS   Dort habe ich ein Buch gelesen, das zufällig zu diesen Beobachtungen passt, oder umgekehrt: sie eigentlich beeinflusst hat. Von T. C. Boyle. *Wassermusik.* Er beschreibt eine Expedition von Engländern, die den Lauf des Nigers erforschen wollen und vor allem körperlich total scheitern, weil sie einfach die ganzen Krankheiten, das Klima, die Würmer, die Insekten, die in sie reinkriechen, die Malaria, die sie kriegen, nicht vertragen. Und er beschreibt das ganz genau, wie das Bein von dem einem anschwillt, weil er gestochen wurde. Und man muss ihm einen Wurm rausziehen und so weiter *(lacht)*. Und da dachte ich, ja, genau das ist es. Das ist die Schwäche der Europäer. Sie können zwar rational denken und planen mit Routen und Karten, aber ihr Körper kann diese Region nicht ertragen. Und deswegen sollen sie eigentlich nicht dort sein. Das Land wehrt sich mit einer Bioattacke.

3. Gespräch

MT Sprechen wir zuerst über deinen Japanroman *Die Füchsin spricht*.

SS Gerne. Ja.

MT Was war eigentlich der Anlass zu diesen japanischen Motiven?

SS Also es war so, dass ich während meiner Zeit in Japan immer viel geschrieben habe. Aber ich hatte nicht geplant, so ausführlich ÜBER Japan zu schreiben, muss ich gestehen. Als ich dann 2013 angekommen bin, hatte ich das Gefühl, dass sich viel verändert hat im Land und auch in der Art, wie die Leute mir begegnet sind, waren diese Nachwirkungen von Fukushima spürbar. Anfangs dachte ich, das wird nur so eine kleine Hintergrundidee im Buch sein. Aber je mehr ich mich mit dem Thema beschäftigt habe und recherchierte, und mit Freunden sprach, desto intensiver wurde das. Auf diese Weise hat sich praktisch Japan, die Fukushimageschichte, in meinen Roman hineingedrängt.

MT Aah!

SS Ja. Und dann musste ich alles neu konzipieren. Ich musste einen neuen Plan für die Erzählung machen, damit dieses Element Platz hat. *(lacht)* Denn zuerst glaubte ich, ich mache diese Recherche nur für mich privat, aber dann dachte ich: Nein, warum? Ich kann das eigentlich gut einbinden, wenn ich diese Erkenntnisse und dieses Wissen schon habe. Und vor allem hat es mich emotional so berührt und ich musste diese Gefühle verarbeiten.

MT Aha. Hast du also eine Veränderung der Mentalität der Japaner nach Fukushima festgestellt?

SS Ja, da waren einmal die Gespräche, die man über die unmittelbare Atomkatastrophe führte. Da merkte man dann an der Art, wie die Leute einem das erzählen, wie sich das auf ihr Leben ausgewirkt hat, oder eben nicht ausgewirkt hat, oder wie sie die Katastrophe anfangs erlebt haben, die ersten Reaktionen. Dazu kam eine mehr analytische Ebene: Leute, die erzählt haben, wie sich das gesellschaftlich ausgewirkt hat, natürlich auch in den Gesprächen mit dir, Masahiko. Und langsam hat sich so eine Art Profil herausgebildet. Der Unterschied zwischen meiner Wahrnehmung und der der Japaner war, dass wir in Mitteleuropa ja bereits die Tschernobyl-Katastrophe erlebt haben. Wir können das eine nicht ohne das andere denken. Und wir konnten die Auswirkungen bereits über eine Sicht von Jahrzehnten mitverfolgen. Und diese längere Sicht hat mich als Vertreter der Generation, die das persönlich erlebt haben, unterschieden von der Art, wie zum Teil in Japan darüber gesprochen wurde. Da hatte ich dann den Eindruck, man sieht die Katastrophe eher kurzsichtig, also ich meine natürlich die offiziellen Stellen. Und ich habe gemerkt, wie die Menschen unter diesem Verschweigen der Behörden leiden, weil sie ihre Ängste nicht artikulieren dürfen. Weil es eben gegen diese offizielle...

MT   ...Ausweglosigkeit.

SS   Ja! Weil, wenn du aussprichst, wie gefährlich diese Auswirkungen sein können, bist du sozusagen automatisch ein Feind der Gesellschaft, stellst dich gegen die Gemeinschaft. Und dann habe ich im Netz und in der Zeitung viele Berichte von Leuten gelesen, die die Gefahr sehr wohl sahen. Interessant war auch, dass ich während dieses Semesters ein Schreibseminar mit den Studenten gemacht habe zum Thema Essen. Ich dachte, ich kann es ja nicht so aufziehen, dass ich sie direkt zur Katastrophe befrage, denn so werden sie mir keine Antwort geben wegen dieses erzwungenen Schweigens. Aber wenn wir über Essen im Allgemeinen sprechen, können wir über diesen Umweg auch die Katastrophe besprechen. Fragen, wie, hat sich etwas geändert in deinem Essverhalten? Isst du weniger von bestimmten Speisen? Achtest du darauf, woher die Lebensmittel kommen? Wie macht das deine Mutter beim Einkaufen?

Mithilfe des Essensthemas habe ich, glaube ich, einen Querschnitt durch das allgemeine Denken über die Katastrophe gefunden, einerseits von Leuten, die sagen, »Nein, da ist gar nichts. Wir haben nichts geändert. Wir glauben nicht daran, dass das schädlich ist« – bis zu Aussagen wie, »Wir müssen Lebensmittel aus der betroffenen Region essen, weil das ist unsere patriotische Pflicht«. Aber das waren ganz wenige. So wie Präsident Abe das vorgemacht hat und behauptete, man muss gerade jetzt die Sachen aus Fukushima essen, damit die Bauern dort überleben können.

MT   Symbolisch sagte man das. Aber nicht in der Tat.

SS   Ja, das waren nur etwa zwei oder drei Stimmen. Aber es gab auch Studenten, die sagten, sie passen jetzt überhaupt mehr auf, was sie essen. Und solche, wo die Mutter meinte, »Wir müssen uns bemühen, saubere Lebensmittel zu kaufen, von denen man genau weiß, woher sie kommen«, weil – und das war auch wichtig – ihr Vater oder ihr Großvater ein Hiroshima-Überlebender war und der wusste, wie gefährlich die atomare Strahlung ist. Das war sozusagen ein Wissen, das über die Generationen kam, das dieser Familie ermöglicht hat, mehr über die Gefahren zu wissen, die von Fukushima ausgingen.

MT   Ah, die Erbschaft der Geschichte.

SS   Das war wirklich spannend. Auf diese Weise, über den Umweg des Schreib-
workshops, haben sie ein bisschen preisgegeben von dem, was sie nicht direkt
gesagt hätten.

MT   Ja, also diese Fukushima-Geschichte hast du gut in deinen Roman einge-
baut. Aber du hast auch feministische Elemente drinnen.

SS   Ja, natürlich hat mich in Japan die Situation der Frauen interessiert. Das
war ein Thema, auf das ich eigentlich erst bei meinem zweiten Japanaufenthalt
gekommen bin. Erst da habe ich bemerkt, wie schwierig es in Japan für Frauen
ist, ein annähernd freies Leben zu führen, so wie es für uns hier in Deutschland
oder Österreich, zwar nicht immer einfach, aber doch möglich ist. Viele der
Frauen, die ich in Japan kennengelernt habe, waren wirklich sehr klug und aktiv, sie hatten ihre Berufe und eine tolle Ausbildung. Trotzdem war es für sie
unglaublich viel schwieriger, sich in den Institutionen gegen eine riesige Menge von Männern durchzusetzen, gegenüber älteren Männern, die eigentlich
noch immer alles bestimmen.

MT   Ja.

SS   Und die Art, wie man sie behandelt hat, war eigentlich noch sehr brutal.
Also das fand ich oft richtig erschütternd, wie viele Regeln es für die Frauen
gibt, die sie alle einhalten müssen. Wenn sie das nicht tun, dann macht die Familie sie fertig, die Schwiegermutter macht sie fertig, und was weiß ich wer alles, und sie kann sich nicht emanzipieren. Außer sie hat einen ausländischen
Mann. *(lacht)*

MT   *(lacht)*

SS   Oder du lebst im Ausland. Und in den Geschichten, die ich so gesehen und
gehört habe, hieß es eben, entweder du befolgst die Regeln, aber dann kommst
du wahrscheinlich beruflich nicht sehr weit. Dann musst du halt Strategien als
Ehefrau lernen, wie du am besten durchkommst. Oder du rebellierst, und weil
die Gesellschaft gegen dich ist, bekommst du psychische Probleme. Oder du
flüchtest dich in Depressionen.

MT   Ja.

SS   Oder – du bringst dich um. Das haben wir ja an der Uni auch gehabt. Und
dann habe ich dazu Statistiken gesammelt. Zum Beispiel den internationalen
Gleichstellungsindex. Es werden Faktoren wie Einkommen, Beschäftigungs-
rate, Zugang zur Bildung, Politik etc. zusammengerechnet. Und da gibt es, glau-

be ich, 144 Länder, die gelistet sind. Und Japan ist – jetzt rate mal, auf welchem Platz?

MT   100, ja?

SS   An 114ter Stelle. Und zum Vergleich: Deutschland ist auf Platz 12. Ich habe es auch nicht glauben wollen, anfangs. Je mehr ich mich mit der Stellung der Frau in Japan beschäftigt habe, desto mehr war ich schockiert und habe die Frauen, die es geschafft haben, das zu überwinden, bewundert.
Außerdem versuche ich immer weibliche Figuren in meinen Romanen darzustellen.
   Das habe ich mir vor Ewigkeiten vorgenommen, weil ja in der Literatur über die ganzen Jahrhunderte und Jahrtausende meistens Männer über Frauen geschrieben haben und meistens haben sie ohnehin über Männer geschrieben, so dass ich das absolut bewusst so mache, dass ich immer versuche, weibliche Figuren in den Vordergrund zu stellen. Und das hat dann halt natürlich auch für den Japanroman gepasst. Diese Frauenfiguren sind verschiedene Modelle, wie sich die Leben von Frauen gestalten, welche Phasen sie durchlaufen. Die Hauptfigur ist eine Frau, die im Wissenschaftsbetrieb versucht, Erfolg zu haben und daran scheitert. Und dann gibt es noch eine, die von ihrem Weg als Künstlerin zu einem Leben mit der Natur findet, indem sie einen Bauernhof hat, wo sie Hunde züchtet und sich so ihre eigene Welt baut. Und dann habe ich eine Figur, die richtig zerbrochen ist, sich aber trotzdem immer wieder versucht, durchzuschlängeln und sich nicht aufgibt. Also das sind drei verschiedene Fallbeispiele, die natürlich alle Vorbilder aus meiner Umgebung haben. *(lacht)*. Wenn man älter geworden ist, hat man bereits viele Frauenleben, z.B. in Form von Freundinnen kennengelernt. Manche ähneln sich. Da kannst du dann einen Typus daraus formen. Und das finde ich wichtig, weil so werden ja die Frauen von Männern meist nicht gezeigt. Sehr oft werden Frauen in Romanen von Männern als Nebenfiguren oder halt als männliche Projektionen dargestellt, und ich möchte da aufholen, ein Gegengewicht schaffen.

MT   Ja, du konntest wirklich in diesem Sinne eine Reihe verschiedener Typen von Frauen darstellen.

SS   Ja. Ja. Obwohl, es gibt im Roman auch eine japanische Frau, die ist total emanzipiert.

MT   Auch da gibt es einige Modelle wahrscheinlich für dich.

SS   Ja, natürlich. Klar.

Anmerkungen

Was ist »gute Literatur«?

1   www.frauenzählen.de
2   Schuchter, Veronika: *Geschlechterverhältnisse in der Literaturkritik*, https://www.uibk.ac.at/iza/literaturkritik-in-zahlen/pdf/2018_sondernummer_geschlechter.pdf

Material in der Reihenfolge seiner Erwähnung:

Hans-Dieter Gelfert: *Was ist gute Literatur? Wie man gute Bücher von schlechten unterscheidet.* München: Beck 2004.

Norbert Niemann: *Das Dorf sind wir. Rede zur Verleihung des Carl-Amery-Preises.*
http://www.literaturportal-bayern.de/blog?task=lpbblog.default&id=986

http://www.buchmarkt.de/content/61191-joerg-sundermeier-die-literaturkritik-droht-uns-allein-zurueck-zu-lassen-.htm

Debatte Literaturkritik im Netz: https://www.perlentaucher.de/essay/perlentaucher-debatte-literaturkritik-im-netz.html

http://www.glanzundelend.de/Artikel/abc/s/literaturkritik-literaturjournalismus-lothar-struck.htm

http://www.tagesanzeiger.ch/kultur/buecher/Und-dann-ist-Stimmung/story/11834806

https://www.guernicamag.com/interviews/the-art-of-agenting/

http://www.welt.de/print/die_welt/literatur/article130073884/Auf-der-Suche-nach-der-Welt-literaturformel.html

http://www.zeit.de/2015/22/volker-weidermann-zdf-literarisches-quartett-iris-radisch

http://www.taz.de/!5238372/

Kanon, Wertung und Vermittlung: Literatur in der Wissensgesellschaft (Studien und Texte zur Sozialgeschichte der Literatur), hg. v. Matthias Beilein und Claudia Stockinger. Berlin: De Gruyter 2011.

Olga Grjasnowa: *Der Russe ist einer der Birken liebt.* München: Hanser 2012.

http://www.spiegel.de/kultur/gesellschaft/interview-mit-sarah-thornton-33-kuenstler-in-3-akten-a-1045872.html

http://www.welt.de/kultur/literarischewelt/article146465938/So-schafft-sich-der-Deutsche-Buchpreis-ab.html

http://blogs.faz.net/10vor8/2015/06/08/der-fortschritt-als-langsamgeher-4678/

http://www.nzz.ch/feuilleton/buecher/die-zumutung-des-fremden-1.18616808

http://www.nytimes.com/2012/04/01/books/review/on-the-rules-of-literary-fiction-for-men-and-women.html?_r=0

http://www.zeit.de/kultur/literatur/2015-09/jonathan-franzen-jennifer-weiner

http://nicolagriffith.com/2015/05/26/books-about-women-tend-not-to-win-awards/

http://thea-blog.de/nachgezaehlt-buchpreise-fuer-frauen/

Mit Dank an die Studierenden am Deutschen Literaturinstitut Leipzig.

Frauen im Krieg

1 Gewalt und Geschlecht. Männlicher Krieg – Weiblicher Frieden? Hrsg. v. Gorch Pieken, Militärhistorisches Museum der Bundeswehr. Sandstein Verlag 2018.

2 Martina Thiele, Tanja Thomas, Fabian Virchow (Hrsg.) MEDIEN KRIEG GESCHLECHT. *Affirmationen und Irritationen sozialer Ordnungen.* Wiesbaden: VS Verlag 2010, S. 291.

3 Barbara Mautner: »Die Schalek« in den Letzten Tagen der Menschheit, Magisterarbeit, Univ. Wien 2015.

4 Robin Truth Goodman: *Gender for the Warfare State: Literature of Women in Combat.* Routledge 2017.

5 Carolyn M. Edy: *The Woman War Correspondent, the U.S.Military and the Press 1846–1947.* Lexington Books 2017.

6 Ebd.

7 Elisabeth Bronfen / Daniel Kampa (Hrsg.): Die Amerikanerin in Hitlers Badewanne. Drei Frauen berichten über den Krieg: Margaret Bourke-White, Lee Miller und Martha Gellhorn. Mit einem Nachwort von Elisabeth Bronfen. Hamburg: Hoffmann und Campe 2015.

8 Ebd.

9 Elisabeth Bronfen / Daniel Kampa (Hrsg.): *Die Amerikanerin in Hitlers Badewanne,* S. 165.

10 Ebd.

11 Ebd., S. 251.

12 Ebd.

13 Ebd.

14 Swetlana Alexijewitsch: *Der Krieg hat kein weibliches Gesicht,* erweiterte und aktualisierte Neuausgabe. München: Hanser 2013.

15 Irène Némirovsky: *Suite Francaise,* btb 2007, S. 107.

16 Ebd., S. 451.

17 Swetlana Alexijewitsch: *Der Krieg hat kein weibliches Gesicht,* S. 15.

18 Ebd., S. 20.

19 Ebd., S. 113.

20 Anna Kim: *Die gefrorene Zeit.* Wien: Literaturverlag Droschl 2008.

21 Ivana Sajko: *Rio Bar.* Berlin: Matthes und Seitz 2008.

22 Ebd., S. 55.

23 Ebd, S. 33.

24 Polina Scherebzowa: *Polinas Tagebuch.* Berlin: Rowohlt Verlag 2015, S. 510.

25 Kateryna Iakovlenko: *War and digital memory: How digital media shape history,* Eurozine, 18. January 2018.

26 Widad Nabi: https://weiterschreiben.jetzt/texte/widad-nabi-erinnerung/

27 Rabab Haider: https://weiterschreiben.jetzt/texte/rabab-haidar-kriegsbericht/

28 Ebd.

29 Salma Salem: https://weiterschreiben.jetzt/texte/salma-salem-homs-die-stadt-der-feste/

30 Ebd.

31 Souad Alkhateeb: https://weiterschreiben.jetzt/texte/schreiben-im-krieg/

32 Rosa Yassin Hassan: https://www.zeit.de/kultur/2018-01/schulalltag-syrien-kinder-zwang-baath-partei-10nach8

33 »Eine Umgebung, in der Missbrauch normalisiert wird, Interview Kathleen Jennings, *Zeit-Online,* 17.2.2018.

34 »Frieden gibt es nur mit Frauen«, Interview mit Monika Hauser, *taz,* 30.1.2018.

Image Check

1 Nach Jacqueline Vansant: Robert Wise's *The Sound of Music* and the »Denazification« of Austria in American Cinema, in: *From World War to Waldheim, Culture and Politics in Austria and the United States*, ed. David F. Good, Ruth Wodak. New York/Oxford: Berghahn Books 1999.
2 Anleihen zur gefälschten Vergangenheit bei: Ada Louise Huxtable: *The unreal America, Architecture and Illusion*. New York: The New Press 1977.

Queer Proceedings

1 Geoffrey Sanborn: *The Sign of the Cannibal – Melville and the Making of a Postcolonial Reader*. Durham and London: Duke University Press 1988.

Sex, Gott und Alkohol

1 Hertha Kräftner, in: *Neue Wege 60* (1950), S. 120f.
2 Gerhard Altmann: *Hertha Kräftner*. Univ. Wien: Dipl. Arb., 1990, S. 20.
3 Andreas Okopenko: *Warum hier? Warum heute?* Originalton-Feature, gesendet am 26. 6. 1971 von ORF Landesstudio Burgenland.
4 Gerhard Altmann: *Hertha Kräftner*, S. 78.
5 Ebda, S. 22.
6 Ebda, S. 89.
7 Gerhard Rühm: das phänomen »wiener gruppe« im wien der fünfziger und sechziger jahre. In: *Die Wiener Gruppe. Ein Moment der Moderne*. Hrsg.: Peter Weibel. Wien, New York: Springer, 1997, S. 17–21, S. 17.
8 Gerhard Altmann: *Hertha Kräftner*, S. 89.
9 Max Blaeulich: »Trinke Mohn und träume«. In: Hertha Kräftner: *Kühle Sterne. Gedichte, Prosa, Briefe*. Wieser Verlag 1997. (Edition Traumreiter.8). S. 355–370, S. 361.
10 Hugo Ball: *Der Künstler und die Zeitkrankheit*. Frankfurt am Main: Suhrkamp 1984.

TEXTNACHWEISE

Was ist »gute Literatur«? In: *Der Hammer*, Nr. 82 (2016)

Frauen im Krieg. In: *Der Hammer*, Nr. 99 (2018)

Grenzerfahrungen. In: *Der Standard/Album*, 3. 5. 2008

Versuche, eine andere Lebensform zu erlernen. Erschienen unter dem Titel *Lob der Langsamkeit* in: *Die Presse – Spectrum*, 13. 10. 1990

Lissabon im Winter. In: *Die Presse/Spectrum*, 3. 7. 1993

Warten und Hoffen [bisher unveröffentlicht]

Small Talk. In: *Die Rampe*, Nr. 3 (2002)

Was sollen wir mit den Leuten machen. In: *Architektur aktuell* (1997)

Das Auge des Basketballs – Zu Michael Jordan [bisher unveröffentlicht]

Japanisches Japan. In: *Nach Japan*, Anthologie von Essays, hg. v. R. Giacomuzzi, Tübingen 2005

Kimono, Ausländer und Schreckenspuppen. In: *Nagoya: Das Werden der japanischen Großstadt*, Katalog zur Ausstellung im Wien-Museum 2008

Nachbeben. In: *Nachbeben*. Hg. v. Bertlinde Vögel, Jürgen Draschan. Wien 2013

Blog, erschien auf der mittlerweile nicht mehr verfügbaren Website zintzen.org

Euphorie und Schäßburg-Gefühl. In: MIT SPRACHE UNTERWEGS, literarische Reportagen. Hg. v. M. Müller und K. Neumann, Wien 2010

Fatimas Hand. In: *Der Standard/Album*, 21. 4. 2013

Weintrinken gegen den Pascha. In: *Der Standard/Album*, 28. 7. 2018

Hinter den Kulissen und am Wasser. In: *Der Standard/Album*, 4. 5. 2019

Städte sind Kisten mit Resten und Listen. In: *Wien – Berlin*. Mit einem Dossier zu Stefan Großmann. Hg. v. B. Fetz und H. Schlösser. Wien 2001

Der Misstrauensbonus. In: *Literatur und Kritik*, Nr. 379/380 (2003)

Die Fremden bestaunen. In: *Zeit online*, 10vor8, 31. 10. 2016

Auf Wiedersehen, Meerschweinchenwiese! In: *wespennest*, Nr. 174 (2018)

Unbefangen: Jetzt. (Ein Erfahrungsbericht, aufgezeichnet von Sabine Scholl) In: Folder zur Ausstellung NOW, kuratiert von Adelheid Mers, Chicago 1997

Der Bucklige im Disney-Universum. Zu Disneys *Glöckner von Notre-Dame*. [bisher unveröffentlicht]

Lust-Orte. Zu drei wiedergefundenen Szenen des Fritz-Lang-Films *Metropolis*. [bisher unveröffentlicht]

(ES WIRD) Jeden Tag ärger. Zu Bildern aus dem Film *Trouble Every Day* von Claire Denis. In: *Die Hammerin*, Nr. 67 (2013)

Mögliche Geschichten – Potpourri aus Namen, Noten und Nudeln [bisher unveröffentlicht]

Kunstfellige Kopfwesen und soziales Leben. In: *Lettre International*, Nr. 100 (2013)

Die Heimat ist eine Karte. (Grieskirchen und Schlüßlberg aus der Erinnerung) [bisher unveröffentlichtes Feature für RBB]

Kleine Geschichte der Kleider [bisher unveröffentlichtes Feature für RBB]

Wohnen Leben Schreiben Sterben [bisher unveröffentlichtes Feature für RBB]

Das Gesicht mit dem Europa schaut. In: *Altes Land, neues Land. Verfolgung, Exil, biografisches Schreiben*. Texte zum Erich Fried Symposium 1999. Hg. v. Walter Hinderer, Claudia Holly, Heinz Lunzer und Ursula Seeber. Wien 1999

Imagecheck. In: *Der Standard*, 28. 3. 2000

BLUT MUTTER JUDE TSCHUSCH. In: *Verbotene Worte, eine Anthologie über das Gedächtnis der Sprache und die Begegnungen in der Mehrsprachigkeit*. Hg. v. Tzveta Sofronieva. München 2005

Einmal Außenseiter, immer Außenseiter. In: *Zeit online*, 10vor8, 19. 7. 2017

Die Rechten am Land. In: *Zeit online*, 10vor8, 8. 11. 2017

Eine Rückkehr, viele Rückkehren. In: *Zeit online*, 10vor8, 2. 2. 2018

Reißverschluss. Zu Malcolm Lowry und Djuna Barnes. In: *Platon ade. 14 Textdialoge*. Hg. v. Lucas Cejpek und Walter Grond. Graz/Wien 1989

Besessen-Sein. Zum Roman KOSMOS von Witold Gombrowicz. In: *Strukturen Erzählen – Die Moderne der Texte – Ein AutorInnenlabor*. Hg. v. Herbert J. Wimmer. Wien 1996

über die bilder und den verstand. zu anselm glück. In: *Kunst und Überschreitung. Vier Jahrzehnte Interdisziplinarität im Forum Stadtpark*. Hg. v. Christine Rigler und Klaus Zeyringer. Innsbruck/Wien 1999

Schmerz sucht Frau (in neun Punkten) [bisher unveröffentlicht]

Erinnern Vergessen. Zu Leo Perutz. In: *Die Rampe*, Sonderheft 2: *postscriptum* (1996)

Queer Proceedings – Geschichte/n herstellen. Zu Herman Melville. [Vorlesung zur Schreibklasse in der schule für dichtung, http://archiv.easy.sfd.at/akademie/db/scholl/vorles/index.html]

vom vermehren des babels der bibel. zu ferdinand schmatz. In: *Drehpunkte zwischen Poesie und Poetologie*. Hg. v. Christian Steinbacher und Thomas Eder, Linz/Wien 2000

Heimat haben. Oder nicht. Zu Margit Schreiner. In: *Die Rampe* – Porträtausgabe Margit Schreiner (3/2008)

Böhmen, Prozesse, Rentiere, große Mütter und Eis. Zu Libuše Moníková. In: *Kolik* 39+40 (2008)

SEX, GOTT UND ALKOHOL – Hertha Kräftners Pariser Tagebuch. In: *»Zum Dichten gehört Beschränkung«. Hertha Kräftner – ein literarischer Kosmos im Kontext der frühen Nachkriegszeit*. Hg. v. Evelyne Polt-Heinzl, Wien 2004

Wien Berlin retour: Im Schreiben unterwegs. Zu Elfriede Gerstl. In: *Elfriede Gerstl. »wer ist denn schon zu hause bei sich.«* Hg. v. Christa Gürtler und Martin Wedl. Wien 2012

Autorin, Tochter, Gefährtin und Mutter. Zu Sylvia Plath. In: *Der Standard/Album*, 11. 5. 2019

Gewiss (mit Elfriede Czurda). In: *Rampe* (3/2000)

Briefwechsel mit Elfriede Czurda . In: *Rampe* (3/2006)

Zwischen Kulturen, Sprachen, Menschen – Gespräch mit Annegret Pelz. [bisher unveröffentlicht]

POLITISCH SCHREIBEN im Gespräch mit Sabine Scholl. In: PS 1, Wien-Leipzig-Berlin 2015

Fortschritt – Gespräch mit Jan Kuhlbrodt. In: DER POET, Nr. 19 (2016)

Literatur, Fremderfahrungen, transnationale Hybride und Minderheitenliteratur – drei Gespräche mit Masahiko Tsuchiya. In: *Studies in Humanities and Cultures*, Nagoya City University, Nagoya, Japan 2004, 2012, 2018

CHRONOLOGIE DER AUFENTHALTE

1988–1990	und folgende Jahre: *Aveiro, Lissabon*
1996–2000	*Chicago*
2000–2001	*New York*
2001–2019	*Berlin*, unterbrochen von mehrmonatigen Arbeitsaufenthalten in:

2003	*Japan*
2006	*Japan*
2009	*Rumänien*
2012	*Marokko*
2014	*Japan*
2017	*Portugal*
2017	*Chicago*
2018	*Türkei*
2018	*Venedig*
2019	*Portugal*